태평광기 8

이 책은 2001년도 한국학술진흥재단의 지원에 의하여 연구되었음.
(KRF-2001-045-A11005)

태평광기 8

(宋)李昉 등 모음
김장환·이민숙 外 옮김

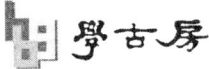

【일러두기】

1. 본서는 총 21책으로 구성되어 있는데, 제 1책부터 제 20책까지는 각 책마다 원서의 25권 분량을 수록했으며, 마지막 제 21책에는 「편목색인」·「인명색인」·「인용서목색인」·「지명색인」과 기타 참고자료를 수록했다.
2. 본서는 汪紹楹 點校本(北京中華書局, 1961) 10책을 저본으로 했다. 이 판본은 台灣 文史哲出版社(1981)에서 5책으로 覆印한 바 있다.
3. 淸代 黃晟의 「重刻太平廣記序」는 본래 저본에는 없지만 보충하여 수록했다.
4. 본서의 번역은 가능한 한 직역을 위주로 하되 직역으로 문맥이 통하지 않을 경우에는 본래 뜻을 벗어나지 않는 범위 내에서 의역을 했다. 그리고 원문에는 없지만 내용 전개상 부연 설명이 필요하다고 판단되는 부분은 [ ] 안에 넣어 보충했다.
5. 본서의 역주는 의미의 전달이 어렵다고 판단되는 경우에 한해 간략하게 달았다.
6. 본서에서 언급되는 인명과 지명·서명 등 고유명사는 모두 우리말 발음으로 표기하고, 각 고사마다 처음에만 ( ) 안에 원문을 넣었다.
7. 본서의 각 고사 처음에 표기되어 있는 숫자는 차례대로 각 권의 순서, 각 권에서의 고사 순서, 전체 고사의 순서를 나타낸다. 예) 5·2(0023) : 제 5권의 2번째 고사로서『태평광기』전체로는 제 23조에 해당하는 고사.

추천의 말

전인초
(연세대 중문과 교수)

 김장환 교수가 주관하여 '중국필기문헌연구소'에서 『태평광기』 500권의 번역을 시작했다니, 정말 뭐라고 찬사를 보내야 할지 모르겠다. 우리 속담에 시작이 반이라는 말이 있듯이 이미 반은 이루어진 것이나 다름이 없다는 생각이 든다. 일찍이 필기문헌 연구를 시작한 김 교수가 이제까지 이어온 연구를 일관성 있게 추진하는 모습이 옆에서 보기에도 든든하다. 요즘 젊은 학자들은 시세와 영합하여 일시적인 명예와 재부(財富)를 탐하기가 보통인데, 이와는 무관한 어렵고 힘들고 많은 시간을 요하는 작업을 김 교수가 중심이 되어 드디어 시작했다. 이제껏 어떤 작업이든 시작하여 마무리짓지 않은 적이 없는 것이 김 교수의 성품인지라 일정한 시간이 지나면 이 엄청난 작업의 결과가 우리 앞에 드러나 모든 사람들을 놀라게 해 줄 것으로 믿는다.
 『태평광기』는 단순히 중국 북송 초의 태종(太宗) 태평흥국연간(太平興國年間: 976~984)에 이루어진 민간문학의 총집(叢集)으로만 끝나는 문헌이 아니다. 우리나라 고려 고종(高宗: 1214~1259 재위) 때 한림(翰林)

제유(諸儒)의 소작으로 알려진 「翰林別曲」의 제 2절에서 다음과 같이 노래하고 있는 점에 주목해 보아야 한다.

  唐漢書 莊老子 韓柳文集 李杜集 蘭臺集 白樂天集 毛詩尙書 周易春秋 周戴禮記
  위 註조쳐 내외온景 긔 엇더ᄒ니잇고 太平廣記 四百餘卷 太平廣記 四百餘卷 위 歷覽ㅅ景 긔 엇더ᄒ니잇고

이로써 이미 우리나라 고려시대 후기에 한림원의 여러 유생들 사이에서 『태평광기』가 널리 애독되었음을 알 수 있다. 경기체가(景幾體歌)인 「한림별곡」은 적어도 양반 계층에서 애독되었는데, 『태평광기』가 북송에서 간행된 지 불과 200여 년 만에 우리나라에까지 널리 퍼졌음은 특기할 만한 일이다. 언해본(諺解本) 『태평광기』까지 조선시대 초기에 나왔음을 볼 때 얼마나 많은 독자를 가지고 있었는지 가히 짐작이 가고도 남는다.

 과거의 기록을 들추어 『태평광기』의 중요성을 거론하는 것은 오히려 궁색한 표현에 지나지 않는다. 그 이유는 번역된 내용을 통해 실증될 수 있을 것이기 때문이다. 『태평광기』에 기록되어 전해지는 내용은 한대(漢代)부터 당대(唐代)에 이르는 동안 수집된 것으로, 지괴(志怪)·일사(軼事)·잡기(雜記)적 내용의 고사가 위주이다. 또한 비록 야사적 성격을 띠고 있기는 하지만 부분적으로는 정사(正史)의 부족한 면을 채워 주고 있어, 실로 민간문학의 보고라고 할 수 있을 것이다. 널리 알려진 당대

전기(傳奇)도 대부분 이『태평광기』에 실려 전해지고 있다. 그래서 중국소설을 연구하는 사람이라면 누구든지 이 책을 필독서로 여기고 있다. 뿐만 아니라 우리나라에서 국문학과 한문학, 특히 고대소설을 전공하는 사람에게도 이『태평광기』는 또한 필독서이다.『태평광기』가 조선시대 소설 문학에 끼친 영향에 대한 연구는 이미 상당한 연구결과가 축적되어 있다.

먼저 제 1책을 검토해 보았다. 우선 고사명의 괄호 속에 원제를 한자로 넣어 읽고 보는 데 편리하며, 주요 인명·지명과 연호·연대를 국한문과 숫자로 병기하여 독자의 이해를 쉽게 하고 있다. 또한 번역상 보충이 필요하다고 인정되는 곳에서는 원문의 생략된 부분을 괄호로 처리하여 이해를 돕고 있다. 그리고 등장인물의 대화체 문장은 자연스런 구어체로 소화하여 내용 파악을 한결 쉽게 느끼도록 번역했다. 그간 역자 김장환 교수의 오랫동안 쌓아 온 번역 경험이 이제는 완숙의 경지에 들었음을 볼 수 있었다.

총 21책이나 되는 거질(巨帙)의 번역이 완성되는 날, 이 책은 우리나라에서 중국문학번역사의 새로운 이정표가 될 수 있을 것으로 확신한다. 찬찬하고 꼼꼼한 자세를 그대로 견지하며 대업을 성취하는 그 때를 느긋한 마음으로 기대하면서, 두서 없는 추천의 글로 대신한다.

송파(松坡) 설악산방(雪嶽山房)에서
전인초(全寅初) 씀

추천의 말

정재서
(이화여대 중문과 교수)

　지난해 가을쯤인가, 『태평광기』 국역에 착수했다는 말을 김장환 교수로부터 들었을 때 필자는 마음속으로 "마침내 큰 일이 벌어졌구나" 하는 생각을 하였다. 『태평광기』! 그 이름만 들어도 광막하기 그지없는 이야기의 바다가 펼쳐질 듯한 느낌이 드는, 중국 아니 동아시아 설화 문학의 보고(寶庫)이자 집대성, 도대체 그 엄청난 분량에 감히 손 댈 엄두조차 못냈던 그런 굉장한 책이 아니었던가? 사실 이전부터 필자는 김교수와 『태평광기』의 학술적 가치, 그리고 국역의 필요성에 대해 이야기를 나누어 왔고 은근히 김교수에게 번역을 권유한 적도 있었다. 그러나 그 대단한 책을 번역한다는 것은 경황없는 요즘의 대학 현실, 경제성, 소요해야 할 시간과 노력 등을 고려할 때 보통 모험적인 일이 아니다. 이 점은 김교수보다 일찍 번역계에 발을 들여놓은 바 있는 필자로서 능히 짐작할 수 있는 일이다. 그런데 막상 김교수가 그것을 실행에 옮기겠다고 통고해 왔을 때 필자가 어찌 놀라지 않을 수 있었겠는가? 그러나 놀람도 잠깐, 추천인은 이러한 대작업은 결국 김교수 같은 근면하고 용의 주도한 학자에 의해 이루어질 수밖에 없다는 확신 같은 느낌이 들었다. 김교수는 일찍이 『열선전(列仙傳)』 국역을 통해 젊은 번역가로서 만만치 않은 역량을 인정받은 바 있었고 최근에는 『세설신어(世說新語)』를 전3권으로 완역하여 사계의 학자들을 경탄케 하기도 하였다. 마침내 김교수는 거서(巨書) 『태평광기』를 만나게 되었고 한국의 고전 국역상 획기적이랄 수 있는 대작업을 시작하게 되었던 것이다. 과연 김교수는 패기만만하고 유능한 젊은 학인들을 이끌고 번역에 착수하여, 1년여의 세월이 흐른 오늘 그 첫 성과를 이룩하고 필자에게 추장(推獎)의 글을 청해왔다.

  실로 놀랍지 아니한가? 이 책이 전역(全譯) 21책 중의 제1책이라 하나 결국 이 땅에서 『태평광기』의 완역이 시도되었다는 사실이. 과거 조선시대에 선인들에 의해 『태평광기』의 언해(諺解)가 시도된 적은 있었다. 그러나 완역에는 이르지 못하였다. 앞으로 김교수의 번역팀은 분명히 완역의 소임을 다 해내고야 말 것이다. 계속 한 책, 한 책이 나올 때마다 그것들은 사계의 촉목(囑目)하는 바가 될 것임에 틀림없고, 마침내 전질(全帙)이 완성될 때의 그 감동과 영향력이란 가히 상상하기 어려울 정도일 것이다. 아마 국문학이든 중문학이든 이 땅의 서사학은 『태평광기』의 완역으로 인해 공전(空前)의 큰 혜택을 입게 될 것이다. 서사학 뿐이겠는가? 우리는 이 전집을 통하여 동아시아 설화의 힘을 도처에서 실감하게 될 것이다. 그러나 앞에서 말했듯이 이 영광된 종착지를 향한 행로는 고달프고도 멀다. 번역에 대한 한국 학계의 열악한 인식에서 이러한 일은 자기희생이고 대가 없는 노력이나 진 배 없다. 인기도 없고 누구도 원하지 않는 그 길을 순수한 사명감 하나만으로 감연(敢然)히 선택한 김 교수와 젊은 학인들에게 우리는 마땅히 경의와 격려를 보내야 할 것이다. 그것이 동도(同道)를 걷는 학인으로서의 최소한의 예의가 아닐까 한다. 가을이 성큼 다가온 이 때 삽상(颯爽)한 서풍인양 들려온 첫 책 출간의 낭보에 두서없는 글을 부쳐 추천사에 대신하고자 한다.

경진(庚辰) 초추(初秋)
온성후인(溫城後人) 정재서(鄭在書)

옮긴이의 말

김장환
(연세대 중문과 교수)

당시 설화인(說話人)들은 반드시 어려서는 『태평광기』를 익혔고, 장성해서는 역대 사서(史書)를 공부했다. —— 宋 羅燁 『醉翁談錄』

비록 패관(稗官)의 야사(野史)일지라도 시속을 치료하는 훌륭한 약이 아닌 것이 없으니, 『태평광기』는 약상자 속의 대단한 약제(藥劑)가 아니겠는가! —— 明 馮夢龍 「太平廣記鈔小引」

내가 삼가 이 책을 살펴보았더니, 그 일을 모은 것이 넓고 그 부류를 취한 것이 광범위하여, 안으로는 성명(性命)의 요체를 참조할 수 있고 밖으로는 술수의 쓰임에 통달할 수 있으며, 멀게는 시세(時勢)에 적합한 일을 두루 섭렵할 수 있고 가깝게는 시문을 읊는 자료를 제공받을 수 있으니, 참으로 설부(說部)의 으뜸이다. —— 清 黃晟 「重刻太平廣記序」

고래의 숨은 이야기와 자질구레한 일, 보기 드문 책과 없어진 문장이 모두 여기에 있는데, 그 권질(卷帙)이 적은 것은 종종 전부 수록해 놓았으니,

대개 소설가의 깊은 바다이다. ……이 책은 비록 신괴(神怪)를 많이 얘기하고 있지만 채록한 고사가 매우 풍부하고 명물(名物)과 전고(典故)가 그 사이에 섞여 있기에, 문장가들이 늘 인용하는 바이고 고증가들 역시 자료로 삼는 바가 많다. 또한 당(唐) 이전의 책 가운데 세상에 전해지지 않는 것으로 잔결(殘缺)된 서적이 10분의 1이나 여전히 보존되어 있으므로 더욱 귀중하다. ── 淸 紀昀 『四庫全書總目提要』

고래의 기문(奇文)과 비적(秘籍)이 모두 여기에 있으며, 소설가의 깊은 바다이다. ── 淸 永瑢 『四庫全書簡明目錄』

무릇 신괴(神怪)를 두루 언급한 것은 특히 빠짐없이 망라했으니, 진실로 소설의 총집결이다. ── 淸 周中孚 『鄭堂讀書記』

나는 『태평광기』의 장점에 두 가지가 있다고 생각한다. 첫째는 육조(六朝)에서 송초(宋初)까지의 소설이 거의 전부 그 안에 수록되어 있으므로 만약 대략적인 연구를 한다면 많은 책을 따로 살 필요가 없다는 것이고, 둘째는 요괴·귀신·화상(和尙)·도사 등을 한 부류씩 매우 분명하게 분류하고 아주 많은 고사를 모아 놓았으므로 우리들이 물리도록 실컷 볼 수 있다는 것이다. ── 魯迅 「破 『唐人說薈』」

패사(稗史)와 설화(說話)의 깊은 바다일 뿐만 아니라 그 당시 문학적 관심사에 대한 통계이기도 하다. —— 魯迅 『中國小說史略』

우리나라 문인들은 모두 『태평광기』를 공부했다. —— 朝鮮 柳夢寅 『於于野談』

『태평광기』는 북송의 이방(李昉)이 후몽(扈蒙)·이목(李穆)·서현(徐鉉) 등 12명과 함께 태종(太宗)의 명을 받들어 태평흥국(太平興國) 3년(978)에 수찬했으며, 태평흥국 6년(981)에 판각했다. 나중에 이것이 학자들에게 시급히 요구되는 책이 아니라는 논의가 있어서 인판(印版)을 태청루(太淸樓)에 거두어들이는 바람에 당시에는 거의 통행되지 못했다. 그러나 세간에는 이미 통행되던 판본이 있어서 남송 때 번각(翻刻)했지만 이것은 전해지지 않는다. 현재 전해지는 『태평광기』의 주요 판본은 다음과 같다.

- 명가정담각본(明嘉靖談刻本): 명대 가정연간(1522~1566)에 무석(無錫)의 담개(談愷: 號 十山先生)가 초본(鈔本)을 얻어 교감하고 융경(隆慶) 원년(1567)에 간행함.
- 명활자본(明活字本): 명대 융경연간(1567~1572)에 담각본에 근거하여 활자로 간행함.[2차 담각본]
- 명만력허각본(明萬曆許刻本): 명대 만력연간(1573~1619)에 장주

(長洲)의 허자창(許自昌: 字 玄祐)이 담각본에 근거하여 교간(校刊)함.[3차 담각본]

- 명심씨야죽재초본(明沈氏野竹齋鈔本): 명대 고소(姑蘇)의 심여문(沈與文: 字 辨之)이 사초(寫鈔)함.

- 청건륭황각본(淸乾隆黃刻本): 청대 건륭 20년(1755)에 오현(吳縣)의 황성(黃晟: 字 曉峯)이 3차 담각본에 근거하여 교간하고 이를 다시 수진소자본(袖珍小字本)으로 번각함.

- 청가경방각본(淸嘉慶坊刻本): 청대 가경 11년(1806)에 소주(蘇州) 취문당(聚文堂)에서 황각본에 근거하여 번각함.

- 민국필기소설대관본(民國筆記小說大觀本): 민국 11년(1922)에 상해(上海) 문명서국(文明書局)에서 황각본에 근거하여 필사 간행함.

- 민국소엽산방석인본(民國掃葉山房石印本): 민국 12년(1923)에 상해 소엽산방에서 황각본에 근거하여 석판 인쇄함.

- 왕소영점교본(汪紹楹點校本): 1959년에 북경 중화서국(中華書局)에서 배인(排印) 출판함. 왕소영은 담각본을 저본으로 하고 진전교송본(陳鱣校宋本)·심씨야죽재초본·허각본·황각본을 참고하여 점교함.

이상에서 보았듯이 『태평광기』 판본은 담각본 계통과 황각본 계통으로 크게 나뉘는데, 담각본 계통이 보다 훌륭한 판본으로 인정받고 있다.

현재 가장 완비된 판본으로는 왕소영점교본을 꼽는다.

『태평광기』는 한대(漢代)부터 북송 초에 이르는 소설·필기·야사 등의 전적에 수록되어 있는 고사들을 광범위하게 채록하여, 총 500권을 내용에 따라 92대류(大類)로 나누고 150여 소류(小類)로 세분했으며, 총 7000여 조에 달하는 고사를 수록했다. 각 고사는 모두 인물명을 제목으로 삼았으며, 고사의 끝에는 채록 출처를 밝혀 놓았다. 인용된 책은 거의 500종에 가까운데, 그 중에서 절반 가량은 이미 망실된 것으로『태평광기』에 의거해서 적지 않은 내용이 세상에 전해지게 되었다. 또한 현존하는 절반 가량의 인용서도 『태평광기』에 인용된 해당 고사에 근거하여 잘못된 부분을 고증하거나 교감할 수 있다. 따라서 고소설의 일문(佚文)을 보존하고 있는 측면과 고소설의 변화 발전을 연구하는 측면에서 볼 때 『태평광기』의 중요성은 지대하다고 하겠다.

『태평광기』에 수록된 고사는 신선귀괴(神仙鬼怪)와 인과응보(因果應報)에 관한 것이 비교적 큰 비중을 차지하고 있다. 어떤 경우는 한 부류가 한 권으로 되어 있기도 하고 어떤 경우는 한 부류가 여러 권으로 되어 있기도 한데, 「신선(神仙)」류는 55권이며 「귀(鬼)」류는 40권, 「보응(報應)」류는 33권, 「신(神)」류는 25권, 「여선(女仙)」류는 15권, 「요괴(妖怪)」류는 9권으로 기타 다른 부류의 권수보다 상대적으로 분량이 많다. 이것은 고대 민간풍속과 위진남북조 이래 지괴(志怪) 소설의 흥성을 반영하고 있다. 또한 「잡전기(雜傳記)」류 9권은 모두 당대(唐代)의 전기(傳

奇) 작품을 수록했는데, 이를 통하여 당대 전기에 주로 어떤 종류의 내용이 기록되었는지를 구체적으로 이해할 수 있다. 부류별로 고사를 배열하는 이러한 체제는 독자들이 이를 분석하고 연구하는 데에 많은 편리함을 제공하고 있다. 그래서 송대 이전 고소설의 변천과 발전 상황을 알고 싶으면 이 책에 근거해서 탐색해 나갈 수 있다. 따라서 청대 기윤(紀昀)이 이 책을 "소설가의 깊은 바다[小說家之淵海]"라고 칭송한 것은 결코 과찬이 아니다.

그러나 금본(今本)『태평광기』는 결코 완전무결한 책이 아니며, 그 중에는 후대 사람들이 고치거나 보충하고 삽입한 고사들도 있다. 100여 조에서는 채록 출처를 밝히지 않았고, 권수(卷首)의『인용서목』도 후대인들이 여러 차례 증보했으며, 수록된 고사들 또한 모두 원서에서 직접 채록한 것은 아니고 경우에 따라서는 여러 유서(類書)에서 채록한 것이 상당히 많다. 또한 이 책의 분류는 기타 유서(類書)와 마찬가지로 나누고 합친 것이 부분적으로 합당하지 않거나 중복되어 있다. 예를 들어「신선」류 이외에도「여선」류가 있고 다시 별도로「신」류를 한 부류로 나눈 것은 타당하지 못하다. 그리고 같은 조의 고사가 종종 두 부류 혹은 몇 부류에 걸쳐 중복 출현하기도 하는데, 이 문제는 여러 사람들이 이 책을 수찬하는 과정에서 각기 다른 각도에서 분류했기 때문에 자료를 선택할 때 중복된 것으로 보인다. 그밖에도 이 책은 권수가 너무 많고 분류가 상당히 복잡하여 특정한 고사를 쉽게 찾아보기에 곤란한 점이 있는데, 이 문제는 그 동안 이루어진 「편목색인」·「인명색인」·「인용서목색인」 등을 통하여 해결할 수 있다.

그렇지만 이로 인해 『태평광기』의 가치가 흔들리는 것은 결코 아니다. 왜냐하면 『태평광기』는 각종 대량의 고소설을 모아 놓았을 뿐만이 아니라 역사·지리·종교·민속·명물·전고·문장·고증 등등의 풍부한 내용을 포함하여 다방면의 연구와 참고 자료를 제공할 수 있기 때문이다. 특히 위진남북조와 당대의 사회 상황을 연구하는 데에 있어서도 이 책에서 많은 유용한 자료를 찾아 낼 수 있다.

『태평광기』가 처음 우리나라에 전래된 시기는 분명히 알 수 없지만, 『삼국사기(三國史記)』·『삼국유사(三國遺事)』·『고려사(高麗史)』 등에 그 서명이나 내용이 보이는 것으로 보아 대체로 고려 고종(高宗: 1214~1259 재위) 이전에 전래된 것으로 추정한다. 이것은 『태평광기』가 중국에서 간행된(981년) 지 약 200여 년 뒤의 일이다. 그 뒤 조선 초기에 중국 판본이 재차 수입되어 당시 식자층의 필독서가 되었다. 그러나 원서는 분량이 너무 방대하고 중국에서 수입해야 했기 때문에 구해 보기가 쉽지 않았다. 그래서 세조(世祖) 8년(1462)에 성임(成任: 1421~1484)이 원서를 50권으로 축약하여 143항목에 843편의 고사를 수록한 『태평광기상절(太平廣記詳節)』을 간행했으며, 그 후 다른 여러 책에서 채록한 30권 분량의 고사를 합쳐 80권으로 된 『태평통재(太平通載)』를 다시 간행했다. 『태평광기상절』과 『태평통재』는 여러 차례의 간행을 통해 많은 독자층을 확보했지만 어디까지나 한문을 이해할 수 있는 식자층에 국한되어 있었다. 따라서 한문을 해독할 수 없는 일반 서민이나 여성 독자들을 위해서는 우리말로 된 번역본이 필요했다. 이러한 필요에 의해 명종(明宗: 1545~1567 재위) 때를 전후해서 나온 것이 바로 『태평광기언해(太平廣記諺解)』이다. 그 저본은 이전에 간행된 『태평광기』 축약본이 아닌 중국 명대 판본인 것으로 추정된다. 『태평광기언해』는 현재 2가지 판본이 있는데, 하나는 먹남본(覓南本) 5권 5책[필사본, 제2권 1책 缺, 총 106편의 고사 수록]이고 다른 하나는 낙선재본(樂善齋本) 9권 9책[필사본, 全本, 총 268편의 고사 수록]이다. 이 책은 조선시대 번역문학의 양상을 고찰하는 데 귀중한 사료적 가치를 지니고 있다.

이상에서 살펴보았듯이 고려시대에 우리나라에 전래된 『태평광기』는 조선시대 이르러 중국 판본의 수입과 함께 원서를 축약한 축약본이 여러 차례 간행되었으며, 마침내 우리말로 번역한 번역본까지 나오게 되었다. 이러한 과정을 통하여 당시 설화와 소설에 대한 흥미와 관심을 가진 독자층이 확대되었고, 소설문학에 새로운 소재와 기법을 제공함으로써 우리나라 소설문학의 생성과 발달을 촉진했다. 특히 이인로(李仁老)의 『파한집(破閑集)』, 이규보(李奎報)의 『백운소설(白雲小說)』, 최자(崔滋)의 『보한집(補閑集)』, 이제현(李齊賢)의 『역옹패설(櫟翁稗說)』 등과 같은 잡록식 패관(稗官) 문학과, 임춘(林椿)의 「국순전(麴醇傳)」·「공방전(孔方傳)」, 이규보의 「청강사자현부전(淸江使者玄夫傳)」 등과 같은 가전체(假傳體) 문학에 커다란 영향을 미쳤다.

　옮긴이가 『태평광기』에 관심을 갖고 읽어 본 것은 대학원에 입학해서부터이니 벌써 15년이 넘는 셈이다. 그 동안 혼자 틈나는 대로 우리말로 옮겨 보았는데, 이런저런 일에 쫓기다 보니 최근 3년 동안 겨우 10권밖에 옮기지 못했다. 그러다가 올해 초에 옮긴이가 재직하고 있는 연세대 중문과 대학원의 필기문학 전공자들을 중심으로 '중국필기문헌연구소'를 설립하면서부터 『태평광기』 번역 작업의 일정을 구체화하고 번역 인원을 조직하여 5월부터 마침내 본격적인 번역에 착수했다. 본 연구소는 학술적 가치가 높은 중국 필기문헌과 연구서를 역주하거나 원전을 교간(校刊)하여 국내외 학계에 소개하는 것을 주요 목적으로 한다. 앞으로 본 연구소에서 나오는 결과물은 '중국필기문헌번역총서'로 출판할 예정인데, 『태평광기』가 바로 그 총서의 처음이다. 아직은 연구소의 문패도 없고 연구 인원도 부족하지만, 이번 『태평광기』의 번역 작업을 바탕으로 하여 착실히 내실을 다져 나간다면 머지않아 긍정적인 결과가 나오리라 기대한다.

　총 21책으로 발간될 예정인 『태평광기』 번역본 가운데 그 첫 번째 책을 이제 학계에 내 놓게 되었다. 그러나 기쁨은 잠시이고 당장 부끄러움과 두려움이 앞선다. 가능한 거의 모든 참고자료와 있는 사전 없는 사전을 총 동원하여 한 글자 한 구절 정확하게 옮기려고 무척 애를 쓰긴 했지만, 여전히 석연치 않은 부분이 남아 있음을 고백하지 않을 수 없다.

또한 그렇게 눈 씻고 보면서 글자 귀신하고 싸웠지만 행여 오탈자가 나오지나 않을지, 역주는 제대로 달았는지, 무엇보다도 원문의 의미를 적절한 우리말로 매끄럽게 표현해 내었는지 등등 걱정스럽기만 하다. 다만 이 책이 간략한 역주를 병행한 완역이자 초역(初譯)이라는 점에 다소 용기를 갖고 부끄러움과 두려움을 감수하기로 했다. 앞으로 보다 나은 번역서가 될 수 있도록 여러 명현(名賢)들께 호된 꾸지람을 부탁드린다.

끝으로 그야말로 천학비재한 옮긴이를 늘 옆에서 학문의 곧은 길로 인도해 주시는 전인초 은사님과, 비슷한 전공을 하고 있다는 이유만으로 부족한 옮긴이를 애써 격려해 주시는 정재서 선생님께 깊은 감사를 드리며, 어려운 여건 속에서도 21책이나 되는 전집 출판을 흔쾌히 수락하고 지난(至難)한 편집작업에 선뜻 나선 학고방(學古房) 출판사 하운근 사장님과 편집실 직원 여러분께 고마움을 드린다.

2000년 9월 5일
옮긴이를 대표하여
김장환 삼가 씀

차 례

추천의 말 - 전인초(全寅初) · 5
추천의 말 - 정재서(鄭在書) · 8
옮긴이의 말 - 김장환(金長煥) · 11

권제176 기량(器量)1
  악광(樂廣) · 33
  유인궤(劉仁軌) · 34
  누사덕(婁師德) · 35
  이적(李勣) · 41
  이일지(李日知) · 44
  노승경(盧承慶) · 45
  배면(裴冕) · 46
  곽자의(郭子儀) · 47
  송칙(宋則) · 55

권제177 기량2
  육상선(陸象先) · 59
  원재(元載) · 60
  동진(董晉) · 60
  배도(裴度) · 64

  우적(于頔) · 66
  무원형(武元衡) · 71
  이신(李紳) · 72
  노휴(盧攜) · 74
  귀숭경(歸崇敬) · 76
  하후자(夏侯孜) · 76
  진경선(陳敬瑄) · 78
  갈주(葛周) · 79

권제178 공거(貢擧)1
  총서진사과(總敍進士科) · 85
  진사귀례부(進士歸禮部) · 89
  부해(府解) · 92
  제주해(諸州解) · 94
  시잡문(試雜文) · 96
  내출제(內出題) · 98

방잡문방(放雜文牓) · 98
방방(放牓) · 99
오로방(五老牓) · 101
사은(謝恩) · 103
기집(期集) · 105
과당(過堂) · 106
제명(題名) · 108
관시(關試) · 109
연집(讌集) · 110

권제179 공거2
두정현(杜正玄) · 117
이의침(李義琛) · 117
진자앙(陳子昻) · 118
왕유(王維) · 120
양훤(楊暄) · 125
소영사(蕭穎士) · 127
교이(喬彛) · 128
허맹용(許孟容) · 130
장정보(張正甫) · 130
염제미(閻濟美) · 132
반염(潘炎) · 138
영호환(令狐峘) · 139
웅집역(熊執易) · 140

권제180 공거3
상곤(常袞) · 143

송제(宋濟) · 144
우석서(牛錫庶) · 146
최원한(崔元翰) · 148
잠분(湛賁) · 149
윤극(尹極) · 150
이정(李程) · 151
채남사(蔡南史) · 154
우승유(牛僧孺) · 155
양우경(楊虞卿) · 157
묘찬(苗纘) · 157
비관경(費冠卿) · 158
이고언(李固言) · 159
은요번(殷堯藩) · 161
시견오(施肩吾) · 161
장정보(張正甫) · 162
풍요(馮陶) · 163
장환(張環) · 163
양삼희(楊三喜) · 164

권제181 공거4
이봉길(李逢吉) · 167
장효표(章孝標) · 168
유가(劉軻) · 169
최군(崔羣) · 169
이고녀(李翱女) · 171
하발기(賀拔惎) · 173
이종민(李宗閔) · 174

유승선(庾承宣)·175
장우(張祐)·175
노구(盧求)·177
두목(杜牧)·179
유분(劉蕡)·182
설보손(薛保遜)·184
가도(賈島)·185
필함(畢諴)·185
배덕융(裴德融)·186
배사겸(裴思謙)·187
이굉(李肱)·189
소경윤(蘇景胤)·장원부(張元夫)·191

권제182 공거5
최려(崔蠡)·197
노조(盧肇)·199
정릉(丁稜)·200
고비웅(顧非熊)·201
이덕유(李德裕)·202
장분(張濆)·203
선종(宣宗)·204
노악(盧渥)·205
유태(劉蛻)·206
묘태부(苗台符)·장독(張讀)·207
허도민(許道敏)·208
최은몽(崔殷夢)·210
안표(顏摽)·211

온정균(溫庭筠)·212
노단(盧彖)·213
옹언추(翁彥樞)·214
유허백(劉虛白)·217
봉정경(封定卿)·218
풍조(馮藻)·219
조종(趙琮)·220

권제183 공거6
유업(劉鄴)·225
섭경(葉京)·225
이애(李藹)·226
방후(房珝)·227
왕준(汪遵)·227
유윤장(劉允章)·229
왕응(王凝)·229
노상경(盧尙卿)·231
이요(李堯)·232
고식(高湜)·233
공승억(公乘億)·235
손룡광(孫龍光)·236
왕린(王璘)·236
장응(蔣凝)·238
오융(吳融)·239
노광계(盧光啓)·240
왕언창(王彥昌)·242
두승(杜昇)·243

정창도(鄭昌圖)·244
정하(程賀)·246
진교(陳嶠)·247
진도옥(秦韜玉)·248
육의(陸扆)·249
장서(張曙)·250
최소구(崔昭矩)·252
가영(賈泳)·253

권제184 공거7(氏族附)
공거
소종(昭宗)·257
위견(韋甄)·258
유찬(劉纂)·258
종부(鐘傅)·260
노문환(盧文煥)·261
조광봉(趙光逢)·262
노연양(盧延讓)·263
위이범(韋貽範)·265
양현동(楊玄同)·266
봉순경(封舜卿)·267
고련(高輦)·268
씨족
이씨(李氏)·271
왕씨(王氏)·272
칠성(七姓)·272
이적(李積)·273

최식(崔湜)·274
유례(類例)·274
이교(李嶠)·275
장열(張說)·276
양씨(楊氏)·276
이익(李益)·277
장각태자비(莊恪太子妃)·278
백민중(白敏中)·279
여주의관(汝州衣冠)·280
황생(黃生)·280

권제185 전선(銓選)1
채확(蔡廓)·285
사장(謝莊)·286
유림보(劉林甫)·287
장열(張說)·288
온언박(溫彥博)·288
대주(戴冑)·289
당교(唐皎)·290
양사도(楊師道)·290
고계보(高季輔)·291
설원초(薛元超)·292
양사현(楊思玄)·292
장인의(張仁禕)·293
배행검(裴行儉)·294
삼인우열(三人優劣)·295
유기(劉奇)·296

적인걸(狄仁傑)·296
정고(鄭杲)·298
설계창(薛季昶)·298
등갈(鄧渴)·299
이지원(李至遠)·300
장문성(張文成)·301
정음(鄭愔)·최식(崔湜)·302
호명(糊名)·303

권제186 전선2

사봉관(斜封官)·307
노종원(盧從愿)·309
위항(韋抗)·310
장인원(張仁愿)·310
두섬(杜暹)·311
위지고(魏知古)·312
노제경(盧齊卿)·312
왕구(王丘)·313
최림(崔琳)·314
배광정(裴光庭)·314
설거(薛據)·315
이림보(李林甫)·316
장열(張說)·317
장석(張奭)·318
양국충(楊國忠)·319
육지(陸贄)·321
정여경(鄭餘慶)·322

배준경(裴遵慶)·324
이강(李絳)·324
이건(李建)·325
최안잠(崔安潛)·326

권제187 직관(職官)

재상(宰相)·329
상사(上事)·330
소괴(蘇瓌)·331
양성(兩省)·332
독고급(獨孤及)·334
참작원(參酌院)·335
양성(陽城)·335
여온(呂溫)·336
위현(韋絢)·337
이정(李程)·339
잡설(雜說)·339
어사(御史)·340
동주어사(同州御史)·342
최원(崔遠)·343
엄무(嚴武)·344
압반(押班)·345
대문(臺門)·345
역오원(歷五院)·347
한고(韓皋)·347
잡설(雜說)·349
사직(使職)·350

상서성(尙書省)·352
최일지(崔日知)·354
탁지(度支)·355
유벽(柳闢)·356
성교(省橋)·357
비서성(秘書省)·358
어대(魚袋)·359
사청(莎廳)·360

권제188 권행(權倖)
장역지(張易之)·365
왕준(王準)·366
왕모중(王毛仲)·368
이림보(李林甫)·369
노현(盧絢)·372
이보국(李輔國)·374
위거모(韋渠牟)·376
어조은(魚朝恩)·378
원재(元載)·380
노암(路巖)·382
고상(高湘)·384
노은(盧隱)·386

권제189 장수(將帥)1
관우(關羽)·391
간문(簡文)·391
이밀(李密)·392

유문정(劉文靜)·395
이금재(李金才)·397
이정(李靖)·398
곽제종(郭齊宗)·400
당휴경(唐休璟)·401
이진충(李盡忠)·402
봉상청(封常淸)·403
이광필(李光弼)·408

권제190 장수2(雜謠智附)
마수(馬燧)·417
엄진(嚴振)·419
온조(溫造)·421
고병(高駢)·423
남만(南蠻)·424
장준(張濬)·426
유심(劉鄩)·429
장경(張勍)·430
왕건(王建)·432
잡홀지
위태조(魏太祖)·434
촌부(村婦)·436

권제191 효용(驍勇)1
치구흔(甾丘訢)·441
주준(朱遵)·443
조운(趙雲)·444

여몽(呂蒙)·445
위임성왕(魏任城王)·445
환석건(桓石虔)·447
양대안(楊大眼)·448
맥철장(麥鐵杖)·450
팽락(彭樂)·451
고개도(高開道)·452
두복위(杜伏威)·453
울지경덕(尉遲敬德)·453
시소제(柴紹弟)·454
진숙보(秦叔寶)·456
설인귀(薛仁貴)·457
공손무달(公孫武達)·458
정지절(程知節)·459
설만(薛萬)·459
이해고(李楷固)·460
왕군작(王君㚟)·461
송령문(宋令文)·462
팽박통(彭博通)·464
이굉(李宏)·464
신승사(辛承嗣)·465

권제192 효용2
내진(來瑱)·469
가서한(哥舒翰)·470
마린(馬璘)·471
백효덕(白孝德)·472

이정기(李正己)·475
이사업(李嗣業)·476
마훈(馬勛)·477
왕절(汪節)·480
팽선각(彭先覺)·481
왕배우(王俳優)·482
종부(鍾傅)·483
묵군화(墨君和)·485
주귀우(周歸祐)·490
왕재(王宰)·490

권제193 호협(豪俠)1
이정(李亭)·495
규염객(虯髯客)·495
팽달(彭闥)·고찬(高瓚)·511
가흥승기(嘉興繩技)·511
거중여자(車中女子)·514

권제194 호협2
곤륜노(崑崙奴)·523
후이(侯彝)·531
승협(僧俠)·533
최신사(崔愼思)·537
섭은낭(聶隱娘)·540

권제195 호협3
홍선(紅綫)·553

호증(胡證) · 562
풍연(馮燕) · 564
경서점노인(京西店老人) · 567
난릉노인(蘭陵老人) · 569
노생(盧生) · 572
의협(義俠) · 574

권제196 호협4
전팽랑(田膨郎) · 581
선자사문자(宣慈寺門子) · 586
이귀수(李龜壽) · 589
반장군(潘將軍) · 592
고인처(賈人妻) · 597
형십삼낭(荊十三娘) · 601
허적(許寂) · 602
정수재(丁秀才) · 605

권제197 박물(博物)
동방삭(東方朔) · 609
유향(劉向) · 610
호종(胡綜) · 611
장화(張華) · 612
속석(束晳) · 620
심약(沈約) · 622
우세남(虞世南) · 623
부혁(傅奕) · 624
학처준(郝處俊) · 625

맹선(孟詵) · 626
당문종(唐文宗) · 628
가탐(賈耽) · 630
단성식(段成式) · 630
강릉서생(江陵書生) · 632

권제198 문장(文章)1
사마상여(司馬相如) · 637
사조(謝朓) · 638
심약(沈約) · 639
유신(庾信) · 640
왕발(王勃) · 641
노조린(盧照鄰) · 642
최융(崔融) · 643
장열(張說) · 644
최서(崔曙) · 646
왕유(王維) · 647
이한(李翰) · 647
고황(顧況) · 648
노악(盧渥) · 649
당덕종(唐德宗) · 651
융욱(戎昱) · 653
이단(李端) · 655
한굉(韓翃) · 656
양빙(楊憑) · 658
부재(符載) · 659
왕건(王建) · 661

배도(裴度) · 662
백거이(白居易) · 663
원화사문(元和沙門) · 667

권제199 문장2
두목(杜牧) · 671
천교유인(天嶠遊人) · 676
담수(譚銖) · 677
주광물(周匡物) · 678
왕파(王播) · 680
주경여(朱慶餘) · 681
당선종(唐宣宗) · 682
온정균(溫庭筠) · 686
이상은(李商隱) · 690
유전(劉瑑) · 691
정전(鄭畋) · 694
사공도(司空圖) · 695
고섬(高蟾) · 695

권제200 문장3
이위(李蔚) · 701
노악(盧渥) · 703
한정사(韓定辭) · 705
요암걸(姚巖傑) · 708
적귀창(狄歸昌) · 712
두순학(杜荀鶴) · 713
무신유문(武臣有文)
조경종(曹景宗) · 713
고앙(高昂) · 715
하약필(賀若弼) · 717
이밀(李密) · 718
고숭문(高崇文) · 720
왕지흥(王智興) · 721
고병(高駢) · 724
나소위(羅昭威) · 726
조연수(趙延壽) · 728

태평광기 권제 176

기량(器量) 1

1. 악　광(樂　　廣)
2. 유 인 궤(劉 仁 軌)
3. 누 사 덕(婁 師 德)
4. 이　적(李　　勣)
5. 이 일 지(李 日 知)
6. 노 승 경(盧 承 慶)
7. 배　면(裴　　冕)
8. 곽 자 의(郭 子 儀)
9. 송　칙(宋　　則)

176·1(1839)
악 광(樂 廣)

진(晉)나라 상서령(尙書令) 악광(樂廣)의 딸이 대장군인 성도왕(成都王) 사마영(司馬穎)에게 시집갔는데, 성도왕의 형인 장사왕(長沙王) 사마예(司馬乂)가 낙양(洛陽)에서 권세를 잡고서 마침내 군대를 정비하여 서로 맞붙게 되었다. 장사왕은 소인배들을 가까이 하고 충신군자를 멀리했으므로, 조정에 있는 자들은 모두 위험과 두려움을 느끼고 있었다. 그런데 악령(樂令: 樂廣)은 이미 조정에서 명망을 얻었고 게다가 성도왕과 인척관계를 맺고 있었던 터라, 소인배들이 장사왕에게 그를 참소했다. 장사왕이 한번은 악령에게 [그 일에 관해서] 묻자, 악령은 태연한 안색을 지으며 천천히 대답했다.

"어찌 아들 다섯을 딸 하나와 바꾸겠습니까?"

이로 말미암아 장사왕은 마음을 풀고 더 이상 악령을 의심하지 않았다. (『세설신어』)

晉樂令廣女適大將軍成都王穎, 王兄長沙王乂, 執權於洛, 遂構兵相圖. 長沙親近小人, 遠外君子, 凡在朝者, 人懷危懼. 樂令旣處朝望, 加有婚親, 小人讒於長沙. 嘗問('問'原作'聞', 據明鈔本改)樂令, 神色自若, 徐答曰: "廣豈以五男易一女?" 由是釋然, 無復疑意. (出『世說新語』)

176 · 2(1840)
유인궤(劉仁軌)

당(唐)나라 때 유인궤는 좌복야(左僕射)로 있었고 대지덕(戴至德)은 우복야(右僕射)로 있었는데, 사람들은 모두 유인궤는 높이 쳤지만 대지덕은 얕잡아보았다. 당시 어떤 노부인이 고소장을 올렸는데, 대지덕이 막 붓을 들어 [하급관서에] 지시를 내리려고 할 때 노부인이 좌우 사람들을 돌아보며 물었다.

"이 분이 유복야십니까? 대복야십니까?"

좌우 사람들이 대복야라고 대답하자, 노부인이 급히 앞으로 나아가 말했다.

"이 분은 일을 제대로 해결하지 못하는 복야시니, 내 고소장을 돌려주십시오."

[그 말을 들은] 대지덕은 웃으면서 고소장을 그녀에게 돌려주도록 했다. 대지덕은 관직에 있는 동안 남다른 업적이 없었으며, 조정에서도 거의 말을 잘하지 못했다. 그렇지만 그가 죽은 뒤에 고종(高宗)은 이렇게 탄식했다.

"내가 대지덕을 잃은 후로는 더 이상 훌륭한 의견을 듣지 못했다. 그가 살아 있을 때는 일 처리할 때 옳지 못한 점이 있으면 내가 잘못하도록 놓아둔 적이 없었는데!"

그리고는 그가 계속해서 아뢴, 상자에 가득 담긴 장주문(章奏文)을 꺼내 읽어보면서 눈물을 흘리자, 조정 관리들은 비로소 뒤늦게 그를 중시했다. (『국사이찬』)

　　唐劉仁軌爲左僕射, 戴至德爲右僕射, 皆多劉而鄙戴. 時有一老婦陳牒, 至德方欲下筆, 老婦顧左右曰: "此劉僕射? 戴僕射?" 左右以戴僕射言, 急就前曰: "此是不解事僕射, 却將牒來." 至德笑, 令授之. 戴僕射在職無異迹, 當朝似不能言. 及薨後, 高宗歎曰: "自吾喪至德, 無所復聞. 當其在時, 事有不是者, 未嘗放我過!" 因出其前後所陳, 章奏盈篋, 閱而流涕, 朝廷始追重之. (出『國史異纂』)

176 · 3(1841)
누사덕(婁師德)

　　납언(納言: 門下省의 最高官으로 御命의 出納을 관장함) 누사덕은 정주(鄭州) 사람이다. 그가 병부상서(兵部尙書)로 있을 때 병주(幷州)를 순시했는데, 그때 접경지역의 여러 현의 현령들이 그를 수행했다. 해가 높이 떴을 때 역참에 도착했는데, 누사덕은 자신의 일행이 역참의 사람들을 번거롭게 할까봐 걱정하여 일행에게 역참의 대청에서 함께 식사하도록 했다. 그런데 상서[누사덕]의 밥은 희고 고왔으나 다른 사람들의 밥은 거무튀튀하고 거칠자, 누사덕이 역장(驛長)을 불러 야단쳤다.

　　"너는 어찌하여 두 부류로 나누어 손님을 대접하느냐?"

　　역장(驛將: 驛長과 같음)이 두려워하면서 대답했다.

　　"갑자기 오시는 바람에 절강미(浙江米: 절강 일대에서 생산되는 양질의 쌀)를 미처 다 구하지 못해서 그랬사오니, 죽을 죄를 지었사옵니다!"

상서가 말했다.

"갑자기 찾아오는 손님은 있어도 갑자기 손님 맞을 준비를 할 수 있는 주인은 없는 법이니, 거친 밥을 먹은들 또한 어찌 흠이 되겠느냐?"

그리고는 마침내 [자신의 고운 밥을] 거친 밥으로 바꾸어서 먹었다.

[또 한번은 누사덕이] 영전(營田: 屯田. 官府에서 流民을 소집하여 경작하게 한 官田으로, 屯官을 설치하여 감독하게 했음)을 순찰하러 양주(梁州)에 갔을 때, 누사덕의 고향사람으로 성이 누씨인 자가 둔관(屯官)으로 있다가 뇌물죄를 범했는데, 도독(都督) 허흠명(許欽明)은 그를 사형에 처하여 사람들을 경계시키고자 했다. 그 고향사람이 상서를 배알하고 자신을 구해주길 청하자, 상서가 말했다.

"국법을 범한 자는 내 친자식이라도 놓아줄 수 없는데, 하물며 그대는 말해 무엇하겠는가?"

다음날 연회에 참석했을 때, 도독이 상서에게 말했다.

"국법을 범한 자는 모두 처벌해야 합니다."

상서가 말했다.

"듣자하니 나의 고향사람이라고 하는 어떤 사람이 국법을 범했다고 하던데, 사실 나는 그 사람을 알지 못하오. 단지 내가 그의 부친과 함께 어렸을 때 같이 소를 쳤을 뿐이니, 도독은 나 때문에 국법을 너그럽게 처리하지는 마시오."

[이 말을 들은] 도독이 급히 그 사람의 형구를 벗겨 대령하게 하자, 상서가 그를 호되게 꾸짖으며 말했다.

"너는 부모를 떠나 관직을 찾아 이곳까지 왔는데, 신중하고 청렴하지 못하니 더 이상 뭐 볼 게 있겠느냐?"

그리고는 찐 떡 한 접시를 그에게 주면서 말했다.

"이거나 처먹고 가서 배 터져 죽은 귀신이나 되거라!"

그래서 도독은 그를 석방해주었다.

나중에 누사덕이 납언평장사(納言平章事: 納言으로서 宰相의 직무를 맡았다는 뜻)가 되었을 때 또 둔전(屯田)을 순찰하게 되었는데, 떠날 날이 이미 잡히자 수행관원들에게 먼저 떠나라고 분부했다. 누사덕은 이전부터 발이 아팠기에 타고 갈 말을 기다렸으나 미처 오지 않자, 광정문(光政門) 밖의 가로 막대 위에 앉아 있었다. 잠시 후 어떤 현령이 오더니 그가 납언인 줄도 모르고 자신의 이름을 밝힌 뒤 그와 함께 앉았다. 현령의 하인이 멀리서 이를 보고는 달려와서 고했다.

"이 분은 납언 어르신이십니다."

현령은 깜짝 놀라 일어나며 말했다.

"죽을 죄를 졌사옵니다."

납언이 말했다.

"사람을 몰라봐서 그런 것인데 무슨 죽을 죄를 졌단 말인가?"

이윽고 현령이 변명의 말을 했다.

"좌억(左嶷)이란 사람은 늙어서 눈이 어둡기 때문에 퇴직을 주청했지만, 저는 밤에도 표문(表文)을 쓸 수 있으니 실제로 제 눈이 어두운 것은 아닙니다."

납언이 말했다.

"밤에도 표문을 쓸 수 있다면서 어찌하여 대낮에 재상은 알아보지 못했는가?"

현령은 몹시 부끄러워하면서 말했다.

"납언께서는 제발 아까 재상께 말씀하지 말아주십시오![현령은 자신이 알아보지 못한 또 다른 재상이 있는 줄 알고 이렇게 말한 것임] 납언께서는, 나무아미타불, 말씀하지 말아주십시오!"

공(公: 婁師德)의 수행원들은 [이 말을 듣고] 모두 웃었다.

대사(大使: 영전을 순찰하는 사신은 황제가 직접 파견하기 때문에 대사라고 한 것임. 여기서는 婁師德을 가리킴)는 영주(靈州)에 도착하여 과역(果驛)에서 식사를 마친 뒤 말을 대령하게 했다. 그때 수행하던 판관(判官)이 역참 사람들[원문은 '意家'이지만 문맥상 '驛家'가 타당하므로 고쳐서 번역함]에게 물을 달라고 했는데, 아무리 요청해도 그들은 가져오지 않았으며 전혀 공손히 받들지 않았다. 그러자 납언이 말했다.

"내가 이미 말에 올랐으니 그대를 위해 저들을 혼내주겠네."

그리고는 역장을 불러오게 하여 꾸짖었다.

"판관이 납언과 무슨 구별이 있기에 그를 대접하지 않느냐? 곤장을 가져오너라!"

역장이 두려움에 떨면서 엎드려 절하자, 납언이 말했다.

"내가 너를 한바탕 때려주고 싶지만, 대사(大使) 체면에 역장을 때리는 것은 사소한 일이므로 도리어 내 명성을 더럽힐 뿐이다. 만약 네가 속한 주현(州縣)에 이 일을 말하면 너는 목숨을 부지하지 못할 것이니, 지금은 일단 놓아주겠다."

역장은 무릎을 꿇은 채로 땀을 흘리다가 허둥지둥 달려나갔다. 누사덕은 그의 뒷모습을 보면서 판관에게 말했다.

"내가 그대를 위해 혼 좀 내주었네."

사람들은 모두 놀라고 감탄했다. 누사덕이 행한 일은 모두 이와 같았다. 그래서 부휴자(浮休子: 『朝野僉載』의 撰者 張鷟의 別號)는 이렇게 평했다.

"사마휘(司馬徽: 漢代 南陽郡의 名士로 道號는 水鏡先生. 성품이 온화했으며, 인물에 대해 好惡를 드러내지 않고 남이 무슨 말을 하든 옳다고 했다 함)와 유관(劉寬: 東漢 桓帝 때 사람으로 南陽太守를 지냄. 성품이 온화하고 인자하여, 관리나 백성이 잘못을 저지르면 부들채찍으로 몇 대 때려서 징계했다고 함)도 이보다 더하진 못할 것이다."

(『조야첨재』)

이소덕(李昭德)이 내사(內史)로 있고 누사덕이 납언으로 있을 때, 서로 따라서 조정에 들어갔다. 누사덕은 몸집이 비대하여 걸음걸이가 더뎠는데, 이소덕이 자주 뒤돌아보며 기다렸으나 누사덕이 금방 오지 않자, 버럭 화를 냈다.

"이 죽어도 쌀 촌놈 같으니!"

누사덕은 그 말을 듣고도 웃으면서 말했다.

"내가 촌놈이 아니라면 또 누가 촌놈이겠소?"

누사덕의 동생이 대주자사(代州刺使)에 제수되어 장차 임지로 떠나려 할 때, 누사덕이 동생에게 말했다.

"나는 재주도 없이 재상의 지위에 앉아 있는데, 네가 지금 또 외람되고도 과분하게 주목(州牧: 刺史)이 되었으니, 우리는 사람들이 질시하는 대상이다. 너는 장차 어떻게 조상의 체면을 보전하려느냐?"

동생이 무릎을 꿇은 채로 말했다.

"지금부터는 비록 어떤 사람이 제 얼굴에 침을 뱉더라도 감히 한 마디도 하지 않고 그 침을 닦아내기만 하겠습니다. 이런 자세로 스스로 힘

쓰면 아마 형님께 근심을 끼쳐드리지는 않을 것입니다."

누사덕이 말했다.

"그것이 바로 내가 근심하는 까닭이다. 대저 남이 너에게 침을 뱉는다면 너에게 화를 내는 것인데, 네가 닦아낸다면 그 침을 싫어하는 것이 되니, 싫어해서 닦아낸다면 이는 도리어 그 사람의 화를 돋구는 것이다. 남이 침을 뱉더라도 닦아내지 말고 저절로 마르기를 기다리는 것이 어떻겠느냐?"

동생은 웃으면서 형의 가르침을 받았다. 칙천무후(則天武后) 시대에도 누사덕은 끝까지 총애와 작록을 잃지 않았다. (『국사이찬』)

納言婁師德, 鄭州人. 爲兵部尙書, 使幷州, 接境諸縣令隨之. 日高至驛, 恐人煩擾驛家, 令就廳同食. 尙書飯白而細, 諸人飯黑而矗, 呼驛長責之曰: "汝何爲兩種待客?" 驛將恐, 對曰: "邂逅浙米不得, 死罪!" 尙書曰: "卒客無卒主人, 亦復何損?" 遂換取矗飯食之.

檢校營田, 往梁州, 先有鄕人姓婁者爲屯官, 犯贓, 都督許欽明欲決殺令衆. 鄕人謁尙書, 欲救之, 尙書曰: "犯國法, 師德當家兒子, 亦不能捨, 何況渠?" 明日宴會, 都督與尙書曰: "犯國法俱坐." 尙書('尙書'二字上原有'謂'字, 據『朝野僉載』五刪)曰: "聞有一人犯國法, 云是師德鄕里, 師德實不識. 但與其父爲小兒時共牧牛耳, 都督莫以師德寬國家法." 都督遽令脫枷至, 尙書切責之曰: "汝辭父孃, 求覓官職, 不能謹潔, 知復奈何?" 將一楪食追餠與之曰: "噇却, 作箇飽死鬼去!" 都督從此捨之.

後爲納言平章事, 父(明鈔本'父'作'又')檢校屯田, 行有日矣, 諮執事早出. 婁先足疾, 待馬未來, 於光政門外橫木上坐. 須臾, 有一縣令, 不知其納言也, 因訴身名, 遂與之並坐. 令有一丁, 遠覘之, 走告曰: "納言也." 令大驚, 起曰: "死罪."

納言曰: "人有不相識, 法有何死罪?" 令因訴云: "有左嶷, 以其年老眼暗奏解, 某夜書表狀亦得, 眼實不暗." 納言曰: "道是夜書表狀, 何故白日裏不識宰相?" 令大慙曰: "願納言莫說向宰相! 納言南無佛不說!" 公左右皆笑.

使至靈州, 果驛上食訖, 索馬. 判官諮意家漿水, 亦索不得, 全不祗承. 納言曰: "師德已上馬, 與公料理." 往呼驛長責曰: "判官與納言何別, 不與供給? 索杖來!" 驛長惶怖拜伏, 納言曰: "我欲打汝一頓, 大使打驛將, 細碎事, 徒涴却名聲. 若向你州縣道, 你卽不存生命, 且放却." 驛將跪拜流汗, 狼狽而走. 婁目迓之, 謂判官曰: "與公躓頓之矣." 衆皆怪歎. 其行事皆此類. 浮休子曰: "司馬徽·劉寬, 無以加也." (出『朝野僉載』)

李昭德爲內史, 師德爲納言, 相隨入朝. 婁體肥行緩, 李屢顧待, 不卽至, 乃發怒曰: "可(明鈔本作'叵寸')耐殺人田舍漢!" 婁聞之, 乃笑曰: "師德不是田舍漢, 更阿誰是?"

師德弟拜代州刺使, 將行, 謂之曰: "吾以不才, 位居宰相, 汝今又得州牧, 叨遽過分, 人所嫉也. 將何以全先人髮膚?" 弟長跪曰: "自今後, 雖有人唾某面上, 某亦不敢言, 但拭之而已. 以此自勉, 庶不爲兄憂." 師德曰: "此適爲我憂也. 夫人唾汝者, 發怒也, 汝今拭之, 是惡其唾, 惡而拭, 是逆人怒也. 唾不拭, 將自乾, 何如?" 弟笑而受之. 武后年, 竟保寵祿. (出『國史異纂』)

176·4(1842)
이 적(李 勣)

당(唐)나라 영국공(英國公) 이적이 사공(司空)이 되어 정사를 처리하고 있었다. 어떤 번관(番官: 임기가 만료되어 재임명을 기다리는 관원)이 관리선발에서 결과가 좋지 않아 외직(外職)으로 나가게 되었기에, 영국공에게 작별인사를 하러왔더니, 영국공이 말했다.

"내일 아침 일찍 조당(朝堂)으로 나를 만나러 오게."

번관이 약속한 때가 되어 도착했더니, 낭중(郎中)들이 모두 영국공 옆에 있었다. 번관이 나아가 영국공에게 작별인사를 하자, 영국공은 눈살을 찌푸리며 그에게 말했다.

"그대는 이렇게 나이가 들도록 상서시랑(尙書侍郎)을 잘 모실 줄 몰랐던 모양이군. 나 같은 노인네는 그대의 이름을 알지 못하여 도와줄 수 없으니, 무슨 방법으로 그대를 도성에 머물게 할 수 있겠는가? 참으로 그대에게 면목이 없네! 앞으로 열심히 노력하게."

그러자 시랑(侍郎) 등은 황공해하면서 황급히 그 사람의 성명을 묻더니, 남원(南院: 尙書省. 南省이라고도 함. 唐나라 때 尙書省이 宮城의 남쪽에 있었기 때문에 그렇게 불렀음)에 방문(牓文)을 살펴보게 한 뒤, 잠시 후 그를 다시 데리고 들어와 이부령사(吏部令史)에 임명했다.

또 한번은 영국공이 재상으로 있을 때, 같은 고향의 어떤 사람이 영국공의 집을 찾아오자 그에게 음식을 대접했는데, 손님이 [차려 내온] 떡의 가장자리를 떼어내고 먹자, 영국공이 말했다.

"그대는 너무 젊어서 철이 없네. 이 떡을 만들려면, 땅을 두 번이나 갈아엎고 축축한 상태에서 씨를 뿌리고 김 매고 수확하고 타작한 뒤에도 맷돌에 갈고 체로 쳐서 가루로 만든 연후에야 비로소 떡이 되네. 지금 젊은이가 떡의 가장자리를 떼어내는 것은 무슨 도리인가? 이곳에서는 그래도 괜찮지만, 만약 지존(至尊: 皇帝)의 앞에서 그대가 이런 일을 한다면 자칫하면 그대의 목이 달아날 것이네!"

손님은 너무나도 부끄럽고 당황스러웠다.

부휴자(浮休子: 『朝野僉載』의 撰者 張鷟의 別號)가 이렇게 평했다.

"우문씨(宇文氏: 魏晉南北朝의 北周를 말함) 시대에 화주자사(華州刺史) 왕비(王羆)는 어떤 손님이 떡의 가장자리를 떼어내고 먹자, '이 떡은 아주 많은 공력이 들어간 연후에 입으로 들어가게 된 것이네. 그대가 그것을 떼어내는 걸 보니 아직 배가 고프지 않은 모양이니 나에게 가져오게'라고 말했더니, 손님이 깜짝 놀랐다. 또 한번은 대사(臺使: 刺史의 屬官)가 왕비를 초청하여 식사를 대접했는데, 대사가 오이 껍질을 너무 두껍게 벗겨서 땅에 버리자, 왕비가 땅으로 내려가 그것을 주워 먹었더니, 대사가 몹시 당황해했다. 지금 경박한 젊은이들은 떡의 가장자리를 떼어내고 오이의 과육까지 깊이 벗겨내면서 고관의 자제처럼 폼잡는데, 이는 사리에 통달한 사람이라면 하지 않는 짓이다."

(『조야첨재』)

唐英公李勣爲司空, 知政事. 有一番官者, 參選被放, 來辭英公, 公曰: "明朝早, 向朝堂見我來." 及期而至, 郎中並在傍. 番官至辭, 英公顰眉謂之曰: "汝長生不知事尙書侍郎. 我老翁不識字, 無可敎汝, 何由可得留? 深負媿汝! 努力好去." 侍郎等惶懼, 遽問其姓名, 令南院看牓, 須臾引入, 注與吏部令史.

英公時爲宰相, 有鄕人嘗過宅, 爲設食, 客裂却餠緣, 英公曰: "君大年少. 此餠, 犂地兩遍, 熟櫌下種, 鋤時·收刈·打颺訖, 磑羅作麵, 然後爲餠. 少年裂却緣, 是何道? 此處猶可, 若對至尊前, 公作如此事, 參差斫却你頭!" 客大慙悚.

浮休子曰: "宇文朝, 華州刺史王羆, 有客裂餠緣者, 羆曰: '此餠大用功力, 然後入口. 公裂之, 只是未饑, 且擎却.' 客愕然. 又臺使致羆食飯, 使人割瓜皮大厚,投地, 熙就地拾起, 以食之, 使人極悚息. 今輕薄少年裂餠緣, 割瓜侵瓤, 以爲達官兒郞, 通人之所不爲也." (出『朝野僉載』)

176 · 5(1843)
이일지(李日知)

당(唐)나라 형부상서(刑部尙書) 이일지는 경기 지역의 현관이 된 이후로 한번도 곤장형을 집행한 적이 없었지만 모든 일을 잘 처리했다. 형부상서가 되었을 때, 어떤 영사(令使)가 교지를 받고 3일 동안 잊어버린 채 일을 시행하지 않자, 상서는 곤장을 대령하고 그의 옷을 벗기게 한 뒤 영사들을 모두 소집해놓고서 그에게 장형을 집행하려다가 그를 꾸짖으며 말했다.

"나는 한바탕 너에게 곤장을 치고 싶지만, 세상 사람들이 너를 두고 '이일지를 화나게 만들어서 이일지의 곤장을 맞았다'고 떠들어댄다면, 너는 사람 취급도 받지 못하고 처자식도 너를 존경하지 않을까 봐 걱정이다."

그리고는 그를 풀어주었다. 이후로는 영사 중에서 감히 명을 어기는 자가 없었으며, 설령 누군가 잘못을 저지르더라도 사람들이 모두 그를 질책했다. (『조야첨재』)

唐刑部尙書李日知自爲畿赤, 不曾行杖罰, 其事克濟. 及爲刑部尙書, 有令使受敕三日, 忘不行者, 尙書索杖剝衣, 喚令使總集, 欲決之, 責曰: "我欲笞汝一頓,恐天下人稱你云'撩得李日知嗔, 喫李日知杖', 你亦不是人, 妻子亦不禮汝." 遂放之. 自是令史無敢犯者, 設有稽失, 衆共責之. (出『朝野僉載』)

176 · 6(1844)
노승경(盧承慶)

상서(尙書) 노승경은 내외 관리의 실적에 대한 초고(初考: 관리의 실적을 3년에 1번씩 9년에 걸쳐 3번 조사했는데, 그 첫 번째 심사를 '初考'라 함)를 총 관장했다. 조운(漕運)을 맡은 어떤 관리가 풍랑을 만나 조미(漕米: 조세로 징수하여 漕運하던 쌀)를 잃어버리자, 노승경은 이렇게 평가했다.

"조운을 감독하다 양곡을 잃었으니 중하(中下)로 평가한다."

그 사람이 태연자약한 태도로 아무 말도 없이 물러가자, 노승경은 그의 넓은 도량을 높이 쳐서 이렇게 고쳐 평가했다.

"[양곡을 잃은 일은] 사람의 힘으로 어쩔 수 없는 경우이니 중중(中中)으로 평가한다."

[이 말을 듣고도] 그 사람이 기뻐하는 기색이 없고 송구스럽다는 말도 하지 않자, 노승경은 또 이렇게 고쳐 평가했다.

"총애와 모욕에 놀라지 않으니 중상(中上)으로 평가할 만하다."

(『국사이찬』)

盧尙書承慶, 總章初考內外官. 有一官督運, 遭風失米('米'原作'水', 據明鈔本改), 盧考之曰: "監運失糧, 考中下." 其人容止自若, 無一言而退, 盧重其雅量, 改注曰: "非力所及, 考中中." 旣無喜容, 亦無愧詞, 又改曰: "寵辱不驚, 可中上."
(出『國史異纂』)

176 · 7(1845)
배 면(裵 冕)
(原作'張晃', 據明鈔本 · 黃刻本改)

이제물(李齊物)은 천보연간(天寶年間: 742~755) 초에 섬주자사(陝州刺史)가 되었는데, 지주산(砥柱山: 三門山이라고도 함)의 험로를 개척하다가 바위 속에서 '평륙(平陸)'이라는 글자가 새겨진 쇠가래가 나오자, [섬주의] 하북현(河北縣)을 평륙현으로 개명했다. 성격이 편협하고 급했던 이제물이 주성(州城)의 대로에서 섬현위(陝縣尉) 배면에게 화를 냈는데, [이 일로 인해] 사대부들이 배면을 깔보았다. [그런데도] 나중에 배면은 재상이 된 후 이제물을 태자빈객(太子賓客)에 제수했다. 당시 사람들은 배면이 사적인 원한에 보복하지 않았다고 칭송했다. (『담빈록』)

李齊物, 天寶初爲陝州刺史, 開砥柱之險, 石中鐵犂鑱有'平陸'字, 因改河北縣爲平陸縣. 齊物性褊急, 怒陝縣尉裴冕於州城大路, 冠冕之士鄙之. 後冕爲宰相, 除齊物太子賓客. 時人嘉冕不報私怨. (出『譚賓錄』)

176・8(1846)
곽자의(郭子儀)

곽자의가 중서령(中書令)으로 있을 때, 관군용사(觀軍容使: 唐代에 임시로 설치한 軍職으로 권세 있는 宦官이 맡았음) 어조은(魚朝恩)이 함께 장경사(章敬寺)를 유람하자고 초청하자, 곽자의는 이를 허락했다. 승상(丞相)은 그들이 서로 사이가 좋지 않은 것을 생각하여 부하 관리를 보내 곽자의에게 가지 말라고 권유하게 했다. 그러자 빈주(邠州: 당시 郭子儀는 邠寧節度使를 겸하고 있었음)의 관리는 중서성에서 곽공(郭公: 郭子儀)에게 급히 달려가 관군용사가 곽공에게 해코지를 할 지도 모른다고 알렸으며, 여러 장수들에게도 [그러한 사실을] 알렸다. 잠시 후 어조은의 사신이 도착하자 곽자의가 가려고 했더니, 그를 따라나서겠다고 자청한 갑옷 입은 병사가 300명이나 되었다. 그러나 곽자의는 그들에게 화를 내며 말했다.

"나는 대신(大臣)이니 그가 천자의 밀지(密旨)를 받지 않고서야 어찌 감히 나를 해치겠느냐! 만약 천자의 칙명이 내려졌다면 너희들이 무얼 하겠다는 것이냐?"

그리고는 혼자 동복(童僕) 10여 명과 함께 그곳으로 갔다. 어조은이 그를 기다리고 있다가 놀라며 말했다.

"어찌하여 기병들을 대동하지 않았습니까?"

곽자의는 들은 소문을 어조은에게 말해주면서 이렇게 덧붙였다.

"괜한 걱정만 할까봐 그랬습니다."

어조은은 가슴을 매만지고 손을 받쳐들면서 오열하고 눈물을 뿌리며 말했다.

"공과 같은 어르신이 아니라면 어찌 의심하지 않겠습니까!"

(『담빈록』)

곽자의는 공고불상(功高不賞: 공신의 공훈이 너무 커서 더 이상 내릴 상이 없다는 뜻. 이런 경우에는 대개 해를 입게 됨)의 두려움이 있었는데, 권세 있는 환관이 그의 공로를 몹시 시기하여 마침내 도둑을 시켜 화주(華州)에서 곽공의 조상 무덤을 도굴하게 했다. [이 소식을 들은] 곽공의 비장(裨將: 部將) 이회광(李懷光) 등은 물증을 찾으면서 범인을 체포하는 데 현상금을 걸었다. 곽공은 천자께 상주하러 조정에 들어갔는데, 대양(對揚: 임금의 명령에 답하여 그 뜻을 천하에 알리는 일)하는 날 스스로 죄인임을 자처하고 통곡하면서 이렇게 상주했다.

"신은 군사를 이끌고 정벌하러 나갔다 하면 해를 넘기곤 했는데, 그때마다 남의 형을 해치고 남의 아비를 죽인 경우가 많았사옵니다. 그래서 절의(節義) 있는 사람 중에는 신의 배에 칼을 꽂으려는 자가 많사옵니다. 지금 치욕을 당한 것은 당연히 그 허물 때문이지만, 신은 나라를 위하는 마음뿐이니 죽더라도 후회는 없사옵니다."

이 일로 인해 조정 안팎의 사람들은 모두 그의 속마음을 헤아리지 못했다.

곽공의 아들 곽홍광(郭弘廣)이 한번은 친인리(親仁里)에서 저택을 크게 지었는데, 아래로 길거리의 장사치들에서부터 위로 공자(公子)와 귀인들에 이르기까지 아무런 제지도 받지 않고 그의 저택을 출입했다. 어떤 사람은 이런 말도 했다.

"곽공의 부인 왕씨(王氏)와 조씨(趙氏)의 사랑하는 딸이 거울 앞에서 단장하고 머리 빗고 있을 때, 종종 곽공의 휘하 장수와 관리가 진(鎭)으로 나가게 되어 인사하러 오면 그 속관들까지 모두 불러들여, 그들에게 물을 떠 나르고 수건을 들고 있게 하면서 그들을 노복과 다름없이 여기더군."

다른 날 곽공의 자제들이 근심하면서 이를 간언했지만 곽공은 재삼 응답하지 않았다. 그러자 이어서 자제들이 울며 말했다.

"아버님께서는 공업을 이미 이루셨는데도 자신을 높이 내세우지 않으시며, 귀한 자나 천한 자나 모두 안방까지 드나들게 하시니, 옛날 [楚나라] 이윤(伊尹)과 [漢나라] 곽광(霍光)도 이처럼 하지는 않았을 것이라고 저희들은 생각합니다."

곽공이 웃으면서 말했다.

"이는 너희들이 진실로 헤아릴 수 있는 바가 아니다. 나에게는 나라의 양곡을 먹는 말이 5천 필이나 있고 나라의 봉록을 받는 자가 천 명이나 있는데, 그들은 나아가도 갈 곳이 없고 물러나도 의지할 곳이 없다. [이런 상황에서] 만약에 저택의 담을 높이 치고 게다가 문까지 단단히 걸어 잠근 채 안팎을 통하지 않게 할 경우, 어떤 사람이 원망하여 내가 불충하다고 모함하고 거기다가 공로를 탐내면서 남의 능력을 시기하는 무리가 가세하여 그 일을 [자신들이 바라는 대로] 만들어낸다면, 우리는 구족(九族)이 가루가 될 것이니 그때 가선 배꼽을 물어뜯으며 후회한다 해도 소용없는 일이다. 지금 집이 툭 트여서 막힌 게 없고 사방의 문이 활짝 열려 있으니, 비록 [나에 대한] 참소와 비방이 일어난다 하더라도 벌을 내릴 근거가 없다. 나는 이 때문에 그리 한 것이니라."

[이 말을 듣고] 자제들은 모두 탄복했다. (『곽씨구사(郭氏舊史)』에서는 이렇게 말하고 있다. "신운경(辛雲景)이 곽공 아들의 속관으로 있다가 나중에 담주도독(潭州都督)으로 제수되었기에, 작별인사를 하려 했지만 며칠 동안 곽공을 만나볼 수 없었다. 그래서 곽공의 부인 왕씨와 조씨의 사랑하는 딸이 신운경에게 말하길, '그대는 일단 돌아가 있으면 내가 그대를 위해 영공(令公: 郭子儀)에게 말씀드리겠소'라고 했다. 신운경이 마당에서 절을 하자, 왕부인이 안에서 분을 바르고 있다가 말하길, '나는 매우 기뻐하고 있는데 또한 그대가 한 끼 밥을 먹을 수 있는 곳을 얻게 되어 기쁘오'라고 했다. 조씨의 딸이 계단에서 손을 씻으려 하면서 신운경에게 물을 떠오라고 하자, 왕부인이 '그를 가도록 보내주어라'고 했다. 신운경은 그제야 급히 달려 떠났다.)

영태(永泰) 원년(765)에 복고회은(僕固懷恩: 唐代 장수로 鐵勒族 출신. 安史의 亂 때 郭子儀와 李光弼을 좇아 전쟁에 참여하여 많은 戰功을 세웠으나, 나중에 回紇·吐蕃을 끌어들여 반란을 꾀했다가 병으로 죽었음)이 죽은 뒤 여러 이민족들이 경기 지역을 침범하자, 곽자의가 군대를 통솔하여 방어에 나서 경양(涇陽)에 도착했지만 적군이 이미 집결해 있었다. 곽자의가 병사 2천 명을 거느리고 출입하자, 적장이 이를 보고 물었다.

"저 사람이 누구냐?"

부하가 보고했다.

"곽령공입니다."

회흘(廻紇) 장수가 말했다.

"영공이 살아 있단 말인가? 복고회은이 말하길, 천극한(天可汗: 唐代에 서북 이민족 족장들이 唐 太宗에게 바친 尊號)이 이미 천하를 버렸고 영공도 죽어서 중국에 주인이 없다고 했기 때문에 내가 온 것이다. 지금 영공이 살아 있다면 천극한도 살아 있단 말인가?"

곽자의가 회흘 장수에게 보고하게 했다.

"황제께서는 만수무강하시다."

회흘 장수들이 모두 말했다.

"복고회은이 우리를 속였다!"

곽자의가 사신을 보내 알리게 하자, 회흘 장수가 말했다.

"영공이 만약 살아 있다면 내가 그를 만나볼 수 있겠는가?"

곽자의가 나가려 하자, 휘하 장수들이 모두 말했다.

"오랑캐는 믿을 수 없으니 가시지 마십시오."

곽자의가 말했다.

"오랑캐의 수는 우리보다 10배나 많아서 지금 우리의 힘으로는 당해 내지 못하니 어찌 하겠느냐? 지극한 정성이면 귀신도 감동시킨다고 했는데 하물며 오랑캐임에랴?"

장수들이 철기병 500명을 선발하여 따르게 하겠다고 청하자, 곽자의가 말했다.

"이는 단지 일에 방해가 될 뿐이다."

그리고는 전령에게 소리치게 했다.

"영공께서 납시신다!"

처음에 회흘 장수는 의심하여 모두 무기를 들고 자세히 살펴보면서 그를 기다렸다. 이윽고 곽자의는 수십 명의 기병만 거느리고 천천히 나와 투구를 벗고 그들을 위로했다.

"편안하시오? 오랫동안 함께 나라에 충성했는데 어찌하여 이 지경까지 오게 되었소?"

회흘 장수들이 모두 무기를 버리고 말에서 내려 말했다.

"이는 우리의 아버지와 같은 분이시다."

곽자의는 키가 6척이 넘었고 용모도 수려하고 당당했다. 그는 [肅宗 때] 영무(靈武)에서 평장사(平章事)에 제수되고 분양왕(汾陽王)에 봉해지고 중서령(中書令)에 제수되었으며, 그의 초상이 능연각(凌煙閣)에 안치되었다. [德宗 때는] '상보(尙父)'라는 존호(尊號)를 받았고, [죽은 뒤에는] 대종(代宗)의 묘당에 배향되었다. 그에게는 아들 8명과 사위 7명이 있었는데, 그들은 모두 높은 관직을 지냈다. 아들 곽애(郭曖)는 [대종의 딸인] 승평공주(昇平公主)에게 장가들었다. 손자들이 수십 명이나 되었는데, 그들이 문안인사를 여쭈면 곽자의는 그저 고개만 끄덕였다. 곽자의는 성심을 다해 윗사람을 모셨고 매우 너그럽게 아랫사람을 대했다. 어떤 성이나 읍을 공격하여 함락시킬 때마다 그가 가는 곳에서는 반드시 뜻을 이루었다. 전후로 연달아 행신(幸臣) 정무진(程無振)과 어조은(魚朝恩) 등이 곽자의에게 온갖 참소와 비방을 했다. 그러나 곽자의는 당시 강한 군대를 장악하고 있었기에 외적이 침입하면 황제가 그를 부르라는 어명을 내리곤 했는데, 그는 한번도 자신의 존망을 돌아보지 않았지만 천행(天幸)을 만나 결국 환난을 면했다. 전승사(田承嗣: 처음에는 安祿山의 部將으로 두 차례 洛陽을 공략했으며, 安史의 亂이 실패로 끝나자 唐朝에 귀항하여 魏博節度使가 되었음)가 한창 발호하여 몹시 오만하고 무례했을 때 곽자의가 한번은 사신을 위주(魏州)로 파견했는데, 전승사는 곧바로 멀리서 절을 하며 자신의 무릎을 가리키면서 사신에게 말했다.

"이 무릎은 남에게 굽히지 않은지가 몇 년 되었지만, 지금 곽령공에게만 무릎 굽혀 절을 합니다."

　곽자의 휘하의 이회광과 같은 노장들 수십 명은 모두 왕후에 봉해져 존귀한 신분이었지만, 곽자의는 그들을 지휘하여 나아가고 물러나게 하는 것을 마치 노복 다루듯이 했다. 이전에 곽자의는 [함께 安史의 난을 평정한 장수인] 이광필(李光弼)과 이름을 나란히 했는데, 그는 비록 위의와 지략은 그다지 두드러지지 않았지만 관용과 후덕함으로 사람들을 대하는 것은 이광필보다 나았다. 그는 해마다 봉록으로 24만 전을 받았는데, 개인적인 수입은 여기에 포함되지 않았다. 친인리(親仁里)에 있던 그의 저택은 친인리 땅의 4분의 1을 차지했고 영항리(永巷里)와 통해 있었는데, 집안의 사람들이 3천 명이나 되어서 늘 출입하는 사람들도 곽자의가 어디에 거처하는지 알지 못했다. 대종은 그의 이름을 직접 부르지 않고 '대신(大臣)'이라 불렀다. 천하 사람들이 곽자의 몸의 존망을 자신의 안위(安危)로 여긴지가 거의 20년이었고, 그는 중서령으로 24년 동안 봉직했다. 그의 권세는 천하를 기울일 정도였지만 조정은 이를 꺼리지 않았고, 공적은 한 시대를 덮을 만했지만 군주는 그를 의심하지 않았으며, 사람들이 바라는 모든 사치를 누렸지만 군자들은 그를 비난하지 않았다. 곽자의는 자신은 부귀하고 장수했으며 자손은 번창하고 태평했으니, 줄곧 인륜의 성대함에서 빠진 것이 없었다. 그는 85세에 죽었다. (『담빈록』)

　郭子儀爲中書令, 觀容使魚朝恩請遊章敬寺, 子儀許之. 丞相意其不相得, 使吏諷, 請君無往. 邠吏自中書馳告郭公, 軍容將不利於公, 亦告諸將. 須臾, 朝恩使至, 子儀將行, 士衷甲請從者三百人. 子儀怒曰: "我大臣也, 彼非有密旨, 安敢害我! 若天子之命, 爾曹胡爲?" 獨與童僕十數人赴之. 朝恩候之, 驚曰: "何車騎之省也?"子儀以所聞對, 且曰: "恐勞思慮耳." 朝恩撫胸捧手, 嗚咽揮涕曰: "非公長者, 得無疑乎!" (出『譚賓錄』)

子儀有功高不賞之懼, 中貴人害其功, 遂使盜於華州, 掘公之先人墳墓. 公裨將李懷光等怒, 欲求物捕其賞. 及公入奏, 對揚之日, 但號泣自罪, 因奏曰: "臣領師徒, 出外征伐, 動經歲年, 害人之兄, 殺人之父多矣. 其有節夫義士, 刃臣於腹中者衆. 今搆隳辱, 宜當其辜('辜'原作'幸', 據明鈔本改), 但臣爲國之心, 雖死無悔." 由是中外翕然莫測.

公子弘廣常於親仁里大啓其第, 里巷負販之人, 上至公子簪纓之士, 出入不問. 或云: "王夫人 · 趙氏愛女, 方粧梳對鏡, 往往公麾下將吏出鎭去, 及郞吏, 皆被召, 令汲水持帨, 視之不異僕隷." 他日, 子弟焦列啓諫, 公三不應. 於是繼之以泣曰: "大人功業已成, 而不自崇重, 以貴以賤. 皆游臥內, 某等以爲雖伊 · 霍不當如此也." 公笑而謂曰: "爾曹固非所料. 且吾官馬粟者五百匹, 官餼者一千人, 進無所往, 退無所據. 向使崇垣扃戶, 不通內外, 一怨將起, 搆以不臣, 其有貪功害能徒, 成就其事, 則九族虀粉, 噬臍莫追. 今蕩蕩無間, 四門洞開, 雖讒毀是興, 無所加也. 吾是以爾." 諸子皆伏.(『郭氏舊史』說: "辛雲景曾爲公子之吏使, 後除潭州都督, 將辭, 累日不獲見. 夫人王氏及趙氏愛女乃謂雲景曰: '汝弟去, 吾爲汝言於令公.' 雲景拜於庭, 夫人傅粉於內, 曰: '吾大喜, 且喜汝得一喫飯處.' 趙氏女臨塔灌手, 令雲景汲水, 夫人曰: '放伊去.' 雲景始趨而去矣." 明鈔本'郭氏舊史'作'郭氏舊吏'.)

永泰元年, 僕固懷恩卒, 諸蕃犯京畿, 子儀統衆禦之, 至涇陽, 而虜已合. 子儀率甲士二千出入, 虜見而問曰: "此何人也?" 報曰: "郭令公." 廻紇曰: "令公在乎('乎'原作'曰', 據明鈔本改)? 懷恩謂吾, 天可汗已棄四海, 令公殂謝, 中國無主, 故某來. 今令公在, 天可汗在乎?" 子儀報曰: "皇帝萬壽無疆." 廻紇皆曰: "懷恩欺我!" 子儀使諭之, 廻紇曰: "令公若在, 安得見之?" 子儀出, 諸將皆曰: "戎狄不可信也, 請無往." 子儀曰: "虜有數十倍之衆, 今力不敵, 奈何? 但至誠感神, 況虜乎?" 諸將請選鐵騎五百爲從, 子儀曰: "此適足爲害也." 及傳呼曰: "令公來!" 初疑, 皆持兵注目以待之. 子儀乃數十騎徐出, 免冑勞之曰: "安乎? 久同忠義, 何至於是?" 廻紇皆捨兵降馬曰: "是吾父也."

子儀長六尺餘, 貌秀傑. 於靈武加平章事, 封汾陽王, 加中('中'原作'平', 據明鈔本改)書令, 圖形凌煙閣. 加號'尙父', 配饗代宗廟庭. 有子八人, 壻七人, 皆重官. 子曖, 尙昇平公主. 諸孫數十人, 每諸生問安, 頷之而已. 事上誠藎, 臨下寬厚. 每降城下邑, 所至之處必得志. 前後連罹幸臣程無振·魚朝恩等, 譖毁百端. 時方握强兵, 或臨戎敵, 詔命徵之, 未嘗以危亡廻顧, 亦遇天幸, 竟免患難. 田承嗣方跋扈, 狠傲無禮, 子儀嘗遣使至魏州, 承嗣輒望拜, 指其膝謂使者曰: "此膝不屈於人若干歲矣, 今爲公拜." 麾下老將若李懷光輩數十人, 皆王侯重貴, 子儀麾指進退如僕隷焉. 始光弼齊名, 雖威略不見, 而寬厚得人過之. 歲入官俸二十四萬, 私利不預焉. 其宅在親仁里, 居其地四分之一, 通永巷, 家人三千, 相出入者, 不知其居. 代宗不名, 呼爲'大臣'. 天下以其身存亡爲安危者殆二十年, 校中書令考二十四年. 權傾天下而朝不忌, 功蓋一代而主不疑, 侈窮人欲而君子不罪. 富貴壽考, 繁衍安泰, 終始人倫之盛無缺焉. 卒年八十五. (出『譚賓錄』)

176·9(1847)
송 칙(宋 則)

송칙 집안의 노복이 쇠뇌를 당기다가 줄이 끊어지는 바람에 잘못하여 송칙의 아들을 죽였지만, 송칙은 그에게 벌주지 않았다. (『독이지』)

宋則家奴執弩絃斷, 誤殺其子, 則不之罪. (出『獨異志』)

태평광기

권제 177 기량 2

1. 육상선(陸象先)
2. 원　재(元　載)
3. 동　진(董　晉)
4. 배　도(裴　度)
5. 우　적(于　頔)
6. 무원형(武元衡)
7. 이　신(李　紳)
8. 노　휴(盧　攜)
9. 귀숭경(歸崇敬)
10. 하후자(夏侯孜)
11. 진경선(陳敬瑄)
12. 갈　주(葛　周)

177 · 1(1848)
육상선(陸象先)

당(唐)나라 연국공(兗國公) 육상선이 동주자사(同州刺史)로 있을 때, 그의 집 하인이 길에서 참군(參軍: 刺史의 輔佐官)을 만났는데도 말에서 내리지 않았다. 참군은 이 일을 밖으로 드러내기 위해 채찍으로 하인의 등을 쳐서 피를 본 뒤에 말했다.

"미천한 제가 공을 범했으니, 공의 곁을 떠나고자 합니다."

이 말을 들은 연국공은 은근하게 말했다.

"하인 놈이 관리를 보고도 말에서 내리지 않았으니, 그를 때려도 그만 때리지 않아도 그만이다. 관리가 그를 때렸으니, 나를 떠나도 그만 떠나지 않아도 그만이다."

참군은 연국공의 참뜻을 헤아리지 못한 채 스스로 물러났다. (『국사보』)

唐陸兗公象先爲同州刺史, 有家僮遇參軍不下馬. 參軍欲賈其事, 鞭背見血, 曰: "卑吏犯公, 請去." 兗公從容謂之曰: "奴見官人不下馬, 打也得, 不打也得. 官人打了, 去也得, 不去也得." 參軍不測而退. (出『國史補』)

177 · 2(1849)
원 재(元 載)

[환관] 어조은이 국자감(國子監)을 맡아 상좌(上座)에 앉아서 『역경(易經)』을 강의할 때 「정괘(鼎卦)」까지 빼먹지 않고 다 말했는데 이는, 원재와 왕진(王縉)의 기세를 꺾으려는 의도에서였다. 그날 만조백관이 모두 그 자리에 있었는데, 왕진은 그 수모를 견디지 못했으나, 원재는 그저 미소를 띤 채 기뻐할 따름이었다. 어조은은 강의를 다하고 물러나서 말했다.

"왕진이 화를 내는 것은 인지상정이지만, 그저 웃고 있던 원재의 속내는 짐작할 수 없다." (『국사보』)

魚朝恩於國子監高坐講『易』, 盡言「鼎卦」, 以挫元載・王縉. 是日, 百官皆在, 縉不堪其辱, 載怡然. 朝恩退曰: "怒者常情, 笑者不可測也." 出(『國史補』)

177 · 3(1850)
동 진(董 晉)

동진과 두삼(竇參)은 같은 반열에 있었으나, 당시의 정사는 모두 두삼에 의해서 결정되었으며 동진은 그저 조서를 받들어 따를 뿐이었다. 얼마 뒤 두삼은 그 교만함이 넘쳐 황상을 범할 정도였기에 덕종 황제는 점점 그를 싫어했다. 두삼이 동진에게 넌지시 급사중(給事中) 두신(竇申)

을 이부시랑(吏部侍郎)으로 명할 것을 아뢰게 하자 덕종 황제는 얼굴빛을 고치고 엄하게 말했다.

"어찌 두삼이 경을 시켜 아뢰게 한 것이 아니겠는가?"

동진은 감히 덕종 황제를 숨길 수 없었다. 덕종 황제가 나아가 두삼의 과실을 묻자 동진은 모든 것을 갖추어 아뢰었다. 그로부터 열흘 뒤에 두삼은 좌천되었다. 동진이 누차 표문을 올려 사직을 청하자 덕종 황제는 그를 재상의 직책에서 파하고 병부상서(兵部尙書)에 임명했다가 얼마 지나지 않아 다시 그를 동도유수(東都留守)에 제수했다. 때마침 변주절도사(汴州節度使) 이만영(李萬榮)이 심한 병을 앓고 있었는데, 그 아들이 [이 틈을 타서] 난을 일으켰다. 그리하여 조정에서는 동진을 변주절도사에 임명했다. 그때 동진은 조정의 명을 받들고 병마도 소집하지 않은 채 그저 판관(判官: 節度使나 觀察使 등의 屬官으로, 그들을 도와 정사를 돌보았음)과 시종 십여 명만을 데리고 갔다. 동진이 정주(鄭州)에 도착했을 때 선무(瑄武: 宣武로, 武官을 말함)와 장리(將吏: 武官)가 아무도 나오지 않자 동진의 무관과 정주의 관리들은 모두 두려워하면서 동진에게 이렇게 권유했다.

"도우후(都虞侯: 불법행위를 감독하거나 호위하는 관직) 등유공(鄧惟恭)이 마땅히 와서 영접해야 하거늘, [도리어 그는] 이만영이 아픈 틈을 타서 군권을 탈취했습니다. 지금 상공께서 이곳에 오셨는데도 사람을 시켜 영접하지 않고 있으니, 무슨 일이 벌어질지 어찌 짐작할 수 있겠습니까? 지금은 잠시 돌아가셔서 피해 있다가 일의 돌아가는 추세를 살피시지요."

동진이 말했다.

"나는 황제의 조서를 받들어 변주절도사가 되었으니, 칙령에 준하여 부임해야 하거늘 어찌 함부로 지체할 수 있겠는가?"

사람들은 모두 예측할 수 없는 상황을 걱정했으나, 동진만은 아무렇지 않은 듯 태연자약했다.

변주에서 수 십리 떨어진 곳에 이르렀을 때 등유공은 그제야 나와 동진을 마중했다. 동진은 그가 말에서 내리지 않는 것을 보고도 그대로 내버려두었고, 변주에 도착해서도 등유공에게 군의 여러 사무를 맡아보게 했다. 등유공은 동진이 어떻게 일을 처리하는 가를 살펴보았으나, 그 속내를 헤아릴 수 없었다. 당초 이만영이 유사녕(劉士寧)을 쫓아내고 대신 절도사가 되어 병권을 등유공에게 맡겨 두었으나, 그 병세가 심해지자 이만영은 조정에 귀의했다. 이에 등유공은 자신이 이만영의 지위를 대신하여 절도사의 자리에 오르려고 고의로 동진을 맞이할 관리를 보내지 않음으로써 동진에게 두려움을 느끼게 하여 감히 변주로 들어오지 않기를 바랬던 것이다. 그런데 그렇게 빨리 동진이 변주에 오리라고는 미처 생각하지 못했었다. 동진이 빨리 와서 변주 가까이에 오게 되자 바야흐로 동진을 마중 나가기는 했지만, 등유공은 늘 마음이 편치 않았다. 동진은 등유공이 오만함이 넘쳐 법을 가벼이 여기고 몰래 모반을 꾀한다고 생각하여 등유공을 영남(嶺南)으로 유배시켰다.

조정에서는 동진의 유약함을 걱정하여 얼마 뒤에 여주자사(汝州刺史) 육장원(陸長源)을 동진의 행군사마(行軍司馬)로 삼았다. 동진은 사람됨이 너그럽고 후덕하며 겸손하고 검소하여 매사에 이전의 관례에 따라 행하는 경우가 많았기에 군사들이 다소 편안했다. 그러나 육장원은 천성적으로 말과 행동에 있어 보태고 드러내기를 좋아하여 이전의 일들을 고치고 엄준하게 사무를 처리할 것을 청했다. 동진은 처음에는 그 모든 것을 허락했지만, 그가 문서를 꾸며왔을 때는 그만두게 했다. 또 동진은 재정의 출납을 판관 맹숙도(孟叔度)에게 맡겨 두었으나, 그는 사람이 가볍고 방정맞아 자주 군인들을 업신여겼기에 사람들이 모두 그를 싫어했다. 동진은 변주절도사로 있을 때 죽었다. 동진이 죽은 지 열흘 뒤에 변주에서는 대란이 일어나 육장원과 맹숙도를 죽이고 군인들은 그들의 시체를 저며 먹었다. 육장원은 말을 함부로 하여 위엄이 없었기 때문에 변주로 온 이래로 군주(軍州: 행정구역의 명칭으로, 여기서는 汴州를 지칭함) 사람들의 예우를 받지 못했다. 동진의 병세가 위중해져 동진이 그에게 자신의 뒷일을 부탁하자, 육장원은 이렇게 공언했다.

"변주의 문무관리들은 지나치게 게을러 전장(典章)제도를 준수할 수 없으니, 마땅히 모두 법으로 바로 잡아야 한다."

이때부터 사람들은 육장원을 원망하고 두려워했다. 맹숙도 역시 천성이 가혹하고 마음대로 성색(聲色)을 즐겨 여러 차례나 악영(樂營: 官妓가 거처하던 곳)에 가서 여자들과 놀며 자칭 맹랑(孟郞)이라 했다. 이 때문에 사람들은 그를 경시하고 미워했다. (『담빈록』)

董晉與竇參同列, 時政事決在竇參, 晉但奉詔唯諾而已. 旣而竇參驕盈犯上, 德宗漸惡之. 參諷晉, 奏給事中竇申爲吏部侍郞, 上正色曰: "豈不是竇參遣卿奏也?" 晉不敢隱諱. 上因問參過失, 晉具奏之. 旬日, 參貶官. 晉累上表辭官, 罷相, 受兵部尙書, 尋除東都留守. 會汴州節度李萬榮疾甚, 其子乃爲亂. 以晉爲汴州節度使. 時晉旣授命, 唯將判官僚從十數人, 都不召集兵馬. 旣至鄭, 瑄武·將吏都無至者, 晉將吏及鄭州官吏皆懼, 共勸晉云: "都虞候鄧惟恭合來迎候, 承萬榮疾甚, 遂總領軍事. 今相公到此, 尚不使人迎候, 其情狀豈可料耶? 恐須且廻避, 以候事勢." 晉曰: "某奉詔爲汴州節度使, 准敕赴任, 何可妄爲逗留?" 人皆憂其不測, 晉獨恬然.

來至汴州數十里, 鄧惟恭方來迎候. 晉俾其不下馬, 旣入, 仍委惟恭以軍衆. 惟恭探晉何如事體, 而未測淺深. 初萬榮旣逐劉士寧, 代爲節度使, 委兵於惟恭, 及疾甚, 乃歸朝廷. 惟恭自以當便代居其位, 故不遣候吏, 以疑懼晉心, 冀其不敢進. 不虞晉之速至. 晉之速至(明鈔本無'晉之速至'四字)留以近, 方迎, 然心常怏怏. 惟恭以驕盈慢法, 潛圖不軌, 配流嶺南.

朝廷恐晉柔懦, 尋以汝州刺史陸長源, 爲晉行軍司馬. 晉寬厚, 謙恭簡儉, 每事因循多可, 兵粗安. 長源性滋彰云爲, 請改易舊事, 務從峭刻. 晉初皆許之, 及案牘已成, 晉乃且罷. 又委錢穀支計('計'原作'許', 據『唐書』一五五「董晉傳」改)於判官孟叔度, 輕佻, 好慢易軍人, 人皆惡. 晉卒於位. 卒後十日, 汴州大亂, 殺長源・叔度, 軍人臠食之. 長源輕言無威儀, 自到汴州, 不爲軍州所禮重. 及董晉疾亟, 令之節度晉後事, 長源便揚言: "文武將吏多弛慢, 不可執守憲章, 當盡以法繩之." 由是人人怨懼. 叔度性亦苛刻, 又縱恣聲色, 數至樂營, 與諸婦人戲, 自稱孟郎. 由是人輕而惡之. (出『譚賓錄』)

177・4(1851)
배 도(裵 度)

진국공(晉國公) 배도가 문하시랑(門下侍郞)으로 있을 때 이부(吏部)의 선인관(選人官)을 찾아가다가 함께 가던 급사중(給事中)에게 말했다.

"나는 그저 지극히 운이 많이 따르는 사람이지만, 이 사람들은 기껏

내 절반 밖에 미치지 못하니 물어서 무엇하겠소! 사람의 한평생 정해진 관운(官運)은 일찍이 줄어드는 법이 없소.

진국공은 술수를 믿지 않을 뿐만 아니라 입고 마시는 것도 즐겨하지 않았다. 그는 매번 사람들에게 이렇게 말했다.

"닭고기와 돼지고기, 물고기와 마늘은 있으면 먹고, 사람의 생로병사는 때가 되면 그저 따르면 되오."

그의 큰 도량은 대개 이와 같았다. (『인화록』)

또 진국공이 중서령(中書令)으로 있을 때 좌우의 사람들이 갑자기 관인(官印)을 잃어버렸다고 알려왔는데, 이 이야기를 들은 사람 가운데 아연질색하지 않는 이가 없었다. 그러자 배도는 바로 잔치를 열고 음악을 연주하게 했다. 사람들은 그 까닭을 알지 못해 속으로 그를 이상하게 생각했다. 한밤중에 잔치가 무르익었을 때 하급관리가 다시 관인이 제자리에 있다고 알려왔다. 그러나 배도는 이에 대해서 대답하지 않은 채 아주 즐겁게 잔치를 끝마쳤다. 어떤 사람이 배도에게 그 까닭을 묻자 배도가 말했다.

"이것은 단지 서리(胥吏)들이 관인을 훔쳐 문서에 도장을 찍으려 한 데서 나온 것일 따름이다. 처벌을 늦추었으니 다시 갖다놓은 것이지 만약 빨리 처벌했다면 관인을 물이나 불 속으로 던져 다시는 되찾지 못했을 것이다."

당시의 사람들은 그의 넓은 도량에 탄복하고 일을 함에 있어서 그의 뜻을 어기지 않았다. (『옥천자』)

裴晉公度爲門下侍郎, 過吏部選人官, 謂同過給事中曰: "吾徒僥倖至多, 此輩優一資半級, 何足問也! 一生注定未曾退量." 公不信術數, 不好服食. 每語人曰: "雞猪魚蒜, 逢著則喫, 生老病死, 時至卽行." 其器抱弘達皆此類. (出『因話錄』)

又晉公在中書, 左右忽白以印失所在, 聞之者莫不失色. 度卽命張筵擧樂. 人不曉其故, 竊怪之. 夜半宴酣, 左右復白印存. 度不答, 極歡而罷. 或問度以其故, 度曰: "此徒出於胥吏輩盜印書券耳. 緩之則存, 急之則投諸水火, 不復更得之矣." 時人伏其弘量, 臨事不撓. (出『玉泉子』)

177 · 5(1852)
우 적(于 頔)

낭중(郎中) 정태목(鄭太穆)이 금주자사(金州刺史)로 있을 때 양양(襄陽)에 있는 사공(司空) 우적[우적은 당시 司空으로 있으면서 山南東道節度使를 겸해 襄州·鄧州·均州·房州·金州·商州 등을 다스렸는데, 당시 金州刺史는 바로 우적의 예하관리였음]에게 서신을 보냈다. 정태목은 오만한 태도를 취하며 군사(郡使: 郡의 刺史)로서의 예를 갖추지 않고 이렇게 썼다.

"각하(閣下)께서는 남명(南溟)의 큰 붕새이자 하늘의 기둥이십니다. 각하께서 뛰어 오르면 해와 달이 어둡게 변하고 각하께서 몸을 흔들면 크고 작은 산이 무너져 내리니, 진정한 천자의 수호자이시며 제후들의 귀감이십니다. 외롭고 어린 저희 백성 200여명은 동경(東京: 洛陽)과 서경(西京: 長安)에서 기아에 허덕이고 추위에 떨고 있으며, 저는 보잘것없는 군(郡)에서 박봉으로 살아가고 있습니다. 바라건대 먹고 입는데 필요한 돈 천 관(貫)과 명주 천 필(疋), 기물 천 가지, 쌀 천 석(石), 남자 종과 여자 종 각각 열 명씩만 내려주십시오."

또 말했다.

"천 그루의 나무에서 나뭇잎 하나의 그림자를 나누어주신다면 제게는 바로 우거진 녹음이 됩니다. 사해 가운데 물방울 몇 개만 덜어 주신다면 제게는 바로 기름진 연못이 됩니다."

우공(于公: 于頓)은 그 서신을 읽고 나서도 그다지 놀라지도 감탄하지도 않고 말했다.

"정사군(鄭使君: 使君은 太守의 尊稱으로 여기서는 鄭太穆을 지칭함)이 필요한 것의 각각 반만 주어 군비로 지출할 때 사용하게 하되, 그 바람에 맞게 모두 해 줄 수는 없다."

또 광려(匡廬: 廬山)에 사는 부대산인(符戴山人)이라는 사람이 삼척동자를 시켜 짧은 서신을 보내면서 산을 구입할 돈 백 만냥을 달라고 했다. 우공은 그의 요구대로 돈을 주었고, 거듭 종이와 먹 및 의복 등을 주었다.

또 최교(崔郊)라는 수재(秀才)가 한수(漢水) 가에 살고 있었는데, 많은 학문과 기예를 갖추고 있었으나 재산이라곤 아무 것도 없었다. 얼마 지나지 않아 최교는 고모 집 계집종과 사통하고 늘 옛날의 완함(阮咸: 竹林七賢의 한 사람으로, 老莊을 숭상했으며 거리낌없이 마음대로 행동한 것으로 유명한 인물임)처럼 방탕하게 지냈다. 그 계집종은 용모가 아름답고 언행이 단아하며 음악적 재능이 풍부한, 한수 이남의 최고의 미인이었다. 고모는 집이 가난하여 계집종을 연수(連帥: 于頓. 唐나라 때는 節度使를 連帥라고 했음)에게 팔았다. 연수는 그녀가 무쌍(無雙: 唐人小說「無

雙傳」에 나오는 여자주인공)과 비슷하게 생겼다고 생각하고 그녀를 아꼈으며, 돈 40만 냥을 주고 그녀를 데리고 와서 더욱 더 총애했다. 최교는 그녀에 대한 끝없는 그리움 때문에 가까스로 부서(府署: 절도사의 사저)로 다가가서 그녀를 한번 만나보고 싶어했다. 때마침 한식일 이라 과연 밖으로 나온 계집종은 버드나무 그늘 아래에 서 있는 최교를 만났다. 그 계집종은 최교를 보자마자 눈물을 주르르 흘리면서 산과 강처럼 변치 않는 사랑을 최생(崔生: 崔郊)에게 맹세했다. 그리하여 최교는 그녀에게 다음과 같은 시를 주었다.

  귀족의 자제와 왕손들이 뒤쫓아오면서 먼지 일으키니,
  녹주(綠珠: 石崇의 애첩인데, 후에 孫秀가 그녀를 석숭에게서 빼앗으려 하자 녹주는 자살했음. 여기서는 그 계집종을 지칭함)는 눈물 흘리며 비단 수건 적시네.
  제후의 대문은 한번 들어가면 바다처럼 깊어
  이로부터 소랑(蕭郞: 여자를 사모하는 남자를 지칭하는 말로 사용됨)은 낯선 사람이 되네.

최교를 시기한 어떤 사람이 그 시를 태수가 앉는 자리에 적어두었다. 시를 보고 난 우공이 최생을 불러들이라고 했으나, 좌우의 사람들은 우공의 뜻을 헤아리지 못했다. 최교는 몹시 근심하면서 후회할 뿐 달아나 숨을 곳이 없었다. 우공은 최교를 보더니 손을 잡고 말했다.

"'제후의 대문은 한번 들어가면 바다처럼 깊어, 이로부터 소랑은 낯선 이가 되네'란 구절은 바로 공이 지은 것이오? 40만 냥은 작은 돈인데, 편지 한 통 쓰는 게 뭐 어렵다고 좀더 일찍 나에게 보여주지 않았소?"

그리고는 그 계집종에게 최교와 함께 돌아가라고 하더니, 휘장이나 화장 갑에 이르기까지 모두 새로 꾸미고 더해서 최생을 조금 부유하게 만들어 주었다.

당초에 영릉(零陵)에서 온 객이 있었는데, 그가 사군 융욱(戎昱)의 연회석상에 노래를 잘하는 기생 한 명이 있다고 하자 양양공(襄陽公: 于頔)은 급히 그녀를 불러들이라고 했다. 융사군(戎使君: 戎昱)은 감히 우적의 명을 거스를 수 없어 한 달 뒤에 가기(歌妓)를 보내왔다. 그녀가 왔기에 노래를 시켰는데, 그 노래는 융사군이 가기에게 준 시편(詩篇)이었다. 이에 양양공이 말했다.

"사내대장부로 태어나 공을 세워 후대에 칭송을 받지 못할망정 어찌 다른 사람이 사랑하는 여자를 빼앗아 자신의 즐거움으로 삼겠는가?"

그리고는 비단을 주어 보내면서 손수 서신을 써서 겸손하게 영릉태수에게 사과했다.

운계자(雲谿子: 『雲溪友議』를 지은 작자 范攄를 지칭함)가 말했다.

"왕돈(王敦)은 가희(歌姬)들을 내몰아 군사에게 주었고[『晉書』「王敦傳」에 보면, '永嘉年間 초 왕돈이 殿中監으로 招徵되었을 때 천하가 어지러웠다. 왕돈은 晉 武帝의 딸 襄城公主를 아내로 맞아들일 때 그녀의 侍婢 100여 명을 장병들에게 주고, 금은보화를 백성들에게 나누어 준 뒤 홀로 수레를 타고 洛陽으로 돌아왔다'고 함], 양소(楊素)는 서덕언(徐德言)의 처를 돌려보냈다[『古今詩話』에 보면, 陳나라 서덕언은 진나라 정치가 쇠한 것을 보고 樂昌公主와 헤어지면서 거울을 깨어 그 반쪽을 나눠 가진 뒤 후에 다시 만나기로 했는데, 악창공주를 차지한 양소가 후에 그 사실을 알고 서덕언에게 악창공주를 돌려주었다고 함]. 재물을 보고도 탐내지 않고 여색을 탐내지 않는 사람이 드물었기에 당시 사람들은 이를 미담으로 생각했다. 역대의 상국(相國)이나 빼어난 영웅들을 두루 살펴보아도 양양공 만한 이가 일찍이 없었다. 융사군은 다음과 같은 시를 지었다.

> 보석 머리 꾸미개 쓰고 비취색 치마 걸친 아름다운 여자,
> 화장하고 눈물 훔치며 구름처럼 떠나려하네.
> 진심을 다해 양왕(襄王: 여기서는 于頔을 가리킴)의 마음을 얻으시고,
> 양대(陽臺)를 보며 사군(使君: 여기서는 戎昱 자신을 가리킴)꿈일랑 꾸지 마소."

(『운계운의』)

鄭太穆郎中爲金州刺史, 致書於襄陽于司空頔. 鄭傲倪自若, 似無郡使之禮, 書曰: "閣下爲南溟之大鵬, 作中天之一柱. 騫騰則日月暗, 搖動則山嶽頹, 眞天子之爪牙, 諸侯之龜鏡也. 太穆孤幼二百餘口, 飢凍兩京, 小郡俸薄. 尙爲衣食之節, 賜錢一千貫, 絹一千疋, 器物一千兩, 米一千石, 奴婢各十人." 且曰: "分千樹一葉之影, 卽是濃陰. 減四海數滴之泉, 便爲膏澤." 于公覽書, 亦不嗟訝, 曰: "鄭使君所須, 各依來數一半, 以戎費之際, 不全副其本望也."

又有匡廬符戴山人, 遣三尺童子齎數尺之書, 乞買山錢百萬. 公遂與之, 仍如紙墨衣服等.

又有崔郊秀才者寓居於漢上, 蘊積文藝, 而物産罄縣. 無何與姑婢通, 每有阮咸之縱. 其婢端麗, 饒音伎之能, 漢南之最姝也. 姑貧, 鬻婢于連帥. 連帥愛之, 以類無雙, 給錢四十萬, 寵盼彌深. 郊思慕無已, 卽强親府署, 願一見焉. 其婢因寒食果出, 値郊立於柳陰. 馬上連泣, 誓若山河. 崔生贈之以詩曰: "公子王孫逐後塵, 綠珠垂淚滴羅巾. 侯門一入深如海, 從此蕭郎是路人." 或有嫉郊者, 寫詩於座. 于公觀詩, 令召崔生, 左右莫之測也. 郊甚憂悔而已, 無處潛遁也. 及見郊, 握手曰: "'侯門一入深如海, 從此蕭郎是路人', 便是公制作也? 四百千小哉, 何惜一書, 不早相示?" 遂命婢同歸, 至幨幌奩匣, 悉爲增飾之, 小阜崔生矣.

初有客自零陵來, 稱戎昱使君席上有善歌者, 襄陽公遽命召焉. 戎使君不敢違命, 逾月而至. 及至, 令唱歌, 歌乃戎使君送伎之什也. 公曰: "丈夫不能立功業, 爲異代之所稱, 豈有奪人姬愛, 爲己之嬉娛?" 遂多以繒帛贈行, 手書遜謝於零陵之守也.

雲谿子曰: "王敦驅女樂以給軍士, 楊素歸德言妻. 臨財莫貪, 於色不惑者罕矣, 時人用爲雅談. 歷觀相國挺特英雄, 未有于襄陽公者也. 戎使君詩曰: '寶鈿香娥翡翠裙, 粧成掩泣欲行雲. 殷勤好取襄王意, 莫向陽臺夢使君.'" (出『雲溪友議』)

177 · 6(1853)
무원형(武元衡)

황문시랑(黃門侍郞: 門下侍郞. 黃門은 官署名으로, 唐나라 이후에 門下省으로 바뀌었음) 무원형이 [검남서천절도사(劍南西川節度使)가 되어] 서천에 갔을 때 큰 잔치가 벌어졌다. 그런데 종사(從事: 刺史의 屬官) 양사복(楊嗣復)이 술 주정을 부리면서 큰 술잔에다 술을 마시라고 무원형에게 강요했다. 무원형이 술을 마시지 않자 결국 양사복은 무원형에게 술을 끼얹었다. 그러나 무원형은 두 손을 마주잡은 채 예를 갖추면서 꼼짝도 하지 않았다. 양사복이 술을 다 끼얹자 무원형은 천천히 일어나 옷을 갈아입으며 끝내 잔치를 파하지 못하게 했다. (『건손자』)

武黃門之西川, 大宴. 從事楊嗣復狂酒, 逼元衡大魷. 不飮, 遂以酒沐之. 元衡拱手不動. 沐訖, 徐起更衣, 終不令散宴. (出『乾𦠆子』)

177 · 7(1854)
이 신(李 紳)

　재상 이신이 회남(淮南)을 다스릴 때 장낭중(張郞中)은 막 강남군(江南郡)에서의 임기가 끝난 상태였는데, 그는 평소 이신과 사이가 좋지 않았기에 일마다 따로 기록해두었다. 장낭중은 [임기를 마친 뒤 고향으로 돌아오는 길에] 형계(荊溪)에서 폭풍을 만났는데, 이때 두 아들이 물에 떠내려갔다. 이런 슬픈 와중에 그는 또 이신이 자신에게 복수할까 두려워 스스로 장문의 편지를 보내 사죄했다. 이신은 그를 매우 불쌍히 여기며 이렇게 답장을 보내왔다.
　"그대의 단계(端溪)에서의 겸손치 않은 말에 대해 내 원망하지 않았소. 당신의 아들이 형계 가에서 빠져 죽은 일은 정말 안되었다고 생각하고 있소."
　그리고는 장낭중에게 후하게 대하며 이전의 일에 대해 그다지 개의치 않았다. 장낭중이 감동하여 눈물을 흘리며 감사의 뜻을 표하자, 두 사람은 마치 오래된 친구처럼 사이가 풀렸다. 이신은 잔치를 열어 장낭중과 술을 마실 때면 늘 흠씬 취했다.
　장낭중은 일찍이 광릉종사(廣陵從事)를 지냈는데, 그때 한 기녀가 장낭중에게 좋은 감정을 품고 있었으나 장낭중은 끝내 그녀를 받아들이지 않앉다. 그런데 20년 뒤에 [이신의 집에서 술을 마실 때도] 그 기녀는 여전히 그 술자리에 있었다. 그녀는 눈을 크게 뜨고 마음이 편치 않은 듯 금방이라도 울 것 같았다. 이신이 일어나 옷을 갈아입으러 들어가자 장낭중은 손가락에 술을 적셔 접시 위에 몇 자 적어 넣었다. 그러자 기녀도 그 뜻을 알아차렸다. 이신이 들어와서 보니 장낭중은 그다지 즐겁지 않은 듯 잔을 들고 있었다. 이신은 이를 알아차리고 그 기녀에게 노래를 부르며 술을 올리게 했더니, 기녀는 [아까 장낭중이 적은 그 시를] 노래했다.

    우리의 사랑이 흩어진 지 어언 20년,
    꿈속에서나 만나고자 했으나, 잠들지도 못했네.
    머리가 희끗희끗 해진 지금 다시 만났는데도,
    이 내 몸 여전히 양왕(襄王)의 대모연(玳瑁筵: 호화로운 연회석)에 앉
 아 있구나.

장낭중이 술에 취해 돌아가자 이신은 기녀로 하여금 그를 따라가게 했다. (『본사시』)

상서(尙書) 유우석(劉禹錫)이 화주자사(和州刺史)를 그만두고 주객낭중(主客郎中)으로 있을 때의 일이다. 그때 회남(淮南)에서 돌아와 도성에 머물던 집현학사(集賢學士) 이신은 유우석의 명성을 흠모하여 한번은 그를 집으로 초대해서 후하게 음식을 대접했다. 술이 한창 올랐을 때 이신은 아리따운 기생에게 노래를 불러 유우석을 모시게 했다. 유우석은 그 자리에서 다음과 같은 시를 지었다.

    아름다운 머리 빗어 궁중의 기녀처럼 꾸미고,
    봄바람 맞으며 「두위낭(杜韋娘: 곡조명)」을 연주하네.
    이런 한가한 일이야 늘 보아와 습관이 되었지만,

그녀는 강남자사(江南刺史: 劉禹錫)의 애간장을 온통 끊어놓네.

그리하여 이신은 그 기녀를 유우석에게 주었다. (『본사시』)

李相紳鎭淮南, 張郞中又新罷江南郡, 素與李隙, 事具別錄. 時於荊溪遇風, 漂沒二子. 悲慼之中, 復懼李之讎己, 投長牋自首謝. 李深憫之, 復書曰: "端溪不讓之詞, 愚罔懷怨. 荊浦沈淪之禍, 鄙實憫然." 旣厚遇之, 殊不屑意. 張感涕致謝, 釋然如舊交. 與張宴飲, 必極歡醉.

張嘗爲廣陵從事, 有酒妓嘗好致情, 而終不果納. 至是二十年, 猶在席. 目張悒然, 如將涕下. 李起更衣, 張以指染酒, 題詞盤上. 妓深曉之. 李旣至, 張持盃不樂. 李覺之, 卽命妓歌以送酒, 遂唱是詞曰: "雲雨分飛二十年, 當時求夢不曾眠. 今來頭白重相見, 還上襄王玳瑁筵." 張醉歸, 李令妓隨去. (出『本事詩』)

劉尙書禹錫罷和州, 爲主客郞中. 集賢學士李紳罷鎭在京, 慕劉名, 嘗邀至第中, 厚設飲饌. 酒酣, 命妙妓歌以送之. 劉於座上賦詩曰: "鬐鬐梳頭宮樣妝, 春風一曲「杜韋娘」. 司空見慣渾閒事, 斷盡江南刺史腸." 李因以妓贈之. ('鬐鬐'字亦作'浮喧', 並上聲, 『古今注』言卽'墮馬之遺像'). (出『本事詩』. 『本事詩』'浮喧'作'低墮')

177 · 8(1855)
노 휴(盧 攜)

옛 재상 노휴가 감찰어사(監察御史)로 있을 때 어사중승(御史中丞)에 막 임명된 귀인소(歸仁紹)가 다음 말을 노휴에게 전해왔다.

"옛날 제동추사(淛東推事: 浙東推事)로 있다가 돌아오실 때 어찌하여 자루 안에 비단 40필이 들어 있었습니까? 대성(臺省: 唐나라때 尙書省을 中臺, 門下省을 東臺, 中書省을 西臺라고 불렀으며, 이 三省을 합하여 臺省이라 칭했음)을 나가시지요."

후에 노휴는 낙양현령(洛陽縣令)에 제수 되었다가 얼마 지나지 않아 정주자사(鄭州刺史)로 전임되었으며 곧 이어 간의대부(諫議大夫)가 되어 조정에 불려 들어갔다. 노휴가 도성에 이르렀을 때, 그는 다시 병부시랑(兵部侍郎)에 제수 되어 재상이 되었다. 노휴가 낙양 현령에서 재상이 되기까지는 모두 100일이 걸렸다. 재상이 된 지 며칠 뒤에 노휴가 물었다.

"어찌하여 귀시랑(歸侍郎: 歸仁紹)은 보이지 않는가?"

그러자 누군가 대답했다.

"상공(相公: 盧攜)께서 재상에 임명되던 날 휴가를 청했습니다."

노휴가 곧 바로 귀인소를 병부상서(兵部尙書)에 임명하자 사람들이 매우 흡족해했다. (『문기록』)

故相盧攜爲監察日, 御史中丞歸仁紹初上日, 傳語攜曰: "昔自淛東推事廻, 輜袋中何得有綾四十疋? 請出臺." 後攜官除洛陽縣令, 尋改鄭州刺史, 以諫議徵入. 至京, 除兵部侍郎, 入相. 自洛陽入相一百日. 數日, 問: "何不見歸侍郎?" 或對云: "相公大拜請假." 攜卽除仁紹兵部尙書, 人情大洽也. (出『聞奇錄』)

177 · 9(1856)
귀숭경(歸崇敬)

귀숭경은 여러 벼슬을 거쳐 선부낭중(膳部郎中: 尙書省의 屬官)이 된 뒤에 신라책립사(新羅冊立使)에 임명되었다. [귀숭경이 배를 타고 신라로 가는 길에] 배가 바다 한 가운데에 도착했을 때 물살이 빨라지더니 결국 배가 부서져 물이 새어 들어왔다. 사람들이 놀라 허둥대자 뱃사공은 귀숭경에게 작은 배로 옮겨탈 것을 청했다. 그러자 귀숭경이 말했다.

"배 안에 수십 수백 명의 사람이 있는데, 어찌 나 홀로 배를 옮겨 타겠는가?"

얼마 후 파도가 점점 가라앉아 결국 배 안의 사람들은 모두 해를 면할 수 있었다. (『담빈록』)

歸崇敬累轉膳部郎中, 充新羅冊立使. 至海中流, 波濤迅急, 舟船壞漏. 衆咸驚駭, 舟人請以小艇載. 崇敬曰: "舟人凡數十百, 我豈獨濟?" 逡巡, 波濤稍息, 擧舟竟免爲害. (出『譚賓錄』)

177 · 10(1857)
하후자(夏侯孜)

하후자는 왕씨 성을 가진 서생과 함께 과거장에 있었다. 왕생(王生)은 당시에 명성을 날리고 있었던 반면 하후자는 그 비교가 안될 정도로 미미한 존재였다. 두 사람은 모두 낙방하여 함께 도성의 서쪽 봉상현(鳳翔縣)으로 가서 연수(連帥: 節度使)의 집에서 묵었다. 하루는 절도사의 속관으로 있던 종사(從事)가 잔치를 열어 두 사람을 불렀다. 술이 흥건하게 취했을 때 종사는 주사위를 가져와 점을 치면서 이렇게 말했다.

"두분 수재(秀才)께서 내년에 모두 과거에 급제하신다면 마땅히 당인(堂印: 주사위를 던져서 연달아 4가 나오는 것을 당인이라 하고, 재상이 된다는 뜻도 있음)이 나올 것입니다."

왕생은 스스로 재주가 있고 고아한 사람이라 자부하던 터에 이 말을 듣자 득의양양해하는 것 같더니 순간 화를 내며 말했다.

"제가 아무리 식견이 천박하다 한들, 어찌 하후자와 같은 해에 합격한단 말입니까?"

왕생은 즐겁지 않은 듯 그대로 가버렸다.

하후자는 급제한 뒤에 여러 벼슬을 거쳐 재상까지 되었으나, 왕생은 끝내 아무런 명성도 얻지 못했다. 하후자가 포진(蒲津)에서 벼슬할 때 그 옛날의 상황을 모르고 있던 왕생의 아들이 우연히 하후자와 부친이 이전에 왕래하면서 주고받았던 서찰 수십 통을 발견했는데, 모두 하후자의 친필이 적혀 있었다. 왕생의 아들은 기쁜 나머지 서찰을 가지고 하후자를 알현했다. 하후자는 왕생의 아들을 만나고 난 뒤 그 하고 싶은 것에 대해 물어보고 일일이 그 뜻대로 해주었다. 그리고 나서 하후자는 여러 종사들을 불러 그 당시의 일을 말해주었다. (『옥천자』)

夏侯孜, 有王生與孜同在擧場. 王生有時價, 孜且不侔矣. 嘗落第, 偕遊於京西鳳翔, 連帥館之. 一日, 從事有宴召焉. 酣(明鈔本'酣'上有'酒'字), 從事以骰子祝曰: "二秀才明年若俱得登第, 當擲堂印." 王生自負才雅, 如有得色, 怒曰: "吾誠淺薄, 與夏侯孜同年乎?" 不悅而去.

孜及第, 累官至宰相, 王生竟無所聞. 孜在蒲津, 王生之子不知其故, 偶獲孜與父平昔所嘗來往事禮札十數幅, 皆孜手迹也. 欣然製之以謁孜. 孜旣見, 問其所欲, 一以依之. 卽召諸從事, 以話其事. (出『玉泉子』)

177 · 11(1858)
진경선(陳敬瑄)

태사(太師) 진경선은 비록 분에 넘치는 승진을 하여 고관의 지위에 올랐지만 그래도 자못 큰 도량을 지니고 있었다. 그는 서천(西川)을 다스릴 때 정사(政事)는 막객(幕客: 幕僚)에게 맡기고, 군대 업무는 호융(護戎: 軍事를 감찰하는 관원)에게 맡긴 뒤 매일 삶은 개 한 마리와 술 한 병을 먹고 마셨으며, 한 달에 여섯 번 작은 연회를 베풀었다. 그는 평소에 술 좋아하는 다섯 사람과 가까이 지내면서 술을 마셨는데, 요리 한 접시를 차려내는데도 삼만 냥의 돈이 들었다. 한번은 누군가 잔치를 주관하는 관리가 돈을 훔쳤다고 고발했으나, 진경선은 그 고발장을 던져둔 채 살펴보지도 않았다.

[또 한번은] 태사가 옥아(玉兒)라는 영기(營妓: 軍의 官妓)에게 술을 따라주었는데, 옥아는 그 술을 거절하며 마시지 않다가 잘못하여 태사의 몸에 술을 뿌려 태사의 머리와 얼굴을 더럽혔다. 태사가 급히 일어나 옷을 갈아입으러 들어가자 좌우의 사람들은 놀라 걱정하면서 옥아의 몸이

곧 가루가 될 것이라 생각했다. 태사는 옷을 갈아입고 나와서 자리에 앉더니 다시 옥아에게 술을 내렸다. 옥아가 죄를 청하자 태사는 웃으면서 그녀를 용서해주었다. 태사의 너그러움이 대체로 이와 같았다. (『북몽쇄언』)

陳太師敬瑄雖濫升重位, 而頗有偉量. 自鎭西川日, 乃委政事於幕客, 委軍旅於護戎, 日食蒸犬一頭, 酒一壺, 一月六設曲宴. 卽自有平生酒徒五人狎昵, 焦荣一盋, 破三十千. 常有告設吏偸錢, 拂其牒而不省.

營妓玉兒者, 太師賜之巵酒, 拒而不飮, 乃誤傾潑於太師, 汚頭面. 遽起更衣, 左右驚憂, 立候玉兒爲齏粉. 更衣出, 却坐, 又以酒賜之. 玉兒請罪, 笑而恕之. 其寬裕率皆此類. (出『北夢瑣言』)

177 · 12(1859)
갈 주(葛 周)

양(梁: 五代의 後梁)나라 시중(侍中) 갈주가 연주(兗州)를 다스릴 때 한 번은 '종차정(從此亭)'에 들린 적이 있었다. 공에게는 아무개라는 청두(廳頭: 관청의 심부름꾼)가 있었는데, 그는 장성했음에도 불구하고 아직 장가들지 않은 상태였다. 그는 신색(神色)이 뛰어나고 말타기와 활쏘기를 잘 했으며 담력이 다른 사람보다 뛰어났다. 어느 날 갈주에게 여쭐 말이 있었는데 마침 갈공(葛公: 葛周)이 그를 불러들였다. 그때 마침 여러 첩들이 갈공의 주위에서 함께 시중들고 있었다. 그 가운데 경국지색의 한 애첩이 있었는데, 그녀는 갈공의 총애를 독차지하면서 늘 갈공의 곁에 있었다. 아무개는 갈공의 애첩을 훔쳐보며 눈을 떼지 못했다. 갈공이 물어볼 것이 있어 세 번이나 질문했지만, 아무개는 그녀의 미색을 곁눈질하느라 그만 대답하는 것도 잊어버렸다. 그러나 갈공은 그저 머리를 숙이고 모르는 척 할 따름이었다.

그가 나가고 난 뒤에 갈공은 소리 없이 빙그레 웃었다. 어떤 사람이 아무개에게 그 사실을 알려주자 아무개는 그제야 두려워하면서 그저 정신이 빠져 있는 바람에 갈공이 자신에게 시킨 일도 기억나지 않는다고 했다. 며칠동안 아무개는 자신이 무슨 벌을 받을 지 몰라 걱정했다. 그러나 갈공은 그가 몹시 근심하고 있는 것을 알고 온화한 얼굴로 그를 맞아주었다.

얼마 지나지 않아 조정에서 갈공에게 출정하여 황하(黃河)에서 당(唐)나라 군사를 막으라는 조서가 내려왔다. 당시 적군과 결전을 벌이느라 며칠동안 싸웠지만, 적군은 진지를 견고하게 구축하고 꿈쩍도 하지 않았다. 날이 저물자 군사들은 굶주림과 목마름에 거의 사람 꼴이 아니었다. 갈공은 곧 바로 아무개를 불러 말했다.

"너는 적군의 진지를 함락시킬 수 있겠느냐?"

아무개가 말했다.

"함락시킬 수 있습니다."

아무개는 곧장 고삐를 쥐고 말에 뛰어 올라 기병 수십 명과 함께 급히 적군의 진지로 달려가서 수십 개의 수급(首級)을 잘랐다. 갈공이 대군을 이끌고 그 뒤를 따라 들어가자 당나라 군사는 크게 패했다. 갈공은 전쟁에서 이기고 돌아와서 그 애첩에게 이렇게 말했다.

"아무개가 이렇게 큰 전공을 세웠으니 마땅히 상을 주어야 하겠기에 너를 그의 아내로 주려고 한다."

애첩이 눈물을 흘리며 갈공의 명령을 거절하자 갈공이 그녀를 달래며 말했다.

"다른 사람의 처가 되는 것이 다른 사람의 첩이 되는 것 보다 가히 낫지 않으냐?"

그리고는 그녀를 새로 꾸미고 재물을 갖추어 주었는데, 그 값이 수천 민(緡)이나 되었다. 갈공은 아무개를 불러 말했다.

"너는 황하 전투에서 공을 세웠다. 내 또한 네가 아직 결혼하지 않았다는 것을 알고 있으니 지금 너에게 아내를 얻게 해주고, 또한 너를 열직(列職: 列將 즉 偏將을 말하는데, 바로 節度使의 屬官임)에 임명해 주고자 한다. 이 여자는 바로 네가 눈여겨보았던 그 여자이다."

아무개는 한사코 죽을죄를 지었다며 감히 갈공의 명을 받들려 하지 않았다. 그러나 갈공이 한사코 여자를 주고자 했기에 아무개는 그제야 여자를 받아들였다.

아! 옛날의 갓끈이 잘리고[絶纓: 楚莊王이 신하들에게 연회를 베풀었을 때 불이 꺼진 틈을 타 한 신하가 美人의 옷자락을 잡아 당겼는데, 그 美人은 그 신하의 갓끈을 끊어 표식을 해놓고 왕에게 불을 켜고 그 자를 찾아내 처벌토록 청했음. 그러나 王은 모든 신하들에게 갓끈을 자르게 하여 그 신하를 처벌하지 않았는데, 그 갓끈이 잘린 신하는 후에 전쟁에 나가 큰공을 세움으로 王의 아량에 보답했다고 함] 말 도둑질했던 신하[盜馬: 秦穆公이 유렵을 나갔을 때 말 한 마리를 잃어버렸는데 한 사람이 자기의 말을 잡아먹고 있는 것을 본 穆公은 술을 내려주며 그를 책망하지 않았다고 함. 그 말을 잡아먹은 사람은 후에 戰功을 세움으로 穆公의 아량에 보답했음]도 어찌 이보다 나았겠는가! 갈공은 양나라의 명장으로 그 위엄이 적진에서도 드러났다. 하북(河北)의 속담에 보면 "산동(山東)에는 한 줄기 칡(葛: 여기서는 葛周를 가리킴)이 있으니, 아무 까닭 없이 건드리지 마라"고 했다. (『옥당한화』)

梁葛侍中周鎭兗之日, 嘗遊從此亭. 公有廳頭甲者, 年壯未壻. 有神彩, 善騎射, 膽力出人. 偶因白事, 葛公召入. 時諸姬妾並侍左右. 內有一愛姬, 乃國色也, 專寵得意, 常在公側. 甲窺見愛姬, 目之不已. 葛公有所顧問, 至于再三, 甲方流眄於殊色, 竟忘其對答. 公但俛首而已.

　旣罷, 公微哂之. 或有告甲者, 甲方懼, 但云神思迷惑, 亦不計憶公所處分事. 數日之間, 慮有不測之罪. 公知其憂甚, 以溫顔接之.

　未幾, 有詔命公出征, 拒唐師於河上. 時與敵決戰, 交鋒數日, 敵軍堅陣不動. 日暮, 軍士飢渴, 殆無人色. 公乃召甲謂之曰: "汝能陷此陣否?" 甲曰: "諾." 卽攬轡超乘, 與數十騎馳赴敵軍, 斬首數十級. 大軍繼之, 唐師大敗. 及葛公凱旋, 乃謂愛姬曰: "大立戰功, 宜有酬賞, 以汝妻之." 愛姬泣涕辭命, 公勉之曰: "爲人之妻, 可不愈於爲人之妾耶?" 令具飾資粧, 其直數千緡. 召甲告之曰: "汝立功於河上. 吾知汝未婚, 今以某妻, 兼署列職. 此女卽所目也." 甲固稱死罪, 不敢承命. 公堅與之, 乃受.

　噫! 古有絶纓・盜馬之臣, 豈逾於此! 葛公爲梁名將, 威名著於敵中. 河北諺曰: "山東一條葛, 無事莫撩撥"云. (出『玉堂閒話』)

태평광기 권제178 공거(貢擧) 1

1. 총서진사과(總敍進士科)
2. 진사귀례부(進士歸禮部)
3. 부　　해(府　解)
4. 제 주 해(諸 州 解)
5. 시 잡 문(試 雜 文)
6. 내 출 제(內 出 題)
7. 방잡문방(放雜文牓)
8. 방　　방(放　　牓)
9. 오 로 방(五 老 牓)
10. 사　　은(謝　　恩)
11. 기　　집(期　　集)
12. 과　　당(過　　堂)
13. 제　　명(題　　名)
14. 관　　시(關　　試)
15. 연　　집(讌　　集)

178·1(1860)
총서진사과(總敍進士科)

진사과는 수(隋)나라 대업연간(大業年間: 604~618)에 시작되었으며 [당(唐)나라] 정관연간(貞觀年間: 627~649)과 영휘연간(永徽年間: 650~655) 무렵에 흥성했다. 진신(縉紳: 官吏. 古代에 관리들은 반드시 紳帶에 笏을 꽂았으므로[縉] 이후 官吏라는 뜻이 되었음) 가운데 그 지위가 신하로서의 최고의 지위에 올랐더라도 그가 진사과를 거치지 않았다면 끝내 훌륭하다고 인정받지 못했다. 세공(歲貢: 地方官들이 해마다 우수한 인재를 뽑아 朝廷으로 추천하던 일)으로 선발된 자가 늘 800~900명 정도가 되자, 사람들은 이들을 존중하여 '백의공경(白衣公卿)' 또는 '일품백삼(一品白衫)'이라고 불렀으며, 이들의 진사 시험이 매우 어려웠으므로 이를 두고 '나이 서른의 늙은 명경생(明經生), 나이 쉰의 젊은 진사[三十老明經, 五十少進士]'라고 말했다. 이들은 빼어난 재주를 지녔고 임기응변에 능했으므로, 소진(蘇秦: 戰國時代의 策士로 合從을 주장했음)·장의(張儀: 戰國時代의 策士로 連橫을 주장했음)의 웅변과 형가(荊軻: 戰國時代의 刺客으로 燕나라의 태자 丹의 부탁을 받고 秦始皇 암살을 시도했으나 결국 실패했음)·섭정(聶政: 戰國時代의 刺客으로 嚴仲子의 부탁을 받고 俠累를 암살했음)의 담력과 중유(仲由: 子路. 孔子의 제자로 孔門四科 가운데 政事에 뛰어났음)의 용맹함과 장자방(張子房: 張良. 劉邦을 도와 漢나라를 세우고 楚覇王 項羽를 격파한 謀士)의 지모(智謀)와 상홍양(桑弘羊: 漢 武帝의 신하로 鹽鐵法을 시행하여 國庫를 충실히 했음)의 산술(算術)과 동방삭(東方朔: 漢 武帝의 文學之臣으로 賦를 잘 지었음)의 해학도 모두 이들의 능력에 가려졌다. 이들이 자신을 수양하고 행실을 삼가는 것은 [시집가지 않은] 처자들도 따르지 못할 정도였다. 이들 가운데는 과거시험장에서 늙어 죽은 자도 있었으나, 또한 [그렇게 죽는 것을] 한스럽게 여기지 않았다. 그러므로 다음과 같은 시가 있다.

> 태종황제(太宗皇帝)께서 참으로 장구(長久)한 계책을 세우시니,
> 분연히 내달리는 영웅은 [시험장에서] 백발이 다 되었네.

이조(李肇)는 이렇게 말했다.

"진사가 세상에서 숭상을 받은 지 오래 되었다. 이 때문에 뛰어난 인물 가운데 진사를 통해 벼슬한 사람은 늙어 죽도록 문인(文人)으로 지냈다. 그러므로 명예를 다투는 일에 늘 골몰했으니, 이것은 당시의 폐단이었다. 과거를 치르는 곳을 거장(擧場)이라고 했고, [과거를 치르려는 이들을] 통칭하여 수재(秀才)라고 했으며, [지방관의 추천을 거쳐] 명첩에 이름을 기록하는 것을 향공(鄕貢)이라고 했다. 급제한 자를 전진사(前進士)라고 했는데, 그들은 서로 존중하여 선배(先輩)라고 불렀으며, 같은 시험에 합격한 자들을 동년(同年)이라고 했다. (근래에 과거에 급제했으나 아직 關試[唐·宋代에 吏部에서 進士를 대상으로 치른 시험. 이 시험에 합격해야 관리가 될 수 있었음]를 거치지 않은 이들을 모두 新及第進士라고 불렀다. 그러므로 中丞 韓儀는 아래와 같은「常有知聞近過關試議以一篇記之」를 지었다.

"短歌를 완성하여 三銓[文武官吏의 人事考課를 吏部와 刑部의 尙書

와 侍郞 2명이 나누어 관장했던 일]에 회부한 후에는, 새로 시를 지어 반드시 狀元이 되고자 하지 마라. 오늘은 아직 前進士라고 불리니, 지금의 봄빛을 내년까지 머물게 하고 싶구나.")

과거를 관장하는 관리는 좌주(座主)라고 했고, 경조부(京兆府)에서 과거를 치른 후 합격하여 예부(禮部)의 재시(再試)에 들게 된 것은 등제(等第)라고 했으며, 지방에서 시험을 치르지 않고 추천을 받은 자는 발해(拔解)라고 했다. (그러나 發解 역시 미리 다른 사람에게 詞賦를 지어 보인 후 인정을 받아야 했으며, 아무 재주도 없이 추천을 받는 것은 아니었다.) 과거장에 들어가기 전에 서로 보증을 서는 것을 합보(合保)라고 했고, 여럿이 함께 모여 시를 짓는 것을 사시(私試)라고 했으며, 권세를 가진 이에게 찾아가 가르침을 청하는 것을 관절(關節)이라고 했고, 서로 칭찬하여 상대방의 가치를 높이는 것을 환왕(還往)이라고 했다. 과거에 급제하면 [급제한 자의] 성과 이름을 자은사탑(慈恩寺塔)에 새겼는데 이를 제명(題名)이라고 했다. 곡강지(曲江池: 長安 서쪽에 있는 연못으로 漢武帝가 처음으로 만들었음. 唐 開元年間에 이를 확장하고 연못가에 紫雲樓·芙蓉苑·慈恩寺 등을 세웠으며, 특히 秀才가 進士試에 合格하면 이곳에서 宴會를 베풀어주었음)의 정자(亭子)에서 큰 연회를 여는 것을 곡강회(曲江會)라고 했다. (曲江의 큰 연회는 關試가 끝난 후에 벌어졌으며 또한 聞喜宴이라고도 했다. 이후에는 같은 해에 급제한 진사들이 각자의 연회장으로 갔으므로 또한 離會라고 해도 된다.) 성명을 기록하고 [경조부의 시험에 합격한 후] 예부의 재시에 선발된 것을 춘위(春闈)라고 했고, 과거에 합격도 하지 않은 채 술을 마시고 취하는 것을 타모소(打毷氉)라고 했으며, 이름을 숨긴 채 비방문(誹謗文: 원문은 '牓'이라 되어 있으나, 『唐國史補』

卷下에 의거하여 '謗'으로 고침)을 지어내는 자를 무명자(無名子)라고 했다. 낙방하고 물러나 [도성에 머물면서] 학업을 닦는 것을 과하(過夏)라고 했고, 학업을 닦으면서 써낸 시문(詩文)을 하과(夏課)라고 했으며, 서적을 숨긴 채 과거장에 들어가는 것을 서책(書策)이라고 했다."

이것이 진사과거의 대략이다.

그 풍속은 전대로부터 이어져왔고 그 제도는 관리가 보존해왔다. 비록 그렇지만 현자는 그 대체를 깨달을 수 있었으므로, 신하로서 최고의 지위에 이르는 이가 늘 10명 가운데 2~3명은 있었고, 영달(榮達)한 이가 10명 가운데 6~7명은 있었다. 또한 원로산(元魯山: 唐 河南 사람으로 이름은 德秀. 進士에 급제하여 魯山縣令이 되었음. 利益을 멀리하고 山水를 좋아하여 당시 사람들에게 고상한 品行을 인정받았음)이나 장휴양(張睢陽: 唐 南陽 사람으로 이름은 巡. 進士에 급제하여 淸河縣令이 되었으며, 이후 睢陽에서 安祿山의 叛軍을 막았음)과 같은 이도 있었고, 유벽(劉闢: 唐나라 사람. 進士에 급제하여 벼슬이 劍南西川節度使에 이르렀음)이나 원유(元修: 원문은 '元修'로 되어 있으나, 今本 『唐摭言』에는 '元稹'로 되어있음)와 같은 이도 있었다. (『국사보』)

進士科, 始於隋大業中, 盛於貞觀·永徽之際. 縉紳雖位極人臣, 不由進士者, 終不爲美. 以至歲貢, 恒不減八九百, 其推重, 謂之'白衣公卿', 又曰'一品白衫', 其艱難, 謂之'三十老明經, 五十少進士.' 其負偶儻之才, 變通之術, 蘇·張之辨說, 荊·聶之膽氣, 仲由之武勇, 子房之籌畵, 弘羊之書算, 方朔之詼諧, 咸以是而晦之. 修身愼行, 雖處子之不若. 其有老死於文場者, 亦無所恨. 故有詩曰: "太宗皇帝眞長算, 賺得英雄盡白頭."

李肇曰: "進士爲時所尙久矣. 是故俊人由此出者, 終身爲文人. 故爭名常切, 爲時所弊. 其都會謂之擧場, 通稱謂之秀才, 投刺謂之鄕貢. 得第謂之前進士, 互相推敬, 謂之先輩, 俱捷謂之同年(近年及第, 未過關試, 皆稱新及第進士. 所以韓中丞儀,「常有知聞近過關試議以一篇記之」曰: "短行軸了付三銓, 休把新銜惱必先. 今日便稱前進士, 好留春色與明年." 明鈔本'議'作'儀', 又明鈔本・許刻本 '記之曰'作'記之曰', '軸'作'納', '銜'作'詩'). 有司謂之座主, 京兆府考而升者, 謂之等第, 外府不試而貢者, 謂之拔解(然拔解亦須預託人爲詞賦, 非爲白薦). 將試相保, 謂之合保, 群居而賦, 謂之私試, 造請權要, 謂之關節, 激揚聲價, 謂之還往. 旣捷, 列姓名於慈恩寺塔, 謂之題名. 大讌於曲江亭子, 謂之曲江會(曲江大會在關試後, 亦謂聞喜宴. 後同年各有所之, 亦謂之爲離會可也. 明鈔本'聞喜'作'之關'). 籍而入選, 謂之春闈, 不捷而醉飽, 謂之打毷氉, 匿名造牓, 謂之無名子. 退而肄業, 謂之過夏, 執業以出, 謂之夏課, 挾藏入試, 謂之書策." 此其大略者也.

其風俗繫於先達, 其制置存於有司. 雖然, 賢者得其大者, 故位極人臣, 常十有二三, 登顯列十有六七. 而元魯山・張睢陽有焉, 劉關(『國史補』・'關'作'閿')・元修有焉. (出『國史補』)

178・2(1861)
진사귀례부(進士歸禮部)

준수과(俊秀科: 官吏登用試驗의 하나로, 唐 永徽年間 이전에는 進士科와 대등했음) 등의 과거는 모두 고공(考功: 文武官吏의 考課를 담당했던 관직으로, 唐代에는 郎中 1인과 員外郞 1인을 두었음)이 주관했다. 개원(開元) 24년(736)에 고공원외랑(考功員外郞) 이앙(李昻)은 천성이 너그럽지 못했는데, 하루는 공사(貢士: 地方官이나 諸侯가 朝廷에 추천한 才士)들을 소집하더니 그들에게 이렇게 약속했다.

"그대들이 지은 문장의 우열은 내가 낱낱이 알고 있소. 문장들을 살피고 검사하는 일은 지극히 공정하게 할 것이오. 만약 다른 사람에게 청탁하는 자가 있다면 나는 마땅히 그들을 모두 낙방시킬 것이오."

이앙의 외삼촌은 평소에 진사(進士) 이권(李權)과 이웃에 살면서 서로 사이가 좋았으므로 마침내 이앙에게 이권의 이야기를 했다. 이앙은 과연 성을 내더니 공인(貢人: 貢士)들을 모아놓고 이권의 허물을 하나하나 지적했다. 이권이 사죄하며 말했다.

"어떤 사람이 넘겨짚고서 원외랑 나리의 측근에게 슬쩍 제 일을 말한 것일 뿐, 제가 그렇게 해주기를 청한 것은 아닙니다."

이앙은 이권의 말이 끝나기가 무섭게 말했다.

"여러분들의 문장을 보면 진실로 훌륭하오. 그러나 옛 사람의 말에 '아름다운 옥이라도 그 흠을 가리지는 못한다'고 했으니 이는 진정 옳은 말이오. [며칠 후] 문장에 간혹 전아(典雅)하지 못한 부분이 있는지 여러분들과 함께 상세히 살펴보는 것이 어떻겠소?"

공인이 모두 말했다.

"좋습니다."

[이앙이 물러가자] 이권이 앞으로 나와 공인들에게 말했다.

"조금 전 원외랑 나리의 말씀은 그 의도가 나를 겨냥한 것이오. 원외랑 나리의 의도가 이점에 있으니 내가 낙방할 것은 정해진 것인데, 또 문장은 보아서 무엇하겠소?"

이권은 이에 몰래 이앙의 잘못을 캐냈다.

어느 날 이앙은 과연 이권의 장구(章句)에서 작은 흠을 집어내더니 큰 길 게시해 놓고 그를 모욕했다. 이권은 두 손을 모은 채 앞으로 나가 이앙에게 말했다.

"예절은 서로 주고받는 것을 숭상하는 법입니다. 제 문장이 훌륭하지 않음은 이미 널리 알려지게 되었으니, 나리께서 예전에 지었던 시를 길거리에 게시하여 어리석은 제가 [그것을 보고] 장차 문장을 연마하고자 하는데, 그래도 되겠습니까?"

이앙이 노하여 대꾸했다.

"안될 것이 무엇이 있겠는가!"

이권이 말했다.

"'귀는 맑은 위수(渭水)에 가서 씻고, 마음은 흰 구름을 따라 한가롭네'라는 구절은 정말 나리께서 지으신 문장이 맞습니까?"

이앙이 말했다.

"그렇소."

이권이 말했다.

"옛날 요(堯)가 나이를 먹어 천하를 다스리는 일에 싫증을 내고 장차 허유(許由)에게 제위를 선양(禪讓)하고자 했으나, 허유는 그 말을 들은 일을 싫어했으므로 귀를 씻었습니다. 지금 천자폐하께서는 춘추가 한창이시고 나리께 제위를 넘겨주지 않으실 것인데, 나리께서 귀를 씻는다고 하신 것은 어째서입니까?"

이앙은 그 말을 듣고 놀랍고 두려워 집정관에게 이권이 교만하고 불손하다며 고소했고, 집정관은 마침내 이권을 옥리(獄吏)에게 넘겼다.

예전에 이앙은 고집이 세서 청탁을 받지 않았다. 그러나 이앙이 권세를 얻게 되자 그에게 부탁한 사람 가운데 허락을 받지 못한 자가 없었다. 이권의 일로 인해 조정에서는 고공원외랑의 지위가 가벼워서 많은 선비들을 복종시키기에 충분하지 못하다고 의논했고, 이에 이부시랑(吏部侍郞)이 과거의 일을 전담하게 했다. (『척언』)

俊秀等科, 此皆考功主之. 開元二十四年, 員外郞李昂性不容物, 乃集貢士與之約曰: "文之美惡, 悉之矣. 考校取檢, 存乎至公. 如有請託於人, 當悉落之." 昂外舅常與進士李權鄰居相善, 遂言之於昂. 昂果怒, 集貢人, 數權之過. 權謝曰: "人或猥知, 竊聞於左右, 非求之也." 昂因曰: "觀衆君子之文, 信美矣. 然古人云: '瑜不掩瑕', 忠也. 其詞或有不典雅, 與衆詳之若何?" 皆曰: "唯." 權出謂衆曰: "向之言, 其意屬我也. 昂意在此, 吾落必矣, 又何籍焉?" 乃陰求昂瑕.

他日, 昂果摘權章句小疵, 牓于通衢以辱之. 權拱而前, 謂昂曰: "禮尙往來. 鄙文之不臧, 旣得而聞矣, 而執事昔以雅什, 嘗聞於道路, 愚將切磋, 可乎?" 昂怒而應曰: "有何不可!" 權曰: "'耳臨淸渭洗, 心向白雲閑', 豈執事之詞乎?" 昂曰: "然." 權曰: "昔唐堯老耄, 厭倦天下, 將禪許由, 由惡聞, 故洗耳. 今天子春秋鼎盛, 不揖讓於足下, 而洗耳何哉?" 昂聞惶駭, 訴於執政, 謂權狂不遜, 遂下權吏.

初昂強復, 不受囑請. 及有勢位(明鈔本'勢位'作'吏議'), 求者莫不允從. 由是廷議以省郞位輕, 不足以伏多士, 乃命吏部侍郞專知焉. (出『摭言』)

178·3(1862)
부 해(府 解)

경조부(京兆府)에서 해송(解送: 人才를 선발하여 禮部로 보냄)한 선비는 개원연간(開元年間: 713~741)과 천보연간(天寶年間: 742~756) 무렵부터 늘 10명이 넘었는데, 이를 등제(等第)라고 했다. 이 때는 반드시 명분과 실제가 서로 부합되는 자를 선발하여 교화의 근원을 장려했다. 소종백(小宗伯: 禮部侍郞의 別稱)은 이 원칙에 의지하여 관리를 선발했는데, 간혹 등제된 자들이 모두 급제하는 경우도 있었으며, 그렇지 않더라도 10명 가운데 7~8명이 급제했다. 만약 결과가 이와 다르게 나오면 종종 공원(貢院)에 공문을 보내 낙방의 이유를 물었다. 함통연간(咸通年間: 860~873)과 건부연간(乾符年間: 874~879)에 이르러서는 형세가 크게 변하여 경조부의 선발만 거치면 거의 급제한 것과 같게 되었다. 경조부에서 선발된 자들은 서로[原文에는 '首相'으로 되어 있으나『唐撫言』권2에 근거하여 互相으로 고쳐 번역함] 우쭐대고 자랑했으며, 수레와 의복을 사치스럽게 하면서도 이를 분수에 넘어서는 것이라고 여기지 않았다. 그러자 기집원(期集院: 科擧에 及第한 進士들이 모여 宴會를 가지는 곳. 本卷 11條에 상세히 보임)의 인사(人事)에서 진정한 선비들은 다시는 그 자리에 나란히 서지 못했다. 그러므로 부해(府解) 제도가 폐지되어 사용되지 않은 것은 오직 이러한 까닭에서이다. (『척언』)

京兆府解送, 自開元・天寶之際, 率以在上十人, 謂之等第. 必求名實相副, 以滋敎化之源. 小宗伯倚而選之, 或悉中第, 不然, 十得其七八. 苟異於是, 則往往牒貢院, 請放落之由. 暨咸通・乾符, 則爲形勢吞爵, 臨制近同及第. 得之者首相誇詫, 車服多侈靡, 不以爲僭. 仍期集人事, 眞實之士不復齒矣. 所以廢置不定, 職此之由. (出『撫言』)

178 · 4(1863)
제주해(諸州解)

　동주(同州)와 화주(華州)의 주해(州解)는 경조부(京兆府)의 부해(府解)와 다른 점이 없었으며, 첫 번째로 선발되어 보내지면 급제하지 못하는 자가 없었다. 원화연간(元和年間: 806~820)에 영호초(令狐楚)가 삼봉(三峯)을 다스리고 있었는데, 마침 가을 해시(解試) 때가 되었다. 영호초는 다음과 같은 방문(榜文)을 내걸었다.

　"특별히 5가지의 시험을 실시한다."

　대개 시(詩)·가(歌)·문(文)·부(賦)·첩경(帖經)이 그 5가지였다. 예년에는 고관대작에게 자신이 지은 시를 가져와 추천해 주기를 구하는 자가 늘 10여 명을 밑돌지 않았다. 그러나 [5가지의 시험을 실시한다는 방문이 붙은] 그 해에는 그런 자가 없었고, 비록 천 리를 멀다 않고 왔더라도 이와 같은 실정을 들으면 모두 과거를 그만두고 떠나버렸다. 오직 노홍정(盧弘正)만이 화주로 찾아와 향시를 보기를 청했다. 영호초는 휘장을 드리우고 술과 안주를 마련하게 했는데, 예년보다 더욱 사치스러웠다. 화주에 머물던 나그네들이 모두 그 광경을 옆에서 바라보았고, 노홍정은 스스로 자신이 으뜸이라고 생각했다. 영호초는 하루에 하나의 시험을 치를 것을 명했는데, 이는 정밀함을 요구한 것이지 기민함을 요구한 것은 아니었다.

　노홍정이 이미 2가지의 시험을 치렀을 때 마식(馬植)이 해시에 응시한다는 지원서를 냈다. 마식은 무관(武官) 집안의 자제였으므로 담당관들은 모두 속으로 비웃었다. 영호초가 말했다.

"그 일은 아직 알 수 없는 것이다."

이윽고 「등산채주부(登山採珠賦)」로 시험을 치렀는데, 마식이 지은 부의 대략은 다음과 같았다.

> 얼룩무늬 표범은 여룡(驪龍: 즉 驪龍珠)과 달라서 구하고 나면 흥미를 잃고,
> 흰 돌은 또한 오래된 진주조개와 달라서 쪼개보아도 진주는 얻을 수 없다.

영호초는 마식의 정밀하고 타당함에 크게 탄복하고 마침내 노홍정에게 주었던 해두(解頭: 解試의 狀元)의 자격을 빼앗아버렸다. 그 후 노홍정은 승랑(丞郎: 侍從官. 唐代에는 左右丞이 있었으며, 곧 六曹侍郎)으로 시작하여 염철관(鹽鐵官)으로 일했으나, 얼마 후 마식에게 그 지위를 넘겨주게 되었다. 노홍정은 서찰을 보내 마식을 희롱하여 말했다.

"예전에 화주의 장원을 빼앗겨 독수(毒手)에 당했는데, 이제 와서 염철의 일을 가져가니 다시 옛 주먹에 맞은 꼴이구려."

대중연간(大中年間: 847~859)에 흘간준(紇干㕙)과 위거(魏鉶)가 부원(府元: 府試의 장원)을 다투었으나 흘간준이 위거에게 지고 말았다. 다음 날 위거는 갑자기 죽었다. 그 때 흘간준의 아버지인 흘간천(紇干泉)은 마침 남해(南海)를 다스리고 있었다. 이 때문에 흘간준은 한 무명자(無名子)에게 이런 비방을 들었다.

"남해를 떠나던 날 응당 은자(銀子) 몇 근은 챙겼을 터인데, 북궐(北闕: 宮闕)에 당도하기 전까지 한 푼도 쓰지 않았겠지."

이 때문에 흘간준 형제들은 모두 과거를 보지 못했고, 장우신(張又新)

은 이 때에 장삼두(張三頭)라고 불렸다. (進士科의 狀元은 狀頭, 宏詞科의 狀元은 敕頭, 京兆府 解試의 狀元은 解頭라고 했다.) ([『척언』])

同·華解與京兆無異, 若首送, 無不捷者. 元和中, 令狐楚鎭三峯, 時及秋賦. 牓云: "特置五場試." 蓋詩·歌·文·賦·帖經爲五. 常年以淸要詩題求薦者, 率不減十數人. 其年莫有至者, 雖不遠千里而來, 聞是皆寢去. 惟盧弘正獨詣華請試. 公命供帳酒饌, 侈靡於往時. 華之寄客畢縱觀於側, 弘正自謂獨步. 楚命日試一場, 務精不務敏也.

弘正已試兩場, 馬植下解狀. 植將家子, 從事輩皆竊笑. 楚曰: "此未可知." 旣而試「登山採珠賦」, 略曰: "文豹且異於驪龍, 採斯疎矣, 白石又殊於老蚌, 割莫得之" 楚大伏其精當, 遂奪弘正解頭. 後弘正自丞郞使判鹽鐵. 俄而爲植所據. 弘正以手札戲植曰: "昔日華元, 已遭毒手, 今來輊務, 又中老拏('拏'原作'權', 據明鈔本改)."

大中, 紇干峻與魏鋤爭府元, 而紇干屈居其下. 翌日, 鋤暴卒. 時父皐('父皐'原作'又泉', 『唐摭言』二作'時峻父方鎭南海', 峻父當是紇干泉, 曾爲嶺南節度使. 見『文苑英華』沈詢撰制詞及裴廷裕『東觀奏記』)方銛('銛'當作'鎭')南海. 由是爲無名子所謗曰: "離南海之日, 應得數斤, 當北鬪(『唐摭言』二'鬪'作'闈')之前, 未銷一捻." 因此峻兄弟皆罷擧, 皆斯(『唐摭言』三'皆斯'作'張又新')于時號張三頭 (進士狀頭, 宏詞敕頭, 京兆解頭). (原闕出處, 今見『摭言』卷二)

178·5(1864)
시잡문(試雜文)

수공(垂拱) 원년(685)에 오도고(吳道古: 『唐摭言』권1에는 吳師古로 되

어있음) 등 27명이 과거에 급제했다. 방(榜)이 붙은 후 다음과 같은 칙비(敕批: 上疏에 대한 임금의 대답)가 내려졌다.

"그들의 책문(策文)을 대략 살펴보니 모두 아직 지극히 훌륭한 문장은 아니었노라. 만약 규정에 따른다면 급제할 사람은 오직 한 사람 뿐이었으나, 인재를 널리 거두고자 관대하게 평가하여 모두 급제를 허락했노라."

그 후 조로(調露) 2년(680: 문맥상 垂拱元年 이후여야 하는데 순서가 맞지 않음. 錯誤가 있는 것으로 보임)에 고공원외랑(考功員外郞) 유은립(劉恩立: 『唐摭言』 권1에는 劉思立으로 되어있음)이 상주했다.

"첩경(帖經)과 잡문(雜文) 시험을 추가로 치르고, 문장이 뛰어난 자는 책시(策試)를 치르도록 하는 방안을 논의해 주셨으면 하옵니다."

얼마 후 칙천무후(則天武后)가 혁명을 일으켜 [무주(武周)를 세우자] 그 일은 다시 환원되었으며, 신룡(神龍) 2년(706)에 비로소 3가지 시험이 시행되었다. 그러므로 시부(詩賦)의 제목은 언제나 방에 기록되어 있었다. (『척언』)

垂拱元年, 吳道古等二十七人及第. 牓後敕批云: "略觀其策, 並未盡善. 若依令式, 及第者惟止一人, 意欲廣收, 通滯並許及第." 後至調露二年, 考功員外劉恩, (『唐摭言』一'恩'作'思')立奏: "議加試帖經與雜文, 文高者放入策." 尋以則天革命, 事復因循, 至神龍二年, 方行三場試. 故恒列詩賦題目於牓中矣. (出『摭言』)

178 · 6(1865)
내출제(內出題)

개성연간(開成年間: 836~840)에 고해(高諧: 高鍇의 誤記로 보임)가 지공거(知貢擧: 科擧를 주관하는 관직)를 지낼 때, 궁중(宮中)에서는 「예상우의곡부(霓裳羽衣曲賦)」를 출제했고, 태학(太學)에는 처음으로 석경시(石經詩)를 세웠다. 진사과(進士科)에서 시부(詩賦)로 시험을 치른 것은 이 때부터 시작되었다. (『노씨잡설』)

開成中, 高諧知擧, 內出「霓裳羽衣曲賦」, 太學創置石經詩. 進士試詩賦, 自此始也. (出『盧氏雜說』)

178 · 7(1866)
방잡문방(放雜文牓)

상연(常衮)이 예부시랑(禮部侍郎)을 지낼 때, 잡문방을 검토한 후에 말했다.

"후일에 과거에 급제하려면 마음을 기민하게 하지 않으면 안 된다. 밤을 새워 훌륭한 문장을 쓰더라도 아쉬움을 느껴야만 넉넉한 실력을 가질 수 있다."

상연이 잡문 시험에 통과시킨 자는 늘 100명을 넘지 않았다. 국자감좨주(國子監祭酒)를 지낸 포방(鮑防)이 예부시랑을 지낼 때 첩경(帖經: 唐

代에 선비를 시험했던 방법의 하나. 평소에 익숙한 經書에서 양끝을 가리고 가운데 한 줄만 보여주고 맞추게 했음)에서 낙방한 자 역시 매우 많았다. 당시 이를 두고 '상잡포첩(常雜鮑帖)'이라고 했다.(『전재고실』)

常袞爲禮部, 判雜文牓後云: "他日登庸, 心無不銳. 通宵絶筆, 恨卽有餘." 所放雜文過者, 常不過百人. 鮑祭酒防爲禮部, 帖經落人亦甚. 時謂之'常雜鮑帖.' (出『傳載故實』)

178 · 8(1867)
방 방(放 牓)

정관연간(貞觀年間: 627~649) 초에 방문(榜文)을 붙이는 날 태종(太宗)이 몰래 단문(端門: 궁궐의 正南門)으로 행차했다. 태종은 방문 아래에 진사(進士)들이 줄지어 나오는 모습을 보더니, 기뻐하며 측근의 신하에게 말했다.

"천하의 영웅들이 나의 조정으로 들어왔구나."

진사방(進士榜)의 윗부분에는 황지(黃紙: 官吏를 선발하거나 官吏의 功績을 살펴 이름을 적을 때, 朝廷에 보고하기 위해 사용했던 黃色의 종이) 4장을 똑바로 붙인 후 양털로 만든 붓에 담묵(淡墨)을 묻혀 '예부공원(禮部貢院)' 4자를 이어서 썼다. 어떤 사람은 이렇게 말했다.

"문황(文皇: 唐 太宗 李世民의 別稱)께서 잠시 비백(飛帛: 특수한 書法의 하나로 飛白이라고도 함. 東漢 靈帝 때 鴻都門을 장식하게 되었는데, 어떤

匠人이 흰 가루를 묻힌 빗자루로 글씨를 쓰는 것을 보고 蔡邕이 처음으로 創始했음. 筆勢는 나는 듯하고 筆跡은 빗자루로 쓸고 난 자리처럼 보이며, 漢・魏代에는 궁궐에서 題字할 때 광범위하게 사용했음)으로 쓰셨다."

또 어떤 사람은 이렇게 말했다.

"명부(冥府)에서 정한 것을 이승에서 받아쓴 형상[陰注陽受之狀]과 같다."

진사는 관례에 따르면 도성(都省: 尙書省)에서 황제가 주관하는 시험을 거친 후 남원(南院)에서 방문을 붙였다. (南院은 禮部主事가 문서를 수령하는 곳이다. 名簿의 모양과 여러 색의 大綱은 이곳에서 그 體例를 정하는 일이 많았다.) 방문을 붙이는 곳은 바로 남원의 동쪽 담이었다. 따로 1장(丈) 남짓한 높이의 담을 세우고 그 주위를 비운 후 낮은 담을 만들었는데, 날이 밝기 전에 북원(北院: 北司. 內侍省의 別稱)에서 방문을 가져다가 남원으로 가서 이를 붙였다.

원화(元和) 6년(811)에 감생(監生: 國子監의 學生)인 곽동리(郭東里)가 가시울타리[棘籬](울타리는 낮은 담 아래에 있었으며, 南院의 정문 바깥에도 있었다.)를 부수고 방문을 찢은 일이 있었다. 이 때문에 그 후로는 예부의 문 바깥에 허방(虛榜: 正榜의 副本)을 붙이는 일이 많았으며 정방(正榜)도 조금 늦게 붙였다. (『척언』)

정훈(鄭薰)은 지공거(知貢擧)를 지냈는데, 방문이 붙은 날 오직 사인(舍人: 貴人을 補佐하는 관직. 唐代에는 太子舍人・中書舍人・起居舍人・通事舍人 등이 있었음)을 지낸 필함(畢諴)만이 그의 집으로 사은(謝恩)하러 갔다. 그 후 소방(蕭倣)이 주관한 과거(科擧)의 방문이 붙은 날에는 관복을 입은 사람 가운데 그의 집으로 들어서는 사람이 없었다. 당시의 논자(論者)들은 그 일을 책망했다. (『노씨잡설』)

　貞觀初, 放牓日, 太宗私幸端門. 見進士於牓下綴行而出, 喜謂侍臣曰: "天下英雄入吾彀中矣." 進士牓頭, 竪粘黄紙四張, 以氈筆淡墨, 衮轉書曰'禮部貢院'四字. 或曰: "文皇頃以飛帛書之." 又云: "象陰注陽受之狀."

　進士舊例, 於都省御考試, 南院放牓(南院乃禮部主事受領文書於此. 凡版樣及諸色條流, 多於此例之. 明鈔本'例'作'列'). 張牓牆, 乃南院東牆也. 別築起一堵高丈餘, 外有壖垣, 未辨色, 卽自北院將牓, 就南院張之.

　元和六年, 爲監生郭東里決破棘籬(籬在壖垣之下, 南院正門外亦有之), 坼裂文牓. 因之後來, 多以虛牓自省門而出, 正牓張亦稍晩. (出『摭言』)

　鄭薰知擧, 放牓日, 唯舍人畢誠到宅謝恩. 至蕭倣放牓日, 並無朱紫及門. 時論誚之. (出『盧氏雜說』)

178・9(1868)
오로방(五老牓)

　천복(天復) 원년(902)에 두덕상(杜德祥)이 주관한 과거(科擧)의 방문(榜文)이 붙었는데, 조송(曹松)・왕희우(王希羽)・유상(劉象)・가숭(柯崇)・정희안(鄭希顔) 등이 급제했다. 당시 황상(皇上)은 국내의 난리를 갓 평정했는데, 신진사(新進士: 解試를 통과한 進士)가 선발되었다는 소식을 듣고 몹시 기뻐했다. 이 때 황상은 조서를 내려 급제한 자 가운데 부친을 여의었거나 빈한(貧寒)하면서 빼어난 인물은 마땅히 성명을 고하게 하고, 특별히 직접 벼슬을 내렸다. 그러므로 두덕상이 조송 등을 아뢰자 그들은 각기 교정(校正: 校書郎과 正字 두 벼슬을 겸하여 이르는 말)에 제수되었다. 황상의 칙명은 대략 다음과 같았다.

"헤아려 보건대 그대들이 등과(登科)한 때는 마침 짐(朕)이 어지러움을 바로잡은 해였다. 그러므로 마땅히 각별한 은혜를 내리니, 각자 짐의 총애에 부응할 지어다."

조송은 서주(舒州) 사람으로 가사창(賈司倉)에게서 시(詩)를 배웠다. 조송은 그 외에 다른 재능이 없었으므로 당시 사람들은 조송의 계사(啓事: 上部에 일을 아룀)를 두고 '송양각상(送羊脚狀: 정확한 의미는 알 수 없으나 양의 다리를 바치는 모습인 듯함)'이라고 말했다. 왕희우는 흡주(歙州) 사람으로 문장을 짓는 데 뛰어났다. 조송과 왕희우의 수명은 모두 70여 세를 넘겼다. 유상은 경조(京兆) 사람이고 가숭과 정희안은 민(閩) 땅 사람인데, 모두 시권(詩卷)으로 급제했으며 또한 모두 60세를 넘겼다. 당시 이들을 '오로방'이라고 불렀다. (『척언』)

天復元年, 杜德祥牓, 放曹松·王希羽·劉象·柯崇·鄭希顔等及第. 時上新平內難, 聞放新進士, 喜甚. 詔選中有孤貧屈人, 宜令以名聞, 特敕授官. 故德祥以松等塞詔, 各授校正. 制略曰: "念爾登科之際, 當予反正之年. 宜降異恩, 各膺寵命."

松, 舒州人, 學賈司倉爲詩. 此外無他能, 時號松啓事爲'送羊脚狀'. 希羽, 歙州人, 詞藝優博. 松·希羽, 甲子皆七十餘. 象, 京兆人, 崇·希顔, 閩人, 皆以詩卷及第, 亦俱年逾耳順矣. 時謂'五老牓.' (出『摭言』)

178 · 10(1869)
사 은(謝 恩)

    방문(榜文)이 붙은 후 장원(狀元) 및 그 이하의 진사(進士)들은 주고관(主考官)의 관부(官府) 앞으로 가서 말에서 내린 후 줄지어 서서 명지(名紙: 이름을 적은 종이로, 古代에는 종이가 없어 竹簡에 적었으므로 名刺라고 했음)를 거두어 주고관에게 바쳤다. 문인(門人: 같은 知貢擧 아래에서 배출된 進士)들은 모두 순서대로 계단 아래에 서 있다가 북쪽을 향해 계단을 오른 후 동쪽을 향해 서고, 주고관은 좌석을 늘어놓은 후 동쪽에 서서 서쪽을 향했다. 담당관리는 장원 및 그 이하의 진사들과 주고관에게 읍(揖)하며 서로 배례(拜禮)를 올리게 했다. 배례를 마치면 장원은 치사(致詞)를 늘어놓고 다시 대열로 돌아갔는데, 이 때 진사들은 각자 배례를 올렸고 주고관은 답배(答拜)를 했다. 배례가 끝나면 주고관은 이렇게 말했다.
    "여러 낭군(郎君)들은 안팎의 신상을 밝히시오."
    장원 및 그 이하의 진사들은 각자 나이를 밝힌 후 곧 사은의 예를 행했고, 다른 사람들도 장원과 같은 예를 올렸다. 사은의 예가 끝나면 담당관리는 이렇게 말했다.
    "장원은 수여받은 명제(名第: 科擧 及第의 順位)에 대해 곡진하게 사례하고, 다른 사람들은 의발(衣鉢)에 감사하시오." (衣鉢은 主考官이 수여하는 名第를 받는 것을 말한다. 만약 主考官의 先親과 같은 名第를 받게 되면 '大衣鉢에 감사드립니다'라고 했고, 대대로 科擧에 及第하면 '感泣하여 감사드립니다'라고 했다.)

사은의 예가 끝나면 자리에 오르며, 장원은 주고관과 함께 마주보고 앉았다. 이 때 공경(公卿)들이 와서 참관하는데 이들은 모두 남쪽을 향한 채 나란히 순서대로 앉았다. 몇 순배 돌아가며 술을 마신 후에는 자리에서 일어나 기집원(期集院)으로 갔다. (어떤 이는 '이 禮가 항상 행해지지는 않았다. 행해진 경우에는 都省[尙書省]에서 감사를 올릴 때 이를 참관하러 온 公卿들 가운데 자리에도 앉지 않은 채 말을 돌리는 이도 있었다'고 했다.) 사흘 후에 진사들은 다시 곡사(曲謝)의 예를 행했는데, 그 날 주고관은 비로소 [진사들의 답안(答案)에서] 잘 지었다고 생각한 부분을 하나하나 언급하여 진사들로 하여금 각자 자신의 답안을 지지해준 공덕에 감사하게 했다. 만약 특별히 잘 지은 답안이 있으면 이를 뽑아서 역시 상세히 논했다. (『척언』)

放牓後, 狀元已下, 到主司宅門, 下馬綴行而立, 斂名紙通呈. 門人(按『唐摭言』三'門人'作'入門')並紋立於階下, 北上東向, 主司列席褥, 東面西向. 主事揖狀元已下與主司對拜. 拜訖, 狀元出行致詞, 又退著行, 各拜, 主司答拜. 拜訖, 主司云: "請諸郎君敍中外." 狀元已下, 各各齒敍, 便謝恩, 餘人如狀元禮. 禮訖, 主事云: "請狀元曲謝('謝'原作'諜', 據『唐摭言』三改)名第, 第幾人謝衣鉢." ('衣鉢'謂得主司名第. 其或與主司先人同名第, 卽'謝大衣鉢', 如踐世科, 卽'感泣而謝'.) 謝訖, 登, 卽狀元與主司對座. 于時公卿來看, 皆南行敍座. 飮酒數巡, 便起, 赴期集院(或云: '此禮部不恒. 卽有, 於都省至謝, 公卿來看者, 或不坐而卽回馬也.' 明鈔本'部'作'卽'). 三日後, 又曲謝, 其日, 主司方一一言及薦導之處, 俾其各謝挈維之力. 苟特達而取, 亦要言之矣. (出『摭言』)

178 · 11(1870)
기 집(期 集)

진사(進士)들은 사은(謝恩)의 예를 행한 후에 비로소 기집원(期集院: 새로 及第한 進士가 모여서 宴會를 가지는 곳으로 期集所라고도 함)으로 갔다. 대체로 황제의 임명이 있기 전에는 매일 기집원으로 갔고, 주고관(主考官)의 관부(官府)를 두 차례 예방(禮訪)했다. 그러나 사흘 후에 주고관이 그만두라고 굳이 청하면 그제야 예방을 그만두었다. 동년(同年: 같은 해에 及第한 進士)들이 처음 기집소(期集所)에 오면 단사(團司: 唐代에 새로 進士가 급제했을 때 同年들의 宴會 및 여러 가지 雜務를 糾察하던 機構. 그 일을 주관하던 관리 역시 團司라고 불렀음)와 소유관(所由官: 唐代 府·縣의 관리)들은 장원(狀元)에게 인사를 올린 후 다시 다른 진사들에게 인사를 올렸다. 배례(拜禮)가 끝나면 잠시 후 한 관리가 대청에서 이렇게 외쳤다.

"여러 낭군(郎君)들께서는 자리에 앉으시되, 짝수 명제(名第: 科擧 及第의 順位)는 동쪽에, 홀수 명제는 서쪽에 앉으시오."

이 날은 각자에게 돈을 거두어 술을 마셨는데 벌전(罰錢)은 적지 않았다. 또 진사들은 추명지전(抽名紙錢) (한 사람에 10貫[1貫은 千錢]씩 이었다. 姓名을 기록한 종이는 狀元에게 보여주었다. 잠시 후 진사들 가운데 서너댓 명을 뽑아 이 돈을 사용하게 했다.)과 포저전(鋪底錢: 연회 장소를 대여하는 비용)을 냈는데, 장원 및 그 이하의 진사들 모두 한 사람 당 30관(貫)이었다. (『척언』)

謝恩後, 方詣期集院. 大凡未敕下已前, 每日期集, 兩度詣主司之門. 然三日後,主司堅請已, 卽止. 同年初到集所, 團('團'原作'國', 據『唐摭言』三改)司·所由輩('輩'原作'軰', 據『唐摭言』三改)參狀元後, 更參衆郞君. 拜訖, 俄有一吏當中庭唱曰: "諸郞君就坐, 雙東隻西." 其日醵('日醵'二字原闕, 據明鈔本補)罰不少. 又出抽名紙錢(每人十貫文. 其敘名紙, 見狀元. 俄於衆中鶱抽三五箇, 便由此錢. 『唐摭言』三'鶱'作'驀')·鋪底錢, 自狀元已下, 每人三十貫文. (出『摭言』)

178 · 12(1871)
과 당(過 堂)

칙명(勅命)이 내려진 후 신급제진사(新及第進士)들은 과당의 예를 행했다. 이 날 단사(團司: 唐代에 새로 進士가 급제했을 때 同年들의 宴會 및 여러 가지 雜務를 糾察하던 機構. 그 일을 주관하던 관리 역시 團司라고 불렀음)는 먼저 광범문(光範門) 안의 동쪽 곁채에 휘장을 설치하고 술과 음식을 마련했다. 동년(同年: 같은 해에 及第한 進士)들은 이 곳에서 재상(宰相)들이 당(堂)에 오르기를 기다렸다. 이 때 주고관(主考官) 역시 친분이 있는 사람 몇 명을 불러다가 다른 곳에 모여 있었다. 이 모임의 벌전(罰錢)은 적지 않았다. 재상들이 모이면 당리(堂吏: 唐代에 中書省에서 給事를 보던 관리)가 와서 진사들의 명지(名紙: 이름을 적은 종이로, 古代에는 종이가 없어 竹簡에 적었으므로 名刺라고 했음)를 가져갔다. 생도(生徒: 新及第進士)들은 좌주(座主: 科擧를 주관하는 관리. 즉 知貢擧)를 따라 중서성(中書省)으로 갔다가 재상들이 나란히 서있을 때 도당(都堂: 唐 尙書省에서 관리들이 公務를 보는 곳)의 문 안쪽에 순서대로 섰다. 이 때 당리는 이렇게 외쳤다.

"예부시랑(禮部侍郎) 아무개는 신급제진사들을 데리고 상공(相公: 宰相)들을 뵙습니다."

잠시 후 한 관리가 소리를 높여 주고관에게 예를 표하라고 외치면, 진사들은 계단을 올라 길게 읍(揖)하고 물러나 문 옆에 서서 동쪽을 향했다. 그 후 장원(狀元) 이하의 진사들은 차례대로 계단 위에 서고, 장원은 대열을 벗어나서 치사(致詞)를 드렸다.

"이번 달 아무 날에 예부(禮部)에서 방문(榜文)을 붙였사옵니다. 아무개 등이 다행히도 외람되이 합격하게 된 것은 모두 상공의 가르침 덕택이니, 감사와 두려움을 감당할 수 없사옵니다." (狀元의 주위에 있던 進士들은[今本『唐摭言』에는 '在左右下'로 되어있음] '기쁘면서도 두렵사옵니다'라고 말했다.)

장원이 치사를 마친 후 읍을 하고 자리로 돌아가면, 장원부터 한 명 한 명 스스로 자신의 성명을 아뢰었다. 이 예가 끝나면 당리는 이렇게 외쳤다.

"객(客: 新及第進士)들은 물러가시오!"

주고관은 다시 길게 읍한 후 생도들을 데리고 물러나 사인원(舍人院)으로 갔다. 주고관이 안으로 들어서면 사인(舍人: 貴人을 補佐하는 관직. 唐代에는 太子舍人·中書舍人·起居舍人·通事舍人 등이 있었는데, 過堂의 禮에 참여했던 舍人은 中書省의 屬官인 中書舍人과 通事舍人이었음)은 관복(官服)과 신을 신고 주고관을 맞이했다. 이 때 사인은 몹시 삼가고 공경하는 예를 갖추면서 일의 순서에 따라 술을 따르고 계단 앞에 자리를 깔았다. 사인이 자리에 앉으면 제생(諸生: 新及第進士)들은 모두 배례

(拜禮)를 행했고 사인도 답배(答拜)를 했다. 장원이 대열을 벗어나 치사를 드리면 사인은 다시 답배했다. 진사들은 다시 처음과 같이 배례를 행한 후에 사인원을 나갔으며, 곁채에서 주고관이 나오기를 기다렸다가 한 차례 읍을 한 후 예를 마쳤다. 당시 관부(官府)를 예방(禮訪)하여 사은(謝恩)의 예를 올리면 곧 술자리가 벌어졌다. (『척언』)

敕下後, 新及第進士過堂. 其日, 團司('團司'原作'園日', 據明鈔本改)先於光範門裏東廊('廊'字原闕, 據明鈔本補)供帳, 備酒食. 同年於此候宰相上堂後. 于時主司亦命召知聞三兩人, 會於他處. 此筵罰錢不少. 宰相旣集, 堂吏來請名紙. 生徒隨座主至中書, 宰相橫行, 都堂門裏敍立. 堂吏通云: "禮部某姓侍郞領新及第進士見相公." 俄而有一吏, 抗聲屈主司, 及登階, 長揖而退, 立於門側, 東向. 然後狀元已下敍立階上, 狀元出行行, 致詞云: "今月某日, 禮部放牓. 某等幸忝成名, 皆在相公陶鎔之下, 不任感懼." (狀元在左右, 卽云: '夢罹.' 『唐摭言』三 '夢罹'作'慶懼') 言揖退位, 乃自狀元已下, 一一自稱姓名訖. 堂吏云: "典(明鈔本'典'作'與', 『唐摭言』三 '典'作'無')客!" 主司復長揖, 領生徒退, 詣舍人院. 主司欄入, 舍人公服靸鞋, 延接主司. 然舍人禮貌謹敬有加, 隨事敍杯酒, 然於階前補席褥. 舍人登席, 諸生皆拜('拜'字原闕, 據明鈔本補), 舍人答拜. 狀元出行致詞, 答拜. 又拜如初, 便出, 於廊下候主司出, 一揖而已. 當時詣宅謝恩, 便致飮席. (出『摭言』)

178 · 13(1872)
제 명(題 名)

신룡연간(神龍年間: 705~707) 이래로 행원연(杏園宴: 杏園은 長安 서쪽

의 曲江에 있던 정원임. 進士 及第者들은 이곳에서 宴會를 下賜받았음) 이후에 모두 자은사(慈恩寺)의 탑 아래에 이름을 기록했는데, 이 때 동년(同年: 같은 해에 及第한 進士) 가운데 글씨를 잘 쓰는 사람 한 명을 추대했다. 훗날 그들 가운데 장군이나 재상(宰相)이 나오면 [그의 이름 위에] 붉은 글씨로 다시 기록했다. 어떤 사람이 급제한 후에 그와 친분이 있는 이가 간혹 그가 급제하기 전에 이름을 기록했던 곳을 발견하면 곧 '전(前)'자를 보태었다. 그러므로 옛 사람들은 다음과 같은 시를 지었다.

예전에 이름을 기록했던 곳에 '전'자를 더하고,
도성을 떠나는 이[과거에 급제하여 임지로 향하는 자]를 전송하며 예전에 입던 옷을 구걸하네[原文에는 '衣'라고 되어있지만 今本『唐撫言』에는 '詩'로 되었음].

(『척언』)

神龍已來, 杏園宴後, 皆於慈恩塔下題名, 同年中推一善書者. 已時他有將相, 則朱書之. 及第後, 知聞或遇未及第時題名處, 則爲添'前'字. 故昔人有詩云:"曾題名處添前字, 送出城人乞舊衣."(出『撫言』)

178·14(1873)
관 시(關 試)

이부원외랑(吏部員外郎)은 남성(南省: 唐·宋代에는 尙書省이 남쪽에 있었으므로 南省이라고 불렸음. 尚書省에 속한 六部 가운데 특히 禮部를 가리킴)에서 두 차례의 시험을 담당했으며, 시험을 거친 후에 춘관(春關: 進士가 人選에 올랐음을 증명하는 문서. 春關을 받은 자를 新及第進士라고 했으며, 이들이 關試를 거치면 官吏가 될 수 있었음)을 받았으니 이를 관시라고 한다. 제생(諸生: 新及第進士)들이 사은(謝恩)의 예를 행하는 날은 문생(門生)이라고 불리므로 이를 '일일문생(一日門生)'이라고 한다. 이때부터 진사들은 이부(吏部)에 속하게 된다. ([『척언』])

吏部員外於南省試判兩節, 試後授春關, 謂之關試. 諸生謝恩, 其日稱門生, 謂之'一日門生.' 自此方屬吏部矣. (原闕出處, 今見『摭言』卷三)

178 · 15(1874)
연 집(讌 集)

곡강지(曲江池)의 정자는 안(安)·사(史)의 난이 일어나기 전까지 각 관부(官府)마다 모두 소유하고 있었으며 곡강지의 연못가에 줄지어 늘어서 있었다. 그러나 현종(玄宗)이 촉(蜀) 땅으로 행차한 후에 정자는 모두 병화(兵火)로 타버렸으며, 오직 상서성(尚書省)의 정자만 남게 되었다. 진사(進士)들의 연회는 늘 이 정자에서 벌어졌고, 식사를 마친 후에는 음악을 들으며 뱃놀이하는 것이 모두 관례가 되었다. 연회가 벌어지기 전의 며칠 동안 곡강지 주변의 저자거리는 말을 탄 행렬로 북적였다. 연회가 벌어지는 날 온 도성 안의 공경(公卿)의 집안에서는 그 광경을 보러 왔는데, 마치 사위[東牀: 東牀 사위를 말함.『世說新語』「雅量」 19條에 晉의 太傅 郗鑒이 丞相 王導를 찾아가 동쪽 사랑채에서 평상에 누워있던 王羲之를 사위로 맞이했다는 기록이 있음]를 뽑으려는 듯이 열에 여덟 아홉은 화려한 장식에 주렴을 드리운 수레를 타고 즐비하게 이르렀다.

어떤 사람이 다음과 같은 일을 말해 주었다. 건부연간(乾符年間: 874~879)에 설능(薛能)이 대경조윤(大京兆尹: 즉 京兆尹. 唐代에는 한 때 京兆尹 아래에 따로 京兆少尹을 두었음)을 지내고 있을 때, 양지지(楊知至)가 장차 가솔을 데리고 유람하고자 설능에게 편지를 보내 배를 빌려주기를 청했다. 그러나 배는 이미 신급제진사(新及第進士)들에게 빌려주었으므로, 설능은 답서(答書)를 보내어 말했다.

"이미 40명의 모임에서 빌려가 버렸습니다."

양지지는 답서를 읽더니 노하여 말했다.

"엊그제까지 낭관(郎官)을 지내던 자가 감히 이렇게도 무례하다니!"

설능은 이부랑중(吏部郎中)으로부터 경조소윤(京兆少尹)에 제수되어 경조대윤(京兆大尹)의 일을 잠시 맡아보고 있었다.

개성(開成) 5년(840)에 이경양(李景讓)이 과거에 급제했다. 당시 황제는 양암(諒闇: 天子가 居喪中에 거처하는 곳)에 있었으나 신급제진사들의 연회를 윤허(允許)했으므로 모두 평소처럼 술을 마셨다. 시인 조하(趙嘏)는 시를 지어 그 자리를 기념했다.

> 하늘 높이까지 월계수가 무성하지만,
> 확연히 31개의 가지에만 바람이 이네.
> 춘색(春色)이 가득하여 가슴은 뛰는데,
> 길 위에 어지럽게 핀 붉은 꽃들이 달리는 말을 맞이하네.

학을 몰며 하늘로 운우(雲雨) 너머까지 날아가 보니,
난정(蘭亭)은 관현(管絃: 音樂) 안에 있지 않구나!
이는 분명 예전의 현인(賢人)들의 일이니,
어찌 반드시 푸른 하늘에 의지한 청루(靑樓)여야만 하리?

보력연간(寶曆年間: 825~827)에 양사복(楊嗣復)은 양친이 모두 살아계실 때 계속해서 두 차례 과거를 주관했다. 그 때 아버지 양오릉(楊於陵)이 동쪽의 낙양(洛陽)에 있다가 도성으로 들어와 황제를 알현하게 되자, 양사복은 생도(生徒: 進士)들을 이끌고 동관(潼關)으로 마중을 나갔다. 신창리(新昌里)의 집에서 크게 연회를 벌이고난 후 양오릉은 수하들과 함께 정침(正寢)에 앉아 있었는데, 양사복은 제생(諸生: 進士)들을 데리고 그 양 끝에 앉았다. 당시 원진(元稹)과 백거이(白居易)가 함께 그 자리에 있다가 모두 즉석에서 시를 지었다. 오직 형부시랑(刑部侍郎) 양여사(楊汝士)의 시가 뒤늦게 완성되었는데, 원진과 백거이는 그 시를 보더니 크게 놀랐다. 그 시는 다음과 같다.

이 자리에 모름지기 어병(御屛)이 하사되어야 하니,
모두 선한(仙翰: 皇帝의 勅書)을 들고 높은 하늘로 날아드네.
문장의 옛 명성은 원액(鴛掖: 中書省)에 남아있고,
오얏이 만든 새 그늘은 이정(鯉庭: 孔鯉가 아버지인 孔子의 가르침을 받았던 곳)에 있네.
두 해 동안 급제한 진사들이 축하 연회를 벌이자,
한 때의 양사(良史)들이 그 흥취를 모두 전했네.
당시와 마찬가지로 아무리 성대하다고 한들,
어찌 맛좋은 술에 취하는 이 자리만 하겠는가?

양여사는 그 날 크게 취해 집에 돌아가서 그의 자제(子弟)들에게 이렇게 말했다.

"내가 오늘 원진과 백거이를 눌러버렸다."

(『척언』)

曲江亭子, 安·史未亂前, 諸司皆有, 列於岸滸. 幸蜀之後, 皆燼於兵火矣, 唯尙書省亭子存焉. 進士開讌, 常寄其間, 旣撤饌, 則移樂泛舟, 都爲恒例. 宴前數日, 行市駢闐於江頭('頭'原作'顏', 據『唐摭言』三改). 其日, 公卿家傾城縱觀於此, 有若束榻之選者, 十八九鈿車珠幕, 櫛比而至.

或曰: 乾符中, 薛能爲大京兆尹, 楊知至將攜家遊, 致書於能假舫子. 已爲新人所假, 能答書曰: "已爲四十子之鳩居." 知至得書, 怒曰: "昨日郞吏, 敢此無禮!" 能自吏部郞中拜京兆少尹, 權知大尹.

開成五年, 李景讓中牓. 於時上在諒闇, 乃放新人遊宴, 率常雅飲. 詩人趙嘏以詩寄之曰: "天上高高月桂叢, 分明三十一枝風. 滿懷春色向人動, 遮路亂花迎馬紅. 鶴馭逈飄雲雨外, 蘭亭不在管絃中! 居然自是前賢事, 何必靑樓倚翠空?"

寶曆, 楊嗣復具慶下, 繼放兩牓. 時於陵自東洛入觀. 嗣復率生徒迎於潼關. 旣而大宴於新昌里第, 於陵與所執坐於正寢. 公領諸生翊坐於兩序. 時元·白俱在, 皆賦詩於席上. 唯刑部侍郞楊汝士詩後成, 元·白覽之失色. 詩曰: "隔坐應須賜御屛, 盡將仙('仙'原作'佃', 據『唐摭言』三改, 明鈔本作'先')翰入高冥. 文章舊價留鸞掖, 桃李新陰在鯉庭. 再歲生徒陳賀宴, 一時良史盡傳馨. 當時疏傅雖云盛, 詎有茲筵醉絳繿?" 汝士其日大醉, 歸來謂子弟曰: "我今日壓倒元·白." (出『摭言』)

태평광기 권제179 공거2

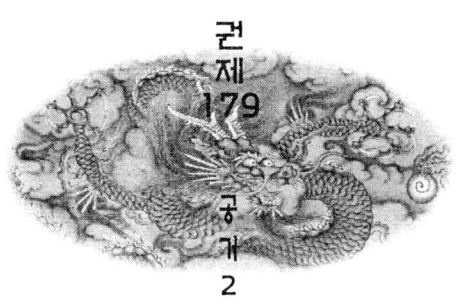

1. 두정현(杜正玄)
2. 이의침(李義琛)
3. 진자앙(陳子昂)
4. 왕유(王維)
5. 양훤(楊暄)
6. 소영사(蕭穎士)
7. 교이(喬彝)
8. 허맹용(許孟容)
9. 장정보(張正甫)
10. 염제미(閻濟美)
11. 반염(潘炎)
12. 영호환(令狐峘)
13. 웅집역(熊執易)

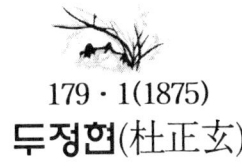

179·1(1875)
두정현(杜正玄)

수(隋)나라 인수연간(仁壽年間: 601~604)에 두정현(杜正玄)·두정장(杜正藏)·두정륜(杜正倫)은 모두 수재(秀才)로서, 과거에 급제했다. 수나라 때에 진사(進士)에 급제한 이는 모두 10명이었는데, 두정륜 한 집안에서 세 사람이 나왔다. (『담빈록』)

隋仁壽中, 杜正玄·正藏·正倫, 俱以秀才擢第. 隋代擧進士, 總一十人, 正倫一家三人. (出『譚賓錄』)

179·2(1876)
이의침(李義琛)

무덕(武德) 5년(822)에 이의침은 동생 이의염(李義琰), 사촌동생 이상덕(李上德)과 더불어 같은 해에 세 사람 모두 진사(進士)에 급제했다. 이의침 등은 농서(隴西) 사람으로 대대로 업성(鄴城)에 살았었다. 국초에 건국 초창기라 아직 나라가 안정되지 않았을 때 이의침은 집안이 가난했으므로 이상덕과 함께 살았는데, 종고모(從姑母)를 모시는 데 마치 친 부모님을 모시는 듯 밤에는 이부자리를 보살펴 드리고 아침에는 안부를 물었다. 이의침 등이 과거를 보러 가는 길에 동관(潼關)에 이르렀을 때, 때마침 많은 눈이 내려 객사에 손님들이 많아 들어갈 수가 없었는데, 어떤 함양(咸陽) 상인이 그들을 보고 불쌍히 여겨서 자신과 침소를 같이 쓰기를 청했기에 며칠을 묵었다. 눈이 그치고 떠날 때가 되자 이의침 등은 나귀를 팔아 상인에게 대접하여 보답하려 했으나, 상인은 몰래 그 사실을 알고 인사도 없이 떠나버렸으며, 또한 먼저 손을 써서 이의침 등에게 식량을 보내왔다. 후에 이의침은 함양(咸陽)을 다스리게 되자, 그 상인을 불러 그를 자신과 대등한 예로 친근하게 대해주었다. 이의침은 지위가 형부시랑(刑部侍郎)과 옹주장사(雍州長史)에까지 올랐으며, 이의염은 고종(高宗) 때 재상을 지냈고, 이상덕은 사문랑중(司門郎中)의 지위에 올랐다. (『척언』)

武德五年, 李義琛與弟義琰, 三從弟上德同年三人進士. 義琛等隴西人, 世居鄴城. 國初草創未定, 家業素貧之, 與上德同居, 事從姑, 定省如親焉. 隨計至潼關, 遇大雪, 逆旅不容, 有咸陽商人見而憐之, 延與同寢處, 居數日. 雪霽而去, 琛等議鬻驢. 以一醉酬之, 商人竊知, 不辭而去, 復先贈以稻糧. 琛後宰咸陽, 召商人, 與之抗禮親厚. 位至刑部侍郎·雍州長史, 義琰相高宗, 上德司門郎中. (出『摭言』)

179 · 3(1877)
진자앙(陳子昂)

진자앙은 촉(蜀) 땅의 야홍(射洪) 사람으로, 10년간 도성(都城)에 살았지만 아직 사람들에게 이름이 알려지지 않았었다. 당시 동시(東市)에 호금(胡琴)을 파는 사람이 있었는데, 그 값이 백만 전(錢)이나 되었다. 날마다 부귀한 사람들이 와서 둘러보았으나 아무도 그만한 가치가 있는지 판별해 내는 사람이 없었는데, 진자앙이 갑자기 군중 속에서 나와 주위의 사람들에게 말했다.

"이것은 수레에 돈 1000민(緡: 끈에 꿴 1000文의 돈 꾸러미)을 싣고 와서 살만 합니다."

그러자 사람들이 모두 놀라서 물었다.

"무엇에 쓰는 겁니까?"

진자앙이 대답했다.

"제가 이 악기를 잘 탑니다."

그러자 한 호사가(好事家)가 말했다.

"한 번 들어볼 수 있겠습니까?"

진자앙이 대답했다.

"저는 선양리(宣陽里)에 삽니다."

그리고는 자신의 집이 있는 곳을 손으로 가리키며 말했다.

"제가 술도 갖추어 놓고 내일 기다리고 있겠습니다. 여러 군자(君子)님들께서 직접 왕림해 주실 뿐만 아니라, 각자 이름난 선비들을 불러 함께 와 주신다면 저에게는 행운이겠습니다."

다음 날 아침에 모여든 사람들은 모두 100여명이나 되었으며, 모두 당시의 이름 높은 선비들이었다. 진자앙은 크게 주연을 베풀고 진수성찬을 차려놓았다. 식사가 끝나자, 진지앙은 호금을 들고 일어나 앞에 있는 사람들에게 말했다.

"촉 사람 저 진자앙은 지은 글이 100두루마리나 있으나, 도성에 급히 와서 홍진(紅塵) 속에서 바둥대며 지내느라 사람들에게 알려진 바 없었습니다. 이 악기는 천한 악공이나 하는 일이니 어찌 제가 마음을 두었겠습니까!"

진자앙은 그것을 들어 내버리고, 두루마리를 놓은 책상 두 개를 맞들고 나오게 하여 모인 사람들에게 골고루 나누어주었다. 모인 사람들이 흩어지고 하루도 안되어 그의 명성이 도성에 가득하게 되었다. 당시 건안왕(建安王)으로 있던 무유의(武攸宜)는 진자앙을 기실(記室: 王·三公 등의 밑에서 여러 文書를 管掌하는 官吏)에 초징했다. 진자앙은 후에 습유(拾遺)에 제수되어 도성으로 황제를 알현하러 돌아오다가 단간(段簡)에게 살해되었다. (『독이지』)

陳子昂, 蜀射洪人, 十年居京師, 不爲人知. 時東市有賣胡琴者, 其價百萬. 日有豪貴傳視, 無辨者, 子昂突出於衆, 謂左右: "可輦千緡市之" 衆咸驚問曰: "何用之?" 答曰: "余善此樂" 或有好事者曰: "可得一聞乎?" 答曰: "余居宣陽里" 指其第處, "並具有酒, 明日專候. 不唯衆君子榮顧, 且各宜邀召聞名者齊赴, 乃幸遇也." 來晨, 集者凡百餘人, 皆當時重譽之士. 子昂大張讌席, 具珍羞. 食畢, 起捧胡琴, 當前語曰: "蜀人陳子昂有文百軸, 馳走京轂, 碌碌塵土, 不爲人所知. 此樂賤工之役, 豈愚留心哉!" 遂擧而棄之, 昇文軸兩案, 遍贈會者. 會旣散, 一日之內, 聲華溢都. 時武攸宜爲建安王, 辟爲記室. 後拜拾遺, 歸覲, 爲段('段'原作'假', 據 『新·舊唐書』「陳子昂傳」改)簡所害. (出『獨異志』)

179·4(1878)
왕유(王維)

우승상(右丞相) 왕유(王維)는 약관(弱冠)도 되기 전에 문장으로 명성을 얻었으며, 천성적으로 음률에 익숙하여 특히 비파(琵琶)를 잘 탔다. 그는 여러 부귀한 집들을 돌아다녔는데, 그 중에서도 기왕(岐王: 李範)에게 중시 받았다. 당시 진사(進士) 장구고(張九皋)는 명성이 자자하여 그의 손님 중에는 공주(公主)의 집안에 드나드는 사람이 있었는데, 그가 장구고의 처지를 생각해 진언하자 공주는 경조부(京兆府)의 시관(試官)에게 첩지(牒紙)를 써서 장구고를 해시(解試: 唐·宋代 州와 府에서 舉行된 科擧試驗으로 明·淸代의 鄕試와 같음)의 수석으로 하게 했다. 왕유도 과거에 응시하려던 참이라 기왕에게 말하여 힘을 빌리려고 했더니 기왕이 말했다.

"공주는 세력이 강해서 힘을 겨룰 수 없으니 내가 자네를 위해 계책을 세워주겠네. 자네가 예전에 쓴 시 중에 뛰어난 것을 10편 적어 오고, 비파는 새로 지은 애절한 곡으로 한 곡 준비하여 닷새 후에 나에게 오게."

왕유가 그의 말대로 하여 기한에 맞춰 기왕에게 갔더니, 그가 말했다.

"자네가 문사(文士)라고 하고 공주를 알현하기를 청하면 어찌 문 앞인들 구경할 수 있겠나! 자네 내 말대로 할 수 있겠나?"

왕유가 말했다.

"삼가 말씀대로 하겠습니다."

기왕은 수를 놓은 곱고 훌륭한 비단 옷을 내와 왕유에게 주며 그것을 입게 하고, 비파를 지니게 하고는 그와 함께 공주의 저택으로 갔다. 기왕이 [집안으로] 들어가 말했다.

"공주님의 행차를 받들어 술과 음악을 가지고 연회에 왔사옵니다."

공주가 자리를 펴게 하자 여러 악관(樂官)들이 모두 앞으로 나왔다. 왕유는 젊은 나이에 살결이 희고 고왔으며 풍모 또한 빼어났기에, 그가 행렬에 서있자 공주가 그를 돌아보고 기왕에게 말했다.

"이 사람은 누구요?"

기왕이 대답했다.

"음률에 뛰어난 자입니다."

그리고는 즉시 신곡(新曲)을 독주하라고 했더니, 그 비파 소리와 곡조가 애절하여 온 좌중이 감동했다. 그러자 공주가 직접 물었다.

"이 곡의 이름이 무엇인고?"

왕유가 일어나 대답했다.

"「울륜포(鬱輪袍)」라 하옵니다."

공주가 크게 칭찬하자, 그 틈을 타서 기왕이 말했다.

"이 사람의 재주는 비단 음률에만 그치는 것이 아니니, 문장에 있어서도 그에 견줄 만한 이가 없습니다."

공주는 더욱 그를 남다르다 여기며 물었다.

"그대가 지은 문장이 있는가?"

그러자 왕유는 즉시 품속의 시권(詩卷)을 꺼내 공주께 바쳤다. 공주가 그것을 읽고 놀라 말했다.

"이것은 모두 어린 아이들이 외고 익히며 늘 옛 사람의 훌륭한 작품이라 일컫는 것들인데, 그대가 지은 것들이란 말인가?"

공주는 그에게 옷을 갈아입게 하고 손님들 오른쪽 자리로 올라오게 했다. 왕유는 풍유가 있고 언사가 함축적이며 우스갯소리도 잘하여, 여러 귀인들이 그를 크게 흠모하고 눈여겨보았다. 그러자 기왕이 말했다.

"만약 경조부에서 금년에 이 사람을 해시(解試)의 수석이 되게 해주시면, 진실로 나라의 번영을 위하는 길이 될 것입니다."

공주가 말했다.

"어찌 그를 보내 과거에 응시하게 하지 않았소?"

기왕이 말했다.

"이 사람은 수석으로 천거되지 못하면 과거를 보지 않을 생각입니다. 그런데 이미 공주께서 장구고를 추천하시기로 논의하시었더이다."

공주가 웃으며 말했다.

"내가 어찌 아이들의 일에 관여하겠습니까? 본래 다른 이에게 부탁 받은 것이었지요."

그리고는 왕유를 돌아보며 말했다.

"그대는 성심껏 과거를 보라. 내 마땅히 그대를 위해 힘을 써 보겠다."

왕유는 일어나 공손히 감사의 절을 올렸다. 공주는 즉시 시관(試官)을 집으로 오라고 불러 궁녀를 보내 교지(敎旨)를 전하게 했다. 그리하여 왕유는 마침내 해시의 수석이 되었으며 단번에 과거에 급제했다. 그는 태악승(太樂丞)이 되었을 때, 무녀들에게 「황사자(黃師子)」 춤을 추게 했다가 벌을 받아 파직당했다. 「황사자」라는 춤은 오직 한 사람[一人: 여기서는 천자를 가리킴]이 아니면 출 수 없는 춤이었다.

천보연간(天寶年間: 742~756) 말에 안록산(安祿山)이 처음 서경(西京: 長安)을 함락하자, 왕유 및 정건(鄭虔)·장통(張通) 등은 모두 역적의 조정에 머물었다. 서경이 수복되자, 그들은 모두 선양리(宣楊里)에 있는 양국충(楊國忠)의 옛 저택에 감금되었다. 최원(崔圓)은 그들을 자신의 사택으로 불러 벽화를 몇 점 그리게 했는데, 당시 최원은 공이 높아 둘도 없이 귀한 신분이었기에 그들은 최원이 자신들을 풀어주기를 바라며 벽화를 정교하게 구상했으며 그 능력은 자못 뛰어났다. 후에 그들은 이 일로 인해 모두 관대한 법에 따라 폄적되더라도 역시 좋은 지방으로 가게 되었다. 오늘날 숭의리(崇義里)에 있는 승상(丞相) 두역직(竇易直)의 사택이 곧 최원의 옛 저택이며, 벽화는 아직도 그곳에 남아있다. 왕유는 여러 벼슬을 거쳐 급사중(給事中)이 되었으며, 안록산의 난 때는 위관(僞官: 반역의 朝廷에서 벼슬한 관리)에 임명되었다. 역적들이 평정된 후, 범진(凡縉)은 북도(北都: 太原) 부유사(副留守)가 되었는데, 그가 자신의 관작(官爵)으로 왕유의 죄를 대속(代贖)해주기를 청했기에 이로써 죽음을 면했다. 왕유는 승진하여 상서우승(尙書右丞)이 되었으며, 남전(藍田)에 별장을 짓고 불전(佛典)에 전념했다. (『집이기』)

王維右丞年未弱冠, 文章得名, 性閑音律, 妙能琵琶. 遊歷諸貴之間, 尤爲岐王之所眷重. 時進士張九皐聲稱籍甚, 客有出入公主之門者, 爲其地, 公主以詞牒京兆試官, 令以九皐爲解頭. 維方將應擧, 言於岐王, 仍求庇借, 岐王曰: "貴主('主'原作'生', 據明鈔本改)之强, 不可力爭, 吾爲子畫焉. 子之舊詩淸越者可錄十篇, 琵琶新聲之怨切者可度一曲, 後五日至吾." 維卽依命, 如期而至, 岐王謂曰: "子以文士謁貴主, 何門可見哉! 子能如吾之敎乎?" 維曰: "謹奉命." 岐王乃出錦繡衣服, 鮮華奇異, 遣維衣之, 仍令齋琵琶, 同至公主之第. 岐王入曰: "承貴主出內, 故攜酒樂奉讌." 卽令張筵, 諸伶旅進. 維妙年潔白, 風姿都美, 立於行, 公主顧之, 謂岐王曰: "斯何人哉?" 答曰: "知音者也." 卽令獨奉新曲, 聲調哀切, 滿坐動容. 公主自詢曰: "此曲何名?" 維起曰: "號「鬱輪袍」." 公主大奇之, 岐王因曰: "此生非止音律, 至於詞學, 無出其右." 公主尤異之, 則曰: "子有所爲文乎?" 維則出獻懷中詩卷呈公主. 公主旣讀, 驚駭曰: "此皆兒所誦習, 常謂古人佳作, 乃子之爲乎?" 因令更衣, 升之客右. 維風流蘊藉, 語言諧戱, 大爲諸貴之欽矚. 岐王因曰: "若令京兆府今年得此生爲解頭, 誠爲國華矣." 公主乃曰: "何不遣其應擧?" 岐王曰: "此生不得首薦, 義不就試. 然已承貴主論託張九皐矣." 公主笑曰:

"何預兒事? 本爲他人所託." 顧謂維曰: "子誠取. 當爲子力致焉." 維起謙謝. 公主則召試官至第, 遣宮婢傳敎. 維遂作解頭, 而一擧登第矣. 及爲太樂丞, 爲伶人舞「黃師子」, 坐出官.「黃師子」者者, 非一人不舞也.

　天寶末, 祿山初陷西京, 維及鄭虔・張通等, 皆處賊庭. 洎克復, 俱囚於宣楊里楊國忠舊宅. 崔圓因召於私第, 令畫數壁, 當時皆以圓勳貴無二, 望其救解, 故運思精巧, 頗絶其能'能'原作'皆', 據明鈔本改). 後由此事, 皆從寬典, 至於貶黜, 亦獲善地. 今崇義里竇丞相易直私第, 卽圓舊宅也, 畫尙在焉. 維累爲給事中, 祿山授以僞官. 及賊平, 凡縉爲北都副留守, 請以己官爵贖之, 由是免死. 累爲尙書右丞, 於藍田置別業, 留心釋典焉. (出『集異記』)

179 · 5(1879)
양 훤(楊 暄)

　양국충(楊國忠)의 아들 양훤은 명경과(明經科)에 응시했는데, 예부시랑(禮部侍郞) 달해순(達奚珣)이 그를 시문(試問)했으나 급제시키기엔 미치지 못하여 그를 낙방시키려 하면서도 양국충의 세력이 두려워 아직 결정하지 못하고 있었다. 당시 황제는 화청궁(華淸宮)에 있었으며, 달해순의 아들 달해무(達奚撫)는 회창현위(會昌縣尉)로 있었다. 달해순은 급히 심부름꾼을 불러 달해무에게 서신을 보내, 양국충을 기다렸다가 상황을 말하게 했다. 달해무가 양국충의 사저(私邸)에 당도했을 때는 오경(五更: 새벽 3~5시경)이 막 지났을 때였는데도 등불이 줄을 이어 문 앞에 가득했으며, 양국충이 장차 입조(入朝)하려 했으므로 차양 달린 수레가 문전성시를 이루고 있었다. 양국충이 막 말에 오르자, 달해무가 성큼성큼 걸어가 등촉 아래에서 양국충을 알현했다. 양국충은 그의 아들이 틀림없이 선임(選任)되었다고 생각하여 수레 차양을 어루만지면서 미소를 지으며 매우 기쁜 기색을 띠었다. 달해무가 아뢰었다.

"저는 부친의 명을 받들고 왔사옵니다. 상군(相君: 楊國忠)의 아드님이 과거에 급제하지는 않았사오나, 감히 낙방시키지 못하고 있사옵니다."

양국충은 즉시 몸을 곧추 세우고 크게 호통쳤다.

"내 아들이 어찌 부귀하지 못할 것을 근심하겠느냐? 어찌 관적(官籍)에 이름 하나 오르는 것 때문에 쥐새끼 같은 놈들에게 팔릴 수 있겠느냐!"

양국충은 돌아보지도 않고 곧장 말을 타고 가버렸다. 달해무는 당황하고 두려운 나머지 황급히 달려가 아버지께 고했다.

"양국충은 자신의 권세를 믿고 부귀함을 거들먹거리며 순식간에 사람들을 흥하게도 망하게도 하니, 어찌 시비곡직(是非曲直)을 따지겠습니까?"

그리하여 달해순이 양훤을 우등으로 급제시켰더니, 얼마 후 양훤은 곧 호부시랑(戶部侍郎)이 되었다. 달해순은 예부시랑(禮部侍郎)에서 이부시랑(吏部侍郎)으로 전임되고 나서야 양훤과 동열(同列)이 되었다. 그러나 오히려 양훤은 친척들에게 자신은 [한 관직에] 너무 오래 머물러 있다고 탄식하면서, 달해순의 승진이 쏜살같이 빠르다고 말했다. (『명황잡록』)

楊國忠之子暄, 擧明經, 禮部侍郎達奚珣考之, 不及格, 將黜落, 懼國忠而未敢定. 時駕在華清宮, 珣子撫爲會昌尉. 珣遽召使, 以書報撫, 令候國忠, 具言其狀. 撫旣至國忠私第, 五鼓初起, 列火滿門, 將欲趨朝, 軒蓋如市. 國忠方乘馬, 撫因趨入, 謁於燭下. 國忠謂其子必在選中, 撫蓋微笑, 意色甚歡. 撫乃白曰: "奉大人命. 相君之子試不中, 然不敢觖退." 國忠却立大呼曰: "我兒何慮不富貴? 豈籍一名, 爲鼠輩所賣!" 即('卽'原作'耶', 據明鈔本改)不顧, 乘馬而去. 撫惶駭, 遽奔告於曰: "國忠恃勢倨貴, 使人之慘舒, 出於咄嗟, 奈何以校其曲直?" 因致暄於上第, 旣爲戶部侍郞. 珣纔自禮部侍郞轉吏部侍郞, 與同列. 暄話於所親, 尙嘆己之淹徊, 而謂珣遷改疾速. (出『明皇雜錄』)

179·6(1880)
소영사(蕭穎士)

소영사는 개원(開元) 23년(735)에 과거에 급제했다. 그는 자신의 재주를 믿고 사람들에게 거만하게 굴었으며, 자신에게 비견될 자가 없다고 여겼다. 그는 늘 술병을 가지고 경치 좋은 교외에 가곤 했는데, 뜻하지 않게 한 객사에서 쉬게 되어 독작(獨酌)하며 홀로 시를 읊조렸다. 잠시 후에 비바람이 사납게 불어닥치자, 자색 옷을 입은 한 노인이 어린 시동을 한 명 데리고 그곳에서 비를 피했다. 소영사는 그들의 [비를 맞아] 어지럽고 산만한 모습을 보고는 그들을 깔보고 방자하게 굴었다. 잠시 후 바람이 잠잠해지고 비가 그치자 거마와 하인들이 당도했고, 노인이 말에 오르자 물렀거라를 외치며 떠났다. 소영사가 부산스럽게 그들을 엿보자, 주위 사람들이 말해주었다.

"왕(王) 이부상서(吏部尙書)시오. (尙書의 이름은 王丘이다.)"

소영사는 늘 그 댁을 찾아갔었지만, 아직 얼굴도 뵌 적이 없었던 터라 경악을 금치 못했다. 다음 날 소영사는 장전(長牋: 좁고 긴 화려한 종이로 옛날 시문을 짓거나 편지지로 사용했음)을 갖추고 그 댁을 방문하여 사죄했다. 그러자 왕구는 소영사를 곁채로 들라 하여 앉은 자리에서 그를 꾸짖으며 이렇게 말했다.

"내가 그대와 친척이 아닌 것이 한스러울 뿐이니, [친척이었다면] 마땅히 가정교육을 시켰을 것이네."

그리고는 잠시 후에 말했다.

"자네가 문학에 이름이 있는 것을 믿고 이처럼 거만을 떨지만, 단지 한 번 과거에 붙었을 뿐이렷다!"

소영사는 평생 양주공조(揚州功曹: 功曹는 節度使의 屬官)밖에 되지 못했다. (『명황잡록』)

蕭穎士開元二十三年及第. 恃才傲物, 曼無與比. 常自携一壺逐騰勝郊野, 偶憩於逆旅, 獨酌獨吟. 會有風雨暴至, 有紫衣老人領一小僮避雨於此, 穎士見之散冗, 頗肆陵侮. 逡巡, 風定雨霽, 車馬卒至, 老人上馬, 呵殿而去. 穎士倉忙覘之, 左右曰: "吏部王尙書(尙書名丘)." 穎士常造門, 未之面, 極驚愕. 明日, 具長牋造門謝. 丘命引至廡下, 坐責之, 且曰: "所恨與子非親屬, 當庭訓之耳." 頃曰: "子負文學之名, 踞忽如此, 止於一第乎!" 穎士終揚州功曹. (出『明皇雜錄』)

179 · 7(1881)
교 이(喬 彛)

교이가 경조부(京兆府)에서 해시(解試: 唐·宋代 州와 府에서 擧行된 科

擧試驗으로 明·淸代의 鄕試와 같음)를 볼 때였다. 당시 시관(試官)이 두 명 있었는데, 교이가 정오가 되서야 과거장 문을 두드리자 시관들이 그를 들이게 했으나, 그는 이미 술에 취해 눈도 흐릿했다. 교이는 시제(試題)가 「유란부(幽蘭賦)」라는 것을 보더니, 부(賦)를 지으려 하지 않고 이렇게 말했다.

"두 사내 대장부가 서로 마주 앉아 이런 시제를 내다니, 속히 시제를 바꾸시오."

그리하여 시관이 마침내 시제를 「악와마부(渥洼馬賦: 渥洼는 傳說上에 神馬를 얻는 곳이라 함)」로 바꾸자, 교이가 말했다.

"이거면 됐소."

그리고는 일피휘지(一筆揮之)하여 부를 완성했는데, 그 경구(警句)는 다음과 같다.

> 네 말굽을 고달피 단련하여
> 드넓은 바다의 성난 파도를 뛰어넘는다.
> 한 번 숨을 뿜어 바람을 일으키니
> 상산(湘山)의 낙엽 어지러이 떨어지네.

시관이 그를 수석으로 해송(解送: 唐·宋代 進士 試驗을 보는 자들을 州縣의 地方官이 推薦하여 都城으로 보내는 것)하려 했으나 경조윤이 이렇게 말했다.

"교이는 지나치게 뽐내며 자신을 과시하니, 두 번째로 추천해 보내는 것이 좋겠소."

(『유한고취』)

喬彝, 京兆府解試時. 有二試官, 彝日午扣門, 試官令引入, 則已曛醉. 視題曰「幽蘭賦」, 彝不肯作曰: "兩箇漢相對, 作得此題, 速改之." 遂改「渥洼馬賦」, 曰: "此可矣." 奮筆斯須而成, 警句云: "四蹄曳練, 翻瀚海之驚瀾. 一噴生風, 下湘山之亂葉." 便欲首送, 京兆曰: "喬彝崢嶸甚, 以解副薦之可也." (出『幽閒鼓吹』)

179·8(1882)
허맹용(許孟容)

허맹용은 진사(進士)에 급제하고 학구(學究: 唐代 科擧 과목의 하나인 明經 중에서 한가지 經書만 硏究하여 보는 '學究一經'이란 과목)에도 급제했는데, 당시에는 이를 두고 '비단 저고리 위에 도롱이를 입었다'고 했다. 채경(蔡京)도 허맹용과 같았다. (『척언』)

許孟容進士及第, 學究登科, 時號'錦襖子上著莎衣'. 蔡京與孟容同. (出『摭言』)

179·9(1883)
장정보(張正甫)

승상(丞相) 이강(李絳)은 선친이 양주도독(襄州都督)의 속관(屬官)을 지냈었다. 이강은 과거를 보러 가기 위해 향천(鄕薦: 唐代 進士科에 應試하려면 州縣 地方官의 推薦을 받아야 했음)을 받고자 했다. 당시 사공(司空) 번택(樊澤)은 절도사(節度使)로, 상시(常侍) 장정보는 판관(判官)으로 있으면서 향천을 주관했는데, 장공(張公: 張正甫)은 이강이 전도유망(前途有望)하리라는 것을 알고 사공에게 아뢰었다.

"거인(擧人)들 중에 이수재(李秀才: 李絳)만한 사람이 없사오니, 이수재 한 사람만 보내십시오. 여러 사람에게 쓸 비용도 모두 이수재에게 내리시지요."

번택은 흔쾌히 승낙했다. 그리고 번택이 이강의 동생을 동사랑(同舍郎: 같은 방에 기거하는 郎官)에 천거했으므로, 이강은 번택의 남다른 은혜에 감사했다. 그 후 이강은 10년도 안되어 재상(宰相)의 자리에 올랐으며, 번택의 아들 번종역(樊宗易)도 조정의 관리가 되었다. 사람들이 이강에게 번종역의 문장에 대해 묻자, 이강이 농담삼아 대답했다.

"개대(蓋代: 한 세대를 덮을 만큼 뛰어나다는 뜻)입니다."

그래서 당시 사람들은 '개대'라는 말을 구실삼아 서로 만나 문장을 논할 때면 반드시 이렇게 말하곤 했다.

"이것이 혹시 '이삼(李三: 李絳) 개대'가 아닙니까?"

이강이 호부시랑(戶部侍郎)이 되었을 때, 상시 장정보는 그 부의 낭중(郎中: 侍郎의 屬官)으로 있었다. 한번은 연회에서 장정보가 술잔을 들고 시랑 이강에게 노래를 청했으나 이강 끝내 노래를 부르지 않고 그를 비웃자, 온 좌중이 깔깔대고 웃었다. (『가화록』)

李丞相絳, 先人爲襄州督部. 方赴擧, 求鄕薦. 時樊司空澤爲節度使, 張常侍正甫爲判官, 主鄕薦, 張公知絳有前途, 啓司空曰: "擧人中悉不如李秀才, 請只送一人. 諸人之資, 悉以奉之." 欣然允諾. 又薦絳弟爲同舍郎, 絳感澤殊常之恩. 不十年登庸, 澤之子宗易爲朝官. 人問宗易之文於絳, 絳戲而答曰: "蓋代." 時人因以'蓋代'爲口實, 相見論文, 必曰: "莫是'李三蓋代'否?" 及絳爲戶部侍郎也, 常侍爲本司郎中. 因會, 把酒請侍郎唱歌, 李終不唱而哂之, 滿席大噱. (出『嘉話錄』)

179 · 10(1884)
염제미(閻濟美)

나 염제미는 이전 조정의 공경 대신들로부터 내정을 허락 받았는데, 일이 뜻대로 되지 않아 세 번 과거에 응시한 끝에 급제했다. 처음 과거를 보았을 때는 시랑(侍郎) 유단(劉單)이 잡문(雜文: 과거 시험과목 중의 하나. 문체 시험으로 잡문 두 편을 보는데 文律에 통과해야 策試를 볼 수 있으며, 이 두 시험에 통과해야 과거를 볼 수 있었음)에서 낙방시켰고, 두 번째 과거에서는 시랑인 좌주(坐主: 座主. 唐代 科擧 應試生들이 시험을 주관하는 主考官을 칭하는 말)가 잡문에서 낙제시켰다. 나는 당시 그 해의 과거에 이미 낙방한 후 한번은 장강(長江) 부근에서 경산(徑山)의 흠대사(欽大師)를 찾아가 가르침을 청했다. 그 해 봄에 나는 낙방하고 장차 관문(關門)을 나서려 하면서 좌주에게 육운율시(六韻律詩)를 바쳤다.

군왕의 신하 올곧게 간언하여,
문명과 도량이 온전하네.
화로에 들어가길 바라는 쇠는 저절로 뛰어드는데,
사물을 비춰 보는 거울은 어찌하여 치우치게 비추는가?

남국(南國: 尙書省이 남쪽에 있어서 南省이라 하며 과거를 주관하는 禮
部가 속함)에서의 깊은 근심 끝나고,
　　동당(東堂: 東臺. 門下省)에서 예악이 펼쳐지네.
　　지금까지 떠도는 뛰어난 선비는,
　　이미 오래 전 공(公)의 나이에 이르렀네.
　　꽃다운 나무는 새로운 경치를 기뻐하나,
　　청운(靑雲: 立身出世)의 뜻을 품은 이는 저무는 하늘에 눈물 흘리네.
　　오로지 봉지(鳳池: 鳳凰池로 궁중에 中書省이 있는 곳)에 절하는 일을
근심하나,
　　외롭고 천하니 그 누가 더 이상 불쌍히 여기리오?

　좌주는 그것을 보고 나에게 물었다.
　"금년에 누가 낙방했소?"
　내가 선방(先榜: 雜文榜)에서 낙방했다고 사실대로 얘기하자, 좌주는 얼굴을 붉히면서 인재를 놓쳤음을 깊이 한탄하며 말했다.
　"그대가 보내 온 육운율시는 틀림없이 나중에 효과를 보일 것이오. 그대가 남쪽으로 간다면 다행히 장래의 일을 근심하지 않아도 될 것이오."
　그리하여 나는 결국 관문을 나섰다. 가을에 강동(江東)에서 추천을 받아 이름이 상서성에 도착한 후에 양도(兩都: 西都인 長安과 東都인 洛陽)에 과거장이 마련되었는데, 그 좌주는 이미 낙양에 있었다. 나는 낙양으로 갔을 때, 아는 이가 없어 청화리(淸化里)의 여인숙에 묵게 되었다. 마침 물가가 한창 오를 때였는데, 내 봇짐에는 단지 비단 다섯 필만이 있었고, 절룩거리는 나귀를 한 마리 타고 있을 뿐이었다. 과거를 보는 노경장(盧景莊)이라는 사람은 동부(東府)에서 수석으로 추천을 받은 이로, 역시 그곳에서 같이 묵게 되었다. 노경장은 노복과 말이 아주 호화로웠는데, 나와 서로 읍(揖)하고는 말 한 마디도 주고받지 않았다. 한참 후에

노경장이 나에게 물었다.

"그대는 어디에서 왔소?"

내가 대답했다.

"강동에서 왔소이다."

나는 그를 공손히 대하며 감히 업신여기지 못했다. 하루는 노경장이 해질 무렵에 술이 취한 채 돌아와 갑자기 나에게 몇 번째로 추천 받았는지 묻기에 대답했다.

"나는 스무 번째요."

[그러자 노경장이 말했다.]

"기막힌 소식이군. 난 이제 큰일 났소이다 그려."

내가 대답했다.

"그렇지 않소이다. 그대는 나보다 먼저 큰 부(府)에서 수석으로 천거되어 이미 장안과 낙양에 소문이 자자한데, 나같이 먼 지방에서 온 사람이 어찌 감히 급제를 바랄 수나 있겠소?"

그러자 노경장이 말했다.

"그대는 반드시 급제할 게요."

11월 하순이 되어 마침내 잡문 시험을 치르게 되었다. 12월 3일이 되자 천진교(天津橋)에 잡문 합격자 방(牓)이 붙었는데, 노경장은 나와 함께 통과했다. 그 날은 몹시 추웠다. 그 달 4일에 천진교에서는 첩경(帖經: 唐代 科擧에서 經書의 시험 방법 중의 하나. 經書 중의 問題가 되는 文句의 처음과 끝에 종이를 바르고 應試者에게 그 全文을 대답하게 하는 일)이 실시되었는데, 노경장은 잠시 후에 탈락되었다. 나는 앞으로 나가 주고관에게 말했다.

"저는 일찍이 장구(章句)에 전념하여 첩경에는 공을 들이지 않았으니, 아마도 급제하지 못할 것 같습니다."

그러자 주고관이 말했다.

"예위(禮闈: 唐代 禮部의 다른 이름)의 과거 규칙도 모르시오? 시로 대신하는 것도 허락되오."

내가 주고관에게 감사의 말씀을 드린 뒤로 떠나고 머무르는 이들이 분분했다. 나는 또 앞으로 나아가 주고관에게 말했다.

"시랑께서 권장하는 길을 열어 주시어 시로 첩경을 대신하는 것을 허락해 주셨는데, 아직 시의 제목을 보지 못했습니다."

주고관이 말했다.

"「천진교에서 낙양성의 잔설을 바라보다[天津橋望洛城殘雪]」는 시를 지으시오."

나는 단지 20자 만을 썼으니, 나의 시는 이러했다.

> 막 개인 하늘 낙양성이 또렷한데,
> 집집마다 쌓인 눈 시리도다.
> 아직 맑게 걷히지 않은 구름 빛이,
> 상양궁(上陽宮: 낙양성에 있는 궁 이름) 쪽으로만 남아있네.

이 때 주고관이 몹시 다급하게 시를 내라고 재촉하는 소리가 들렸으며, 날 또한 이미 저물었다. 나는 주고관에게 날이 추워 물이 얼어 글자가 써지지 않는다고 말하고 주고관의 처분을 들으니, 지금까지 쓴 문장만 가져 오라고 했다. 주고관은 받은 문장을 한 번 읽어보더니 재삼 칭찬하고 큰소리로 '통과'라고 했다. 그날 저녁에 노경장이 나에게 축하하며 말했다.

"전에 과장에서 그대와 함께 앉아서 「섣달 그믐 날에 일월성신에 기도하다[蠟日祈天宗賦]」라는 제목으로 시험을 보았는데, 내가 가만히 보니 그대는 노(魯)나라 공구(孔丘: 孔子)가 위사(衛賜)에게 대답하는 전고를 썼소. 본래 뜻에 의거하면 위사는 즉 자공(子貢)이오. 그런데 그대는 '위사'를 '사마(駟馬)'로 썼으니 오직 이것이 걱정될 뿐이오."

내가 이 말을 듣고 돌이켜 생각해 보니, 실제로 '사마'라고 썼던지라 너무도 당황스러웠다. 방이 붙었을 때 나는 외람되이 급제했고, 장원 급제자와 함께 좌주에게 참례(參禮)했더니 좌주가 말했다.

"공(公)들이 시험 보는 날, 날이 추워 다급한 상황이었는지 잡문을 지을 때 혹 격식을 따르지 않은 것도 있었소. 오늘 문서가 서경(西京)에 당도하면 반드시 재상(宰相)께 올려야 할 텐데 걱정이오. 선배(先輩)들께서는 각기 좋은 종이를 사서 다시 와서 도장을 받으시고, 격식에 따라 깨끗이 써서 내고 없앨 원본은 빼내 가시오."

여러 사람들은 크게 기뻐했다. 내가 써낸 원본을 돌려 달라고 하여 나와서 보았더니, '사(駟)'자에 붉은 점이 커다랗게 그려져 있었다. 좌주가 궁궐로 돌아가는 날, 유독 나한테만 읍하고 다가와 이렇게 말했다.

"봄에 인재를 선발할 기회를 놓쳤었는데, 보내 준 육운율시를 차마 잊지 못했소. 이제 조금이나마 옛날의 약속을 지킬 수 있게 되었소이다."

(『건손자』)

聞濟美, 前朝公司卿許與定分, 一志(明鈔本'志'作'忘')不爲, 某三擧及第. 初舉, 劉單侍郎下雜文落, 第二舉, 坐王(明鈔本'王'作'主')侍郎雜文落第. 某當是時, 年已蹭蹬, 常於江澂往徑山欽大師處問法. 是春, 某旣下第, 又將出關, 因獻坐主六韻律詩曰: "謇諤王臣直, 文明雅量全. 望鑪金自躍, 應物鏡何偏? 南國幽沈盡, 東堂禮樂宣. 轉('轉'原作'輪', 據『唐詩紀事』改)今遊異土, 更昔至公年. 芳樹歡新景, 靑雲泣暮天. 唯愁鳳池拜, 孤賤更誰憐?" 座主覽焉, 問某: "今年何者退落?" 具以實告, 先榜落第, 座主愀然變色, 深有遺才之歎. 乃曰: "所投六韻, 必展後効. 足下南去, 幸無疑將來之事."

某遂出關. 秋月, 江東求薦, 名到省後, 兩都置舉, 座主已在洛下. 比某到洛, 更無相知, 便投跡淸化里店. 屬時物翔貴, 囊中但有五縑, 策蹇驢而已. 有舉公盧景莊已爲東府首薦, 亦同處焉. 僕馬甚豪, 與某相揖, 未交一言. 久乃問某曰: "閤子自何至止?" 對曰: "從江東來." 敬奉不敢怠. 景莊一旦際暮醉歸, 忽蒙問某行第, 乃曰: "閤二十." "消息絶好. 景莊大險." 某對曰: "不然. 必先大府首薦, 聲價已振京洛, 如某遠地一迻, 豈敢望有成哉?" 景莊: "足下定矣."

十一月下旬, 遂試雜文. 十二月三日, 天津橋放雜文牓, 景莊與某俱過. 其日苦寒. 是月四日, 天津橋作鋪帖經, 景莊尋被紃落. 某具前白主司曰: "某早留心章句, 不工帖書, 必恐不及格." 主司曰: "可不知禮闈故事? 亦許詩贖." 某致詞後, 紛紛去留. 某又遽前白主司曰: "侍郎開獎勸之路, 許作詩贖帖, 未見題出." 主司曰: "賦「天津橋望洛城殘雪詩」." 某只作得二十字, 其詩曰: "新霽洛城端, 千家積雪寒. 未收淸禁色, 偏向上陽殘." 已聞主司催約詩甚急, 日勢又晚. 某告主司, 天寒水凍, 書不成字, 便聞主司處分, 得句見在將來. 主司一覽所納, 稱賞再三, 遂唱'過'. 其夕, 景莊相賀云: "前與足下並鋪, 試「蠟日祈天宗賦」, 竊見足下用魯丘('丘'原作'血', 據明鈔本改)對衛賜. 據義, 衛賜則子貢也. 足下書'衛賜'作'駟馬'字, 唯以此奉憂耳." 某聞是說, 反思之, 實作'駟馬'字, 意甚惶駭. 比榜出, 某濫忝第, 與狀頭同參座主, 座主曰: "諸公試日, 天寒急景, 寫札雜文, 或有不如法.

今恐文書到西京, 須呈宰相. 請先輩等各買好紙, 重來請印, 如法寫淨送納, 抽其退本." 諸公大喜. 及某撰本却請出, '駟'字上朱点極大. 座主還闕之日, 獨揖前曰: "春間遣('遣'原作'遺', 據明鈔本改)才, 所投六韻, 不敢懇忘. 聊副素約耳." (出『乾饌子』)

179 · 11(1885)
반 염(潘 炎)

시랑(侍郞) 반염이 주관한 진사과(進士科) 방(牓)에 이름이 오른 진사들 중 여섯 명에게 특이한 일이 있었다. 주수(朱遂)는 주도(朱滔: 朱泚의 동생으로 節度使가 되어 通義郡王에 봉해졌으며, 나중에 王武俊 등과 함께 나라를 세우고 맹주로 군림하다가 결국 진압됨)의 태자(太子)가 되었고, 왕표(王表)는 이납(李納)의 사위가 되어 그 군영에서는 그를 '부마(駙馬)'라 불렀으며, 조박선(趙博宣)은 기주(冀州)와 정주(定州)의 압아(押衙: 唐末五代 節度使 아래에 있던 무관)가 되었다. 원동직(袁同直)은 번국(番國)으로 가서 아사(阿師: 蕃國의 國師)가 되었고, 두상(竇常)은 20년만에 전진사(前進士: 당대에 이미 과거에 급제하여 過堂을 거친 진사를 일컫는 말)가 되었으며, 해(奚) 아무개 역시 그러한 일이 있었다. 그리하여 당시 사람들은 그들을 일컬어 '육차(六差)'라 했다. 두상은 갓 급제했을 때 급사(給事) 설(薛) 아무개 집에서 상도무(桑道茂)를 만났는데, 급사가 [상도무에게] 말했다.

"두수재(竇秀才: 竇常)는 이제 급제했으니, 조만 간에 임관되겠습니다."

그러자 상생(桑生: 桑道茂)이 말했다.

"그는 20년 후에야 비로소 임관될 것입니다."

그러자 온 좌중은 모두 비웃으며 그 말을 믿지 않았다. 그러나 과연 다섯 차례나 [황제께] 임관을 상주 드렸으나 번번이 칙서가 내려오지 않아 두상은 직무 대리(代理)만 여러 차례 했으니, 그의 관운인 것을 어찌하겠는가? (『가화록』)

侍郞潘炎, 進士牓有六異. 朱逄爲朱滔太子, 王表爲李納女壻, 彼軍呼爲'駙馬', 趙博宣爲冀('冀'原作'異', 據許本改)·定押衙. 袁同直入番爲阿師, 竇常二十年稱前進士, 奚某亦有事. 時謂之'六差'. 竇常新及第, 薛某給事宅中逢桑道茂給事曰: "竇秀才新及第, 早晚得官." 桑生曰: "二十年後方得官." 一坐皆哂, 不信. 然果耳五度奏官, 皆敕不下, 卽攝職數四, 其如命何? (出『嘉話錄』)

179 · 12(1886)
영호환(令狐峘)

대력(大曆) 14년(779)에 연호를 건중(建中)으로 바꾸었을 때, 당시 예부시랑(禮部侍郎) 영호환의 문하생 22명이 급제했다. 당시 집정자들은 자신들의 천거 청탁이 받아들여지지 않은 데에 분노하여, 자신들의 세력으로 영호환을 몰아내려 했고, 영호환은 두려운 나머지 청탁 서신들을 황상께 올렸다. 그러자 황상은 영호환에게 어질지 못하다고 하면서 방

(勝)이 붙는 날 영호환을 조정에서 내쳤기에, 그는 문하생들과 얼굴도 보지 못했다. 10년 후에 영호환의 문하생 전돈(田敦)이 명주자사(明州刺史)가 되었는데, 그 때 영호환은 양이(量移: 邊方으로 左遷된 사람을 特別 赦免하여 中央에 가까운 곳에 복귀시킴)되어 그 주의 별가(別駕)가 되었다. 그리하여 전돈은 그제야 비로소 사람을 보내 사은(謝恩)의 예를 표할 수 있었다. (『척언』)

大曆十四年改元建中, 禮部侍郎令狐峘下, 二十二人及第. 時執政間有怒薦託不從, 勢擬傾覆, 峘惶恐甚, 因進其私書. 上謂峘無良, 放牓日竄逐, 不得與生徒相面. 後十年, 門人田敦爲明州刺史, 峘量移本州別駕. 敦始使陳謝恩之禮. (出 『摭言』)

179 · 13(1887)
웅집역(熊執易)

웅집역은 『역경(易經)』의 뜻에 정통했다. 건중(建中) 4년(783)에 시랑(侍郎) 이서(李紓)가 「역간지험조론(易簡知險阻論)」을 시문하자, 웅집역은 단정히 앉아 그 뜻을 분석해 내어 온 과장의 사람들을 놀라게 했으며, 단번에 과거에 급제했다. (『국사보』)

熊執易通於『易』義. 建中四年, 侍郎李紓試「易簡知險阻論」, 執易端座割析, 傾動場中, 一擧而捷. (出『國史補』)

태평광기

권제 180 공거 3

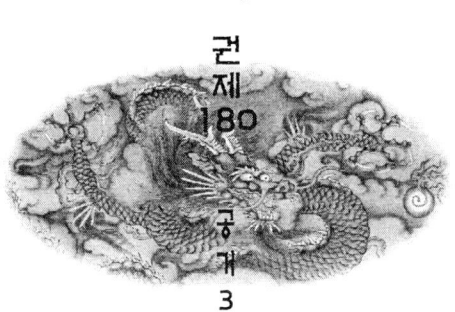

1. 상 곤(常 衮)
2. 송 제(宋 濟)
3. 우 석 서(牛 錫 庶)
4. 최 원 한(崔 元 翰)
5. 잠 분(湛 賁)
6. 윤 극(尹 極)
7. 이 정(李 程)
8. 채 남 사(蔡 南 史)
9. 우 승 유(牛 僧 孺)
10. 양 우 경(楊 虞 卿)
11. 묘 찬(苗 纘)
12. 비 관 경(費 冠 卿)
13. 이 고 언(李 固 言)
14. 은 요 번(殷 堯 藩)
15. 시 견 오(施 肩 吾)
16. 장 정 보(張 正 甫)
17. 풍 요(馮 陶)
18. 장 환(張 環)
19. 양 삼 희(楊 三 喜)

180·1(1888)
상곤(常袞)

당(唐)나라 덕종(德宗)이 막 즉위했을 때에 재상 상곤은 복건관찰사(福建觀察使)로 지방을 다스리고 있었다. 상곤은 문장으로 이름이 났으며, 향촌에서 글공부에 뛰어나고 글을 잘 짓는 사람이 있으면 그에게 친히 주객의 예를 베풀었고, 유람이나 연회가 있을 때면 반드시 불러서 함께 했다. 그가 이렇게 다스린 지 얼마 지나지 않아 고을의 인심이 모두 풍요로워졌다. 이 때에 구양첨(歐陽詹)이 유달리 뛰어나서 상곤이 그를 더욱 아끼고 공경하자 여러 서생들도 모두 상곤을 추앙했다. 민월(閩越) 지역에서 진사가 나온 것은 구양첨으로부터 시작되었다. 구양첨은 국자감(國子監)의 사문학조교(四門學助教)로 있다가 죽었다. 농서(隴西)의 이고(李翱)가 그의 전(傳)을 썼으며 한유(韓愈)가 애사(哀辭)를 지었다. (한유「구양첨애사서문」)

唐德宗初卽位, 宰相常袞爲福建觀察使治其地. 袞以辭進, 鄉縣小民, 有能讀書作文辭者, 親與之爲主客之禮, 觀遊宴饗, 必召與之. 時未幾, 皆化翕然. 於時歐陽詹獨秀出, 袞加敬愛, 諸生皆推服. 閩越之人擧進士, 繇詹始也. 詹死於國子四門助教. 隴西李翱爲傳, 韓愈作哀辭. (出韓愈「歐陽詹哀詞序文」)

180 · 2(1889)
송 제(宋 濟)

　당(唐)나라 덕종(德宗)이 어느 여름날에 미행하다가 서명사(西明寺)에 이르렀다. 당시 송제는 서명사에서 여름을 지내며 과거준비를 하고 있었는데, 황제가 불쑥 그의 거처로 들어왔을 때 마침 창 아래에서 쇠코잠방이차림에 갈건을 쓰고서 책을 베끼고 있었다. 황제가 말했다.

　"차 한 사발 주시오."

　송제가 말했다.

　"솥 안에 물이 끓고 있고 여기 찻잎이 있으니, 직접 부어 마시지요."

　황제가 또 물었다.

　"무슨 일을 하시오?"

　황제가 다시 그에게 성과 항렬을 묻자 송제가 말했다.

　"성은 송이고 다섯째이며, 진사시험에 응시하려고 합니다."

　황제가 또 물었다.

　"전공하는 것이 무엇이오?"

　송제가 말했다.

　"시를 잘 짓지요."

　황제가 또 물었다.

　"듣자하니 지금 황제께서는 시 짓기를 좋아하신다는데 어떻습니까?"

　송제가 말했다.

"성상(聖上)의 뜻은 헤아릴 수 없지요."

그런데 말을 끝마치기도 전에 갑자기 가마가 줄지어 도착하더니 이렇게 소리쳤다.

"황제폐하 납시오! 황제폐하 납시오!"

송제가 황송하고 두려워 죄를 빌자, 황제가 말했다.

"송오(宋五: 宋濟)는 대단히 솔직하도다."

후에 예부(禮部)에서 진사에 합격한 사람의 명단을 적은 방을 붙이자 황제는 내신(內臣)에게 송제의 이름이 있는지 보라고 했다. 사신이 돌아와 그의 이름이 없다고 아뢰자 황제가 말했다.

"그래도 송오는 솔직한 사람이다."

(『노씨소설』)

어떤 빈객이 송제를 희롱하여 말했다.

"백면서생이 뭐 그리 바쁜가?"

송제가 말했다.

"붉은색과 자색의 관복을 입으려고 바쁘지."

(『국사보』)

唐德宗微行, 一日夏中至西明寺. 時宋濟在僧院過夏, 上忽入濟院, 方在窓下, 牘('牘'原作'特', 據明鈔本改)鼻·葛巾抄書. 上曰: "茶請一椀." 濟曰: "鼎水中煎, 此有茶味, 請自潑之." 上又問曰: "作何事業?" 兼問姓行, 濟云: "姓宋第五, 應進士擧." 又曰: "所業何?" 曰: "作詩." 又曰: "聞今上好作詩, 何如?" 宋濟云: "聖意不測." 語未竟, 忽從輦遞到, 曰: "官家! 官家!" 濟惶懼待罪, 上曰: "宋五大坦率." 後禮部放牓, 上命內臣看有濟名. 使廻奏無名, 上曰: "宋五又坦率也." (出

『盧氏小說』

或有客譏宋濟曰: "白袍子何紛紛?" 濟曰: "爲朱袍·紫袍紛紛耳." (出『國史補』)

180 · 3(1890)

우석서(牛錫庶)

우석서는 성품이 조용하고 사람들과 어울리지 않았으며, 여러 차례 과거를 보았지만 합격하지 못했다. 정원(貞元) 원년(785)에 우석서가 점쟁이에게 물으니 점쟁이가 대답했다.

"당신은 다음 해에 장원으로 급제하실 것입니다."

우석서는 단지 붙기만을 바랬기 때문에 이 말을 그다지 믿지 않았다. 그해에는 이미 8월이 지났어도 아직 주고관(主考官)이 정해지지 않았다. 우석서가 소보(少保) 소흔(蕭昕)의 집을 지날 때, 마침 소흔이 지팡이를 짚고 홀로 남원(南園)을 거닐러 가려고 하고 있었다. 우석서는 그를 만나게 되자 급히 명함과 그가 지은 글을 함께 바쳤다. 소흔은 홀로 지내면서 막 친구 생각이 간절하던 차라, 그를 만나게 되자 매우 기뻐하며 집으로 초청하여 함께 이야기를 나누었다. 소흔은 그의 글을 보자 재삼 칭찬한 뒤 물었다.

"외부 사람들은 누가 지공거(知貢擧)가 될 것이라고 하는가?"

우석서가 대답했다.

"상서(尙書)께서 지공무사(至公無私)하시니, 반드시 다시 한번 지공거를 맡으실 것입니다."

소흔이 말했다.

"분명 지공거에 임명되지 않겠지만 만약 그렇게 된다면 그대가 장원이 될 것이네."

우석서는 일어나 절을 올리며 감사했다. 다시 막 앉으려던 차에 갑자기 인마가 달려와 알렸다.

"상서께서 지공거로 임명되셨습니다."

소흔은 급히 일어섰다. 우석서가 다시 재배하며 말했다.

"상서께서 이미 제게 장원을 허락하셨으니 황천과 후토의 신들께서 이 말을 들으셨습니다."

소흔이 말했다.

"앞서 한 말을 지키겠네."

다음 해에 과연 우석서는 장원으로 급제했다. (『일사』)

牛錫庶性靜退寡合, 累舉不擧. 貞元元年, 因問日者, 曰: "君明年合狀頭及第." 錫庶但望偶中一第爾, 殊不信也. 時已八月, 未命主司. 偶至少保蕭昕宅前, 値昕杖策, 將獨遊南園. 錫庶遇之, 遽投刺, 並贄所業. 昕獨居, 方思賓友, 甚喜, 延與之語. 及省文卷, 再三稱賞, 因問曰: "外間議者以何人當知擧?" 錫庶對曰: "尙書至公爲心, 必更出領一歲." 昕曰: "必不見命, 若爾, 君卽狀頭也." 錫庶起拜謝. 復坐未安, 忽聞馳馬傳呼曰: "尙書知擧." 昕遽起. 錫庶復再拜曰: "尙書適已賜許, 皇天后土, 實聞斯言." 昕曰: "前言期矣." 明年果狀頭及第. (出『逸史』)

180 · 4(1891)
최원한(崔元翰)

최원한은 양염(楊炎)의 천거를 받게되자 보궐(補闕)에 제수되고 싶어서 간절히 말했다.

"진사에 응시하여 과장에서 제일 뛰어나고 싶지만 정시(程試: 과거시험에서 가짜를 방지하기 위하여 응시자가 먼저 奏章을 제출하여 고관에게 검사받는 것)를 잘 알지 못하니, 먼저 시제(試題)를 알려주셨으면 합니다."

최오(崔敖)가 이 사실을 알게 되었다. 시험보는 날이 되어 도당(都堂)이 막 열렸을 때에 최오는 성난 목소리로 주고관에게 말했다.

"만약 '백운기봉중(白雲起封中)'을 시제로 내신다면 저는 물러가겠습니다."

주고관은 그가 시제를 알고있자 깜짝 놀라 이를 바꾸었다. 그 해에 두 최씨가 모두 합격했다. (『국사보』)

崔元翰爲楊炎所引, 欲拜補闕, 懇曰: "愿擧進士, 由此獨步場中, 然不曉程試, 先求題目爲地." 崔敖知之. 旭日, 都堂始開, 敖盛氣白主司曰: "若出'白雲起封中'題, 敖請退." 主司爲其所中, 卒愕然換之. 是歲, 二崔俱捷. (出『國史補』)

180・5(1892)
잠분(湛賁)

팽항(彭伉)과 잠분은 모두 원주(袁州) 의춘(宜春) 사람으로 팽항의 부인이 잠분의 이모였다. 팽항이 진사에 급제했을 때에 잠분은 현의 하급관리에 지나지 않았다. 팽항의 처가에서 축하잔치를 열어주었는데, 모두 이름난 명사와 관리들이 참석한 자리에서 팽항은 상석에 앉아 좌중의 흠모를 받게되었다. 잠분이 도착하자 팽항은 그에게 후원에 가서 밥을 먹으라고 했고 잠분은 이 말에 그다지 기분 나쁜 기색도 띠지 않았다. 이에 잠분의 부인이 화를 내면서 그를 꾸짖어 말했다.

"사내대장부가 스스로 힘써 노력하지는 못할지언정, 이런 치욕까지 당하면서 또 무엇을 용납한단 말입니까?"

잠분은 이 말에 깨달은 바가 있어 학업에 힘쓰게 되었고, 몇 년 지나지 않아 단번에 과거에 급제했다.

팽항은 항상 축하잔치에서 잠분에게 홀대했던 것을 후회하고 있었는데, 막 나귀를 타고 교외로 유람을 가려던 차에 갑자기 하인이 달려와 '잠랑(湛郞: 湛賁)께서 급제하셨습니다'라는 소식을 전하자 엉겁결에 소리를 지르며 나귀에서 떨어져버렸다. 원주 사람들이 그를 놀려 말했다.

"잠분이 급제하니 팽항이 나귀에서 떨어졌다네."

(『척언』)

彭伉・湛賁俱袁州宜春人, 伉妻又湛姨也. 伉擧進士擢第, 湛猶爲縣吏. 妻族爲置賀宴, 皆官人名士, 伉居席之右, 一座盡傾. 湛至, 命飯於後閣, 甚無難色. 其妻忿然責之曰: "男子不能自勵, 窘辱如此, 復何爲容?" 湛感其言, 孜孜學業, 未數載, 一擧登第.

伉常侮之, 其時伉方跨驢, 縱遊於郊郛, 忽有家僮馳報: "湛郎及第", 伉失聲而墜. 故袁人譴曰: "湛貢及第, 彭伉落驢." (出『摭言』)

180 · 6(1893)
윤 극(尹 極)

정원(貞元) 7년(791)에 지공거(知貢擧)를 맡은 두황상은 당시 윤극의 명성이 자자하다는 말을 듣고 미복차림으로 그를 찾아갔다. 시험에 참가한 사람중 명사에 대해 물어도 윤극이 예예하기만 하자 두황상은 다음과 같이 자세히 이야기해주었다.

"나는 올해의 주고관이오. 황명을 받든지 오래되었지만 오직 그대 한 사람만 알뿐 나머지는 모두 알지 못하니 내게 좀 알려주시오."

윤극이 깜짝 놀라 사례하며 말했다.

"황공하옵게도 제게 물으시는데 어찌 감출 수 있겠습니까?"

윤극은 곧장 귀족자제로는 최원략(崔元略)이 있고 한문(寒門) 출신에 과거를 보는 사람으로는 목조(沐藻), 영호초(令狐楚) 등 몇 명이 있다고 했다. 두황상은 이를 듣고 크게 기뻐했다. 이 해에 윤극이 장원급제했다. 「주환합포부(珠還合浦賦: 물건을 잃어버렸다가 다시 얻는 것을 비유함. 合浦郡은 베트남과 인접하고 바다에 연해 있으면서 진주를 생산해서 식량과 바꾸었는데, 漢나라 때에 태수가 탐욕을 부려 진주를 모두 거두어가서 사람들이 거의 굶어죽게 되었으나 孟嘗이 부임하면서 이전의 폐단을 개혁하고 몰수했던 진주를 다시 되돌려주었음)가 시제로 나왔는데, 목조가 부를 다 짓고 깜빡 졸던 중 꿈에 어떤 사람이 나타나 말했다.

"왜 진주의 거취가 갖는 의미는 쓰지 않는 것인가?"

그는 꿈에게 깨자 몇 구를 고쳐 썼다. 후에 과거 급제자들이 주고관에게 감사할 때에 두황상이 독조에게 말했다.

"진주의 자취에 대해 쓴 것은 마치 신령의 도움을 받아 쓴 것 같더군."

(『민천명사전』)

貞元七年, 杜黃裳知擧, 聞尹極(『玉泉子』'極'作'樞', 下同)時名籍籍, 乃微服訪之. 問場中名士, 極唯唯, 黃裳乃具告曰: "某卽今年主司也. 受命久矣, 唯得一人, 某他不能盡知, 敢以爲請." 極聳然謝曰: "旣辱下問, 敢有所隱?" 卽言子弟有崔元略, 孤進有沐(明鈔本·許本'沐'作'休', 淸徐松『唐登科記考』十二'沐'作'林')藻·令狐楚數人. 黃裳大喜. 其年極狀頭及第. 試「珠還合浦賦」, 藻賦成, 忽假寐, 夢人告曰: "何不敍珠來去之意?" 旣寤, 乃改數句. 又謝恩, 黃裳謂藻曰: "敍珠來去, 如有神助." (出『閩川名士傳』)

180·7(1894)
이 정(李 程)

이정은 정원연간(貞元年間: 785~805)에 「일오색부(日五色賦)」를 시험 봤는데 선방(先榜: 雜文의 榜)에서 떨어졌다. 이정이 막 시험장을 나왔을 때에 관청에서 숙직을 서고 집으로 돌아가던 양오릉(楊於陵)이 관청의 문에서 그를 만나게 되었다. 이정이 그에게 시험에 대해 묻자 이정은 가죽신의 목에서 부의 초고를 꺼내 보여주었다. 그 첫 구절은 이렇게 시작했다.

성덕 퍼지니 하늘이 살펴보시고,
상서로운 하늘에 태양이 빛난다.

양오릉이 이를 보고 이정에게 말했다.
"그대가 장원이 되겠구려."
다음날 잡문에서 그의 이름이 없자 양오릉은 몹시 언짢아했다. 그는 곧 오래된 서책의 뒷부분에 양오릉의 부를 잘 적은 뒤 이름은 빼버린 채로 이를 들고 주고관에게 찾아갔다. 양오릉은 주고관을 속여 넌지시 말했다.
"시랑(侍郞)께서 지금 새로 부시(賦試)를 내셨는데, 옛 시제를 쓴 것이라면 어떻게 하시겠습니까?"
주고관은 '그렇지 않습니다'며 고개를 저었지만 양오릉이 다시 말했다.
"옛 제목뿐만 아니라 예전에 어떤 사람이 이 제목으로 부를 지었는데 운각(韻脚)도 같습니다."
주고관은 이 말에 깜짝 놀랐다. 양오릉이 곧장 이정의 부를 꺼내 보여주자 주고관은 감탄을 그치지 않았다. 양오릉이 말했다.
"지금 시험을 본 사람 중에 이런 부를 쓴 사람이 있다면 시랑께서는 그를 어떻게 대우하시겠습니까?"

주고관이 말했다.

"없으면 그만이려니와, 있다면 영락없이 장원감이지요."

양오릉이 말했다.

"진실로 이렇게 쓴 이가 있으니, 시랑께서는 인재를 놓치셨습니다. 이것은 이정이 지은 것입니다."

주고관이 즉시 이정이 바친 글을 가져오라고 해서 대조해보니 한 글자도 틀림이 없었다. 주고관은 곧바로 양오릉에게 감사해하며 그에 대한 처분을 의논했다. 이렇게 해서 이정이 장원으로 뽑혔고, 주고관은 이전에 붙였던 방을 거두어들이고 새 방을 붙였다.

이정이 후에 대량(大梁)을 다스리게 되었을 때, 호허주(浩虛舟)가 굉사과(宏詞科)에 응시하여 다시 이 시제로 부를 짓는다는 소식을 듣자, 그가 자신보다 나을까 염려되어 사신을 보내 그 원본을 가져오게 했다. 사신이 도착하여 봉함을 열었는데, 이전까지 얼굴에 수심이 가득했으나 호허주의 첫 구절인 '아름다운 태양 찬란히 비치는데, 그 속에 상서로운 빛 서려있네'를 보자 이정이 기뻐하며 말했다.

"[그의 글솜씨는] 내 손아귀에 있구나."

(『척언』)

李程貞元中試「日五色賦」, 先榜落矣. 初出試, 楊於陵省宿歸第, 遇程於省門. 詢之所試, 程探靴靿中得賦藁, 示之. 其破題曰: "德動天鑒, 祥天日華." 於陵覽之, 謂程曰: "公今須作狀元." 翌日, 雜文無名, 於陵深不平. 乃於故冊子末('末' 原作'未', 據『唐摭言』改)繕寫, 而斥其名氏, 携之以詣主文. 從容給之曰: "侍郎今者新賦試, 奈何用舊題?" 主文辭以"非也", 於陵曰: "不止題目, 向有人賦此,韻脚亦同." 主文大驚. 於陵乃出程賦示之, 主文歎賞不已. 於陵曰: "當今場中若有此賦, 侍郞何以待之?" 主文曰: "無則已, 有卽非狀元不可也." 於陵曰: "苟如此, 侍郞已遺賢矣. 此乃李程所作." 亟命取程所納而對, 不差一字. 主文因面致謝, 謀之於陵. 於是擢爲狀元, 前牓不復收矣(或云'出牓重收').

程後出鎭大梁, 聞浩虛舟應宏詞, 復賦此題, 頗慮浩愈於己, 專馳一介取原本. 旣至, 將啓緘, 尙有憂色, 及覩浩破題曰: "麗日焜煌, 中含瑞光." 程喜曰: "李程在裏." (出『摭言』)

180・8(1895)
채남사(蔡南史)

정원(貞元) 12년(796)에 부마(駙馬) 왕사평(王士平)과 의양공주(義陽公主)는 서로 사이가 좋지 못했다. 채남사와 독고신숙(獨孤申叔)이 「의양자(義陽子)」라는 악곡을 연주했는데, '단설산설(團雪散雪)'이라는 노래가 있었다. 덕종(德宗)은 이를 듣고 노하여 그들을 과거에서 낙방시키려 했으나 나중에는 채남사만 폄적시키는 것에 그쳤다. (『국사보』)

貞元十二年, 駙馬王士平與義陽公主反目. 蔡南史・獨孤申叔播爲樂曲, 號「義陽子」, 有'團雪散雪'之歌. 德宗聞之怒, 欲廢科擧, 後但流斥南史乃止. (出『國史補』)

180 · 9(1896)
우승유(牛僧孺)

　우승유가 막 진사(進士)에 응시했을 때에, 그는 거문고와 책을 가지고 파수(灞水)와 산수(滻水) 부근을 유람했다. 이보다 먼저 그는 자신이 쓴 문장을 가지고 한유(韓愈)와 황보식(皇甫湜)을 찾아간 적이 있었다. 당시에 그는 먼저 한유에게 갔는데 마침 한유가 다른 곳에 가고 없어서 자신이 쓴 문권(文卷)만 남겼을 뿐이었다. 얼마 뒤 한유가 황보식을 방문했는데, 마침 우승유도 그의 집에 오게 되자 두 현신(賢臣: 두 명은 여기서 韓愈와 皇甫湜을 지칭함)은 그의 명함을 보고는 기뻐하며 함께 들어오라고 한 뒤 이것저것 이야기하다가 그가 머물고 있는 곳까지 묻게 되었다. 우승유가 대답했다.

　"저는 부끄럽게도 미천한 기예를 도덕과 학식이 출중한 두 분께 드렸으니, 나아감이나 물러남을 모두 명대로 따를 뿐입니다. 책 보따리는 아직 국문(國門) 밖에 놓아두었습니다."

　두 공(公)이 문권을 펴보니 그 첫머리에 「설악(說樂)」 장(章)이 있었다. 그들은 글을 다 보기도 전에 급히 말했다.

　"훌륭한 문장이오. 박판(拍板: 박자를 맞추기 위해 두드리는 널판)은 무엇이오?"

　우승유가 대답했다.

　"악구(樂句)라고 합니다."

　두 공은 서로 쳐다보더니 크게 기뻐하며 말했다.

　"이 사람은 반드시 훌륭한 문장가일 것이다."

우승유가 머물 곳을 청하자 두 공은 한참동안 조용히 있다가 말했다.

"객호방(客戶坊)에서 사당에 세(稅)주면 되겠군요."

우승유는 일러준 대로 했다. 우승유가 두 공의 집을 찾아가 감사드리자 두 공이 다시 그에게 이렇게 일러주었다.

"어느 날에 청룡사(靑龍寺)로 유람갔다가 날이 저물거든 돌아가시오."

[약속한 날이 되자] 두 공은 연이어 그의 거처로 찾아갔으며, [그를 만나지 못하자] 문에 크게 이렇게 써놓았다.

"한유와 황보식이 나란히 말을 타고 예비 관리를 찾아왔으나 만나지 못하다."

다음날 이름난 선비들이 수레를 타고 몰려와 모두 이를 구경했고, 그의 문장이 뛰어나다는 명성은 이로 인해 널리 퍼졌다. 우승유가 급제한 뒤 과당(過堂: 禮部侍郞이 새로 급제한 진사들을 데리고 宰相과 中書舍人을 拜謁하는 것)할 때에 재상이 말했다.

"대청을 청소하고 맞이하여라."

우승유가 홀로 나아와 말했다.

"그러실 필요 없습니다."

사람들은 그를 공경하며 남다르다고 여겼다. (『척언』)

牛僧孺始擧進士, 致琴書於灞滻間. 先以所業謁韓愈·皇甫湜. 時首造愈, 値愈他適, 留卷而已. 無何, 愈訪湜, 時僧孺亦及門, 二賢覽刺忻然, 同契延接, 詢及所止. 對曰: "某方以薄伎小醜呈於宗匠, 進退惟命. 一囊猶寘於國門之外." 二公披卷, 卷首有「說樂」一章. 未閱其詞, 遽曰: "斯高文. 且以拍板爲何等?" 對曰:

"謂之樂句." 二公相顧大喜曰: "斯高文必矣." 僧孺因謀所居, 二公沈然良久, 乃曰: "可於客戶稅一廟院." 僧孺如所敎. 造門致謝, 二公又誨之曰: "某日可遊靑龍寺, 薄暮而歸." 二公聯鑣至彼, 因大署其門曰: "韓愈・皇甫湜同訪幾官不遇." 翌日, 輦轂名士咸觀焉. 奇章之名, 由是赫然矣. 僧孺旣及第, 過堂, 宰相謂曰: "掃廳奉候." 僧孺獨出曰: "不敢." 衆聳異之. (出『摭言』)

180・10(1897)
양우경(楊虞卿)

양우경은 진사에 급제한 뒤에 굉사과(宏詞科)에 응시하여 교서랑(校書郞)이 되었는데, 회남(淮南)에 와서 이용(李鄘)의 딸과 혼인했다. 양우경은 전진사(前進士) 진상(陳商)을 만났는데, 진상이 곤궁함을 도와달라고 하자 그와 서로 아는 사이도 아니었지만 그 말을 들은 즉시 주머니를 털어 구제해 주었다. (『척언』)

楊虞卿及第後, 學宏詞, 爲校書, 來淮南就李鄘婚姻. 遇前進士陳商, 啓護窮窘, 虞卿未相識, 聞之, 倒囊以濟. (出『摭言』)

180・11(1898)
묘 찬(苗 纘)

묘찬(苗粲)의 아들 묘찬이 과거에 응시했는데 아버지 묘찬은 풍(風)에 걸려 말을 제대로 하지 못했지만 마음만은 간절했다. 시험에 임박하여 아버지의 병이 더욱 심해지자, 아들 묘찬이 종이에 써서 시험을 봐도 될지 물었다. 아버지 묘찬이 아직 붓을 들 수는 있었기에 옅은 먹으로 이렇게 썼다.

"어서 가거라."

이들 부자의 간절한 정성이 이와 같았다. 그 해에 아들 묘찬은 과거에 급제했다. (『가화록』)

苗粲子纘應擧, 而粲以中風語澁, 而心緖至切. 臨試, 又疾亟, 纘乃爲狀, 請許入試否. 粲猶能把筆, 淡墨爲書曰: "入入." 其父子之情切如此 其年, 纘及第. (出 『嘉話錄』)

180 · 12(1899)
비관경(費冠卿)

비관경은 원화(元和) 2년(786)에 과거에 급제했는데 봉록을 받았을 때는 부모님께서 이미 돌아가셔서 모실 수 없었기에, 어버이에 대한 은혜만을 가슴에 품은 채 마침내 지양현(池陽縣)의 구화산(九華山)에 은거하게 되었다. 장경연간(長慶年間: 821~824)에 전중시어사(殿中侍御史) 이행수(李行修)가 비관경을 효성스럽고 절개가 있다고 천거하자, 조정에서는 그를 초징해서 우습유(右拾遺)에 임명했다. 조칙에서 이렇게 말했다.

"전진사(前進士: 진사과에 합격한 뒤 過堂을 거친 진사) 비관경은 일찍이 뜻하던 바를 실천하여 문장으로 과거에 급제했다. 그러나 봉록으로 부모를 영화롭게 봉양할 수 없게되자, 그 한이 매번 가슴에 쌓여 마침내 몸을 초야에 숨기고 벼슬자리와 인연을 끊었다. 15년 동안 지성스러운 마음을 지켰으니, 높은 절개는 비교할 것 없으며 맑은 풍모는 멀리 퍼졌다. 대저 효행을 널리 선양하고 뛰어난 인재를 등용해야 풍속이 좋아지고 명교(名敎)를 바르게 할 수 있는 법이다. 마땅히 그를 크게 칭찬하여 경박한 사람들을 경계해야 할 것이다. 그를 발탁하여 황제 가까이에서 모시는 영광을 누리게 하리니, 잠시 효성을 충성으로 옮길지어다. 우습유(右拾遺)로 임명하노라."

비관경은 끝내 그를 부르는 명을 받들지 않았다. (『척언』)

費冠卿元和二年及第, 以祿不及親, 永懷罔極之念, 遂隱於池陽九華山. 長慶中, 殿中侍御史李行修擧冠卿孝節, 徵拜右拾遺. 制曰: "前進士費冠卿嘗與計偕, 以文中第. 祿不及於榮養, 恨每積於永懷, 遂乃屛身丘園, 絶跡仕進. 守其至性, 十有五年, 峻節無雙, 淸飇自遠. 夫旌孝行, 擧逸人, 所以厚風俗而敦名敎也. 宜陳高獎, 以儆薄夫. 擢參近侍之榮, 載佇移忠之効. 可右拾遺." 冠卿竟不應徵命. (出『摭言』)

180 · 13(1900)
이고언(李固言)

이고언은 봉상현(鳳翔縣)의 농촌에서 태어나서 성품이 순박하여 고관을 찾아 뵙는 예에 익숙지 못했다. 그가 처음 진사시험에 응시하려고 할 때에 친척인 유씨(柳氏)의 도성 저택에 머물렀는데, 여러 유씨 형제들이 대부분 그를 멸시하고 놀렸다. 이고언이 인사에 익숙지 못했기 때문에 유씨 형제들은 그에게 진짜 읍하는 예를 차려보라고 한 뒤, 그가 허리를 직각으로 구부렸을 때를 기다렸다가 몰래 두건 위에 '여기에 임대할 집이 있다'라는 글을 붙였다. 이고언은 이를 알아차리지 못한 채 밖으로 나갔고, 조정 인사들은 그를 보고 비웃었다. 허맹용(許孟容)은 당시 우상시(右常侍)로 있었다. 이 때 조정에서는 그 관직을 우습게 여기고 '초각(貂脚)'이라 불렀는데 이는 후진들에게 칭송을 받을 수 없는 자리였다. 이고언이 처음에 자신이 쓴 글을 가지고 알현할 곳을 찾아 여러 유씨 형제들과 상의하자 유씨 형제들은 그에게 행권(行卷: 唐代 과거 응시자가 자신이 지은 詩文을 들고 卿大夫를 찾아가는 것)을 하러 갈 때에는 맨 먼저 허상시(許常侍: 許孟容)에게 가보라고 했다. 이고언이 과연 그를 찾아가자 허맹용은 사례하며 말했다.

"저는 관직도 보잘 것 없어서 군자의 명성을 빛내는데 보탬이 되기 부족합니다. 비록 그렇지만 이를 마음에 간직해두고 있겠습니다."

허맹용은 또한 이고언의 두건 위에 붙여진 글을 보자 그의 순박한 품성을 알게 되었다. 이로부터 얼마 지나지 않아, 허맹용이 그 다음 해의 예위시랑(禮闈侍郞: 唐代 禮部侍郞의 별칭)을 맡게 되었고 이고언은 장원으로 뽑혔다.[당시에는 禮部에서 과거시험을 담당했음] (『척언』)

李固言生於鳳翔庄墅, 性質厚, 未熟造謁. 始應進士擧, 舍於親表柳氏京第, 諸柳昆仲, 率多謔戲. 以固言不閑人事, 俾信趣揖之儀, 候其磬折, 密於頭巾上帖文字云: '此處有屋僦賃.' 固言不覺. 及出, 朝士見而笑之. 許孟容爲右常侍, 於時朝中薄此官, 號曰'貂脚', 頗不能爲後進延譽. 固言始以所業求見, 謀於諸柳, 諸柳與導行卷去處, 先令投許常侍. 固言果詣之, 孟容謝曰: "某官緒閑冷, 不足發君子聲彩. 雖然, 亦藏之於心." 又睹頭巾上文字, 知其樸質. 無何, 來年許知禮闈, 乃以固言爲狀頭. (出『摭言』)

180 · 14(1901)
은요번(殷堯藩)

원화(元和) 9년(814)에 위관지(韋貫之)가 과거시험을 주관했는데, 은요번은 잡문(雜文: 여러가지 문체의 문장시험. 문장의 격식을 통과해야만 試策을 볼 수 있었음)에서 탈락했다. 위관지가 지난번에 주관한 과거시험에서 급제한 양한공(楊漢公)이 은요번의 뛰어남을 극구 칭찬하자, 위관지는 그의 이름을 다시 명단에 넣었다. (『척언』)

元和九年, 韋貫之牓, 殷堯藩雜文落矣. 陽(明鈔本'陽'作'楊')漢公乃貫之前牓門生, 盛言堯藩之屈, 貫之爲之重收. (出『摭言』)

180 · 15(1902)
시견오(施肩吾)

시견오는 원화(元和) 10년(815)에 급제했다. 홍주(洪州)의 서산(西山)

은 십이진군(十二眞君)이 우화등선(羽化登仙)한 곳으로 그 신령스러운 자취가 아직 남아있었는데, 시견오는 신선의 풍모를 흠모하여 그곳에 은거했다. 그는 100운(韻)으로 된 「한거견흥칠언시(閒居遺興七言詩)」를 지었는데, 세상에 널리 전해졌다. (『척언』)

施肩吾元和十年及第. 以洪州之西山, 乃十二眞君羽化之地, 靈跡具存, 慕其眞風。高蹈於此 嘗賦「閒居遺興七言詩」一百韻, 大行於世. (出『摭言』)

180 · 16(1903)
장정보(張正甫)

장정보가 하남윤(河南尹)으로 있을 때, 배도(裴度)가 황명(皇命)을 받들고 회서(淮西) 지방을 토벌하러 왔기에 관부의 서쪽에 있는 정자에서 연회를 열었다. 배도가 한 거인(擧人)의 문장솜씨를 말하면서 해두(解頭: 京兆府에서 보는 解試의 狀元)로 삼을만 하다고 하자 장정보가 정색을 하며 말했다.

"상공(相公)께서는 여기에 무엇 하러 오셨습니까? 어찌 하남의 해두나 기억하신단 말입니까?"

배도는 부끄러운 안색을 띠었다. (『척언』[『유한고취』])

張正甫爲河南尹, 裴度銜命伐淮西, 置宴府西亭. 裴言一擧人詞藝, 好解頭, 張正色曰: "相公此行何爲也? 爭記得河南解頭?" 裴有慙色. (出『摭言』, 明鈔本作出『幽閑鼓吹』)

180·17(1904)
풍 도(馮 陶)

풍숙(馮宿)의 세 아들인 풍도(馮陶)·풍도(馮韜)·풍도(馮圖)는 형제가 잇달아 진사에 급제했고 잇달아 굉사과(宏詞科)에 합격했다. 일시에 가문이 흥성하여 대대로 여기에 견줄 수 없었다. 태화연간(太和年間:827~835) 초에 진사에 급제한 풍씨 성을 가진 이는 전국에 10명이 있었는데, 풍숙의 집안 사람이 8명이었다. (『전재고실』)

馮宿之三子陶·韜·圖, 兄弟連年進士及第, 連年登宏詞科. 一時之盛, 代無比焉. 當太和初, 馮氏進士及第者, 海內十人, 而公家兄弟叔姪八人. (出『傳載故實』)

180·18(1905)
장 환(張 環)

장환(張環)의 형제 7명은 모두 진사에 합격했다. (『담빈록』)

張環兄弟七人並擧進士. (出『譚賓錄』)

180 · 19(1906)
양삼희(楊三喜)

    양경지(楊敬之)는 국자감사업(國子監司業: 國子監의 副長官)에 제수되었다. 둘째 아들 양재(楊載: 『新唐書』 권 160 「楊憑傳」에는 楊戴로 되어있음)가 진사에 급제하고 큰아들[楊戎]이 삼사과(三史科: 『史記』·『漢書』·『後漢書』로 과거를 보는 것)에 합격하자, 당시 사람들은 이를 '양삼희('楊三喜: 양씨 가문의 세 가지 기쁜 일)'이라고 했다. (『척언』)

    楊敬之拜國子司業. 次子載進士及第, 長子三史登科, 時號'楊三喜'. (出『摭言』)

태평광기 권제181 공거 4

1. 이봉길(李逢吉)
2. 장효표(章孝標)
3. 유 가(劉 軻)
4. 최 군(崔 羣)
5. 이고녀(李翺女)
6. 하발기(賀拔惎)
7. 이종민(李宗閔)
8. 유승선(庾承宣)
9. 장 우(張 祐)
10. 노 구(盧 求)
11. 두 목(杜 牧)
12. 유 분(劉 蕡)
13. 설보손(薛保遜)
14. 가 도(賈 島)
15. 필 함(畢 諴)
16. 배덕융(裴德融)
17. 배사겸(裴思謙)
18. 이 굉(李 肱)
19. 소경윤(蘇景胤)·장원부(張元夫)

181 · 1(1907)
이봉길(李逢吉)

원화(元和) 11년(816) 병신년(丙申年)에 [주고관(主考官)] 이봉길 밑에서 33명이 모두 빈한한 출신에서 진사(進士)로 발탁되자, 당시 이런 말이 떠돌았다.

원화 천자 병신년에,
33명이 함께 득선(得仙)했네.
도포는 은빛처럼 찬란하고 무늬는 비단처럼 고운데,
서로 맞잡고 대낮에 푸른 하늘로 올라갔다네.

이덕유(李德裕)는 많은 빈한한 후진들을 위해 벼슬길을 열어주었는데, 그가 폄적당하여 남쪽으로 떠나자, 어떤 이가 이런 시를 지었다.

800명의 빈한한 이들이 일제히 눈물 흘리며,
동시에 고개 돌려 애주(崖州)를 바라보네.

(『척언』)

元和十一年, 歲在丙申, 李逢吉下三十三人皆取寒素, 時有語曰: "元和天子丙申年, 三十三人同得仙. 袍似爛銀文似錦, 相將白日上青天." 李德裕頗爲寒進開路, 及謫官南去, 或有詩曰: "八百孤寒齊下淚, 一時廻首望崖州." (出『摭言』)

181 · 2(1908)
장효표(章孝標)

장효표는 원화(元和) 13년(818)에 과거에 낙방했는데, 당시 낙방한 자들은 대부분 시를 지어 주사(主司: 主考官)를 풍자했지만, 장효표만은 「귀연시(歸燕詩)」를 지어 시랑(侍郎) 유승선(庾承宣)에게 바쳤다. 유승선은 그 시[원문은 '時'라 되어 있지만 문맥상 '詩'의 誤記로 보임]를 받아 보고 거듭해서 읽으면서 인재를 놓친 것을 진심으로 안타까워했으며, 나중에 추시(秋試) 때를 기다렸다가 반드시 그를 천거하겠다고 마음먹었다. 유승선은 과연 예조(禮曹: 禮部)의 중요한 관직을 맡게 되[어 주고 관이 되]었으며, 장효표는 이듬해에 과거에 급제했다. 사람들은 장효표가 28자로 대과(大科)에 급제했으니 [노력만 하면] 명예로운 길을 걸을 수 있다고 생각하여 돌아가면서 서로를 격려했다. [장효표가 지은] 그 시는 다음과 같다.

> 지난날 위태로운 둥지 이미 허물어졌지만,
> [제비는] 금년에도 예전처럼 이전 도시로 돌아오네.
> 구름까지 닿은 고대광실 즐비해도 내 깃들 곳은 없으니,
> 다시 뉘 집 문을 바라보며 날아갈거나!

(『운계우의』)

章孝標元和十三年下第, 時輩多爲詩以刺主司, 獨章爲「歸燕詩」, 留獻侍郎庾承宣. 承宣得時, 展轉今諷, 誠恨遺才, 仍候秋期, 必當薦引. 庾果重典禮曹, 孝標來年擢第. 群議以爲二十八字而致大科, 則名路可邊, 遞相磐礪也. 詩曰: "舊果危巢泥已落, 今年故向社前歸. 連雲大廈無棲處, 更望誰家門戶飛" (出 『雲溪友議』)

181 · 3(1909)
유 가(劉 軻)

유가(劉軻)는 맹가(孟軻: 孟子)의 문장을 흠모했기 때문에 이름을 그렇게 지었다. 그는 젊어서는 승려가 되어 예장군(豫章郡) 고안현(高安縣)의 과수원에 머물렀으며, 그 후에는 다시 황로술(黃老術: 道家의 법술)을 배워 여산(廬山)에서 은거했다. 나중에는 진사(進士)에 급제하여 문장으로 한유(韓愈) · 유종원(柳宗元)과 이름을 나란히 했다. (『척언』)

劉軻慕孟軻爲文, 故以名焉. 少爲僧, 止於豫章高安之果園, 後復求黃老之術, 隱於廬山. 旣而進士登第, 文章與韓 · 柳齊名. (出『摭言』)

181 · 4(1910)
최 군(崔 羣)

최군은 원화연간(元和年間: 806~820)에 중서사인(中書舍人)으로서 지공거(知貢擧: 과거시험의 主考官으로 주로 進士科를 관장함)가 되었다. 최군의 부인 이씨(李氏)가 한가한 틈에 한번은 그에게 장원과 전답을 마련하여 자손들의 재산밑천으로 삼게 하라고 권했다. 그러자 최군이 웃으며 말했다.

"나에게는 30곳이나 되는 훌륭한 장원과 좋은 전답이 세상에 깔렸는데 부인은 무엇을 걱정하시오?"

부인이 말했다.

"당신에게 그런 재산이 있다는 소리는 들어보지 못했습니다."

최군이 말했다.

"내가 지난해 춘시(春試)에서 30명을 진사로 급제시켰으니, 어찌 이들이 바로 좋은 전답이 아니겠소?"

부인이 말했다.

"만약 그렇다면, 당신은 재상 육지(陸贄)의 문하생이 아닙니까?"

최군이 말했다.

"재상 육지의 문하생이오."

부인이 말했다.

"과거에 당신은 문병(文柄)을 관장했을 때[즉 주고관이 되었을 때를 말함], 사람을 시켜 그의 아들 육간례(陸簡禮)를 제약하여 시험에 응시하지 못하게 했으니, 만약 당신이 그의 좋은 전답이라면 바로 육씨의 장원 하나가 황폐해진 것입니다."

최군은 부끄러워하면서 물러가 며칠 동안 식사도 하지 않았다. (『독이지』)

崔羣元和自中書舍人知貢擧. 夫人李氏因暇, 嘗勸樹莊田, 以爲子孫之業. 笑曰: "予有三十所美莊良田, 遍在天下, 夫人何憂?" 夫人曰: "不聞君有此業." 羣曰: "吾前歲放春牓三十人, 豈非良田邪?" 夫人曰: "若然者, 君非陸贄相門生乎?" 曰: "然." 夫人曰: "往年君掌文柄, 使人約其子簡禮, 不令就試, 如君以爲良田, 卽陸氏一莊荒矣." 䡓憖而退, 累日不食. (出『獨異志』)

181 · 5(1911)
이고녀(李翱女)

이고가 강회(江淮) 지방을 다스리고 있을 때, 진사(進士) 노저(盧儲)가 투권(投卷: 과거 응시자가 시험 보기 전에 자신이 지은 문장을 官界의 要路에 있는 실력자에게 보이는 일. 처음 투고하는 것을 行卷이라 하고 재차 투고하는 것을 溫卷이라 했으며, 이러한 행위를 통틀어 投卷이라 함)하자, 이고는 그를 예로써 대접하고 그의 문장을 책상 위에 놓아둔 뒤 일을 보러 밖에 나갔다. 이고의 큰딸은 당시 계년(笄年: 여자가 笄禮를 올릴 나이, 즉 15살을 말함)이었는데, 영각(鈴閣: 將帥가 거처하는 곳. 여기서는 李翱의 거처를 말함) 앞을 한가로이 거닐다가 노저의 문장을 보고 서너 번 곰곰이 음미한 뒤 자신의 어린 하녀에게 말했다.

"이 사람은 틀림없이 장원 급제할 것이다."

노공(盧公: 盧儲)이 물러간 뒤, 이고는 그 이야기를 듣고 딸의 말에 매우 의아해했다. 그래서 자신의 속관을 [노저가 머물고 있는] 역참의 객사로 보내 노저에게 그 일을 자세히 말해주고 그를 사위로 삼겠다는 뜻을 전하게 했다. 노저는 한참 동안 겸양했지만 결국 그 뜻을 거절하지 못하고 한 달 뒤에 허락했다. 이듬해에 노저는 과연 장원 급제했으며,

관시(關試: 과거에 급제한 사람이 다시 吏部의 南曹에 나아가 보는 시험)에 통과하자마자 곧바로 가례(嘉禮)를 올리면서 다음과 같은 「최장시(催粧詩)」를 지었다.

  작년에 옥경(玉京: 都城 長安) 가서 노닐 때,
  제일 먼저 선인(仙人: 부인을 말함)께서 장원을 허락하셨네.
  오늘 다행히 진진(秦晉: 혼인을 하는 친밀한 관계. 春秋時代에 秦·晉 두 나라가 대대로 혼인을 맺어 친밀한 관계를 유지한 데서 나온 말)의 만남 이루어졌으니,
  난새 봉황[부인을 비유함]이여, 어서 빨리 장루(粧樓: 부인의 방)에서 나오세요.

그 후 노저는 관사에 있다가 부인을 맞이해 왔는데, 그때 마침 정원에 꽃이 피었기에 이렇게 시를 지었다.

  작약나무 갓 새로 심어놓았는데,
  정원에 몇 송이 꽃이 피었네.
  동풍(東風: 春風)이 계속 붙잡고 있다가,
  세군(細君: 부인의 별칭) 오길 기다렸나 보오.

사람의 일이란 미리 정해져 있는 것이지 결코 우연이 아니다. (『서정시』)

李翱江淮典郡, 有進士盧儲投卷, 翺禮待之, 置文卷几案間, 因出視事. 長女及笄, 閑步鈴閣前, 見文卷, 尋繹數四, 謂小靑衣曰: "此人必爲狀頭." 迨公退, 李聞之, 深異其語. 乃令賓佐至郵舍, 具白於盧, 選以爲壻. 盧謙讓久之, 終不却其意, 越月隨計. 來年果狀頭及第, 纔過關試, 徑赴嘉禮, 「催粧詩」曰: "昔年將去玉京遊, 第一仙人許狀頭. 今日幸爲秦晉會, 早敎鸞鳳下粧樓." 後盧止官舍, 迎內子, 有庭花開, 乃題曰: "芍藥斬新栽, 當庭數朶開. 東風與拘束, 留待細君來." 人生前定, 固非偶然耳. (出『抒情詩』)

181·6(1912)
하발기(賀拔惎)

왕기(王起)는 장경연간(長慶年間: 821~824)에 재차 문병(文柄)을 주관하게 되었다[과거시험 主考官이 되었다는 뜻]. 그는 백민중(白敏中)을 장원으로 뽑을 생각을 갖고 있었지만 그가 하발기와 왕래하는 것을 흠으로 여겼는데, 하발기가 문재는 있지만 성격이 자유분방하여 꺼리는 것이 없었기 때문이었다. 그래서 왕기는 은밀히 친지를 보내 그 뜻을 알리면서 백민중에게 하발기와 절교하게 했다. 앞서 갔던 사람이 그 약조를 전하자, 백민중은 기뻐하면서 모든 것을 하라는 대로 따르겠다고 했다. 얼마 후 하발기가 백민중의 집을 찾아갔는데, 시종들이 하발기에게 백민중이 출타하고 없다고 속이자, 하발기는 한참 동안 말없이 머물다가 떠났다. 잠시 후 백민중이 안에서 뛰어나오더니 연달아 시종에게 하발기를 불러오게 하여, 모든 일을 사실대로 말해주면서 이렇게 말했다.

"급제하는 것이야 누구의 문하에서든 이루지 못하겠는가? 어찌 가까운 친구를 가볍게 저버릴 수 있겠는가?"

그리고는 서로 진탕 취하여 해가 중천에 뜰 때까지 잠을 잤다. 앞서 갔던 사람이 이를 보고는 크게 화내며 돌아가서 왕기에게 보고하며 말했다.

"서로 절교하게 할 수 없을 것 같습니다."

왕기가 말했다.

"나는 백민중 하나만 뽑을 작정이었는데, 이젠 다시 하발기까지 뽑게 되었다."

(『척언』)

王起長慶中再主文柄. 志欲以白敏中爲狀元, 病其人與賀拔惎還往, 惎有文而落拓. 因密令親知申意, 俾敏中與惎絶. 前人復(明鈔本'復'作'申')約, 敏中忻然, 皆如所敎. 旣而惎造門, 左右紿以敏中他適, 惎遲留不言而去. 俄頃敏中躍出, 連呼左右召('召'字據『唐摭言』補)惎, 於是悉以實告, 乃曰: "一第何門不致? 奈輕負至交." 相與盡醉, 負陽而寢. 前人覘之, 大怒而去, 告於起, 且云: "不可必矣." 起曰: "我比祗得白敏中, 今當更取賀拔惎矣." (出『摭言』)

181 · 7(1913)
이종민(李宗閔)

이종민이 지공거(知貢擧: 과거시험의 主考官으로 주로 進士科를 관장함)가 되었을 때, 그의 문하에는 당신(唐伸)·설상(薛庠)·원도(袁都)와 같은 빼어난 준재들이 많았다. 그래서 당시 사람들은 그들을 '옥순반(玉筍班: 고운 죽순처럼 젊고 뛰어난 무리라는 뜻)'이라 불렀다. (『인화록』)

李宗閔知貢擧, 門生多淸秀俊茂, 唐伸・薛庠・袁都輩. 時謂之'玉筍班'('筍班'二字原闕, 據黃刻本補). (出『因話錄』)

181・8(1914)
유승선(庾承宣)

유승선은 주고관(主考官)을 지낸 후 6~7년 뒤에야 비로소 금자(金紫: 金魚袋와 紫袍. 正三品 이상의 高官이 착용했음)를 받았다. 당시 유승선의 문하생이었던 이석(李石)은 그보다 먼저 조정에서 은총을 받았는데, 유승선이 임명되는 날 이석은 자신이 착용하고 있던 자포(紫袍)와 금어대(金魚袋)를 스승에게 바쳤다. (『척언』)

庾承宣主文後六七年, 方授金紫. 時門生李石先於內庭恩賜矣, 承宣拜命之初, 石以所服紫袍・金魚拜獻座主. (出『摭言』)

181・9(1915)
장　우(張　祐)

장우는 원화(元和: 806~820)・장경(長慶: 821~824) 연간에 영호초(令狐楚)에게 두터운 인정을 받았다. 영호초는 천평절도사(天平節度使)로 있을 때, 장우를 추천하는 표문(表文)을 써서 장우에게 그가 지은 신시(新詩)와 구시(舊詩) 300수를 표문과 함께 [도성으로 가지고 가서] 바치게 했는데, 그 내용은 대략 다음과 같았다.

"이 사람이 지은 오언시에는 육의(六義: 『詩經』의 六體인 風·雅·頌·賦·比·興을 말함)가 모두 담겨 있습니다. 근자의 시인들은 대부분 제멋대로 함부로 시를 지어 본받을 만한 사법(師法)이 없습니다. 그러나 이 사람은 오랫동안 초야에 있으면서 일찍부터 시를 공부했는데, 매우 열심히 연구하여 조예가 자못 깊습니다. 그래서 동년배들로부터 추앙을 받고 있으니, 그의 풍격은 따라가기가 매우 어렵습니다. 삼가 이 사람으로 하여금 신시와 구시 300수를 적어서 광순문(光順門)에서 바치게 하니, 청컨대 이를 중서성(中書省)으로 보내주셨으면 합니다."

장우가 도성에 도착했을 때, 마침 원진(元稹)이 조정에 있었기에 황상은 그를 불러 장우의 시의 고하(高下)를 물었더니, 원진이 대답했다.

"장우의 시는 보잘 것 없는 잔재주일 뿐이니, 장부(壯夫)라면 이런 시를 짓는 것을 부끄러워하옵니다. 혹시라도 그를 격려한다면 폐하의 풍교(風敎)를 실추시킬까봐 두렵사옵니다."

황상은 고개를 끄덕여 [원진의 평가를] 인정했다. 이로 인해 장우는 실의에 빠진 채 돌아갔다. 장우는 다음과 같은 시를 지어 스스로를 애도했다.

> 하지장(賀知章)이라면 말해봤자 헛수고지만,
> 맹호연(孟浩然)이라면 더 이상 의심하지 않으리.

(『척언』)

張祐元和·長慶中深爲令狐楚所知. 楚鎭天平日, 自草薦表, 令以新舊格詩三百篇隨表進獻, 辭略曰: "凡制五言, 合苞六義. 近多放誕, 靡有宗師. 前件人久在江湖, 早攻篇什, 研幾甚苦, 搜索('索'原作'相', 據明鈔本改)頗深. 流輩所推, 風格罕及. 謹令錄新舊格詩三百首, 自光順門進獻, 望請宣付中書." 祐至京師, 方屬元稹在內庭, 上因召問祐之詞藻高下, 稹對曰: "張祐雕蟲小巧, 壯夫恥不爲者. 或獎激之, 恐變陛下風敎." 上頷之. 由是失意而歸. 祐以詩自悼曰: "賀知章口徒勞說, 孟浩然身不更疑." (出『摭言』)

181 · 10(1916)
노 구(盧 求)

 양사복(楊嗣復)이 두 번째 주고관(主考官)으로 있을 때 급제한 노구는 이고(李翶)의 사위였다. 이전에 이고가 합비군(合淝郡)을 다스리고 있을 때, 어떤 도인이 이고를 찾아와 아주 이상한 일을 이야기했다. 나중에 이고가 초주자사(楚州刺史)(혹은 桂州刺史)로 임명되었을 때 그 도인이 다시 찾아왔다. 그 해에 양사복이 지공거(知貢擧: 主考官)가 되었는데, 노구는 과거시험에서 낙방했다. 양사복은 이고의 매부(妹夫)였으므로 이고는 노구가 낙방한 일로 인해 양사복에게 감정이 좋지 않았다. 그래서 양사복이 도인을 찾아갔더니, 도인이 말했다.
 "그건 작은 일이니, 제가 주장(奏章) 한 통만 써드리면 됩니다."
 그래서 이고는 책상과 벼루·종이·붓을 준비하고 또 그 옆에 좋은 술 몇 말을 갖다놓게 했다. 그 도인은 커다란 술잔에 술을 가득 따라 마시고는 잠시 눈을 붙인 뒤 깨어나 다시 술을 다 마시고 나더니, 곧장 의관을 정제하고 북쪽을 바라보며 절을 한 뒤, 급히 책상을 마주하고 2통의 서찰을 직접 썼다. 그리고는 새벽에 그 서찰을 이고에게 주며 말했다.

"금년 가을에 주사(主司: 主考官)가 정해지면 일단 작은 서찰을 열어보시고, 내년에 급제자 명단이 발표될 때 큰 서찰을 열어보십시오."

이고는 도인이 시키는 대로 하겠다고 했다. 얼마 후 양사복이 작년에 이어 다시 주고관이 되었다는 전갈이 도착하자, 이고가 곧장 작은 서찰을 열어보았더니 이렇게 적혀 있었다.

"배두황미(裴頭黃尾: 裴氏가 장원이고 黃氏가 꼴찌라는 뜻), 삼구육리(三求六李: 3등이 求이고 6등이 李氏라는 뜻)."

이고는 이상해하면서 마침내 그 서찰을 양사복에게 보냈는데, 양사복은 이미 마음속에 정해둔 사람이 있었으므로 일이 누설되지 않았는지 의심했다. 마침내 합격자 명단이 발표되었을 때 큰 서찰을 열어보았더니, 발표된 명단과 한 글자도 차이 없이 분명히 들어맞았다. 그 해에 배구(裴求)가 장원이었고 황가(黃駕)가 꼴찌였는데, 2등만 노구였을 뿐 나머지 사람들은 모두 일치했다.

나중에 이고가 양양(襄陽)을 다스리고 있을 때 그 도인이 또 찾아오자, 이고는 그를 더욱 공경히 모셨다. 도인이 이고에게 말했다.

"이 비천한 사람이 다시 찾아온 것은 공의 선정(善政)을 흠모하기 때문입니다."

이고가 [도인에게 인사시키려고] 아들들을 나오게 했는데, 도인은 그들을 자세히 살펴보고 나더니, 모두 이고가 얻은 복록을 잇지 못할 것이라고 했다. 그래서 이번에는 딸들을 나오게 하여 그에게 인사시켰더니, 그가 말했다.

"훗날 상서(尙書: 李翶)의 외손자 3명이 모두 재상의 지위에 오를 것입니다."

훗날 노구의 아들 노휴(盧携), 정아(鄭亞)의 아들 정전(鄭畋), 두심권(杜審權)의 아들 두양능(杜讓能)은 모두 장수와 재상이 되었다. (『척언』)

楊嗣復第二榜盧求者, 李翶之子壻. 先是翶典合淝郡, 有一道人詣翶言事甚異. 翶後任楚州(或曰桂州), 其人復至. 其年嗣復知擧, 求落第. 嗣復, 翶之妹壻, 由是頗以爲嫌. 因訪於道人, 言曰: "細事, 亦可爲奏章一通." 几硯紙筆, 復置醇酎數豆斗於側. 其人以巨杯引滿而飮, 寢少頃而覺, 覺而復飮酒盡, 卽整衣冠北望而拜, 遽對案手疏二緘. 遲明授翶曰: "今秋有主司, 且開小卷, 明年見牓, 開大卷." 翶如所敎. 尋報至, 嗣復依前主文, 卽開小卷, 詞云: "裴頭黃尾, 三求六李." 翶奇之, 遂寄嗣復, 已有所貯, 彼疑漏泄. 及放牓, 開大卷, 乃一榜煥然, 不差一字. 其年, 裴求爲狀元, 黃駕居榜末, 次則盧求耳, 餘皆契合.

後翶領襄陽, 其人又至, 翶愈敬異之. 謂翶曰: "鄙人再來, 蓋仰公之政也." 因命出諸子, 熟視, 皆曰不繼翶之(『唐摭言』八 '之' 作 '無')所得. 遂遣諸女出拜之, 乃曰: "尙書他日外孫三人, 皆位至宰輔." 後求子携・鄭亞子畋・杜審權子讓能皆爲將相. (出『摭言』)

181・11(1917)
두 목(杜 牧)

시랑(侍郎) 최언(崔郾)이 지공거(知貢擧)에 임명되어 동도(東都: 洛陽)

에서 과거시험을 주관하여 인재를 선발하게 되자, 삼서(三署: 尙書省·中書省·門下省)의 공경(公卿)들이 모두 장락현(長樂縣)의 전사(傳舍: 驛站에 설치한 客舍)에서 그를 전별했는데, 그때 참석한 대관들의 성대함은 이제껏 보기 드문 것이었다. 당시 태학박사(太學博士)로 있던 오무릉(吳武陵)이 절룩거리는 나귀를 타고 그곳에 도착했는데, 최언은 그가 왔다는 말을 듣고 약간 의아해했다. 그래서 자리를 떠나 그와 함께 얘기를 나누었는데, 오무릉이 말했다.

"시랑께서 높고 훌륭한 덕망을 지녔기에 성명(聖明)하신 천자를 위해 준재를 선발하시게 되었으니, 제가 어찌 감히 미약한 힘이나마 쓰지 않겠습니까? 이전에 우연히 보았더니 태학생 수십 명이 눈썹을 치켜 뜨고 손뼉을 치면서 문서 하나를 읽고 있었는데, 다가가서 살펴보았더니 바로 진사(進士) 두목의 「아방궁부(阿房宮賦)」였습니다. 이 사람이야말로 진정으로 제왕을 보필할 인재입니다. 그렇지만 시랑께서는 관직이 높으셔서 아무래도 그 글을 읽어보실 겨를이 없을 것 같습니다."

그리고는 홀(笏)을 관대(官帶)에 꽂은 뒤 [두목의 「아방궁부」를] 큰소리로 한 번 쭉 읽자 최언이 크게 칭찬했다. 오무릉이 청하며 말했다.

"시랑께서 그에게 장원을 주셨으면 합니다."

최언이 말했다.

"이미 정해놓은 사람이 있습니다."

오무릉이 말했다.

"그게 안되면 3등을 주시지요."

최언이 말했다.

"그 역시 정해놓은 사람이 있습니다."

오무릉이 말했다.

"정히 할 수 없다면 5등을 주시지요."

최언이 미처 대답하기 전에 오무릉이 다시 말했다.

"그렇게 할 수 없다면 이 「아방궁부」를 돌려주십시오."

그러자 최언이 곧바로 말했다.

"삼가 당신의 말씀대로 따르겠습니다."

최언은 다시 자리로 돌아온 뒤 여러 공경들에게 알렸다.

"마침 오태학(吳太學: 吳武陵)께서 고맙게도 5등으로 선발할 인재를 추천해주셨습니다."

어떤 이가 물었다.

"누구입니까?"

최언이 대답했다.

"두목입니다."

사람들 중에서 어떤 이가 두목은 세세한 품행에 구애받지 않는 자라고 하면서 반문하자, 최언이 말했다.

"이미 오군(吳君: 吳武陵)에게 허락했으니, 두목이 설사 개 잡는 백정이라 하더라도 바꿀 수 없습니다."

최언은 동도에서 급제자 명단을 발표한 뒤, 서도(西都: 長安)에서 과당(過堂: 侍郎이 새로 급제한 진사들을 데리고 재상을 배알하고 심사받는 일)을 했다. 이에 두자미(杜紫微: 杜牧. 훗날 그가 紫微舍人[中書舍人]을 지냈기에 이렇게 부름)가 다음과 같은 시를 지었다.

　　동도에서 급제자 발표할 땐 아직 꽃이 피지 않았는데,

33명이 말을 몰아 [장안으로] 돌아오네.
진(秦) 땅[關中을 말함] 젊은이가 담근 맛좋은 술 마시고서,
춘색(春色)을 띤 채 동관(潼關)으로 들어오네.

(『척언』)

崔郾侍郎旣拜命, 於東郡(『唐摭言』六 '郡'作'都')試擧人, 三署公卿, 皆祖於長樂傳舍, 冠蓋之盛, 罕有加也. 時吳武陵任太學博士, 策蹇而至, 郾聞其來, 微訝之. 乃離席與言, 武陵曰: "侍郎以峻德偉望, 爲明天子選才俊, 武陵敢不薄施塵露? 向者偶見大學生數十輩, 揚眉抵掌讀一卷文書, 就而觀之, 乃進士杜牧「阿房宮賦」. 若其人, 眞王佐才也. 侍郎官重, 恐未暇披覽." 於是緇笏, 朗宣一遍, 郾大奇之. 武陵請曰: "侍郎與狀頭." 郾曰: "已有人." 武陵曰: "不然, 則第三人." 郾曰: "亦有人." 武陵曰: "不得已, 卽第五人." 郾未遑對, 武陵曰: "不爾, 却請此賦." 郾應聲曰: "敬依所敎."

旣卽席, 白諸公曰: "適吳太學以第五人見惠." 或曰: "爲誰?" 曰: "杜牧." 衆中有以牧不拘細行問之者, 郾曰: "已許吳君, 牧雖屠狗, 不能易也." 崔郾東都放牓, 西都過堂. 杜紫微詩曰: "東都放牓未花開, 三十三人走馬廻. 秦地少年多釀酒, 卽將春色入關來." (出『摭言』)

181 · 12(1918)
유 분(劉 蕡)

[당나라] 대화(大和) 2년(828)에 배휴(裵休) 등 23명이 제과(制科: 황제

가 進士 급제자들에게 친히 문제를 내어 시험하던 과거제도 가운데 하나로 殿試라고 함)에 응시했다. 당시 유분은 대책문(對策問: 과거 응시자가 황제의 물음에 대답한 治國에 관한 策略) 만여 자를 지어 국가 치란(治亂)의 근본을 깊이 연구하면서 『춘추(春秋)』의 대의(大義)를 많이 인용하여 증거로 삼았는데, 이는 비록 [漢代에 『春秋公羊傳』의 연구로 뛰어난] 공손홍(公孫弘)과 동중서(董仲舒)일지라도 견줄 수 없는 것이었다. 그래서 배휴 이하로 옷깃을 여미지 않는 자가 없었지만, [유분이 대책문에서] 권문귀족과 총애받는 신하들을 비판하면서 전혀 거리낌이 없었기에, 담당 관리는 그의 재능을 인정하면서도 합격시키지 않았다. 당시 제과에 응시하여 합격한 이소(李邵)라는 사람이 대궐에 나아가 상주문을 올려 자신이 얻은 것을 유분이 잃은 것과 바꿔주길[즉 자신의 합격을 취소하고 대신 유분을 합격시켜 달라는 뜻] 청했다. 이소의 상주문이 [회답을 받지 못한 채 대궐에] 머물러 있는 동안, 유분은 딱 한 달만에 명성이 천하에 널리 퍼졌다. (『척언』)

　유분은 양사복(楊嗣復)의 문하생이었다. 그는 직언으로 윗사람들의 뜻을 거슬렸는데, 중관(中官: 宦官 또는 太監)들에게 특히 미움을 받았다. 중위(中尉: 宦官의 우두머리로 內侍省의 최고 장관) 구사량(仇士良)이 양사복에게 말했다.

　"어찌하여 국가의 중대한 과거시험에 이런 미친놈을 내보냈소?"

　양사복이 두려워하며 대답했다.

　"제가 이전에 유분을 [진사로] 급제시킬 때는 아직 미치지 않았었습니다."

(『옥천자』)

大和二年, 裴休等二十三人登制科. 時劉蕡對策萬餘字, 深究治亂之本, 又多引『春秋』大義, 雖公孫弘·董仲舒不能肩也. 自休已下, 靡不斂衽, 然以指斥貴倖, 不顧忌諱, 有司知而不取. 時登科人李邰(明鈔本'邰'作'郃')詣闕進疏, 請以己之所得, 易蕡之所失. 疏奏留中, 蕡茀月之間, 屈聲播於天下. (出『摭言』)

劉蕡, 楊嗣復之門生也. 旣直言忤, 中官尤所嫉怒. 中尉仇士良謂嗣復曰: "奈何以國家科第, 放此風漢耶?" 嗣復懼, 答曰: "嗣復昔與蕡及第時, 猶未風耳." (出『玉泉子』)

181 · 13(1919)
설보손(薛保遜)

설보손은 장편 대작의 문장을 짓길 좋아하여 스스로를 '금강저(金剛杵)'라 불렀다. 태화연간(太和[大和]年間: 827~835)에 공사(貢士: 과거 시험에서 會試에 합격한 사람)가 적어도 천여 명은 되었는데, 공경(公卿)들의 집에는 그들이 보낸 문장 더미가 쌓여 있었다. 이 문장들은 행랑할멈이 [바꿔서] 등촉 기름의 비용으로 충당했는데, 평소에 그것을 바꿔가던 사람이 말했다.

"설보손의 문장 같으면 그 값이 일반사람들의 것보다 배나 나가오."
(『척언』)

薛保遜好行巨編, 自號'金剛杵'. 太和中, 貢士不下千餘人, 公卿之門, 卷軸塡委. 爲闍媼脂燭之費, 因之平易者曰: "若薛保遜卷, 卽所得倍於常也." (出『摭言』)

181·14(1920)
가 도(賈 島)

가도는 정시(呈試: 과거시험에서 가짜를 방지하기 위하여 응시자가 먼저 奏章을 제출하여 考官에게 검사를 받는 일)에 뛰어나지 못하여, 매번 시험을 볼 때마다 종이 한 장을 접어가지고 주위 자리를 돌아다니면서 사람들에게 말했다.

"제발 여러분, 한 련(聯)만 도와주시오! 한 련만!"

(『척언』)

賈島不善呈試, 每試, 自疊一幅, 巡鋪('鋪'原作'捕', 據明鈔本改)告人曰: "原夫之輩, 乞一聯! 乞一聯!" (出『摭言』)

181·15(1921)
필 함(畢 諴)

필함은 과거에 급제하던 해에 한두 사람과 함께 동행하면서 소리를 듣고 뒷일을 점쳤는데, 깊은 밤에 인적이 드물어 오랫동안 아무런 소리도 들리지 않았다. 얼마 후 우연히 어떤 사람이 땅에 뼈다귀를 던지자 개들이 다투어 쫓아가는 소리가 들리더니, 또 다른 사람이 이렇게 말하는 소리가 들렸다.

"뒤에 오는 놈이 틀림없이 물고[원문은 '銜'. 畢誠의 '誠'과 '銜'은 음이 통함. 즉 필함이 급제할 것을 암시함] 갈 것이다."

(『摭言』)

畢誠及第年, 與一二人同行, 聽響卜, 夜艾人稀, 久無所聞. 俄遇人投骨於地, 群犬爭趣, 又一人曰: "後來者必銜得." (出『摭言』)

181 · 16(1922)
배덕융(裴德融)

배덕융은 이름이 고(皐)였는데, 공교롭게도 고개(高鍇)가 지공거(知貢擧: 主考官)가 되었을 때 과거에 응시했더니, 주사(主司: 主考官)가 이렇게 말했다.

"그대는 이름이 고(皐: 高鍇의 '高'자와 諧聲字임)인데, 이전에 내 밑에서 과거에 응시하여 급제한 사람은 일생 동안 곤란을 겪었네."

배덕융은 나중에 둔전원외랑(屯田員外郞)에 제수되었는데, 당시 노간구(盧簡求)가 우승(右丞)으로 있었다. 그래서 배덕융은 새로 낭관(郞官)에 임명된 어떤 사람과 함께 그를 배알하러 우승의 저택으로 갔더니, 우승은 배덕융과 함께 간 사람을 먼저 들어오게 하여 만났다. 한참 동안 조용히 있다가 그 사람이 아뢰었다.

"저는 새로 임명된 배둔전원외랑과 함께 우승 나으리를 삼가 기다렸는데, 지금 배원외가 문밖에서 오랫동안 기다리고 있습니다."

그러자 노간구는 급히 사자를 보내 배덕융에게 말을 전하게 했다.

"원외는 누구 밑에서 급제했소? 공교롭게도 일이 있어서 만나볼 수 없겠소."

배덕융은 경황없이 허둥대며 먼저 들어갔던 사람의 말을 타고 문을 나와 가버렸다. (『노씨잡설』)

裴德融諱皐, 値高鍇知擧, 入試, 主司曰: "伊諱皐, 某某(明鈔本'某'作'向', 許本'某'作'某')下就試, 與及第, 困一生事." 後除屯田員外郎, 時('時'原作'將', 據明鈔本改)盧簡求爲右丞. 裴與除郎官一人同參, 到宅, 右丞先屈前一人入. 從容多時, 前人啓云: "某與新除屯田裴員外, 同祗候右丞, 裴員外在門外多時." 盧遽使驅使官傳語曰: "員外是何人下及第? 偶有事, 不得奉見." 裴倉遑失錯, 騎前人馬出門去. (出『盧氏雜說』)

181·17(1923)
배사겸(裴思謙)

고개(高鍇)가 처음 주고관(主考官)이 되었을 때, 배사겸이 구사량(仇士良)에게 청탁하여 장원을 요구했다. 그래서 고개가 대청에서 배사겸을 질책했더니, 그는 주위를 둘러보면서 큰소리로 말했다.

"내년 입춘(立春)에 장원을 차지하겠으니 두고 보십시오."

고개는 다음해에도 지공거를 맡게 되자, 휘하 관원들에게 배사겸의 서찰을 받지 말라고 경계시켰다. 배사겸은 구사량의 서찰 한 통을 품고

공원(貢院: 과거 시험장)에 들어오더니, 잠시 후 자줏빛 옷으로 갈아입고 나서 계단 아래로 성큼성큼 걸어와 고개에게 아뢰었다.

"여기에 수재(秀才) 배사겸을 추천한다는 군용(軍容: 觀軍容使. 唐代에 임시로 설치한 軍職으로 권세 있는 宦官이 맡았음. 당시 仇士良은 北寺[內侍省]의 中尉로서 觀軍容使를 맡았음)의 서찰이 있습니다."

고개는 하는 수 없이 그 서찰을 받았는데, 서찰의 내용은 배사겸을 장원으로 선발하라는 것이었다. 고개가 말했다.

"장원은 이미 정해진 사람이 있으니 바꿀 수 없고, 그 밖의 사람에 대해서는 군용의 뜻에 따를 수 있소."

배사겸이 말했다.

"하관(下官)이 면전에서 군용의 지시를 받았는데, 배수재가 장원이 아니면 시랑(侍郞: 高鍇)께 급제자 명단을 발표하지 못하도록 청하시겠답니다."

고개는 고개를 숙인 채 한참 동안 있다가 말했다.

"그렇다면 대충이나마 배학사(裴學士: 裴思謙)를 만나봐야겠소."

배사겸이 말했다.

"하관이 바로 그 사람입니다."

배사겸은 인물이 위풍당당했기 때문에 고개는 그를 만나본 뒤 태도를 바꾸고 하는 수 없이 결국 그의 요구를 들어주었다. (『척언』)

高鍇第一牓, 裴思謙以仇士良關節取狀頭. 鍇庭譴之, 思謙廻顧厲聲曰: "明年打春取狀頭." 第二年, 鍇知擧, 誡門下不得受書題. 思謙自懷士良一緘入貢院, 旣而易以紫衣, 趨至墀下, 白鍇曰: "軍容有狀, 薦裴思謙秀才." 鍇不得已, 遂接之,書中與思謙求覘我. 錯曰: "狀元已有人, 此外可副軍容詣." 思謙曰: "卑吏面奉軍容處分, 裴秀才非狀元, 請侍郞不放." 錯俛首良久曰: "然則略要見裴學士." 思謙曰: "卑吏便是." 思謙人物堂堂, 錯見之改容, 不得已, 遂從之. (出『摭言』)

131·18(1924)
이 굉(李 肱)

[당나라] 개성(開成) 원년(836) 가을에 고개(高鍇)가 다시 공적(貢籍: 과거시험)을 주관하게 되었을 때, 황상(皇上)이 말했다.

"대저 종실(宗室)의 자제는 나라의 근간으로 그 뿌리가 대대로 이어져야 하니, 합당한 봉작(封爵)을 내려주어 [가문이] 단절되지 않도록 해야 할 것이오. 그러나 오랫동안 종정시(宗正寺: 皇族에 관한 일을 전담하는 官署)에서 선발하여 보낸 사람은 아무래도 경박하여 과거(科擧)의 명예를 욕되게 한 것 같소. 경은 재예(才藝)에 뛰어난 사람을 정선하되 어진 인물의 벼슬길을 막아서는 아니 될 것이오. 고부(考賦)의 경우는 정해진 규범을 준수하고, 고시(考詩)의 경우는 제량(齊梁)의 격식에 의거하도록 하시오."

그래서 고개는 「금슬합주(琴瑟合奏)」를 부제(賦題)로 내고 「예상우의곡(霓裳羽衣曲)」을 시제(詩題)로 냈다. 주사(主司: 主考官 高鍇를 말함)가 먼저 5명의 시를 뽑아서 황상께 바쳤는데, 그 중에서 가장 훌륭한 사람은 이굉이었고 다음은 왕수(王收)였다. 이굉은 해가 질 무렵에 부를 제출했는데, 그건 바로 『문선(文選)』에 들어 있는 [謝惠連의] 「설부(雪

賦)」와, [謝莊의]「월부(月賦)」에 손색이 없었다. 게다가 이굉은 종실의 자제로서 덕행이 평소에 뛰어나고 인품과 재능이 모두 훌륭하니, 어찌 감히 공정치 못한 마음으로 성교(聖敎)를 저버릴 수 있었겠는가? 그래서 고개는 이굉을 장원으로 급제시켰다. 이굉이 지은「예상우의곡」시는 다음과 같다.

개원연간(開元年間: 713~741)의 태평성대에,
만방의 나라들이 그 풍성한 시대를 축하했네.
이원(梨園: 唐 玄宗 때 궁중 歌舞藝人을 교습시키기 위하여 설치한 곳)에선 옛 악곡 바쳤지만,
옥좌(玉座)에선 새로 지은 노래 흘렀네[唐 玄宗이 月宮의 음악을 모방하여「예상우의곡」을 지은 것을 말함].
봉관(鳳管: 피리)이 번갈아 어울려 연주하니,
하의(霞衣: 仙女의 옷) 자락 가지런히 끌리었네.
잔치 끝난 수전(水殿: 천자의 화려한 배)은 텅 비었지만,
수레엔 봄 풀 향기 넘쳤네.
봉호(蓬壺: 蓬萊山. 蓬萊宮에 설치했던 梨園을 말함)의 일은 이미 오래 되었지만,
선악(仙樂:「예상우의곡」을 말함)의 공덕은 바뀜이 없네.
누가 그 여음(餘音)을 듣는가?
이를 이을 지음(知音)은 바로 성명(聖明)하신 천자시라네.

황상은 이굉의 시를 읽어보고 말했다.

"가까운 친족 중에서 이굉 같은 사람이야말로 과거(科擧)에 욕됨이 없도다! 그는 유안(劉安: 漢代 淮南王으로『淮南子』를 지음)과 같은 식견을 지녔으니 책을 짓게 할 만하고, 마부(馬孚: 晉代 司馬孚를 말함. 司馬懿의 아들로 立身行道함)와 같은 바름을 지키고 있으니 그를 위한 전(傳)을 지을 만하다. 진영(秦嬴: 秦始皇)은 천하를 통일했지만 자손들이

필부(匹夫)와 같아서 근본이 튼튼하지 못했으니, 조경(曹冏: 三國時代 魏나라 사람으로 齊王 曹芳의 族祖. 어린 曹芳이 즉위한 뒤 司馬氏가 정권을 전횡하자,「六代論」을 지어 曹爽을 깨우치고자 했음)이 어찌 비판하지 않았겠는가?"

(『운계우의』)

開成元年秋, 高鍇復司貢籍, 上曰: "夫宗子維城, 本枝百代, 封爵使宜, 無令廢絶. 常年宗正寺解送人, 恐有浮薄, 以忝科名. 在卿精揀藝能, 勿妨賢路. 其所試賦, 則准常規, 詩則依齊梁體格." 乃試「琴瑟合奏」賦·「霓裳羽衣曲」詩. 主司先進五人詩, 其最佳者李肱, 次則王收. 日斜見賦, 則『文選』中「雪」·「月賦」也. 況肱宗室, 德行素明, 人才俱美, 敢不公心, 以辜聖敎? 乃以牓元及第.「霓裳羽衣曲」詩, 李肱云: "開元太平時, 萬國賀豐歲. 梨園獻舊曲, 玉座流新製. 鳳管遞參差, 霞衣紛搖曳. 醮罷水殿空, 輦餘春草細. 蓬壺事已久, 仙樂功無替. 詎肯聽遺音? 聖明知善繼." 上覽之曰: "近屬如肱者, 其不忝乎! 有劉安之識, 可令著書, 執馬孚之正, 可以爲傳. 秦('秦'原作'奏', 據『雲溪友議』改)嬴統天下, 子弟同匹夫, 根本之不深固, 曹冏曷不非也?" (出『雲溪友議』)

181·19(1925)
소경윤(蘇景胤)·장원부(張元夫)
[원문에는 蘇景胤의 '胤'자가 빠져 있음]

[당나라] 태화연간(太和[大和]年間: 827~835)에 소경윤과 장원부는

한림원(翰林院)의 우두머리가 되었으며, 양여사(楊汝士)와 그의 동생 양우경(楊虞卿)·양한공(楊漢公)은 특히 문단의 모범으로 뛰어났다. 그래서 후진(後進)들은 서로 이렇게 말했다.

"과장(科場)에 들어가려면 먼저 소경윤과 장원부에게 물어보아야 한다. 그러나 소경윤과 장원부가 좋다고 하더라도 삼양(三楊: 楊汝士·楊虞卿·楊漢公)이 우릴 죽일 수 있다."

대중(大中: 847~859)·함통(咸通: 860~873) 연간에 널리 알려진 이야기가 있는데, 상공(相公) 최신(崔愼)이 한번은 친구에게 서찰을 보내면서 이렇게 말했다는 것이다.

"왕응(王凝)·배찬(裴瓚)과 내 동생 최안잠(崔安潛)은 조정에서는 그들의 자(字)를 부르는 친구가 없고 대청에는 신발을 벗고 올라온 손님이 없네."

결국 왕응은 선성태수(宣城太守)가 되었고, 배찬은 예부상서(禮部尙書)가 되었으며, 최안잠은 시중(侍中)이 되었다.

태평현(太平縣)의 왕숭(王崇)과 두현(竇賢) 두 집안은 모두 과거 응시자를 추천하는 일로 명성을 얻었는데, 그것으로 후진들을 출세시키거나 몰락시킬 수 있었다. 그래서 과거 응시자들은 서로 이렇게 말했다.

"왕숭과 두현을 만나보지 못했다면 과장에 가봤자 헛수고다."

(『척언』)

나중에 동갑(東甲)과 서갑(西甲)이 있어서 동갑이 서갑을 '망망대(茫茫隊)'라고 불렀는데, 그것은 아무런 재예(才藝)가 없다는 말이다. (『노씨잡설』)

개성(開成: 836~840)·회창(會昌: 841~846) 연간에 또 이런 말이 있

었다.

"정(鄭)·양(楊)·단(段)·설(薛)은 손을 델 만큼 뜨거운데[권세가 대단하다는 뜻], 또한 [이들에게 빌붙는] 경박한 무리들 중에는 사람을 경멸하는 자가 많다."

그래서 배필(裴泌)은 과거에 응시했을 때, 「미인부(美人賦)」를 지어 그들을 꼬집었다. 또한 대갑(大甲)과 소갑(小甲), 왕사갑(汪巳甲), 사자(四字) 등이 있었는데, 이는 그들의 가문이 전통 있고 빛남을 말하는 것이다. 또한 사흉갑(四凶甲)과 방림십철(芳林十哲)이 있었는데, 이는 그들이 조정의 대신들과 교유하고 있음을 말하는 것이다. 또한 유엽(劉曄)·임식(任息)·강게(姜垍)·이암사(李巖士)·채연(蔡鋋)·진도옥(秦韜玉)과 같은 무리가 있었는데, 그 중에서 채연과 이암사는 각각 군대를 거느리고 과장에서 시제(試題)를 풀면서 장원을 요구했기에, 당시 사람들은 그들을 '대군해두(對軍解頭: 解頭는 鄕試에서 일등으로 급제한 자로서 解元이라고도 함)'라고 불렀다. 또한 태화연간의 두의(杜顗)·두순(竇紃)·소해(蕭㻅)는 당시에 명성이 매우 높아 나중에 문단의 영수가 되었다. 문종(文宗)이 일찍이 진사들의 성대함에 대해 얘기하자, 당시 재상이 대답했다.

"과장에서는 예전부터 '향공진사(鄕貢進士: 지방장관의 선발·추천을 받고 京試에서 진사과에 합격한 사람)는 상주자사(上州刺史)에 못지 않다'는 말이 나돌고 있사옵니다."

문종은 그저 웃으면서 말했다.

"그래도 어찌 하겠소!"

(『노씨잡설』)

太和中, 蘇景胤·張元夫, 爲翰林('林'字原闕, 據明鈔本補)主人, 楊汝士與弟虞卿及弟漢公, 尤('尤'原作'先', 據明鈔本改)爲文林表式('式'原作'試', 據明鈔本改). 故後進相謂曰: "欲入擧場, 先問蘇·張. 蘇·張猶可, 三楊殺我."

大中·咸通中, 盛傳崔愼(明鈔本'愼'下有'由'字)相公常寓尺題於知聞, 或曰: "王凝·裴瓚·舍弟安潛, 朝中無呼字知聞, 廳裏絶脫靴賓客." 凝終宣城, 瓚禮部尙書, 安潛侍中.

太平王崇·寶賢二家, 率以科目爲資, 足以升沉後進. 故科目擧人相謂曰: "未見王·寶, 徒勞謾走." (出『摭言』)

後有東·西二甲, 東呼西爲'茫茫隊', 言其無藝也. (出『盧氏雜說』)

開成·會昌中, 又曰: "鄭·楊·段·薛, 炙手可熱, 又有薄徒, 多輕侮人." 故裴泌應擧, 行「美人賦」以譏之. 又有大·小二甲, 又有汪巴甲, 又有四字, 言深耀軒庭也. 又有四凶甲, 又芳林十哲, 言其與內臣交遊. 若劉曄·任息·姜垍·李巖士·蔡鋌·秦韜玉之徒, 鋌與巖士, 各將兩軍書題, 求狀元, 時謂之'對軍解頭'. 太和中, 又有杜顗·竇紃·蕭嶰, 極有時稱, 爲後來領袖. 文宗曾言進士之盛, 時宰相對曰: "擧場中自云: '鄕貢進士, 不博上州刺史.'" 上笑之曰: "亦無奈何!" (出『盧氏雜說』)

태평광기 권제182 공거5

1. 최 려(崔 蠡)
2. 노 조(盧 肇)
3. 정 릉(丁 稜)
4. 고 비 웅(顧 非 熊)
5. 이 덕 유(李 德 裕)
6. 장 분(張 濆)
7. 선 종(宣 宗)
8. 노 악(盧 渥)
9. 유 태(劉 蛻)
10. 묘태부(苗 台 符)·장독(張 讀)
11. 허 도 민(許 道 敏)
12. 최 은 몽(崔 殷 夢)
13. 안 표(顏 標)
14. 온 정 균(溫 庭 筠)
15. 노 단(盧 彖)
16. 옹 언 추(翁 彦 樞)
17. 유 허 백(劉 虛 白)
18. 봉 정 경(封 定 卿)
19. 풍 조(馮 藻)
20. 조 종(趙 琮)

182 · 1(1926)
최 려(崔 蠡)

 당(唐)나라 최려가 지제고(知制誥: 조서의 초안을 담당하는 관리)로 있을 때 모친상을 당해 동도(東都: 洛陽) 거리에 있는 집에 머무르고 있었다. 당시는 청렴과 검소를 숭상하던 터라 사방에서 보내온 부조는 모두 차와 약이었으며 돈이나 비단은 보내지 않았다. 그래서 조정 대신의 집이라고 해서 가난한 사람들의 집과 다르지 않았으며, 그들이 아끼는 미녀나 아들이라 하더라도 가볍고 따뜻한 옷을 입지 못했다. 최공(崔公: 崔蠡)이 모친의 하관 날짜를 점치던 어느 날, 집안의 한 선비가 최려를 알현하기를 청하자 문지기가 이를 거절하며 말했다.
 "공께서는 상을 당하신 이래 다른 손님들은 맞이하시지 않고 계십니다."
 그러자 그 선비가 말했다.
 "나는 최씨 문중 사람으로, 공의 모친의 하관 날이 멀지 않았다는 것을 알고 있기에 이렇게 공을 한번 찾아뵈러 왔습니다."
 최공은 그 말을 듣고 그 선비를 안으로 모셔 이야기를 나누었다. 그러자 그 사람은 직접 대 놓고 이렇게 말했다.
 "신은 공이 사대부로 계시는 동안 청빈하고 검소하게 지내신 것을 알고 있으나, 태부인(太夫人)의 장례에 필요한 것을 마련하려면 돈이 들지 않을 수 없을 것입니다. 저는 부인의 손자이자 공의 조카뻘이고, 또한 집안에 돈도 다소 넉넉하게 있는 편이니, 공께서 상을 치를 수 있도록 돈 300만냥을 드리고자 합니다."

최려는 그의 호방한 모습을 보고 매우 뛰어나다고 생각했지만, 그 뜻만을 가상히 여긴 채 끝내 물리치고 받지 않았다. 이 사람은 오랫동안 과시에 급제하지 못했으나 그래도 그 명성이 자못 높은 편이었다. 최려는 얼마 지나지 않아 상이 끝나자 상서우승(尙書右丞)에 임명된 뒤 예부(禮部)에서 지공거(知貢擧) 일을 맡아보았다. 이 사람이 과시를 보자 최려는 그를 장원으로 뽑았다. 그러자 사람들은 자못 놀라면서도 최려가 주고관(主考官: 知貢擧)을 맡아 공정하게 선비를 뽑았다고 생각했다. 최 아무개의 기예로 미루어 볼 때 아무리 값을 잘 쳐줘 합격시킨다해도 급제시켜 주는 것으로 족할 뿐 장원 급제까지 할 인재는 아니었다. 그리하여 어떤 사람이 최려에게 그 이유를 캐묻자, 최려는 다음과 같이 대답했다.

"최 아무개는 진실로 급제할 만한 사람이고, 그 장원급제는 내 개인적인 은혜에서 나온 것이오."

이에 최려는 이전의 일을 모두 말해주었다. 이로부터 조정의 안팎에서 모두 그에게 탄복했으며 그 명성도 점점 더 높아졌다. (『지전록』)

唐崔蠡知制誥日, 丁太夫人憂, 居東都里第. 時尙淸苦儉嗇, 四方寄遺, 茶藥而已, 不納金帛. 故朝賢家不異寒素, 雖名姬愛子, 服無輕細. 崔公卜兆有期, 居一日, 宗門士人有謁請於蠡者, 閽吏拒之, 告曰: "公居喪, 未嘗見他客." 乃曰: "某崔家宗門子弟, 又知尊夫人有卜遠之日, 願一見公." 公聞之, 延入與語. 直云: "知公居縉紳間, 淸且約, 太夫人喪事所須, 不能無費. 某以辱孫姪之行, 又且貲用稍給, 願以錢三百萬濟公大事." 蠡見其慷慨. 深奇之, 但嘉納其意, 終却而不受.

此人調擧久不第, 亦頗有屈聲. 蠡未幾服闋, 拜尙書右丞, 知禮部貢擧. 此人就試, 蠡第之爲狀元. 衆頗驚異, 謂蠡之主文, 以公道取士. 崔之獻藝, 由善價成名, 一第則可矣, 首冠未爲得. 以是人有詰於蠡者, 答曰:"崔某固是及第人, 但狀頭是某私恩所致耳." 具以前事告之. 於是中外始服, 名盆重焉. (出『芝田錄』)

182 · 2(1927)
노 조(盧 肇)

이덕유(李德裕)는 [재상으로 있을 때] 경박한 사람들을 물리치고 집안이 한미(寒微)한 선비들을 장려하고 선발했으며 또한 당시의 조정 대신이나 붕당들을 물리쳤다. 그리하여 조정대신이나 붕당들은 이덕유에게 원한을 품고 그와의 왕래를 끊었기에 이덕유의 문하에는 빈객이라곤 없었고 그저 진사 노조만이 있을 뿐이었다. 노조는 의춘(宜春) 사람으로 훌륭한 재주를 가지고 있었다. 이덕유가 일찍이 의양(宜陽) 땅에 유배되어 있을 때 노조가 그에게 문장을 투권(投卷)한 일이 있어 그의 재능을 알게 되었다. 후에 노조는 과거에 응시하기 위해 도성으로 왔는데, 그가 매번 이덕유를 알현할 때마다 이덕유는 두터운 예로서 그를 맞이했다. 이전의 관례에 따르면 예부(禮部)에서 과거 급제자의 명단을 내붙일 때 미리 그것을 재상에게 올렸다. 회창(會昌) 3년(843) 왕기(王起: 唐나라 때의 揚州사람으로, 字는 擧之였음)가 지공거(知貢擧: 主考官)가 되었을 때 이덕유에게 그 하고싶은 바를 물었더니 이덕유가 이렇게 대답했다.
"어찌하여 제가 하고 싶은 바를 물으십니까? 노조・정릉(丁稜)・요곡

(姚鵠) 같은 이들을 설마 낙방시키시지는 않으시겠지요?"

그리하여 왕기는 이 순서에 따라 방을 내걸었다. (『옥천자』)

李德裕抑退浮薄, 獎拔孤寒, 於時朝貴朋黨, 德裕破之. 由是結怨, 而絶於附會, 門無賓客, 唯進士盧肇. 宜春人, 有奇才. 德裕嘗左宦宜陽, 肇投以文卷, 由此見知. 後隨計京師, 每謁見, 待以優禮. 舊例, 禮部放榜, 先呈宰相. 會昌三年, 王起知擧, 問德裕所欲, 答曰: "安用問所欲爲? 如盧肇·丁稜·姚鵠, 豈可不與及第邪?" 起於是依其次而放. (出『玉泉子』)

182 · 3(1928)
정 릉(丁 稜)

노조(盧肇)와 정릉이 과거에 급제했다. 이전에 보면 과거 급제자의 이름을 적은 방이 내 걸린 뒤에 [급제자들은] 반드시 재상을 알현해야 했는데, 나서서 인사말을 하는 사람은 장원급제한 사람으로 그 예의절차를 특히 빈틈없이 행해야 했다. 그런데 당시 장원급제 한 노조는 일이 있어 아직 도착하지 않은 상태였다. 그리하여 차석인 정릉이 그 예를 행해야 했다. 정릉은 말을 더듬었고 또한 모습도 왜소하고 볼품이 없었는데, 안으로 불려 들어가서 재상을 알현하게 되자 곧 바로 머리를 조아리고 인사말을 했다. 정릉은 본래 '정릉 등이 과거에 급제했습니다 [稜等登科]'라고 말하려 했으나, 얼굴이 벌겋게 달아 오른 채 땀을 뻘뻘 흘리며 한참동안 몸을 구부리고 서 있다가 이렇게 말했다.

"정릉 등이 올랐습니다[稜等登]. 정릉 등이 올랐습니다[稜等登]."

정릉이 결국 그 뒷말을 잇지 못하고 그만 두자 좌우의 대신들이 크게 웃었다. 이튿날 어떤 사람이 그에게 농을 걸며 말했다.

"그대가 쟁(箏)을 잘 탄다고 하던데 어떻게 들어볼 수 있겠는가?"

정릉이 말했다.

"나는 쟁을 잘 타지 못하오."

그러자 친구가 말했다.

"어제 릉등등, 릉등등 하고 연주하던 소리가 들리던데, 그것이 바로 쟁을 타던 소리가 아니었는가?"

(『옥천자』)

盧肇・丁稜之及第也. 先是放牓訖, 則須謁宰相, 其導啓詞語, 一出牓元者, 俯仰疾徐, 尤宜精審. 時肇首冠, 有故不至. 次乃稜也, 稜口吃, 又形體小陋, 迨引見, 卽俛而致詞. 意本言稜等登科, 而稜頳然發汗, 鞠躬移時, 乃曰: "稜等登, 稜等登." 竟不能發其後語而罷, 左右皆笑. 翌日, 有人戲之曰: "聞君善箏, 可得聞乎?" 稜曰: "無之." 友人曰: "昨日聞稜等登, 稜等登, 非箏聲邪?" (出『玉泉子』)

182 · 4(1929)
고비웅(顧非熊)

고비웅은 고황(顧況)의 아들로 재치가 있고 말재주는 좋았지만, 권문세가의 자제들을 능멸했기에 사람들의 분노를 쌓았다. 그리하여 고비웅은 사람들에게 배척 당해 30년 동안 과거 시험을 보게 되었지만, 그의 명성만은 사람들의 귀에 자자했다. 회창연간(會昌年間: 841~846)에 진상(陳商)이 [主考官이 되어] 과거 급제자 이름이 적힌 방을 내걸었을 때 [武宗] 황제는 고비웅의 이름이 없는 것을 괴이하게 생각하여 담당관리를 불러 방을 거두어들인 뒤 다시 급제의 방을 내걸었다. 당시 천하의 한미(寒微)한 가문의 진사들은 모두 이로서 스스로를 격려했다. 시인 유득인(劉得仁)은 다음과 같은 축하 시를 보내왔다.

제가 어린 시절에,
이미 당신의 시를 이해하고 읊었습니다.
만년에 과거에 급제했으니,
모름지기 성명(聖明)한 군주를 만나게 될 것입니다.

(『척언』)

顧非熊, 況之子, 滑稽好辯, 凌轢氣焰子弟, 爲衆所怒. 非熊旣爲所排, 在擧場垂三十年, 屈聲聒人耳. 會昌中, 陳商放牓, 上怪無非熊名, 召有司追牓, 放及第. 時天下寒進, 皆知勸矣. 詩人劉得仁賀詩曰: "愚爲童稚時, 已解念君詩. 及得高科晚, 須逢聖主知." (出『摭言』)

182·5(1930)
이덕유(李德裕)

이덕유는 자신이 과거 출신이 아니었기 때문에 늘 진사과 출신의 선비들을 미워했다. 그래서 이덕유가 재상의 자리에 올랐을 때 고위관직의 관료들은 자신들의 자제들을 단속시켰다. 일찍이 이덕유가 번부종사(藩府從事: 諸王이나 藩鎭 官府의 屬官)의 종사로 있을 때 굉사과(宏詞科) 출신의 이평사(李評事)가 때마침 이덕유와 같은 관부에서 근무했다. 당시 한 선비가 자신의 글을 투권(投卷)했는데, 잘못하여 이덕유에게 보냈다. 그 선비는 자신의 글이 잘못 전달된 것을 알고 이덕유에게 다시 이렇게 아뢰었다.

"제 글은 과거 급제 출신 이평사에게 보낸 것이지, 공에게 보낸 것이 아니었습니다."

이로부터 이덕유는 진사 출신의 사람들을 배척하는데 뜻을 두었다. (『옥천자』)

李德裕以己非由科第, 恒嫉進士擧者. 及居相位, 貴要束子. 德裕嘗爲藩府從事日, 同院李評事以詞科進, 適與德裕官同. 時有擧子投文軸, 誤與德裕. 擧子旣誤, 復請之曰: "某文軸當與及第李評事, 非與公也." 由是德裕志在挑斥. (出『玉泉子』)

182·6(1931)
장 분(張 濆)

장분은 회창(會昌) 5년(845) 진상(陳商)이 주고관(主考官)으로 있을 때 장원급제했으나, 한림원(翰林院)에서 결과를 뒤집어 장분 등 여덟 사람을 낙방시켰다. 그러자 조위남(趙胃南)은 장분에게 다음과 같은 시를 보냈다.

　　춘풍(春風: 春卿. 즉 禮部의 長官을 비유함)을 향해 술잔 들고 하소연
　하지 마시오,
　　적선(謫仙: 李白)은 진실로 선재(仙才)였다네.
　　그는 세상을 위한 상서로운 빛 되고도 남았으나,
　　일찍이 봉래산(蓬萊山) 정상까지 온 적 있다네.

(『척언』)

　　張濆會昌五年陳商下狀元及第, 翰林覆, 落濆等八人. 趙胃南貽濆詩曰: "莫向春風訴酒杯, 謫仙眞箇是仙才. 猶堪與世爲祥瑞, 曾到蓬山頂上來." (出『摭言』)

182·7(1932)
선　종(宣　宗)

　　선종은 진사과 급제 출신들을 매우 좋아해서 매번 조정의 신하들에게 급제 했느냐고 물었는데, 그 가운데 무슨 과 출신이라고 대답하는 사람이 있으면 크게 기뻐하고 바로 시부(詩賦)의 제목과 담당 주고관(主考官)의 성명을 물어보았다. 간혹 뛰어난 인물 중 우연히 급제하지 못한 자가 있으면 선종은 한참동안 안타까워했다. 선종은 내전에 스스로 '향공진사(鄕貢進士: 鄕貢은 지방관의 추천을 거쳐 名帖에 이름을 기록하는 것을 가리키며, 鄕貢으로 京試에서 진사과에 합격한 사람을 鄕貢進士라 함) 이도룡(李道龍)'이라고 적어 놓아두곤 했다.

(『노씨잡설』)

宣宗酷好進士及第, 每對朝臣問及第, 苟有科名對者, 必大喜, 便問所試詩賦題目, 拜主司姓名. 或有人物稍好者, 偶不中第, 嘆惜移時. 常於內自題"鄕貢進士李道龍". (出『盧氏雜說』)

182 · 8(1933)
노 악(盧 渥)

당(唐)나라 섬주렴사(陝州廉使: 廉使는 廉察使를 가리킴) 노악은 과거장에서 자못 그 명성을 날렸다. 한번은 그가 산수(滻水)의 한 객사에서 머물고 있을 때 우연히 미행 나온 선종황제(宣宗皇帝)를 만났다. 노악은 선종을 귀인(貴人)이라 생각하고 옷매무새를 가다듬으며 그를 피했으나, 선종황제가 도리어 그에게 읍하고 만났기에 노악은 자칭 진사(進士) 노악이라고 말했다. 선종황제는 노악에게 시권(詩卷)을 달라고 해 소매 속에 넣고는 그대로 노새를 타고 떠나갔다. 다른 날 선종황제는 재상에게 노악에 대해 이야기하면서 주고관(主考官)에게 그를 뽑아 급제시키라고 했다. 노악은 [이전에 자신이 만났던 사람이 선종황제임을 알고 난 뒤] 마음이 편치 않았으며 또한 자신이 진사라며 신분을 속였기에 화가 따르지나 않을까 두려웠다. 재상이 노악에게 물었다.

"그대는 주상과 어떤 인연이 있는가?"

노악이 그 이유를 구체적으로 말해주었다. 당시 사람들은 그것을 욕되게 생각하지 않았는데, 이는 아마도 그의 능력으로 보아 그럴만 하다고 생각했기 때문이었다. 후에 노악은 염찰사(廉察使)로 있다가 조정에 불려 들어가 지공거(知貢擧)가 되어 과거를 주관하게 되었는데, 황건적이 궁궐을 침범하는 바람에 종장(終場: 옛날에 과거를 여러 차례 나누어 치렀는데, 그 마지막 시험을 終場이라 했음)을 주관하지 못하게 되었다. 그러자 대부(大夫) 조숭(趙崇)이 농담 삼아 이렇게 말했다.

"나 놓기만 하고 키워내지 못한 주고관(主考官)이구먼!"

그런데 노씨 집안에서는 일찍이 주고관이 나오지 않았기 때문에 재상 노휴(盧攜)는 이를 부끄럽게 생각하여 노악을 주고관으로 뽑았으나, 결국 그 뜻을 이루지 못했다. (『북몽쇄언』)

唐陝州廉使盧渥, 在擧場甚有時稱. 曾於滻水逆旅, 遇宣宗皇帝微行. 意其貴人, 斂身廻避, 帝揖與相見, 乃自稱進士盧渥. 帝請詩卷, 袖之, 乘驃而去. 他日對宰臣, 語及盧渥, 令主司擢第. 渥不自安, 恐僭冒之辱. 宰相問渥: "與主上有何階緣?" 渥乃具陳因由. 時亦不以爲忝, 蓋事業亦得之矣. 渥後自廉察入朝, 知擧, 遇黃寇犯闕, 不及終場. 趙崇大夫戲之曰: "出腹不生養主司也." 然盧家未嘗知擧, 盧相攜恥之, 拔爲主文章, 不果也. (出 『北夢瑣言』)

182 · 9(1934)
유 태(劉 蛻)

형남(荊南)의 해비(解比: 지방관의 추천을 받아 京試에 참가하는 것을 말함) 천황(天荒: 과거에 급제하지 못한 인재를 지칭함)이라 불렀다. 대중(大中) 4년(850) 유태는 형남의 부해(府解: 府나 州에서 지방관의 추천을 받아 도성에서 會試를 보는 것을 말함)로서 과거에 급제했다. 그 당시 최현(崔鉉)이 형남을 다스리고 있었는데, 그는 파천황전(破天荒錢) 70만 냥을 유태에게 주어 과거 비용으로 사용하게 했다. 그러자 유태는 다음과 같은 감사의 글을 올렸는데, 그 내용은 대체로 다음과 같다.

 "50년 동안 줄곧 인재가 나지 않았지만, 이젠 제가 천리밖에 있는데 [즉 도성에 있다는 뜻] 어찌 '천황'이라 할 수 있겠습니까?"

(『척언』)

荊南解比號天荒. 大中四年, 劉蛻以是府解及第. 時崔鉉作鎭, 以破天荒錢七十萬資蛻. 蛻謝書略曰: "五十年來, 自是人廢, 一千里外, 豈曰'天荒'?" (出『摭言』)

182 · 10(1935)
묘태부(苗台符) · 장독(張讀)

묘태부는 여섯 살 때 글을 지을 줄 알았으며 비할 데 없이 총명했다. 그는 열 살 남짓 되었을 때 많은 책을 두루 섭렵하고 『황심(皇心)』 30권을 지었으며, 16세 때 때 과거에 급제했다. 장독 역시 어려서부터 능숙하게 사부(詞賦)를 지었으며 나이 18세에 급제했다. 두 사람은 같은 해에 진사과에 급제했으며 또 함께 소사(少師: 少傅·少保와 함께 '三少'로 불리는데, 실권이 없는 이름뿐인 관직임) 정훈(鄭薰)을 도와 나란히 선주(宣州)의 막료가 되었다. 두 사람이 일찍이 서명사(西明寺)의 동쪽 행랑채에 나란히 시를 적어 두었는데, 어떤 사람이 몰래 이렇게 주를 달아놓았다.

"한 쌍의 전진사(前進士: 唐代에 이미 과거에 급제한 사람을 일컫는 말)는 둘 다 어린 아이라네."

묘태부는 17세에 [녹봉을 타먹지 못하고] 죽었고, 장독은 그 지위가 예부시랑(禮部侍郞)에까지 이르렀다. (『척언』)

苗台符六歲能屬文, 聰悟無比. 十餘歲博覽群籍, 著『皇心』三十卷, 年十六及第. 張讀亦幼擅詞賦, 年十八及第. 同年進士, 又同佐鄭薰少師宣州幕. 二人常列題於西明寺東廊, 或竊注之曰: "一雙前進士, 兩箇阿孩兒" 台符十七不祿, 讀位至禮部侍郞. (出『摭言』)

182 · 11(1936)
허도민(許道敏)

허도민은 향천(鄕薦: 唐·宋시대에 進士에 응시하기 위해 州縣의 추천을 받는 것을 말함)되자마자 당시 재상의 인정을 받았다. 그 해 겨울 주고관(主考官)은 장차 공원(貢院: 과거 시험장)으로 들어가 일을 보기에 앞서 먼저 재상을 알현했다. 주고관을 만난 재상은 허도민의 탁월한 학문을 크게 칭찬하면서 마땅히 공정하게 그를 선발해야 한다고 했다. 주고관은 재상의 명을 받고 물러났다. 허도민은 은밀히 그 사실을 알고 더욱 더 열심히 학문을 연마하면서 시험날짜를 기다렸다. 시험날짜가 다가오자 허도민의 명성은 사람들의 입에 크게 오르내렸다. 얼마 지나지 않아 원외랑(員外郎) 장희복(張希復)이 승상 기장공(奇章公: 牛弘)의 딸과 결혼하게 되었다. 장희복은 신부를 맞이하던 날 저녁에 허도민을 빈상(儐相)으로 초빙했다. 허도민은 즐거운 기분에 내키는 대로 술을 마시고는 일필휘지로 문장을 지어내고 큰 소리로 이야기하며 즐겁게 잔치를 끝냈다. 그로부터 얼마 지나지 않아 재상은 올린 상주문이 황제의 뜻에 부합하지 않는 바람에 그는 다른 곳의 지방관으로 전임되었다. 사람들은 예상치 못한 일이 일어날 까 걱정했고, 주고관도 감히 그가 정해준 순서대로 사람들을 급제시킬 수 없었다. 이로부터 허도민은 앞날이 어두워졌고 뜻을 얻지 못해 더 이상 분발할 수 없었으며, 이어서 부친상을 당하는 등 이십 년 동안 자신의 뜻대로 되는 일이 없었다. 그러다 허도민은 대중(大中) 6년(852) 최여(崔璵)가 지공거(知貢擧)가 되었을 때 비로소 상과(上科: 진사과에 장원으로 급제하는 것을 가리킴)에 뽑혔다. 당시에 허도민과 함께 한번만에 과거에 급제한 19세 된 장독(張讀)이라는 선비가 있었는데, 그는 다름 아닌 허도민이 거의 성공하려는 순간에 실패했던 그 해 겨울, 즉 자신이 빈상으로 초청되어 갔던 장희복 집안의 아들로, 바로 우부인(牛夫人: 奇章公 牛弘의 딸)의 소생이었다. (『당궐사』)

許道敏隨鄕薦之初, 獲知於時相. 是冬, 主文者將蒞事於貢院, 謁於相門. 相大稱其卓苦藝學, 宜在公選. 主文受命而去. 許潛知其旨, 則磨礪以須. 屈指試期, 大掛人口. 俄有張希復員外結婚於丞相奇章公之門. 親迎之夕, 辟道敏爲儐. 道敏乘其喜氣, 縱酒飛章, 搖珮高譚, 極歡而罷. 無何, 時相敷奏不稱旨, 移秩他郡. 人情恐異, 主文不敢第於甲乙. 自此晦昧土臬坎, 不復振擧, 繼丁家故, 乖二十載. 至大中六年崔瑰知擧, 方擺於上科. 時有同年張讀一擧成事, 年十有九, 乃道敏敗於垂成之冬, 儐尊張希復之子, 牛夫人所生也. (出『唐闕史』)

182 · 12(1937)
최은몽(崔殷夢)

최은몽은 종실 이요(李瑤)의 문하생이자 이문절도사(夷門節度使: 夷門은 大梁으로 곧 開封을 말함) 최귀종(崔龜從)의 아들이다. 최은몽과 같은 해 장원급제한 오양(於瓖)이 이요에게 말했다.

"무릇 사내대장부들이란 자신의 일생을 꾸미는 것을 훌륭하다고 여겨야지, 다른 어떤 것도 이에 비할 수 없습니다. 최근 몇 년 동안의 관시(關試: 과거에 급제한 사람이 다시 吏部의 南曹에 나아가 보는 시험으로, 이 시험에 합격해야 관리가 될 수 있었음)에서 대부분의 사람들은 거짓으로 명성을 얻어 다른 곳으로 가 벼슬할 것을 청하는데, 이는 매우 옳지 못한 일입니다. 지금 시랑(侍郎)께 바라건대 그러한 전철을 따라서는 안될 것입니다."

이요는 그의 말이 정말로 옳다고 생각했다.

하루는 오양 등이 과거 동기생들을 이끌고 이요를 찾아와 안부를 묻고 자리에 앉았는데, 이요가 웃으면서 오양 등에게 말했다.

"어제 대량 상공(大梁相公: 崔龜從)의 글을 받았는데, 장차 최선배(崔

先輩: 先輩는 과거에 급제한 사람들끼리 서로를 존중하여 부르던 호칭으로, 여기서는 崔殷夢을 가리킴)께서 한번 오기를 청하오. 준마와 마부는 이미 준비되어 있으니, 가고 오는데 마땅히 지체해서는 아니 될 것이오. 여러 선배들께서는 이에 유의하시오."

오양은 좌주(坐主: 座主로, 과거를 관장하는 관리 곧 主考官을 말함)의 명이라 어떻게 할 수 없었다. (『옥천자』)

崔殷夢, 宗人瑤門生也, 夷門節度使龜從之子. 同年首冠於壤(明鈔本'壤'作'瓊', 下同), 壤白瑤曰: "夫一名男子, 飾身世以爲美, 他不可以等圬也. 近歲關試內, 多以假爲名, 求適他處, 甚無謂也. 今乞侍郎, 不可循其舊轍." 瑤大以爲然. 一日, 壤等率集同年詣瑤起居, 旣坐, 瑤笑謂壤等曰: "昨得大梁相公書, 且欲崔先輩一到. 駿馬健僕, 往復當不至稽滯. 幸諸先輩留意." 壤以坐主之命, 無如之何. (出『玉泉子』)

182 · 13(1938)
안 표(顔 標)

시랑(侍郎) 정훈(鄭薰)이 주고관(主考官)을 맡았을 때 거인(擧人) 가운데 안표라는 사람이 있었는데, 정훈은 그를 노공(魯公: 顔眞卿)의 자손이라 잘못 생각했다. 당시는 서방(徐方: 옛날 九州의 하나로, 徐州를 가리킴)이 채 안정되지 않고 어지러울 때라 정훈은 충성을 다해 절개를 높이 세우는 선비를 격려하는데 뜻을 두고 안표를 장원으로 뽑았다. 안표가 인사하러 온 날 정훈이 조용히 그에게 가묘(家廟)를 묻자, 안표가 말했다.

"저는 한문(寒門) 출신이라 일찍이 가묘 같은 것은 없습니다."

정훈은 안표의 말을 들은 뒤 비로소 자신이 착각한 것을 크게 깨닫고는 입을 닫은 채 아무 말도 하지 않았다. 그로부터 얼마 뒤에 정훈은 한 무명자(無名子: 이름을 숨긴 채 誹謗文을 지어내는 자)에게 다음과 같이 조롱당했다.

"주고관께서는 머리가 지나치게 어리석어 안표를 안진경의 후손으로 잘못 보셨네."

(『척언』)

鄭侍郎薰主文, 擧人中有顏摽者, 薰誤謂是魯公之後. 時徐方未寧, 志在激勸忠烈, 卽以摽爲狀元. 及謝恩日, 從容問及廟院, 摽曰: "摽寒進也, 未嘗有廟院." 薰始大悟, 塞默而已. 尋爲無名子所嘲曰: "主司頭腦太冬烘, 錯認顏摽作魯公."
(出『摭言』)

182 · 14(1939)
온정균(溫庭筠)

온정균은 등불 아래서 시의 초고도 잡지 않은 채 그저 늘 두 손을 양소매에 넣고 안석에 기대어 있을 뿐이었다. 그는 시 한 운(韻)을 읊을 때마다 단번에 읊어 내려갔기 때문에 당시 과장에 있던 사람들은 그를

'온팔음(溫八吟)'이라 불렀다. (『척언』)

溫庭筠燈燭下未嘗起草, 但籠袖凭几. 每賦一韻, 一吟而已, 故場中號爲'溫八吟'. (出『摭言』)

182 · 15(1940)
노 단(盧 象)

최항(崔沆)은 과거에 급제하던 해에 형벌을 주관하는 녹사[主罰錄事]에 임명되었다. 과거 동기생 노단은 관연(關讌: 進士 關試 후에 거행하는 잔치)이 다가오자 한사코 휴가를 청하고 낙하(洛下: 洛陽)로 부모님을 찾아뵈러 가겠다고 하더니, 그 후로 한참 동안 돌아오지 않았다. 곡강(曲江)의 정자에서 과거 동기생들이 잔치를 벌이고 있을 때 노단은 장식한 수레에 기생들을 싣고 자신은 미복차림으로 말을 탄 채 그 곁에서 구경하고 있었는데, 갑자기 그 모습이 단사(團司: 唐代에는 新進士가 급제하면 급제 동기생들과 함께 연회를 즐기거나 여러 가지 일들을 규찰하는 기구를 두었는데, 그 일을 책임지던 사람을 지칭함)에게 발견되었다. 그리하여 최항은 대략 다음과 같은 내용의 판문(判文)을 내렸다.

"석모(席帽: 대자리로 뼈대를 만든 털 삿갓 모양의 모자로, 사방이 아래로 쳐져 있어 햇빛을 가리고 얼굴을 가릴 수 있음) 푹 눌러쓰고 전거(氈車: 양탄자로 차양을 친 수레) 몰래 가리고 도성 교외에서 봄 놀이하며 과거 동기생들 얼굴을 외면했다. 앞으로 입신출세하게 되면 다른 날 어떤 마음 품을지 알 수 있도다!"

(『척언』)

崔沆及第年, 爲主罰錄事. 同年盧彖俯近關讌, 堅請假, 往洛下拜慶, 旣而淹緩久之. 及同年讌於曲江亭子, 彖以雕幰載妓, 微服享單鞚, 縱觀於側, 遠爲團司所發. 沆判之, 略曰: "深攬席帽, 密映氈車, 紫陌尋春, 便隔同年之面. 靑雲得路, 可知異日之心!" (出『摭言』)

182・16(1941)
옹언추(翁彥樞)

옹언추는 소주(蘇州)사람으로, 진사 시험에 응시했다. 옹언추와 같은 마을에 살던 한 스님이 있었는데, 그는 옛 상국(相國) 배원(裴垍)의 문하에 드나들었다. 배원은 그 스님이 나이가 많은 것을 생각해서 그를 우대하고 아꼈기에 중문(中門) 안이라 해도 그의 출입을 막을 수 없었다. 스님은 손에 관주(貫珠: 念珠)를 들고 눈을 감고 불경을 염송했는데, 먹고 잘 때 이외에는 일찍이 그 일을 그만 둔 적이 없었다. 배원이 주고관(主考官)이 되어 공원(貢院: 과거시험장)으로 들어갔을 때, 그의 아들 배훈(裴勛)과 배질(裴質)은 날마다 방에서 합격자의 방문(榜文)에 대해서 의논했는데, 스님이 대부분 그 자리에 있었지만 배원의 두 아들은 스님을 별 걱정을 하지 않았다. 그리하여 스님은 그들이 의논한 이름과 누구를 합격시키고 탈락시킬 지를 아주 잘 알고 있었다. 스님이 절로 돌아왔을 때 때마침 옹언추가 그를 찾아왔다. 이에 스님이 옹언추에게 장래에 과거에 합격할 가능성이 있는지 없는지를 물었더니, 옹언주는 합격할 가능성이 없다고 대답했다. 이에 스님이 말했다.

"공은 몇 번째로 급제하면 명성을 이룰 수 있다고 생각하시오."

옹언추는 스님이 자신을 놀린다고 생각하여 이렇게 대답했다.

"여덟 번째면 족합니다."

스님은 곧장 다시 배씨(裵氏: 裵垍)의 집으로 갔는데, 배원의 두 아들이 처음과 마찬가지로 합격자 방을 의논하고 있었다. 스님은 갑자기 눈을 크게 뜨고 그들에게 말했다.

"시랑(侍郞: 裵垍)께서 과거를 주관하는 것이오? 아니면 낭군들께서 과거를 주관하는 것이오? 과거는 국가의 중대사로, 조정에서 시랑께 과거를 맡기신 뜻은 시랑으로 하여금 이전의 폐단을 없애고 가난한 선비들에게 앞길을 열어주도록 하기 위한 것이오. 그런데 지금 그 합격 여부는 모두 두 낭군에게서 나오고 있으니, 시랑께서 설마 허수아비란 말이오? 낭군들께서 합격시키고자 하는 사람들은 모두 권문세가의 자제들뿐, 일찍이 한문(寒門) 출신의 뛰어난 선비들은 한 명도 언급하고 있지 않으니, 낭군들께서는 이래도 된다고 생각하시오?"

그리고는 곧 바로 장원급제에서부터 그 말석의 합격자까지 손가락으로 꼽는데, 한 사람도 어긋나지 않았다. 또한 호족은 합격시키고 사사로운 원한을 가진 사람을 탈락시키는 등 두 사람이 꺼려하는 바를 모두 알아맞히자 배훈 등은 크게 두려워했다. 배훈 등이 곧 바로 스님의 뜻을 물으며 또한 금과 비단을 주려 하자 스님은 다음과 같이 말했다.

"빈승은 이미 늙었는데, 금과 비단이 무슨 소용이 있겠소? 우리 마을에 옹언추라는 사람이 있는데, 그저 그 사람을 합격만 시켜주면 되오."

배훈 등이 말했다.

"그러면 그 사람을 병과(丙科: 3등으로 과거에 급제하는 것을 말함)에 넣겠소."

그러자 스님이 말했다.

"8등이 아니면 안되오."

배훈이 부득이 하게 그렇게 하겠다고 대답하자 스님이 말했다.

"그러면 빈승에게 문서 한 장을 써 주시오."

옹언추는 그 해에 과거에 급제했으며, 모두 그의 말대로 되었다. (『옥천자』)

翁彥樞, 蘇州人, 應進士擧. 有僧與彥樞同鄉里, 出入故相國裴公垣(『玉泉子』 '垣'作'坦', 下同)門下. 以其年老優惜之, 雖中門內, 亦不禁其出入. 手持貫珠, 閉目以誦佛經, 非寢食, 未嘗輟也. 垣主文柄, 入貢院, 子勛・質, 日議牓於私室, 僧多處其間, 二子不之虞也. 其擬議名氏, 迨與奪進退, 僧悉熟之矣. 歸寺而彥樞訪焉. 僧問彥樞將來得失之耗, 彥樞具對以無有成遂狀. 僧曰: "公成名須第幾人?" 彥樞謂僧戲己, 答曰: "第八人足矣." 卽復往裴氏之家, 二子所議如初. 僧忽張目謂之曰: "侍郞知擧邪? 郎君知擧邪? 夫科第國家重事, 朝廷委之侍郎, 意者欲侍郎剗革前弊, 孤貧('貧'原作'平', 據明鈔本改)得路. 今之與奪, 率由郎君, 侍郎寧偶人邪? 郎君所與者, 不過權豪子弟, 未嘗以一貧('貧'原作'平', 據明鈔本改)人藝士議之, 郎君可乎?" 卽屈其指, 自首及末, 不差一人. 其豪族私讎曲折, 畢中二子所諱, 勛等大懼. 卽問僧所欲, 且以金帛啗之, 僧曰: "貧僧老矣, 何用金帛爲? 有鄉人翁彥樞者, 徒要及第耳." 勛等曰: "卽列在丙科." 僧曰: "非第八人不可也." 勛不得已許之, 僧曰: "與貧僧一文書來." 彥樞其年及第, 意如其言. (出『玉泉子』)

182 · 17(1942)
유허백(劉虛白)

　유허백은 일찍이 배원(裴垣)과 함께 글을 읽었으나, 배원이 주고관(主考官)으로 있을 때도 그는 여전히 과거를 준비하고 있었다. 잡문(雜文)을 보던 날 유허백은 배원이 있는 주렴 앞에다 다음과 같은 절구 한 수를 바쳤다.

>　20년 전의 그 날 밤에도
>　같은 등불 같은 바람이었건만.
>　앞으로 남은 세월 얼마나 된다고
>　아직까지 삼베 옷 입고 지공(至公: 裴垣)을 모시고 있나.

　맹계(孟棨)는 위공(魏公: 崔沆)보다 나이가 많았다. 합격자 방이 붙던 날 맹계가 나와서 최항에게 감사의 절을 올리자 최항이 울면서 말했다.
　"선배께서는 나의 스승이셨소."
　최항이 눈물을 흘리자 맹계도 눈물을 줄줄 흘렸다. 맹계가 과거장에 출입한 지 이미 30년이나 되었다.
　장손자(長孫藉)는 장공(張公)과 오래된 친구사이였는데, 장공은 장손자를 형이라 불렀다. 장공이 일찍이 장손자가 자신의 목표를 바꾼 일을 풍자하자 장손자가 이렇게 말했다.
　"아침에 도를 깨달으면 저녁에 죽어도 좋다고 했소."

(『척언』)

劉虛白與裴垣早同硯席, 垣主文, 虛白猶是擧子. 試雜文日, 簾前獻一絶句云:

"二十年前此夜中, 一般燈燭一般風. 不知歲月能多少, 猶著麻衣侍至公."

孟棨年長於魏公. 放牓日, 棨出行曲謝, 沆泣曰: "先輩吾師也." 沆泣, 棨亦注. 棨出入場籍三十年.

長孫藉與張公舊交, 公兄呼藉. 公嘗諷其改圖, 藉曰: "朝聞道, 夕死可矣." (出『摭言』)

182 · 18(1943)
봉정경(封定卿)

대중연간(大中年間: 847~858) 말에 진사 시험을 보는 사람들이 더욱 많아졌다. 당시 거자(擧子)들은 봉정경·정무규(丁茂珪)와 사귀어야만 반드시 급제할 수 있었는데, 이 두 사람은 모두 20번만에 과거에 합격하여 공명을 이루었다. 그런데 어찌하여 과거에 합격하고 탈락하는 것이 그들에게 달려있는가? 이런 말이 있기 전에 이도(李都)·최옹(崔雍)·손황(孫瑝)·정우(鄭㠇) 이 네 군자가 모두 그들의 은혜를 입어 승진했기 때문이다. 그래서 사람들은 이렇게 말했다.

"운수가 형통하고 싶거든 손황·정우·이도·최옹에게 물어라."

(『북몽쇄언』)

大中後, 進士尤盛. 封定卿·丁茂珪, 擧子與其交者, 必先登第, 而二公各二十擧方成名. 何進退之相懸也? 先是李都·崔雍·孫瑝·鄭㠇四君子, 蒙其眄睞者因是進昇. 故曰: "欲得命通, 問瑝·㠇·都·雍". (出『北夢瑣言』)

182 · 19(1944)
풍 조(馮 藻)

당(唐)나라 풍조는 상시(常侍) 풍숙(馮宿)의 아들이자 풍연(馮涓)의 숙부로 집안 대대로 과명(科名: 과거에 합격하여 功名을 이룸)을 지니고 있었다. 풍조는 문채는 그다지 높지 않았지만, 명제(名第: 과거 합격 순위)를 지나치게 좋아하여 이미 15번이나 과시를 치렀다. 풍조를 아는 한 도사가 이렇게 말했다.

"내 일찍이 입정(入靜: 靜坐하여 잡념을 없앰)하여 보았더니, 그대는 명제(名第)의 영예는 없으나, 관직은 있더이다."

풍조는 일찍이 그 말을 믿지 않았다. 그로부터 다시 10번 과거에 응시했고, 이미 과거에 응시한 지 25번이나 되었다. 이에 그 친척들이 풍조에게 과시 보는 것을 그만두고 장차 관직을 도모하라고 했다. 그러자 풍조가 말했다.

"일생동안 그 뜻을 이룰 수 없다해도 내 맹세컨대 5번은 더 보겠소."

풍조는 결국 그 뜻을 이루지 못하고 30번 과시를 본 연후에야 벼슬길에 갈 수 있었다. 그는 경감(卿監: 寺監長官)과 협목(峽牧: 峽州 牧을 말함)을 거쳐 기성(騎省: 散騎常侍) 자리에 있을 때 죽었다. (『북몽쇄언』)

唐馮藻, 常侍宿之子, 涓之叔父, 世有科名. 藻文彩不高, 酷愛名第, 已十五擧. 有相識道士謂曰: "某曾入靜觀之, 此生無名第, 但有官職也." 亦未之信. 更應十擧, 已二十五擧矣. 姻親勸令罷擧, 且謀官. 藻曰: "譬如一生無成, 更誓五擧." 無成, 遂三十擧, 方就仕宦. 歷卿監·峽牧, 終於騎省. (出『北夢瑣言』)

182 · 20(1945)
조 종(趙 琮)

조종의 장인은 종릉대장(鍾陵大將)으로 있었다. 조종은 오랫동안 도성에 머물면서 과시를 보았으나 급제하지 못한 채 아주 빈한하게 살고 있었기에 처가 식구들이 그를 더욱 업신여겼으며, 그의 장인 장모라 할지라도 그를 업신여기지 않을 수 없었다. 하루는 주(州)나 군(郡)에서 춘설(春設: 唐나라때 민간에서 봄을 맞이하는 의식)이라 부르는 성대한 모임이 군에서 있었는데, 대장군의 집에서도 가솔들을 데리고 누각에 늘어서서 그 의식을 구경했다. 조종의 처 역시 집안이 가난했지만, 가보지 않을 수 없었다. 그런데 그녀가 입고 있던 의복이 오래되고 낡은 것이라 모두들 휘장을 치며 그녀를 못 오게 막았다. 의식이 한창 무르익어 갈 때 염찰사(廉察使: 廉察使는 감찰을 담당하는 관리로 觀察使를 가리킴)가 갑자기 관리를 보내 장군을 불렀다. 대장군은 무슨 일인가해서 놀라고 두려워했다. 염찰사 앞으로 다가서자 염찰사는 처마에서 손수 서찰 한 통을 주며 웃으면서 말했다.

"혹시 조종이 그대의 사위가 아니오?"

장군이 말했다.

"그렇습니다."

이 말을 들은 염사가 말했다.

"방금 관보가 도착해서 보았더니, 그대 사위가 과거에 급제했더군요."

그리고는 손에 들고 있는 서찰을 주는데 다름 아닌 합격 방문이었다.

장군은 급히 합격 방문을 들고 돌아와서 소리쳤다.

"조랑(趙郞: 趙琮)이 과거에 급제했다네!"

조종이 과거에 급제했다는 소리를 들은 처의 가족들은 급히 휘장을 치우고 조종의 처와 함께 동석하면서 다투어 비녀와 옷을 축하선물로 주었다. (『옥천자』)

趙琮妻父爲鍾陵大將. 琮以久隨計不第, 窮悴甚, 妻族益相薄, 雖妻父母不能不然也. 一日, 軍中高會, 州郡謂('謂'原作'請', 據『玉泉子』改)之'春設'者, 大將家相率列棚以觀之. 其妻雖貧, 不能無往. 然所服故弊, 衆以帷隔絶之. 設方酣, 廉使忽馳吏呼將. 將驚且懼. 旣至, 廉使臨軒, 手持一書笑曰: "趙琮得非君子壻乎?" 曰: "然." 乃告之: "適報至, 已及第矣." 卽授所持書, 乃牓也. 將遽以牓奔歸, 呼曰: "趙郞及第矣!" 妻之族卽撤去帷障, 相與同席, 競以簪服而慶遺焉. (出『玉泉子』)

태평광기 권제183 공거 6

1. 유 업(劉 鄴)
2. 섭 경(葉 京)
3. 이 애(李 藹)
4. 방 후(房 珝)
5. 왕 준(汪 遵)
6. 유 윤 장(劉 允 章)
7. 왕 응(王 凝)
8. 노 상 경(盧 尙 卿)
9. 이 요(李 堯)
10. 고 식(高 湜)
11. 공 승 억(公 乘 億)
12. 손 룡 광(孫 龍 光)
13. 왕 린(王 璘)
14. 장 응(蔣 凝)
15. 오 융(吳 融)
16. 노 광 계(盧 光 啓)
17. 왕 언 창(王 彦 昌)
18. 두 승(杜 昇)
19. 정 창 도(鄭 昌 圖)
20. 정 하(程 賀)
21. 진 교(陳 嶠)
22. 진 도 옥(秦 韜 玉)
23. 육 의(陸 扆)
24. 장 서(張 曙)
25. 최 소 구(崔 昭 矩)
26. 가 영(賈 泳)

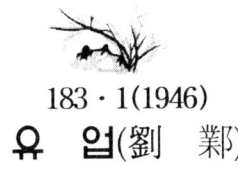

183 · 1(1946)
유 업(劉 鄴)

유업은 자(字)가 한번(漢藩)이다. 함통연간(咸通年間: 860~874)에 장춘궁판관(長春宮判官)에 의해 내정(內庭: 皇宮)으로 불려 들어가 특별히 급제(及第)를 하사받았다. 위보의(韋保義)는 형이 재상의 지위에 있었으므로, 과거에 응시했다가 합격하지 못했는데도 특별히 급제를 하사받고 궁중의 벼슬에 발탁되었다. (『척언』)

劉鄴字漢藩. 咸通中, 自長春宮判官召入內庭, 特賜及第. 韋保義以兄在相位, 應擧不得, 特賜及第, 擢入內庭. (出『摭言』)

183 · 2(1947)
섭 경(葉 京)

섭경은 건주(建州) 사람으로 부(賦)를 잘 지어 크게 명성을 얻었다. 섭경은 이전에 대량(大梁)에서 지낼 때 늘 관부(官府)의 연회에 참석했는데, 이 일로 감군사(監軍使)와 가깝게 지냈다. 감군사가 도성으로 갔을 때 섭경은 이미 과거에 급제했는데, 섭경은 동년(同年: 같은 해에 급제한 進士)과 함께 말을 나란히 하고 길을 가다가 큰길에서 그 감군사를 만나자 말 위에서 읍(揖)했다. 섭경은 이 일 때문에 많은 비판을 받아 그 후 승진에서 자못 제외되었으며 결국 태학박사(太學博士)로 일생을 마쳤다. (『척언』)

葉京, 建州人也, 極有賦名. 向遊大梁, 常預公宴, 因與監軍使面熟. 及至京師時已遂登科, 與同年連鑣而行, 逢其人於通衢, 馬上相揖. 因之謗議喧然, 後頗至沈棄, 終於太學博士. (出『摭言』)

183 · 3(1948)
이 애(李 藹)

이애는 과거 공부에 많은 힘을 쏟았으며, 그가 지은 문장은 기발하고 절묘하여 보통 사람들의 문장과는 달랐다. 그래서 사람들은 그를 '속시요자(束翅鷂子: 날개를 접은 새매의 새끼. 날개를 완전히 펼치면 곧 높이 날아오를 재주를 지녔음을 뜻함)'라고 불렀다. 이애는 함통(咸通) 2년(861)에 과거에 급제했다. (『노씨잡설』)

李藹應擧功勤, 敏妙絕倫. 人謂之'束翅鷂子'. 咸通二年及第. (出『盧氏雜說』)

183·4(1949)
방 후(房 珝)

　방후는 하남(河南) 사람으로 태위(太尉)의 손자이다. 그는 함통(咸通) 4년(863)의 과거에 거의 합격했지만 결국 실패하고 말았다. 시험을 치르기 전에 명제(名第: 科擧 及第의 順位)는 정해져 있었다. 그런데 방후가 과거를 치르기 시작한 지 얼마 지나지 않았을 때 위에서 진흙이 떨어져 벼루가 뒤집혔고 [벼루에서 튄 먹물은] 답안지를 더럽혔다. 방후는 친척이 높은 지위에 있으면서 단지 방후 한 사람만을 추천했으므로 담당 관리도 어쩔 수 없이 반드시 [답안지를 바꾸어 달라는] 요구에 응할 것이라고 생각했다. 그래서 방후는 새벽녘에 답안지의 부본(副本)에 인장(印章)을 찍어달라고 청했으나, 주고관(主考官)이 허락하지 않았으므로 결국 과거를 포기하고 말았다. (『척언』)

　房珝, 河南人, 太尉之孫. 咸通四年垂成而敗. 先是名第定矣. 無何寫試之際, 仰泥土落, 擊翻硯瓦, 汚試紙. 珝以中表重地, 祗薦珝一人, 主事不獲已, 須應之. 珝既臨曙, 更請印副試, 主司不諾, 遂罷. (出『摭言』)

183·5(1950)
왕 준(汪 遵)

　허당(許棠)은 선주(宣州) 경현(涇縣) 사람으로 일찍부터 과거 공부를 준비했다. 마을 사람인 왕준은 어려서 말단관리가 되었는데, 허당이 과거에 20여 차례 응시했을 때에도 그는 아직 말단관리로 있었다. 그러나 왕준은 절구(絶句)를 잘 지을 수 있었으면서도 그 사실을 깊이 숨겼다. 어느 날 왕준이 벼슬을 그만 두고 과거 길에 올랐는데, 그 때 마침 허당은 손님을 전송하느라 패수(灞水)와 산수(滻水) 근처까지 갔다가 도중에 갑자기 왕준과 마주치게 되었다. 허당이 그에게 물었다.

"왕도(汪都: 汪遵) (都는 관리를 부르는 호칭이다.)는 무슨 일로 도성에 왔는가?"

왕준이 대답했다.

"이번에 과거에 응시하고자 왔습니다."

허당이 노하여 말했다.

"미천한 관리가 무례하구나!"

그러나 과연 왕준은 허당과 함께 과거 시험을 보았고, 허당은 왕준을 몹시 얕보았다. 그 후 허당은 왕준이 급제한 지 5년이 지나서야 허당은 비로소 급제했다. (『척언』)

許棠, 宣州涇縣人, 早修擧業. 鄕人汪遵者幼爲小吏, 洎棠應二十餘擧, 遵猶在胥徒. 然善爲絶句詩, 而深晦密. 一旦辭役就貢, 會棠送客至灞・滻, 忽遇遵於途中. 棠訊之曰: "汪都(都者, 吏之呼也), 何事至京?" 遵對曰: "此來就貢." 棠怒曰: "小吏無禮!" 而果與棠同硯席, 棠甚侮之. 後遵成名五年, 棠始及第. (出『摭言』)

183 · 6(1951)
유윤장(劉允章)

유윤장이 과거의 제목으로 「천하위가부(天下爲家賦)」를 출제하자 급사중(給事中) 두예휴(杜裔休)는 상소(上疏)를 올려 [이 제목의 부당함을] 논했다. 두예휴의 주장이 비록 시행되지는 않았으나 당시 사람들은 마땅하다고 여겼다. 최담(崔澹)이 출제한 「지인벌불인부(至仁伐不仁賦)」 역시 당시 자못 사람들의 논란을 불러 일으켰다. 설탐(薛耽)은 「성덕일신부(盛德日新賦)」를 출제하면서 운각(韻脚)을 '순내무이(循乃無已)'로 정했다. 이에 유자진(劉子震)이 장계를 올려 '순(循)'자를 '수(修)'자로 바꾸어 달라고 청하자, 곧바로 이와 같이 개정되었다. (『노씨잡설』)

劉允章題目「天下爲家賦」, 給事中杜裔體(按『唐摭言』十三 '體'作'休')進疏論. 事雖不行, 時以爲當. 崔澹「至仁伐不仁賦」, 亦頗招時議. 薛耽「盛德日新賦」, 韻脚云: '循乃無已.' 劉子震通狀, 請改爲'修'字, 當時改正. (出『盧氏雜說』)

183 · 7(1952)
왕 응(王 凝)

왕응은 명문가 출신으로 덕이 두터워 당시 인물들 가운데 으뜸으로 손꼽혔다. 그는 매번 잠자리에 들 때 반드시 손을 모으고 누웠는데, 이는 꿈속에서 자신의 조상을 만날까 근심했기 때문이다. 왕응은 일찍이 강주자사(絳州刺史)를 지냈는데, 이 때 사공도(司空圖)가 마침 진사(進士) 과거에 응시하러 가다가 자신의 별장으로부터 강주에 도착했다. 사공도가 왕응을 알현한 후 더이상 다른 친지를 방문하지 않자, 문지기는 급히 사공수재(司空秀才: 司空圖)가 성을 나섰다고 아뢰었다. 사공도는 간혹 성으로 들어와 친지를 방문하더라도 군재(郡齋: 郡守가 거처하는 곳. 原文에는 '郡齊'로 되어있으나 『四庫全書』本『北夢瑣言』권3에 의거하여 '郡齋'로 고침)에는 찾아가지 않았다. 왕응은 이 일을 알게 되자 사공도가 자신을 크게 공경한다고 생각하고 그를 더욱 높이 평가했다. 왕응이 지공거(知貢擧)를 맡게 되었을 때 사공도는 한 번의 시험에서 4등으로 급제했다. 동년(同年: 같은 해의 科擧에 급제한 進士)들은 사공도의 명성이 거의 알려지지 않았는데도 과거에 대단히 빨리 급제한 데 대해 의아해했고, 경박한 자들은 그를 '사도공(司徒空)'이라고 불렀다. 왕응은 이 소문을 듣고 그 과거에 합격한 문생(門生)들을 불러 잔치를 열면서 사람들에게 이렇게 선언했다.

"내가 욕되게도 지공거를 맡았으나, 올해의 과거는 오로지 사공선배(司空先輩: 司空圖. 先輩는 科擧에 합격한 進士들끼리 서로 존중하여 부르는 호칭) 한 사람만을 위한 것이었을 뿐입니다."

그 후 사공도의 명성은 더욱 크게 알려졌다. (『북몽쇄언』)

王凝淸族重德, 冠絶當時. 每就寢息, 必叉手而臥, 或慮夢中見其先祖. 曾牧絳州, 於時司空圖方應進士擧, 自別墅到郡. 謁見後, 更不訪親知, 閽吏遽申司空秀才出郭矣. 或入郭訪親知, 卽不造郡齊. 王知之, 謂其專敬, 愈重之. 及知擧, 司空一捷, 列第四人登科. 同年評其名姓甚暗, 成事太速, 有浮薄者號之爲'司徒空.' 王知有此說, 因召一榜門生開筵, 宣言於衆曰: "某切忝文柄, 今年牓帖, 全爲司空先輩一人而已." 由是圖聲彩益振. (出『北夢瑣言』)

183 · 8(1953)
노상경(盧尙卿)

함통(咸通) 11년(870)에 방훈(龐勛)이 서주(徐州)를 빼앗아 점거하자, [조정에서도 그 지역에] 오랫동안 병사들을 주둔시키고 해마다 신속하게 군량을 수송하느라 물자와 국력이 거의 바닥나게 되었다. 이에 황제는 공거(貢擧: 지방에서 인재를 선발하여 조정으로 천거하는 일)를 1년 동안 잠시 쉰다는 조서를 내렸다. 이 해에 진사(進士) 노상경은 멀리서부터 동관(潼關)까지 당도했다가 조서가 내려졌다는 소식을 듣고 돌아가면서 「동귀시(東歸詩)」를 지었다.

구중궁궐(九重宮闕)에서 풍진(風塵)으로 칙명이 내리자,
문위(文闈: 科場)는 굳게 잠기고 인재 선발은 멈추었네.
계수나무가 달을 가릴 정도로 자라도록 내버려두고,
행원(杏園: 及第한 進士들이 연회를 벌이던 곳)의 연회는 한 해를 거르게 되었네.
옥장(玉帳: 장수가 머무는 장막)에서 병사(兵事)를 논한 후로는,
금명문(金明門: 翰林院)에서 정벌을 간하는 일을 허락하지 않으셨네.
오늘 패릉(霸陵)의 다리를 건너니,
동관의 사람들은 섣달 전에 돌아가는 나를 비웃겠지.

(『연호기』)

咸通十一年, 以龐勛盜據徐州, 久屯戎卒, 連年飛輓, 物力方虛. 因詔權停貢擧一年. 是歲, 進士盧尙卿自遠至關, 聞詔而廻, 乃賦「東歸詩」曰: "九重丹詔下塵埃, 深琑文闈罷選才. 桂樹放敎遮月長, 杏園終待隔年開. 自從玉帳論兵後, 不許金門諫獵來. 今日霸陵橋上過, 關人應笑臘前廻." (出『年號記』)

183 · 9(1954)
이 요(李 堯)

이요는 편시(偏侍: 兩親 가운데 한 분이 돌아가신 상태) 하에 있던 주고관(主考官) 밑에서 급제했다. 기거연(起居宴: 科擧 祝賀宴으로 추정됨)이 다가오는데도 장마가 그치지 않자, 이요는 사람을 보내 기름장막을 빌려다 비를 가렸다. 이요의 선친의 옛 집은 승평리(昇平里)에 있었는데, 모두 700민(緡: 1緡은 千錢)을 사용해서 집에서 큰길까지 기름장막을 펼쳐 1리(里)가 넘는 길을 덮었다. 연회에 참여한 사람은 천여 명이 넘었는데, 말과 수레가 마을 입구를 가득 메웠으나 오가는 사람 가운데 비에 젖은 자가 없었으며, 금으로 칠한 벽이 밝게 빛나 남다른 정취가 있었다. 이요는 당시 승상(丞相) 위보형(韋保衡)의 위임을 받고 정사에 참여했으며 이팔랑(李八郞)으로 불렸다. 이요의 부인은 또한 영남동도절도사(嶺南東道節度使) 위주(韋宙)의 딸이었는데, 늘상 위주가 이요에게 보태주었던 재물은 그 수를 다 헤아릴 수 없었다. (『척언』)

李堯及第, 在偏侍下. 俯逼起居宴, 霖雨不止, 因遣賃油幕以張(去聲)之. 堯先人舊廬昇平里, 凡用錢七百緡, 自所居連亘通衢迨之一里餘. 參御輩不啻千餘人, 轎馬車輿, 闐咽門巷, 往來無有霑濕者, 而金壁照耀, 別有嘉致. 堯時爲丞相韋保衡所委, 干預政事, 號爲李八郞. 其妻又南海韋宙女, 恒資之金帛, 不可勝紀. (出『摭言』)

183 · 10(1955)
고 식(高 湜)

함통(咸通) 12년(871)에 예부시랑(禮部侍郞) 고식은 지공거(知貢擧)가 되었다. 그 해에 합격한 사람 가운데 아버지를 여의고 가난한 자인 공승억(公乘億)은 3백 수의 시를 지었는데, 사람들 중에 그의 시를 벽에 쓴 이가 많았다. 허당(許棠)의 「동정시(洞庭詩)」가 특히 뛰어났으므로 당시 사람들은 그를 '허동정(許洞庭)'이라고 불렀다. 가장 시로 출중했던 섭이중(聶夷中)은 젊어서 가난하고 곤궁했으며 고체시(古體詩)에 정통했다. 그의 「공자가시(公子家詩)」는 다음과 같다.

  서원(西園)에 가득 꽃을 심었더니,
  피어난 꽃은 미녀가 속삭이는 듯하네.
  꽃 아래에 자라난 벼 한 포기,
  뽑아내 버리고는 잡초로 여기네.

또 「영전가시(詠田家詩)」는 다음과 같다.

아버지는 들판의 밭을 갈고,
아들은 산 아래의 황무지를 일구네.
6월이라 아직 벼이삭도 패지 않았는데,
관가에서는 이미 곡창을 채웠구나.

또 다음과 같은 시를 지었다.

밭을 매다보니 정오가 되었는데,
땀방울은 벼 아래의 땅으로 떨어지네.
누가 생각하리오, 소반에 담긴 밥이,
알알이 모두 괴로움인 것을.

또 다음과 같은 시를 지었다.

2월엔 새로 자은 실을 팔고,
5월엔 새로 거둔 곡식을 파네.
눈앞의 부스럼을 치료하고 나면,
다시 마음속의 살점을 도려내네.
나는 바라노니 임금님의 마음이,
밝디밝은 촛불처럼 빛났으면.
부잣집 연회는 비추지 말고,
버려지고 가난한 집만 비췄으면.

이른바 '쉬운 말을 사용했으나 담긴 뜻은 심원한(言近意遠)' 시풍(詩風)을 지녀서, 『시경(詩經)』의 요지(要旨)에 부합되었다. (『척언』)

咸通十二年, 禮部侍郎高湜知學. 牓內孤貧('貧'原作'平', 據明鈔本改)者, 公乘億有賦三百首, 人多書於壁. 許棠有「洞庭詩」尤工, 時人謂之'許洞庭'. 最者有聶夷中, 少貧苦, 精於古體. 有「公子家詩」云: "種花滿西園, 花發靑樓道. 花下一禾生, 去之爲惡草." 又「詠田家詩」云: "父耕原上田, 子斸山下荒. 六月禾未秀,官家已修倉." 又云: "鉏田當日午, 汗滴禾下土. 誰念盤中餐, 粒粒皆辛苦." 又云: "二月賣新絲, 五月糶新穀. 醫得眼前瘡, 剜却心頭肉. 我願君王心, 化爲光明燭. 不照綺羅筵, 只照逃亡屋." 所謂'言近意遠', 合三百篇之旨也. (出『摭言』)

183 · 11(1956)
공승억(公乘億)

공승억은 위(魏) 땅 사람이며 사부(詞賦)로 유명했다. 그는 함통(咸通) 13년(872)에 벌써 30번째 과거를 치렀다. 공승억이 한 번은 큰 병을 앓았는데, 마을 사람이 잘못하여 그가 이미 죽었다는 소문을 전했다. 그러자 공승억의 아내는 하북(河北)으로부터 공승억의 시신을 거두려고 왔는데, 마침 공승억은 손님을 전송하고자 언덕 아래까지 갔다가 자신의 부인을 만났다. 이 때는 처음 부부가 이별하고부터 이미 10여 년이 흐른 뒤였다. 공승억은 당시 말 위에서 한 부인이 거친 베로 만든 상복을 입은 채 당나귀를 타고 있는 것을 보고 부인의 모습과 비슷하다고 생각하여 그 부인을 계속해서 엿보았다. 공승억의 부인도 엿보다가 사람을 시켜 그에게 물어보니 과연 공승억이었다. 부인은 공승억과 함께 서로 부여잡은 채 울었고, 행인들도 그 일에 탄식했다. 열흘이 지난 후 공승억은 과거에 급제했다. (『척언』)

公乘億, 魏人也, 以詞賦著名. 咸通十三年, 垂三十舉矣. 嘗大病, 鄉人誤傳已死. 其妻自河北來迎喪, 會億送客至坡下, 遇其妻. 始夫妻闊別, 積十餘歲. 億時在馬上, 見一婦粗纊跨驢, 依稀與妻類. 因眤之不已. 妻亦如是, 乃令人詰之, 果億. 內子與之相持而泣. 路人嘆異之. 後旬日, 億登第矣. (出『摭言』)

183 · 12(1957)
손룡광(孫龍光)

손룡광은 최은몽(崔殷夢)이 주관한 과거에서 장원으로 급제했다. 손룡광은 급제하기 1년 전에 꿈을 꾸었는데, 수백 자루의 목재가 쌓여있는 위를 이리저리 밟고 다녔다. 손룡광이 꿈에서 깨어난 후 이처사(李處士)에게 해몽을 청하자 처사가 말했다.

"내년에 반드시 장원으로 급제하실 것이니 낭군(郞君)께 경하를 드립니다. 어째서이겠습니까? 이미 여러 인재들의 위에 계시기 때문입니다."

(『척언』)

孫龍光, 崔殷夢下狀元及第. 前一年, 嘗夢積木數百, 龍光踐履往復. 旣而請一李處士圓之, 處士曰: "賀郞君, 喜來年必是狀元. 何者? 已居衆材之上." (出『摭言』)

183 · 13(1958)
왕 린(王 璘)

장사(長沙)에서는 만언과(萬言科: 하루에 萬字의 문장을 짓는 科擧)를 과거로 치렀다. 당시 왕린은 문장에 뛰어났는데 이는 [재주를 타고난 것이지] 학문을 연마해서 얻은 결과가 아니었다. 첨사(詹事) 최렴(崔廉)은 왕린의 명성을 듣고 표문(表文)을 올려 그를 조정에 천거했다. [조정에 천거하기] 전에 최렴은 사원(使院: 節度使가 公務를 돌보는 곳)에서 왕린을 시험했는데, 왕린은 서리(書吏) 10명을 불러 그들 모두에게 책상과 벼루를 지급해줄 것을 청했다. 왕린이 홑옷을 입고 배를 어루만지면서 발걸음을 옮기며 구술(口述)하자, 10명의 서리들은 붓을 멈추지 못했다. 첫 시제(詩題)는 「황하부(黃河賦)」였는데 30자를 순식간에 완성했다. 다시 「조산여화락시(鳥山餘花落詩)」 30수를 붓을 잡자마자 완성했다. 그때 홀연 비바람이 갑자기 몰아치더니 종이 몇 장이 회오리바람에 휘말려 진흙에 젖었으므로 제대로 펼칠 수가 없었다. 왕린이 말했다.

"줍지 말고, 다른 종이를 가져오시오."

다시 붓을 한 번 휘두르자 곧 다시 10여 편이 완성되었다. 시각이 아직 정오도 되지 않았는데 이미 7천여 자가 쌓이게 되었다. 최공(崔公: 崔廉)이 시험관에게 말했다.

"만언과에는 제한이 없으니, 그를 불러다 술을 마시게 하시지요."

「황하부」에는 벽자(僻字)가 100여 자 있었는데, 왕린에게 청하여 사람들 앞에서 낭송하게 했더니 그의 태도는 옆에 아무도 없는 듯 거만했다.

왕린이 도성에 갔을 때는 노암(路巖)이 요직에 있었는데, 노암은 하인을 시켜 왕린을 불렀다. 왕린은 명예를 구하는 데 뜻이 있었으므로 이렇게 말했다.

"부디 황제폐하를 알현한 이후에 찾아 뵙겠습니다."

노암이 그 말을 전해듣고 크게 노하더니 급히 만언과를 폐지하는 상소를 올리게 했다. 왕린은 결국 지팡이를 짚고 장사로 돌아가 술집에서 소일(消日)했으며, 백정이나 술집 주인과도 거리낌없이 지냈다. (『척언』)

長沙日試萬言. 王璘詞學富贍, 非積學所致. 崔詹事廉問, 持表薦之於朝. 先是試之於使院, 璘請書吏十人, 皆給几硯. 璘袗絺捫腹, 往來口授, 十吏筆不停輟. 首題「黃河賦」, 三十字數刻而成. 又「鳥散餘花落詩」三十首, 援毫而就. 時忽風雨暴至, 數幅爲廻飆所卷, 泥滓霑漬, 不勝舒卷. 璘曰: "勿取, 但將紙來." 復縱筆一揮, 斯須復十餘篇矣. 時未停午, 已積七千餘言. 崔公語試官曰: "萬言不在試限, 但請召來飮酒." 「黃河賦」復有僻字百餘, 請璘對衆朗宣, 旁若無人.

至京, 時路巖方當軸, 遣一介召之. 璘意在沽激, 曰: "請俟見帝." 巖聞之, 大怒, 亟命奏廢萬言科. 璘杖策而歸, 放曠於杯酒間, 雖屠沽無間然矣. (出『摭言』)

183 · 14(1959)
장 응(蔣 凝)

건부연간(乾符年間: 874~879)에 장응은 굉사과(宏詞科)에 응시했는데, 부(賦)를 4운(韻)만 짓더니 결국 답안지를 비워둔 채 돌아갔다. 시험관이 그 일을 믿을 수 없어서 불러다가 어떻게 된 일이냐고 묻자, 장응은 사실대로 아뢰었다. 장응의 답안을 다른 사람들의 답안과 비교해 보니 장응의 답안이 뛰어났다. 시험관은 장응의 문장에 한참동안 감탄했고, 그 문장은 순식간에 사람들의 입으로 전해졌다. 어떤 사람은 이 일을 두고 이렇게 말했다.

"하얗게 센 머리에 가득 꽃 장식을 한들, 서비(徐妃: 梁 元帝의 妃)가 반쪽 얼굴만 화장한 것보다 못하다."

(『척언』)

乾符中, 蔣凝應宏('宏'原作'寵', 據明鈔本改)詞, 爲賦止及四韻, 遂白而去. 試官不之信, 逼請所謂, 凝以實告. 旣而比之諸公, 凝有德色. 試官歎息久之, 頃刻之間, 播於人口. 或稱之曰: "白頭花鈿滿面, 不若徐妃半粧." (出『摭言』)

183 · 15(1960)
오 융(吳 融)

오융은 자(字)가 자화(子華)로 광명연간(廣明年間: 880~881)과 중화연간(中和年間: 881~885)에 한참동안 대단한 명성을 누렸다. 오융이 비록 과거에 급제하여 발탁되지는 못했지만 당시 사람들은 대부분 예물을 가지고 그를 알현하여 선달(先達: 德行과 學識이 있는 前輩)로 대했다. 당시 왕도(王圖)라는 사람은 사부(詞賦)를 잘 지었는데 한 달 동안 자신의 문장을 오융에게 보냈다. 오융은 왕도를 만나더니 따로 왕도가 지은 문장의 좋고 나쁨은 언급하지 않은 채 그저 왕도에게 물었다.

"그대는 전에 노휴(盧休)의 소식을 들은 적이 있소? 그는 어째서 깊숙이 은거한 채 세상으로 나오지 않는 것이오? 애석하게도 나의 학문은 그 사람보다 못하오."

노휴는 왕도의 외척으로 팔운시(八韻詩)를 잘 지었는데, 예전에 오융과 함께 과거를 치렀다. 그러나 만년에는 학문을 그만두고 경중(鏡中: 會稽에 있는 호수)의 별장으로 돌아갔다. (『척언』)

吳融字子華, 廣明·中和間久負屈聲. 雖未擢第, 同人率多執贄謁之, 如先達. 有王圖者工詞賦, 投卷凡旬月. 融旣見之, 殊不言圖之臧否, 但問圖曰: "吏(明鈔本'吏'作'向')曾得盧休信否? 何堅臥不起? 惜哉, 融所得不如他." 休, 圖之中表, 長於八韻, 向與融同硯席. 晚年抛發, 歸鏡中別墅. (出『摭言』)

183·16(1961)
노광계(盧光啓)

노광계의 선친은 법을 어겨 사형을 당했다. 노광계의 형제들은 학문을 닦아 과거를 보러 떠나면서 친지들에게 말했다.

"이것은 황무지를 개간하는 일과 같습니다."

그러나 노광계의 성품은 주도면밀(周到綿密)하면서도 신중했다. 그가 『초거자(初擧子)』1권을 짓고 여러 가지 일을 처리한 것은 모두 그 성품과 같았다.

노광계는 과거에 급제한 후 발탁되어 대성(臺省: 三公과 御史臺)의 벼슬을 두루 역임했으며, 조용사(租庸使: 唐代에 설치했던 관직으로 句當租庸地稅使의 약칭. 租稅를 독촉하는 일을 담당했음) 장준(張濬)의 신임을 받았다. 장준이 병주(幷州)와 분주(汾州) 지역으로 출정하자 노광계는 늘 문서로 보고했는데 한 가지 일마다 따로 한 장의 문서를 올렸다.

조정의 관리들은 지금까지도 이 일을 본받고 있으니, 아마도 여러 장의 문서로 보고하는 일은 노광계로부터 시작된 듯하다. 당(唐)나라 말기의 거인(擧人: 解試에 급제하고 다시 會試를 보는 사람)은 그의 행실과 문장에 관계없이 오직 고관(高官)을 찾아 뵙고 가르침을 청했는데, 이를 '정절(精切)'이라고 불렀으며, 이 역시 노광계를 본받은 것이다.

노광계의 족제(族弟: 같은 高祖에서 나온 같은 항렬의 동생)인 노여필(盧汝弼)은 일찍이 장준의 출정판관(出征判官)이 되어 각지에 격문(檄文)을 보낸 적이 있는데, 그 내용은 대략 다음과 같다.

"어린아이들이 정처없이 떠돌게 된 것은 주야(朱耶: 朱全忠)가 일으킨 난리때문이다."

노여필은 스스로 사람들에게 이렇게 말했다.

"하늘이 [난리를 일으킨] 주야와 [떠돌아다니는] 어린아이를 내린 것은 우리에게 붓을 주신 것이다."

(『북몽쇄언』)

盧光啓先人伏法. 光啓兄弟修飾赴擧, 謂親知曰: "此乃開荒也." 然其立性周謹. 著『初擧子』一卷, 卽進取諸事, 皆此類也.

策名後, 揚歷臺省, 受知於租庸張濬. 濬出征幷·汾, 盧每致書疏, 凡一事別爲一幅. 朝士至今斅之, 蓋重疊別紙, 自光啓始也. 唐末擧人, 不問事行文藝, 但勤於請謁, 號曰'精切', 亦皆法於光啓爾.

其族弟汝弼嘗爲張濬出征判官, 傳檄四方, 其略云: "致赤子之流離, 自朱耶之版蕩." 自謂人曰: "天生朱耶赤子, 供我之筆也." (出『北夢瑣言』)

183 · 17(1962)
왕언창(王彦昌)

왕언창은 태원(太原) 사람이다. 그는 집안 대대로 벼슬을 지냈으므로 정갑(鼎甲: 甲科의 1·2·3등인 狀元·榜眼·探花의 총칭)으로 추천되었고, 광명연간(廣明年間: 880~881)에 황제가 서촉(西蜀)으로 행차한 후 급제를 하사받았다. 왕언창은 그 후 사설왕(嗣薛王) 이지유(李知柔)의 판관(判官)이 되었다. 소종(昭宗)이 석문(石門)으로 행차했을 때 재상(宰相)과 학사(學士)들이 어가(御駕)를 따르지 못하자, 이지유는 경조윤(京兆尹)의 신분으로 중서성(中書省)의 일을 대신 맡아보았다. 왕언창은 이지유를 측근에서 보좌하게 되었는데, 계속해서 도착하는 상소문(上疏文)마다 부지런히 비답(批答: 上疏에 대한 임금의 대답)을 완성했다. 이지유가 왕언창의 이름을 황제에게 아뢰자 황제는 마침내 왕언창에게 잠시 학사를 담당하라고 명했다. 반 년 후 왕언창은 경조윤에 제수되고 좌상시대리경(左常侍大理卿)을 겸했으나, 대리시(大理寺)의 말단관리의 일에 연루되어 남쪽으로 좌천되었다. (『척언』)

王彦昌太原人. 家世簪冕, 推於鼎甲, 廣明歲駕幸西蜀, 敕賜及第. 後爲嗣薛王知柔判官. 昭宗幸石門時, 宰臣學士不及隨駕, 知柔以京兆尹權中書. 事屬近輔, 表章繼至, 勤於批答. 知柔以彦昌名聞, 遂命權知學士. 居半歲, 出拜京兆尹, 加左常侍大理卿, 爲寺胥所累, 南遷. (出『摭言』)

183 · 18(1963)
두 승(杜 昇)

　두승의 아버지인 두선유(杜宣猷)는 완릉(宛陵)에서 죽었다. 두승은 문장을 잘 지었다. 광명연간(廣明年間: 880~881)에 소도(蘇導)가 급사중(給事中)의 신분으로 검주자사(劍州刺史)가 되었을 때 두승은 군졸이었다. 황제가 서촉(西蜀)으로 행차하자 두승은 관례에 따라 황제를 알현하고 특별히 비복(緋服: 붉은 색의 官服으로 五品官의 服色)의 벼슬을 하사받았으며, 소도는 얼마 후 조정으로 들어갔다. 위중령(韋中令)이 한장(翰長: 翰林院의 長官)으로서 주고관(主考官)에 임명되었는데, 두승은 당시 이미 소간(小諫)의 벼슬에 있었으나 표문(表文)을 올려 과거를 치르도록 윤허해 주기를 청했고, 황제는 두승의 뜻을 허락했다. 두승이 과거에 합격하고 며칠이 지난 후 이전의 벼슬로 복직하고 이전의 관복을 입으라는 칙명이 내려졌다. 논자들은 이를 영예로 여겼다. (『척언』)

　두승은 습유(拾遺)로서 비복을 하사받았으나, 과거에 응시하여 급제하고 다시 습유에 임명되었다. 그래서 당시 그를 '착비진사(著緋進士)'라고 불렀다. (『노씨잡설』)

　杜昇父宣猷終宛陵. 昇有詞藻. 廣明歲, 蘇導給事刺劍州, 昇爲軍卒. 駕幸西蜀, 例得召見, 特敕賜緋, 導尋入內庭. 韋中令自翰長拜主文, 昇時已拜小諫, 抗表乞就試, 從之. 登第數日, 有敕復前官幷('幷'原作'拜', 據明鈔本·陳校本改)服色. 議者榮之. (出『摭言』)

　昇自拾遺賜緋, 却應擧及第, 又拾遺. 時號'著緋進士'. (出『盧氏雜說』)

183 · 19(1964)
정창도(鄭昌圖)

　광명연간(廣明年間: 880~881)에 봉상절도부사(鳳翔節度副使)를 지낸 시랑(侍郞) 정창도는 과거에 급제하기 전에 일찍이 스스로 넓은 도량을 갖추어 작은 예절에 얽매이지 않겠다고 마음먹고, 곳곳을 유람하면서 늘 제멋대로 행동했다. 그는 여론이 시끄럽자 또한 과거도 보지 않으려고 했다. 그 때 같은 마을에 살던 친척의 하인이 송주(宋州)와 박주(亳州)의 장원(莊園)에서 돌아와 그 주인에게 이렇게 말했다.

　"어제 낙경(洛京: 洛陽)을 지나다가 곡수점(穀水店) 근처에서 서쪽으로 향하는 누런 옷을 입은 도사 두 사람을 만났으므로 저는 그들과 동행하게 되었습니다. 화악묘(華嶽廟) 앞에 이르러 누런 옷을 입은 두 도사는 저와 작별했는데, 서로 객점 뒤에서 읍(揖)한 후 그들이 제게 말했습니다. '당신 집안의 낭군(郞君) 가운데 진사(進士) 과거에 응시하는 분이 있소?' 제가 말했습니다. '저희 주인님께서는 벌써 높은 벼슬을 지내고 계시고, 여러 낭군들께서는 학문을 닦고 계십니다.' 도사가 또 물었습니다. '친척 집안의 자제 가운데 응시하는 분이 있소?' 제가 말했습니다. '있습니다.' 도사가 말했습니다. '우리 두 사람은 올해 방문(榜文)을 전하는 관리요. 태산(泰山)으로부터 금천(金天: 華嶽神의 이름. 唐 玄宗 先天 2년에 華嶽神을 金天王에 봉했음)까지 방문을 봉인(封印)해서 가져오는 동안 당신과 다행히도 만나게 된 것이오.' 제가 그 방문을 엿보게 해달라고 부탁하자 도사가 말했습니다. '안 되오. 당신은 그저 이것만 기억하시오.' 그러더니 관리는 땅에 이렇게 썼습니다. '올해 장두(狀頭:

狀元)의 성은 편방에 읍(阝)이 있고 이름이 두 글자이며 두 번째 글자는 위(口)자 안에 들어 있소. 마지막으로 붙은 진사의 성은 편방에 역시 읍(阝)이 있고 이름이 두 글자이며 두 번째 글자 역시 위(口)자 안에 들어 있소. 잘 기억하시오. 잘 기억하시오.' 그 후 관리는 떠나버렸습니다."

정공(鄭公: 鄭昌圖)의 친척은 이 일이 자못 신기하다고 여기고 마침내 기부(岐副: 鳳翔節度副使. 즉 鄭昌圖를 가리킴)를 찾아가 이 일을 자세히 이야기해 주었으며, 과거에 응시하라고 간곡하게 권했다. 정창도는 그 해에 장원으로 급제했고, 마지막으로 급제한 사람은 추희회(鄒希回)였으니, 성명의 획이 [황의의 관리가 알려준 것과] 모두 같았다. (『옥당한화』)

함통연간(咸通年間: 860~873)에 진사들의 수레와 의복이 법도를 뛰어넘자 조정에서는 진사들이 말을 타는 것을 허락하지 않았다. 당시 과거장에서는 늘 천 명 이상이 과거를 치렀는데, 아무리 큰 권세를 지녔더라도 역시 모두 당나귀를 탔다. 혹자가 그 일을 비웃으며 말했다.

> 금년에 칙명이 내려 모두 당나귀를 타게 하니,
> 짧은 소매로 긴 밀치끈의 당나귀 타는 진사들 큰길에 가득하네.
> 마르고 왜소한 이들은 그럭저럭 괜찮겠지만,
> 그 중에 특히 정창도는 정말 걱정스럽구나.

(相國은 체격이 매우 건장했으므로 이런 말이 있었던 것이다.) (『척언』)

廣明年中, 鳳翔副使鄭侍郎昌圖未及第前, 嘗自任以廣度弘襟, 不拘小節, 出入遊處, 悉恣情焉. 洎至輿論喧然, 且欲罷舉. 其時同里有親表家僕, 自宋·亳莊上至, 告其主人云: "昨過洛京, 於穀水店邊, 逢見二黃衣使人西來, 某遂與同行.

至華嶽廟前, 二黃衣使與某告別, 相揖於店後面, 謂某曰: '君家郎君應進士舉無('無'原作'元', 據明鈔本·陳校本改)?' 僕曰: '我郎主官已高, 諸郎君見修學次.' 又問曰: '莫親戚家兒郎應無?' 曰: '有.' 使人曰: '吾二人乃是今年送牓之使也. 自泰山來到金天處, 押('押'原作'抑', 據明鈔本改)署其牓, 子幸相遇.' 僕遂請竊窺其牓, 使者曰: '不可. 汝但記之.' 遂畫其地曰: '此年狀頭姓, 偏傍有阝, 名兩字, 下一字在口中. 牓尾之人姓, 偏傍亦有此阝, 名兩字, 下一字亦在口中. 記之. 記之.' 遂去."

鄭公親表頗異其事, 遂訪岐副具話之, 具勉以就試. 昌圖其年狀頭及第, 牓尾鄒希回也, 姓名畫點皆同. (出『玉堂閒話』)

又咸通中, 以進士車服僭差, 不許乘馬. 時場中不減千人, 誰勢可熱手, 亦皆騎驢. 或嘲之曰: "今年敕下盡騎驢, 短袖長鞦滿九衢. 淸瘦兒郎猶自可, 就中愁殺鄭昌圖." (相國魁偉甚, 故有此句.) (出『摭言』)

183·20(1965)
정 하(程 賀)

당(唐)나라의 최아(崔亞)가 낭중(郎中)의 신분으로 미주(眉州)를 다스릴 때, 정하는 향역(鄕役)으로 청복(廳僕)에 충임되어 동생과 함께 관아에서 소서리(小書吏)를 맡게 되었다. 최공(崔公: 崔亞)은 정하에게 유생(儒生)과 같은 풍모(風貌)가 있음을 발견하고 이에 정하에게 물었다.

"너는 책을 읽었느냐?"

정하가 계단을 내려가 대답했다.

"예문(藝文)만 대충 읽었습니다."

최공은 어떤 물건을 가리키며 정하에게 시를 짓게 했는데, 정하가 지은 시가 고상하고 뜻이 담겨있었으므로 최공은 곧 그를 돌려보냈다.

정하는 날을 택해 자신이 지은 시를 가지고 예물을 들고 최공을 알현했다. 최공은 정하를 크게 칭찬하더니 그를 진사(進士)라고 부르게 했다. 정하는 최공의 문하(門下)에 의지한 채 다른 사람의 문하에 들어가지 않다가 모두 25차례 과거를 치른 끝에 급제했다. 정하는 매번 도성으로 들어갈 때마다 박릉(博陵)의 저택에 묵었으며 늘 자신을 선발해 준 은혜에 감사했다. 최아가 죽자 정하는 최공을 위해 3년 동안 최복(縗服: 喪服)을 입었으며, 사람들은 모두 그 일을 칭송했다. (『북몽쇄언』)

唐崔亞郎中典眉州, 程賀以鄕役充廳僕, 共弟在州曹爲小書吏. 崔公見賀風味有似儒生, 因詰之曰: "爾讀書乎?" 賀降階對曰: "薄涉藝文." 崔公指一物, 俾其賦詠, 雅有意思, 因令歸.

選日, 裝寫所業執贄. 甚稱獎之, 俾稱進士. 依崔之門, 更不他岐, 凡二十五擧及第. 每入京, 館於博陵之第, 常感提拔之恩. 亞卒之日, 賀爲崔公衰服三年, 人皆美之. (出『北夢瑣言』)

183 · 21(1966)
진 교(陳 嶠)

진교는 안륙(安陸)의 정함(鄭諴)을 찾아간 지 3년만에 비로소 정함과 대면했다. 조용히 있던 정함이 진교에게 말했다.

"민정언(閔廷言)을 아는가?"

진교가 말했다.

"뜻하지 않게도 저는 들어보지 못했습니다."

정함이 말했다.

"민정언과 교유(交遊)하는 것도 나쁘지 않을 것이다. 그의 문장은 서한(西漢)의 문장과 비슷하다."

(『척언』)

陳嶠謁安陸鄭諴, 三年, 方一相面. 從容諴謂嶠曰: "識閔廷言否?" 嶠曰: "偶未知聞." 諴曰: "不妨與之往還. 其人文似西漢." (出 『摭言』)

183·22(1967)
진도옥(秦韜玉)

진도옥은 전령자(田令孜)의 문하를 드나들었다. 황제가 촉(蜀)으로 행차했을 때 진도옥은 이미 승랑(丞郞)에 제수되어 소금과 관련된 일을 맡아보았다. 소귀공(小歸公: 歸崇敬의 아들인 歸登)이 과거를 주관할 때 진도옥은 칙명에 의해 과거에 급제했고, 또한 그 해의 합격자 명단에 들었다. 진도옥은 새로 선발된 진사들에게 편지를 보낼 때 모두 동년(同年: 같은 해에 及第한 進士)이라고 불렀다. 그 대략은 다음과 같다.

"세 자루 촛불 아래에서 공부했어도 비록 문위(文闈: 科場)의 길은 막

했지만, 몇 길이나 되는 담장 주변은 다행히도 똑같이 은총을 입은 땅입니다."

(『척언』)

　秦韜玉出入田令孜之門. 車駕幸蜀, 韜玉已拜丞郞, 判鹺. 及小歸公主文, 韜玉准敕放第, 仍編入其年榜中. 韜玉致書謝新人, 皆呼同年. 略曰: "三條燭下, 雖阻文闈, 數仞墻邊, 幸同恩地." (出『摭言』)

183 · 23(1968)
육　의(陸　扆)

　육의가 진사(進士) 과거를 치를 때 마침 희종(僖宗)이 양주(梁州)와 양주(洋州) 지역으로 행차했으므로, 육의는 어가(御駕)를 따라 행재소(行在所: 皇帝가 都城을 떠나 임시로 머무는 곳)로 가서 중서사인(中書舍人) 정손(鄭損)과 함께 같은 여관에 묵었다. 육의는 재상(宰相) 위소도(韋昭度)와 교분이 있었는데, 자신의 일을 빨리 매듭짓고자 여러 차례 위소도에게 고하자 위소도가 말했다.

　"이런 한여름에 또 누구에게 주고관(主考官)을 맡긴단 말인가?"

　육의가 정손이 적합하다고 대답하자 위소도는 육의의 말을 따랐다. 이에 위소도는 육의로 하여금 주고관을 맡아달라는 뜻을 전하게 했고, 방문(榜文)과 첩경(帖經)은 모두 육의가 스스로 정했다. 그 해 6월에 육의는 장두(狀頭: 狀元)로 급제했다. 그 후 육의는 한림원(翰林院)에 있었는데, 당시 날씨가 무덥자 동료들이 그를 놀리며 말했다.

"오늘은 방문을 만들기 딱 좋은 날이로군요."

그러나 육의의 명성은 한 시대에 크게 퍼졌고, 그의 형제 세 사람도 당시 '삼륙(三陸)'으로 불렸으니 육희성(陸希聲)과 육급위(陸及威)이다. (『북몽쇄언』)

陸扆擧進士, 屬僖宗幸梁・洋, 隨駕至行在, 與中書舍人鄭損同止逆旅. 扆爲宰相韋昭度所知, 欲身事之速了, 屢告昭度, 昭度曰: "奈已深夏, 復使何人爲主司?" 扆以鄭損對, 昭度從之. 因令扆致意, 牓帖皆扆自定. 其年六月, 狀頭及第. 後在翰林署, 時苦熱, 同列戲之曰: "今日好造牓矣." 然扆名冠一時, 兄弟三人, 時謂'三陸', 希聲・及威也. (『北夢瑣言』)

183 · 24(1969)
장 서(張 曙)

장서와 최소위(崔昭緯)는 중화연간(中和年間: 881~885) 초에 서천(西川)에서 함께 과거를 치르게 되어, 점쟁이를 찾아가 운명을 물었다. 당시 장서는 자신의 재주와 명성이 크게 드러나 있음을 믿었고, 사람들도 모두 장서가 장래에 장원(狀元)이 될 것이라고 지목했으며, 최소위 역시 스스로 장서보다 못하다고 생각했다. 그런데 무슨 까닭인지 점쟁이는 장서를 돌아보지도 않고 최소위만을 쳐다보며 말했다.

"장래에 반드시 높은 등수로 급제할 것이오."

장서가 화난 기색을 보이자 점쟁이가 말했다.

"낭군(郎君)도 급제할 것이지만 반드시 최소위가 재상(宰相)으로 임명되기를 기다려야 하며, 그 때에야 과당(過堂: 科擧에 及第한 후 宰相과 主考官에게 감사의 예를 올리는 행사)의 예를 치를 것이오."

얼마 후 장서는 과연 상사(喪事)로 인해 과거를 마치지 못했고 최소위는 그 해에 장원으로 급제했다. 장서는 시를 지어 최소위를 풍자했다.

> 천 리나 떨어진 강서(江西)까지 천리마의 꼬리에 붙어 왔는데,
> 오경(五更)의 선들바람에 용의 비늘이 떨어졌구나.
> 지난 밤 완화계(浣花溪)에 비 내리더니,
> 푸른 수양버들과 향기로운 풀은 누구를 위한 것인가?

최소위는 [이 시를 보고] 몹시 언짢아했다. 마침 밤 늦게까지 술을 마시게 되었는데, 최소위가 큰 잔을 장서에게 권하자 장서는 거듭 사양했다. 최소위가 말했다.

"그냥 비워버리게. 내가 재상이 되면 자네를 장두(狀頭: 狀元)로 뽑아줄테니."

그러자 장서는 옷깃을 떨치며 떠나버렸고, 이 일로 두 사람의 사이는 크게 나빠졌다. 7년 후 최소위는 조정에서 높은 벼슬에 임명되었다. 장서는 그 후 배지(裵贄)가 주관한 과거에서 급제했으며, 과연 최소위 아래에서 과당의 예를 올렸다. (『척언』)

張曙・崔昭緯, 中和初西川同擧, 相與詣日者問命. 時曙自恃才名籍甚, 人皆目爲將來狀元, 崔亦分居其下. 無何, 日者殊不顧曙, 第目崔曰: "將來萬全高第." 曙有慍色, 日者曰: "郎君亦及第, 然須待崔家郎君拜相, 當此時過堂."

旣而曙果以慘恤不終場, 昭緯其年首冠. 曙以篇什刺之曰: "千里江西陪驥尾, 五更風小失龍鱗. 昨夜浣花溪上雨, 綠楊芳草爲何人?" 崔甚不平. 會夜飮, 崔以巨觥飮張, 張推辭再三. 崔曰: "但喫却. 待我作宰相, 與郞君取狀頭." 張拂衣而去, 因之大不叶. 後七年, 崔自內廷大拜. 張後於裴贄下及第, 果於崔下過堂. (出『摭言』)

183 · 25(1970)
최소구(崔昭矩)

최소구는 대순연간(大順年間: 890~891)에 배지(裴贄)가 주관한 과거에서 장원(狀元)으로 급제했다. 다음 날 형 최소위는 재상(宰相)이 되었다.

왕척(王偓)은 승상(丞相)을 지낸 노공(魯公) 왕손(王摶)의 아들이다. 왕척이 급제한 다음 날 왕손은 재상이 되었다. 왕척은 과당(過堂: 科擧에 及第한 후 宰相과 主考官에게 감사의 예를 올리는 행사)의 예를 올릴 때 아버지인 왕손을 따로 알현했다.

귀암(歸黯)은 친영(親迎)의 예를 치르는 날[原文에는 '日'로 되어있으나『唐摭言』에 의거하여 '日'로 고쳐 해석함] 장원급제하여 방문(榜文) 아래에서 한 바퀴를 돌았다. 그는 벼슬을 한 지 한 달만에 병도 없이 죽었다. (『척언』)

崔昭矩, 大順中裴贄下狀元及第. 翌日, 兄昭緯登庸.

王偓, 丞相魯公摶之子. 偓及第, 翌日, 摶登庸. 偓過堂別見.

歸黜(按『唐摭言』八'點'作'黜')親迎拜席曰, 狀元及第, 牓下版巡. 脫白莽月, 無疾而卒. (出『摭言』)

183·26(1971)
가 영(賈　泳)

　가영의 아버지인 가수(賈修)는 의로움으로 명성이 있었다. 가영은 행동에 거리낌이 없었고 자잘한 예절에 구속되지 않았다. 가영은 일찍이 진주자사(晉州刺史) 무신(武臣)의 부관을 지냈는데, 당시 소종(昭宗)이 촉(蜀)으로 행차했다. 세 차례 과거를 주관했던 재상 배지(裴贄)가 당시 전임 주객원외랑(主客員外郎)으로 있다가 진주를 유람하러 왔는데, 가영은 그를 거만한 태도로 대했다. 배지가 한 번은 잠홀(簪笏)을 꽂고 가영을 방문했지만, 가영은 군복을 입은 채로 한 차례 읍(揖)하며 말했다.

　"주공(主公)인 상서(尚書)께서 매사냥을 하자고 저를 부르셨으니 허물하지 마십시오."

　가영은 이렇게 말한 후 바삐 가버렸고, 배지는 이 일을 마음에 깊이 담아두었다. 그 후 배지는 세 차례 주고관(主考官)을 지냈고, 가영은 두 차례의 과거에서 배지에게 쫓겨났다. 얼마 후 배지는 문인(門人)에게 말했다.

　"가영이 늙어 오히려 불쌍해졌으니 나는 마땅히 덕으로 그의 무례를 갚겠다."

　배지는 결국 가영을 급제시켰다. (『척언』)

賈泳父修有義聲. 泳落拓, 不拘細碎. 嘗佐武臣倅晉州, 時昭宗幸蜀. 三牓裴相贄, 時爲前主客員外, 客游至郡, 泳接之傲睨. 裴嘗簪笏造泳, 泳戎裝一揖曰: "主公尙書邈放鶻子, 勿怪." 如此偬偬而退, 裴贄頗銜之. 後裴三主文柄, 泳兩擧爲裴所黜. 旣而謂門人曰: "賈泳老倒可哀, 吾當報之以德." 遂放及第. (出『撫言』)

태평광기 권제184 공거 7
(氏族附)

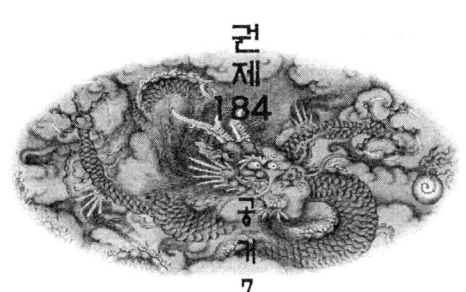

공거

1. 소　　종(昭　　宗)
2. 위　　견(韋　　甄)
3. 유　　찬(劉　　纂)
4. 종　　부(鐘　　傅)
5. 노 문 환(盧 文 煥)
6. 조 광 봉(趙 光 逢)
7. 노 연 양(盧 延 讓)
8. 위 이 범(韋 貽 範)
9. 양 현 동(楊 玄 同)
10. 봉 순 경(封 舜 卿)
11. 고　　련(高　　輦)

씨족

12. 이　　씨(李　　氏)
13. 왕　　씨(王　　氏)
14. 칠　　성(七　　姓)
15. 이　　적(李　　積)
16. 최　　식(崔　　湜)
17. 유　　례(類　　例)
18. 이　　교(李　　嶠)
19. 장　　열(張　　說)
20. 양　　씨(楊　　氏)
21. 이　　익(李　　益)
22. 장각태자비(莊恪太子妃)
23. 백 민 중(白 敏 中)
24. 여주의관(汝州衣冠)
25. 황　　생(黃　　生)

공거

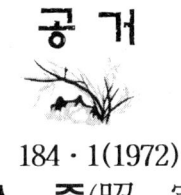

184·1(1972)
소 종(昭 宗)

소종황제는 특히 빈한한 후진들을 위해 과거의 길을 열어주었다. 최응(崔凝)이 복시(覆試: 考試를 二場으로 나누는데, 제 1場을 初試, 제 2場을 覆試라 함)를 주관하게 되자 관리들의 자제들은 문장의 고하를 막론하고 대거 낙방시켰는데, 그 중에는 굴지의 인재들도 매우 많이 포함되어 있었다. 빈한한 출신 중에는 오로지 정안(程晏)·황도(黃韜)만이 남보다 뛰어났고, 그 나머지 사람들은 정시(呈試: 科擧 시험에서 가짜를 방지하기 위해 應試者가 먼저 奏章을 제출하여 考官에게 검사 받는 일)로 보았기에 재능이 없으면서도 과거에 급제한 이들이 적지 않았다. 그러나 왕정백(王貞白)·장빈(張蠙)의 율시(律詩)와 조관문(趙觀文)의 고시(古詩)는 모두 전대 선배들의 수준에 다다른 것들이다. (『척언』)

昭宗皇帝, 頗爲孤進開路. 崔凝覆試, 但是子弟, 無問文章高下, 率多退落, 其間屈人頗多. 孤寒中, 唯程晏·黃韜擅場之外, 其餘以呈試考之, 濫得亦不少矣. 然如王貞白·張蠙律詩, 趙觀文古風之作, 皆臻前輩之閫閾者也. (出『摭言』)

184 · 2(1973)
위 견(韋 甄)
(本條原闕, 據明鈔本 · 陳校本補)

위견이 과거에 급제하는 것은 정황으로 보아 확실한 일이었으나, 몇 번째로 급제할 지는 알지 못했기에 여전히 마음을 놓을 수는 없었다. 잠시 후에 광덕리(光德里)의 남쪽 거리에서 금옥이 울리는 소리가 들리더니, 갑자기 한 사람이 판자문을 매우 다급하게 두드리는 것이 보였다. 한참 후에 삐걱거리며 문이 열리자 그 사람이 이렇게 외쳤다.

"13관(官)께서는 존체(尊體)에 만복(萬福)이 깃드시길 바랍니다."

위견은 과연 열세 번째로 과거에 급제했다. (『척언』)

韋甄及第, 勢固萬全矣, 然未知名第高下, 未免撓懷. 俄聆於光德里南街, 忽睹一人扣一板門甚急. 良久, 軋然門開, 呼曰: "十三官尊體萬福." 旣而甄果是第十三人矣. (出『摭言』)

184 · 3(1974)
유 찬(劉 纂)

유찬은 상주(商州) 사람 유태(劉蛻)의 아들로 그 역시 문장에 뛰어났다. 그는 건녕연간(乾寧年間: 894~898)에 도성(都城)에서 가난하게 살고 있었는데, 우연히 한 의원과 이웃으로 지내게 되었다. 유찬은 그 의원을 매우 극진히 대했으며 종종 그에게 임시로 돈을 빌려주곤 했는데, 그는 추밀사(樞密使: 國家의 주요 정무를 관장하는 樞密院의 장관)의 문도였다. 당시 사설왕(嗣薛王: 李知柔)이 경조윤(京兆尹)으로 있었는데, 그 의원이 이지유(李知柔)를 진맥하면서 조용한 틈을 타 유찬이 곤궁하면서도 명성이 있는 것을 칭찬하여, 이지유는 유찬의 사정을 잘 알게 되었다. 때마침 시관(試官)이 해송(解送: 唐·宋代 進士 試驗 응시자들을 州縣의 地方官이 推薦하여 都城으로 보내는 것)되어 등제(等第: 京兆府에서 과거를 치른 후 합격하여 禮部의 再試에 들게 됨을 말함)된 명단을 이지유에게 알렸다. 이지유는 유찬이 개부(開府: 관부를 설치하고 관원을 배치할 만한 고위관리. 여기서는 樞密使를 말함) 문하인 아까 그 의원이 말한 사람이니, 틀림없이 개부의 뜻이리라고 생각하여 그를 해시(解試: 唐·宋代 州와 府에서 擧行된 科擧試驗으로 明·清代의 鄉試와 같음)의 장원으로 뽑지 않을 수 없었다. 그리하여 유찬은 해시의 장원이 되어 보내졌는데, 유찬도 그 이유는 알지 못했다. 그러나 이때부터 유찬은 [바로 그 이유 때문에] 여러 번 낙방하고 나서야 비로소 알게 되었으나, 자신의 결백을 설명할 길이 없었다. (『척언』)

劉纂者, 商州劉蛻之子也, 亦善爲文. 乾寧中, 寒栖京師, 偶與一醫士爲隣. 纂待之甚至, 往往假貸之, 其人卽樞密使門徒. 嗣薛王爲大京兆, 醫工因爲知柔診脉, 從容之際, 盛言纂之窮且屈, 知柔甚領覽. 會試官以解送等第, 稟於知柔. 知柔謂纂是開府門前人醫者之言, 必開府之意也, 非解元不可. 由是以纂居首送, 纂亦莫知其由. 自是纂落數擧, 方悟, 竟無以自雪. (出『摭言』)

184 · 4(1975)
종 부(鐘 傳)

　당(唐)나라 광명연간(廣明年間: 880~881) 중의 경자의 난[庚子之亂: 僖宗 乾符 원년(874)에 黃巢가 난을 일으켜 廣明 원년인 경자년(880)에 洛陽과 長安을 함락하고 稱帝하여 국호를 大齊라 했다가, 甲辰年에 평정되었음]으로 갑진년(甲辰年: 884)까지 천하는 크게 황폐해지고 황제는 재차 기산(岐山)과 양산(梁山)으로 몽진했다. 당시는 굶어죽은 시체가 서로 바라다 보이는 상황이라, 군국(郡國)에서는 모두 공사(貢士: 지방 州郡에서 뛰어난 자제로 선발되어 추천된 사람)에는 뜻을 두지 않았다. 그러나 강서절도사(江西節度使) 종부는 의군을 일으켜 영토를 안정시켰기에 타지에서 찾아온 관리들이 관청에 가득하여 제후들에게 귀감이 되었으며, 또한 어진 선비를 천거하는 일을 급선무로 삼아 힘을 쏟았다. 그는 비록 마을의 천한 사람이 몇 구절의 글로 담당 관리에게 천거를 구한다 해도, 극진한 예로 대하지 않은 적이 없었다. 시험 날이 되자 장막을 치고 연회를 벌였는데, 태평성대 때 보다 성대했다. 종부는 향음지례(鄕飮之禮)를 행하고 빈객들과 보좌관을 거느리고 직접 시찰했는데, 그 모습이 정성스러웠으며 기쁜 안색을 띠고 있었다. 후에 큰 연회를 열어 그들을 전별(餞別)하면서 평범한 예물 이외에 모두 계옥(桂玉: 원문에는 王이라고 되어있으나 玉의 오기로 보임. 桂玉은 계수나무보다 귀한 땔나무와 옥보다 귀한 쌀이란 말로 비싼 도회지의 물가를 말함)으로 노자돈을 대주었다. 해시(解試: 唐·宋代 州와 府에서 擧行된 科擧試驗으로 明·淸代의 鄕試와 같음)의 장원에게는 30만 전을 주었고, 해시의 차석에게는 20만 전 이상을 주었으며, 그 나머지도 모두 10만 전 이상을 주었다. 그는 30년 동안 이런 정책을 베풀었으며, 그 뜻을 한번도 그만둔 적이 없었다. 당시 과거 응시생들은 공경(公卿: 鐘傅)에게 청탁을 드리러 천 리를 멀다하지 않고 와서 수석으로 천거 받길 구했는데, 해마다 그 수가 여러 명이나 되었다.

唐朝自廣明庚子之亂, 甲辰, 天下大荒, 車駕再幸岐梁. 饑殍相望, 郡國率不以貢士爲意. 江西節帥鐘傅起於義聚, 奄有疆土, 充庭述職. 爲諸侯表式, 而乃孜孜以薦賢爲急務. 雖州里白丁, 片文隻字求貢於有司者, 莫不盡禮接之. 至於考試之辰, 設會供帳, 甲於治平. 行鄕飮之禮, 嘗率賓佐臨視. 拳拳然有喜色. 後大會以餞之, 筐篚之外, 率皆資以桂王. 解元三十萬, 解副二十萬, 其餘皆不減十萬. 垂三十載, 此志未嘗稍息. 時擧子者以公卿關節, 不遠千里而求首薦, 歲常不下數輩.

184 · 5(1976)
노문환(盧文煥)

노문환은 광화(光化) 2년(899)에 장원 급제했는데, 연회비용을 갹출하는 일을 급선무로 여겼다. 늘상 관부에서 연회에 쓸 비용을 추렴했으나, 동기들은 모두 가난을 걱정하는 터라 그에게 돈을 보내지 못했다. 하루는 노문환이 제국공(齊國公)의 정자에서 놀자고 속여, 모두 허리띠를 풀고 편안히 있을 때, 노문환은 단사(團司: 당대 新進士가 급제하면 급제 동기들과 함께 연회를 즐기는 동시에 여러 가지 일들을 규찰하는 기구를 계획하고 실시하는 일을 책임지는 사람)에게 [연회비용 대신으로 신진사들의] 당나귀를 끌고 가게 했다. 그 때 유찬(柳璨)이 노문환에게 그 나귀는 자신의 소유가 아니라고 했더니, 노문환이 이렇게 말했다.

"약을 먹고 어지럽지 않으면 그 병은 나을 수 없네[藥不瞑眩, 厥疾弗瘳. 이 구절은 『書經』「說明」上에 나옴. 여기서는 자기의 아까운 것을 억지로 내놓아야 경계로 삼을 만 하다는 뜻으로 보임]."

유찬은 그 일을 마음 속 깊이 품어 두었다. 4년이 지난 후 유찬이 등용되자 [지난 날에 유찬에게 실수한 것에 대한] 노문환의 근심은 나날이 더해갔는데, 유찬은 그와 마주칠 때마다 이렇게 말했다.

"약을 먹고 어지럽지 않으면 그 병은 나을 수 없다네."

(『척언』)

盧文煥, 光化二年狀元及第, 頗以謔虐爲急務. 常府開讌, 同年皆患貧, 無以致之. 一旦給以遊齊國公亭子, 旣自皆解帶從容, 煥命圍司牽驢. 時柳璨告文煥, 以驢從非己有, 文煥曰: "藥不瞑眩, 厥疾弗瘳." 璨甚銜之. 居四年, 璨登庸, 文煥憂戚日加, 璨每遇之曰: "藥不瞑眩, 厥疾弗瘳." (出『摭言』)

184·6(1977)
조광봉(趙光逢)

광화(光化) 2년(899)에 [주고관(主考官)인] 조광봉은 유찬(柳璨)을 급제시켰는데, 그 후로 조광봉은 3년 동안 승진하지 못했다. 유찬이 조정에서 재상으로 임명되었을 때, 조광봉은 그때서야 비로소 좌승(左丞)으로 초징되어 조정으로 들어가게 되었다. 얼마 후에 유찬은 죄에 연루되어 주살되었으나, 조광봉은 크게 등용되어 10여 년간 요직을 지냈다. 조광봉은 황상께 사직을 청하는 표문(表文)를 올려 사공(司空)의 직함에서 사직했다가 2년 후에 다시 초징되어 재상에 제수되었다. (『척언』)

光化二年, 趙光逢放柳璨及第, 光逢後三年不遷. 時璨自內庭大拜, 光逢始以左丞徵入. 未幾, 璨坐罪誅死, 光逢膺大用, 居重地十餘歲. 上表乞骸, 守司空致仕, 二年, 復徵拜上相. (出『摭言』)

184 · 7(1978)
노연양(盧延讓)

노연양은 광화(光化) 3년(900)에 과거에 급제했다. 일찍이 노연양은 스승 설능(薛能)을 본받아 시(詩)를 지었는데, 시어의 뜻이 편벽되어서 당시 사람들은 대부분 그를 비웃었다. 오융(吳融)은 예전에 시어사(侍御史)로 있다가 조정을 떠나 협주(峽州)에서 벼슬하고 있었다. 노연양은 당시 형저(荊渚)에서 떠돌아다니고 있었는데, 가난하여 시권(詩卷)을 마련할 비용조차 없었던 타라 그때까지 예물을 갖추어 오융을 배알할 기회가 없었다. 때마침 오융의 외종 사촌인 등적(滕籍)이라는 사람이 우연히 노연양의 시 100편을 얻게 되었는데, 오융은 그 시들을 읽어보고 크게 뛰어나다고 여기며 이렇게 말했다.

"이 시들은 다른 빼어난 곳은 없지만 시어만큼은 비상하구만."

그리하여 오융은 그를 부윤(府尹)인 성예(成汭)에게 칭찬했다. 옛 승상(丞相) 장공(張公)이 당시 이 지역에서 벼슬을 하고 있었는데, 그는 늘 노연양의 시를 우스갯거리로 삼았다. 그러나 오융이 그에 대해 언급한 후로는 모두 노연양을 다시 보게 되었고, 이로 인해 노연양은 거량(擧糧: 學者에게 食糧을 주어 補助하는 것을 말함)을 받게 되었다. 노연양은 깊이 감격해했으나 그래도 여전히 곤궁했기에 끝내 서로 만나지 못했다. 오융은 급히 초징되어 얼마 후 조정으로 들어간 뒤에도 공경대부(公卿大夫)들에게 열심히 노연양을 칭찬해 마지 않았다. 광화 무오년(戊午年: 898)에 노연양은 양주(襄州) 남쪽에서 [도성으로] 오게 되었는데, 오융이 그를 한 번 보자마자 마치 이전부터 알고 있었던 사이처럼 대해 주었기에 노연양은 오열하며 눈물을 흘렸다. 그리하여 둘은 절친한 사이가 되었다. (『척언』)

盧延讓光化三年登第. 先是延讓師薛能爲詩, 詞意入癖, 時人多笑之. 吳融向爲侍御史, 出官峽中. 延讓時薄游荊渚, 貧無卷軸, 未遑贄謁. 會融表弟滕籍者, 偶得延讓百篇, 融旣覽, 大奇之, 且曰: "此無他貴, 語不尋常耳." 於是稱之於府主成汭. 時故相張公職於是邦, 常以延讓爲笑端. 及融言之, 咸所改觀, 由是大獲擧糧. 延讓深所感激, 然猶困循, 竟未相面. 値融赴急徵, 尋入內庭, 孜孜於公卿間稱譽不已. 光化戊午歲, 來自襄之南, 融一見如舊相識, 延讓嗚咽流涕. 於是攘臂成之矣. (出『摭言』)

184 · 8(1979)
위이범(韋貽範)

　나은(羅隱)과 고운(顧雲)은 모두 상국(相國) 영호도(令狐綯)의 인정을 받았다. 고운은 비록 소금장수의 아들이었지만, 기품이 빼어났으며 아정(雅整)했다. 나은 역시 전당(錢塘) 사람이었는데, 그는 고향 사투리를 써서 말씨가 달랐기에 상국의 자제들이 매번 연회를 열 때면 고운만이 참여했다. 고운은 기품이 빼어나고 말도 잘 했기에 그가 빈한한 출신의 선비라는 것을 알아차리는 사람은 없었다. 고운의 문장은 당시 사람들에게서 칭찬 받고 있었으므로 모두에게 이름이 알려졌다. 한번은 고운이 자신의 지기(知己)에게 속내를 털어놓으면서, 단지 병과(丙科: 漢代의 科擧制度인 甲·乙·丙科 중 3등급인 丙科를 말하는 것으로 후에는 과거에 3등으로 급제함을 말함)의 끄트머리에 들기만을 바란다고 했는데, 결국 그는 맨 마지막의 바로 앞에 들었다.

　나은은 [귀족자제와 어울리지 못하여] 번번이 뜻을 이루지 못하자 [자신의 신세를] 매우 원망스러워 했으며, 결국 귀족 자제들에게 배척당하여 오랫동안 떨어져 지내다가 동쪽 고향으로 돌아갔다. 황구(黃寇: 黃巢를 가리킴)의 난이 평정되자 조정의 현신들은 나은을 불러들이기로 의논했는데, 위이범이 제지하며 말했다.

　"저는 그와 비록 서로 면식이 있었던 것은 아니지만 한 배를 탄 적이 있었습니다. 그 때 뱃사람이 사람들에게 '이 배에 조정의 관리가 있습니다'라고 알리자, 나은이 '조정 관리는 무슨? 내가 다리 사이에 붓을 끼고 글을 써도 몇 사람쯤은 거뜬히 당해낼 수 있다'라고 말했습니다. 그러니 만약 그가 과거에 급제하여 처음 벼슬자리에 오르면 우리를 모두 쭉정이로 취급할 것입니다."

이 때문에 나은은 결국 초징되지 못했다. (『북몽쇄언』)

羅隱・顧雲, 俱受知於相國令狐綯. 顧雖縫賈之子, 而風韻詳整. 羅亦錢塘人, 鄕音乖剌, 相國子弟每有宴會, 顧獨預之. 風韻談諧, 莫辨其寒素之士也. 顧文賦爲時所稱, 而切於成名. 嘗有啓事陳於所知, 只望丙科盡處, 竟列於尾株之前也.

羅旣頻不得意, 頗怨望, 竟爲貴遊子弟所排, 契闊東歸. 黃寇事平, 朝賢議欲召之, 韋貽範沮之曰: "某與同舟而載, 雖未相識. 舟人告云: '此有朝官.' 羅曰: '是何朝官? 我脚夾筆, 亦可敵得數輩.' 必若登科通籍, 吾徒爲粃糠也." 由是不果召. (出『北夢瑣言』)

184・9(1980)
양현동(楊玄同)

당(唐)나라 천우연간(天祐年間: 904~907)에 하중부(河中府)의 진사(進士) 양현동은 과거장에서 늙어갔는데, 그 해도 역시 방황하고 있었다. 불길한 조짐이 끝이 없자, 그는 마땅히 길몽을 꾸길 빌면서 그것으로 앞날을 점쳐보려고 했다. 그러자 그날 저녁 용이 하늘을 나는 꿈을 꾸었는데, 용의 다리가 여섯이었다. 그 후 방이 붙은 것을 보았더니, 그의 이름이 여섯 번째로 올라 있었다. 양현동은 곧 운명은 진실로 미리 정해져 있다는 것을 알았다. (『옥당한화』)

唐天祐年, 河中進士楊玄同老於名場, 是歲頗亦彷徨. 未涯兆朕, 宜祈吉夢, 以卜前途. 是夕, 夢龍飛天, 乃六足. 及見牓, 乃名第六. 則知固有前定矣. (出『玉堂閑話』)

184 · 10(1981)
봉순경(封舜卿)

봉순경은 양(梁: 後梁)나라 때 지공거(知貢擧: 科擧시험 主考官으로 주로 進士科를 管掌함)로 있었는데, 후에 자신의 문하생 정치옹(鄭致雍)과 함께 임명되어 한림(翰林)으로 들어가 학사(學士)가 되었다. 정치옹은 뛰어난 재주가 있었으나 봉순경은 재주나 생각이 졸렬했으며, 오제(五題: 翰林學士가 된 이들은 반드시 內制·外制·批答·詩·賦 다섯 항목의 시험을 보아야 했는데, 이를 五題라 했음)를 볼 때에는 피곤함을 이기지 못하여 정치옹에게 대신 붓을 잡도록 부탁했다. 당시의 식자(識者)들은 좌주(座主: 坐主라고도 하며 唐代 科擧 應試生들이 主考官을 칭하는 말)가 문하생을 욕되게 했다고 여겼다. 봉순경은 동광연간(同光年間: 923~926) 초에 사직했다. (『북몽쇄언』)

封舜卿梁時知貢擧, 後門生鄭致雍同受命, 入翰林爲學士. 致雍有俊才, 舜卿才思拙澁, 及試五題, 不勝困弊, 因託致雍秉筆. 當時識者, 以爲座主辱門生. 同光初致仕. (出『北夢瑣言』)

184 · 11(1982)
고 련(高 輦)

예부(禮部)의 과거장에 붙는 방들은 글씨가 담묵(淡墨)으로 씌어 있다. [그 이유를] 혹자는 이렇게 말했다.

"급제자 명단의 순위는 명계(冥界)에서 정한 것을 이승에서 받아 쓴 것이므로, 담묵으로 쓴 글씨는 귀신의 자취와 같기에 이를 '귀서(鬼書)'라고 한다."

그러자 범질(范質)이 이렇게 말했다.

"그 말은 아직 사실로 밝혀지지 않은 것으로, 길거리에서 주워들은 말이니 감히 맞다고 할 수 없다. 내가 과거에 응시하기 전에 급제한 사람들이 알려 주었는데, 거자(擧子: 과거 응시생)가 장차 급제하게 되려면 반드시 특이한 꿈을 꾼다고 했던 기억이 난다. 지금 내가 기억하고 있는 세 가지 꿈을 여기에 기록한다."

[그 세 가지 꿈 이야기는 다음과 같다.]

고련이 과거에 응시했을 때 꿈을 꾸었는데, 그는 천둥 번개가 치는 깜깜한 그믐날 밤에 조그만 용 한 마리가 그의 앞에서 돌 하나를 토하자 자신이 그것을 얻는 것이다. 점쟁이가 말했다.

"깜깜한 그믐날 밤에 천둥 번개가 치는 것은 변화의 상(象)이며, 1석(石)은 10과(科: 여기서는 말[斗]의 뜻으로 쓰임. '科'자에 '斗'자가 들어가 이렇게 풀이한 것으로 보임)입니다. 장래에 급제하시면 열 번째일 것입니다."

아직 방이 붙지 않았을 때 한 관리가 주문(主文: 주로 文卷을 읽어보는 主考官)의 첩지를 들고 왔기에 고연이 그 하급관리의 성을 물었더니 그는 용씨(龍氏)라고 대답했다. 또 자신의 등수가 몇 번째인지 묻자 그는 열 번째라고 대답했다.

또한 곽준(郭俊)이라는 사람은 과거에 응시했을 때, 한 노승이 나막신을 신고 침상 위를 비틀비틀 걸어가는 꿈을 꾸었다. 그는 잠에서 깨어 그 꿈을 꺼림칙하게 생각했는데, 점쟁이는 이렇게 말했다.

"노승은 상좌(上座)에 앉는 사람이오. 그가 나막신을 신고 침상 위를 걸어갔다고 했는데, 나막신도 또한 [굽이] 높은 것이니 그대가 높이 오른다는 뜻이오."

후에 방을 보았더니, 과연 장원이었다.

왕정(王汀)은 과거에 응시했을 때, 활주(滑州)의 객점에 갔다가 왕신징(王愼徵)이라는 사람을 활로 쏘아 단발에 명중시키는 꿈을 꾸었다. 아직 방이 붙기 전에 어떤 사람이 그에게 이렇게 말했다.

"급제자 명단에서 당신의 등수는 한참 아래일 것이오."

그러자 왕정이 대답했다.

"구차하나마 이름이 오른다면 여섯 번째일 것이오."

후에 방을 보았더니, 과연 그의 말과 같았다. 어떤 사람이 [어떻게 알았는지] 묻자, 그는 곧 꿈 이야기를 해주었다. 왕신징은 전년도에 여섯 번째로 급제한 사람이었는데, 이번에 그를 쏘아 맞혔으므로 역시 그렇게 급제할 것을 알았던 것이다.

범질은 계사년(癸巳年: 933)에 과거에 응시했는데, 그는 시험을 마치고 나서 자신이 어린 나이에 처음으로 과거를 보았기에 감히 급제할 것이라고 바라지는 않았지만 그래도 근심스러운 나머지 술에 취하게 되었다. 그리하여 객점에서 낮잠을 잤는데, 갑자기 꿈을 꾸었다. 잠이 아직 깨지 않았을 때 구경(九經: 易·詩·書·禮·春秋·孝經·論語·孟子·周禮)에 능한 장지재(蔣之才)가 방문했기에, 그는 놀라 일어나 앉아 꿈 이야기를 해주었다. 그는 꿈에서 어떤 사람에 의해 머리에 붉은 붓으로 마구 점이 찍혔으며, 자기가 나귀만큼 커다란 원숭이 한 마리를 끌고 갔다는 것이다. 장지재가 곧 그 꿈을 점쳐 이렇게 말했다.

"당신은 장차 반드시 급제할 것이며 아울러 이름은 3이 들어가는 등수에 오를 것입니다."

범질이 장지재에게 그렇게 말한 이유를 물으니, 그가 즉시 대답했다.

"머리에 마구 점을 찍은 것은 여러 번 얻는다는 뜻이며, 붉은 것은 일이 분명하다는 뜻입니다. 큰 원숭이는 긴팔원숭이[猿]인데, [그와 발음이 같은 원(圓)은] 산법(筭法)으로 따지면 원주(圓周)가 3이면 그 원의 직경은 1이니, 곧 3이라는 숫자임을 알 수 있습니다."

후에 방이 붙었는데, 범질은 열세 번째로 급제했다. (『옥당한화』)

禮部貢院, 凡有牓出, 書以淡墨. 或曰: "名第者, 陰注陽受, 淡墨書者, 若鬼神之跡耳, 此名'鬼書'也." 范質云: "未見故實, 塗說之言, 未敢爲是. 嘗記未應擧日, 有登第者相告, 擧子將策名, 必有異夢. 今聊記憶三數夢, 載之於此"

高輦應擧, 夢雷電晦冥, 有一小龍子在前, 吐出一石子, 輦得之. 占者曰: "雷電晦冥, 變化之象, 一石十科也. 將來科第, 其十數矣." 及將放牓, 有一吏持主文帖子至, 問小吏姓名, 則曰, 姓龍, 詢其名第高卑, 則曰第十人.

又郭俊應擧時, 夢見一老僧屐於臥榻上, 蹣跚而行. 旣寤, 甚惡之, 占者曰: "老僧上座也. 著屐於臥塌上行, 屐高也, 君其巍峩矣." 及見榜, 乃狀元也.

王汀應擧時, 至滑州旅店, 夢射王愼徵, 一箭而中. 及將放榜, 或告曰: "君名第甚卑." 汀答曰: "苟成名, 當爲第六人." 及見牓, 果如所言. 或者問之, 則告以夢. 王愼徵則前年第六人及第, 今射而中之, 故知亦此科第也.

質於癸巳年應擧, 考試畢場, 自以孤平(明鈔本'孤平'作'幼年')初擧, 不敢決望成名, 然憂悶如醉. 晝寢於逆旅, 忽有所夢. 寐未呒間, 有九經蔣之才相訪, 卽驚起而坐, 且告以夢. 夢被人以朱筆於頭上亂點, 已牽一胡孫如驢許大. 蔣卽以夢占之曰: "君將來必捷, 兼是第三人矣." 因問其說, 卽曰: "亂點頭者, 再三得也, 朱者, 事分明也. 胡孫大者爲猿, 筭法圓三徑一, 故知三數也." 及放牓, 卽第十三人也. (出『玉堂閑話』)

씨족

184·12(1983)
이 씨(李 氏)

후위(後魏)의 효문제(孝文帝)가 사성(四姓: 漢代 이후로 각 朝代마다 대개 네 名門豪族을 정해 四姓이라 불렀음)을 정했는데, 농서(隴西) 이씨(李氏)는 사성에 들어가지 못할 까 걱정되어 별이 뜬 밤에 방울 소리 울리는 낙타를 타고 하루에 이틀 길을 걸어 낙양(洛陽)에 당도했다. 그러나 그 때는 이미 사성이 모두 정해진 뒤였다. 그래서 지금까지 그 집안을 '낙타 이씨[駝李]'라 부른다. (『조야첨재』)

後魏孝文帝定四姓, 隴西李氏大姓, 恐不入, 星夜乘鳴駝, 倍程至洛. 時四姓已定訖. 故至今謂之'駝李'焉. (出『朝野僉載』)

184 · 13(1984)
왕 씨(王 氏)

태원(太原) 왕씨는 사성(四姓: 漢代 이후로 각 朝代마다 대개 네 名門 豪族를 정해 四姓이라 불렀음)에 들게 되어 가문이 빛났기에 '삽루왕가(鈒鏤王家: 鈒鏤는 金銀으로 器物에 꽃무늬를 박아 넣는 것을 말함)'라 불리게 되었는데, 그것은 은 바탕에 금으로 장식하게 된 것을 비유한 말이었다. (『국사보』)

太原王氏, 四姓得之爲美, 故呼爲'鈒鏤王家', 喩銀質而金飾也. (出『國史補』)

184 · 14(1985)
칠 성(七 姓)

고종(高宗) 때에 태원(太原) 왕씨(王氏), 범양(范陽) 노씨(盧氏), 형양(滎陽) 정씨(鄭氏), 청하(淸河)·박릉(博陵)의 두 최씨(崔氏), 조군(趙郡)·농서(隴西)의 두 이씨(李氏) 등을 칠성(七姓)으로 삼았다. 그들 명문 귀족들은 [칠성이 아닌] 다른 성씨의 집안과 혼사를 맺는 것을 수치스럽게 여겼으므로, [조정에서] 서로간에 혼사를 맺는 일을 금하자 감히 더 이상 드러내 놓고 혼례식을 거행하지는 못하고 딸들을 몰래 치장하여 시댁으로 보내곤 했다. (『국사이찬』)

　高宗朝, 以太原王, 范陽盧, 榮陽鄭, 淸河・博陵二崔, 趙郡・隴西二李等七姓. 其族望耻與諸姓爲婚, 乃禁其自相姻娶, 於是不敢復行婚禮, 密裝飾其女以送夫家. (出『國史異纂』)

184・15(1986)
이 적(李 積)
(『國史補』'積'作'愼')

　이적은 주천공(酒泉公) 이의염(李義琰)의 종손(從孫)으로 그의 가문은 당대의 으뜸이었으며, 훌륭한 명성도 있었다. 그러나 그는 늘 자신의 관작이 가문의 명망에 미치지 못한다고 여겨, 관직이 사봉랑중(司封郞中: 唐宋代 吏部 司封司의 主官으로 封爵・朝會・賜予의 等級을 管掌함)과 회주자사(懷州刺史)에 이르렀을 때도 다른 사람에게 서찰을 쓸 때 [자신의 관작은 쓰지 않고] '농서(隴西) 이적'이라고만 썼다. (『국사보』)

　李積, 酒泉公義琰姪孫, 門戶第一而有淸名. 常以爵位不如族望, 官至司封郞中・懷州刺史, 與人書札, 唯稱'隴西李積'. (出『國史補』)

184 · 16(1987)
최 식(崔 湜)

최인사(崔仁師)의 손자 최식(崔湜)과 최척(崔滌) 등 형제 여러 명은 모두 문장에 뛰어났으며, 높은 요직(要職)에 있었다. 그들은 매번 사적인 연회 때마다 스스로를 [六朝 때의] 왕도(王導)와 사안(謝安)의 가문과 비교하면서 사람들에게 이렇게 말했다.

"우리의 가문 및 신분 그리고 역임하는 관직은 최고가 아닌 적이 없었다. 사내 대장부라면 마땅히 먼저 요직을 차지하고 사람들을 지배해야지, 어찌 묵묵히 다른 사람의 지배를 받겠는가?"

그들은 계속해서 벼슬이 올랐으나, 천명을 다하지는 못했다. (『척언』)

崔仁師之孫崔湜·滌('滌'原作'瀞', 據明鈔本改)等昆仲數人, 並有('並有'二字原闕, 據唐『摭言』十二補)文翰, 列官淸要. 每私宴之際, 自比王·謝之家, 謂人曰: "吾之門第('門第'原作'人門', 據明鈔本改)及出身官歷, 未嘗不爲第一. 丈夫當先據要路以制人, 豈能默默受制於人?" 故進取不已, 而不以令終. (出『摭言』)

184 · 17(1988)
유 례(類 例)

세간에는 『산동사대부유례(山東士大夫類例)』 3권이 있었는데, 그 책에는 사대부(士大夫)가 아닌 자들과 사대부를 사칭하는 자들은 대부분

싣지 않았다. 그 책에는 저자가 '상주(相州) 승담강(僧曇剛) 찬(撰)'이라고 기록되어 있었는데, 후에 역시 명문귀족인 유충(柳沖)이 중종(中宗) 때에 상주자사(相州刺史)가 되어 [그 책에 대해] 나이 많은 노인에게 물었더니 그는 이렇게 대답했다.

"수(隋)나라 이래로 [상주에] 담강이라는 스님이 있다는 말은 들어보지 못했습니다."

아마도 당시의 질시를 두려워했기 때문에 그 성씨를 숨겼었을 것이다. (『국사보』)

世有『山東士大夫類例』三卷, 其有非士族及假冒者, 多不見錄. 署云'相州僧曇剛撰', 後柳冲亦明族姓, 中宗朝爲相州刺史, 詢問舊老, 云: "自隋已來, 不聞有僧曇剛." 蓋懼嫉於時, 故隱其名氏. (出『國史補』)

184 · 18(1989)
이 교(李 嶠)

국초에 이교와 이형수(李逈秀)는 함께 조정에 있었는데 조서(詔書)를 받들어 의형제를 맺었다. 또한 서조왕(西祖王) 이장(李璋)과 신안왕(信安王) 이의(李禕)는 한 어머니에게서 난 친형제였다. 그러므로 조군(趙郡)과 농서(隴西) [이씨(李氏)] 두 가문은 소목(昭穆: 宗廟나 祠堂에 신주를 모시는 차례)이 정해지지 않아서 [촌수가 확실하지 않아] 한 번 모이면 손자가 조부가 되기도 하고 혹은 조부가 손자가 되기도 했다. (『국사보』)

初, 李嶠與李迥秀同在廟堂, 奉詔爲兄弟. 又西祖王璋與信安王禕同産. 故趙郡·隴西二族, 昭穆不定, 一會之中, 或孫爲祖, 或祖爲孫. (出『國史補』)

184 · 19(1990)
장 열(張 說)

장열은 산동(山東) 지역의 가문과 혼사 맺기를 좋아했는데, 당시 사람들은 모두 그 일을 싫어했다. 그러나 후에 장씨(張氏) 가문과 인척을 맺은 집안은 부귀한 권문세족이 되었다. 사성(四姓: 漢代 이후로 각 朝代마다 대개 네 名門豪族를 정해 四姓이라 불렀음)은 형양(滎陽)을 떠나지 않은 정씨(鄭氏), 강두(崗頭) 노씨(盧氏), 택저(澤底) 이씨(李氏), 토문(土門) 최씨(崔氏) 가문인데, 이들은 모두 정갑(鼎甲: 權門勢家)이 되었다. (『국사보』)

張說好求山東婚姻, 當時皆惡之. 及後與張氏親者, 乃爲甲門('甲門'原作'申明', 據明鈔本改). 四姓, 鄭氏不離滎陽, 又崗頭盧·澤底李·土門崔, 皆爲鼎甲. (出『國史補』)

184 · 20(1991)
양 씨(楊 氏)

양씨 가문 중에 스스로를 '관서(關西)의 공자(孔子)'라고 칭한 양진(楊

震)은 죽어서 동관정(潼關亭)에 장사지내졌다. 지금까지 700여 년 동안 그의 자손들은 문향(閿鄕)의 옛 저택에 살고 있는데, 천하의 명문 씨족이 되었다. (『국사보』)

楊氏, 自楊震號'關西孔子', 葬於潼關亭. 至今七百餘年, 子孫猶在閿鄕故宅, 天下一家而已. (出『國史補』)

184・21(1992)
이 익(李 益)

상서(尙書) 이익은 자신의 종친(宗親) 중에 한 서자(庶子: 太子의 屬官으로 唐代에는 左右春坊事의 일을 분담했음)와 이름이 같았는데, 두 사람 모두 고장공(姑臧公: 李元吉로 高祖의 아들임)의 후손이었다. 당시 사람들은 상서 이익을 '문장이익(文章李益)'이라고 부르고, 서자 이익을 '문호이익(門戶李益)'이라고 불렀는데, 상서 이익은 또한 문지(門地: 궁에서 가르침을 청해오는 벼슬로 二品에 해당)를 겸하고 있었다. 한번은 인척간에 연회가 있었는데, 상서 이익이 돌아와 가족들에게 웃으며 말했다.

"몹시 재밌더구나. 오늘 연회 자리에서 상좌(上座)가 둘 있었는데, 둘 다 이익의 자리였다."

(『인화록』)

李尙書益有宗人庶子同名, 俱出於姑臧公. 時人謂尙書爲'文章李益', 庶子爲

'門戶李益', 而尙書亦兼門地焉. 嘗姻族間有禮會, 尙書歸, 笑謂家人曰: "大甚笑. 今日局席, 兩箇坐頭, 總是李益." (出『因話錄』)

184 · 22(1993)
장각태자비(莊恪太子妃)

문종(文宗)이 장각태자(莊恪太子: 李永)를 위해 태자비를 간택하게 되어 조정 신료 집안의 딸들이 모두 명단에 올라가자, 사대부들이 모두 불안해했다. 문종이 그 사실을 알고 재상들을 불러 말했다.

"짐은 태자를 장가들게 하기 위해 본시 여주(汝州)와 정주(鄭州)의 명문가문의 딸을 신부로 삼으려 했으나, 듣자 하니 조정 신료들이 모두 짐과 혼사를 맺고 싶어하지 않는다는데, 어찌된 일이오? 짐의 가문은 수백 년간 명문이오."

얼마 후 신요(神堯: 唐 高祖 李淵에 대한 존칭)가 천자 가문의 나가(羅訶: 羅漢을 말하며 부처를 보필하는 위치에 있음. 여기서는 莊恪太子를 가리킴)를 데리고 가자[장각태자가 죽었다는 뜻], 결국 간택을 그만두게 되었다. (『노씨잡설』)

文宗爲莊恪選妃, 朝臣家子女者(明鈔本'子女者'作'有女子'), 悉被進名, 士庶爲之不安. 帝知之, 召宰臣曰: "朕欲爲太子婚娶, 本求汝·鄭門衣冠子女爲新婦(明鈔本'婦'下有'扶出來田舍齁齁地如'九字), 聞在外朝臣, 皆不願共朕作親情(明鈔本'情'作'家'), 何也? 朕是數百年衣冠." 無何神堯打(明鈔本'打'作'把朕'二字)

家羅訶去, 因遂罷其選. (出『盧氏雜說』)

184 · 23(1994)
백민중(白敏中)

　백민중이 재상(宰相)으로 있을 때 일찍이 전진사(前進士: 唐代에 이미 科擧에 及第하여 過堂을 거친 進士를 일컫는 말) 후온(侯溫)을 사위로 맞고자 했는데, 며칠이 지나자 그의 부인 노씨(盧氏)가 말했다.

　"당신은 재상의 신분이니, 우리 사위가 되고 싶어하는 사람은 많습니다. 우리 집안이 백씨(白氏)인데 후씨(侯氏) 집안의 아들을 사위로 맞아들이면 사람들이 틀림없이 '후백(侯白: 諸侯인 公·侯·白·子·男의 侯·白을 뜻하며 侯氏가 白氏보다 앞서 오게 됨을 꺼려하여 한 말임)'이라고 할 것입니다."

　백민중은 그 때문에 혼사를 그만두었다. 백민중이 처음 혼인했을 때 그는 이미 벼슬을 하고 있었는데, 일찍이 그는 자신의 부인을 '접각부인(接脚夫人: 後妻라는 뜻)'이라고 놀렸었다. 또한 백민중은 자신의 처가 출타할 때마다 번번이 말을 보내 길을 안내하게 했는데, 그의 처는 그의 농담에 이미 서운한 터였기에 출타할 때마다 반드시 말을 거두라고 하면서 이렇게 말했다.

　"나같은 '접각[接脚]부인'이 어찌 말을 쓰겠느냐?"

(『옥천자』)

白敏中爲相, 嘗欲以前進士侯溫爲子壻, 且有日矣, 其妻盧氏曰: "身爲宰相, 願爲我壻者多矣. 己旣姓白, 又以侯氏兒爲壻, 必爲人呼作'侯白'爾." 敏中爲之止焉. 敏中始婚也, 已朱紫矣, 嘗戱其妻爲'接脚夫人'. 又妻出, 輒導之以馬, 妻旣憾其言, 每出, 必命撤其馬, 曰: "吾'接脚夫人', 安用馬也?" (出『玉泉子』)

184 · 24(1995)
여주의관(汝州衣冠)

여주의 사대부들 중에는 명문 귀족이 아닌 가문이 없었으며, 자녀들도 많았다. 한 여주 참군(參軍)은 자신의 집안 내 사람에게 어느 한 집안에 혼담을 넣으라고 했는데, 그 집안에서는 응하지 않으며 이렇게 말했다.
"저희 집안은 대대로 고관대작의 가문과는 혼사를 맺지 않습니다."

(『노씨잡설』)

汝州衣冠, 無非望族, 多有子女. 有汝州參軍亦令族內, 於一家求親, 其家不肯曰: "某家世不共軒冕家作親情." (出『盧氏雜說』)

184 · 25(1996)
황 생(黃 生)

황생이라는 사람이 진사과(進士科)에 급제했다. 그러자 어떤 사람이 이렇게 물었다.

"[나와] 같은 방에 기거하지 않겠소?"

그러자 황생이 대답했다.

"다른 동굴[洞]에 기거하겠소."

황씨(黃氏)는 본디 계동(溪洞) 호족의 성이었으므로 황생은 이런 대답을 한 것이었다. 사람들은 비록 그를 비웃었지만, 또한 그의 솔직함을 칭찬했다. (『상서고실』)

有黃生者, 擢進士第. 人問: "與頗同房否?" 對曰: "別洞." 黃本溪洞豪姓, 生故以此對. 人雖哈之, 亦賞其直實也. (出『尙書故實』)

태평광기

권제 185 전선(銓選) 1

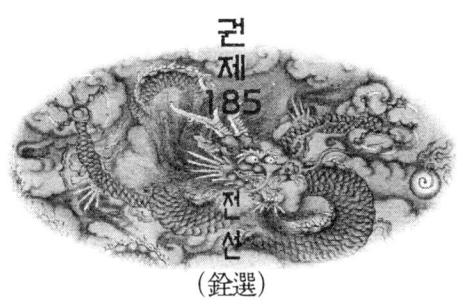

1. 채 확(蔡 廓)
2. 사 장(謝 莊)
3. 유 림 보(劉 林 甫)
4. 장 열(張 說)
5. 온 언 박(溫 彦 博)
6. 대 주(戴 胄)
7. 당 교(唐 皎)
8. 양 사 도(楊 師 道)
9. 고 계 보(高 季 輔)
10. 설 원 초(薛 元 超)
11. 양 사 현(楊 思 玄)
12. 장 인 의(張 仁 禕)
13. 배 행 검(裵 行 儉)
14. 삼인 우열(三人 優劣)
15. 유 기(劉 奇)
16. 적 인 걸(狄 仁 傑)
17. 정 고(鄭 杲)
18. 설 계 창(薛 季 昶)
19. 등 갈(鄧 渴)
20. 이 지 원(李 至 遠)
21. 장 문 성(張 文 成)
22. 정음(鄭愔)·최식(崔湜)
23. 호 명(糊 名)

185 · 1(1997)
채 확(蔡 廓)

[南朝의] 송(宋)나라 폐제(廢帝) 때에 조정에서 채확을 이부상서(吏部尙書)로 임명하려고 했다. 녹상서(錄尙書: 錄尙書事. 상서의 주사를 관장하는 벼슬) 서선지(徐羨之)가 중서령(中書令) 부량(傅亮)에게 말했다.

"황문시랑(黃門侍郞) 이하로 모두들 채확을 이부상서로 임명하려고 하는데 우리의 의견은 반영되지 않았습니다. 이제부터 우리도 반드시 결정에 참가해야할 것입니다."

채확이 이를 듣고 말했다.

"나는 서선지를 위해 공문서 끝에 서명할 수 없다."

채확은 마침내 이부상서의 직위를 사양하고 자리에 오르지 않았다. (『건강실록』)

宋廢帝時, 以蔡廓爲吏部尙書. 錄尙書徐羨之謂中書令傅亮曰: "黃門已下, 悉委蔡, 吾徒不復歷懷. 自此已上, 故宜共參同異." 廓聞之曰: "我不能爲徐羨之署紙尾也." 遂辭不拜. (出『建康實錄』)

사 장(謝 莊)

송(宋)나라 사람 사장은 자(字)가 희일(希逸)인데, 시중(侍中) 사미(謝微)의 아들이며 황문시랑(黃門侍郞) 사사(謝思)의 손자이다. 사장은 그 자태와 용모가 아름다웠고 담론을 잘했으며 서예와 글짓기에도 뛰어나고 현묘한 이치를 잘 말했기에, 어려서 문제(文帝)에게 칭찬을 받았다. 문제는 그를 한번 보자 연신 감탄하며 말했다.

"남전(藍田)에서 아름다운 옥이 나온다더니, 그 말이 어찌 거짓이겠는가?"

사장은 안준(顔峻)을 대신해서 이부상서(吏部尙書)가 되었다. 안준은 위의(威儀)가 엄격하고 굳세서 항상 남이 함부로 범하지 못할 기개가 있었다. 사장은 풍격이 안온하고 모습이 아름다웠으며 사람들이 시끄럽게 호소해오더라도 항상 웃으면서 응답해 주었다. 그래서 당시 사람들은 이렇게 말했다.

"안이부(顔吏部: 顔峻)는 눈을 부릅뜨지만 다른 사람에게 관직을 주는데, 사이부(謝吏部: 謝莊)는 웃으면서도 다른 사람에게 관직을 주지 않는다."

사장은 중서령(中書令)과 시중(侍中)을 지냈으며 헌(憲)이라는 시호(諡號)를 받았다. 사장의 집안에는 50세를 넘긴 사람이 없었으니, 사장은 42년을 살았고, 조부는 47년을 살았으며, 증조부는 43년을, 고조부는 30년을 살았다. 사장의 아들 사비(謝朏)과 사약(謝瀹)도 모두 명성이 있었다. (『담수』)

宋謝莊字希逸, 侍中微之子, 黃門思之孫. 美儀容, 善談論, 工書屬文, 好言玄理, 少爲文帝所賞. 帝一見之, 輒歎曰: "藍田生美玉, 豈虛也哉?" 莊代顔峻爲吏部尙書. 峻容貌嚴毅, 常有不可犯之色. 莊風姿溫美, 人有喧訴, 常歡笑答之. 故時人語曰: "顔吏部瞋而與人官, 謝吏部笑不與人官." 莊遷中書令·侍中, 諡曰憲. 莊家世無年五十者, 莊年四十二, 祖四十七, 曾祖四十三, 高祖三十. 子朏·篇, 並知名. (出『談藪』)

185·3(1999)
유림보(劉林甫)

당(唐)나라 무덕연간(武德年間: 618~626) 초에는 옛 관제를 답습해서 11월에 관리선발을 시작하여 봄이 되면 마쳤다. 정관(貞觀) 2년(628)에 유림보는 이부시랑(吏部侍郞)이 되자 관리선발의 기한이 촉박해서 자세히 살필 수 없다고 생각하고 사시사철동안 아무 때나 인재를 선발해서 임명할 수 있게 해달라고 상주했다. 당시 사람들은 모두 이 방법이 편하다고 생각했다. (『당회요』)

唐武德初, 因隨舊制, 以十一月起選, 至春卽停. 至貞觀二年, 劉林甫爲吏部侍郞, 以選限促, 多不究悉, 遂奏四時聽選, 隨到注擬. 當時以爲便. (出『唐會要』)

185 · 4(2000)
장 열(張 說)

　무덕(武德) 7년(624)에 고조(高祖)가 이부시랑(吏部侍郎) 장열에게 말했다.

　"올해 선발한 인재들 가운데 어찌 재능이 있는 사람이 없겠는가! 경(卿)이 그들의 장래를 간단히 시험해 보시오. 내 그들에게 좋은 관작을 내릴까 하오."

　그래서 장열은 장행성(張行成)과 장지운(張知運) 등 몇 명을 추천했다. 당시 사람들은 그가 사람을 볼 줄 안다고 했다. (『당회요』)

　武德七年, 高祖謂吏部侍郎張說曰: "今年選人之內, 豈無才用者! 卿可簡試將來. 欲縻之好爵." 於是說以張行成·張知運等數人應命. 時以爲知人. (出『唐會要』)

185 · 5(2001)
온언박(溫彦博)

　정관(貞觀) 원년(627), 온언박은 이부랑중(吏部郎中)으로 있으면서 관리선발을 담당했는데, 시비를 가려 탈락시키는 데 주력했다. 그에게 배척당한 대부분 사람들은 물러나서도 굴복하지 않았기에 떠들썩한 소송이 온 관청에 가득했다. 온언박은 오직 그들과 논박하며 종일토록 떠들썩하게 힐난했기에 당시 식자들의 비웃음을 샀다. (『당회요』)

貞觀元年, 溫彥博爲吏部郎中, 知選, 意在沙汰. 多所擯抑, 而退者不伏, 囂訟盈庭. 彥博惟騁辯與之相詰, 終日喧擾, 頗爲識者所嗤. (出『唐會要』)

185・6(2002)
대 주(戴 冑)

정관(貞觀) 4년(630)에 두여회(杜如晦)가 임종 때에 관리를 선발하는 일을 민부상서(民部尙書: 尙書省 民部曹의 長官. 高宗때에 戶部尙書로 개칭됨) 대주에게 위임할 것을 청했다. 그래서 대주는 민부상서와 검교이부상서(檢校吏部尙書)를 겸임하게 되었다. 대주는 인재를 선발할 때에 문재(文才)를 가진 인물은 억누르고 법치에 능한 관리를 강조하여 원활한 인재등용에 적합하지 않았다. 세상사람들은 이 때문에 그를 비난했다. (『당회요』)

貞觀四年, 杜如晦臨終, 請委選擧於民部尙書戴冑. 遂以兼檢校吏部尙書. 及在銓衡, 頗抑文雅而奬法吏, 不適輪轅之用. 物議('議'字原闕, 據明鈔本補)以是刺之. (出『唐會要』)

185 · 7(2003)
당 교(唐 皎)

당(唐)나라 정관 8년(634) 11월에 당교는 이부시랑(吏部侍郞)이 되었다. 그는 항상 사람을 불러 심사할 때면 어느 지역으로 가는 것이 편하겠냐고 물었는데, 해당자가 집이 촉(蜀) 땅에 있다고 하면 오(吳) 땅에 부임시키고, 늙으신 부모님과 선영이 강남에 모셔져있다고 하면 곧바로 농우(隴右)지역으로 발령을 내렸다. 이에 대해 논자들은 당교의 뜻을 헤아릴 수 없다고 했다. 어떤 신도(信都) 사람이 하삭(河朔: 황하 이북지역)에 부임하고 싶어서 거짓말로 강회(江淮: 長江과 淮水유역)로 가고 싶다고 말하자, 당교는 그를 하북의 현위(縣尉)로 임명했다. 이로부터 많은 관리선발 대기자들은 거짓말로 그를 속였다. (『당회요』)

　唐貞觀八年十一月, 唐皎除吏部侍郞. 常引人入銓, 問何方穩便, 或云其家在蜀, 乃注與吳, 復有云親老, 先住江南, 卽唱之隴右. 論者莫測其意. 有一信都人希河朔, 因紿云願得江淮, 卽注與河北一尉. 由是大被選人紿言欺之. (出『唐會要』)

185 · 8(2004)
양사도(楊師道)

정관(貞觀) 17년(643)에 양사도는 이부상서(吏部尙書)가 되었다. [그가 이부상서가 된 뒤로] 귀공자와 사해의 인물들은 제대로 선발되어 쓰이지 못했으며 자신의 재능에 맞지 않는 부서에 배치되었다. 양사도는 권문귀족과 친족 붕당의 힘을 강하게 억눌러서 불만을 피하려고 했다. 이에 대해 당시 사람들은 그를 비난했다. (『당회요』)

貞觀十七年, 楊師道爲吏部尙書. 貴公子, 四海人物, 未能委練, 所署多非其才. 深抑勢貴及親黨, 將以避嫌. 時論譏之. (出『唐會要』)

185 · 9(2005)
고계보(高季輔)

정관(貞觀) 17년(643)에 이부시랑(吏部侍郞) 고계보가 관리선발을 맡았는데 그가 선발한 인재들에 대해 당시 사람들은 모두 공평하다고 하면서 흡족해했다. 정관 18년(645)에는 그가 동도(東都: 洛陽)에서 홀로 관리선발을 담당했다. 황제는 그에게 황금 거울 하나를 주어 인재를 알아보는 훌륭한 안목을 표창했다. (『당회요』)

貞觀十七年, 吏部侍郎高季輔知選, 凡所銓綜, 時稱允愜. 至十八年於東都獨知選事. 上賜金鏡一面, 以表淸鑒. (出『唐會要』)

185 · 10(2006)
설원초(薛元超)

영휘(永徽) 원년(650)에 중서사인(中書舍人) 설원초는 한문(寒門) 출신의 유능한 인재를 잘 등용했다. 한번은 표문을 올려 임희고(任希古)·고지주(高智周)·곽정일(郭正一)·왕의방(王義方)·맹리진(孟利眞) 등 10여 명을 추천하여 당시 사람들의 칭송을 받았다. (『당회요』)

永徽元年, 中書舍人薛元超好汲引寒俊. 嘗表薦任希古·高智周·郭正一·王義方·孟利眞等十餘人, 時論稱美. (出『唐會要』)

185 · 11(2007)
양사현(楊思玄)

용삭(龍朔) 2년(662)에 사열소상백(司列少常伯: 吏部尙書의 별칭. 高宗 龍朔 2년에 司列少常伯으로 개칭되었다가 咸亨 원년(670)에 다시 吏部尙書로 개칭됨) 양사현은 외척의 권세를 믿고 관리선발 대기자들을 대할 때에 대부분 예를 갖추지 않았으며 심지어 그들을 내치기까지 했다. 관리선발 대기자인 하후표(夏侯彪)가 소송을 하고 어사중승(御史中丞) 낭여경(郞餘慶)이 탄핵문을 올려 양사현은 관직에서 물러나게 되었다. 당시 중서령(中書令) 허경종(許敬宗)이 말했다.

"양이부(楊吏部: 楊思玄)가 물러날 줄 알고 있었다."

혹자가 까닭을 묻자 허경종이 대답했다.

"표범[夏侯彪를 지칭함]과 이리[狼은 郎餘慶의 성인 郎과 음이 같음]가 함께 양[羊은 楊思玄의 성인 楊과 음이 같음]을 잡으니 어찌 양이 지지 않을 수 있겠는가!"

(『당회요』)

龍朔二年, 司列少常伯楊思玄恃外戚貴, 待選流多不以禮而排斥之. 爲選者夏侯彪所訟, 御史中丞郎餘慶彈奏免官. 時中書令許敬宗曰: "必知楊吏部之敗." 或問之, 對曰: "一彪一狼, 共著一羊, 不敗何待!" (出『唐會要』)

185 · 12(2008)
장인의(張仁禕)

당(唐)나라 총장(總章) 2년(669) 11월에 이부시랑(吏部侍郎) 이경현(李敬玄)은 학식과 능력을 갖춘 원외랑(員外郎) 장인의에게 일 처리를 맡겼다. 장인의는 처음으로 관리들의 이름과 경력을 기록하고 문서의 작성과 관리교체 등의 방법을 수정했다. 이경현은 장인의의 방법을 사용해서 전체적인 격식과 차례를 조정했다. 장인의는 이경현이 국사(國士)의 대우로 자신에게 일을 위임하는 것에 감동하여 온갖 노력을 기울이다가 피를 토하고 죽었다. (『당회요』)

唐總章二年十一月, 吏部侍郎李敬玄, 委事於員外張仁禕, 有識略幹能. 始造姓曆, 改修狀抹銓替等程式. 敬玄用仁禕之法, 銓總式序. 仁禕感國士見委, 竟以心勞, 嘔血而死. (出『唐會要』)

185 · 13(2009)
배행검(裴行儉)

함형(咸亨) 2년(671)에 양형(楊炯)·왕발(王勃)·노조린(盧照鄰)·낙빈왕(駱賓王)은 모두 문장으로 명성을 떨쳤다. 이부시랑(吏部侍郞) 이경현(李敬玄)은 그들의 능력에 감탄해서 칭찬했으며 이들을 배행검에게 소개했다. 배행검은 이들을 본 뒤 말했다.

"재능과 명성은 있지만 아마도 작록(爵祿)은 적을 것입니다. 양형은 틀림없이 현령(縣令)에까지 오르겠지만 나머지 사람들은 제 명을 다 누리기 힘들 것입니다."

이때에 소미도(蘇味道)와 왕거(王勮)는 아직 명성을 떨치기 전이었는데, 관리선발에 응했다가 배행검으로부터 매우 남다른 예우를 받게 되었다. 배행검이 그들에게 말했다.

"내 만년에 자식을 두어서, 자식이 자랄 때까지 보지 못할 것이 한(恨)일세. 두 공(公)은 십수 년 후에 반드시 재상의 지위에 오를 것이니 내 아이를 부탁하네."

나중에 과연 배행검의 말대로 되었다. 배행검이 뽑은 비장(裨將: 副將)으로 정무정(程務挺)·장건욱(張虔勖)·최지공(崔智聻)·왕방익(王方翼)·당금비(黨金毗)·유경동(劉敬同)·곽대봉(郭待封)·이다조(李多祚)

・흑치상지(黑齒常之) 등이 있었는데 이들은 모두 유명한 장수가 되었다. (『당회요』)

咸亨二年, 有楊烱・王勃・盧照鄰・駱賓王, 並以文章見稱. 吏部侍郎李敬玄咸爲延譽, 引以示裴行儉. 行儉曰: "才名有之, 爵祿蓋寡. 楊應至令長, 餘並鮮能令終."

是時蘇味道・王勮未知名, 因調選, 遂爲行儉深禮異. 乃謂曰: "有晚生子息, 恨不見其成長. 二公十數年當居衡石, 願識此輩(明鈔本'識此輩'作'此爲託')." 其後果如其言.　行儉嘗所引偏裨將有程務挺・張虔勖・崔智辯・王方翼・黨金毗・劉敬同・郭待封・李多祚・黑齒常之盡爲名將. (出『唐會要』)

185・14(2010)
삼인우열(三人優劣)

장수(長壽) 2년(693)에 배자여(裴子餘)는 호현위(鄠縣尉)가 되었다. 당시 같은 반열의 이은조(李隱朝)와 정행심(程行謐)은 모두 뛰어난 문장과 공정한 법집행으로 명성이 있었는데 배자여만은 유독 시(詩)로 유명했다. 어떤 이가 옹주장사(雍州長史) 진숭업(陳崇業)에게 세 사람 중에 누가 나은지 묻자 진숭업이 말했다.

"봄의 난초와 가을의 국화와 같아서 누구도 없어서는 안됩니다."

長壽二年, 裴子餘爲鄠縣尉. 同列李隱朝・程行謐皆以文法著稱, 子餘獨以詞學知名. 或問雍州長史陳崇業, 三人優劣孰先. 崇業曰: "譬之春蘭秋菊, 俱不可廢."

185 · 15(2011)
유 기(劉 奇)

증성(證聖) 원년(695)에 유기가 이부시랑(吏部侍郞)이 되었다. 유기가 장문장(張文長)과 사마굉(司馬鍠)을 감찰어사로 임명하자 이 두 사람은 신도창(申屠場)을 통해서 그에게 사례했다. 이에 유기는 정색하고 말했다.

"어진 인재를 등용하는 것은 본래 사사로움이 없는 것인데 두 사람은 어찌 사례를 하는 것이오?"

(『당회요』)

證聖元年, 劉奇爲吏部侍郞. 注張文長(『唐會要』七五 '長'作'成') · 司馬鍠爲監察御史, 二人因申屠場以謝之. 奇正色曰: "擧賢本自無私, 二君何爲見謝?" (出『唐會要』)

185 · 16(2012)
적인걸(狄仁傑)

성력연간(聖曆年間: 698~700) 초에 적인걸은 납언(納言)이 되어서 인재를 알아보는 것을 자신의 중요한 업무로 생각하고 환언범(桓彦範)·경휘(敬暉)·최현위(崔玄暐)·장간지(張柬之)·원서기(袁恕己) 등 다섯 명을 천거했다. 나중에 이들은 모두 큰 공신이 되었다. 적인걸이 다시 천거한 요원숭(姚元崇) 등 수십 명도 모두 왕공과 재상이 되었다. 성력 연간에 측천무후(則天武后)가 재상들에게 각각 상서랑(尙書郞) 한 명씩을 추천하라고 했는데, 적인걸만은 유독 자신의 아들 적광사(狄光嗣)를 추천했다. 그래서 적광사는 지관원외(地官員外: 戶部員外. 則天武后 光宅年(684)부터 中宗 神龍 원년(705)까지 戶部를 地官이라고 개명했음)에 제수되었고 직무를 수행함에 유능하다는 명성이 자자했다. 측천무후가 이를 보고 말했다.

"기해(祁奚: 春秋시대 晉나라 대부로 悼公 때에 中軍尉를 지냈음. 늙어서 사직을 청하자 도공이 후임자를 추천하라고 했는데 그는 자신의 원수인 解狐와 아들 祁午를 천거했고 당시 '內擧不避親, 外擧不避怨'이라 칭송되었음)처럼 아들을 천거하더니, 과연 인재를 얻었구나."

(『당회요』)

聖曆初, 狄仁傑爲納言, 頗以藻鑒自任, 因擧桓彦範·敬暉·崔玄暐·張柬之·袁恕己等五人. 後皆有大勳. 復擧姚元崇等數十人悉爲公相. 聖曆中, 則天令宰相各擧尙書郞一人, 仁傑獨薦其子光嗣. 由是拜地官員外, 莅事有聲. 則天謂之曰: "祁奚內擧, 果得人也." (出『唐會要』)

185 · 17(2013)
정 고(鄭 杲)

성력(聖曆) 2년(699)에 이부시랑(吏部侍郎) 정고가 한사복(韓思復)을 태상박사(太常博士)로, 원희성(元稀聲)을 경조부사조(京兆府士曹)로 임명했다. 그는 항상 사람들에게 말했다.

"올해 관리 임용을 담당하면서 한사복과 원희성 두 사람을 얻었으니, 우리 이부가 조정의 신뢰를 저버리지는 않은 셈이다."

(『당회요』)

聖曆二年, 吏部侍郎鄭杲, 注韓思復爲太常博士, 元稀聲京兆士曹. 嘗謂人曰: "今年掌選, 得韓·元二子, 則吏部不負朝廷矣." (出『唐會要』)

185 · 18(2014)
설계창(薛季昶)

장안(長安) 3년(703)에 측천무후가 옹주장사(雍州長史) 설계창에게 어사(御史)로 삼을 만한 관료를 뽑으라고 했다. 설계창이 녹사참군(錄事參軍) 노제경(盧齊卿)에게 묻자 노제경은 장안현위(長安縣尉) 노회신(盧懷愼)과 이체광(李體光), 만년현위(萬年縣尉) 이의(李義)와 최식(崔湜), 함양현승(咸陽縣丞) 예약빙(倪若氷), 주질현위(盩厔縣尉) 전숭벽(田崇壁), 신풍현위(新豐縣尉) 최일용(崔日用) 등을 추천했다. 후에 이들은 모두 고관대작이 되었다. (『당회요』)

　長安三年, 則天令雍州長史薛季昶, 擇僚吏堪爲御史者. 季昶以問錄事參軍盧齊卿, 齊卿擧長安縣尉盧('盧'原作'處', 據『唐會要』七五改)懷愼・李體光(『唐會要』作'季休光'), 萬年縣尉李義・崔湜, 咸陽縣丞倪若氷・盩厔縣尉田崇壁・新豊縣尉崔日用. 後皆至大官. (出『唐會要』)

185 · 19(2015)
등 갈(鄧 渴)

　홍도(弘道) 원년(683) 12월에 이부시랑(吏部侍郞) 위극기(魏克己)가 관리 선발을 모두 끝내고 관리의 이름이 적힌 긴 방을 내붙이면서 탈락한 자의 명단도 함께 붙였다. 이로 인해 사람들이 큰길에 모여 시끄럽게 떠들어댔고, 위극기는 동집인(冬集人: 冬集이란 관리가 임기 만료된 뒤에 규정에 따라 겨울에 도성에 모여 관리선발에 참가하는 것을 지칭함)들로부터 큰 지탄을 받아 태자중윤(太子中允)으로 폄적되었다. 중서사인(中書舍人) 등현(鄧玄)이 위극기를 대신하게 되었지만 그도 역시 인재를 알아보는 감식력이 없었고 소갈병(消渴病: 당뇨병)까지 앓았기에 관리 선발 대기자들은 그를 '등갈'이라고 불렀다. (『당회요』)

　弘道元年十二月, 吏部侍郞魏克己銓綜人畢, 放長榜, 遂出得留人名. 於是衢路喧嘩, 大爲冬集人授(明鈔本'授'作'援')引指摘, 貶爲太子中允. 遂以中書舍人鄧玄挺替焉, 又無藻鑒之目, 及患消渴, 選人因號'鄧渴'. (出『唐會要』)

185 · 20(2016)
이지원(李至遠)

여의(如意) 원년(692) 9월에 천관랑중(天官郎中: 天官은 吏部의 별칭. 則天武后 光宅원년(684)부터 中宗 神龍 원년(705)까지 이부가 天官으로 개칭되었음) 이지원은 임시로 시랑(侍郎)의 일을 처리하고 있었다. 당시에 관리선발 대기자 중에 성이 조(刁)인 사람과 왕원충(王元忠)이라는 사람이 있었는데 이들 모두 임용에서 탈락되었다. 그런데 이들은 개인적으로 영사(令史: 令史는 일반적으로 각 관청의 하급관리를 통칭하는 말이지만 尙書省의 令史는 실권이 매우 컸음)와 알고있었는데, 그 영사가 그들의 이름자의 획을 지워서 조(刁)를 정(丁)으로 만들고 왕(王)을 사(士)로 만들어서 거짓으로 관직을 받게 한 뒤에 획을 더해서 글자를 완성하려고 했다. 이지원은 명단을 한 번 보더니 이를 바로 알아차려 말했다.

"올해 관리선발에 참여한 자가 만 명이 넘지만 내가 그들 이름을 모두 알고 있는데, 무슨 정씨와 사씨가 있었는가? 이것은 조아무개와 왕아무개이다."

조정의 관리들은 모두 그가 귀신같이 총명하다고 했다. (『당회요』)

如意元年九月, 天官郎中李至遠權知侍郎事. 時有選人姓刁, 又有王元忠, 並被放. 乃密與令史相知, 減其點畫, 刁改爲丁, 王改爲士. 擬授官後, 卽添成文字.

至遠一覽便覺曰: "今年銓覆萬人, 惣識姓名, 安有丁·士者哉? 此刁某·王某者." 省內以爲神明. (出『唐會要』)

185 · 21(2017)
장문성(張文成)

당(唐)나라 사람 장문성이 말했다.

"건봉연간(乾封年間:666~668) 이전에는 관리로 선발되는 사람이 매년 수천 명을 넘지 않았지만 수공연간(垂拱年間: 685~688)이후로는 매년 항상 5만 명에 이르렀다. 인구는 늘어나지 않았는데 관리로 선발되는 사람이 늘어나는 것은 대개 이유가 있기 때문이다. 한 번 시험삼아 따져보니 명경과(明經科)를 통과한 진사(進士)와 십주(十周: 미상), 삼위(三衛: 唐代 禁衛軍으로 親衛·勳衛·翊衛를 가리킴), 훈척대신(勳戚大臣)과 산관(散官) 및 국가 관청의 직속 관사에서 실질적으로 능력을 갖추고서 직무를 담당할 수 있는 사람들은 열 명에서 한 둘에 지나지 않는다. 관리를 선발하는 관서에서 인재를 살펴 뽑을 때는 모두 남의 도움과 명성을 빌린 사람이나 세도가의 청탁을 받기 때문에, 문장을 짓지 못하면 동사(東司)로 보내고 글을 읽을 줄 모르면 남관(南舘)으로 보내며 정원이 부족하면 권(權)·보(補)·시(試)·섭(攝)·검교(檢校)의 임시직을 준다. 뇌물이 횡행하고 비리가 난무하고 있으며 지방관청의 유외(流外: 9품 이하의 낮은 벼슬아치를 말함)도 돈을 많이 쓰면 곧바로 유임된다. 어떤 이는 관직에 있는 사람의 도움을 얻거나 혹은 원외랑에게 청탁

한다. 더욱이 수레꾼이나 가마꾼, 둔전병 등 조금의 공적도 없는 사람에게까지도 잘 처분해준다. 이들은 모두 학문은 하지도 않고 오직 재물과 뇌물이나 구할 뿐이다. 이 때문에 관리선발 대기자들은 마치 양떼처럼 쓸데없이 북적거리고, 이부도 개미떼가 모여드는 것처럼 시끌벅적하다. 만약 실질적인 능력으로 뽑는다면 백 명에 한 사람도 얻을 수 없을 것이다. [능력이 있지만] 승진하지 못하고 계속 적체되어 있게 된 원인은 이미 오래되었다."

(『조야첨재』)

唐張文成曰: "乾封以前, 選人每年不越數千, 垂拱以後, 每歲常至五萬. 人不加衆, 選人益繁者, 蓋有由矣. 嘗試論之, 祇如明經進士, 十周三衛, 勳散雜色, 國官直司, 妙簡實材, 堪入流者十分不過一二. 選司考練, 總是假手冒名勢家囑請, 手不把筆, 卽送東司, 眼不識文, 被擧南舘, 正員不足, 權·補·試·攝·檢校之官. 賄貨縱橫, 贓汚狼籍, 流外行署, 錢多卽留. 或帖司助曹, 或員外行案. 更有挽郞輦脚, 營田當屯, 無尺寸功夫(明鈔本'夫'作'效'), 並優與處分. 皆不事學問, 唯求財賄. 是以選人冗冗, 甚於羊群, 吏部喧喧, 多於蟻聚. 若銓實用, 百無一人. 積薪化薪, 所從來遠矣." (出『朝野僉載』)

185 · 22(2018)
정음(鄭愔) · 최식(崔湜)

당(唐)나라 때에 정음은 이부시랑(吏部侍郞)으로 관리 선발을 담당했는데 비리가 난무했다. 정음이 관리선발을 할 때에 한 관리선발 대기자가 가죽 허리끈에 돈 백전을 묶고 있어서 까닭을 물었더니 그가 대답했다.

"지금 관리 선발에서는 돈이 아니면 되는 일이 없습니다."

정음은 아무 말도 하지 못했다.

당시 최식도 이부시랑으로 관리선발을 담당하고 있었는데, 어떤 관리선발 대기자가 평가를 받게 되자 자신의 신상을 다음과 같이 기록했다.

"저는 쌀을 지고서 관문 위로 뛰어오를 수 있습니다."

최식이 말했다.

"그렇게 힘이 세다면 왜 병부의 관리선발에 가보지 않는 것인가?"

그가 대답했다.

"외부인들이 모두 말하기를 최시랑(崔侍郎: 崔湜) 아래에서는 힘만 있으면 된다고 했습니다."

(『조야첨재』)

唐鄭愔爲吏部侍郎, 掌選, 贓污狼藉. 引銓, 有選人繫百錢於靴帶上, 愔問其故, 答曰: "當今之選, 非錢不行." 愔默而不言.

時崔湜亦爲吏部侍郎, 掌銓, 有選人引過, 分疎云: "某能翹關負米." 湜曰: "若壯, 何不兵部選?" 答曰: "外邊人皆云, 崔侍郎下, 有氣力者卽得." (出『朝野僉載』)

185・23(2019)
호 명(糊 名)

칙천무후(則天武后)는 이부(吏部)에서 신발한 사람이 대부분 명실상

부하지 못하다고 생각해서 시험보는 날 시험생에게 자신의 이름을 보이지 않도록 붙이게 한 뒤, 무기명으로 답안을 검사하여 등급을 정하도록 했다. 이름을 붙이고 평가하는 것은 이때부터 시작했다. 칙천무후 때에 [궤원을 설치했는데] 투서하는 자 중에 간혹 사실을 적지 않고서 조롱하는 말을 써넣은 자가 있었다. 그래서 관리를 두어 먼저 그 상주문을 검열한 연후에 상자에 넣도록 했다. 궤원(匭院: 정치의 득실, 사건의 진위, 비밀음모를 밝히는 것을 담당하는 관서. 동서남북에 네 개의 궤짝을 설치하여 투서하게 한 데에서 비롯되었음)에 담당관리를 둔 것도 이때부터 시작되었다. (『국사이찬』)

武后以吏部選人多不實, 乃令試日自糊其名, 暗考以定等第. 判之糊名, 自此始也. 武后時, 投匭者或不陳事, 而有嘲謔之言. 於是乃置使, 先閱其書奏, 然後投之. 匭院有司, 自此始也. (出『國史異纂』)

태평광기 권제186 전선2

1. 사봉관(斜封官)
2. 노종원(盧從愿)
3. 위 항(韋 抗)
4. 장인원(張仁愿)
5. 두 섬(杜 暹)
6. 위지고(魏知古)
7. 노제경(盧齊卿)
8. 왕 구(王 丘)
9. 최 림(崔 琳)
10. 배광정(裵光庭)
11. 설 거(薛 據)
12. 이림보(李林甫)
13. 장 열(張 說)
14. 장 석(張 奭)
15. 양국충(楊國忠)
16. 육 지(陸 贄)
17. 정여경(鄭餘慶)
18. 배준경(裵遵慶)
19. 이 강(李 絳)
20. 이 건(李 建)
21. 최안잠(崔安潛)

186 · 1(2020)
사봉관(斜封官)

당(唐)나라 경룡연간(景龍年間: 707~709)에 사봉(斜封: 唐 中宗 때 韋后와 安樂公主·太平公主 등이 모두 官府를 열고 백정이나 장사꾼들로부터 돈을 받고 그들에게 관직을 준 일을 말함. 이렇게 해서 관직을 얻은 자를 斜封人 또는 斜封官이라 함)으로 관직을 얻은 자가 200명이나 되었는데, 그들은 백정이나 장사꾼에서 높은 지위에 올랐다. [睿宗이] 경운연간(景雲年間: 710~711)에 즉위하자, 상서(尚書) 송경(宋璟)과 어사대부(御史大夫) 필구(畢構)가 상주하여 사봉인(斜封人)의 관직을 모두 정지시켰다. 그러나 송경과 필구가 퇴출된 후, 견귀인(見鬼人: 궁중에서 逐鬼·祈禱·占卜의 일을 전담하는 관리) 팽경(彭卿)이 사봉인들의 뇌물을 받고 황제께 상주했다.

"[제가 돌아가신] 효화황제(孝和皇帝: 中宗의 諡號)를 뵈었더니, 화를 내시면서 '내가 수여한 관직을 무슨 연유로 빼앗는단 말인가?'라고 말씀하셨사옵니다."

그래서 사봉인들은 모두 이전의 관직을 되찾았다. 위주(僞周: 則天武后가 天授 원년(690)에 국호를 周로 바꾸었음. 여기서는 則天武后를 말함)가 제위를 찬탈했을 때, 10도(道)에 사신을 보내 전국 각지에서 아직 관직을 받지 못한 명경(明經)·진사(進士) 및 시골 마을에서 아동을 가르치는 선생들을 모두 찾아내서, 시험도 거치지 않고 모두에게 좋은 관직을 주었다. 이러한 일은 선비들의 품위를 욕되게 했지만 어리석고 무능한 자들의 환심을 샀으며, 용렬한 자들은 관직 얻은 것을 영광으로 생각했지만 유능한 인재는 관직 얻은 것을 치욕으로 생각했다. 옛날 [晉나라] 조왕(趙王) 사마륜(司馬倫)은 제위를 찬탈했을 때, 천하의 효렴(孝廉)·수재(秀才)·무이(茂異: 남다른 재주를 지닌 사람)에게 모두 시험도 거치지 않고 한꺼번에 관직을 주었으며, 저자거리의 백정·술장사나 불충하여 망명한 자까지도 모두 남김없이 제후에 봉했다. 그러다 보니 태부(太府: 국가의 財用과 器物을 담당하는 관서)에 있던 구리로 그들에게 관인(官印)을 다 만들어주지 못하여 [관인 대신] 흰 나무판을 받은 자도 있었으며, 조회 때 입는 관복에도 담비 꼬리를 장식한 자가 절반에 불과했다. 그래서 민간에 이런 노래가 떠돌았다.

　　담비 꼬리 부족하여,
　　개 꼬리로 이었네.

이를 소인들은 다행으로 생각했으나 군자들은 치욕으로 여겼으니, 무도한 조정이 어찌 이리도 서로 비슷한가! 애석하도다! (『조야첨재』)

唐景龍年中, 斜封得官者二百人, 從屠販而踐高位. 景雲踐祚, 尙書宋璟·御史大夫畢構, 奏停斜封人官. 璟·構出後, 見鬼人彭卿受斜封人賄賂, 奏云: "見孝和怒曰: '我與人官, 何因奪却?'" 於是斜封皆復舊職. 僞周革命之際, 十道使人, 天下選殘明經·進士及下村教童蒙博士, 皆被搜揚, 不曾試練, 並與美職. 塵黷士人之品, 誘悅愚夫之心, 庸才者得官以爲榮, 有才得官以爲辱. 昔趙王倫之簒也, 天下孝廉·秀才·茂異, 並不簡試, 雷同興官, 市道屠沽, 亡命不軌, 皆封侯略盡. 太府之銅不供鑄印, 至有白版侯者, 朝會之服, 貂者大半. 故謠云: "貂不足, 狗尾續." 小人多幸, 君子恥之, 無道之朝, 一何連類也! 惜哉! (出『朝野簽載』)

186・2(2021)
노종원(盧從愿)

[당나라] 경운(景雲) 원년(710)에 노종원은 이부시랑(吏部侍郎)이 되었는데, 맡은 일을 타당하게 처리하는 데 전심하여 공평무사하다는 평가를 크게 받았다. 그는 남의 이름을 도용하여 허위로 관리선발에 응하거나 공적문서를 허위로 덧붙인 자가 있으면, 모두 그 일을 적발해냈다. 관리선발을 맡은 지 6년 동안 그는 훌륭한 명성을 얻었다. 그래서 당시 사람들이 "앞에는 배(裴)・마(馬)가 있고 뒤에는 노(盧)・이(李)가 있다"고 말했는데, 배는 배행검(裴行儉), 마는 마대(馬戴), 이는 이조은(李朝隱)을 가리킨다. (『당회요』)

景雲元年, 盧從愿爲侍郎, 精心條理, 大稱平允. 其有冒名僞選, 虛增功狀之類, 皆能擿發其事. 典選六年, 頗有聲稱. 時人曰: "前有裴・馬, 後有盧・李." 裴卽行儉, 馬謂戴. 李謂朝隱. (出『唐會要』)

186・3(2022)
위 항(韋 抗)

[당나라] 경운(景雲) 2년(711)에 어사중승(御史中丞) 위항은 경기안찰사(京畿按察使)를 겸직했을 때, 봉천현위(奉天縣尉) 양승경(梁昇卿), 신풍현위(新豊縣尉) 왕수(王倕), 금성현위(金城縣尉) 왕수(王水), 화원현위(華原縣尉) 왕도(王燾)를 판관(判官: 節度使・觀察使・按察使 등 지방장관의 보좌관)으로 천거했는데, 나중에 이들은 모두 높은 명성과 지위를 얻었다. (『당회요』)

景雲二年, 御史中丞韋抗加京畿按察使, 舉奉天縣尉梁昇卿・新豊尉王倕・金城縣尉王水(明鈔本'水'作'永', 『唐會要』七五'水'作'冰')・華原縣尉王燾爲判官, 其後皆著名位. (出『唐會要』)

186・4(2023)
장인원(張仁愿)

[당나라] 경운(景雲) 2년(711)에 삭방총관(朔方總管) 장인원은 감찰어사(監察御史) 장경충(張敬忠)과 하혁(何奕), 장안현위(長安縣尉) 구자(寇泚), 호현위(鄠縣尉) 왕이종(王易從), 시평현(始平縣) 주부(主簿) 유체미(劉體微)를 각각 군사(軍事)로 임용하고, 의오현위(義烏縣尉) 조량정(晁良貞)을 수군(隨軍)으로 임용할 것을 상주했는데, 나중에 이들은 모두

고관에 올랐다. (『당회요』)

   景雲二年, 朔方總管張仁愿奏用監察御史張敬忠·何奕, 長安縣尉寇泚, 鄠縣尉王易從, 始平縣主簿劉體微分判軍事, 義烏縣尉晁良貞爲隨軍, 後皆至大官. (出『唐會要』)

186 · 5(2024)
두 섬(杜 暹)

  [당나라] 경운(景雲) 2년(711)에 노종원(盧從愿)이 이부시랑(吏部侍郎)으로 있을 때, 무주참군(婺州參軍)으로 있던 두섬을 선발하여 정현위(鄭縣尉)로 임명했다. 나중에 두섬은 호부상서(戶部尙書)가 되었는데, 노종원이 익주장사(益州長史)로 있다가 조정에 들어오자, 노종원보다 높은 지위에 있던 두섬이 그에게 말했다.
  "인재 선발은 정녕 어떻게 해야 합니까?"
  노종원이 말했다.
  "저의 인물품평 때문에 마침내 명공(明公: 杜暹)께서 천리의 준족[특출한 재능을 비유함]을 펼칠 수 있게 되었지요. [제가 한 것처럼 하시면 됩니다.]"

(『당회요』)

  景雲二年, 盧從愿爲吏部侍郎, 杜暹自婺州參軍調集, 補鄭縣尉. 後暹爲戶部尚書, 從愿自益州長史入朝, 遇立在盧上, 謂之曰: "選人定何如?" 盧曰: "亦由僕之藻鑒, 遂使明公展千里足也." (出『唐會要』)

186·6(2025)
위지고(魏知古)

[당나라] 선천(先天) 원년(712)에 시중(侍中) 위지고는 일찍이 표문(表文)을 올려 원수현령(洹水縣令) 여태일(呂太一), 포주사공참군(蒲州司功參軍) 제한(齊澣), 우내솔부기(右內率府騎) 조류택(曹柳澤)을 천거했으며, 이부상서(吏部尚書)가 되었을 때는 또 밀현위(密縣尉) 송요(宋遙), 좌보궐(左補闕) 원휘(袁暉)·봉희안(封希顔), 이궐현위(伊闕縣尉) 진희렬(陳希烈)을 발탁했는데, 나중에 이들은 모두 높은 요직을 지냈다. (『당회요』)

先天元年, 侍中魏知古嘗表薦洹水縣令呂太一·蒲州司功參軍齊澣·右內率府騎曹柳澤, 及爲吏部尚書, 又擢密縣尉宋遙, 左補闕袁暉·封希顔, 伊闕縣尉陳希烈, 其後咸居淸要. (出『唐會要』)

186·7(2026)
노제경(盧齊卿)

[당나라] 개원(開元) 원년(713)에 노제경은 유주자사(幽州刺史)가 되었

는데, 그는 당시 과의도위(果毅都尉: 군대를 통솔하던 軍官으로 그 지위는 折衝都尉 다음이었음)로 있던 장수규(張守珪)를 특별히 예우하면서 이렇게 말했다.

"10년 안에 당신은 틀림없이 절도사(節度使)가 될 것이오."

나중에 과연 장수규는 노제경의 말대로 절도사가 되었다. (『당회요』)

開元元年, 盧齊卿爲幽州刺史, 時張守珪爲果毅, 特禮接之, 謂曰: "十年內當節度." 果如其言也. (出『唐會要』)

186・8(2027)
왕 구(王 丘)

[당나라] 개원(開元) 8년(720) 7월에 왕구는 이부시랑(吏部侍郞)이 되었을 때, 산음현위(山陰縣尉) 손적(孫逖), 도림현위(桃林縣尉) 장경미(張鏡微), 호성현승(湖城縣丞) 장진명(張晉明), 진사(進士) 왕랭연(王冷然)・이앙(李昂) 등을 발탁했는데, 몇 년 되지 않아서 이들은 모두 [尙書省의] 예부(禮部)로 들어가 황제의 칙명을 담당하게 되었다. (『당회요』)

開元八年七月, 王丘爲吏部侍郞, 擢山陰尉孫逖, 桃林尉張鏡微, 湖城丞張晉明, 進士王冷然・李昂等, 不數年, 登禮闈, 掌綸誥焉. (出『唐會要』)

186 · 9(2028)
최 림(崔 琳)

[당나라 開元] 11년(723) 12월에 이부시랑(吏部侍郞) 최림은 관리를 전형할 때, 아직 관직을 얻지 못한 노이(盧怡: 本書 권170「王丘」條에는 '盧愷'라 되어 있음)·배돈복(裴敦復)·오호경(於號卿: 本書 권170「王丘」條에는 '於特卿'이라 되어 있음) 등 10여 명을 선발했는데, 얼마 지나지 않아서 이들이 모두 대성(臺省: 尙書省·中書省·門下省의 총칭)에 들어갔으므로, 사람들은 최림이 인재를 알아볼 줄 안다고 생각했다. (『당회요』)

十一年十二月, 吏部侍郞崔琳銓日, 收選殘人盧怡·裴敦復·於號卿等十數人, 無何, 皆入臺省, 衆以爲知人. (出『唐會要』)

186 · 10(2029)
배광정(裴光庭)

[당나라] 개원(開元) 18년(730)에 소진(蘇晉)이 이부시랑(吏部侍郞)이 되었는데, 시중(侍中: 門下省의 장관) 배광정은 과관(過官: 吏部와 兵部에서 文武官員을 임명할 때 반드시 門下省의 심사를 거쳐야 하는데 이를 '過官'이라 함)할 때마다 탈락시켜야 할 자가 있으면, 사람들이 보는 앞에서 명부를 펼쳐서 붉은 붓으로 [해당자의 이름에] 점을 찍을 뿐이

었다. 그러나 소진은 선원(選院: 吏部)에 그들의 명단을 붙인 뒤, 문하성(門下省)에서 붉은 점을 찍은 자를 다시 관리로 임명했다. 배광정은 소진이 자신을 모욕한 것이라고 여겨 불쾌해했다. 당시 문하성 주사(主事) 염린지(閻鱗之)는 배광정의 심복으로 이부(吏部)의 과관을 주관하고 있었는데, 관리를 임용할 때 매번 염린지가 결정하면 배광정은 그의 말대로 적었다. 그래서 당시 사람들이 이렇게 말했다.

"염린지의 입은 배광정의 손이다."

(『당회요』)

開元十八年, 蘇晉爲侍郞, 而侍中裵光庭每過官, 應批退者, 但對衆披簿, 以朱筆點頭而已. 晉遂牓選院, 門下點頭者, 更引注擬. 光庭以爲侮己, 不悅. 時有門下主事閻鱗之, 爲光庭腹心, 專主吏部過官, 每鱗之裁定, 光庭隨口下筆. 時人語曰: "鱗之口, 光庭手." (出『唐會要』)

186 · 11(2030)
설 거(薛 據)

[당나라] 개원연간(開元年間: 713~741)에 설거는 자신의 재주와 명성을 믿고 이부(吏部)의 관리선발에 응하여 만년현(萬年縣)의 녹사(錄事) 자리를 제수해 달라고 자청했다. 그러자 여러 유외관(流外官: 九品 이하의 낮은 벼슬아치)들이 함께 재상을 찾아가 호소했다.

"녹사 자리는 저희들이 바라는 명망 높고 중요한 관직인데, 지금 진사(進士)에게 그 자리를 빼앗길 형편이니, 저희들은 어찌 할 줄 모르고 있습니다."

[재상은 이 말을 듣고] 마침내 그 일을 그만 두었다. (『척언』)

開元中, 薛據自恃才名, 於吏部參選, 請授萬年錄事. 諸流外官共見宰執訴云: "錄事是某等淸要官, 今被進士欲奪, 則某等色人, 無措手足矣." 遂罷. (出『摭言』)

186 · 12(2031)
이림보(李林甫)

[당나라] 개원(開元) 20년(732)부터 이부(吏部)에서 남원(南院: 南曹. 選院을 관장하는 吏部員外郎을 말함)을 설치하여 처음으로 관리 응모자의 전체 명단을 걸어놓고 임용자와 탈락자를 결정했다. 당시 이림보가 관리선발을 맡게 되었는데, 영왕(寧王)이 사적으로 이림보를 찾아와 부탁했다.

"한 사람을 선발해주었으면 합니다."

이림보는 영왕을 질책하면서 방문에 이렇게 적었다.

"그는 평가서에 근거하면 본시 임용되는 것이 합당하지만, 영왕에게 부탁했기 때문에 일단 탈락시켰다가 겨울 심사에서 다시 평가하기로 한다."

(『국사보』)

自開元二十年, 吏部置南院, 始懸長名, 以定留放. 時李林甫知選, 寧王私謁林甫曰: "就中乞一人." 林甫責之, 於是榜云: "據其書判, 自合得留, 緣屬寧王, 且放冬集." (出『國史補』)

186 · 13(2032)
장 열(張 說)

중서사인(中書舍人) 장균(張均)이 관원의 업적 평가를 맡았을 때, 도성 관원의 업적 평가를 맡고 있던 그의 부친인 좌승상(左丞相) 장열은 특별히 [장균에 대해] 이렇게 평가했다.

"아비가 자식에게 충성을 가르치는 것은 예로부터 훌륭한 교훈이었다. [옛날 春秋時代 晉 悼公의 신하] 기해(祁奚)가 [후임자로 자신의] 아들 기오(祁午)를 추천한 것은 그 뜻이 사사로움을 돌보지 않는 데 있었다. [그런데 장균은] 어명을 다듬는 일에 있어서 그 문장은 제기(帝紀)에 실리고 그 도는 옛 전적과 견줄 만하니, 이러한 일은 보통 공적을 뛰어넘는다. 삼가 듣건대 전현(前賢)들도 이러한 임무는 특히 어려워했다. 그러니 어찌 [내가 그의 아비라고] 꺼려하여 나라의 기강을 어지럽힐 수 있겠는가?"

그리고는 장균을 상하(上下)로 평가했다. (『현종실록』)

中書舍人張均知考, 父左相張說知京官考, 特注曰: "父敎子忠, 古之善訓. 祁奚擧子, 義不務私. 至如潤色王言, 章施帝載, 道參墳典, 例絶常功. 恭聞前烈, 尤難其任. 豈以嫌疑, 敢撓綱紀?" 考上下. (出『玄宗實錄』)

186 · 14(2033)
장 석(張 奭)

묘진경(苗晉卿)이 관리선발을 맡았을 때, 어사중승(御史中丞) 장의(張倚)의 아들 장석이 관리선발에 응하자, 묘진경은 장의의 아들을 이용해 장의에게 아부하려고 생각했다. 그래서 전체 64명을 심사하면서 장석을 1등으로 평가했다. 그런데 계현령(薊縣令)으로 있던 소고온(蘇考蘊)이 이번의 관리선발 일을 안록산(安祿山)에게 알리자 안록산이 이를 상주했다. 그래서 현종(玄宗)은 등과(登科)한 사람을 소집하여 화악루(花萼樓) 앞에서 다시 시험을 보았는데, 합격한 사람은 10명 중에 한두 명도 되지 않았다. 장석은 손에 시험지를 들고 하루 종일 한 글자도 쓰지 못했는데, 당시 사람들은 이를 '예백(拽白: 시험에서 백지 답안을 내는 것)'이라 했다. 현종은 대노하여 장의를 강직(降職)시키고 다음과 같은 칙명을 내렸다.

"집안에서 자식을 잘 훈계하지 못하고 관리를 선발할 때 남에게 청탁하여 천하의 웃음거리가 되었다."

그리고는 묘진경을 안강군(安康郡)으로 폄적시켰다. (『노씨잡설』)

苗晉卿典選, 御史中丞張倚男奭參選, 晉卿以倚子思悅附之. 考等第凡六十四人, 奭在其首. 蘇考蘊者爲薊令, 乃以選事告祿山, 祿山奏之. 玄宗乃集登科人於花萼樓前重試, 升第者十無一二. 褧手持試紙, 竟日不下一字, 時人謂之'曳白'. 上大怒, 貶倚, 勅曰: "庭闈之間, 不能訓子, 選調之際, 乃以托人, 天下爲戲談." 晉卿貶安康. (出『盧氏雜說』)

186 · 15(2034)
양국충(楊國忠)

[당나라] 천보(天寶) 10년(751) 11월에 우승상(右丞相)으로서 이부상서(吏部尙書)를 겸직하고 있던 양국충은 양경(兩京: 西京 長安과 東京 洛陽)에서의 관리선발을 황제께 주청한 뒤 전형하는 날 곧바로 임용자와 탈락자를 결정했는데, 젊은 사람이나 나이 든 사람을 막론하고 모두 자신의 집에서 그들을 관적(官籍)에 기록했다. 또한 괵국부인(虢國夫人: 楊貴妃의 언니)의 자매[양귀비의 다른 언니 韓國夫人과 동생 秦國夫人을 말함]는 주렴을 쳐놓고 그 뒤에서 관리선발 과정을 지켜보았는데, 간혹 늙고 병들어 누추한 자가 있으면 모두 그 이름을 손가락질하면서 웃었으며 사대부라 할지라도 그들의 우스갯감이 되었다. 이전의 관례에 따르면, 선발된 관원은 병부(兵部)와 이부(吏部)에서 관적 등기를 마친 뒤 문하성(門下省)에서 시중(侍中)과 급사중(給事中)의 면접에 통과해야 하는데, 문하성에서의 면접에 통과하지 못한 자는 '퇴량(退量)'이라 했다. 양국충은 관원을 임명할 때 좌승상(左丞相) 진희렬(陳希烈)을 불러 그 자리에 배석시켰는데, 그러면 급사중이 앞에 죽 늘어서서 말했다.

"이미 임관(任官)을 마쳤으니 문하성에서의 면접을 통과한 것과 진배 없습니다."

진희렬 등은 말도 하지 못한 채 마음속으로만 불만을 품고 있을 따름이었다. 문하시랑(門下侍郎) 위견소(韋見素)와 장의(張倚)는 모두 자주색 관복을 입고 문하성의 낭관(郎官)들과 함께 가리개 밖에서 공문서를 늘어놓고 있다가 일이 있으면 달려나와서 말했다. 양국충은 주렴 안에 있는 양씨 자매에게 말했다.

"두 분 자포(紫袍: 紫色 관복을 입은 高官. 여기서는 門下侍郎 韋見素와 張倚를 말함)께서 일을 주관하는 것이 어떻소이까?"

그러면 양씨 자매는 깔깔대고 웃었다. 선발된 관원 정부(鄭怤)는 양국충의 뜻에 아부하기 위하여, [같이 임관된] 20여 명과 함께 돈을 내서 근정루(勤政樓)에서 연회를 열었으며, 아울러 양국충을 위해 상서성(尙書省) 남쪽에 그의 공덕비를 세웠다. 이부에서 3번의 전형과정을 거쳐 관리를 선발하는 일은 전담 업무가 번거롭고 바쁘기 때문에, 양국충은 직접 살필 수 없어서 모두 전사(典史)·영사(令史)·공목관(孔目官) 등 하급관리에게 맡겨 처리하게 했다. 양국충은 그저 서명만 하는 정도였는데, 그나마 모두 서명하지도 못했다. (『당속회요』)

天寶十載十一月, 楊國忠爲右相, 兼吏部尙書, 奏請兩京選人, 銓日便定留放, 無少長各於宅中引注. 虢國姊妹垂簾觀之, 或有老病醜陋者, 皆指名以笑, 雖士大夫亦遭訴耻. 故事, 兵·吏部注官訖, 於門下過侍中·給事中, 省不過者謂'退量'. 國忠注官, 呼左相陳希烈於坐隅, 給事中行列於前曰: "旣對注擬, 卽是過門下了." 希烈等腹悱而已. 侍郎韋見素·張倚皆衣紫, 與本曹郎官, 藩屛外排比案牘, 趨走語事. 乃謂簾中楊氏曰: "兩箇紫袍主事何如?" 楊乃大噱. 選人鄭怤('怤'字原空闕, 據明鈔本補)附會其旨, 與二十餘人率錢於勤政樓設齋, 兼('兼'原作'簾', 據明鈔本改)爲國忠立碑於尙書省南. 所注吏部三銓選人, 專務鞅掌, 不能躬親, 皆委典及令史・孔目官爲之. 國忠但押一字, 猶不可遍. (出『唐續會要』)

186 · 16(2035)
육 지(陸 贄)

[당나라] 정원(貞元) 8년(792) 봄에 중서시랑평장사(中書侍郞平章事) 육지는 처음으로 이부(吏部)에서 매년 관리를 선발하는 제도를 복원시켰다. 이전의 관례에 따르면 이부에서는 매년 관리를 선발했으나, 그 후로는 [安史의 亂으로 인해] 3~4년에 한 번씩 관리를 선발했다. 그러다 보니 관리선발에 응시한 자들이 한꺼번에 몰리고 문서가 많아서 자세히 검토할 수 없었고 그 진위(眞僞)도 뒤섞여 가리기 힘들었는데, 이로 인해 현직 관리들이 크게 부정을 저지르곤 했다. 선발된 관원도 한번 실수하면 10년 동안 관직을 얻지 못하는 경우가 있었으며, 비어 있는 관직도 몇 년 동안 사람을 채우지 못하는 경우가 있었다. 그래서 육지는 이부의 내외 관원을 3부류로 나누어 비어 있는 관직을 헤아려 관리를 선발하도록 명했으며, 이것을 매년 규칙으로 삼았다. 그 결과 병폐가 열에 일곱 여덟이 제거되어 천하 사람들이 이를 칭송했다. (『당회요』)

貞元八年春, 中書侍郞平章事陸贄, 始復令吏部每年集選人. 舊事, 吏部每年集人, 其後遂三數年一置選. 選人幷至, 文書多, 不可尋勘, 眞僞紛雜, 吏因得大爲奸巧. 選人一蹉跌, 或十年不得官, 而官之闕者, 或累歲無人. 贄命吏部分內外官員爲三分, 計闕集人, 歲以爲常. 其弊十去七八, 天下稱之. (出『唐會要』)

186 · 17(2036)
정여경(鄭餘慶)

유우석(劉禹錫)이 말했다.

"선평방(宣平坊)의 상국(相國) 정여경이 관리를 전형할 땐 선발된 사람들은 그의 전형에 합격했다고 서로 축하했다."

유우석이 또 말했다.

"내 사촌동생 아무개가 정여경의 전형을 받고 호주(湖州)의 한 현위(縣尉)로 임명되자 큰소리로 예! 하고 나갔더니, 정여경이 그를 불러 다시 돌아오게 하여 말했다.

'과거시험에서 그대와 같은 성적을 거둔 사람은 과장(科場)에서 대여섯 명도 안 되는데 그대는 한번에 예! 하고 임관(任官)을 받아들이니, 이를 장려하지 않으면 어떻게 공정한 전형이라 하겠는가? 그대는 어떤 관직을 원하는가? 그대의 집에서 가까이 봉직하면 편안할 것이다.'

사촌동생이 말했다.

'상주(常州)에 살고 있습니다.'

그래서 정여경은 그를 무진현위(武進縣尉)로 임명했다. 관리선발에 응시한 사람들은 모두 흡족해하면서 정여경을 경외하고 우러러 모셨다. 정여경은 나중에 재상이 되어 과관(過官: 吏部와 兵部에서 文武官員을 임명할 때 반드시 門下省의 심사를 거쳐야 하는데 이를 '過官'이라 함) 할 때도 가장 공평하다는 칭송을 받았다. 사람들은 정여경을 옛날 노공(魯恭: 後漢 사람으로 肅宗 때 直言科에 천거되어 中牟縣令이 되었으며, 형벌을 쓰지 않고 德化로 백성을 다스려 명성이 높았음)의 후신이라 생각했다."

유우석이 또 말했다.

"진풍(陳諷)과 장복원(張復元)이 각각 경기 지역 현의 관리로 임명되었는데, 그들이 다른 현으로 바꿔달라고 청하자 정여경은 이를 허락했다. 그런데 얼마 후 장복원이 다시 바꾸지 않겠다고 청하자, 정여경은 이미 명단을 발표한 뒤였으므로 막 문에 들어선 장복원을 꾸짖으면서 '이미 결정되었으니 바꿀 수 없다'고 했다. 당시 사람들은 그에게 감복했다."

(『가화록』)

劉禹錫曰: "宣平鄭相之銓衡也, 選人相賀, 得入其銓." 劉禹錫曰: "予從弟某在鄭銓, 注湖州一尉, 唱唯而出, 鄭呼之却廻曰: '如公所試, 場中無五六人, 一唱便受之, 此而不獎, 何以銓衡? 公要何官? 去家穩便.' 曰: '家住常州.' 乃注武進縣尉. 選人翕然, 畏而愛之. 及後作相, 過官又稱第一. 其有後於魯也." 又云('云'原作'去', 據明鈔本改): "陳諷·張復元各注畿縣, 請換縣, 允之. 旣而張却請不換, 鄭牓了('了'原作'子', 據明鈔本改), 引張纔入門: '已定不可改.' 時人服之." (出『嘉話錄』)

186 · 18(2037)
배준경(裴遵慶)

배준경이 재상을 그만 두고 관리선발을 맡게 되자, 조정에서는 그의 나이와 덕망을 높이 여겨 자신의 집에서 관리선발 일을 처리하게 했다. [그러나 배준경은 자신의 집에서 일을 처리하지 않고] 선평방(宣平坊)에서부터 응시자의 명단을 붙여 동시(東市)의 두 거리까지 이어졌다. 당시 사람들은 이를 대단한 일이라고 생각했다. (『국사보』)

裴遵慶罷相, 知選, 朝廷優其年德, 令就第注官. 自宣平坊牓引士子, 以及東市兩街. 時人以爲盛事. (出『國史補』)

186 · 19(2038)
이 강(李 絳)

[당나라] 장경연간(長慶年間: 821~824) 초에 이부상서(吏部尙書) 이강은 낭관(郎官) 10명을 설치하여 남조(南曹: 選院을 관장하는 吏部員外郎을 말함)의 업무를 분담하도록 건의했는데, [員外郎 밑의] 속관들은 이를 불편해했다. 열흘 뒤에 이강은 동도유수(東都[洛陽]留守)로 나가게 되었다. 이때부터 선조(選曹: 吏部)에서 문서를 작성할 때는 항상 속히 마무리지었다. (『국사보』)

長慶初, 吏部尙書李絳議置郎官十人, 分判南曹, 吏人不便. 旬日出爲東都留守. 自是選曹成狀, 常速畢. (出『國史補』)

186·20(2039)
이 건(李 建)

이건은 이부랑중(吏部郎中)으로 있을 때 늘 이렇게 말했다.

"지금 바야흐로 훌륭한 인재들이 모두 진사(進士)가 되었다. 만약 내가 뜻을 얻게 되면[관리선발을 주관하게 되는 것을 말함], 마땅히 처음 등과(登科)한 이들을 모두 이부에 소집하여 작은 현의 현위(縣尉)에 임명하고, 그 임기가 만료되면 다시 소집하여 조금 큰 현의 현위에 임명하며, 또 그 임기가 만료되면 경기 지역의 현위에 임명한 뒤, 마지막에는 조정 관원으로 승진시킬 것이다. 대부분의 사람들은 서른 살에는 명성을 이루고 마흔 살에는 명망 있고 중요한 관직을 맡고 싶어 하니, 이런 과정을 차례대로 거치는 것이 합당하다. 이미 등과했다면 나라의 봉록을 먹고 이미 나라의 봉록을 먹게 되었다면 반드시 조정에 오르는 것을 누군들 하고 싶지 않겠는가? 하지만 [해당 관직에] 오랫동안 머물면서 정해진 기한만 지켜서는 안 되고, 어지럽게 다투면서 빨리 승진하는 것에만 급급해서도 안 된다. 또한 아래에 있는 관원은 자신의 능력에 따라 임용되어야 하고, 위에 있는 관원은 자신의 경력을 바탕으로 해야 한다. 이를 총괄해서 말하자면 그 이로움이 매우 크다."

논자들은 대부분 그의 견해를 타당하다고 여겼다. (『국사보』)

李建爲吏部郞中, 常曰: "方今秀茂, 皆在進士. 使僕得志, 當令登第之歲, 集於吏部, 使尉緊縣, 旣罷復集, 稍尉望縣, 旣罷乃尉畿縣, 而升於朝. 大凡中人, 三十成名, 四十乃至淸列, 遲速爲宜. 旣登第, 遂食祿, 旣食祿, 必登朝, 誰不欲也? 無淹翔以守常限, 無紛競以來奔捷. 下曹得其循擧, 上位得其更歷. 就而言之, 其利甚博." 議者多之. (出『國史補』)

186·21(2040)
최안잠(崔安潛)

최안잠이 동도(東都) 낙양(洛陽)에서 관리선발을 관장했을 당시에는 관리선발에 응시한 자가 자신의 성명을 밝힐 수 없었는데, 고운(顧雲: 唐代 池州 사람으로 崔安潛과 같은 시대에 살았음. 咸通年間에 급제하여 淮南節度使 高駢의 從事를 지냈으며, 나중에는 霅川에 은거하면서 저술에 전념했음)의 「계사(啓事)」를 도용하여 바친 자가 있었다. 최공(崔公: 崔安潛)은 그러한 사실도 모른 채 그 사람을 크게 칭찬하면서 불러 얘기를 나눈 뒤, 곧바로 그의 자질을 뛰어넘는 현령(縣令)에 임명했다. 나중에 어떤 사람이 사실을 아뢰자 최공은 그제야 후회했다. (『노씨잡설』)

崔安潛東洛掌選時, 選人中不能顯其名姓, 竊顧雲「啓事」投獻者. 崔公不之知, 大賞歎, 召之與語, 便注一超資縣令. 後有人白, 崔公方悔. (出『盧氏雜說』)

태평광기 권제187

직관(職官)

1. 재　상(宰　　相)
2. 상　사(上　　事)
3. 소　괴(蘇　　瓌)
4. 양　성(兩　　省)
5. 독 고 급(獨 孤 及)
6. 참 작 원(參 酌 院)
7. 양　성(陽　　城)
8. 여　온(呂　　溫)
9. 위　현(韋　　絢)
10. 이　정(李　　程)
11. 잡　설(雜　　說)
12. 어　사(御　　史)
13. 동주어사(同州御史)
14. 최　원(崔　　遠)
15. 엄　무(嚴　　武)
16. 압　반(押　　班)
17. 대　문(臺　　門)
18. 역 오 원(歷 五 院)
19. 한　고(韓　　皐)
20. 잡　설(雜　　說)
21. 사　직(使　　職)
22. 상 서 성(尙 書 省)
23. 최 일 지(崔 日 知)
24. 탁　지(度　　支)
25. 유　벽(柳　　闢)
26. 성　교(省　　橋)
27. 비 서 성(秘 書 省)
28. 어　대(魚　　袋)
29. 사　청(莎　　廳)

187 · 1(2041)
재 상(宰 相)

무릇 재상을 임명하는 날에는 그 예로서 조정 관료들의 입조(入朝)를 금하고 부(府)와 현(縣)에서는 모래를 실어다가 재상의 사저에서부터 자성(子城) 동쪽 거리에 이르는 길을 메웠는데, 이를 '사제(沙堤)'라고 했다. 재상이 상중이거나 병을 앓고 있을 때는 백관들이 모두 재상의 집으로 갔다. 그러면 담당관리는 막차(幕次: 임시로 세우는 장막)를 설치하고 등급에 따라 관리들을 세웠다. 정월초하루나 동짓날[재상 임명의 예는 주로 길일인 정월 초하루나 동짓날에 거행했음]에 의장대를 배치하면 고위관리들은 모두 가산(珂傘: 옥으로 장식한 햇빛 가리개)을 준비했고, 500~600명의 사람들은 촛불을 밝혀 줄지어 서 있었는데, 이를 '화성(火城)'이라 했다. 장차 재상이 화성에 도착하면 모두들 촛불을 끄고 뒤로 물러나 경의를 표했다. 재상이 사방의 일을 보는 곳으로는 도당(都堂: 唐나라는 尙書省이 가운데에 위치해있고 그 동쪽으로 吏·戶·禮部가, 서쪽으로 兵·刑·工部가 위치해 있었으며, 尙書省의 左·右僕射가 각 부를 총괄했는데, 이를 都省이라 했고 공무를 보는 곳을 都堂이라 했음)이 있었고, 관리들의 일을 처리하는 곳으로는 당첩(堂帖: 唐나라의 정사는 주로 中書門下에서 나왔는데, 재상이 정사를 돌보던 곳을 政事堂 혹은 都堂, 中書堂이라고 불렀고, 그곳에서 나온 공문서를 堂帖이라 했음)이 있었으며, 다음으로 재상이 사용하는 관인(官印)을 '화압(花押:

공문서의 끝에 草書로 서명하거나 서명 대신 사용하는 특정부호를 말함)'이라 했다. 또 황칙(黃敕: 황제가 조서를 내릴 때 누런 비단을 사용한 데서 나왔는데, 곧 황제의 조서를 말함)이하로 황칙과는 약간 다른 그러나 황제가 내린 문서와 같다는 의미에서 재상이 하달하는 문서를 '황첩(黃帖)'이라 불렀으며, 재상들끼리는 서로를 존중하여 '당로(堂老)'라 불렀다. 애초에 아침 조회에 참석하는 백관들은 반드시 말을 건복망선문(建福望僊門) 밖에다 매어놓고 조회를 기다린 반면, 재상은 비바람을 피할 수 있는 광택거방(光宅車坊)에서 조회를 기다렸다. 그러다 원화연간(元和年間: 806~820) 초에 비로소 대루원(待漏院: 백관들이 새벽에 모여 조회를 기다리던 장소)을 설치했다. (『국사보』)

凡拜相禮, 絶班行, 府縣載沙塡路, 自私第至於子城東街, 名曰'沙堤'. 有服假, 或問疾, 百僚就第. 有司設幕次, 排班. 元日冬至立仗, 大官皆備珂傘, 列燭有五六百炬, 謂之'火城'. 宰相火城將至, 則皆撲滅以避. 宰相判四方之事有都堂, 處分有司有堂帖, 下次押名曰'花押'. 黃敕旣下, 小異同曰'黃帖', 宰相呼爲'堂老'. 初百官早朝, 必立馬建福望僊門外, 宰相則於光宅車坊, 以避風雨. 元和初, 始置待漏院. (出『國史補』)

187 · 2(2042)
상 사(上 事)

대개 중서성(中書省)과 문하성(門下省)의 관리들은 모두 서성(西省:

中書省의 별칭)에서 공무를 처리했는데, 이것은 예절과 의식을 간소화 하기 하기 위해서이다. 오품(五品) 이상의 관리들이 공무를 처리할 때는 재상이 직접 황제에게 그 일을 보고했는데, 이는 다름 아닌 재상이 다른 관원들과 함께 정사에 참여하기 위해서이다. (『국사보』)

凡中書・門下, 並於西省上, 以便禮儀. 五品以上, 宰相送上, 乃並卿參. (出『國史補』)

187・3(2043)
소 괴(蘇 瓌)

경룡(景龍) 3년(709) 소괴는 상서우복야(尚書右僕射: 尚書省 최고의 장관으로, 실제로는 宰相의 임무를 맡아보았음)에 임명되었다. 당시에는 공경대신들이 새로 관직을 부여받으면 관례에 따라 천자께 음식을 올려야 했는데, 이를 '소미(燒尾)'라 했다. 한번은 소괴가 천자가 베푸는 연회에 참가하게 되었는데, 그때 장작대장(將作大匠: 宮室이나 성곽, 종묘의 건축을 담당하던 관리) 종진경(宗晉卿)이 소괴에게 말했다.

"복야에 임명되었으면서도 끝내 소미를 행하지 않고 있는데, 왜 좋지가 않아서 그러시오?"

황제가 그 말을 듣고 가만히 있자, 소괴는 다음과 같이 아뢰었다.

"신이 듣건대 재상은 천지간의 음양을 주관하고 천자를 도와 국가의 일을 다스린다고 했습니다. 지금 양식이 귀하고 물가가 폭등하여 백성들은 배불리 먹지도 못하고 있습니다. 또한 신이 숙위병(宿衛兵)을 살펴보건대 삼일동안 아무 것도 먹지 못한 자도 있었습니다. 이에 신은 신이 재상의 직책을 수행하기에 적합한 인물이 아니라 생각되어 감히 소미를 행할 수 없었습니다."

(『담빈록』)

　　景龍三年, 蘇瓌除尙書右僕射. 時公卿大臣初拜官者, 例計獻食, 名曰'燒尾'. 瓌因侍內宴, 將作大匠宗晉卿謂曰: "拜僕射, 竟不燒尾, 豈不善邪?" 帝默然, 瓌奏曰: "臣聞宰相者, 主陰陽, 助天理物. 今粒食踊貴, 百姓不足. 臣見宿衛兵, 至有三日不得食者. 臣愚不稱職, 所以不敢燒尾." (出『譚賓錄』)

187 · 4(2044)
양　성(兩　省)

　　간의대부(諫議大夫: 임금에게 간언하는 벼슬이름으로, 唐나라 中葉이후로 左 · 右 諫議大夫를 두었는데, 左諫議大夫는 門下省에, 右諫議大夫는 中書省에 속해 있었음)는 일이 없으면 중서성과 문하성에 들지 않았는데, 만약 일이 있어 중서성과 문하성에 들게 되면 고기 네 번을 구워 먹을 수 있는 주식(廚食: 廚食錢. 俸祿 외에 따로 하사 받는 돈)을 따로 받았다. 중서사인(中書舍人)은 당시에 재상의 [사무처리를 돕는] 판관(判官)이라 불렸는데, 재상이 좋아하고 싫어하는 바에 따라 중서사인을 지제고(知制誥: 唐나라 초에는 中書舍人이 知制誥의 일을 맡아보았음)

에 임명하지 않는 것을 '섭각(屧脚)' 혹은 '불유삼자(不由三字)'라 했고 중서사인을 지제고에 임명하는 것을 '달액과두(撻額裹頭)'라 불렀다. 제고(制誥: 詔令 즉 황제의 명령)는 본래 황제의 입에서 나온 것으로 모두 황제 본인이 해야하는 것이다. 그래서 한(漢)나라 광무제(光武帝) 때 독주전연(督鑄錢掾: 郡의 보좌관)으로 있던 제오륜(第五倫: 東漢 때의 인물. 第五는 複姓임)은 조서를 보고 다음과 같이 감탄했다.

"이 얼마나 성명(聖明)한 군주이신가! 한눈에 알 수 있구나!"

근자에 조칙들이 내려오면 대개가 관리들에게 일을 책임 지우는 말들뿐인데, 포폄(褒貶)의 말들은 현명한 임금들이 조심했던 바이다. 대개 만조백관이나 공경사대부들이 한 사람을 칭찬할 때는 규장특달(珪璋特達: 『禮記』 「聘義」에 나오는 말로, 聘禮때에는 다른 幣帛은 사용하지 않고 珪璋 한 가지 만을 사용해 예를 표시했는데, 후세에는 인품이 뛰어나고 才德이 출중한 것을 가리키는 말로 사용되었음)이니, 더 이상 보탤 것이 없을 정도로 훌륭하다느니 말하지만, 잠시 뒤에 내칠 때는 두소하재(斗筲下才: 『論語』 「子路」에 나오는 말로, 그릇이 작은 변변치 않은 사람을 가리키는 말로 사용되었음)에 비유하면서 용서받을 수 없는 죄를 지었다고 말한다. 이는 똑같은 한 사람의 행동을 듣고 군주의 입에서 평가되어 나온 말로, 그 사람은 순식간에 어리석어졌다 지혜로웠다 하며, 군주는 또 금새 그를 칭찬했다 비판했다 하는 꼴이 된다. 천자는 농담을 하지 않는 법이니, 만약 말을 하다 실수를 하게 되면 천하 사람들로부터 원망을 듣게 되기 때문이다. (『노씨잡설』)

諫議無事不入, 每遇入省, 有廚食四孔炙. 中書舍人時謂宰相判官, 宰相親嫌,不拜知制誥爲'屧脚', 又云'不由三字', 直拜中書舍人者, 謂之'撻額裹頭'. 其制誥之本, 出自王言, 皆人主所爲. 故漢光武時, 第五倫爲督鑄錢掾, 見詔書而嘆曰: "此聖明主也! 一見決矣!" 近者凡有詔敕, 皆責成群下, 褒貶之言, 哲王所愼. 凡百具寮, 王公卿士, 始褒則謂其珪璋特達, 善無可加, 旋有貶黜, 則比以斗筲下才, 罪不容責. 同爲一士('士'原作'字', 據明鈔本改)之行, 固出君上之言, 愚智生於倏忽, 是非變於俄頃. 蓋天子無戲言, 言之苟失, 則取尤天下. (出『盧氏雜說』)

187 · 5(2045)
독고급(獨孤及)

독고급은 지제고(知制誥: 唐나라 초에 中書省에서 中書舍人 여섯 명 가운데 한 사람을 조서의 초안 잡는 일을 전담케 했는데, 이를 知制誥라 칭했음)를 맡고 싶어 시험삼아 원재(元載)를 찾아갔다. 원재는 독고급이 찾아온 뜻을 알아차리고 그를 맞이하며 말했다.

"지제고 자리를 누가 감당할 수 있을 것 같소?"

독고급은 그가 지제고의 벼슬을 자신에게 주지 않고 다른 사람에게 줄 것이라는 것을 눈치채고 이서(李紓)를 추천했다. 그때 마침 중서성에 있던 양염(楊炎)도 독고급이 지제고로 오는 것을 꺼려해서 원재는 지제고 자리를 원하는 독고급의 뜻을 저지했던 것이다. [독고급이 지제고가 되지 못한 것은] 이는 모두 두 사람이 합심한 결과이다. (『가화록』)

獨孤及求知制誥, 試見元載. 元知其所欲, 迎謂曰: "制誥阿誰堪?" 及心知不我與而與他也. 乃薦李紓. 時楊炎在閣下, 忌及之來, 故元阻之. 乃二人力也. (出『嘉話錄』)

187·6(2046)
참작원(參酌院)

장경연간(長慶年間: 821~824) 초에 목종(穆宗)은 형법을 매우 중시했다. 그리하여 매번 큰 옥사가 있을 때마다 담당관리에게 죄를 판결하게 하고, 또 급사중(給事中: 門下省의 屬官)과 중서사인(中書舍人: 中書省의 屬官)으로 하여금 참가하여 적절한 형벌을 정하게 했기에 당시의 만조백관들은 이를 '참작원'이라 불렀다. (『국사보』)

長慶初, 穆宗以刑法爲重. 每大獄, 有司斷罪, 又令給事中·中書舍人參酌出入之, 百司呼爲'參酌院'. (出『國史補』)

187·7(2047)
양 성(陽 城)

양성은 하현(夏縣: 山西省에 있는 현 이름)에 살 때 간의대부(諫議大夫)에 임명되었고, 정고(鄭鋼)는 문향(閿鄉: 河南省에 있는 縣 이름)에 살 때 습유(拾遺)에 임명되었으며, 이주남(李周南)은 곡강(曲江: 劍南道에 있는 지명)에 살 때 교서랑(校書郞)에 임명되었다. 당시 사람들은 이를 두고 먼 지방으로 갈수록 관직이 더욱 높아지고 가까운 지방일수록 관직이 더욱 낮아진다고 생각했다. (『국사보』)

陽城居夏縣, 拜諫議大夫, 鄭絪居閿鄕, 拜拾遺, 李周南居曲江, 拜校書郞. 時人以轉遠轉高, 轉近轉卑. (出『國史補』)

187 · 8(2048)
여 온(呂 溫)

통사사인(通事舍人: 唐代에 설치된 조서 낭독을 담당하는 관리)이 조서를 읽을 때 이전의 관례에 따르면 습유(拾遺)로 하여금 파마(把麻: 唐宋시대에 王侯將相을 봉하거나 면직시키는 등의 중대한 사건이 있으면 흰 마 종이에다 조서를 적고, 조서를 선포할 때 한 사람을 지정하여 그 옆에서 끊어 읽는 것을 도와주도록 했는데, 이를 把麻라 함)하게 했는데, 이는 아뢰는 사람이 글을 몰라서 구두점을 잘못 끊어 읽는 경우가 많았기 때문에 습유가 낮은 목소리로 중요한 부분을 가리키며 조서 읽는 것을 도와주었던 것이다. 여온은 습유로 있을 때 소환되어 파마하게 되자 안으로 들어가지 않으려 했는데, 이로부터 하나의 이야기가 만들어졌다. 습유로 있으면서 파마를 행하지 않은 것은 여온에게서 시작되었다. 당시 유종원(柳宗元)이 여온에게 장난삼아 이렇게 말했다.

"자네는 글자 꽤나 알고 있으면서 그를 위해 파마 좀 해주지 그랬는가?"

(『가화록』)

 通事舍人宣詔, 舊命拾遺團句把麻者, 蓋謁者不知書, 多失句度, 故用拾遺低摘聲句以助之. 及呂溫爲拾遺, 被喚把麻, 不肯去, 遂成故事. 拾遺不把麻者, 自呂始也. 時柳宗元戲呂云: "幸識一文半字, 何不與他把也?" (出『嘉話錄』)

187·9(2049)
위 현(韋 絢)

 개성연간(開成年間: 836~840) 말년에 위현은 좌보궐(左補闕: 唐나라 則天武后 垂拱 年間에 설치된 관직으로, 左·右補闕을 두었는데 주로 諫官의 일을 맡아보았음. 左補闕은 門下省, 右補闕은 中書省에 소속되었음)에서 기거사인(起居舍人)이 되었다. 당시 문종황제(文宗皇帝)는 옛 것을 고찰하고 학문을 숭상하여 주로 정관연간(貞觀年間: 627~649)·개원연간(開元年間: 713~741)의 일을 본받고 행하면서 좌사(左史: 조정 내의 일을 기록하는 사관)와 우사(右史: 조정 내의 말을 기록하는 사관)를 엄선해서 뽑았다. 우사로 선발된 위모(魏謨)는 얼마 지나지 않아 대간(大諫: 唐宋시대 諫議大夫의 別稱)의 일을 함께 맡아보면서 조정에 들어가 붓을 잡았다. 위모의 강직한 성품은 소리는 멀리까지 소문이 나 문종황제가 이를 듣고 그를 재상으로 삼을 것은 조만 간의 일이었다. 위모는 크고 작은 일을 막론하고 반드시 바른 소리를 하고 간언을 해 올렸다. 이에 조정의 신하들은 간관의 지위에 걸맞은 공의 명성을 좋은 일로 여기며 그의 모습 속에서 문정공(文貞公: 魏徵. 唐初의 인물로 諫議大夫를 지냈는데, 太宗 앞에서 직간을 잘했다고 함)의 모습을 찾아냈다. 그러던 중 문종황제가 붕어(崩御)했고, 이로부터 사정이 크게 변해 그때까지의 일이 중단되었다. 그 때 위현은 이미 기거사인에 제수(除授)되었는데, 양사복(楊嗣復)은 어전에서 먼저 이렇게 상주했다.

"좌보궐 위현은 막 기거사인이 제수되어 아직 감사의 절도 올리지 않았으니, 그 진퇴를 결정하시기를 청합니다."

그러자 [武宗] 황제는 알겠다며 고개를 끄덕였다. 이규(李珪)가 위현을 불러들이자 위현은 곧바로 옥 계단의 난간 위에 붓과 종이를 두고 급히 달려 들어와 감사의 인사를 하고 절을 올리면서 "좌사가 황제의 은혜를 입었습니다"라고 말했다. 위현은 개성연간에서 무종(武宗) 즉위 때까지 의례에 따라 물러나서 더 이상 잠필(簪筆: 冠이나 笏에 붓을 꽂고 글을 받아쓸 준비를 하는 것으로, 고대 제왕들의 近臣이나 書吏 및 사대부들이 대개 이와 같은 복장을 했음)의 소임을 행하지 못했다. 잠필하게 될 때면 천자의 얼굴을 가까이할 수 있었으므로 당시 사람들은 양성(兩省: 門下省과 中書省)을 시종(侍從: 황제의 近臣)의 반열이라고 생각했다. 그래서 시종의 반열에 오른 사람은 현달(顯達)하지 않을 수 없다. (『가화록』)

開成末, 韋絢自左補闕爲起居舍人. 時文宗稽古尙文, 多行貞觀·開元之事, 妙選左右史. 以魏謨爲右史, 俄兼大諫, 入閣秉筆. 直聲遠聞, 帝倚以爲相者, 期在旦暮. 對剔進諫, 細大必行. 公望美事, 朝廷拭目, 以觀文貞公之風彩. 會文宗晏駕, 時事變移, 遂中輟焉. 時絢已除起居舍人, 楊嗣復於殿下先奏曰: "左補闕韋絢新除起居舍人, 未中謝, 奏取進止." 帝頷之. 李珏招而引之, 絢卽置筆札於玉堦欄檻之石, 遽然趨而致詞拜舞焉, "左史得中謝". 自開成中至武宗卽位, 隨仗而退, 無復簪筆之任矣. 遇簪筆之際, 因得密邇天顔, 故時人謂兩省爲侍從之班. 則登選者不爲不達矣. (出『嘉話錄』)

187·10(2050)
이 정(李 程)

이정은 한림학사(翰林學士)로 있었는데, 그 당시는 해 그림자가 몇 번째 계단을 비출 때 입실해야한다는 규정이 있었다. 이정은 천성이 게을러 매번 해 그림자가 여덟 번 째 계단을 넘어갈 때 관청에 들어갔기 때문에 당시 사람들은 그를 '팔전학사(八塼學士)'라 불렀다. (『전재』)

李程爲翰林學士, 以堦前塼日影爲入候. 程性懶, 每入必踰八塼, 故號爲'八塼學士'. (出『傳載』)

187·11(2051)
잡 설(雜 說)

양성(兩省: 門下省과 中書省의 合稱으로, 門下省에는 給事中·起居

郞·左散騎常侍·左諫議大夫·左補闕·左拾遺가 있고, 中書省에는 中書舍人·起居舍人·右散騎常侍·右諫議大夫·右補闕·右拾遺가 있었음)의 관원들은 서로를 '각노(閣老)'라 불렀고, 상서성(尙書省)의 승랑(丞郞: 左右丞과 六部侍郞의 合稱)들은 서로를 '조장(曹長)'이라 불렀으며, 원외랑(員外郞)·어사(御史)·습유(拾遺)는 서로를 '원장(院長)'이라 불렀다. 상위관직은 하위관직의 호칭을 겸할 수는 있으나, 하위관직은 상위관직의 일을 겸할 수 없었다. 시어사(侍御史)는 서로를 '단공(端公)'이라 불렀다. (『국사보』)

兩省相呼爲'閣老', 尙書丞郞相呼爲'曹長', 員外郞·御史·拾遺相呼爲'院長'. 上可兼下, 下不可兼上. 侍御史相呼爲'端公'. (出『國史補』)

187·12(2052)
어 사(御 史)

이전의 전장제도에 따르면 대조회(大朝會: 황제와 여러 군신들이 만나는 모임)때는 감찰어사(監察御史)가 압반(押班: 만조백관들이 조회를 가질 때 조회의 순서를 관리했는데, 唐代에는 감찰어사 두 사람이 그 일을 맡았다고 함)했고, 상참(常參: 군신들이 매일 御殿에서 황제를 알현하는 것을 말함) 때면 전중시어사(殿中侍御史)가 분반(分班: 백관을 그 직위에 따라 줄을 세우는 것을 말함)했으며, 입각(入閣: 唐代 때 황제가 朔望日에 便殿에서 군신들의 接見을 받는 것을 말함) 때면 시어사(侍御

史)가 감주(監奏: 군신들 가운데 실례를 범하는 자가 없는 지를 감찰하는 일)했다. 이는 함원전(含元殿: 주로 大朝會가 열리는 곳)이 관원들과의 거리가 가장 멀었기 때문에 8품 관리인 감찰어사가 예의를 감찰했던 것이고, 그 다음으로 가까운 선정전(宣政殿)에는 7품 관리인 전중시어사를 두어 일을 보게 했던 것이며, 자신전(紫宸殿: 입각때 사용됨)은 조정 신하들과의 거리가 매우 가깝기 때문에 6품인 시어사로 하여금 감주토록 했던 것이었다. 전중시어사는 화전(花塼: 花塼道. 唐代에는 관리들이 花塼道에서 입실을 기다렸다고 함)에 서 있을 수 있었고, 녹의(綠衣: 唐制에 따르면 6·7품 관리들이 녹색 천으로 관복을 해 입고 銀으로 관복을 장식했다고 함) 이상의 관리들은 자줏빛 책상과 깔개를 이용했기 때문에 이들을 '칠귀(七貴)'라고 했다. 감찰원장(監察院長: 御史臺의 長官)의 집무실과 동원(同院: 여기서는 御史臺를 가리킴)은 예의상 떨어져 있었고, 이로부터 "상관을 받들기를 자신의 머리 받들듯 해야한다."는 말이 있었다. 대개 당(堂: 여기서는 어사대를 가리킴)에 오른 사람들은 말하고 웃는 것을 금했으며, 차마 웃음을 참을 수 없을 때에는 잡단(雜端: 唐代에는 侍御史를 端公이라고 불렀고, 그 가운데에 雜事를 맡아보던 사람을 雜端이라 불렀음)이 크게 웃으면 그 자리에 있던 사람들도 모두 웃었는데 이를 '홍당(烘堂)'이라고 했다. 홍당때 웃으면 벌을 내리지 않았다. [벌을 받은] 어사대부(御史大夫)와 어사중승(御史中丞)이 삼원(三院: 御史臺의 臺院·殿院·察院을 말하는데, 그 가운데 臺院이 三院의 으뜸임)에 들어와 벌직(罰直: 사법 기관이나 행정기관에서 범법자와 규정을 위반한 사람에게 일정한 액수의 벌금형을 처하는 것을 말하기도 하고 범법자가 내는 보석금을 말하기도 함)하면 모두 풀어주었는데, 그 죄의 경중은 이인(吏人: 하급관리)에서 나왔으며 큰 사건은 황권(黃卷: 관리의 공과나 그 관직에 적합한 인물인지의 여부를 살펴 적어 놓은 공문서)에다 남겨두었다. 삼원의 당에 오른 사람 가운데 다른 관직으로 전임된 사람은 종식(終食: 전임되기 이전의 俸祿을 받는 것을 말함)할 수 없었고, 오직 형부낭중(刑部郎中)만이 종식할 수 있었다. (『국사보』)

御史故事, 大朝會則監察押班, 常參則殿中分班, 入閤則侍御史監奏. 蓋含元殿最遠, 用八品, 宣政其次, 用七品, 紫宸最近, 用六品. 殿中得立花塼, 綠衣用紫案褥之類, 號爲'七貴'. 監察院長與同院禮隔, 語曰: "事長如事端." 凡上堂絶言笑, 有不可忍, 雜端大笑, 則合座皆笑, 謂之'烘堂'. 烘堂不罰. 大夫・中丞入三院, 罰直盡放, 其輕重尺寸, 由於'於'原作'放', 據『國史補』改吏人, 而大者存之黃卷. 三院上堂, 有除改者不得終食, 唯刑部郎中得終之. (出『國史補』)

187・13(2053)
동주어사(同州御史)

왕 아무개가 지난 해 동주(同州)의 관리로 있을 때의 일이라고 했다. 그가 보았더니 어사(御史: 監察御使로, 州縣 순시의 일을 맡아보았고, 獄事나 祭祀 등의 일에도 참여했는데, 開元年間에는 驛站을 순시하는 일도 맡아보았음)가 순시 나갔다가 돌아와 주의 역참에 머물면서 하룻밤이 지나도 출발하지 않았다. 그러더니 갑자기 온갖 공문서를 요구하고 또 인력(印曆: 관에서 발행하는 증명서)을 가져오라고 하면서 역문

(驛門)을 급하게 잠그라고 해서 온 주가 한바탕 난리를 쳤다. 한 노리(老吏: 관리의 일에 밝은 사람)가 속으로 빙그레 웃으면서 곧장 포인(庖人)을 통해 헌서(憲胥: 御史臺의 관리를 말함. 御史臺는 憲臺라고 했기 때문에 그 관리를 憲胥라 했음)에게 비단 100필을 증정하겠다고 통보하게 했다. 그러자 어사는 이튿날 날이 밝기도 전에 역문을 열고 공문서를 모두 돌려보낸 뒤 말을 타고 떠나갔다. (『국사보』)

王某云往歲任官同州. 見御史出案, 廻止州驛, 經宿不發. 忽索雜案, 又取印曆, 鎖驛門甚急, 一州大擾. 有老吏竊哂, 乃因庖人以通憲胥, 許以百縑爲贈. 明日未明, 御史已啓驛門, 盡還案牘, 乘馬而去. (出『國史補』)

187 · 14(2054)
최 원(崔 遠)

최원은 감찰어사(監察御史)로 있을 때 죄수들을 둘러보기 위해 신책군(神策軍: 唐代 禁軍의 하나로, 德宗 때에 와서는 宦官에게 神策軍을 통솔하게 했음)에까지 갔다가 하급관리에게 모함 당했는데, 그가 군영에 들어올 때 햇빛 가리개를 펼치고 들어오면서 군영에서 술과 음식을 가져다 먹자고 꼬득이며 서로 즐겨보려고 했다는 것이었다. 이 소식을 들은 두문창(竇文瑒: 본문에는 竇文瑒이라 되어 있으나, 『舊唐書』 권184에 근거하여 竇文場이라 고침. 竇文場은 환관으로, 본래 東宮에서 일을 보다가 훗날의 德宗인 李適을 섬겼는데, 훗날 德宗이 그에게 禁軍

을 돌보게 했음)은 크게 화를 내며 즉시 황제께 이 사실을 아뢰었다. 그러자 황제는 칙령을 내려 최원을 어사대로 보내 숙직 관청에서 곤장을 받게 한 뒤 먼 지방으로 유배 보냈다. 이로부터 황제의 군영까지는 죄수 감찰을 나오지 않았다. (『국사보』)

崔遠爲監察, 巡囚至神策軍, 爲吏所陷, 張蓋而入, 又諷軍中索酒食, 意欲結歡. 竇文場怒, 立奏('立奏'原作'奏立', 據明鈔本改). 敕就臺鞭於直廳而流之. 自是巡囚不至禁軍. (出 『國史補』)

187 · 15(2055)
엄 무(嚴 武)

보응(寶應) 2년(763) 대부(大夫) 엄무는 황제께 외직(外職)에 있다가 막 도성의 어사(御史)로 부임하여 사가(私家)에게 먹고 자는 것이 편치 않다고 상주했다. 그리하여 황제는 그에게 공승(公乘: 왕실이나 제후들이 사용하는 수레)을 내려 주었다.

원화연간(元和年間: 806~820)에 감찰어사(監察御史)로 있던 원진(元稹)이 중사(中使: 황제가 파견한 사신으로, 주로 환관이 맡아보았음)와 함께 역청(驛廳: 驛舍의 대청)을 두고 다투다가 그에게 모욕을 당했는데, 이로부터 다음과 같은 조칙이 내려졌다.

"절도사(節度使)나 관찰사(觀察使), 대관(臺官: 尙書省이나 御史臺의 관원을 통칭하여 이르던 말)이나 중사 가운데 먼저 역참에 도착하는 사람이 상청(上廳)에 거할 수 있다."

그리하여 이 규정은 변치 않는 제도가 되었다. (『국사보』)

寶應二年, 大夫嚴武奏在外新除御史, 食宿私舍非宜. 自此乃給公乘. 元和中, 元稹爲監察, 與中使爭驛廳, 爲其所辱, 始有敕: "節度·觀察使·臺官與中使, 先到驛者, 得處上廳." 爲定制. (出『國史補』)

187 · 16(2056)
압 반(押 班)

무릇 대조회(大朝會) 때는 감찰어사(監察御史)가 압반(押班: 만조백관들이 조회를 가질 때 조회의 순서를 관리했는데, 唐代에는 감찰어사 두 사람이 그 일을 맡았다고 함)했는데, 감찰어사가 부족하면 시어사(侍御史)로 하여금 조회 때 상주하는 사람을 관리하게 했다. (『국사보』)

凡大朝會, 監察押班, 不足則使下侍御史, 因朝奏者攝之. (出『國史補』)

187 · 17(2057)
대 문(臺 門)

어사대(御史臺) 문은 북쪽으로 열려있는데, 아마도 엄숙하고 음산하다는 뜻을 취했기 때문에 도성의 어사대의 문을 모두 북쪽으로 열어놓은 것 같다. 『업군고사(鄴郡故事)』에 따르면 어사대(御史臺)는 궁궐의 서남쪽에 있고 그 문은 북쪽으로 나 있다. 역사책에 보면 옛 도성[故城: 隋나라의 도성]의 어사대도 북쪽으로 문이 나 있다. 용삭연간(龍朔年間: 661~663)에 계방(桂坊: 隋唐 때의 太子의 屬官으로, 그 본래 명칭은 司經局이며 태자의 圖書나 도서의 편집·간행을 맡아보았음. 龍朔年間에 그 명칭을 桂坊으로 바꾸었다가 咸亨年間에 다시 司經局으로 바꾸었음)을 설치하여 동조(東朝: 태자가 거하는 東宮)의 헌부(憲府: 御史臺)로 삼았는데, 그 문 역시 북쪽으로 나 있다. 그러나 도어사대(都御史臺: 御史臺의 首長이 있는 곳)의 문만은 남쪽으로 나 있는데, 당시 건물을 짓던 사람들이 주의를 기울이지 않아 당시의 전장제도에 어긋나게 되었다. 어쩌면 다른 관리들처럼 잠시 잠깐의 편의를 위해 그렇게 한 것인지도 모르겠다. (『어사대기』)

북쪽으로 문이 나 있는 것에 대해 또 어떤 사람은 수(隋)나라 초에 도읍을 옮길 때 병부상서(兵部尙書) 겸 어사대부(御史大夫)로 있던 이원통(李圓通)이 상서성에 들어가는 길을 가깝고 편리하게 하기 위해 북쪽으로 문을 내었다고도 했다. (『담빈록』)

御史臺門北開, 蓋取肅殺就陰之義, 故京臺門北開矣. 按『鄴郡故事』云: 御史臺在宮城西南, 其門北開. 史故城御史臺亦北開. 龍朔中, 置桂坊, 爲東朝憲府, 門亦北開. 然都御史臺門南開, 當時創造者不經, 反於故事. 同諸司, 蓋以權宜邪. (『御史臺記』)

又北開者, 或云, 是隋初移都之時, 兵部尙書李圓通兼御史大夫, 欲向省便近,故開北門. (出『譚賓錄』)

187·18(2058)
역오원(歷五院)

의례상 어사대(御史臺)의 대부(大夫) 이하 감찰(監察)에 이르기까지를 통칭해서 '오원어사(五院御史: 御史大夫·御史中丞·侍御史·殿中侍御史·監察御史)'라 불렀다. 국조(國朝: 唐朝) 이래로 오원어사에 두루 임명되었던 사람은 모두 세 사람인데, 이상은(李尙隱)·장연상(張延賞)·온조(溫造)가 그들이다. (『상서고실』)

臺儀, 自大夫已下至監察, 通謂之'五院御史'. 國朝歷跋五院者共三人焉, 李尙隱·張延賞·溫造也. (出『尙書故實』)

187·19(2059)
한 고(韓 皐)

한고는 어사중승(御史中丞)으로 있을 때 늘 황제께 아뢸 말이 있으면 황제가 반드시 자신전(紫宸殿)에서 백관들을 마주 대하고 청을 올렸지 한번도 편전으로 찾아가지 않았다. 황제가 그에게 이렇게 말했다.

"짐이 경과 이야기를 나누다가 이곳에서 다 하지 못하면 연영전(延英

殿)으로 들어와서 이야기해도 좋소. 그러면 마땅히 짐이 경과 조용히 앉아서 이야기를 할 수 있으니 빠뜨리는 일이 없을 것이오."

한고의 친한 벗이 한고에게 말했다.

"건원연간(乾元年間: 758~760) 이래로 많은 신하들이 황제께 아뢸 일이 있으면 모두 연영전으로 가서야 비로소 이야기를 상세하게 다 할 수 있었는데, 자네는 어찌하여 유독 외정(外庭)에서 많은 관리들을 마주한 채 황제께 말씀을 아뢰는가? 너무 신중하고 조심스럽지 못한 처사가 아닌가?"

이 말을 들은 한고가 말했다.

"어사라는 관직은 천하에서 가장 공평해야 하네. 너무 강한 것을 누르고 굽은 것을 바로 펴는 일은 오직 공평하고 공개적으로 해야하네. 황제께 아뢸 일이라면 귀인(貴人)들도 모두 알아야 하는데 어찌하여 편전으로 가서 다른 사람들의 눈을 피하여 국가의 법을 사사로이 할 수 있겠는가? 또한 연영전은 숙종황제(肅宗皇帝)께서 묘진경(苗晉卿)이 연로하여 거동에 불편함을 느끼자 그를 위해 설치한 것이네. 그런데 뒷날의 신하들이 편전으로 가는 것은 대부분 자신의 사사로움을 팔아 황제의 총애를 받기 위해서이니, 모두가 자신을 위한 것이라고 할 수 있네. 그러니 내 어찌 그것을 바라겠는가!"

(『전재』)

韓皐爲御史中丞, 常有所陳, 必於紫宸殿, 對百寮而請, 未嘗詣便殿. 上謂之曰: "我與卿言, 於此不盡, 可來延英. 當與卿從容, 或無遺事." 親友或謂皐曰: "自乾元已來, 群臣啓事, 皆詣延英, 方得詳盡, 公何獨於外庭, 對衆官以陳之? 無失於愼密乎?" 韓曰: "御史天下之持平也. 摧('摧'原作'權', 據許刻本改)剛直枉, 唯在公共. 所言之事, 貴人知之, 奈何求請便殿, 避人竊語, 以私國家之法? 且延英之置也, 肅宗皇帝以苗晉卿年老艱步, 故設之. 後來臣寮得詣便殿, 多以私自售, 希求恩寵, 欲盡其身. 奈何以此爲望哉!" (出『傳載』)

187·20(2060)
잡 설(雜 說)

간원(諫院: 諫官이 거처하는 관서)에서는 모두 상주문을 올렸기 때문에 간관들이 근심하고 걱정하는 바가 대체로 같았다. 어사대에서는 주로 다른 사람을 탄핵하는 일에 힘썼고, 상서성에서는 업무가 많았기 때문에 [이 두 관청의] 관리들은 의견이 일치하지 않았다. 그래서 다음과 같은 말이 생겨났다.

"유보(遺補: 拾遺와 補闕. 唐代에는 拾遺와 補闕이 모두 諫官이고, 그 업무가 같았기 때문에 함께 불렀음)들은 서로를 아끼고, 어사들은 서로를 미워하며, 낭관(郎官: 六部郎官・郎中・員外郎)들은 서로를 경시한다."

(『국사보』)

諫院以章疏之故, 憂患略同. 臺中則務紀擧, 省中多事, 旨趣不一. 故言: "遺補相惜, 御史相憎, 郎官相輕." (出『國史補』)

187 · 21(2061)
사 직(使 職)

　개원연간(開元年間: 713~741) 이전에 외직[도성의 관리에서 지방의 관리로 전임되는 것을 外라고 했음]에 있어서는 황제가 직접 사신(使臣: 조정에서 어떤 임무를 처리하기 위해 파견한 특별관리를 말함)을 임명했으며, 처리할 업무가 없으면 관리를 파견하지 않았다. 그러다 팔절도사(八節度使)와 십채방사(十採訪使: 唐代 監察使의 하나. 唐나라 초에 각 道에 按察使를 두었다가 開元年間에 천하를 15道로 나누고, 각 道에 採訪使를 두어 풍속을 살피게 했음)를 설치하면서부터 처음으로 사신의 직위가 생겨났으며, 그 후로 명칭이 더욱 많아졌다. 그리하여 사신을 겸하는 관리는 사람들에게 중시 받았고, 그렇지 않은 관리는 사람들로부터 경시 당했다. 천보연간(天寶年間: 742~756) 말에는 30개의 관인(官印)을 찬 이도 있었고, 대력연간(大曆年間: 766~780)에는 봉록이 천관(千貫)에 이르는 사람도 있었다. 지금 조정에는 태청궁(太淸宮)·태미궁(太微宮)·탁지(度支: 尙書省의 屬部로, 국가의 재정업무를 담당하는 관리)·염철(鹽鐵: 唐宋시대 중앙의 재정 임무를 맡은 官員)·전운(轉運)·지원(知苑)·한구(閑廐: 閑廐使로 수레와 牛馬를 담당하는관리)·좌우순(左右巡: 左右巡使를 가리키는데, 朝會 때 그 순서를 담당하던 관리로 주로 殿中侍御史가 맡아보았음)·분찰(分察)·감찰(監察: 監察御史·관역(舘驛: 舘驛使로 舘驛을 순시하던 관리. 唐代에는 교통의 요지에 舘驛을 설치해놓고 조정관리들을 기숙케 했는데, 玄宗 때는 어사를 보내 舘驛을 살펴보게 했고, 肅宗 때 정식으로 舘驛使를 두었는데 주로 어사가 이를 맡아보았음)·감창(監倉)·감고(監庫)·좌우가(左右街: 左右街功德使. 唐代의 中央 屬官으로 長安 성내의 左右街 僧尼 등의 종교 업무를 맡아보았음) 등이 있다. 외직으로는 절도(節度: 節度使)·관찰(觀察: 觀察使)·제군(諸軍)·압번(押蕃: 押差라고도 하는데, 범인을 압송하는 하급관리)·방어(防禦: 防禦使. 唐宋代의 武官名으로 官階가 團練使보다는 높고 관찰사보다는 낮았음)·단련(團練: 團練使. 唐代의 地方武官으로 本州의 군사업무를 맡아보았는데, 주로 刺史가 이를 겸직했음)·경략(經畧: 經略使 혹은 經略安撫使의 줄인 말로, 唐代 貞觀 2년에 설치된 邊方의 군사 업무를 맡은 장관인데, 후에는 주로 節度使가 겸직했음)·진알(鎭遏)·초토(招討: 招討使. 唐代에 처음 설치된 官名으로 招撫나 討伐의 일을 맡아보았는데, 대개 大臣이나 將帥 혹은 地方軍政長官이 겸직했음)·각염(搉鹽: 搉鹽使. 稅鹽使라고도 하는데, 소금전매나 鹽稅를 관장하던 관리)·수륙운(水陸運: 水陸運使. 줄여서 運使라고도 하는데, 주로 양곡 운반 등을 비롯한 漕運의 업무를 담당했던 관리)·영전(營田: 營田使. 唐代에 설치된 관직으로, 주로 황무지 개간에 참여한 군대의 업무를 맡아보았던 관리)·급납(給納)·감목(監牧: 牧場 조사의 일을 맡은 관리)·장춘궁(長春宮)이 있다. 임시직으로는 대례(大禮)·예의(禮儀)·회맹(會盟)·산정(刪定)·삼사(三司)·출척(黜陟: 唐代의 각 道의 民情이나 풍속 및 관리들의 치적을 살피던 관리로, 주로 조정의 중신이 이를 맡아보았음)·순무(巡撫: 한 省의 군사업무나 관리의 치적 및 형사사건을 총괄하던 관리)·선위(宣慰: 조정의 뜻을 지방관리에게 전달하는 임무를 맡은 特使)·추복(推覆)·선보(選補: 인재를 선발하여 공석을 보충하는 것을 말하는데, 補選이라고도 함)·예회(禮會: 唐

代에 설치된 司農寺가 소속된 기구)·책립(冊立: 황후를 세우는 예를 맡은 관리)·조제(弔祭)·공군(供軍)·양료(糧料)·화적(和糴)이 있다. 이것은 그 대체적인 상황만을 적은 것으로, 설치되었다가 나중에 없어진 관식은 적지 않았다. 환관(宦官)은 내직이나 외직을 막론하고 모두 사신이라 불렸다. 과거에 권신(權臣)이 맡았던 직무나 주(州)나 현(縣)의 관리들이 처리했던 사무를 지금은 중인(中人: 환관)이 맡는 경우도 있다. (『국사보』)

開元已前, 於外則命使臣, 否則止. 自置八節度·十採訪, 始有坐而爲使, 其後名號益廣. 於是有爲使則重, 爲官則輕. 故天寶末有佩印至三十者, 大曆中請俸有至千貫者. 今在朝太淸宮·太微宮·度支·鹽鐵·轉運·知苑·閑廐·左右巡·分察·監察·舘驛·監倉·監庫·左右街. 外任則節度·觀察·諸軍·押蕃·防禦·團練·經畧·鎭遏·招討·推鹽·水陸運·營田·給納·監牧·長春宮. 有時而置者, 則大禮·禮儀·會盟·刪定·三司·黜陟·巡撫·宣慰·推覆·選補·禮會·冊立·弔祭·供軍·糧料·和糴. 此其大略, 經置而廢者不錄. 宦('宦'原作'官', 據『國史補』改)官內外悉謂之使. 舊爲權臣所綰, 州縣所理, 今屬中人者有之. (出『國史補』)

187·22(2062)
상서성(尙書省)

이전의 전장제도에 따르면 낭관(郎官: 六部郎官·郎中·員外郎)들은 다음과 같다. 이부낭중(吏部郎中)은 두 개의 청사(廳事)가 있는데, 먼저 소전(小銓: 『舊唐書』「職官志二」에 따르면, 唐代에는 낭관이 9품 이하의 낮은 벼슬아치[流外]를 직접 뽑을 수 있었는데, 이를 小銓 혹은 流外銓이라 했음)하고, 다음으로 관리들의 직권 등의 법규에 대해서 살폈다. 원외랑 역시 두 개의 청사가 있는데, 먼저 남조(南曹: 唐代 吏部의 屬官. 주로 員外郎 한 명이 공문서와 관리의 政績을 살펴 상급관리에게 아뢰는 것을 말하는데, 이를 승진의 근거로 삼았음)가 심사하고 그 다음으로 폐할 것인지 그대로 둘 것인지를 결정했다. 형부(刑部)는 사복(四覆: 刑部·都官·比部·司門)으로 나누었고, 호부(戶部)는 [직무의 성질상] 양부(兩賦: 田賦와 貢賦)로 나누었는데, 그 제도는 이미 오래되었다. 전해오는 말에 따르면 이부는 '성안(省眼: 吏部郎의 별칭)'이라 불렀고, 예부(禮部)는 '남성사인(南省舍人: 南省은 禮部를 가리키고, 南省舍人은 禮部郎中을 가리킴)'이라 불렀고, 고공(考功: 尙書省의 屬官으로 관리들의 政績을 감찰하는 관리)과 탁지(度支: 尙書省의 屬官으로, 국가의 재정업무를 담당하는 관리)는 '진행(振行: 尙書省 吏部의 考功과 戶部의 度支郎에 대한 俗稱)'이라 불렀다. 비부(比部: 尙書省의 屬曹로, 刑部 四司의 하나임. 內外諸事 및 俸祿 등 회계 업무를 맡아보았음)는 낭하(廊下)에서 식사할 수 있었고, 배석하여 함께 식사하던 사람들을 '비반(比盤: 刑部에 소속된 比部와 比部郎中에 대한 별칭)'이라 불렀다. 이십사조(二十四曹: 唐代 尙書省에 소속된 六部 각 기구에 대한 總稱으로, 吏部·司封·司勳·考功, 戶部·度支·金部·倉部, 禮部·祠部·主客·膳部, 兵部·職方·駕部·庫部, 刑部·都官·比部·司門, 工部·屯田·虞部·水部를 말함)에서는 좌우사(左右司)를 '도공(都公)'이라 불렀다. 그래서 상서성 내에 다음과 같은 말이 있게 되었다.

"후행사둔(後行祠屯: 唐宋代에는 尙書省에 순서를 매겨 前行·中行·後行으로 나누었는데, 兵部·吏部 및 左右司가 前行, 刑部·戶部가 中行, 工部·禮部가 後行에 속했으며, 매 行마다 각각 四司를 두었음. 後行祠屯란 工部와 禮部의 屯田과 祠部를 말함)은 중행도문(中行都門: 戶部의 都官과 司門)과 바꾸지 않고, 중행예부(中行禮部: 戶部의 禮部)는 전행가고(前行駕庫: 兵部의 駕部·庫部)와 바꾸지 않는다."

(『국사보』)

郞官故事: 吏部郞中二廳, 先小銓, 次格式. 員外郞二廳, 先南曹, 次廢置. 刑部分四覆, 戶部分兩賦, 其制尙矣. 舊說, 吏部爲'省眼', 禮部爲'南省舍人', 考功·度支爲'振行'. 比部得廊('廊'原作'郞', 據明鈔本改)下食, 以飯從者, 號'比盤'. 二十四曹呼左右司爲'都公'. 省中語曰: "後行祠屯, 不博中行都門, 中行禮部(明鈔本'部'作'戶'), 不博前行駕庫." (出『國史補』)

187·23(2063)
최일지(崔日知)

최일지는 도성의 관직과 지방관을 모두 지냈지만, 팔좌(八座: 중앙정부의 8대 고급관원을 말하는데, 唐代에는 六部尙書와 左·右僕射를 말함)에 오르지 못한 것을 유감으로 생각했다. 그리하여 태상경(太常卿)이 되었을 때 도시(都寺) 청사(廳事: 都寺는 太常寺의 별칭으로, 곧 태상경이 업무를 보던 관청을 말함) 뒤에 한 건물을 세웠는데, 바로 상서성(尙書省)과 마주보고 있었다. 당시 사람들은 이 건물을 일러 '최공망성루(崔公望省樓)'라고 불렀다. (『국사이찬』)

崔日知歷職中外, 恨不居八座. 及爲太常卿, 於都寺廳事後起一樓, 正與尙書省相望. 時人謂之'崔公望省樓'. (出『國史異纂』)

187·24(2064)
탁 지(度 支)

이전의 전장제도에 따르면 탁지안(度支案: 度支部)은 낭중(郎中)이 수입을 담당하고, 원외랑(員外郎)이 지출을 담당하며, 시랑(侍郎)이 상소를 총괄하고 공문서에 서명할 따름이었다. 그러다 정원연간(貞元年間: 785~804) 이후에 비로소 사액(使額: 度支使로 추정됨)을 두었다. 낭관(郎官)이 숙직을 섰고, 발칙(發敕: 唐代 詔書 형식의 하나로, 官員의 增減, 州縣의 폐지, 兵馬 徵發, 官職 授與와 剝奪·六品 이하의 관리를 등용할 때 주로 사용했음)하는 것을 가장 중요하게 여겼다. 수부원외랑(水部員外郎: 工部 四司의 하나인 水部의 副長官으로, 郎中을 보좌하여 천하의 河川과 水利에 관한 일을 관장했음) 유약(劉約)이 숙직서고 있을 때 마침 하북(河北)의 죄수가 압송되어 영남(嶺南)으로 유배시켜야 될 일이 발생했다. 그리하여 황제가 밤에 칙령을 내렸으나, 숙직 서던 영사(令史: 문서 담당을 맡은 관리)는 그 사실을 유약에게 알리지 않고 영남에만 그 명령을 전달하고 하북에는 그 명령을 전달하지 않았다. 한 달 뒤에 본주(本州: 河北)에서 황제께 그 사실을 알렸다. 그리하여 유약은 결국 수부원외랑에서 파직되었다. (『국사보』)

故事, 度支案, 郞中判入, 員外判出, 侍郞總疏押案而已. 貞元已後, 始爲使額. 郞官當直, 發敕爲重. 水部員外郞劉約直宿, 會河北繫囚配流嶺南. 夜發敕, 直宿令史不更事, 唯下('下'字原闕, 據明鈔本補)嶺南, 不下河北. 旬月後, 本州聞奏, 約遂出官. (出『國史補』)

187・25(2065)
유 벽(柳 闢)

이부(吏部)의 갑고(甲庫: 奏鈔[唐宋시대 門下省에서 사용하던 문서의 일종]를 모아둔 창고)에 주자(朱泚: 唐나라 德宗 때 반란을 일으키고 국호를 大秦이라 칭하며 스스로 국왕의 자리에 올랐던 인물)의 위황안(僞黃案: 난을 일으켜 大秦을 세운 朱泚 시대의 상서성의 문서) 수백 개가 있었는데, 상서성의 관리들이 늘 이것을 가지고 놀다가 한참 뒤에 다시 보관해두었다. 유벽이 갑고를 맡으면서부터 그 사실을 대관들에게 알렸고, 나아가 도당(都堂: 재상이 정사를 돌보던 곳을 都堂이라고 함)에서 팔좌승랑(八座丞郞: 八座는 중앙정부의 8대 고급관원을 말하는데, 唐代에는 六部尙書와 左・右僕射가 이에 속함. 丞郞은 左・右丞과 六部侍郞의 合稱)들을 불러모아놓고 그 앞에서 위황안을 불태웠다. (『국사보』)

吏部甲庫有朱泚僞黃案數百道, 省中常取戱翫, 已而藏之. 柳闢知甲庫, 始白執政, 於都堂集八座丞郎焚之. (出『國史補』)

187 · 26(2066)
성 교(省 橋)

　상서성(尙書省) 동남쪽 모퉁이의 큰길로 작은 다리가 하나 있는데, 사람들은 이를 일러 '요항교(拗項橋)'라고 했다. 시어사(侍御史)나 전중시어사(殿中侍御史)에 오랫동안 머물러 있는 사람이 이곳을 지나다니다 보면 반드시 목을 빼서 남궁(南宮: 尙書省의 別稱)을 바라보았다는 의미에서 그렇게 불렀던 것이다. 도당(都堂: 재상이 정사를 돌보던 곳을 都堂이라고 함)의 남문(南門)의 길 동쪽에 오래된 홰나무가 있었는데, 아주 넓게 그늘을 드리우고 있었다. 전해오는 바에 따르면 한 밤중에 [홰나무 아래서] 음악소리가 들리면 성랑(省郞: 尙書省의 郞中과 員外郞을 통칭해서 이르는 말) 가운데 조정에 들어가 재상이 되는 사람이 나왔다 하는데, 세상에서는 이를 두고 '음성(音聲)'이라고 불렀다. 사부(祠部: 禮部 四司의 하나로, 祠記·享祭·天文·醫藥·僧尼의 일을 전담했음)를 일러 '수청(水廳)'이라 했는데, 이는 사부의 맑고 깨끗함을 말한 것이다. (『인화록』)

尙書省東南隅通衢有小橋, 相目爲'拗項橋'. 言侍御史及殿中久次者至此, 必拗項南望南宮也. 都堂南門道東有古槐, 垂陰至廣. 相傳夜深聞絲竹之音, 省郞有入相者, 俗謂之'音聲'. 祠部呼爲'水(去聲)廳', 言其淸且冷也. (出『因話錄』)

187 · 27(2067)
비서성(祕書省)

　　당(唐)나라 초의 비서성은 단지 문서를 베끼거나 도서를 저장하고 교감하는 일을 주관했을 따름이다. 이로부터 비서성의 문전이 조용하고 찾아오는 사람이 드물었기에 오랫동안 그곳을 다스리지 않았다. 또한 보기에는 한가롭고 고상해 보였지만, 실제 요직이 아니기 때문에 권문세가의 자제들이나 이득을 바라고 과시하기를 좋아하는 사람들은 이 관직을 맡는 것을 좋아하지 않았다. 당시 떠돌아다니는 말에 따르면 감(監: 관서명으로, 唐代에는 國子監·少府監·軍器監·將作監·都水五監이 있었고, 監의 長官을 監 혹은 少監이라 불렀음)은 재상(宰相)의 병방(病坊: 본래는 가난하고 병든 백성들을 거두어 들여 돌봐주는 곳이란 뜻인데, 여기서는 한가한 관리들에게 할 일을 나누어주는 것을 말함)이고, 소감(少監)은 급사중(給事中)·중서사인(中書舍人)의 병방이며, 중승(中丞)과 저작랑(著作郞)은 상서랑(尙書郞)의 병방이고, 비서랑(祕書郞)과 저작좌랑(著作左郞)은 감찰어사(監察御史)의 병방이라고 한다. 이는 관리 중에 번잡하고 중요한 사무를 감당할 수 없는 사람은 마땅히 이 비서성으로 들어와야 한다는 뜻이다. 하지만 비서성은 주요임무가 도서와 역사전적을 살피는 데 있었고, 말이 많고 하찮은 사람들이 모이는 곳이 아니기에 이권을 다투고 명리를 추구하는 일에 염증이 난, 학문을 좋아하는 군자들은 또한 이 직무를 맡기를 원했다.(『양경기』)

　唐初, 祕書省唯主寫書貯掌勘校而已. 自是門可張羅, 迥無統攝官屬. 望雖淸雅, 而實非要劇, 權貴子弟及好利誇侈者率不好此職. 流俗以監爲宰相病坊, 少監爲給事中中書舍人病坊, 丞及著作郎爲尙書郎病坊, 祕書郎及著作左郎爲監察御史病坊. 言從職不任繁劇者, 當改入此省. 然其職在圖史, 非復喧(明鈔本'喧'作'纖')卑, 故好學君子厭於趣競者, 亦求爲此職焉.(出『兩京記』)

187·28(2068)
어 대(魚 袋)

　조정 의례에 따르면 어대[唐代 오품 이상의 관리가 魚符를 넣어 차는 주머니로, 冠帶에 묶어 뒤로 늘어뜨렸는데 주로 신분의 높고 낮음을 표시했음]의 장식은 금·은 두 가지로만 하게 했다. 칙천무후(則天武后) 때에 이르러 오품 이상의 관리들에게 동(銅)으로 된 어대를 차게 했으나, 중종(中宗)이 즉위하면서 다시 이전의 관례를 따랐다.(『국사이찬』)

　朝儀魚袋之飾, 唯金銀二等. 至武后, 乃改五品以銅, 中宗反正, 從舊. (出『國史異纂』)

187 · 29(2069)
사 청(莎 廳)

경조부(京兆府)의 판사를 특별히 '서법사(西法士)'라 불렀다. 서법사에는 두 개의 청사가 있는데, 일이 많았다. 동사조청(東士曹廳)은 당시에 염주청(念珠廳)이라 불렸는데, 대개 처리해야 할 안건이 108개나 되었기 때문이다. 서사조청(西士曹廳)은 사청이라 불렸는데, 청사 앞에 사초(莎草)가 사방 15보 내에 피어 있었기 때문이다.(경조부에서는 당시 두 곳의 현령(縣令)을 한 자리에 세우지 않았고, 두 곳의 소윤(少尹: 京兆 등 여러 府에 두었는데, 후에 司馬로 改稱했다가 玄宗 때에 다시 少尹으로 바꾸었음)을 한 자리에 앉히지 않았다. 두 곳의 현령이 말을 끌고 경조부의 문으로 들어서면 반드시 안에다 먼저 그 사실을 알렸다. 두 곳의 소윤이 함께 청사에 들어서면 대윤(大尹)도 청사에 나가야 하는데, 그러면 두 곳의 부윤을 동시에 앉아 있다가 나가라고 할 수도 없고, 동시에 서 있다가 나가라고도 할 수 없었다.) 이것은 경조부현의 중요성과 대윤의 존귀함을 드러내기 위해서이다. 당시 사람들은 경조부의 연조(掾曹: 掾史라고도 하는데, 府의 屬官을 말함)를 '의단성랑(倚團省郞)'이라 불렀다. 하중부(河中府)의 사록청(司錄廳)에도 녹사(綠莎)가 피어 있었다. 이전의 일 벌이기를 좋아하는 사람들은 늘 이곳에다 물을 대었는데, 천우년(天祐年: 904) 이후로는 일 벌이기를 좋아하지 않는 사람들이 녹사를 모두 없애버렸다. (『문기록』)

京兆府判司, 特云'西法士'. 此兩廳事多. 東士曹廳, 時號爲念珠廳, 蓋判案一百八道. 西士曹廳爲莎廳, 廳前有莎, 週廻可十五步.(京兆府, 時云不立兩縣令, 不坐兩少尹. 兩縣引馬到府門, 傳門而報. 兩尹入廳, 大尹亦到廳, 不得候兩尹坐後出, 不得候兩尹立後出.) 其京兆府縣之重, 亦表大尹之尊. 京兆府掾曹, 時人云 '倚團省郞'. 河中府司錄廳亦有綠莎. 昔好事者相承常漑灌, 天祐已後, 爲不好事者除之. (出『聞奇錄』)

태평광기 권제188

권행
(權倖)

1. 장역지(張易之)
2. 왕　　준(王　　準)
3. 왕모중(王毛仲)
4. 이림보(李林甫)
5. 노　　현(盧　　絢)
6. 이보국(李輔國)
7. 위거모(韋渠牟)
8. 어조은(魚朝恩)
9. 원　　재(元　　載)
10. 노　　암(路　　巖)
11. 고　　상(高　　湘)
12. 노　　은(盧　　隱)

188 · 1(2070)
장역지(張易之)

장역지와 장창종(張昌宗)이 조정에 처음 들어갔을 때는 관위가 아직 낮았지만 아첨하는 자들은 오랑(五郞)과 육랑(六郞)이라고 불렀고, 그 후로는 다른 사람들도 그렇게 부르게 되었다. 장창의(張昌儀) 형제는 장역지와 장창종이 총애를 받고 있음을 믿고 사치스러운 생활을 했는데, 군왕의 수준을 뛰어넘을 정도였다. 말년에 어떤 사람이 장창의의 집의 문에 이렇게 썼다.

"한 냥의 실로 언제쯤 밧줄을 만들 수 있을까?"

장창의가 그것을 보고 급히 붓을 가져오게 하여 그 아래에 이렇게 붙여썼다.

"하루면 충분하다."

얼마 지나지 않아 장창의는 화를 입게 되었다. 장창종이 부귀영화를 누리고 있을 때 무삼사(武三思)는 왕자진(王子晉: 戰國時代 周 靈王의 太子로 直諫을 하다가 庶人으로 廢位되었음. 일설에 그가 笙을 불면 鳳凰의 울음소리와 같았으며, 伊水와 洛水 부근을 유람하다가 道士 浮丘生을 만나 崇高山으로 들어갔다고 함)의 후신(後身)이라고 하면서 시를 지어 그에게 주었는데, 그 시가 아직까지 남아있다. (『국사이찬』)

張易之·昌宗, 時初入朝, 官位尙卑, 詔附者乃呼爲五郎·六郎, 自後因以成俗. 張昌儀兄弟恃易之・昌宗之寵, 所居奢溢, 逾於王者. 末年, 有人題其門曰: "一兩絲, 能得幾時絡?" 昌儀見之, 遽命筆續其下曰: "一日卽足." 未幾禍及. 張昌宗之貴也, 武三思謂之王子晉後身, 爲詩以贈之, 詩至今猶存. (出『國史異纂』)

188・2(2071)
왕 준(王 準)

　　왕홍(王鉷)의 아들 왕준은 위위소경(衛尉少卿)이 되어 궁중을 출입했는데, 투계(鬪鷄)의 재능으로 황제를 측근에서 모셨다. 당시는 이림보(李林甫)가 바야흐로 권세를 잡고있던 때였으며, 이림보의 아들 이수(李岫)는 장작감(將作監: 將作監大匠이라고도 불렀으며, 宗廟・宮室・陵園 등의 축조를 담당함)을 지내고 있어서 역시 황궁의 내실을 드나들었다. 그러나 이수는 늘 왕준에게 모욕을 당하면서도 감히 그에 대해 한 마디도 말하지 못했다. 어느 날 아침 왕준은 자신의 수하들을 모두 이끌고 부마(駙馬)인 왕요(王瑤)의 사저를 지나게 되었다. 왕요가 멀리서 자욱하게 먼지를 일으키며 왕준이 오는 것을 보고 급히 달려가 절을 했으나, 왕준은 탄궁(彈弓)을 쏘아 왕요가 쓴 관의 윗부분을 명중시켜 그의 옥잠(玉簪)을 부러뜨리고는 비웃으며 즐거워했다. 결국 왕요는 술자리를 벌이고 음악을 연주하여 왕준을 대접했으며, 영목공주(永穆公主)는 친히 음식을 장만했다. 영목공주는 바로 황제의 장녀였는데, 어질고 효성스러우며 단아(端雅)하고 정숙해서 자못 척리(戚里: 帝王의 外戚들이 모여

사는 곳)에서 칭송을 받았으며 황제도 특히 총애했다. 왕준이 떠난 후 어떤 사람이 왕요에게 말했다.

"쥐새끼 같은 놈이 비록 아비의 권세에 의지하고는 있지만, 장공주(長公主: 永穆公主)께서는 황제께서 총애하시는 따님이신데, 당신이 공주께 [직접 음식을 준비하게 하여] 간혹 소홀히 대한다면 황제께서 어찌 이 일을 언짢아하지 않으시겠소?"

그러자 왕요가 말했다.

"천자께서 노하시는 것은 두렵지 않소. 그러나 내 목숨이 칠랑(七郎)에게 달려있으니 어찌 감히 그렇게 하지 않을 수 있겠소?"

당시 사람들은 대부분 왕준을 칠랑이라고 불렀다. 왕준이 권세를 누리고 제멋대로 행동하여 사람들이 그를 두려워한 일이 이와 같았다. (『명황잡록』)

王銶之子準爲衛尉少卿, 出入宮中, 以鬪雞侍帝左右. 時李林甫方持權恃勢, 林甫子岫爲將作監, 亦入侍帷幄. 岫常爲準所侮, 而不敢發一言. 一旦準盡率其徒過駙馬王瑤私('私'原作'弘', 據許刻本改)第. 瑤望塵趨拜, 準挾彈, 命中於瑤巾冠之上, 因折其玉簪, 以爲簪(『明皇雜錄』'簪'作'取')笑樂. 遂致酒張樂, 永穆公主親御匕. 公主卽帝之長女也, 仁孝端淑, 頗推於戚里, 帝特所鍾愛. 準旣去, 或有謂瑤曰: "鼠輩雖恃其父勢, 然長公主, 帝愛女, 君待之或闕, 帝豈不介意邪?" 瑤曰: "天子怒, 無所畏. 但性命繫七郎, 安敢不爾?" 時人多呼爲七郎. 其盛勢橫暴, 人之所畏也如是. (出『明皇雜錄』)

188 · 3(2072)
왕모중(王毛仲)

왕모중은 본래 고려(高麗) 사람이다. 현종(玄宗)이 번저(藩邸: 郡國의 邸宅. 玄宗은 皇太子에 오르기 전에 臨淄王을 지냈음)에 있을 때 왕모중은 이의득(李宜得)과 함께 측근에서 시중을 들었으므로, 현종은 이들을 모두 총애했다. 매번 연회가 열릴 때면 왕모중은 강교(姜皎)와 함께 현종의 앞에 놓인 평상에 앉았다. 이후에도 왕모중은 옛 친분을 믿고 거만하게 행동했으며 더욱 법도를 지키지 않았으나, 현종은 언제나 그를 너그럽게 받아주었다. 현종은 매번 [일이 생기면] 그에게 중관(中官: 宦官)을 보내 하문했는데, 왕모중은 현종의 명을 받은 후에 조금 못마땅한 점이 있으면 반드시 그 환관을 내키는 대로 욕보인 후에 돌려보냈다. 고력사(高力士)와 양사욱(楊思勖)은 이 일을 몹시 싫어했지만 감히 현종에게 말하지는 못했다. 왕모중의 부인인 이씨(李氏)가 아이를 낳은 지 사흘째 되던 날 현종은 고력사에게 명하여 술과 음식과 금과 비단을 크게 하사하고, 여기에 왕모중의 아들을 오품관(五品官)의 벼슬에 임명했다. 고력사가 돌아오자 현종이 말했다.

"왕모중이 좋아하더냐? 또 다른 말은 없더냐?"

고력사가 말했다.

"왕모중은 자신의 아이를 데리고 나와 신에게 보여주더니 강보 안을 한참 들여다보며 '이 아이라면 어찌 삼품관(三品官)이 될 만하지 않겠는가?'라고 말했사옵니다."

현종은 크게 노하여 말했다.

"지난 날 위씨(韋氏: 中宗의 부인인 韋后. 中宗을 독살하고 정권을 장악했다가 庶人으로 廢位되었음)를 주살할 때 그 놈은 양쪽과 모두 친분을 유지하면서 주살하는 일에 참여하지 않았지만 짐은 그 일을 한 번도 언급하지 않았다. 그런데 지금 감히 어린아이의 일로 짐을 원망하다니!"

이 일로 인해 왕모중에 대한 총애는 나날이 줄어들었다. 현종이 선천연간(先天年間: 712~713)부터 15년간 재위하는 동안 개부(開府: 官衙를 설치하고 屬官을 둠. 漢代에는 三公에게만 허락되었지만 이후에는 將軍·都督도 설치했음)한 자는 황후(皇后)의 아버지인 왕인교(王仁皎) 및 요숭(姚崇)·송경(宋璟)·왕모중 뿐이었다. (『명황잡록』)

王毛仲本高麗人. 玄宗在藩邸, 與李宜得服勤左右, 帝皆愛之. 每待宴, 與姜皎同榻, 坐於帝前. 旣而貴倨恃舊, 益爲不法, 帝常優容之. 每遣中官問訊, 毛仲受命之後, 稍不如意, 必恣其凌辱, 而後遣還. 高力士·楊思勗忌之頗深, 而未嘗敢言於帝. 毛仲妻李氏旣誕育三日, 帝命力士賜以酒食金帛甚厚, 仍命其子爲五品官. 力士旣還, 帝曰: "毛仲喜否? 復有何詞?" 力士曰: "出其兒以示臣, 熟眄襁中曰: '此兒豈不消三品官?'" 帝大怒曰: "往誅韋氏, 此賊尙持兩端, 避事不入, 我未嘗言之. 今敢以赤子恨我邪!" 由是恩義益衰. 帝自先天在位後十五年, 至開府者唯四人, 后父王仁皎·姚崇·宋璟·王毛仲而已. (出『明皇雜錄』)

188·4(2073)
이림보(李林甫)

장구령(張九齡)은 재상을 지내면서 줄곧 기탄없이 직언(直言)하고 자신을 돌보지 않았다. 현종(玄宗)이 재위 기간이 길어지면서 조금 정사에 나태해지자, 장구령은 현종을 알현할 때마다 조정의 잘잘못을 강력하게 아뢰지 않은 적이 없었다. 이림보는 당시 바야흐로 장구령과 동렬에 서게 되었는데, 현종의 의중(意中)을 읽고 몰래 장구령을 모함하고자 했다. 당시 현종은 삭방절도사(朔方節度使)인 우선객(牛仙客)에게 식읍(食邑)을 봉하고자 했으나 장구령은 그 일이 불가하다고 주장하여 현종의 뜻을 크게 거스르게 되었다. 그 후 이림보는 현종에게 알현을 청하여 장구령이 자못 국가를 비방하는 마음을 품고 있다고 거듭 아뢰었다.

막 가을로 접어들었을 때 현종은 고력사(高力士)에게 명하여 백우선(白羽扇: 가을부채. 가을에는 부채가 필요하지 않으므로 신하에게 이것을 下賜하면 은퇴를 권유하는 뜻이 됨)을 가지고 가서 장구령에게 하사하게 했는데, 여기에는 [더 이상 장구령에게 국정을 맡기지 않겠다는] 뜻이 담겨있었다. 장구령은 [현종의 뜻을 알면서도] 황공해하며 부(賦)를 지어 바쳤다. 또 「귀연시(歸鷰詩)」를 지어 이림보에게 주었는데, 그 시는 다음과 같다.

> 바다제비는 어찌 저리도 작은 몸으로,
> 봄바람을 타고 어느새 이곳까지 날아오는가?
> 어찌 진흙이 흔함을 알아서이겠는가,
> 옥당(玉堂)의 문이 열린 것을 보아서일 뿐이네.
> 수놓은 문에 이따금 짝을 지어 날아들고,
> 화려한 저택을 하루에도 몇 번을 선회하지만,
> 남들과 다투려는 마음은 없으니,
> 송골매와 새매가 의심하지 말았으면.

이림보는 그 시를 읽고 장구령이 반드시 조정에서 물러날 것임을 알

앉으므로 그에게 품었던 화를 조금 풀었다.

장구령과 배요경(裴耀卿)이 파면당하던 날 중서성(中書省)부터 월화문(月華門)까지 백관들이 늘어서 있었다. 두 사람은 허리를 굽혀 겸손한 자세를 했고 이림보는 두 사람의 중간에서 거드름을 떨었다. 그 광경을 보던 사람들은 독수리 한 마리가 토끼 두 마리를 잡은 꼴이라고 수근거렸다. 얼마 후 현종은 조서를 내려 장구령과 배요경을 각각 좌복야(左僕射)와 우복야(右僕射)에 임명하고 정사(政事)에는 참여하지 못하게 했다. 그럼에도 이림보는 그 조서(詔書)를 보고 크게 노하여 말했다.

"아직도 좌우승상(左右丞相)이지 않은가!"

두 사람은 빠른 걸음으로 자신의 자리에 돌아갔고, 이림보는 두 사람의 뒷모습을 쳐다보았다. 공경(公卿) 이하의 백관들은 그것을 보고 자신도 모르게 다리를 후들거리며 떨었다. (『명황잡록』)

張九齡在相位, 有謇諤匪躬之誠. 玄宗旣在位年深, 稍怠庶政, 每見帝, 無不極言得失. 李林甫時方同列, 聞帝意, 陰欲中之. 時欲加朔方節度使牛仙客實封, 九齡因稱其不可, 甚不叶帝旨. 他日, 林甫請見, 屢陳九齡頗懷誹謗.

於時方秋, 帝命高力士持白羽扇以賜, 將寄意焉. 九齡惶恐, 因作賦以獻. 又爲「歸鷰詩」以貽林甫, 其詩曰: "海鷰何微眇, 乘春亦蹔來? 豈知泥滓賤. 只見玉堂開. 繡戶時雙入, 華軒日幾廻, 無心與物競, 鷹隼莫相猜." 林甫覽之, 知其必退, 恚怒稍解.

九齡洎裴耀卿罷免之日, 自中書至月華門, 將就班列. 二人鞠躬卑遜, 林甫處其中, 抑揚自得. 觀者竊謂一鶚挾兩兎. 俄而詔張・裴爲左右僕射, 罷知政事. 林甫視其詔, 大怒曰: "猶爲左右丞相邪!" 二人趨就本班, 林甫目送之. 公卿已下視之, 不覺股慄. (出『明皇雜錄』)

188 · 5(2074)
노 현(盧 絢)

현종(玄宗)이 근정루(勤政樓) 아래에서 연회를 벌였는데, 그곳에는 사람이 살지 않았다. 현종은 연회가 끝난 후에도 주렴을 드리운 채 바깥을 바라보고 있었는데, 병부시랑(兵部侍郞) 노현은 현종이 이미 궁궐로 돌아갔다고 생각하여 채찍을 들고 고삐를 당기며 근정루 아래를 누비고 다녔다. 노현은 평소에 기품있는 모습으로 칭송을 받았는데, [말을 타고 있었으므로] 더욱 풍모(風貌)가 준수했다. 현종은 노현의 모습을 보자마자 자신도 모르게 그가 가는 뒷모습을 바라보다가 측근의 신하에게 물었다.

"저 사람은 누구인가?"

측근의 신하는 노순의 성명을 갖추어 대답했고, 현종은 그의 기품을 크게 칭찬했다. 당시는 이림보(李林甫)가 바야흐로 권세를 틀어쥐고 능력있는 자들을 시기하던 때였으며, 이림보는 현종 측근의 총신(寵臣)에게 언제나 금과 비단을 후하게 써서 뇌물을 주었다. 이 때문에 이림보는 현종의 동정에 대해 모르는 것이 없었다.

다음 날 이림보는 노현의 자제들을 불러 이렇게 말했다.

"존친(尊親)께서는 평소의 명망으로 존경을 받고 있소. 지금 남방에서는 인재를 구하고 있어서 성상(聖上)께서는 존친을 교주(交州)나 광주

(廣州) 지역으로 보내려 하시니, 그렇게 되어서야 되겠소? 만약 먼 곳으로 가기를 꺼린다면 즉시 퇴직을 청해야 할 것이오. 그렇지 않으면 빈첨(賓詹: 唐代 東宮의 속관인 太子賓客과 太子詹事의 竝稱)의 신분으로 동도(東都)인 낙양(洛陽)으로 가서 일을 해야 하는데, 이 역시 존친을 배려하는 임명이오. 그대들은 집에 돌아가서 존친께 내 말을 자세히 전하고 내 의견을 따를 것인지 알아보시오."

이에 노현은 빈첨으로 가기를 청했다. 이림보는 사람들의 바람과 크게 어긋나게 될까 두려워 노현을 화주자사(華州刺史)로 내보냈다. 그러나 한 달도 되기 전에 노현이 병이 들어 직무를 제대로 처리하지 못한다고 무고하여, 그를 태자첨사(太子詹事)에 제수하고 원외랑(員外郎)으로 배치시켰다. (『명황잡록』)

玄宗宴於勤政樓下, 巷無居人. 宴罷, 帝猶垂簾以觀, 兵部侍郎盧絢謂帝已歸宮掖, 垂鞭按轡, 橫縱樓下. 絢負文雅之稱, 而復風標清粹. 帝一見, 不覺目送之, 問左右曰: "誰?" 近臣具以絢名氏對之, 帝亟稱其蘊藉. 是時林甫方持權忌能, 帝之左右寵倖, 未嘗不厚以金帛爲賄. 由是帝之動靜, 林甫無不知之.

翌日, 林甫召絢之子弟謂曰: "賢尊以素望清崇. 今南方藉才, 聖上有交·廣之寄, 可乎? 若憚遐方, 卽當請老. 不然, 以賓詹仍分務東洛, 亦優賢之命也. 子歸而具道建議可否." 於是絢以賓詹爲請. 林甫恐乖衆望, 出於華州刺史. 不旬月, 誣其有疾, 爲郡不理, 授太子詹事, 員外安置. (出『明皇雜錄』)

이보국(李輔國)

　　현종(玄宗)은 태상황(太上皇)이 된 후 흥경궁(興慶宮)에서 살았다. 오랫동안 비가 오다가 겨우 날이 개자 현종은 근정루(勤政樓)로 행차했는데, 근정루 아래에 살던 백성과 거리의 행인들이 현종을 보고 기쁨에 겨워 눈물을 흘리며 말했다.

　　"오늘 다시 태평천자(太平天子)를 뵙게 될 줄은 몰랐사옵니다."

　　백성들이 만세를 외치자 그 소리가 천지를 뒤흔들었다. 당시 숙종(肅宗)이 그 소식을 듣고 달가워하지 않자 이보국이 모함하여 아뢰었다.

　　"이는 모두 구선원(九僊媛)·고력사(高力士)·진현례(陳玄禮)의 음모이옵니다."

　　이보국은 거짓으로 조서를 내려 태상황을 서내(西內: 太極宮. 唐代에는 그 외에도 大明殿을 東內, 興慶宮을 南內라고 했음)로 옮기게 하고, 뒤따르는 수행원으로는 늙고 허약한 사람 20~30명만을 보내주었다. 서내로 옮겨가는 태상황의 행렬이 교차로에 이르렀을 때 햇볕에 번쩍거리는 칼을 든 병사들이 모여있었고 이보국은 그들을 통솔하고 있었다. 태상황은 놀라 몇 번이나 말에서 떨어질 뻔 했으며, 측근의 부축을 받아 겨우 제대로 올라탔다. 고력사는 말을 달려 앞으로 나와 소리쳤다.

　　"태상황께서는 50년을 통치하신 태평천자이시고, 너 이보국은 옛 신하인데 무례하게 굴지 말거라. 이보국은 말에서 내리거라!"

　　이보국은 [고력사의 질책에 놀라] 자신도 모르게 고삐를 놓고 말에서 내렸다. 고력사는 태상황의 어지(御旨)를 전했다.

"장수와 병사들은 각기 살육을 즐기지 말라!"

그러자 이보국은 병사들에게 칼을 칼집에 넣게 하고 일제히 외쳤다.

"태상황 만복(萬福)!"

일시에 병사들이 여기저기서 태상황에게 절을 올렸다. 고력사가 또 말했다.

"이보국은 말을 끌어라!"

이보국은 결국 신을 신고 걸으며 말을 끌었고, 병사들과 함께 태상황을 호위하여 무사히 서내까지 도착했다. 이보국이 병사들을 이끌고 물러가자 태상황은 고력사의 손을 잡고 울며 말했다.

"장군이 없었다면 아만(阿瞞: 玄宗이 宗室의 친척들 앞에서 자신을 일컫던 호칭)은 이미 병사들의 손에 죽어 귀신이 되었을 것이오."

그 후 구선원·고력사·진현례는 멀리 떨어진 황폐한 곳으로 유배되었는데, 이는 모두 이보국이 내린 거짓조서에 의한 것이었다. 당시 숙종은 병세가 위독하여 이보국이 조정을 장악했는데, [구선원 등을 유배시킨 것은] 서내의 태상황이 다시 무슨 변고를 일으킬까 두려워했기 때문이었다. (『융막한담』)

玄宗爲太上皇, 在興慶宮居. 久雨初晴, 幸勤政樓, 樓下市人及街中往來者, 喜且泫然曰: "不期今日再得見太平天子." 傳呼萬歲, 聲動天地. 時肅宗不豫, 李輔國誣奏云: "此皆九僊媛·高力士·陳玄禮之異謀也." 下矯詔遷太上皇於西內, 給(明鈔本'給'作'絶')其扈從部曲, 不過老弱三二十人. 及中途, 攢刃曜日, 輔國統之. 太上皇驚, 欲墜馬數四, 賴左右扶持乃上. 高力士躍馬而前, 厲聲曰: "五十年太平天子, 李輔國汝舊臣, 不宜無禮. 李輔國下馬!" 輔國不覺失轡而下. 宣太上皇誥曰: "將士各得好生(明鈔本'生'作'在否'二字)!" 於是輔國令兵士咸韜刀於鞘中, 齊聲云: "太上皇萬福!" 一時拜舞. 力士又曰: "李輔國攏馬!" 輔國遂著靴, 出行攏馬, 與兵士等護侍太上皇, 平安到西內. 輔國領衆旣退, 太上皇泣持力士手曰: "微將軍, 阿瞞已爲兵死鬼矣." 旣而九仙媛・力士・玄禮, 長流遠惡處, 此皆輔國之矯詔也. 時肅宗大漸, 輔國專朝, 意西內之復有變故也. (出『戎幕閑談』)

188・7(2076)
위거모(韋渠牟)

정원연간(貞元年間: 785~805) 말에 태부경(太府卿: 倉庫의 재물을 관리하는 관직) 위거모, 금오위(金吾衛: 도성의 방어를 담당하는 관직) 이제운(李齊運), 도지랑중(度支郞中: 貢賦租稅의 양을 계산하여 정부의 지출액을 결정하는 관직) 배연령(裴延齡), 경조윤(京兆尹) 겸 사도왕(嗣道王) 이실(李實)은 모두 황제의 총애를 받았으며, 그들이 추천한 사람은 대부분 벼슬을 얻을 수 있었다. 당시 유사로(劉師老)와 목적(穆寂)이 모두 과거에 응시했는데, 위거모는 목적을 추천했고 이제운은 유사로를 추천했다. 마침 이제운이 조정에 나와 황제를 대면했는데 황제는 그의 여윈 몸에 탄식하여 퇴직을 허락했으므로, 유사로는 벼슬을 얻지 못했다. 그러므로 한 무명자(無名子)는 이렇게 말했다.

"태부(太傅: 韋渠牟)는 하늘을 향해 목로(穆老: 穆寂)를 올려주었지만, 상서(尙書: 李齊運)는 땅에 엎어져 유사(劉師: 劉師老)까지 떨어뜨렸다."

또 위거모가 덕종(德宗)을 대면하자 덕종이 그에게 물었다.

"짐(朕)이 정인(鄭絪)을 재상으로 기용하고자 하는데 어떻게 생각하시오?"

위거모가 말했다.

"만약 그 사람을 쓰신다면 반드시 폐하의 일을 망칠 것이옵니다."

덕종이 나중에 다시 물었더니 위거모는 역시 전과 같이 대답했다. 덕종이 말했다.

"내가 정인을 기용하는 일은 이미 정해졌으니 경은 더 이상 거론하지 마시오."

정인은 바로 소국방(昭國坊)의 사도공(司徒公)이다. 그는 다시 조정으로 들어와 재상의 지위를 얻자 청렴함과 뛰어난 문장으로 어진 재상이라 불렸으며, [그 명성은] 지금까지 전해진다. 위거모의 비방은 지나친 말이었다. (『가화록』)

貞元末, 太府卿韋渠牟・金吾李齊運・度支裴延齡・京兆尹嗣道王實, 皆承恩寵事, 薦人多得名位. 時劉師老・穆寂, 皆應科目, 渠牟主持穆寂, 齊運主持師老. 會齊運朝對, 上嗟其羸弱, 許其致政, 而師老失授. 故無名子曰: "太府朝天昇穆老, 尙書倒地落劉師." 又渠牟因對德宗, 德宗問之曰: "我擬用鄭絪作宰相, 如何?" 渠牟曰: "若用此人, 必敗陛下公事." 他日又問, 對亦如此. 帝曰: "我用鄭絪定也, 卿勿更言." 絪卽昭國司徒公也. 再入相位, 以淸儉文學, 號爲賢相, 於今傳之. 渠牟之毁濫也. (出『嘉話錄』)

188 · 8(2077)
어조은(魚朝恩)

어조은이 권력을 휘두르고 위세를 부리자 공경(公卿)들은 감히 그를 올려다보지 못했다. 재상들이 간혹 정사를 결정할 때 미리 알리지 않으면 어조은은 그를 흘겨보며 이렇게 말했다.

"천하의 일이 어찌 이 몸으로부터 나오지 않겠소이까?"

이에 황제는 그를 미워했다. 어조은의 막내아들인 어령휘(魚令徽)는 열 네댓 살 때 처음으로 내전(內殿)에서 급사(給事)의 일을 담당했다. 황제는 어조은 때문에 어령휘에게 특별히 녹복(綠服: 五品 이하의 관리가 입는 관복)을 하사했다. 한 달도 지나지 않았을 때 동렬(同列)의 황문시랑(黃門侍郞: 闕內의 給事를 담당한 관직) 가운데 어령휘보다 지위가 높은 자들이 어전(御殿) 앞에 순서대로 서게 되었는데, 그들은 늦게 도착할까 두려워하여 길을 다투며 걸어갔다. 그런데 얼마 후 그들이 잘못하여 어령휘의 팔을 건드리자 어령휘는 급히 집으로 돌아가서 어조은에게 자신의 순서가 아래이기 때문에 동렬의 관리들에게 무시당했다고 고했다. 어조은은 노하더니 다음 날 어전(御前)으로 나아가 아뢰었다.

"신의 막내아들 어령휘는 지위가 다른 동료들보다 낮사옵니다. 원컨대 폐하께서 특별히 금인장(金印章: 三品官 이상이 차는 官印. 紫服과 함께 金印紫依라고 함)을 내려주시어 그 등급을 뛰어넘게 해주옵소서."

어조은은 비복(緋服: 五品官 이상이 입는 官服)은 말하지도 않고 곧장 자복(紫服: 三品官 이상이 입는 官服)을 요구한 것이었다. 황제가 아직 대답하기도 전에 어조은은 이미 담당관에게 명을 내려 자복을 가져오게 했고, 어령휘는 즉시 어전에서 감사를 올렸다. 황제는 비록 그렇게 해서는 안 된다는 사실을 알고 있었지만, 억지로 어조은에게 이렇게 말했다.

"경의 아들이 장복(章服: 古代에 日月星辰 등 여러 가지 圖案을 수놓은 예복. 각 도안을 1章으로 해서, 天子는 12章의 예복을 입었고, 신하들은 品階에 따라 9·7·5·3章의 예복을 입었음)을 입으니 아주 잘 어울리는구료."

어씨 부자가 조정에서 아무 거리낌없이 행동하자 다른 사람들도 모두 이를 본받았다. 어령휘와 동렬에 있던 황문시랑들은 곧 영표(嶺表: 嶺南. 지금의 廣東·廣西省)로 쫓겨났다. 그 후 어조은이 피살되자 천하에서 통쾌해하지 않는 이가 없었다. (『두양잡편』)

魚朝恩專權使氣, 公卿不敢仰視, 宰臣或決政事, 不預謀者, 則睚眦曰: "天下之事, 豈不由我乎?" 於是帝惡之. 而朝恩幼子令徽, 年十四五, 始給事於內殿. 帝以朝恩故, 遂特賜綠. 未浹旬月, 同列黃門位居令徽上者, 因叙立於殿前, 恐其後至, 遂爭路以進. 無何, 誤觸令徽臂, 乃馳歸, 告朝恩, 以班次居下, 爲同列所欺. 朝恩怒, 翌日, 於帝前奏曰: "臣幼男令徽, 位居衆寮之下. 願陛下特賜金章, 以超其等." 不言其緋而便求紫. 帝猶未語, 而朝恩已令所司, 捧紫衣而至, 令徽卽謝於殿前. 帝雖知不可, 彊謂朝恩曰: "卿男著章服, 大宜稱也." 魚氏在朝動無畏憚, 他皆倣此. 其同列黃門, 尋逐於嶺表. 及朝恩被殺, 天下無不快焉. (出『杜陽雜編』)

188・9(2078)
원 재(元 載)

원재가 중서성(中書省)에 있을 때 한 친척어른이 선주(宣州)로부터 가산(家産)을 처분하고 그에게 의지하러 와서 벼슬을 구했다. 원재가 그 친척어른의 재능을 헤아려보니 벼슬을 맡길 만하지 못했으므로, 그에게 하북(河北)의 관리에게 보내는 편지 한 통을 들려보냈다. 친척어른은 화가 났지만 어쩔 수 없었으므로 편지를 들고 떠났다. 그는 유주(幽州)에 도착한 후 가산을 처분하고 왔다가 편지 한 통만 얻었으니, 편지의 내용이 간절하다면 벼슬을 얻을 수도 있을 것이라고 생각했다. 그러나 봉투를 뜯어보니 아무 내용도 없고 오직 서명(署名)만 있을 뿐이었다. 그는 크게 후회하고 화를 내면서 돌아갈까 했지만, 이미 수천 리 길을 왔으니 일단 관리를 찾아가 보기로 했다. 관리가 물었다.

"상공(相公: 元載)의 친척어른이시라면 편지를 가져오셨겠지요?"

그가 말했다.

"가져왔습니다."

판관(判官)이 크게 놀라더니 즉시 알자(謁者: 賓客을 접대하는 관리)에게 명하여 상부에 아뢰게 했다. 잠시 후 한 대교(大校: 將帥)가 상자를 가지고 오더니 다시 편지를 달라고 청했다. 대교는 편지를 받아 상자에 넣더니 그를 만류하며 여러 달 동안 상급 숙소에 묵게 했다. 친척어른이 떠나게 되자 관리들은 천 필의 명주비단을 주었다. (『유한고취』)

원재의 아들인 원백화(元伯和)의 권세는 조정 안팎에 널리 알려졌다. 복주관찰사(福州觀察使)는 그에게 가기(歌妓) 10명을 보냈는데, 그들이 도성에 도착한 지 반 년이 지나도 원백화에게 전달되지 못했다. 복주관찰사의 사자는 원백화의 집을 자주 출입하는 자를 엿보다가 비파(琵琶)를 연주하는 강곤륜(康崑崙)과 가장 친숙하게 되었고, 그에게 후한 예물을 보내고서야 원백화를 만날 수 있었다. 사자가 가기들을 보내오자 원백화는 한 번 연주해 보라고 하더니 모두 쫓아버렸다.

이전에 비파를 잘 연주하던 단화상(段和尙)은 스스로 「서량주(西梁州)」를 만들었는데, 강곤륜이 자신에게 달라고 청했으나 주지 않았다. 그 후 단화상이 음악의 절반 정도를 강곤륜에게 가르쳐주자 그 음악은 널리 퍼졌으며, 지금의 곡조인 「양주(梁州)」가 바로 그것이다. (『유한고취』)

元載在中書, 有丈人自宣州貨所居來投, 求一職事. 中書度其人材不任職事, 贈河北一函書而遣之. 丈人悵怒, 不得已, 持書而去. 旣至幽州, 念破産而來, 止得一書, 書若懇切, 猶可望. 乃折視之, 更無一詞, 唯署名而已. 大悔, 怒欲廻, 念已行數千里, 試謁院寮. 院寮問: "旣是相公丈人, 豈無緘題?" 曰: "有." 判官大驚, 立命謁者上白. 斯須, 乃有大校持箱, 復請書. 書旣入, 館之上舍, 留連積月. 及辭去, 奉絹一千匹. (出『幽閒鼓吹』)

又元載子伯和勢傾中外. 福州觀察使寄樂妓十人, 旣至, 半歲不得送. 使者窺伺門下出入頻者, 有琵琶康崑崙最熟, 厚遺求通. 旣送妓, 伯和一試奏, 盡以遺之.

先有段和尙善琵琶, 自製「西梁州」, 崑崙求之不與. 至是以樂之半贈之, 乃傳焉, 今曲調「梁州」是也. (出『幽閒鼓吹』)

188 · 10(2079)
노 암(路 巖)

　　노암은 서남방의 절도사(節度使)에 임명되어 부임하게 되었는데 큰길을 지나다가 뜻하지 않게 기와조각과 돌에 맞고 말았다. [노암을 공격한 사람은] 옛 경조윤(京兆尹)인 온장(溫璋)의 일당이었다. 노암은 설능(薛能)이 성랑(省郎: 尙書郎)의 신분으로 경조부(京兆府)의 일을 대행하게 된 것이 이빈(李蠙)의 추천에 힘입은 것이라고 생각했다. 이에 노암이 설능에게 말했다.

　　"떠나기 전에 수고스럽게도 기와조각과 돌로 전송해 주셨습니다."

　　설능이 천천히 수판(手板: 笏)을 들며 대답했다.

　　"전례에 따르면 재상이 절도사로 부임할 때 경조부의 관리가 사람을 파견하여 호위한 적은 없습니다."

　　그러자 노암은 얼굴에 부끄러운 빛을 보였다. 의종(懿宗) 말년에는 조정의 정치가 여러 문파들에 의해 좌지우지되었는데, 노암은 젊은 나이에 홀로 높은 관직을 지내고 있었으므로 이와 같은 일을 당하게 되었다. 하루아침에 세력을 잃게 되자 평소 의견을 달리 했던 자들이 대부분 적대시하게 되었다. 권세에 빌붙는 무리들은 시세를 잘 따져서 아첨하는 데 뜻을 두고 모두 한 목소리를 내었으며, 조정 안팎은 들끓었지만 사실은 모두 그러한 것도 아니었다.

　　이전에 노암은 회남(淮南)에서 최현(崔鉉)과 함께 지사(支使: 節度使나 觀察使의 속관. 신분에 따라 書記와 支使로 나뉘었음)로 있다가 감찰어사(監察御史)에 제수되었다. 그는 10년도 되기 전에 도성을 벗어나지

도 않은 채 경상(卿相)의 지위에 오르게 되었다. 사물은 지나치게 흥성하는 것을 금하는 법이니, 갑자기 귀하게 되는 것이 상서롭지 않다는 것은 진실로 까닭이 있는 말이로다! 처음에 최현은 노암이 반드시 귀하게 될 것이라고 생각하고 늘 이렇게 말했다.

"노십(路十: 路巖)은 결국 반드시 한 자리를 할 것이다."

노암이 감찰어사에서 한림학사(翰林學士)로 승진했을 때, 최현은 아직도 회남(淮南)에 있었다. 그러나 최현은 노암의 승진 소식을 듣고 이렇게 말했다.

"노십이 지금 이처럼 빨리 한림원에 들어간다면 늙어서 어떻게 되겠는가!"

노암의 생애는 모두 최현의 말과 같았다. (『옥천자』)

路巖出鎭坤維也, 開道中衢, 恣爲瓦石所擊. 故京尹溫璋, 諸子之黨也. 巖以薛能自省郎權知京兆府事, 李蠙之擧也. 至是巖謂能曰: "臨行勞以瓦礫相餞." 能徐擧手板對曰: "舊例, 宰相出鎭, 府司無例發人防守." 巖有慙色. 懿宗晚節, 朝政多門, 巖年少固位, 邂逅致此. 一旦失勢, 當歧路者, 率多仇隙. 附麗(音離)之徒, 釣射時態, 志在詼媚, 雷同一詞, 中外騰沸, 其實未然也.

始巖淮南與崔鉉作支使, 除監察. 不十年, 城門不出, 而致位卿相. 物禁太盛, 暴貴不祥, 良有以哉! 初鉉以巖爲必貴, 常曰: "路十終須與他那一位也." 自監察入翰林, 鉉猶在淮南. 聞之曰: "路十如今便入翰林, 如何到老!" 皆如所言. (出『玉泉子』)

188 · 11(2080)
고　상(高　湘)

　　원화연간(元和年間: 806~820) 초에 8명의 사마(司馬)를 폄적(貶謫)시켰는데, 그들은 애주(崖州)의 위집의(韋執誼), 건주(虔州)의 한태(韓泰), 영주(永州)의 유종원(柳宗元), 낭주(朗州)의 유우석(劉禹錫), 요주(饒州)의 한엽(韓曄), 연주(連州)의 능준(凌準), 유주(柳州)의 정이(程异)였다. 함통연간(咸通年間: 860~873)에 이르러 위보형(韋保衡)과 노암(路巖)이 재상이 되자 자신을 따르지 않는 10명의 사호(司戶)를 배척했는데, 그들은 순주(循州)의 최항(崔沆), 수주(繡州)의 이독(李瀆), 파주(播州)의 소구(蕭遘), 뇌주(雷州)의 최언융(崔彦融), 고주(高州)의 고상(高湘), 반주(潘州)의 장안(張顔), 근주(勤州)의 이황(李貺), 단주(端州)의 두예휴(杜裔休), 의주(義州)의 정언지(鄭彦持), 비주(費州)의 이조(李藻)였다. 이 가운데 수주·반주·뇌주의 3명은 돌아오지 않았다.

　　이전에 고식(高湜)은 젊었을 때 동생인 고상과 서로 사이가 좋지 않았다. 함통연간 말년에 고상이 고주로 부임한 후, 고식은 노암과 친교를 맺고 잘 지내다가 노암을 알현하고 거짓으로 고상을 구해달라고 청했다. 노암이 말했다.

　　"나와 사인(舍人)들은 모두 경조부(京兆府)에서 칼[枷]을 쓰기를 기다리는 사람들입니다."

　　이전에 유섬(劉贍)은 속으로 노암을 제거하고자 했으며, 온장(溫璋)은 황제의 결심을 바라면서 따로 수십 개의 새 칼[枷]을 만들어놓고 기다렸다. 유섬은 사람들의 마음이 자신의 뜻을 따른다고 생각하여 그다지 비밀을 유지하지 않았다가 그 계획이 누설되고 말았다. 그래서 유섬은 결국 노암보다 낮은 벼슬에 머물렀다. 고식은 지공거(知貢擧)가 된 후 노암에게 하고싶은 말을 물었다. 당시 노암은 바로 지난해에 지공거를 그만 두면서 이미 황제께 [급제자 명단을] 은밀히 아뢰었는데, 누락된 자가 있을까 두려워 10명을 더해 달라고 청했다. 노암이 고식에게 5명을 부탁하자 고식은 그 수가 적음에 기뻐했는데, 그 기쁜 마음이 말과 표정으로 드러났다. 며칠 지나지 않아 10명에 대한 조서가 내려왔으나 고식은 그 일을 알지 못했다. 노암은 조서를 받아들고 웃으며 고식에게 말했다.

"이전에 말한 5명은 시랑(侍郞)이 부탁한 것이고, 지금의 10명은 내가 스스로 마련한 것입니다."

고식은 결국 그 명수에 맞추어 합격자 명단을 붙였다. 고상은 임지에 도착하여 형 고식이 자신을 돕지 않았음에 노하면서 시를 지어 이렇게 말했다.

오직 고주에서 가업(家業)을 이으리라.

(『옥천자』)

元和初黜八司馬, 韋執誼崖州・韓泰虔州・柳宗元永州・劉禹錫朗州・韓曄饒州・凌準連州・程异柳州. 及咸通, 韋保衡・路巖作相, 除不附己者十司戶, 崔沆循州・李瀆繡州・蕭遘播州・崔彥融雷州・高湘高州・張顏潘州・李覘勤州・杜裔休端州・鄭彥持義州・李藻費州. 內繡州・潘州・雷州三人不廻.

初, 高湜與弟湘少不相睦. 咸通末, 旣出高州, 湜雅與路巖相善, 見巖, 陽救湘.

巖曰: "某與舍人皆是京兆府荷枷者." 先是劉瞻志欲除巖, 溫璋希旨, 別製新枷數十待之. 瞻以人情附己, 不甚緘密, 其計洩焉. 故居巖之後. 湜旣知擧, 問巖所欲言. 時巖以去年停擧, 已潛奏, 恐有遺滯, 請加十人矣. 旣託湜以五人, 湜喜其數寡, 形於言色. 不累日, 十人制下, 湜未知之也. 巖執誥, 笑謂湜曰: "前者五人, 侍郞所惠也. 今之十人, 某自致也." 湜竟依其數放焉. 湘到任, 嗔湜不佑己, 嘗賦詩云: "唯有高州是當家." (出『玉泉子』)

188 · 12(2081)
노 은(盧 隱)

노은과 이초(李岹)는 모두 활주절도사(滑州節度使) 왕탁(王鐸)의 문생(門生)인데, 전후로 쫓겨나 굴욕을 당한 일이 여러 번이었다. 노은과 이초가 물의를 일으키자 사람들은 그것이 모두 이들이 평소 행실을 조심하지 않았기 때문이라고 생각했다. 노은은 사촌형 노휴(盧攜)가 재상의 자리에 있었으므로 특별히 우사원외랑(右司員外郞: 尙書省에 左右司郞中員外郞을 설치하여 각각 尙書左右丞을 보좌했음)에 제수되었다. 상서우승(尙書右丞: 六官의 儀禮를 변별하고 尙書省 내를 糾正하는 관직) 최항(崔沆)은 상서성(尙書省)에서 노은을 받아들이는 일에 반대하고, 즉시 사저로 노휴를 알현하러 갔다. 노휴가 그 사실을 알지 못한 채 즐겁게 나와서 맞이하자 최항이 말했다.

"원외랑이 며칠 전에 상서성으로 들어오셨는데, 당시의 논의가 아직 끝나지 않았습니다. 이제 그를 다시 규사원외랑(糾司員外郞: 糾察을 담당한 관직)에 제수하시자 상서성에서 이를 감히 따를 수 없고, 다른 관서에서는 오직 상공(相公: 宰相)의 명을 따를 수밖에 없을 것입니다."

노휴가 크게 노하더니 급히 사저로 들어서며 말했다.

"내 동생을 이리도 심하게 모욕하니, 내 즉시 폐하께 아뢰어야 하겠소."

노휴가 이 일을 아뢰자 최항은 휴가를 청했고, 노휴는 즉시 최항의 관직을 교체시켰다. 최항이 사람들에게 말했다.

"나는 승랑(丞郎: 尙書省의 左·右丞. 여기서는 尙書右丞)이 성랑(省郎: 尙書郎. 여기서는 員外郎)을 내쫓는 것은 보았어도 성랑이 승랑을 내쫓는 것은 보지 못했소."

노은은 이전에 태상박사(太常博士)에서 수부원외랑(水部員外郎: 工部에 설치한 관직으로 津梁·溝洫·舟楫·漕運 등을 관장했음)에 제수되자 상서우승 이경온(李景溫)에게 읍(揖)했다. 다시 우사원외랑에 임명된 것도 이경온의 뜻이었으니, 이는 노은의 뜻을 따른 것이다. 이 때의 간관(諫官) 중에도 역시 인사의 부당함을 아뢰는 자가 있었다. 노휴가 말했다.

"간관은 개와 같다. 한 마리가 짖으면 한꺼번에 따라 짖는다."

(『옥천자』)

盧隱·李岎皆滑帥王鐸之門生, 前後黜辱者數矣. 隱·岎物議, 以爲咸祂席不修. 隱以從兄攜爲相, 特除右司員外郎. 右丞崔沆不聽隱省上, 仍卽見攜於私第. 攜未知之, 欣然而出, 沆曰: "員外前日入省, 時議未息. 今復除糾司員外, 省中固不敢辭(按宋王讜『唐語林』七'辭'作'從'), 他曹惟相公命." 攜大怒, 馳入曰: "舍弟極屈, 卽當上陳." 旣上, 沆乃求假, 攜卽時替沆官. 沆謂人曰: "吾見丞郞出省郞, 未見省郞出丞郞." 隱初自太常博士除水部員外, 爲右丞李景溫揖焉. 洎右司之命, 景溫之旨也, 至是而遂其志矣. 是時諫官亦有陳其疏者. 攜曰: "諫官似狗. 一箇 吠, 則一時有聲." (出『玉泉子』)

태평광기 권제189

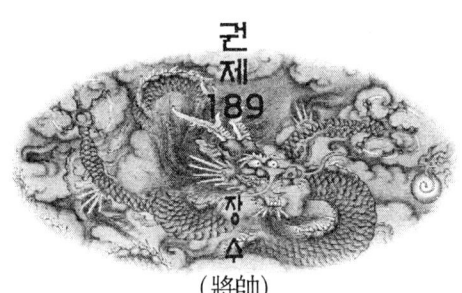

장수(將帥)
1

1. 관　우(關　羽)
2. 간　문(簡　文)
3. 이　밀(李　密)
4. 유 문 정(劉 文 靜)
5. 이 금 재(李 金 才)
6. 이　정(李　靖)
7. 곽 제 종(郭 齊 宗)
8. 당 휴 경(唐 休 璟)
9. 이 진 충(李 盡 忠)
10. 봉 상 청(封 常 淸)
11. 이 광 필(李 光 弼)

189·1(2082)
관 우(關 羽)

촉(蜀)나라 장수 관우는 병사들을 잘 보살폈으나 사대부(士大夫)들을 경시했으며, 장비(張飛)는 사대부들을 예우하고 병사들을 경시했다. 이 두 장수는 모두 중도(中道)를 지키지 못했고, 역시 명대로 살지 못했다. (『독이지』)

蜀將關羽善撫士卒而輕士大夫, 張飛敬禮士大夫而輕卒伍. 二將俱不得其中, 亦不得其死. (出『獨異志』)

189·2(2083)
간 문(簡 文)

진(晉)나라 간문제(簡文帝: 司馬昱)는 [한(漢)나라] 광무제(光武帝: 劉秀)를 평하여 이렇게 말했다.

"그는 한나라 역대 영웅 호걸들 중에 가장 수려하고 당당한 체구에 현달한 풍모를 갖추었다. 고조(高祖: 劉邦)는 뜻이 크고 기개가 있으면서 소탈하지만, 위(魏)나라 무제(武帝: 曹操)는 시기와 질투가 많고 도량이 좁다."

(『간문담소』)

晉簡文道光武云: "漢世祖雄豪之中, 最有俊令之體, 賢達之風. 高祖則倜儻疏達, 魏武則猜忌狹怯." (出『簡文談疏』)

189·3(2084)
이 밀(李 密)

당(唐) 고조(高祖)가 이밀의 서한에 회답하여 이렇게 전했다.

"하늘이 사람을 태어나게 하실 때에는 반드시 우두머리를 두셨으니, 지금 우두머리가 될 만한 사람은 당신이 아니면 누구겠소? 이 늙은이는 나이가 지명(知命: 50세)이 지났으니, 그런 일을 할 생각이 없소. 그리하여 기꺼이 아우를 추대하는 바이니, 성현들의 뒤를 이어 덕업을 세우시기 바라오. 오로지 바라건데 빠른 시일내에 천명을 받들어 만백성을 평안케 해 주시오. 그대는 종친 중에 장손이시니 족보로 따져도 인정되는 바이오. 돌아와 당에서 봉작을 받으면 영화로움이 충분할 것이오. [周나라 武王이] 상신(辛商: 商나라 紂王)을 목야(牧野)에서 죽인 것은 차마 말할 수 없는 바이며, [漢나라 高祖 劉邦이] 자영(子嬰: 秦始皇의 손자로 秦 二世 3년에 秦王에 봉해졌으나 유방에게 투항하고 항우에게 살해당함)을 함양(咸陽)에서 붙잡은 일은 감히 천명을 받은 것이 아니었소이다."

이밀은 서한을 받고 크게 기뻐하며 자신의 부하들에게 보여주면서 이렇게 말했다.

"당공(唐公: 高祖 李淵)이 추대 받아서는 천하를 평정하기에 부족하지."

그러나 그 후 이밀의 군대는 패했는데, 그 당시 왕백당(王伯當)이 하양(河陽)을 지키고 있었기에 이밀은 경기병(輕騎兵)만을 데리고 왕백당에게 가서 그에게 말했다.

"군대가 패하여 오랫동안 여러 사람들을 고생시키는 구료. 내 오늘 스스로 목을 베어 여러분들께 사죄를 청하겠소."

왕백당이 이밀을 끌어안고 울부짖자, 이밀은 다시 이렇게 말했다.

"여러 공(公)들께서 다행히 저를 저버리지 않으시니, 마땅히 함께 관중(關中)으로 돌아가십시다. 제가 비록 부끄럽게도 공은 없지만, 여러분들께 반드시 부귀를 보장해 드리리다."

왕백당은 그 계책에 찬성했고, 그리하여 그를 좇아 관중으로 들어가는 사람들이 2만을 넘었다. 고조는 사신을 보내 영접하여 그 노고를 위로하게 했는데, 도로 위에서 사신들이 멀리 바라보이자 이밀은 크게 기뻐하며 자신의 무리에게 말했다.

"나는 비록 거사하여 성공하지는 못했으나 백성들을 은혜로서 감싸 주었소이다. 산동(山東) 지방 수백의 잇단 성에서는 내가 관중에 당도하는 것을 알고 모두 당으로 귀의했으니, 이는 두융(竇融: 西漢 말에 王莽의 밑에 있다가 후에 光武帝에게 귀의함)과 비교해도 그 공이 작지 않은 것입니다. 그러니 어찌 높은 벼슬자리 하나 정도야 받지 않겠습니까?"

그러나 그들이 도성에 당도하자 예우는 몇 배로 더욱 박해졌으며 집정자들이 와서 재물을 내놓으라고 했기에, 이밀은 심히 마음이 편치 않았다. 그는 얼마 후에 광록경(光祿卿: 나라의 제사를 관장하는 벼슬로 실권은 없음)에 제수되었으며 형국공(邢國公)에 봉해졌다. 얼마 지나지 않아 그의 휘하에 있던 장수들이 아직까지 모두 왕세충(王世充)을 따르지 않고 있다는 소식이 들리자, 고조는 이밀에게 본영(本營)에 있던 군사들을 통솔하여 여양(黎陽)으로 가서 예전에 그에게 있던 장수들과 병사들을 불러오게 하여, 이로써 왕세충[본문에는 王充이라고 되어있으나 '世'字가 탈루된 것으로 보임. 왕충은 東漢 혹은 宋代 사람임]을 조종 견제하려고 했다. 그리고 왕백당을 좌무위(左武衛: 武衛는 禁軍의 칭호로, 隋나라 때 左·右로 나뉨)로 삼아 이밀을 보좌하게 했다. 이밀 등이 도림(桃林)에 이르렀을 때 고조가 그를 다시 [도성으로] 불러들이자 이밀은 위태롭다고 여기고 모반을 꾀했는데, 왕백당이 이밀을 제지했으나 이밀은 그의 말을 듣지 않았다. 이밀은 도림현의 성을 근거지로 삼아 노략질한 가축들을 몰고 곧장 남산(南山)으로 내달려 험준한 산을 타고 동쪽으로 갔으며, 장선상(張善相)에게 사람을 보내 자신을 영접할 것을 알리게 했다. 그러나 당시 사만보(史萬寶)가 웅주(熊州)에 남아 다스리고 있었기에, 사만보는 성언사(盛彦師)를 파견하여 보병과 기병 수십 명을 거느리고 이밀을 추적하게 했다. 성언사는 육혼현(陸渾縣)에서 남쪽으로 70리 되는 곳에 이르자, 산골짜기에 군대를 매복시켰다가 이밀의 군대가 지나갈 때 좌우에서 공격하여 결국 이밀의 머리를 베었으니, 그의 나이 37세였다. 당시 서적(徐勣)은 여양(黎陽)에 있으면서 이밀을 위해 그곳을 굳게 지키고 있었다. 고조는 사신을 보내 이밀의 머리를 가지고 가서 서적을 초징했지만, 서적은 이밀을 장사지내고 상복을 입고서 군신의 예를 갖추었으며, 표문(表文)을 올려 장사지낼 것을 청하고 크게 위의(威儀)를 갖추었다. 그리하여 전군(全軍)이 모두 상복을 입고 여양산(黎陽山)에서 남쪽으로 5리 떨어진 곳에 장사를 지냈는데, 친구들 중에는 이밀을 위해 곡을 하다가 피를 토하는 사람도 많았다. (『담빈록』)

唐高祖報李密書曰: "天生蒸人, 必有司牧, 當今爲牧, 非子而誰? 老夫年餘知命, 願不及此. 欣戴大弟, 攀鱗附翼. 唯冀早膺圖籙, 以寧兆庶. 宗盟之長, 屬籍見容. 復封於唐, 斯榮足矣. 殄商辛於牧野, 所不忍言, 執子嬰於咸陽, 非敢聞命." 密得書甚悅, 示其部下曰: "唐公見推, 天下不足可定." 後密兵敗, 王伯當保河陽, 密以輕騎歸之, 謂伯當曰: "兵敗矣, 久苦諸君. 我今自刎, 請以謝衆." 伯當抱密號叫, 密復曰: "諸公幸不相棄, 當共歸關中. 密身雖愧無功, 諸君必保富貴." 伯當贊其計, 從入關者尙二萬人. 高祖遣使迎勞, 相望於道, 密大喜, 謂其徒曰: "吾雖擧事不成, 而恩結百姓. 山東連城數百, 知吾至, 盡當歸唐, 比於竇融, 勳亦不細. 豈不以一台司見處乎?" 及至京, 禮數益薄, 執政者又來求財, 意甚不平. 尋拜光祿卿, 封邢國公. 未幾, 聞其所部將帥, 皆不附世充, 高祖復使密領本兵往黎陽, 招其將士故時者, 以經略王充. 王伯當爲左武衛, 亦令副密. 行至桃林, 高祖復徵之, 密懼, 謀叛, 伯當止密, 不從. 密據桃林縣城. 驅掠畜産, 直趣南山, 乘險而東, 遣人使告張善相, 令應接. 時史萬寶留鎭熊州, 遣盛彦師率步騎數十追躡. 至陸渾縣南七十里, 彦師伏兵山谷, 密軍半度, 橫出擊之, 遂斬密, 年三十七. 時徐勣在黎陽, 爲密堅守. 高祖遣使將密首以招之, 勣發喪行服, 備君臣之禮, 表請收葬, 大具威儀. 三軍皆縞素, 葬於黎陽山南五里, 故人哭之, 多有嘔血者. (出『譚賓錄』)

189·4(2085)
유문정(劉文靜)

유문정이 진양현령(晉陽縣令)으로 있었을 때, 이밀(李密)과 인척관계라는 이유로 연좌되어 수(隋)나라 양제(煬帝)가 그를 군옥(郡獄)에 감금시켰다. [당나라] 태종(太宗)은 유문정과 함께 거사를 모의 할 만하다고 여겨 감옥으로 들어가 그를 만나보았다. 유문정은 크게 기뻐하며 말했다.

"천하가 크게 어지러우니, 탕왕(湯王)·무왕(武王)·고조(高祖: 劉邦)·광무제(光武帝: 劉秀) 같은 인재가 아니면 안정시킬 수 없습니다."

태종이 말했다.

"당신은 어찌 인재가 없다고 하시오? 감옥은 아녀자들의 애정 문제나 걱정하는 곳이 아니오. 나는 그대와 큰 일을 도모하러 일부러 찾아왔소이다."

유문정이 말했다.

"적의 허술한 틈을 타 관중(關中)으로 들어가서 천하를 호령한다면, 반년도 되지 않아 제업을 이룰 수 있을 것입니다."

그러자 태종이 웃으며 말했다.

"당신의 말씀이 정녕 이 사람의 뜻과 같소이다."

그 후 유문정은 돌궐(突厥)에 사신으로 가서 이렇게 말했다.

"극한(可汗: 突厥·鮮卑 등의 君王의 칭호)의 군사와 함께 도성(都城)으로 진군하고자 합니다. 백성들과 토지는 당공(唐公: 高祖 李淵을 가리킴)께 귀속될 것이며, 재물과 비단 그리고 금은 보화들은 돌궐의 차지가 될 것입니다."

돌궐의 극한이 즉시 기마병 2천을 보내 주었기에, 그들은 유문정을 따라 도성으로 입성했다. 고조는 매번 중신들을 불러들여 같은 자리에서 함께 수라를 들었는데, 유문정이 이렇게 상주했다.

"천자의 지위는 존귀하며 제왕의 권좌는 엄중하여, 태양처럼 만물을 똑같이 굽어살피시니, 신들은 놀라고 두려워 몸둘 바를 모르겠사옵니다."

(『담빈록』)

劉文靜者爲晉陽令, 坐與李密連姻, 隋煬帝繫於郡獄. 太宗以文靜可與謀議, 入禁所視之. 文靜大喜曰: "天下大亂, 非湯・武・高・光之才, 不能定也." 太宗曰: "卿安知無人? 禁所非兒女之情相憂而已. 故來與君圖舉大計." 文靜曰: "乘虛入關, 號令天下, 不盈半歲, 帝業可成." 太宗笑曰: "君言正合人意." 後使於突厥, 文靜謂曰: "願與可汗兵馬同入京師. 人衆土地入唐公, 財帛金寶入突厥." 卽遣騎二千, 隨文靜而至. 高祖每引重臣同座共食, 文靜奏曰: "宸極位尊, 帝座嚴重, 乃使太陽俯同萬物, 臣下震恐, 無以措身." (出『譚賓錄』)

189・5(2086)
이금재(李金才)

[당나라] 태종(太宗)은 일찍이 [기의하기 전에] 고조(高祖)에게 나아가 이렇게 아뢰었다.

"이씨(李氏)가 천명을 받을 것이라는 말이 대대로 전해오는데, 이금재는 존귀한 지위와 명망이 있음에도 하루아침에 멸문의 화를 당했으니, 아버님께서 천명을 받아 적을 토벌하시는 일이 가능하겠습니까? 그리고 진실로 적을 토벌하게 된다 하더라도 상을 내릴 수 없을 만큼 높은 공을 세우는 것이 되니[신하로서 더 이상 오를 수 없는 지위까지 오르므로 제거의 대상이 됨], 그때 가서 이로써 화를 면하길 구한다 한들 가능하겠습니까?"

그러자 고조가 말했다.

"내가 하룻밤 동안 생각해 보니, 너의 말이 참으로 일리가 있더구나.

오늘 우리 집안이 패가망신하는 것도 너의 손에 달렸고, 우리 집안이 개국하는 것 역시 너의 손에 달렸다."

(『담빈록』)

太宗嘗進白高祖曰: "代傳李氏姓膺圖籙, 李金才位望崇貴, 一朝族滅, 大人受命討捕, 其可得乎? 誠能平賊, 卽又功當不賞, 以此求免, 其可得乎?" 高祖曰: "我一夜思量, 汝言大有理. 今日破家滅身亦由汝, 化家爲國亦由汝." (出『譚賓錄』)

189 · 6(2087)
이 정(李 靖)

정관(貞觀) 14년(640)에 후군집(侯君集)과 설만균(薛萬鈞) 등은 고창국(高昌國)을 격파하여 고창국왕 국지성(麴智盛)의 항복을 받고 그를 붙잡아 왔으며, 관덕전(觀德殿)에 그 전리품을 바쳤다. 그리고 그 지역을 서주(西州)로 삼고 교하(交河) · 유중(柳中) 등의 현(縣)을 두었는데, 서주의 경계는 동서로 800리, 남북으로는 500리에 달했으며, 그곳은 한(漢)나라 무기교위(戊己校尉: 西域의 屯田 사무를 관장하는 관리)를 두었던 곳이었다. 처음에 돌궐(突厥)은 부도성(浮圖城)에 병사를 주둔시키고 고창국과 서로 호응했었는데, 형세가 이쯤 되자 두려운 나머지 당에 투항했기에 그 땅을 정주(庭州)로 삼게 되었다. 돌궐의 힐리극한(頡利可汗)은 집실사력(執失思力)을 입조시켜 사죄하게 하면서 번신(藩臣)이 되기를 청하자, 태종은 당검(唐儉)등을 변방 지역에 사절로 보내어 그들을 위무

(慰撫)했다. 그러나 이정과 장공근(張公謹)은 정양(定襄)에서 일을 도모하여 이렇게 말했다.

"조서를 받들어 그곳에 가면 오랑캐들은 틀림없이 느긋하게 지내고 있을 것이오. 그러니 기마병 정예부대를 선발하여 스무날 치 식량을 가지고 가서, 기회를 틈타 급습하기로 합시다."

이정과 장공근은 [그곳에 가는 길에] 우연히 척후병들과 맞닥뜨려 그들을 모두 포로로 잡아들인 뒤, 불시에 맹렬히 공격하여 결국 그 나라를 멸망시키고 의성공주(義城公主)를 되찾았으며 남녀 10만 명을 포로로 잡았다. 힐리극한은 천리마를 타고 서쪽 변방으로 패주했는데, 영주(靈州)의 행군총관(行軍總管) 장보상(張寶相)이 그를 사로잡아 조정에 바쳤다. (『담빈록』)

貞觀十四年, 侯君集・薛萬鈞等破高昌, 降其王麴智盛, 執之, 獻捷於觀德殿. 以其地爲西州, 置交河・柳中等縣, 其界東西八百里, 南北五百里, 漢戊己校尉之地. 初突厥屯兵浮圖城, 與高昌爲影響, 至是懼而來降, 其地爲延(明鈔本'延'作'庭')州. 突厥頡利可汗使執失思力入朝謝罪, 請爲藩臣, 太宗遣唐儉等持節出塞安撫之. 李靖・張公謹於定襄謀曰: "詔使到彼, 虜必自寬. 選精騎, 齎二十日糧, 乘間掩襲." 遇其斥候, 皆以俘隨, 奄到縱擊, 遂滅其國, 獲義城公主, 虜男女十萬. 頡利乘千里馬奔於西偏, 靈州行軍張寶相, 擒之以獻. (出『譚賓錄』)

189·7(2088)
곽제종(郭齊宗)

고종(高宗)이 물었다.

"병서(兵書)에 천진(天陳)·지진(地陳)·인진(人陳)이라 했는데, 각기 무엇을 이르는 것인가?"

그러자 원반천(員半千)이 답할 순서를 뛰어넘어 대답해 아뢰었다.

"신이 서적에 기재된 바를 살펴보니, 이는 여러 가지이었사옵니다. 혹자는 천진은 하늘의 때와 땅의 지세가 맞지 않는 것이며, 지진은 그 지역이 산천을 등지고 있는 것이며, 인진은 대오를 치밀하게 편성하는 것이라 했습니다."

그러자 곽제종이 대답해 아뢰었다.

"신의 우견(愚見)으로는 그렇지 않사옵니다. 무릇 출병할 때 때에 맞춰 내리는 비처럼 합당한 명분이 있다면 이는 천진을 얻은 것입니다. 병사들이 있는 곳에 양식이 풍족하고 한편으로 밭을 갈면서 전쟁을 한다면 이것이 땅의 이로움을 얻은 것이니 지진입니다. 병졸과 거마가 날쌔고 날카로우며 장수와 병사들이 서로 화합하면 이는 인진입니다. 만약 병사를 부리는 데 이 셋 중에 하나라도 없다면, 어떻게 전쟁을 하겠습니까?"

고종은 감탄하며 곽제종을 칭찬했으며, 그를 발탁하여 좌위주조(左衛冑曹: 唐代 설치한 것으로 左右金吾衛·左右監門衛·左右千軍衛·左右羽林軍이 있으며, 무기를 관장함)에 제수했다. (『노씨잡설』)

高宗問: "兵書所云, 天陣·地陣·人陣, 各何謂也?" 員半千越次對曰: "臣覩載籍, 此事多矣. 或謂天陣, 星宿孤虛也, 地陣, 山川向背也, 人陣, 編伍彌縫也."
郭齊宗對曰: "以臣愚見則不然. 夫師出以義, 有若時雨, 得天陣也. 兵在足食足兵, 且耕且戰, 得地之利, 此地陣也. 卒乘輕利, 將帥和睦, 此人陣也. 若用兵, 使三者去一, 其何以戰?" 高宗嗟賞之, 擢拜左衛冑曹也. (出『盧氏雜說』)

189 · 8(2089)
당휴경(唐休璟)

서돌궐(西突厥)의 여러 민족들은 서로 화합하지 못했기에 거병하여 서로를 공격했는데, 그로 인해 안서부(安西府: 高昌國의 옛 터)로 가는 길이 끊어졌다는 표문(表文)과 상주문(上奏文)이 이어졌다. 그리하여 칙천무후(則天武后)가 당휴경에게 재상들과 이 사태에 대해 의논해 보라고 했는데, 당휴경이 잠시 후에 상주문을 작성해 올리자 칙천무후는 그대로 시행토록 했다. 10여일 후, 안서의 여러 주(州)에서 [조정의] 군대를 일정대로 맞이했다는 표문과 상주문이 올라왔는데, 하나같이 모두 당휴경이 계획한 일정과 같았다. 칙천무후는 당휴경에게 이렇게 말했다.

"경을 늦게 기용한 것이 한이오."

그리하여 칙천무후는 그를 재상에 임명했다. (『담빈록』)

西突厥諸蕃不和, 擧兵相攻, 安西道絶, 表奏相繼. 天后命唐休璟與宰相商度事勢, 俄頃間草奏, 使施行. 後十餘日, 安西諸州表奏兵馬應接程期, 一如休璟所畵. 天后謂休璟曰: "恨用卿晚." 因任之爲相. (出『譚賓錄』)

189 · 9(2090)
이진충(李盡忠)

당(唐)나라 칙천무후(則天武后) 때 거란(契丹)의 이진충과 만영지(萬榮之)는 관군의 영부(營府)를 격파하고 지하 감옥에 한족(漢族) 포로 수백 명을 가두었다. 그들은 마인절(麻仁節) 등 여러 관군이 당도할 것이라는 소식을 듣고, 간수로 하여금 습족(霫族: 東北 少數民族의 이름으로 唐末에 거란에 흡수됨) 등을 가두라고 한 뒤 그들을 속여 이렇게 말했다.

"우리들은 추위와 굶주림으로 살아 나갈 수가 없으니 당나라의 군사가 당도하기를 기다렸다가 투항하겠다."

그리고 한족 죄수들에게는 매일 한 끼의 죽만을 주다가, 그들을 끌어내어 [거짓으로] 위로하여 말했다.

"우리들은 너희들을 먹일 양식이 없고 차마 너희들을 죽일 수도 없으니, 모두 석방시켜 돌아가게 하려는데 어떻겠느냐?"

사람들이 모두 엎드려 절하며 살려 달라고 청하자, 이진충과 만영지는 거짓으로 그들을 석방했다. 마인절 등이 유주(幽州)에 이르자 풀려난 이들은 추위과 기근이 계속된 상황을 갖추어 설명했으며, 그 말을 들은 병사들은 다투어 먼저 들어가려고 했다. 황장곡(黃麞峪)에 이르자 적군은 또 다시 노병들을 관군에 투항하도록 했으며, 늙은 소와 여윈 말들을

[관군에게 잘 보이도록] 길옆으로 가도록 보냈다. 마인절 등의 전군(全軍)은 보병들은 놔두고 기병들을 먼저 들여보냈는데, 그 때 매복한 적군에게 허리가 잘리고 말았으니, 장군들은 올무에 걸리고 마인절 등은 생포 당했다. 당시 죽은 사람들은 산골짜기를 메울 정도였으며, 한 사람도 빠져나간 사람이 없었다. (『조야첨재』)

唐天后中, 契丹李盡忠·萬榮之破營府也, 以地牢囚漢俘數百人. 聞麻仁節等諸軍欲至, 乃令守囚雟等, 紿之曰: "家口饑寒, 不能存活, 求待國家兵到, 吾等卽降." 其囚日別與一頓粥, 引出安慰曰: "吾此無飮食養汝, 又不忍殺汝, 總放歸若何?" 衆皆拜伏乞命, 乃給放去. 至幽州, 具說饑凍逗留, 兵士聞之, 爭欲先入. 至黃麞岭, 賊又令老者投官軍, 送遺老牛瘦馬於道側. 麻仁節等三軍, 棄步卒, 將馬先爭入, 被賊設伏橫截, 軍將被索縋之, 生擒節等. 死者塡山谷, 罕有一遺. (出『朝野僉載』)

189·10(2091)
봉상청(封常淸)

봉상청은 몸이 파리하고 눈은 애꾸눈이었으며, 다리가 짧고 절뚝발이었다. 고선지(高仙芝)는 부몽령찰(夫蒙靈察: 소수민족 출신 대장군으로 安西四鎭節度使를 역임) 휘하에서 도지병마사(都知兵馬使)로 있었는데, 봉상청은 늘 고선지의 시중을 들고 있었다. 때마침 달람부락(達覽部落: 서북 소수민족의 부락)이 흑산(黑山) 이북에서 조정을 배반하고 서쪽 쇄

섭(碎葉)으로 달려갔기에, 고선지에게 기마병 2천으로 그들을 제지시키도록 했다. 봉상청은 늘 막사 안에서 몰래 첩서(捷書: 승전보고 문서)를 작성하곤 했는데, 고선지가 하고자 했던 말들이 빠진 바 없이 모두 기록되어 있었기에 고선지는 그를 남다르게 여겼다. 회군하여 고선지가 판관(判官) 유조(劉眺)와 독고준(獨孤峻) 등을 만났더니, 그들이 물었다.

"일전의 첩서는 누가 쓴 것입니까? 부대사(副大使: 副大使知節度使로 節度使아래의 관직. 判官은 이들 밑의 속관임)께서는 어떻게 이런 위인을 얻으셨습니까?"

그러자 고선지가 말했다.

"이 사람인즉 시중꾼 봉상청으로, 문밖 말 옆에 있소이다."

유조 등은 고선지에게 읍한 후, 봉상청을 들어와 앉게 하고 마치 이전부터 알고 지냈던 사이처럼 그와 더불어 이야기를 나누었다.

후에 고선지가 안서절도사(安西節度使: 安西四鎭節度使의 약칭으로 寧西 지역을 아우르며 四鎭을 다스렸는데, 四鎭은 龜玆·焉耆·于闐·疏勒임)가 되었을 때, 그는 봉상청을 절도판관(節度判官)이 되도록 주청했다. 그리고 고선지는 매번 토벌을 위해 출정할 때마다 늘 봉상청에게 유후(留後: 節度使가 출타 시 관청에 남아 일상적인 업무를 처리하는 관리)의 사무를 주관하게 했는데, 봉상청은 재능과 학식이 있었기에 과단성있게 일을 처결해나갔다. 당시 고선지의 유모의 아들인 정덕전(鄭德詮)은 낭장(郞將: 唐代 각 軍府에 中郞將과 左右郞將을 두었음)으로 있었는데, 그는 위엄과 덕망을 전군(全軍)에 떨치고 있었다. 정덕전은 봉상청이 문을 나서는 것을 보고는 평소에 그를 경시하던 터라 말을 달려 봉상청의 앞을 쏜살같이 지나쳐갔다. 봉상청은 사원(使院: 절도사가 사무를 처리하는 곳)에 이르자 좌우 속관들에게 명하여 정덕전을 은밀히 관청으로 데려 오라고 한 뒤, 몇 겹이나 되는 중문을 그가 지날 때마다 바로 닫아걸도록 했다. 봉상청은 책상 뒤에서 일어나 정덕전에게 이렇게 말했다.

"나는 비천한 출신으로 예전에는 중승(中丞: 御史中丞을 겸직하고 있던 高仙芝를 칭함)의 시종으로 있었으나 중승께서 [나를 중시하셨기에] 더 이상 시종으로 부리지 않으셨음을 낭장은 어찌 모르는가? 지금 중승께서 나를 과분하게 신임하시어 유후사(留後使)로 삼으셨는데 낭장은 어찌 무례를 범하여 중사(中使: 황제의 사신)를 능욕하는가!"

그리고는 그 일로 인해 정덕전을 꾸짖었으며, 그를 포박하게 한 뒤 곤장 60대를 치게 하고 얼굴을 땅에 대고 엎드린 채 끌고 나가게 했다. 고선지의 처와 유모는 문 밖에서 통곡하며 그를 구명하려 했으나 그럴 수 없었다. 후에 고선지는 봉상청을 만났을 때도 [그 일에 대해] 끝내 한 마디도 언급하지 않았으며, 봉상청 역시 사죄하지 않았다.

후에 봉상청은 안서절도사가 되었는데, 천보(天寶) 14년(755)에 화청궁(華淸宮)에서 현종(玄宗)을 알현하게 되었다. 현종이 흉폭한 역적의 일을 물으며 어떤 계책으로 장차 천하를 안정시킬지 묻자, 봉상청은 호언장담하며 현종의 마음을 위로하여 말했다.

"신에게 말채찍을 치켜들고 강을 건너게 해 주시오면, 계획한 그날에 역적 호족놈의 머리를 가지고 와서 대궐문 아래에 걸겠사옵니다."

현종은 걱정하면서도 그의 말을 장하다고 생각했다. 봉상청은 동도(東都: 洛陽)에 당도하여 열흘에서 한 달 사이에 6만 군사를 모았으나, 전투마다 번번이 불리했기에 결국 고선지와 함께 후퇴하여 동관(潼關)

을 수비했다. 고선지는 영왕(榮王) 이완(李琬)이 군대 5만을 이끌고 진격하는 것을 도와 12월 10일에 섬주(陝州)에 당도했으나, 11일에 봉상청이 동경(東京: 洛陽)에서 패배하여 13일에 안록산(祿山)은 동경에 입성하게 되었다. 봉상청은 섬주로 패주하면서 적의 칼날을 대적하지 못했으며, 태원(太原)의 창고를 불태우고 병사들을 이끌고 동관으로 퇴각하여 수비 장비들을 수리해 두었다. 역적들이 얼마 후 동관에 당도했으나 입성할 수는 없었으니, 이는 고선지가 수비한 덕택이었다. 그 후 [조정에서는] 봉상청의 관직을 삭탈하고 백의종군하여 고선지의 부대에서 힘을 다할 것을 명했다. 감군(監軍: 군대 사무를 감독하는 관리로 宦官이 역임함)인 변령성(邊令誠)이 사사건건 간섭했으나 고선지가 여러 번 그에게 복종하지 않았더니, 변령성은 입조하여 그 일을 상주하면서 그들이 패주했던 상황을 소상히 아뢰었다. 그러자 현종은 크게 노하여 변령성을 보내 그들을 참수하게 했다. 봉상청은 처형에 임하여 표문(表文)을 올렸으며, 처형된 후에 그의 시신은 거친 대자리 위에 놓여졌다. 변령성이 또 고선지에게 말했다.

"대부(大夫: 御史大夫을 겸직하고 있던 高仙芝를 칭함)께도 역시 칙명이 있으시었소."

고선지는 황급히 봉상청이 처형된 장소에 도착하여 말했다.

"내가 군대를 후퇴시킨 죄는 죽어도 감히 할 말이 없다. 그러나 내가 군량(軍糧)과 하사품을 가로챘다는 것은 나를 모함하는 것이다."

그리고 변령성에게 말했다.

"위에는 하늘이 있고 아래에는 땅이 있고 병사들 또한 모두 있는데, 어찌 모르겠는가?"

그러자 병사들이 일제히 외쳤다.

"억울하옵니다!"

그 소리는 온 땅을 진동시켰다. 고선지는 봉상청의 시신에 대고 이렇게 말했다.

"봉이(封二: 封常淸), 자네는 미천한 출신으로 현귀한 지위까지 이르렀으며, 내가 자네를 발탁하여 나를 대신하여 절도사의 소임까지 맡겼었네. 오늘 내가 자네와 이곳에서 함께 죽게 되었으니, 어찌 천명이 아니겠는가?"

결국 고선지도 참수되었다. (『담빈록』)

封常淸細瘦目纇, 脚短而跛. 高仙芝爲夫蒙靈察都知兵馬使, 常淸爲仙芝傔. 會達覽部落皆叛, 自黑山北向, 西趣碎葉, 使仙芝以騎二千邀截之. 常淸於幕中潛作捷書, 仙芝所欲言, 無不周悉. 仙芝異之. 軍廻, 仙芝見判官劉眺·獨孤峻等, 遂問曰: "前者捷書, 何人所作? 副大使何得有此人?" 仙芝曰: "卽傔人封常淸也, 見在門外馬邊." 眺等揖仙芝, 命常淸進坐與語, 如舊相識.

後仙芝爲安西節度使, 奏常淸爲節度判官. 仙芝每出征討, 常令常淸知留後事, 常淸有才學, 果決. 仙芝乳母子鄭德詮已爲郞將, 威望動三軍. 德詮見常淸出其門, 素易之, 走馬突常淸而去. 常淸至使院, 命左右密引至廳, 經數重門, 皆隨後閉之. 常淸案後起謂之曰: "常淸起自細微, 預中丞傔, 中丞再不納, 郞將豈不知乎? 今中丞過聽, 以常淸爲留後使, 郞將何得無禮, 對中使相凌!" 因叱之, 命勒廻, 卽杖六十, 面仆地曳出. 仙芝妻及乳母, 於門外號哭救之, 不得. 後仙芝見常淸, 遂無一言, 常淸亦不之謝.

後充安西節度使, 天寶十四載, 朝於華淸宮. 玄宗問以兇逆之事, 計將安出, 常淸乃大言以慰玄宗之意曰: "臣請挑馬箠渡河, 計日取逆胡首, 懸於闕下." 玄宗憂而壯其言. 至東都, 旬朔, 召募六萬, 頻戰不利, 遂與高仙芝退守潼關. 仙芝副榮王琬領五萬人進擊, 十二月十日至陝州, 十一日常淸敗於東京, 十三日祿山入東京. 常淸奔至陝州, 以賊鋒不可當, 乃燒太原倉, 引兵退趣潼關, 繕脩守具. 賊尋至關, 不能入, 仙芝之力. 乃削常淸官爵, 令白衣於仙芝軍効力. 監軍邊令誠每事干之, 仙芝多不從, 令誠入奏事, 具言奔敗之狀. 玄宗怒, 遣令誠斬之. 常淸臨刑上表, 旣刑, 陳其屍於蘧篨之上. 令誠謂仙芝曰: "大夫亦有恩命." 仙芝遽下至常請所刑處, 仙芝曰: "我退罪也, 死不敢辭. 然以我爲減截兵糧及賜物, 則誣我也." 謂令誠曰: "上是天, 下是地, 兵士皆在, 豈不知乎?" 兵士齊呼曰: "枉!" 其聲殷地. 仙芝目常淸屍曰: "封二, 子從微至著, 我引拔子, 代我爲節度. 今日又與子同死於此, 豈命也乎?" 遂斬之. (出『譚賓錄』)

189 · 11(2092)
이광필(李光弼)

이광필은 사사명을 토벌하기 위해 야수도(野水渡: 野戌로 지금의 河南 濟源市와 孟津縣의 중간에 있는 곳)에 군사를 주둔시켰다가, 저녁이 되어 병졸 천 명 만을 남겨둔 채 회군하면서 옹호(雍顥)에게 이렇게 말했다.

"적장 고휘(高暉)·이일월(李日越)·유문경(喩文景) 등은 모두 만 명을 대적할 만한 지략과 용맹이 있는 장수요. 그러니 사사명은 틀림없이 그 중 한 사람을 보내 나를 잡으려 할 것이오. 그러므로 나는 떠날 것이니, 그대는 여기에서 병사들을 통솔하여 적을 기다리고 있으시오. 그들이 들이닥치더라도 적군과 전투를 벌이지 마시고, 그들이 투항해 오면 함께 내가 있는 곳으로 오시오."

그날, 사사명은 과연 이일월을 불러 이렇게 말했다.

"이군(李君: 李光弼)이 군사를 이끌고 야수도에 당도했으니, 이제 그를 사로잡을 수 있게 되었다. 너는 철기병을 데리고 밤에 강을 건너가 나를 위해 그를 잡아오너라."

그리고 또 이렇게 명했다.

"반드시 이군을 잡아와야 할 것이며, 그렇지 못하면 돌아오지 마라!"

이일월은 철기병 500을 이끌고 새벽에 옹호의 군대를 급습했다. 그러나 옹호는 해자를 사이에 두고 군대를 쉬게 하고는 소리 높여 시를 읊으며 이일월을 바라볼 뿐이었다. 이일월은 그것을 이상하다고 여겨 옹호에게 물었다.

"태위(太尉: 당시 天下兵馬副元帥로 그 지위가 太尉였던 李光弼을 말함)는 계신가?"

옹호가 대답했다.

"밤에 떠나셨다."

"군사는 몇 명인가?"

"천 명이다."

"[통솔] 장군은 누구인가?"

"옹호다."

이일월은 한참을 깊이 생각하다가 자신의 부하들에게 말했다.

"나는 반드시 이군을 잡아오라는 명을 받았다. 그런데 지금 옹호를 잡아가면 사사명의 바람에 부응하는 것이 아니니 틀림없이 해를 입을 것이다. 그러니 투항하는 것만 못하다."

이일원은 마침내 투항을 청했으며, 옹호는 그들과 함께 이광필이 있는 곳으로 갔다.

이광필이 한번은 하양(河陽)에 군대를 매복시키고 여러 해 동안 사사명과 대치하고 있었다. 사사명에게는 병마 천 필이 있었는데, 그는 그 수가 많음을 과시하려고 매일 하남(河南)에서 말을 씻겼다. 이광필은 여러 군영을 모두 조사하여 암말 500필을 끌고 와서 사사명의 말들이 물가에 오기를 기다렸다가 암말들을 모두 채찍질하여 그곳으로 내몰았다. 그 암말들은 망아지들이 성안에 매어져 있었기에 쉬지 않고 애처롭게 울어댔으며, 사사명의 군마들도 [암말들과 함께] 모두 헤엄쳐 강을 건너왔으므로 이광필은 자신의 암말들과 사사명의 병마들을 모두 군영으로 몰아넣었다.

이광필은 또 하양에 있을 때 사사명이 이미 강을 건너왔다는 소문을 듣고, 먼길을 돌아서 동경(東京: 洛陽)으로 급히 달려갔다. 그는 동경에 도착하여 유수(留守) 위척(韋陟)에게 말했다.

"적들은 우리 군이 패배한 틈을 타 진군하려 하니 칼날을 겨루기가 어려운데다, 낙양성(洛陽城)에 군량도 없으니 수비할 수 없을 듯 합니다. 공(公: 韋陟)의 계책은 어떠하신지요?"

위척이 말했다.

"섬주(陝州)에 군사를 보충하고 동관(潼關)으로 후퇴하여 수비하려 합니다."

그러자 이광필이 말했다.

"이것은 아마도 병법가들이 늘 취하는 형세이지 기발한 계책은 아닐

듯 합니다. 그러니 군대를 하양으로 이동시켜 북쪽으로는 택주(澤州)와 노주(潞州)로 가로막고 세 성의 군사들이 함께 항전하는 것이 나을 듯합니다. 승전하면 사사명을 사로잡을 수 있고, 패전하더라도 수비할 수 있습니다. 안과 밖에서 서로 손발이 잘 맞는다면 적군이 감히 서쪽으로 침략해 들어오지는 못할 것이니, 이는 즉 원비지세(猿臂之勢: 원숭이가 어깨를 자유자재로 움직이듯 공격과 수비를 자유자재로 하는 형세)가 될 것입니다."

사사명이 언사(偃師)에 당도하자, 이광필은 전 군대의 장군과 병사들에게 하양으로 가라고 명하고, 자신은 혼자 휘하 500여 명의 기병을 전군(殿軍: 행군할 때 제일 뒤에 있는 부대)으로 삼아 석교(石橋)로 가는 길을 차단하고 횃불을 들고 천천히 지나갔으나 적은 감히 급습하지 못했다. 한밤중에 하양성에 도착했는데, 날이 밝을 무렵에 사사명이 무리를 모두 이끌고 공격해 왔기에 모든 장병들이 죽을 결심으로 맞서 싸워 적군 만여 명을 죽이고 80여 명을 생포했으며 획득한 무기와 군량도 만을 헤아렸다. 사사명은 자신의 군대 대장군인 서황옥(徐璜玉)·이진수(李秦授)가 생포되자, 크게 두려워하며 후퇴하여 성을 쌓고 방어했다. 이광필은 전투에 임하여 좌우 장수들에게 말했다.

"무릇 전투는 위태로운 일이며, 거기에 승부가 달려 있는 법이다. 나는 삼공(三公)의 지위에 있으니 적군의 손에 죽을 수 없으므로 전투에서 승리하지 못하게 되면 맹세컨대 강에 몸을 던지겠다."

때마침 성 위에서 강을 보니 조금 멀리 보였으므로, 이광필은 혹시 위급한 상황이 되어 강까지 도달하지 못할까 걱정하여 필사의 의지로 군화 속에 검을 넣어 두었다. 그러나 이광필은 그 전투에서 승리했고,

그가 성의 서쪽에서 서쪽을 바라보며 배례하고 춤을 추자, 전군(全軍)이 모두 [그의 모습에] 감동했다.

그 후 이광필은 진지를 임회(臨淮)로 옮기게 되자, 병든 몸임에도 불구하고 곧장 사주(泗州)로 갔다. 이광필이 아직 하남에 당도하지 않았을 때는 전신공(田神功)이 유전(劉展)을 평정한 후 [하남으로 돌아오지 않고] 양주부(楊州府)에 머물러 있었고, 상형(尙衡)과 은중경(殷仲卿)은 연주(兗州)와 운주(鄆州)에서 서로 공격하고 있었으며, 내진(來瑱)은 조정의 명에 불복하고 양양(襄陽)으로 회군한 상황이었기에, 조정에서 이 일들을 걱정하고 있었다. [조정의 명을 받은] 이광필이 서주(徐州)에 당도하자, 사조의(史朝義)는 퇴주하고 전신공은 마침내 하남으로 돌아왔으며, 상형·은중경·내진은 이광필의 위세와 명성을 두려워하여 연이어 [도성으로 돌아와] 입조했다[원문에는 '赴關'으로 되어있으나 『舊唐書』 권110에는 '赴闕'이라고 되어 있어 이에 따라 번역함]. 그러나 그 후 토번(吐蕃)이 장차 상도(上都: 長安)를 침략하려 하자, 황제의 친필조서를 내려 이광필에게 군대를 이끌고 장안으로 오기를 재촉했으나, 이광필은 정원진(程元振)과 사이가 좋지 않았기에 사태의 추이를 관망하며 시간을 끌고 도착하지 않았다. 애초에 이광필은 군대를 엄정히 다루었기에 천하가 그의 위세와 명성에 감복했으며, 그의 호령에 모든 장수들이 감히 우러러보지 않을 수 없었다. 그러나 사태가 이렇게 되자 전신공 등 여러 군장들은 모두 그의 명령에 따르지 않았다. 이로 인해 이광필은 장수들을 그의 뜻대로 할 수 없게 되자 그 모욕감이 병이 되어 결국 서주에서 죽었으니, 그의 나이 57세였다. 이광필의 노쇠한 어머니는 [황제의 명으로] 장택사(莊宅使: 唐代에 長安과 洛陽의 官府에서 관리하는 밭·

방앗간·점포·채소밭 등을 관장하는 관리로 주로 宦官이 담당함) 어조은(魚朝恩)의 조문을 받았다. (『담빈록』)

李光弼討史思明, 師於野水渡, 旣夕還軍, 留其卒一千人, 謂雍顥曰: "賊將高暉·李日越·喩文景, 皆萬人敵也. 思明必使一人劫我. 我且去之, 子領卒待賊於此 至勿與戰, 降則俱來." 其日, 思明召日越曰: "李君引兵至野水, 此成擒也. 汝以鐵騎宵濟, 爲我取之." 命曰: "必獲李君, 不然無歸!" 日越引騎五百, 晨壓顥軍. 顥阻濠休卒, 吟嘯相視, 日越怪之, 問曰: "太尉在乎?" 曰: "夜去矣." "兵幾何?" 曰: "千人." "將謂誰?" 曰: "雍顥也." 日越沉吟久, 謂其下曰: "我受命必得李君. 今獲顥, 不塞此望, 必見害. 不如降之." 遂請降, 顥與之俱至.

光弼又嘗伏軍守河陽, 與史思明相持經年. 思明有戰馬千匹, 每日洗馬於河南, 以示其多. 光弼乃於諸營檢獲牝馬五百匹, 待思明馬至水際, 盡驅出之. 有駒繫於城中, 群牝嘶鳴, 無復間斷, 思明戰馬, 悉浮渡河, 光弼盡驅入營.

光弼又嘗在河陽, 聞史思明已過河, 遠廻趨東京. 至, 謂留守韋陟曰: "賊乘我軍之敗, 難與爭鋒, 洛城無糧, 又不可守. 公計若何?" 陟曰: "加兵陝州, 退守潼關." 光弼曰: "此蓋兵家常勢, 非用奇之策也. 不若移軍河陽, 北阻澤·潞, 據三城以抗之. 勝卽擒之, 敗卽自守. 表裡相應, 使賊不敢西侵, 此則猿臂之勢也." 思明至偃師, 光弼悉令將士赴河陽, 獨以麾下五百餘騎爲殿軍, 當石橋路, 秉燭徐行, 賊不敢逼. 乙夜達城, 遲明, 思明悉衆來攻, 諸將決死而戰, 殺賊萬餘衆, 生擒八十人, 器械糧儲萬計. 擒其大將徐璜·王李秦(按『新唐書』一三六「李光弼傳」作'徐璜玉·李秦授'), 思明大懼, 退築城以相拒. 光弼將戰, 謂左右曰: "凡戰危事, 勝負擊之. 光弼位爲三公, 不可死於賊手, 事之不捷, 誓投於河." 適城上見河稍遠, 恐或急事難至, 遂置劒於鞾中, 有必死之志. 及是戰勝, 於城西西望拜舞, 三軍感動.

移鎭臨淮, 舁疾而行, 徑赴泗州. 光弼之未至河南也, 田神功平劉展後, 逗留於楊府, 尙衡・殷仲卿相攻於兗・鄆, 來瑱旅拒而還襄陽, 朝廷患之. 及光弼至徐州, 史朝義退走, 田神功遽歸河南, 尙衡・殷仲卿・來瑱皆懼其威名, 相繼赴關. 吐蕃將犯上都, 手詔追光弼率衆赴長安, 光弼與程元振不叶, 觀天下之變, 遷延不至. 初光弼用師嚴整, 天下服其威名, 凡所號令, 諸將不敢仰視. 及其有田神功等諸軍, 皆不受其制. 因此不得志, 愧恥成疾, 薨於徐州, 年五十七. 其母衰老, 莊宅使魚朝恩弔問. (出『譚賓錄』)

태평광기 권제190 장수 2

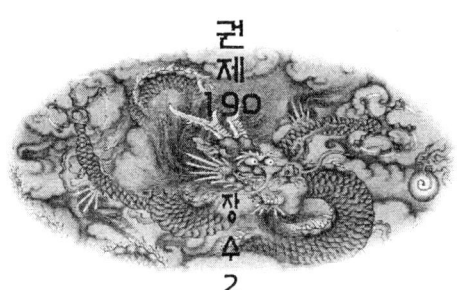

(雜誦智附)

1. 마　수(馬　燧)
2. 엄　진(嚴　振)
3. 온　조(溫　造)
4. 고　병(高　駢)
5. 남　만(南　蠻)
6. 장　준(張　濬)
7. 유　심(劉　鄩)
8. 장　경(張　勍)
9. 왕　건(王　建)

잡휼지

10. 위 태 조(魏 太 祖)
11. 촌　부(村　婦)

190 · 1(2093)
마 수(馬 燧)

이회광(李懷光: 渤海 靺鞨人. 부친이 戰功으로 李氏姓을 하사받았고 자신도 용맹한 무장으로 安祿山의 난에 큰 공을 세워 郭子儀에게 후한 예우를 받았음. 그러나 나중에 모반의 뜻을 품어서 渾瑊과 馬燧 등에게 토벌되어 부장에게 살해당함)은 서정광(徐庭光:『新唐書』권155「馬燧傳」에는 徐廷光으로 되어있음)에게 정병 6천 명으로 장춘궁(長春宮)을 지키도록 했다. 마수가 단신으로 성 아래에 가서 서정광을 불러내자, 서정광이 성 아래에서 그를 배알했다. 마수는 서정광의 심기가 이미 꺾여 있음을 헤아려 이렇게 말했다.

"나는 조정에서 왔으니, 너는 서쪽을 향해 신하의 예를 올리고 천자의 명을 받들라."

서정광이 다시 서쪽으로 절을 올리자 마수가 말했다.

"공(公) 등은 모두 안록산의 난 이래로 큰 공을 세웠으며 40여 년 동안 가장 많은 공적을 세웠다. 어찌 조상의 훈공을 버리고서 멸족의 화를 계획하는가? 내 말을 따른다면 죄를 면할 뿐만 아니라 부귀를 누릴 것이다."

난적(亂賊)의 무리들이 모두 대답하지 못하자 마수가 말했다.

"너희가 내 말을 믿지 않는구나. 지금 너희와 나의 거리는 몇 발자국에 불과하니 [내 말을 믿지 못한다면] 나에게 활을 쏘아라."

그리고 마수가 곧장 옷깃을 열고 가슴을 보이자 서정광은 감동하여 부복(俯伏)한 채 흐느꼈고 군사들 역시 흐느꼈다. 서정광은 곧 수하를 이끌고 성에서 나와 항복했다. 마수는 곧장 몇 명의 기병을 데리고 성으로 들어갔는데 아무런 의심도 없이 일을 처리했기에 병사들은 두려워하며 굴복하지 않는 이가 없었다. 그곳의 무리들이 환호성을 질렀다.

"다시 천자의 백성이 되었구나!"

혼감(渾瑊)은 사석(私席)에서 부하에게 이렇게 말했다.

"나는 마공(馬公: 馬燧)을 위해 병사를 지휘하면서, 그의 실력이 나와 별로 차이가 나지 않는데도 매번 전열(田悅: 魏博七州節度使를 지냈음. 李惟岳과 모반을 일으켜서 국호를 魏라고 하고 왕을 僭稱하다가 朱泚의 亂때에 용서받고 濟陽郡王에 봉해졌으나 후에 동생 田緒에게 살해됨)을 패퇴시키는 것이 이상했다. 그런데 지금 그가 군대를 이끌고 적을 물리치는 것을 보니 나는 그에게 한참 못 미치는구나!"

마수는 용맹하고 지혜로워서 항상 먼저 계책을 세운 뒤에 싸움을 했다. 싸울 때에도 그가 직접 지휘하니, 군사들은 감동하지 않는 이가 없었다. 군사들이 죽기를 작정하고 전투에 임하므로 전투에서 달아나 패배한 적이 없었으며 그의 군대는 당시의 으뜸이었다. 그러나 힘으로는 능히 전열을 사로잡을 수 있었지만 토번의 장수가 속이는 것을 잘 살피지 못하고 반드시 맹약하겠다고 보장했으니, 평량(平涼)의 회맹에서 상결찬(尙結贊: 土蕃의 장수. 鹽州와 夏州를 공격해 들어왔다가 馬燧가 조서를 받들고 토벌해 오자, 많은 예물을 부하 論頰熱에게 보내 회맹을 맺자고 안심시킨 후에 기습했음. 會盟使로 갔던 渾瑊만 겨우 살아서 도망쳤고, 회맹을 주선했던 마수는 병권을 잃게 됨)에게 속아 관중(關中) 지역을 소란케 하고 말았다. 재주는 넘치지만 마음은 그에 미치지 못한다라는 것은 바로 이것을 가리키는 말이다. (『담빈록』)

　李懷光使徐庭光以精卒六千守長春宮. 馬燧乃挺身至城下呼庭光, 庭光則拜於城下. 燧度庭光心已屈, 乃謂曰: "我來自朝廷, 可西面受命." 庭光復西拜, 燧曰: "公等皆祿山已來首建大勳, 四十餘年功伐最高. 奈何棄祖父之勳力, 爲族滅之計耶? 從吾言, 非止免罪, 富貴可圖也." 賊徒皆不對, 燧曰: "爾以吾言不誠. 今相去數步, 爾當射我." 乃披襟示之, 庭光感泣俯伏, 軍士亦泣. 乃率其下出降. 燧乃以數騎徑入城, 處之不疑, 莫不畏伏. 衆大呼曰: "復得爲王人矣!"

　渾瑊私謂參佐曰: "瑊爲馬公用兵, 與僕不相遠, 但怪累敗田悅. 今覩其行師料敵, 不及('及'原作'遠', 據明鈔本改'遠矣!"

　燧勇力智彊, 常先計後戰. 將戰, 親自號令, 士卒無不感動. 戰皆決死, 未嘗奔北, 兵勝冠於一時. 然力能擒田悅, 而不能納蕃師僞疑(明鈔本'納'作'審', '師'作'帥', '疑'作'款'), 而保其必盟, 平涼之會, 爲結贊所給, 關中搖動. 此所謂才有餘而心不正(明鈔本'正'作'至'). (出『譚賓錄』)

190 · 2(2094)
엄 진(嚴 振)

　덕종(德宗)의 어가(御駕)가 양주(梁州)와 양주(洋州) 부근으로 행차했을 때에 중서사인(中書舍人) 제영(齊映)이 호위를 맡았다. 양주(洋州) 청원천(靑源川)으로 내려가고 있는데 갖가지 깃발이 들판을 가득 메운 것이 보이자 황제는 깜짝놀라며 주자(朱泚)의 병사 중에 지름길을 아는 이가 있어 진령(秦嶺)을 넘어 요로를 장악한 것이라고 생각했다. 잠시 후 양주(梁州)의 장수 엄진이 활집과 전통을 찬 채로 나타나 어마(御馬) 앞에서 절한 뒤, 군신(君臣)간에 난을 만나 어려운 상황을 모두 말하면서 눈물을 흘리며 오열했다. 황제는 크게 기뻐하며 곧장 칭찬한 뒤 말에 올라 앞으로 가서 황제를 위해 길을 안내하라고 했다. 제영은 본래 키가 작고 왜소했지만 음상은 매우 커서, 그 큰 소리로 이렇게 말했다.

"엄진은 마땅히 지존을 위해 말을 이끌고 어선방(御膳坊: 임금에게 進貢하는 음식을 담당하는 곳)에서는 담당관리를 배치하라."

얼마 후 황제가 양주(洋州)의 행재소(行在所: 황제가 지방을 행차할 때 임시로 거처하는 곳)에 머물 때에 제영을 불러 질책하면서 유생은 시변(時變)에 잘 대처하지 못하므로 전화의 흙먼지를 맞을 때에는 군대의 장수를 잠시 쉬게 해줘야한다고 했다. 제영은 엎드려 이렇게 상주했다.

"산남(山南)의 사서인들은 단지 엄진만 알 뿐 폐하께서 계심을 알지 못합니다. 지금 천자께서 친히 납시었으니, 파촉(巴蜀)의 백성들로 하여금 천자의 존엄함을 알게하는 것이 신하된 자의 도리를 다 하는 일일 것입니다."

[이 말을 들은] 황제는 매우 기뻐했다. 엄진도 이 말을 듣자 배영에게 특별히 절하며 사례했다. 당시 의론도 제영의 뛰어남을 칭찬했다. (『건손자』)

德宗鑾駕之幸梁・洋, 中書舍人齊映爲之御. 下洋州青源川, 見旌旗蔽野, 上心方駭, 謂泚兵有諳疾路者, 透秦嶺而要焉. 俄見梁帥嚴振具櫜鞬, 拜御馬前, 具言君臣亂離, 嗚咽流涕. 上大喜, 口敕昇獎, 令振上馬前去, 與朕作主人. 映身本短小, 聲氣抑揚, 乃曰: "嚴振合與至尊導馬, 御膳自有所司." 頃之, 上次洋州行在, 召映, 責以儒生不達時變, 煙塵時, 須姑息戎帥. 映伏奏曰: "山南士庶, 只知有嚴振, 不知有陛下. 今者天威親臨, 令巴蜀士民, 知天子之尊, 亦足以盡振爲臣子之節." 上深嘉歎. 振聞, 特拜謝映. 時議許映. (出 『乾饌子』)

190 · 3(2095)
온 조(溫 造)

  헌종(憲宗) 때에 융족(戎族)과 갈족(羯族)들이 중원지역을 어지럽히자 사방에서 군사를 모집하여 변경지역의 변란을 잠재웠다. 남량주(南梁州)에 조서가 내려와 병사 5천 명을 소집하여 관하(關下)로 오라고 명령했으나, 군대가 막 출발하려고 할 때에 병사들이 반란을 일으켜 장수를 쫓아낸 뒤 조정에서 토벌하러 올 것을 두려워하여 함께 모여 명령에 저항한지 한 해가 지났다. 헌종은 이를 매우 걱정해서 오랫동안 그곳으로 보낼 장수를 고르고 있었다. 이 때에 경조윤(京兆尹) 온조가 가기를 청했기에 헌종이 그에게 필요한 병력과 비용을 물었더니 이렇게 말했다.
  "병사 한 명이나 무기 하나 없이 가겠습니다."
  온조가 그 곳 경계에 도착했는데, 남량주의 사람들이 보니 조정에서 파견된 사람은 유생 한 명에 지나지 않았기에 서로 축하하며 말했다.
  "조정에서 틀림없이 죄를 묻지 않을 것이니, 더 이상 무엇을 걱정하겠는가!"

온조는 단지 편안히 있으라는 조칙만을 선포했고, 남량주에 도착한 뒤에도 아무 것도 묻지 않았다. 그러나 남량주의 병사들은 모두 자신의 과오를 걱정했으므로, 출입할 때 모두 무기를 손에서 놓지 않았고 온조도 역시 이를 경계하지 않았다. 나중에 온조가 격구장(擊毬場)에서 연회를 베풀자, 삼군(三軍)의 병사들이 모두 활과 검을 들고 찾아와서 긴 회랑 아래에서 식사를 하게 되었다. 온조는 사람들이 연석에 앉기 전 계단 남쪽과 북쪽으로 두 줄로 긴 끈을 매달아 두고, 군졸들로 하여금 각각 앞에 있는 줄 위에 활과 검을 걸어놓은 뒤 식사하게 했다. 얼마 후 술이 몇 순배 돌았을 때에 북소리가 시끄럽게 한번 울리더니 양쪽에서 줄이 당겨져, 검과 활이 땅에서 3장정도 높이로 올라갔다. 군졸들은 크게 소란스러워졌지만 힘을 쓸 방법이 없었다. 이렇게 된 연후에 문을 닫고 참수하니 5천 여명 중에 살아남은 사람이 없었다. 그 중에 친척을 따라서 혹은 다른 사람을 대신해서 연회에 온 사람이 매우 많았지만 옥석(玉石)의 구분 없이 모두 처형되었다. 남량주 사람들은 이때부터 대대로 감히 다시는 반란을 일으키지 못했다. 나는 20년 전에 이곳에서 관직을 지냈기에 이일에 대해 분명히 기억하고 있다. (『왕씨견문』)

憲宗之代, 戎・羯亂華, 四方徵師, 以靜邊患. 詔下南梁, 起甲士五千人, 令赴關下, 將起, 帥人作叛, 逐其帥, 又懼朝廷討伐, 因團集拒命者歲餘. 憲宗深以爲患, 擇帥者久之. 京兆尹溫造請行, 憲宗問其兵儲所費, 溫曰: "不請寸兵尺刃而行." 至其界, 梁人覘其所來('來'原作'求', 據明鈔本改), 止一儒生, 皆相賀曰: "朝廷必不問其罪, 復何患乎!" 溫但宣詔赦安存, 至則一無所問. 然梁帥負過, 出入者皆不捨器仗, 溫亦不誡之. 他日, 毬場中設樂(明鈔本'樂'作'宴'), 三軍下士(明鈔本'士'作'令'), 並任執帶弓劍赴之, 遂令於長廊之下就食. 坐筵之前, 臨堦南北兩行, 懸('懸'字原闕, 據明鈔本補)長索二條, 令軍人各於面前索上, 掛其弓劍而食. 逡巡, 行酒至, 鼓噪一聲, 兩頭齊抨其索, 則弓劍去地三丈餘矣. 軍人大亂, 無以施其勇. 然後闔戶而斬之, 五千餘人, 更無噍類. 其間有百姓隨親情及替人有赴設來者甚多, 並玉石一槩矣. 南梁人自爾累世不敢復叛. 余二十年前職於斯, 故老尙歷歷而記之矣. (出『王氏見聞』)

190・4(2096)
고 병(高 騈)

함통연간(咸通年間: 860~874)에 남만(南蠻)이 서천(西川)을 포위하자, 조정에서는 태위(太尉) 고병에게 명하여 천평군(天平軍)에서 성도(成都)로 옮겨가 진수(鎭守)하게 했다. 군대의 병거가 도착하기 전, 고병은 먼저 흰 비단 위에 군대의 이름을 쓰고 부적 하나를 써서 객참마다 전달하게 하여 군대의 사기를 높였다. 남만의 우두머리는 교지(交阯: 지금 베트남의 북부)에서의 패배에 혼쭐났던 터라 멀리서 이를 보자마자 도망갔다. 원래 성도부에는 성곽이 없어서 남만이 쳐들어오면 그대로 잿더미가 되었기에, 백성들이 오랫동안 편안히 살아갈 방도가 없었다. 고병은 이를 보자 땅을 구획하고 판축(版築: 판대기와 판대기 사이에 흙을 넣어서 단단하게 쌓음) 공사를 했다. 고병은 삼태기와 삽으로 공사를 시작하려고 하면서 남만의 정후(亭堠: 敵情을 살피기 위해 변경에 쌓은 망루)에서 경계를 할까 우려하여 곧바로 문승(門僧: 대호족 집안의 불교의

식을 주관해 주면서 평소에도 왕래하는 스님) 경선(景仙)에게 사명(使命)을 받들고 남조(南詔: 蒙舍詔로 蠻族의 六詔 중 가장 남쪽에 있어서 남조라 함. 盛唐 때 건립되었고 세력이 가장 왕성할 때에는 雲南 전부와 四川 남부, 貴州 서부를 포괄했음)로 들어가서 자신이 직접 변경을 순수하겠다고 선포하게 했다. 성을 쌓기 시작한 날로부터 봉화를 들고 곧장 대도하(大渡河)에 이르기까지 93일 동안 망루에서 소란스럽게 하면서도 군대를 끝내 움직이지 않았지만 표신(驃信: 南蠻 여러 나라의 군주를 일컫는 말)은 두려움에 떨었다. 군사를 쓰지 않고도 계책으로 이긴다는 것은 바로 이를 이른 말이다. (『북몽쇄언』)

咸通中, 南蠻圍西川, 朝廷命太尉高駢, 自天平軍移鎭成都. 戎車未屆, 乃先以帛, 書軍號其上, 仍書一符, 於郵亭遞之, 以壯軍聲. 蠻酋懲交阯之敗, 望風而遁. 先是府無羅郭, 南寇纔至, 遽成煨燼, 士民無久安之計. 駢窺之, 畫地圖版築焉. 慮酋錒將施, 亭堠有警, 乃命門僧景仙奉使入南詔, 宣言躬自巡邊. 自下手築城日, 擧烽直至大渡河, 凡九十三日, 樓櫓矗然, 旌斾竟不行, 而驃信譻慄. 不假兵以詐勝, 斯之謂也. (出『北夢瑣言』)

190 · 5(2097)
남 만(南 蠻)

당(唐)나라 때에 남만이 서천(西川) 지방을 침략해왔다. 그들의 침입을 막을 만한 것이 아무 것도 없었기에 함통연간(咸通年間: 860∼874)

이후로 검남(劍南) 지역은 고통에 시달렸다. 상서(尙書) 우총(牛叢)은 그곳을 진수(鎭守)하면서도 만적(蠻賊)의 침입을 당하면 저항할 방법이 없었다. 고병이 천평군(天平軍: 원문에는 東平이라고 되어있으나 『新唐書』권224 下「叛臣傳」下를 참고해보면 고병이 天平軍을 지휘하다가 남만이 성도를 약탈하자 劍南西川節度使가 되어 남만을 물리쳤다는 기록이 있으므로 이에 의거하여 天平으로 고쳐 번역함)을 지휘하다가 성도(成都)로 와서 진수(鎭守)하게 되었는데, 만족들은 여전히 촉(蜀) 지방의 성을 노략질하고 있었다. 고병은 먼저 날래고 용맹한 병사를 선발하여 위급한 지역을 구했다. 병사들이 모두 신령한 부적을 등에 붙이고 있었는데 만족들은 이를 알아보자 멀리서 보기만 해도 도망갔다.

이후에 희종(僖宗)은 촉(蜀) 지역으로 행차했을 때 만족들이 걱정거리가 될까봐 매우 염려해서 공주를 시집보내려고 했다. 만족의 왕은 대국(大國)인 당나라와 혼인을 맺게되었다고 생각하고 크게 기뻐하여, 재상인 조융미(趙隆眉)·양기곤(楊奇鯤)·단의종(段義宗)으로 하여금 당나라 조정의 행재소(行在所: 황제가 지방을 행차할 때에 임시로 거처하는 곳)로 가서 공주를 맞이하게 했다. 고태위(高太尉: 高駢)가 회해(淮海) 지역에서 다음과 같은 장주(章奏)를 올렸다.

"남만의 왕을 보필하는 신하로는 오직 그들 몇 사람이 있을 뿐이니 청컨대 그들을 짐주(鴆酒)로 독살하십시오."

희종이 도성으로 돌아갈 때까지 남방에 아무런 탈이 없었던 것은 고공(高公: 高駢)의 계책을 썼기 때문이었다. 양기곤 등은 모두 시(詩) 짓기에 뛰어났는데 그들은 당나라로 가는 길에 이러한 시를 썼다.

풍랑에 이는 꽃은 휘날려 더욱 하얗고,
비바람 속 풍경은 씻기어 더욱 푸르네.
강 갈매기 모인 곳 창 밖으로 보이는데,
숲 속의 원숭이 울음소리 베갯맡에서 듣네.

시가 몹시 맑고 아름다웠다. (『북몽쇄언』)

唐南蠻侵軼西川. 苦無亭障, 自咸通已後, 劍南苦之. 牛叢尙書作鎭, 爲蠻寇憑凌, 無以抗拒. 高騈自東平移鎭成都, 蠻猶擾('擾'原作'傳', 據明鈔本改)蜀城. 騈先選驍銳救急. 人人背神符一道, 蠻覘知之, 望風而遁. 爾後僖宗幸蜀, 深疑作梗, 乃許降公主. 蠻王以連姻大國, 喜幸逾常, 因命宰相趙隆眉·楊奇鯤·段義宗來朝行在, 且迎公主. 高太尉自淮海飛章云: "南蠻心膂, 唯此數人, 請止而鴆之" 迄僖宗還京, 南方無虞, 用高公之策也. 楊奇鯤輩皆有詞藻, 途中詩云: "風裏浪花吹又白, 雨中風影洗還靑. 江鷗聚處窓前見, 林狖啼時枕上聽" 詞甚淸美. (出『北夢瑣言』)

190·6(2098)
장 준(張 濬)

재상 장준은 권모와 지략이 풍부했지만 본래 병법을 알지 못했다. 소종(昭宗) 때에 그는 몸소 육사(六師: 천자의 군대)를 통솔하고 태원(太原)을 토벌하러 갔으나 끝내 군율(軍律)을 지키지 못하고 부장수인 시랑(侍郞) 손규(孫揆)를 잃고 말았다. 장준은 군대를 거느리고 돌아갈 방법을 모색하던 중 평양군(平陽郡)을 지나게 되었다. 평양군은 포주(蒲州)의 속군으로 장(張)씨 성을 가진 목수(牧守: 州·郡의 장관. 州에서는 牧, 郡에서는 守라고 했음)가 다스리고 있었는데, 그는 바로 포주의 장수인 왕가(王珂)의 대교(大校: 裨將)였다. 왕가는 변덕이 심하고 속임수를 잘 써서 그의 심계를 헤아릴 수 없었기 때문에 장준은 군대를 이끌고 경솔히 지나가다가는 그의 함정에 빠질까봐 걱정되었다. 장준은 먼저 어느 정도 행군하여 평양군의 역참 객사에 머물렀고 육군(六軍: 六師)은 차례대로 숨어서 관문을 지나갔다. 장준은 진목(晉牧: 張牧守. 당나라 때에 平陽郡을 晉州라고도 불렀음)을 매우 꺼렸지만 감히 제거할 수는 없었다. 장목수가 교외로 1사(舍: 삼십리 길. 군대가 하루에 걷는 거리) 정도 나와서 장준을 맞이하자 장준은 객사에 말을 댄 뒤 장사군(張使君: 使君은 漢代에 刺史에 대한 존칭으로 여기서는 張牧守를 가리킴)에게 마루에 오르게 하여 다과와 음식을 차렸고, 다 먹자 다시 술과 차를 내놓으라고 하면서 자리를 뜨지 못하게 만류하여 늦게까지 함께 먹고 마셨다. 식사를 다 마친 뒤 이미 저녁이 되었지만 장준은 장목사를 보내지 않고 다시 차 여러 주전자를 마셨으며 등을 켤 때가 되어서야 돌아가게 했다. 아침부터 저녁까지 이들은 아무 말도 나누지 않았지만 음식을 우물거리고 있어서 멀리서 보면 마치 이야기를 나누는 것처럼 보였다. 왕가는 성격에 의심이 많아서 툭하면 [주변을] 감시하고 동정을 살펴보고 있었다. 이때에 염탐꾼이 몰래 그에게 칙사(敕史: 張牧守)가 상국(相國: 宰相. 즉 張濬)과 해질녘까지 밀담을 나누었다고 보고하자 왕가는 과연 이를 의심하여 장목수를 불러 물었다.

"상국이 너와 아침부터 저녁까지 무슨 이야기를 했느냐?"

장목수가 대답했다.

"아무 말도 하지 않았습니다."

왕가는 이를 전혀 믿지 않고 그가 성실하지 못하다고 생각하여 죽여 버렸다. 육군은 길을 빌려 도성으로 돌아갔는데 아무런 걱정도 없었다. 후에 장준이 [재상이 되어] 국가 대사를 판결하게 되자 각 지방에서 화려한 비단 등을 예물로 보내 왔는데, 장준은 이를 조금도 받지 않고 전령들에게 이렇게 직접 명령했다.

"너는 가서 나의 뜻을 전해라. 이 물건들을 행군에 필요한 물건으로 바꾸되, 솥이나 막사를 만드는 천, 말먹이나 약과 같은 그 지역에서 나오는 것으로 모두 준비해달라고 청하라."

이 말에 모든 번진(藩鎭)은 기뻐하며 명령을 받들었고, 이로써 10만 리를 행군하는 동안 필요한 물건에 부족함이 없었으니 이는 모두 장준이 구상한 생각 덕분이었다. 후량(後梁)의 고조(高祖: 朱全忠)는 장준을 꺼려하여 몰래 자객을 보내 장수장(長水莊)에서 그를 살해했다. (『옥당한화』)

張相濬富於權略, 素不知兵. 昭宗朝, 親統鑾駕六師, 往討太原, 遂至失律, 陷其副帥侍郎孫揆. 尋謀班師, 路由平陽. 平陽卽蒲之屬郡也, 牧守姓張, 卽蒲帥王珂之大校. 珂變詐難測, 復慮軍旅經過, 落其詭計. 濬乃先數程而行, 泊於平陽之傳舍, 六軍相次, 由陰地關而進. 濬深忌晉牧, 復不敢除之. 張於一舍郊迎, 旣駐郵亭, 濬令張使君升廳, 茶酒設食畢, 復命茶酒, 不令暫起, 仍留晚食. 食訖, 已哺時, 又不令起, 卽更茶數甌, 至張燈, 乃許辭去. 自旦及暮, 不交一言, 口中咀少物, 遙觀一如交談之狀. 珂性多疑, 動有警察. 時偵事者尋已密報之云, 敕使與相國密話竟夕, 珂果疑, 召張問之曰: "相國與爾, 自旦至暮, 所話何?" 對云: "並不交言."

王殊不信, 謂其不誠, 戮之. 六師乃假途歸京, 了無纖慮. 後判邦計, 諸道各致紈綺之類, 並不受之, 乃命專人面付之曰: "爾述吾意. 以此物改充軍行所費之物, 鍋幕布槽噉馬藥, 土産所共之物, 咸請備之." 於是諸藩鎭欣然奉之, 以至軍行十萬, 所要無闕, 皆心匠之所規畫. 梁祖忌之, 潛令刺客殺之於長水莊上. (出『玉堂閒話』)

190 · 7(2099)
유 심(劉 鄩)

후당(後唐)의 진왕(晉王: 李克用)은 위박(魏博)으로 진군하려고 했다. 후량(後梁)의 장수 유심이 먼저 원수(洹水)에 주둔해 있었는데, 진왕이 도착해보니 아무도 없는 것처럼 적막했다. 진왕이 [병사를 시켜] 정찰하게 하자, 그가 이렇게 보고했다.

"성위에 기치(旗幟)가 왔다갔다합니다."

진왕이 말했다.

"유심은 꾀가 많은 사람이니 가벼이 진군해서는 안된다."

진왕이 다시 잘 살펴보니, 이는 바로 짚을 이어 인형을 만들고 그 위에 깃발을 묶은 뒤 나귀에 태워서 성벽을 따라 돌아다니게 했던 것이었다. 그런 까닭에 기치가 성 위를 둘러싸고 계속 움직였던 것이었다. [진왕이 성으로 들어가서] 성안에 굶주려있는 사람에게 [유심의 군대에 대해서] 묻자 이렇게 말했다.

"군대가 떠난 지 이미 이틀째입니다."

진왕은 황택(黃澤)에까지 그들을 추격하여 태원(太原)을 공략하려고 했지만 장마로 인해 흙탕물이 가득하여 진군할 수 없었다. 유심의 지모는 이와 같았다. (『북몽쇄언』)

後唐晉王之入魏博也, 梁將劉鄩先屯洹水, 寂若無人. 因令覘之, 云: "城上有旗幟來往." 晉王曰: "劉鄩多計, 未可輕進." 更令審探, 乃縛蒭爲人, 縛旗於上, 以驢負之, 循堞而行. 故旗幟嬰城不息. 問城中贏者曰: "軍已去二日矣." 果趣黃澤, 欲寇太原, 以霖潦不克進. 計謀如是. (出『北夢瑣言』)

190·8(2100)
장 경(張 勍)

위촉(僞蜀: 前蜀)의 선주(先主) 왕건(王建)이 막 성도(成都)를 포위하고 공격할 때에 3년을 공략해도 함락시키지 못했다. 그의 심복부하들 가운데는 무례하고 목숨을 가볍게 여기는 용맹한 병사들 백 명이 있었는데 그들을 대적할 만한 사람이 없었다. 왕건이 한 번은 좋은 말로 그들을 달래며 이렇게 말했다.

"서천(西川)은 '금화성(錦花省)'이라고 한다. 함락시키기만 하면 재물과 여자들은 너희 마음대로 하거라."

나중에 진경선(陳敬瑄)과 전령자(田令孜)가 성을 바치고 항복했다. 그 다음날 왕건은 부중(府中)으로 들어갔는데 미리 교만하고 난폭한 부하들을 경계하여 말했다.

"나는 너희들과 여러 해 동안 전장에서 생사를 함께 했으니, 앞으로 우리는 한 가족이 될 것이다. 성에 들어간 후에 재물을 취해도 되나 제멋대로 난동을 피워서는 안될 것이다. 나는 얼마 전 장경을 참작마보사(斬斫馬步使: 軍令을 지키지 않는 사람을 斬殺하는 관리)로 임명하여 이 일을 책임지고 판결케 했으니 너희들은 죄를 범해서는 안된다. 만약 [죄를 범하다가] 내 면전에서 잡힌다면 용서해줄 수 있지만, 장경에게 잡히면 참수될 것이니 내가 도와줄 수도 없다."

그들은 이러한 경고를 듣자 모두 무기를 거두고 행동을 조심했다. 그런데도 장경은 [군령을 어기면] 바로 앞에서 사람을 때려 [그 시체가] 네 거리에 가득 쌓였기에 아무도 감히 군령을 범하지 못했다. 식자들은 왕건이 사람들을 경계시킬 수도, 용서할 줄도 알면서 그들을 형벌에 빠뜨리지 않으니, 그의 인자함과 너그러움은 비길 바가 없다고 했다. (『북몽쇄언』)

僞蜀先主王建始攻圍成都, 三年未下. 其紀綱之僕, 有無賴輕生勇悍者百輩, 人莫敵也. 建嘗以美言啗之日: "西川號爲'錦花城'. 一旦收헐, 玉帛子女, 恣我兒輩快活也." 他日, 陳敬瑄·田令孜以城降. 翌日赴府, 預戒驕暴諸子曰: "我與爾累年戰鬪, 出死入生, 來日便是我一家也. 入城以後, 但管富貴, 卽不得恣橫. 我適來差張勍作斬斫馬步使, 責辦於渠, 女輩不得輒犯. 若把到我面前, 足可矜恕, 或被當下斬却, 非我能救." 諸子聞戒, 各務戢斂. 然張勍胸上打人, 堆疊通衢, 莫有敢犯. 識者以建能戒能惜, 不陷人於刑, 仁恕之比也. (出『北夢瑣言』)

왕 건(王 建)

공주(邛州)와 여주(黎州)에 천만(淺蠻)이 있었는데 왕호를 세습하여 유왕(劉王)・양왕(楊王)・학왕(郝王)이라고 했다. 해마다 서천(西川)에서 의복 3천 벌을 주면서 운남(雲南)의 동정을 살펴달라고 했으며, 운남에서도 역시 재물을 주면서 성도(成都)의 허실을 탐지해달라고 하여, 천만은 양 세력의 사이에서 이익을 구하고 있었다. 매번 절도사의 수레가 이르면 [삼왕은] 경계에 사는 이민족들의 우두머리를 이끌고 관부의 마당으로 찾아갔는데 이를 '삼원융(參元戎)'이라고 했다. 황제는 이를 듣자 스스로 황제의 위엄과 은혜로 말미암은 것이라고 생각했다. 그들은 절도사를 만나기 전에 몰래 도압아(都押衙: 절도사의 속관으로 儀仗과 侍衛를 감독하는 외에도 군법의 집행을 감찰함)에게 알려서 가부를 기다렸으며, 간혹 절도사가 대장들을 위무하는 틈을 타 다른 지방에 가서 중원을 어지럽혔다. 당시에 절도사로 임명된 신하들은 대부분 문장에 뛰어난 유생들이어서 일을 만들고 싶어하지 않았기에 도압아에게 일을 맡겨두었다. 도압아 역시 잠시 편한 것만 추구했으니, 만족들이 침입해 들어오는 것을 애써서 막으려하지 않았던 것은 바로 이런 이유 때문이었다. 왕건(王建)은 처음 촉(蜀)을 진수(鎭守)하게 되자 이전부터 재물을 보내던 일을 금지하고 도압아인 산행장(山行章)를 참수하여 그들을 경계했다. 공협산(邛峽山) 남쪽으로 봉화대 하나 세우지 않고 수졸 한 명 세우지 않았지만 10년 동안 감히 경계를 침범해오는 자가 없었다. 왕건은 촉을 진수하던 말년에 대장 허존(許存)에게 명하여 만족을 정벌하게 했는데, 삼왕이 군사기밀을 누설하자 그들을 불러 참수했다. 당시 사람들은 이일을 '인단(因斷)'이라고 했다. 예전부터 있었던 삼왕의 우환은 [그들을 없애야한다는 것을] 알지 못했던 것이 아니라 시기가 불리해서였다. 이 때문에 그 큰공은 허공(許公: 許存)이 세웠다고 했다.

이보다 전에 당(唐)나라 함통연간(咸通年間: 860~874)에 천축(天竺: 인도)의 삼장(三藏: 經·律·論에 통달한 高僧에 대한 敬稱) 스님이 성도를 지나갔는데, 그는 5개의 외국어를 알았으며 대승(大乘)과 소승(小乘)의 경(經)·율(律)·론(論)에 통달했다. 북천축(北天竺)과 운남은 인접해있기 때문에 스님은 길을 빌려 돌아가려고 했는데, 촉의 정찰병에게 발각되어 성도부에 붙들려 갔다. 그에게서 조정에 관련된 기록을 찾아낼 수 있었으니 그는 아마도 궁중의 도량(道場)에 들어갔었던 것 같다. 그러므로 외국에서 조정에 온 사람들이 첩자가 아님을 어찌 알 수 있겠는가? (『북몽쇄언』)

邛黎之間有淺蠻焉, 世襲王號, 曰劉王·楊王·郝王. 歲支西川衣賜三千分, 俾其偵雲南動靜, 雲南亦資其覘成都盈虛, 持兩端而求利也. 每元戎下車, 卽率界上酋長詣府庭, 號曰'參元戎'. 上聞自謂威惠所致. 其未參聞, 潛稟於都押衙, 且俟可否, 或元戎慰撫大將間, 稍至乖方, 卽教甚紛紜. 時帥臣多是文儒, 不欲生事, 以是都押賴之. 亦要姑息, 蠻延憑凌, 苦無亭障, 抑此之由也. 王建始鎭蜀, 絶其舊賜, 斬都押衙山行章以令之. 邛峽之南, 不立一堠, 不戍一卒, 十年不敢犯境. 末年, 命大將許存征蠻, 爲三王洩漏軍機. 於是召三王而斬之. 時號'因斷'也. 昔日之患三王, 非不知也, 時不利也. 故曰有非常之功, 許公之謂也.

先是唐咸通中, 有天竺三藏僧, 經過成都, 曉五天胡('胡'原作'湖', 據明鈔本改)

語, 通大小乘經·律·論. 以北天竺與雲南接境, 欲假途而還, 爲蜀察事者識之, 繫於成都府. 具得所記朝廷次第文字, 蓋曾入內道場也. 是知外國來廷者, 安知非奸細乎? (出『北夢瑣言』)

잡휼지

190·10(2102)
위태조(魏太祖)

위나라 무제(武帝: 曹操)는 어렸을 때, 일찍이 원소(袁紹)와 함께 유협(遊俠) 짓을 하길 좋아했다. 그들은 남이 결혼하는 것을 보다가, 주인집 정원으로 몰래 들어가서 밤중에 '도둑이야!' 소리를 질렀다. 초례청(初禮廳)에서 사람들이 모두 나와 살피는 사이에 무제는 칼을 빼들고 신부를 겁탈한 뒤 원소와 함께 도망 나오다가 길을 잃어 가시나무 사이에 떨어졌는데, 원소가 움직일 수 없게 되자 무제는 다시 크게 외쳤다.

"도둑놈이 여기에 있다!"

원소가 다급한 나머지 자기 힘으로 뛰어나옴으로써, 마침내 둘 다 붙잡힘을 면했다.

위나라 무제는 늘 이렇게 말했다.

"다른 사람이 나를 해치려고 하면 나는 심장이 갑자기 빨리 뛴다."

그리하여 무제는 측근의 시동에게 말했다.

"네가 칼을 품고서 은밀히 내 곁으로 오면, 나는 심장이 뛴다고 하면서 곧바로 너를 [거짓으로] 죽일 것이다. 너는 이 일을 말하지 말아라. 나중에 네게 보답할 것이다."

시동은 이를 믿었지만 무제는 결국 그를 참수했다. 역모를 꾀하던 사람들도 이 일로 인해 기가 꺾이고 말았다.

한 번은 원소가 젊었을 때, 밤중에 사람을 보내 위나라 무제에게 칼을 던지게 했는데 조금 낮아서 맞추지 못했다. 무제는 그 다음 칼은 틀림없이 높게 날아올 것을 알고 침상에 납작 엎드렸는데 과연 칼이 높게 날아왔다.

위나라 무제가 또 이렇게 말했다.

"내가 잘 때 함부로 접근해서는 안된다. 사람이 가까이 오면 나도 모르는 사이에 베어버리니, 시종들은 마땅히 이것을 조심해야한다."

나중에 무제가 [자면서] 추위에 떠는 척하자, 총애받던 시동이 몰래 이불로 무제를 덮으려고 했는데, 무제는 곧바로 그를 베어 죽였다. 이후로는 아무도 [무제가 잘 때에] 감히 접근하지 못했다. (『소설』)

魏武少時, 嘗爲袁紹好爲游俠. 觀人新婚, 因潛入主人園中, 夜叫呼云: "有偸兒至!" 廬中人皆出觀, 帝乃抽刃劫新婦, 與紹還出, 失道, 墜枳棘中, 紹不能動, 帝復大叫: "偸兒今在此" 紹惶迫自擲出, 俱免.

魏武又嘗云: "人欲危己, 己輒心動." 因語所親小人曰: "汝懷刃密來, 我心必動, 便戮汝. 汝但勿言, 當後相報." 侍者信焉, 遂斬之. 謀逆者挫氣矣.

又袁紹年少時, 曾夜遣人以劍擲魏武, 少下不著. 帝揆其後來必高, 因帖臥牀上, 劍果高.

魏武又云: "我眠中不可妄近. 近輒斫人, 亦不自覺, 左右宜愼之" 後乃佯凍,所幸小人, 竊以被覆之. 因便斫殺. 自爾莫敢近之. (出『小說』)

190 · 11(2103)
촌 부(村 婦)

　　소종(昭宗)이 후량(後梁)의 태조(太祖: 朱全忠)에게 위협을 받아 천도하게 된 이후로 기주(岐州)와 봉주(鳳州) 등 여러 주들은 각각 매우 많은 군대를 기르면서 멋대로 민가를 약탈하여 자급했다. 성주(成州)의 궁벽한 촌에 재물이 풍족히 쌓여있었기에, 주장(主將)은 기병 20여 명을 보내서 밤에 약탈하도록 했다. 그들이 갑작스럽게 마을에 들이닥치자, 마을사람들은 감히 반항할 수 없었다. 그들은 남자들을 모두 묶어서 가두고, 재물을 모두 찾아내어 주머니에 넣은 뒤 쌓아놓았다. 그런 연후에 그들은 돼지와 개를 삶고 부녀자들을 보내어 음식을 만들어서 마음껏 먹고 마셨다. 그곳에서는 일찍이 낭탕(莨菪: 가지 과에 속하는 일이년초로 잎과 씨에는 맹독이 있어 마취재로 쓰임)의 씨를 모아 두었었기에 부녀자들이 낭탕을 듬뿍 가져다가 볶고 찧어서 고춧가루처럼 음식에 넣은 뒤 탁주(濁酒)와 함께 먹고 마시게 했다. [그들이 음식을 먹은 뒤] 약효가 발생하자, 어떤 이는 갑자기 허리춤에서 검을 뽑아 땅을 파면서 "말이 땅 속으로 들어갔다"고 하고 어떤 이는 불에 뛰어들거나 연못에 뛰어드는 등, 미쳐 날뛰다가 쓰러졌다. 그리하여 여인들은 남자들의 포박을 풀어주고 기병들의 검을 가져다가 하나하나 목을 베어 죽인 뒤 묻었다. 그들이 타고 온 말은 관도로 쫓아낸 뒤 채찍질하여 보내서 이 일을 아는 사람이 없었다. 나중에 땅을 갈아엎다가 비로소 그 일이 드러나게 되었다. (『옥당한화』)

　　昭宗爲梁主劫遷之後, 岐鳳('岐鳳'原作'峻奉', 據明鈔本改)諸州, 各蓄甲兵甚衆, 恣其劫掠以自給. 成州有僻遠村墅, 巨有積貨, 主將遣二十餘騎夜掠之. 旣倉卒至, 罔敢支吾. 其丈夫並囚縛之, 罄搜其貨, 囊而貯之. 然後烹豕犬, 遣其婦女羞饌, 恣其飮噉. 其家嘗收莨菪子, 其婦女多取之熬搗, 一如辣末, 置於食味中, 然後飮以濁醪. 於時藥作, 竟於腰下拔劒掘地曰: "馬入地下去也." 或欲入火投淵, 顚而後仆. 於是婦女解去良人執縛, 徐取騎士劒, 一一斷其頸而瘞之. 其馬使人逐官路, 箠而遣之, 罔有知者. 後地土改易, 方洩其事. (出『玉堂閒話』)

태평광기 권제191 효용(驍勇) 1

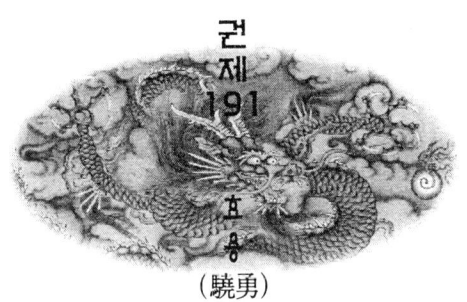

1. 치구흔(甾丘訢)
2. 주 준(朱 遵)
3. 조 운(趙 雲)
4. 여 몽(呂 蒙)
5. 위임성왕(魏任城王)
6. 환석건(桓石虔)
7. 양대안(楊大眼)
8. 맥철장(麥鐵杖)
9. 팽 락(彭 樂)
10. 고개도(高開道)
11. 두복위(杜伏威)
12. 울지경덕(尉遲敬德)
13. 시소제(柴紹弟)
14. 진숙보(秦叔寶)
15. 설인귀(薛仁貴)
16. 공손무달(公孫武達)
17. 정지절(程知節)
18. 설 만(薛 萬)
19. 이해고(李楷固)
20. 왕군작(王君㚟)
21. 송령문(宋令文)
22. 팽박통(彭博通)
23. 이 굉(李 宏)
24. 신승사(辛承嗣)

191 · 1(2104)
치구흔(菑丘訢)

주(周)나라 때 동해(東海) 가에 살고 있던 용사 치구흔은 용맹함으로 천하에 이름이 알려졌다. 한번은 신천(神泉)을 지나면서 하인에게 말에 물을 먹이게 했더니, 하인이 말했다.

"이곳에서 말에 물을 먹이면 말이 반드시 죽습니다."

치구흔이 말했다.

"[너는 걱정 말고] 나 치구흔의 말대로 말에 물을 먹여라."

그러나 말이 과연 죽었다. 그러자 치구흔은 옷을 벗고 칼을 빼들고서 그 샘으로 들어가더니 사흘 밤낮이 지난 뒤에 교룡 2마리와 용 1마리를 죽이고 나왔다. 뇌신(雷神)이 뒤이어 그를 공격하여 열흘 밤낮을 싸운 끝에 그의 왼쪽 눈을 멀게 만들었다. 요리(要離)라는 사람이 그 이야기를 듣고 치구흔을 만나러 갔는데, 그때 치구흔은 다른 사람의 출상(出喪)을 도와주고 있었다. 요리가 묘소로 치구흔을 만나러 가서 말했다.

"뇌신이 그대를 공격하여 열흘 밤낮을 싸운 끝에 그대의 왼쪽 눈을 멀게 했소. 대저 하늘의 원한은 날짜를 넘기지 않고 사람의 원한은 발걸음을 돌리지 않는 법인데, 그대는 지금까지 보복당하지 않고 있으니 무슨 까닭인가?"

요리가 그를 꾸짖고 떠나자, 묘소에서 분통을 터뜨리는 사람이 셀 수 없이 많았다. 요리는 돌아가서 사람들에게 말했다.

"치구흔은 천하의 용사다. 오늘 여러 사람 앞에서 그를 모욕했으니 틀림없이 나를 죽이러 올 것이다."

요리는 저녁에 대문을 잠그지 않고 잠잘 때도 방문을 잠그지 않았다. 과연 치구흔이 한밤중에 찾아와 칼을 빼서 요리의 목을 겨누며 말했다.

"너에게는 3가지 죽을죄가 있으니, 여러 사람 앞에서 나를 모욕한 것이 첫째 죽을죄이고, 저녁에 대문을 잠그지 않은 것이 둘째 죽을죄이며, 잠자면서 방문을 잠그지 않은 것이 셋째 죽을죄이다."

요리가 말했다.

"그대는 내가 하는 말을 들어본 뒤에 나를 죽이시오. 그대가 와서 인사도 하지 않은 것이 첫째 못난 점이고, 칼을 빼들고서도 찌르지 않은 것이 둘째 못난 점이며, 먼저 칼을 들이대고 나중에 말을 한 것이 셋째 못난 점이오. 그대가 나를 죽일 수 있는 방법은 독약으로 죽이는 것뿐이오."

치구흔은 칼을 거두고 떠나면서 말했다.

"아! 천하에서 내가 미치지 못하는 자는 오직 이 사람뿐이다!"

(『독이지』)

周世, 東海之上, 有勇士甾丘訢以勇聞於天下. 過神泉, 令飲馬, 其僕曰: "飲馬於此者, 馬必死." 丘訢曰: "以丘訢之言飲之." 其馬果死. 丘訢乃去衣拔劒而入, 三日三夜, 殺二蛟一龍而出. 雷神隨而擊之, 十日十夜, 眇其左目. 要離聞而往見之, 丘訢出迓有喪者. 要離往見丘訢於墓所曰: "雷神擊子, 十日十夜, 眇子左目. 夫天怨不旋日, 人怨不旋踵, 子至今弗報, 何也?" 叱之而去, 墓上振憤者不可勝數. 要離歸, 謂人曰: "甾丘訢天下勇士也. 今日我辱之於衆人之中, 必來殺我."

暮無閉門, 寢無閉戶. 丘訢至夜半果來, 拔劍柱頸曰: "子有死罪三, 辱我於衆人之中, 死罪一也, 暮無閉門, 死罪二也, 寢不閉戶, 死罪三也." 要離曰: "子待我一言而後殺也. 子來不謁, 一不肖也, 拔劍不刺, 二不肖也, 刃先詞後, 三不肖也. 子能殺我者, 是毒藥之死耳." 丘訢收劍而去曰: "嘻! 天下所不若者, 唯此子耳!" (出『獨異志』)

191·2(2105)
주 준(朱 遵)

한(漢)나라 때 주준은 군(郡)의 공조(功曹)로 있었는데, 공손술(公孫述)이 왕을 참칭(僭稱)하자, 주준은 군민을 통솔하여 공손술에게 복종하지 않았다. 공손술이 공격하자, 주준은 병사를 거느리고 공손술을 막다가 수레가 뒤집히고 말이 밧줄에 걸려 넘어져 전사했다. 광무제(光武帝)는 그에게 보한장군(輔漢將軍)을 추증했으며, 오한(吳漢)은 표문을 올려 그의 사당을 세웠다.

어떤 사람은 이런 이야기를 했다.

주준은 머리가 잘린 채로 이곳까지 퇴각했다가 말이 밧줄에 걸려 넘어진 뒤에 손으로 머리를 더듬어보고서야 비로소 머리가 없는 것을 알았다. 그래서 이곳 사람들이 감동하여 그를 기리고자 사당을 세우고 '건아묘(健兒廟)'라 불렀으며, 나중에 '용사사(勇士祠)'로 고쳐 불렀다. (『신진현도경』)

漢朱遵仕郡功曹, 公孫述僭號, 遵擁郡人不伏. 述攻之, 乃以兵拒述, 埋車絆馬而戰死. 光武追贈輔漢將軍, 吳漢表爲置祠.

　一日, 遵失首, 退至此地, 絆馬訖, 以手摸頭, 始知失首. 於是土人感而義之, 乃爲置祠, 號爲'健兒廟', 後改'勇士祠'. (出『新津縣圖經』)

191・3(2106)
조 운(趙 雲)

　[삼국시대] 촉(蜀)나라의 조운은 자가 자룡(子龍)으로, 8척 장신에 용모가 헌걸차고 체격이 우람했다. 그는 유비(劉備)의 전봉(前鋒)으로 있을 때 조공(曹公: 曹操)에게 포위당하자, 성문을 활짝 열어놓고 깃발과 북도 내걸지 않았더니, 조공은 복병이 있을 것이라고 의심하여 물러갔다. 그때 조운이 뒤에서 화살을 쏘자, 조공의 군대는 크게 당황하여 죽은 자가 아주 많았다. 다음날 유비가 직접 와서 어제의 전장(戰場)을 둘러보며 말했다.

　"자룡은 온 몸이 모두 쓸개덩이다!"

(『조운별전』)

　蜀趙雲, 字子龍, 身長八尺, 姿容雄偉. 居劉備前鋒, 爲曹公所圍, 乃大開門, 偃旗皷, 曹公引去, 疑有伏兵. 雲於後射之, 公軍大駭, 死者甚多. 備明日自來, 視昨日戰處, 曰: "子龍一身都是膽也!" (出『趙雲別傳』)

191·4(2107)
여몽(呂蒙)

[삼국시대] 오(吳)나라 여몽이 자형 등당(鄧當)을 따라 적군을 공격했는데, 당시 16살이던 여몽이 고함을 지르며 앞으로 달려나갔지만 등당은 그를 제지할 수 없었다. 여몽은 돌아온 뒤 어머니에게 이렇게 말했다.

"빈천함은 견디기 어렵지만 만약 공을 세우기만 하면 부귀는 이룰 수 있습니다."

또 이렇게 말했다.

"호랑이 굴로 들어가지 않으면 어떻게 호랑이를 잡을 수 있겠습니까?"

여몽은 나중에 과연 큰 명성을 이루었다. (『독이지』)

吳呂蒙隨姊夫鄧當擊賊, 時年十六, 呵叱而前, 當不能禁. 歸言於母曰: "貧賤難可居, 設有功, 富貴可致." 又曰: "不探虎穴, 安得虎子?" 果就成大名. (出『獨異志』)

191·5(2108)
위임성왕(魏任城王)

[삼국시대] 위나라 임성왕 조장(曹章: 『三國志』 「魏書」에는 '曹彰'이라 되어 있음)은 무제(武帝: 曹操)의 아들이다. 어려서부터 성격이 강인

했으며, 음양참위술(陰陽讖緯術)을 배우고 『육도(六韜)』・「홍범(洪範)」 등의 책 수천 자를 암송했다. 무제는 오(吳)나라를 칠 계책을 세울 때, 조장에게 물어서 군대에 이로운 결정을 내렸다. 임성왕은 좌우로 활쏘기에 능했고 칼싸움을 좋아했으며 100보 떨어진 곳에서도 매달린 머리카락을 명중시켰다. 낙문국(樂聞國)에서 비단무늬처럼 아름다운 털빛을 한 표범을 바치자 쇠로 우리를 만들어 가둬놓았는데, 용기께나 있다는 자들도 감히 함부로 접근하지 못했다. 그러나 조장이 표범의 꼬리를 잡아당겨 자신의 팔에 감았더니, 표범은 아무런 소리도 내지 않고 가만히 있었다. 그래서 그의 신비한 용맹에 탄복하지 않는 사람이 없었다. 또 당시 남월(南越)에서 흰 코끼리를 바쳤는데, 조장이 무제 앞에서 손으로 코끼리의 코를 누르자 코끼리는 엎드린 채 꼼짝도 하지 않았다. 문제(文帝: 曹丕)는 만 균(鈞: 1鈞은 30斤)이나 되는 종을 주조하여 숭화전(崇華殿) 앞에 설치하려고 이를 옮기려 했는데, 장사 100명이 들어도 꿈쩍도 하지 않았다. 그러나 조장은 [혼자서] 그 종을 짊어지고 달려갔다. 사방의 나라들은 그의 신비한 용맹에 대해 듣고는 모두 전쟁을 그만두고 자신들을 방비했다. 문제가 말했다.

"임성왕의 권위와 무용으로 오(吳)・촉(蜀)을 병탄하는 것은 마치 솔개가 썩은 쥐를 물고 가는 것과 같을 따름이다."

조장이 죽자, 한(漢)나라 동평왕(東平王: 劉蒼)이 죽었을 때처럼 성대하게 장례를 치렀다. 상여가 나갈 즈음에 공중에서 수백 명이 곡읍(哭泣)하는 소리가 들리자, 상여꾼들이 모두 말했다.

"옛날 반란군에게 살해당한 자들은 모두 관도 없이 묻혔는데, 왕께서 인자하신 은혜를 베풀어 그들의 썩은 뼈를 거두어 잘 안장해주셨기에,

죽은 자들이 구천(九泉)에서 기뻐했습니다. [지금 들리는 곡성은] 그 혼령들이 그때의 감격을 그리워하며 우는 것입니다."

그래서 사람들은 임성왕의 덕을 찬미했으며, 나라의 사관(史官)은 『임성구사(任城舊事)』 2권을 편찬하여 동진(東晉) 초까지 비각(秘閣: 궁중 도서관)에 보관했다. (『습유록』)

魏任城王章, 武帝子也. 少而剛毅, 學陰陽緯候之術, 誦『六韜』・「洪範」之書數千言. 武帝謀伐吳, 問章取其利師之決. 王善左右射, 好擊劍, 百步中於懸髮. 樂聞國獻彪虎, 文如錦斑, 以鐵爲檻, 饒勇之徒, 莫敢輕視. 章曳虎尾以繞臂, 虎弭無聲矣. 莫不伏其神勇. 時南越獻白象子, 在帝前, 手頓其鼻, 象伏不動. 文帝鑄萬鈞鐘, 置崇華殿前, 欲徙之, 力士百人, 引之不動. 章乃負之而趨. 四方聞其神勇, 皆寢兵自固. 帝曰: "以王權武吞幷吳・蜀, 如鴟銜腐鼠耳."

章薨, 如漢東平王葬禮. 及喪出, 空中聞數百人泣聲, 送喪者皆言: "昔亂軍傷殺者皆無槨, 王之仁惠, 收其朽骨, 死者歡於九土. 精靈知其懷感." 故人美王之德, 國史撰『任城舊事』二卷, 至東晉初, 藏於秘閣. (出『拾遺錄』)

191・6(2109)
환석건(桓石虔)

진(晉)나라 환석건은 재간이 뛰어났으며 용감함과 민첩함이 출중했다. 부친 환활(桓豁)을 따라 형주(荊州)에 있을 때, 한번은 몰이사냥을 하다가 여러 대의 화살을 맞고 엎어져 있는 맹호를 보았다. 여러 독장(督

將)들은 평소에 그의 용맹함을 알고 있었기에 장난 삼아 그에게 [맹호에 박힌] 화살을 뽑으라고 했다. 그래서 환석건이 급히 가서 화살 하나를 뽑자마자 맹호가 뛰어올랐는데, 환석건도 맹호보다 높이 뛰어올라 다시 화살 하나를 뽑은 뒤에 돌아왔다. 당시 사람 중에 병든 자가 있을 때 그에게 "환석건이 온다!"라고 말하여 겁을 주면, 병든 자들이 대부분 나았다. (『독이지』)

晉桓石虔有材幹, 矯捷絶倫. 隨父豁在荊州, 於獵圍中, 見猛獸被數箭而伏. 諸督將素知其勇, 戲令拔箭. 石虔因急往, 拔一箭, 猛虎踞躍, 石虔亦跳, 高於猛獸, 復拔一箭而歸. 時人有患疾者, 謂曰"桓石虔來!", 以怖之, 病者多愈. (出『獨異志』)

191 · 7(2110)
양대안(楊大眼)

후위(後魏: 北魏)의 양대안은 무도(武都) 저(氐) 사람 양난당(楊難當)의 손자이다. 어려서부터 담력과 기백이 넘쳤으며 나는 듯이 빨리 달렸다. 고조(高祖: 孝文帝 元宏)가 남쪽을 정벌할 때 이충(李冲)이 정벌에 나설 관리를 선발했는데, 양대안이 자청했으나 이충이 허락하지 않자 양대안이 말했다.

"상서(尙書: 李冲)께서 저를 잘 알지 못하시니 상서 나으리를 위해 재주 하나를 보여드리겠습니다."

그리고는 곧장 3장(丈) 길이의 밧줄을 상투에 묶고 달리자, 밧줄이 화살처럼 꼿꼿해졌으며 달리는 말도 그를 따라잡지 못했다. 이를 본 사람들은 놀라 탄복하지 않는 자가 없었다. 그러자 이충이 말했다.

"천년 이래로 이처럼 뛰어난 재주를 지닌 자는 있어본 적이 없다!"

이충은 마침내 양대안을 군주(軍主)로 기용했다가, 얼마 후 보국장군(輔國將軍)으로 승진시켰다.

왕숙(王肅)이 처음 귀국했을 때 양대안에게 말했다.

"남쪽에서 그대의 이름을 듣고서 눈이 수레바퀴만 하리라고 생각했었는데, 지금 보니 다른 사람의 눈과 다름이 없구료."

양대안이 말했다.

"만약 [그대와 내가] 깃발을 세우고 북을 두드리면서 서로 대치할 때 내가 눈을 부릅뜨고 격분한다면, 그대는 혼이 달아나고 간담이 서늘하게 될 것이니, 어찌 눈이 수레바퀴만큼 클 필요가 있겠소?"

당시 사람들은 그의 용맹을 칭송하면서 장비(張飛)와 관우(關羽)도 그보다 못하다고 생각했다. (『담수』)

後魏楊大眼, 武都氐難當之孫. 少有膽氣, 跳走如飛. 高祖南伐, 李沖典選征官, 大眼求焉, 沖不許. 大眼曰: "尙書不見知, 爲尙書出一技." 便以繩長三丈, 繫髻而走, 繩直如矢, 馬馳不及. 見者莫不驚歎. 沖曰: "千載以來, 未有逸材若此者!" 遂用爲軍主, 稍遷輔國將軍.

王肅初歸國也, 謂大眼曰: "在南聞君之名, 以爲眼如車輪, 今('今'原作'令', 據明鈔本·許刻本·黃刻本改)見, 乃不異人眼." 大眼曰: "若旗鼓相望, 瞋眸奮發, 足使君亡魂喪膽, 何必大如車輪?" 當代推其驍果, 以爲張·關不過也. (出『談藪』)

맥철장(麥鐵杖)

　　맥철장은 소주(韶州) 옹원(翁源) 사람이다. 그는 용맹하고 하루에 500리를 다녔다. 처음에 진(陳)나라 조정에서 벼슬하면서 늘 일산을 들고 어가(御駕)를 수행했는데, 밤이 깊어지면 대부분 남몰래 단양군(丹陽郡)으로 들어가 도둑질을 했으며, 날이 밝을 무렵이면 도로 의장대로 돌아와 맡은 일을 했다. 그는 300여 리를 왕래했지만 그러한 사실을 알아차린 사람은 아무도 없었다. 나중에 단양군에서 도적이 날뛴다고 자주 상주하자, 후주(後主: 陳叔寶)는 그를 의심했으나 그의 재주와 힘을 아까워하여 놓아주고 죄를 묻지 않았다.

　　진나라가 망하자 맥철장은 수(隋)나라로 들어가 양소(楊素)에게 몸을 의탁했다. 양소는 장차 강남의 여러 군을 평정하고자 맥철장에게 밤에 헤엄쳐서 양자강(揚子江)을 건너가게 했는데, 맥철장은 순찰병에게 체포되었다. 해당 군에서는 사람을 파견하여 맥철장을 지키게 하면서 그를 고소(姑蘇)로 압송하게 했는데, 능정(凌亭)에 도착하여 밤에 간수들이 잠들었을 때 그는 무기를 훔쳐서 간수들을 모두 죽이고 도망쳐 돌아가면서, 두 사람의 잘린 머리를 입에 물고 칼을 찬 채로 양자강을 헤엄쳐 건넜다. 이 일로 인해 맥철장은 양소로부터 칭찬을 받고 중용(重用)되었다. 나중에 맥철장은 관직이 본군(本郡)의 태수에 이르렀다. 지금 남해(南海) 지방에 맥씨(麥氏)가 많은데, 이들은 모두 맥철장의 후예들이다. (『영표록이』)

麥鐵杖, 韶州翁源人也. 有勇力, 日行五百里. 初仕陳朝, 常執繖隨駕, 夜後, 多潛往丹陽郡行盜, 及明, 却趁仗下執役. 往廻三百餘里, 人無覺者. 後丹陽頻奏盜賊蹤由, 後主疑之, 而惜其材力, 捨而不問.

陳亡入隋, 委質於楊素. 素將平江南諸郡, 使鐵杖夜泅水過揚子江, 爲巡邏者所捕. 差人防守, 送於姑蘇, 到菱亭, 遇夜, 伺守者寐熟, 竊其兵刃, 盡殺守者走廻, 乃口銜二首級, 攜劍復浮渡大江. 深爲楊素獎用. 後官至本郡太守. 今南海多麥氏, 皆其後也. (出『嶺表錄異』)

191·9(2112)
팽 락(彭 樂)

북제(北齊)의 장수 팽락은 용감무쌍했다. 당시 신무황제(神武皇帝: 高歡)는 팽락 등 10여만 명을 통솔하여 사원(沙苑)에서 [北周의] 우문호(宇文護)와 접전했다. 그 때 팽락은 술을 마시고 취한 김에 적진 깊숙이 들어갔다가 칼에 찔려 내장이 모두 밖으로 나왔는데, 미처 다 집어넣지 못한 것은 잘라내고서 다시 들어가 싸웠다. 우문호의 군대는 마침내 패하여 서로 베고 누워 포개져 죽은 자가 3만여 명이나 되었다. (『독이지』)

北齊將彭樂勇猛無雙. 時神武率樂等十餘萬人, 於沙苑與宇文護戰. 時樂飲酒, 乘醉深入, 被刺, 肝肚俱出, 內之不盡, 截去之, 復入戰. 護兵遂敗, 相枕籍死者三萬餘人. (出『獨異志』)

191 · 10(2113)
고개도(高開道)

수(隋)나라 말에 고개도는 화살에 맞아 살촉이 뼈에 박히자, 한 의원에게 그것을 뽑아내게 했지만 의원이 뽑아내지 못했다. 고개도가 의원에게 [살촉을 뽑아내지 못하는 이유를] 물었더니, 그가 말했다.

"대왕(大王: 高開道는 隋末에 군대를 일으켜 스스로 燕王이라 칭했음)께서 고통받으실 까 두려워서입니다."

고개도는 그 의원을 참수하고 다시 다른 의원에게 살촉을 뽑으라고 명하자, 그가 말했다.

"저는 능히 뽑을 수 있습니다."

그리고는 작은 도끼를 상처 부위에 찔러 넣고 작은 막대기로 도끼를 두드려서 뼛속으로 1촌을 박은 뒤에 집게로 살촉을 뽑아냈다. [그렇게 하는 동안] 고개도는 태연자약하게 술을 마시고 음식을 먹었으며, 그 의원에게 명주비단 300필을 하사했다. 나중에 고개도는 자신의 부장(部將) 장금수(張金樹)에게 살해당했다. (『독이지』)

隋末, 高開道被箭, 鏃入骨, 命一醫工拔之, 不得. 開道問之, 云: "畏王痛." 開道斬之, 更命一醫, 云: "我能拔之." 以一小斧子, 當刺下瘡際, 用小棒打入骨一寸, 以鉗拔之. 開道飮啗自若, 賜醫工絹三百匹. 後爲其將張金樹所殺. (出『獨異志』)

191·11(2114)
두복위(杜伏威)

수(隋)나라 대업연간(大業年間: 605~618) 말에 두복위와 진릉(陳稜)이 제주(齊州)에서 접전했는데, 진릉의 비장(裨將: 部將)이 쏜 화살이 두복위의 이마에 박히자, 두복위가 노하여 말했다.

"나를 쏜 놈을 죽이지 않으면 끝까지 이 화살을 뽑지 않겠다!"

그래서 두복위는 분격하여 적진으로 들어가 자신을 쏜 자를 사로잡아 화살을 뽑게 한 뒤에 그를 참수했다. 결국 진릉은 대패했다. (『독이지』)

隋大業末, 杜伏威與陳稜戰於齊州, 神將射中伏威額, 怒曰: "不殺射者, 終不拔此箭!" 由是奮入, 獲所射者, 乃令拔箭, 然後斬首. 稜乃大敗. (出『獨異志』)

191·12(2115)
울지경덕(尉遲敬德)

왕충(王充)의 형의 아들 왕완(王琬)이 두건덕(竇建德)의 군중(軍中)에 파견되었는데, 그는 수(隋) 양제(煬帝)가 타던 준마를 탔으며 갑옷도 매우 멋있었다. 이것을 보고 당(唐) 태종(太宗)이 말했다.

"저 자가 타고 있는 말은 정말 좋은 말이구나!"

그 말을 들은 울지경덕은 가서 그 말을 가져오겠다고 청하고는, 기병

3명과 함께 곧장 적진으로 들어가 왕완을 사로잡고 그 말을 끌고 돌아왔는데, 적군 중에 감히 그를 당해낼 자가 아무도 없었다.

울지경덕은 늘 경선궁(慶善宮)에서 황제를 모시고 연회에 참석하곤 했는데, 한번은 어떤 사람이 그 보다 높은 반열에 있자 울지경덕이 노하여 말했다.

"너는 대관절 무슨 공적이 있기에 나보다 위에 앉아 있느냐?"

임성왕(任城王) 도종(道宗)이 그 아래에 있다가 해명을 했더니, 울지경덕이 발끈하여 주먹으로 도종을 치는 바람에 도종의 눈이 거의 멀 뻔했다. (『담빈록』)

王充兄子琬使於竇建德軍中, 乘煬帝所御駿馬, 鎧甲甚鮮. 太宗曰: "彼所乘眞良馬也!" 尉遲敬德請往取之, 乃與三騎, 直入賊軍擒琬, 引其馬以歸, 賊衆無敢當者.

敬德常侍宴慶善宮, 時有班在其上者, 敬德怒曰: "汝有何功, 合坐我上?" 任城王道宗次其下, 解喩之, 敬德勃焉, 拳毆道宗, 目幾至眇. (出『譚賓錄』)

191 · 13(2116)
시소제(柴紹弟)

당(唐)나라 시소의 동생 아무개는 재간과 힘이 있었으며 몸이 날렵하고 민첩하여, 몸을 솟구쳐 뛰어 오르면 나는 듯이 쭉 가서 10여 보나 가서 멈추었다. 태종(太宗)은 그에게 조국공(趙國公) 장손무기(長孫無忌)

의 말안장을 가져오라고 하면서, 미리 장손무기에게 그러한 사실을 알려 방비하도록 했다. 그날 밤에 새 같은 어떤 물체가 나타나 장손무기의 저택 안으로 날아 들어가더니 양쪽 말등자를 끊고 안장을 가져갔는데, 사람들이 그를 뒤쫓았으나 따라잡을 수 없었다. 또 한번은 태종이 그를 보내 단양공주(丹陽公主)의 누금함침(鏤金函枕: 황금을 아로새겨 장식한 베개)을 가져오게 하자, 그는 공주의 내실로 날아 들어가서 공주의 얼굴 위에 손으로 흙을 비벼 털더니 공주가 머리를 드는 사이에 곧바로 다른 베개와 바꿔치기하고 누금함침을 가져왔다. 공주는 새벽이 되어서야 [베개가 바뀐 사실을] 알아차렸다.

그는 한번은 길막화(吉莫靴)라는 신발을 신고 벽돌로 쌓은 성벽을 걸어 올라갔는데, 성가퀴에 도달할 때까지 손으로 아무 것도 잡지 않았다. 또 한번은 발로 불전(佛殿)의 기둥을 밟고 처마 끝까지 올라가더니 서까래를 붙잡고 거꾸로 올라서서 100척이나 되는 누각을 뛰어넘었는데, 아무런 장애도 없었다. 태종은 그를 기이해하면서 말했다.

"이 사람은 도성에 머무르게 해서는 안 된다."

그리고는 그를 지방 관직으로 내보냈다. 당시 사람들은 그를 '벽룡(壁龍)'이라 불렀다.

태종은 일찍이 장손무기에게 칠보대(七寶帶)를 하사했는데, 그 값이 천 금이나 되었다. 당시 단사자(段師子)라는 대도(大盜)가 장손무기 저택의 지붕 위에서 서까래 구멍 사이로 내려와 칼을 빼들고 말했다.

"움직이면 죽는다!"

그리고는 베개 함 속에서 칠보대를 꺼내간 뒤, 칼로 땅을 짚고 [그 반동으로] 몸을 솟구쳐 다시 서까래 구멍 사이로 나갔다. (『조야첨재』)

唐柴紹之弟某, 有材力, 輕趫迅捷, 踴身而上, 挺然若飛, 十餘步乃止. 太宗令取趙公長孫無忌鞍轡, 仍先報無忌, 令其守備. 其夜, 見一物如鳥, 飛入宅內, 割雙革登而去, 追之不及. 又遣取丹陽公主鏤金函枕, 飛入內房, 以手撫士公主面上, 擧頭, 卽以他枕易之而去. 至曉乃覺.

嘗著吉莫靴走上磚城, 且至女墻, 手無攀引. 又以足蹋佛殿柱, 至簷頭, 捻椽覆上, 越百尺樓閣, 了無障礙. 太宗奇之曰: "此人不可處京邑." 出爲外官. 時人號爲'壁龍'.

太宗嘗賜長孫無忌七寶帶, 直千金. 時有大盜段師子從屋上椽孔間而下露, 拔刀謂曰: "公動卽死!" 遂於枕函中取帶去, 以刀拄地, 踴身椽孔間出. (出『朝野僉載』)

191 · 14(2117)
진숙보(秦叔寶)

당(唐)나라 태종(太宗)은 진지(陣地)에 나갈 때마다 적진의 용맹한 장병들과 번쩍이는 인마(人馬)들이 출입 왕래하는 것을 바라보고는 자못 걱정을 하여, 진숙보에게 적진을 공격하라고 명하곤 했다. 그러면 진숙보는 명을 받고 말을 몰아 창을 들고 돌진했는데, 언제나 적진의 수만 군중 속에서 창을 휘둘러 적진의 인마를 모두 쓰러뜨렸다. 나중에 진숙보는 살면서 질병이 많았는데, 사람들에게 이렇게 말했다.

"나는 젊어서부터 전쟁터에서 생활했으며 전후로 200여 전쟁을 치르면서 자주 중상을 입었다. 헤아려보면 내가 흘린 피가 몇 곡(斛)은 될 것이니, 어찌 병들지 않을 수 있겠는가?"

(『담빈록』)

唐太宗每臨陣, 望賊中驍將・驍士, 炫燿人馬, 出入來去者, 頗病之, 輒命秦叔寶取之. 叔寶應命躍馬, 負槍而進, 必刺之於萬衆之中, 人馬俱倒. 及後叔寶居多疾病, 謂人曰: "吾少長戎馬, 前後所經二百餘陣, 屢中重瘡. 計吾出血亦數斛矣, 何能不病乎?" (出『譚賓錄』)

191 · 15(2118)
설인귀(薛仁貴)

당(唐)나라 태종(太宗)이 요동(遼東)을 정벌할 때 진지에서 주둔하면서 관전(觀戰)하고 있었다. 그 때 흰옷을 입은 설인귀가 창을 쥐고 화살통을 찬 채 활을 당기며 고함을 지르자, 그가 향하는 곳엔 적들이 맥없이 쓰러졌다. 이 모습을 보고 태종이 설인귀에게 말했다.

"짐은 요동을 얻어서 기쁜 게 아니라 경을 얻어서 기쁘오."

나중에 설인귀는 군대를 이끌고 운주(雲州)에서 돌궐(突厥)을 공격했는데, 돌궐이 먼저 당나라 장수가 누구인지 묻자, 대답했다.

"설인귀이다."

돌궐이 말했다.

"나는 설인귀가 회주(會州)로 유배되어 죽었다고 들었는데, 어떻게 다시 살아날 수 있단 말인가?"

설인귀가 투구를 벗고 얼굴을 보여주자, 돌궐은 서로 쳐다보며 대경실색하면서 말에서 내려 줄서서 절을 하고는 도망쳐버렸다. (『담빈록』)

唐太宗征遼東, 駐蹕于陣. 薛仁貴著白衣, 握戟橐鞬, 張弓大呼, 所向披靡. 太宗謂曰: "朕不喜得遼東, 喜得卿也." 後率兵擊突厥於雲州, 突厥先問唐將爲何, 曰: "薛仁貴也." 突厥曰: "吾聞薛仁貴流會州死矣, 安得復生?" 仁貴脫兜鍪見之, 突厥相視失色, 下馬羅拜, 稍遁去. (出『譚賓錄』)

191 · 16(2119)
공손무달(公孫武達)

당(唐)나라 좌무위대장군(左武衛大將軍) 공손무달은 근력이 대단했다. 한번은 도적을 만났는데, 도적이 그의 옷과 물건을 모두 빼앗고 신발까지 내놓으라고 윽박질렀다. 공손무달은 발을 내밀어 도적에게 신발을 벗겨가게 하고는, 도적이 몸을 숙여 신발을 가져가려는 순간에 도적을 후려쳐서 한방에 때려 죽였다. 그리고는 무기로 남은 도적을 막아서 화를 면했다. (『담빈록』)

唐左武衛大將軍公孫武達有膂力. 嘗遇賊, 盡劫其衣物, 逼武達索靴. 武達授足與之, 賊俯就引靴, 武達毆之, 死於手下. 以其兵仗禦餘寇, 獲免. (出『譚賓錄』)

191 · 17(2120)
정지절(程知節)

당(唐)나라 배행엄(裴行儼)은 왕충(王充)과 교전할 때, 먼저 적진으로 짓쳐 들어가다가 빗나간 화살에 맞아 땅에 떨어졌다. 정지절이 그를 구하러 나서서 여러 적병을 죽이자, 왕충의 군대는 맥없이 쓰러졌다. 마침내 정지절은 배행엄을 감싸안아 자신의 말에 함께 태우고 돌아오고 있었는데, 왕충의 기병에게 추격당한 끝에 장창에 찔려 몸이 관통되었다. 그러나 정지절은 몸을 돌려 그 장창을 비틀어 꺾고 자신을 찌른 자를 참수했으며, 결국 그와 배행엄은 모두 화를 면했다. (『담빈록』)

唐裵行儼與王充戰, 先馳赴敵, 爲流矢所中, 墜於地. 程知節救之, 殺數人, 充軍披靡. 知節乃抱行儼, 重騎而還, 爲充騎所逐, 刺槊洞過. 知節廻身, 捩折其槊, 斬獲者, 與行儼皆免. (出『譚賓錄』)

191 · 18(2121)
설 만(薛 萬)

당(唐)나라 설필아력(契苾阿力)이 요동(遼東)을 정벌할 때, 기병 800명으로 적군과 접전하다가 장창에 허리를 찔려 적에게 포위당했다. 그 때 상연국(尙輦局: 殿中省에 속한 官署로 수레와 일산 등을 관장함) 봉어(奉御) 설만이 단기필마(單騎匹馬)로 돌진하여 적 기병을 죽이고 적진

속에서 설필아력을 구해내서 함께 탈출했다. 설필아력은 기력이 다했지만 상처를 싸매고 다시 싸움에 나섰으며, 결국 적군은 물러갔다. (『담빈록』)

唐契苾阿(明鈔本'阿'作'何', 下同)力征遼東, 以騎八百, 遇賊合戰, 被槊中腰, 爲賊所窘. 尙輦奉御辟萬備單馬入殺賊騎, 救阿力於羣賊之中, 與之俱出. 阿力氣盡, 束瘡而戰, 賊乃退. (出『譚賓錄』)

191 · 19(2122)
이해고(李楷固)

당(唐)나라 칙천무후(則天武后) 때, 장군 이해고는 거란(契丹) 사람으로서 올무 던지기에 뛰어났다. 이진충(李盡忠: 唐代 契丹 部將으로 則天武后 시대에 반란을 일으켰다가 전사함)이 패했을 때, [그의 부하인] 마인절(麻仁節)과 장현우(張玄遇) 등은 모두 이해고의 올무에 걸려 붙잡혔다. 이해고는 노루·사슴·여우·토끼를 사냥할 때 말을 달려 가로막고서 올무를 던져 잡았는데, 백에 하나도 놓친 적이 없었다. 또 말 안장 위에서 활을 쏘고 창을 다루는 모양이 마치 나는 신선 같았다. 칙천무후는 이전에 그의 재주를 아까워하여 죽이지 않고 장군으로 등용했었다. 그러나 그는 자못 재물을 탐하고 여색을 좋아한 탓에 담주(潭州) 교구진장(喬口鎭將)으로 나가게 되자, 격분하다가 죽고 말았다. (『조야첨재』)

唐天后時, 將軍李楷固, 契丹人也, 善用絹索. 李盡忠之敗也, 麻仁節・張玄遇 等並被絹將. 麞鹿狐兔, 走馬遮截, 放索絹之, 百無一漏. 鞍馬上弄弓矢矛䂎, 狀 如飛仙. 天后惜其材, 不殺, 用以爲將. 稍貪財好色, 出爲潭州喬口鎭將, 憤恚而 卒也. (出『朝野僉載』)

191・20(2123)
왕군착(王君㚟)

당(唐)나라 왕군착은 어사중승(御史中丞)에 임명되어 양주도독(凉州都督)의 일을 겸직했다. 현종(玄宗)은 광달루(廣達樓)에서 왕군착과 그의 부인 하씨(夏氏)를 불러 연회를 베풀고 황금과 비단을 하사했다. 하씨도 용감했는데, 왕군착이 전쟁에 나갈 때마다 함께 출정하여 역시 전공을 세웠다. 양주에 있던 회흘(回紇)・설필(契苾)・사결(思結)・혼(渾) 등 4부족이 그를 족장으로 추대했다. 왕군착은 미천했을 때 양주부(凉州府)를 왕래했기에 회흘족이 그를 깔보았는데, 왕군착이 하서절도사(河西節度使)가 되자 회흘족 등은 불만을 품고서 그의 휘하에 있는 것을 수치로 여겼다. 왕군착은 회흘 등의 부족을 제어하기 어렵고 또 그들이 은밀히 모반을 꾀하고 있다고 상주하여, 결국 사부도독(四部都督)으로 유임되었다. 나중에 4부족은 결당하여 반란을 일으켜 왕군착에게 원한을 갚고자 했다. 때마침 토번(吐蕃)이 지름길로 돌궐(突厥)에 가자, 왕군착은 정예 기병을 이끌고 숙주(肅州)로 가서 그들을 습격했다. 돌아오는 길에 감주(甘州) 남쪽의 공필역(鞏筆驛)에 이르렀을 때 4

부족의 매복병이 갑자기 공격했는데, 왕군작은 아침부터 저녁까지 적군과 격전을 벌인 끝에 그의 부하들이 모두 전사하고 결국 그 자신도 죽었다. (『담빈록』)

唐王君㚟攝御史中丞, 判凉州都督事. 玄宗於廣達樓, 引君㚟及妻夏氏宴設, 賜金帛. 夏氏亦勇決, 每君㚟臨陣, 夏氏亦有戰功. 凉州有回紇・契苾・思結・陣(明鈔本'陣'作'戰', 按『舊唐書』「王君㚟傳」'陣'作'渾'), 四部落爲酋長. 君㚟微時往來凉府, 爲回紇所輕, 及君㚟爲河西節度使, 回紇等怏怏, 恥在麾下. 君㚟奏回紇等部落難制, 潛有謀叛, 遂留四部都督. 後四部落黨與謀叛君㚟以復怨. 會吐蕃間道往突厥, 君㚟率精騎往肅州掩之. 還至甘州南鞏筆驛, 四部落伏兵突起, 君㚟與賊力戰, 自朝至晡, 左右盡死, 遂殺君㚟. (出『譚賓錄』)

191 · 21(2124)
송령문(宋令文)

당(唐)나라 송령문은 초인적인 힘을 지니고 있었다. 선정사(禪定寺)에 사람을 들이받는 소가 있었는데, 아무도 그 소에 감히 접근하지 못했으며 우리를 쳐서 가둬 놓았다. 송령문은 그 까닭을 괴이해하다가 마침내 소매를 걷어붙이고 우리로 들어갔다. 소가 뿔을 세우고 앞으로 돌진하자 송령문이 두 뿔을 잡고 뽑아 단번에 쓰러뜨렸는데, 소는 목뼈가 모두 부러져서 죽었다. 또 한번은 다섯 손가락으로 돌 절굿공이를 움켜쥐고 벽 위에 40자 시(詩)를 새겨 썼다. 또 한번은 태학생(太學生)으로 있을 때 한 손으로 강당의 기둥을 들어올려 같은 방의 태학생의 옷을 기둥 아래에 눌러놓은 뒤, 그로부터 술을 크게 내겠다는 허락을 받아내고서야 그의 옷을 꺼내주었다.

송령문에게는 아들 셋이 있었는데, 첫째 아들인 송지문(宋之問)은 문장으로 명성이 있었고 둘째 아들 송지손(宋之遜)은 글씨를 잘 썼으며 셋째 아들 송지제(宋之悌)는 용맹이 뛰어났다. 송지제는 나중에 주익현(朱鳶縣)으로 좌천되었는데, 때마침 적병이 환주(驩州)를 격파하자 조정에서는 송지제를 총관(總管)으로 삼아 적병을 공격하게 했다. 송지제는 장사를 모집하여 8명을 선발했다. 송지제는 8척 장신에 무거운 갑옷을 입고 곧장 앞으로 나가 고함쳤다.

"이 요적(獠賊: 중국 서남쪽의 소수민족을 멸시하여 부르는 말) 놈들! 움직이면 죽는다!"

이 한 마디에 700명의 적병이 한 순간에 모두 쓰러졌다. 결국 송지제는 적을 대파했다. (『조야첨재』)

唐宋令文者有神力. 禪定寺有牛觸人, 莫之敢近, 築圈以闌之. 令文怪其故, 遂袒褐而入. 牛竦角向前, 令文接兩角拔之, 應手而倒, 頸骨皆折而死. 又以五指撮碓嘴, 壁上書得四十字詩. 爲太學生以一手挾講堂柱起, 以同房生衣於柱下壓之, 許重設酒, 乃爲之出.

令文有三子, 長之問有文譽, 次之遜善書, 次之悌有勇力. 之悌後左降朱鳶, 會賊破驩州, 以之悌爲總管擊之. 募壯士得八人. 之悌身長八尺, 被重甲, 直前大叫曰: "獠賊! 動卽死!" 賊七百人, 一時俱到. 大破之. (出『朝野僉載』)

191 · 22(2125)
팽박통(彭博通)

당(唐)나라 팽박통은 하간(河間) 사람으로 신장이 8척이었다. 한번은 팽박통이 강당의 계단 위에서 계단 가에 선 채로 신발 한 켤레를 겨드랑이에 끼고서 힘센 자에게 뒤에서 그것을 빼내게 했는데, 신발 밑창 중간이 끊어졌지만 그는 끝까지 한 걸음도 움직이지 않았다. 또 팽박통은 소가 수레를 끌고 한창 달려가고 있을 때 수레 뒤를 잡아끌어 수십 보나 뒤로 가게 했으며, 2척 깊이로 박힌 수레바퀴를 옆으로 잡아 빼서 종횡으로 모두 부숴 버렸다. 또 한번은 팽박통이 과보강(瓜步江)에서 헤엄치고 있을 때, 어떤 돛단배가 세찬 바람을 맞아 앞으로 나아가자 그가 배 뒷전의 닻줄을 잡아끌었더니 배가 나가지 않고 멈추었다. (『조야첨재』)

　唐彭博通者, 河間人也, 身長八尺. 曾於講堂塔上, 臨塔而立, 取鞋一輛, 以臂夾, 令有力者後拔之, 鞋底中斷, 博通脚終不移. 牛駕車正走, 博通倒曳車尾, 却行數十步, 橫拔車轍深二尺, 皆縱橫破裂. 曾游瓜步江, 有急風張帆, 博通捉尾纜挽之, 不進. (出『朝野僉載』)

191 · 23(2126)
이 굉(李 宏)

당(唐)나라 정양공(定襄公) 이굉은 괵왕(虢王)의 아들로 신장이 8척이었다. 한번은 사냥을 하던 중 호랑이를 만나 격투하다가 넘어져 쓰러지는 바람에 호랑이가 그의 위에 걸터앉았다. 그때 그의 노복이 말을 달려 호랑이 옆을 지나가자, 호랑이가 뛰어올라 노복이 탄 말의 안장을 덮쳤다. 그 순간 이굉이 일어나 활을 당겨 쏘아 호랑이를 죽였다. 결국 이굉과 노복은 아무런 상처도 입지 않았다. (『조야첨재』)

唐定襄公李宏, 號王之子, 身長八尺. 曾獵, 遇虎搏之, 踣而臥, 虎坐其上. 奴走馬旁過, 虎跳攫奴後鞍. 宏起, 引弓射之而斃. 宏及奴一無所傷. (出『朝野僉載』)

191 · 24(2127)
신승사(辛承嗣)

당(唐)나라 충무장군(忠武將軍) 신승사는 몸이 날렵하고 민첩했다. 한번은 말안장을 풀고 말을 매어놓고 옷을 벗고 누운 뒤에, 한 사람에게 100보 떨어진 곳에서 창을 들고 말을 달려 자기에게 돌진하게 했다. 그 사이에 신승사는 묶인 말을 풀고 안장을 씌우고 옷을 입고 갑옷을 두르고 말에 올라 창을 거머쥐고 미리 나가 달려오는 말을 찌르고 그 사람을 사로잡아 돌아왔다. 나중에 신승사는 장군·원수와 함께 말달리기 시합을 했는데, 한 손으로 말안장을 잡고 두 발을 잠자리처럼 위로 곧게 뻗은 채로 20리를 달려갔다. 또 신승사는 중랑장(中郞將) 배소업(裴紹業)과 함께 청해(靑海)에서 토번(吐番)에게 포위당한 적이 있었는데, 그 때 신승사가 배소업에게 말했다.

"장군은 나를 따라서 함께 탈출합시다."

배소업이 두려워서 감히 나서지 못하자, 신승사가 말했다.

"내가 장군을 위해 시범을 보이겠소이다."

그리고는 필마로 창을 들고 짓쳐나갔더니 그의 앞의 적병이 모두 쓰러지자, 다시 돌아와서 배소업을 데리고 탈출했다. 신승사는 자신의 말이 화살에 맞자 말에서 뛰어내려 적의 건장한 말을 빼앗아 탔는데, 그 사이에 아무런 상처도 입지 않았다.

배민(裴旻)과 유주도독(幽州都督) 손전(孫佺)이 북정(北征)에 나섰다가 해적(奚賊: 奚는 熱河 부근 지역에 살았던 이민족)에게 포위당했다. 배민은 달리는 말 위에 선 채로 번개처럼 칼을 휘두르면서 유성처럼 쏟아지는 화살을 칼로 막아 부러뜨렸다. 해적은 감히 그를 잡지 못하고 뿔뿔이 흩어져 달아났다. (『조야첨재』)

唐忠武將軍辛承嗣輕捷. 曾解鞍絆馬, 脫衣而臥. 令一人百步, 走馬持鎗而來. 承嗣鞴馬解絆, 著衣擐甲, 上馬盤鎗, 逆拒刺馬, 擒人而還. 承嗣後與將軍·元帥獎馳騁, 一手捉鞍橋, 雙足直上捺蜻蜓, 走馬二十里. 與中郞裴紹業, 于靑海被吐番所圍, 謂紹業曰: "將軍相隨共出." 紹業懼, 不敢, 承嗣曰: "爲將軍試之" 單馬持鎗, 所向皆靡, 却迎紹業出. 承嗣馬被箭, 乃跳下, 奪賊壯馬乘之, 一無所傷.

裴旻與幽州都督孫佺北征, 被奚賊所圍. 旻馬上立走, 輪刀雷發, 箭若星流, 應刀而斷. 賊不敢取, 蓬飛而去. (出『朝野僉載』)

태평광기 권제192

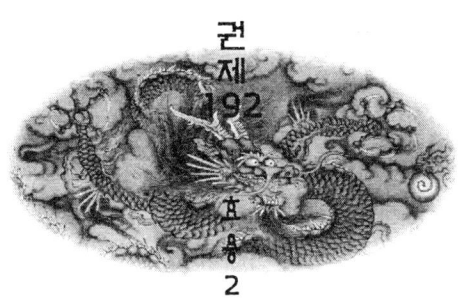

효용 2

1. 내　　진(來　瑱)
2. 가 서 한(哥 舒 翰)
3. 마　　린(馬　璘)
4. 백 효 덕(白 孝 德)
5. 이 정 기(李 正 己)
6. 이 사 업(李 嗣 業)
7. 마　　훈(馬　勛)
8. 왕　　절(汪　節)
9. 팽 선 각(彭 先 覺)
10. 왕 배 우(王 俳 優)
11. 종　　부(鍾　傅)
12. 묵 군 화(墨 君 和)
13. 주 귀 우(周 歸 祐)
14. 왕　　재(王　宰)

192 · 1(2128)
내 진(來 瑱)

 당(唐)나라 내진은 천보연간(天寶年間: 742~756)에 찬선대부(贊善大夫: 太子의 屬官으로, 贊善이라고도 함)에 이르렀으나, 일찍이 사람들에게 알려지지 않았다. 안록산(安祿山)이 반란을 일으키자, 황제는 신하들에게 조서를 내려 각자 지모(智謀)가 뛰어나고 과단성을 갖추고 있어 사람들을 통솔할 만한 힘을 가진 인재를 추천하라고 했다. 좌습유(左拾遺) 장호(張鎬)는 내진이 천하를 다스릴 만한 많은 지혜와 계책을 갖추고 있다고 생각해서 그를 추천했다. 내진은 표문(表文)이 올라간 바로 그 날 조정으로 불려 들어가서 황제께 훌륭하다는 칭찬을 듣고 영천태수(潁川太守)에 임명되어 초토사(招討使: 唐代에 처음 설치된 官名으로 招撫나 討伐의 일을 맡아보았는데, 대개 大臣이나 將帥 혹은 地方軍政長官이 겸직했음)의 일을 맡게 되었는데, 여러 차례 전공을 세웠다. 황제의 자리에 등극한 숙종(肅宗)은 내진이 뛰어난 군사책략을 가지고 있다고 생각하여 그를 더욱 더 중시했다. 내진이 북쪽으로 하락(河洛: 黃河와 洛水) 일대를 수복하자, 그 일대의 많은 도적들이 벌떼 같이 일어나 자주 내진을 침공했으나, 모두 내진에게 패했다. 그리하여 도적들은 내진을 두려워하며 그를 '내작철(來嚼鐵)'이라 불렀다. (『담빈록』)

 唐來瑱, 天寶中至贊善大夫, 未爲人所知. 安祿山叛逆, 詔朝臣各擧智謀果決才堪統衆者. 左拾遺張鎬薦瑱有縱橫才略. 表入, 卽日召見, 稱旨, 拜潁川太守, 充招討使, 累奏戰功. 肅宗卽位, 以瑱武略, 尤加任委. 北收河洛, 屬群賊蜂起, 頻來攻戰, 皆爲瑱所敗. 賊等懼之, 號爲'來嚼鐵'. (出『譚賓錄』)

192・2(2129)
가서한(哥舒翰)

당(唐)나라 가서한이 토번(吐蕃)을 막자, 도적들은 길을 세 갈래로 나누어 산을 따라서 잇달아 아래로 내려왔다. 이에 가서한이 반 토막의 부러진 창을 들고 그들을 가로막으며 싸우니, 쓰러져 넘어지지 않는 사람이 없었다. 가서한은 싸움에 임해 창을 잘 다루었는데, 도적을 쫓아가 따라잡으면서 창을 그 어깨에 얹고서 고함을 질렀다. 도적이 깜짝 놀라 뒤돌아보는 순간 가서한은 곧바로 창으로 그 목을 찔렀는데, 그러면 도적들은 3~5장(丈)이나 위로 솟구쳐 올랐다가 땅에 떨어졌다. 가서한의 15살 된 가동 좌거(左車)는 매번 가서한을 따라 전쟁터에 들어갔는데, [가서한이 창으로 도적의 목을 찌르면] 그때마다 말에서 내려 그 도적의 목을 베었다. (『담빈록』)

唐哥舒翰捍吐蕃, 賊衆三道從山相續而下. 哥舒翰持半段折槍, 當前擊之, 無不摧靡. 翰入陣, 善使鎗, 追賊及之, 以鎗搭其肩而喝. 賊驚顧, 翰從而刺其喉, 皆高三五丈而墜. 家僮左車年十五, 每隨入陣, 輒下馬斬其首. (出『譚賓錄』)

192・3(2130)
마 린(馬 璘)

　당(唐)나라 광덕(廣德) 원년(763)에 토번(吐蕃)이 장안(長安)에서 물러나서 봉상현(鳳翔縣)으로 왔으나, 절도사(節度使) 손수(孫守)가 줄곧 성문을 굳게 닫고 그들과 맞섰다. 토번이 성문을 포위한 지 며칠 째 되던 날 마침 양지렬(楊志烈)을 구해 하서(河西)로부터 돌아오던 진서절도사(鎭西節度使) 마린이 기마병 천 여명을 이끌고 입성하고 있었다. 마린은 날이 밝을 무렵 홀로 말을 타고 손에 만궁현(滿弓弦)을 들고 곧장 적진을 향해 돌진했는데, 그때 그를 따라 적진으로 들어간 좌우의 기마병만 해도 백여 명이 넘었다. 마린이 고함을 치면서 칼을 휘두르자 적들은 모두 나가떨어졌으며 감히 그를 당해낼 자가 없었다. 이튿날 마린이 다시 적을 위협하며 싸울 것을 청하자, 도적들은 모두 이렇게 말했다.

　"저 장군은 죽음도 불사하고 싸우니, 감당해 낼 수 없다. 차라리 그를 피해 달아나자."

『담빈록』

　唐廣德元年, 吐蕃自長安還至鳳翔, 節度孫守直閉門拒之. 圍守數日, 會鎭西節度馬璘領騎千餘, 自河西救楊志烈廻, 引兵入城. 遲明, 單騎持滿, 直衝賊衆, 左右願從者百餘騎. 璘奮擊大呼, 賊徒披靡, 無敢當者. 翌日, 又逼賊請戰, 皆曰: "此將不惜死, 不可當. 且避之." (出『譚賓錄』)

192 · 4(2131)
백효덕(白孝德)

　당(唐)나라 백효덕은 이광필(李光弼)의 편장(偏將: 裨將)이었다. 사사명(史思明)은 하양현(河陽縣: 唐代에 이곳에다 河陽三城節度使를 두었음)을 공략하면서 맹장 유룡선(劉龍仙)에게 기마병 5천을 주어 하양성으로 가서 싸움을 일으키게 했다. 유룡선은 자신의 민첩함과 용맹함만을 믿고 말갈기에 발을 올려놓더니 이광필을 만만히 보면서 그를 꾸짖었다. 이광필은 성에 올라 유룡선을 보고 나서 여러 장군들을 돌아보며 말했다.

　"누가 가서 저 자를 잡아오시겠소?"

　복고회은(僕固懷恩)이 출전할 것을 청하자, 이광필이 말했다.

　"이것은 대장이 할 바가 아니니, 그 다음 장령들 가운데서 뽑는 것이 좋겠소."

　그러자 좌우의 장군들이 말했다.

　"백효덕이 좋겠습니다."

　이광필은 백효덕을 앞으로 부르더니 이렇게 물었다.

　"저 자를 사로잡을 수 있겠는가?"

　백효덕이 말했다.

　"사로잡을 수 있습니다."

　이광필이 다시 몇 사람을 더 주면 잡을 수 있겠느냐고 묻자, 백효덕이 말했다.

　"저 혼자가야 잡을 수 있지, 사람이 많으면 도리어 잡을 수 없습니다."

이광필이 말했다.

"장하도다!"

이광필이 마지막으로 어떻게 해 주길 바라냐고 묻자, 백효덕은 이렇게 말했다.

"기마병 오십 명을 군문(軍門)에 배치해두었다가 제가 적진에 들어가거든 저를 따라 진격하게 하고, 또 병사들에게 떠들썩하게 북을 쳐서 사기를 돋우게 하십시오. 그 이외에 다른 것은 필요 없습니다."

이광필은 백효덕의 등을 두드리며 적진으로 나아가게 했다. 백효덕은 창 두 자루를 들고 말을 타고 물살을 가로질러 황하를 건너갔다. 백효덕이 강을 반쯤 건넜을 때 복고회은이 이렇게 치하했다.

"이기셨습니다."

이광필이 말했다.

"아직 싸움도 시작하지 않았는데, 어떻게 그가 이길 것을 아는가?"

복고회은이 말했다.

"그가 말의 고삐를 잡고 물을 건너는 것을 살펴보건대 아주 안전합니다."

유룡선은 단지 백효덕 혼자 오는 것을 보고, 그를 가벼이 여기며 여전히 발을 말갈기에서 내려놓지 않았다. 유룡선은 백효덕이 점점 자신 가까이로 다가오는 것을 보고 움직이려고 했는데, 그때 백효덕이 손을 흔들며 제지하는 것이 마치 그에게 움직이지 말라고 하는 것 같았다. 유룡선이 백효덕의 뜻을 헤아리지 못하고 있을 때 백효덕은 다시 유룡선을 제지하며 말했다.

"시중(侍中: 여기서는 李光弼을 가리킴)께서 저에게 말을 전하라고 하셨을 뿐 다른 것은 없습니다."

유룡선은 30보 정도 떨어진 곳에서 백효덕과 말을 나누면서, 그를 업신여기는 태도는 처음과 마찬가지였다. 백효덕은 기회를 엿보다가 눈을 부릅뜨고 말했다.

"네 놈이 나를 아느냐?"

유룡선이 말했다.

"네가 누구냐?"

백효덕이 말했다.

"나는 당나라의 대장 백효덕이다."

유룡선이 말했다.

"네가 바로 당나라의 개·돼지이더냐?"

이 말을 들은 백효덕은 포효하듯 소리를 지르더니 창을 들고 앞으로 돌진했다. 그 순간 하양성에서는 북소리가 떠들썩하게 울려 퍼졌고, 50명의 기병이 잇달아 유룡선의 진영으로 밀고 들어왔다. 유룡선이 채 활도 당기지 못하고 말머리를 돌려 둑으로 내빼자, 백효덕은 유룡선을 쫓아가서 그의 수급을 베어들고 본영으로 돌아왔다. (『담빈록』)

唐白孝德爲李光弼偏將. 史思明攻河陽, 使驍將劉龍仙卒騎五千, 臨城挑戰. 龍仙捷勇自恃, 舉足加馬鬣上, 嫚罵光弼. 光弼登城望之, 顧諸將曰: "孰可取者?" 僕固懷恩請行, 光弼曰: "非大將所爲, 歷選其次." 左右曰: "孝德可." 光弼召孝德前, 問曰: "可乎?" 曰: "可." 光弼問所加幾何人而可, 曰: "獨往則可, 加人多不可." 光弼曰: "壯哉!" 終問所欲, 對曰: "願備五十騎於軍門, 候入而繼進, 及請大衆鼓噪以假氣. 他無用也." 光弼撫其背以遣之. 孝德挾二矛, 策馬截流而渡. 半濟, 懷恩賀曰: "剋矣." 光弼曰: "未及, 何知其剋?" 懷恩曰: "觀其攬跋便僻, 可萬全." 龍仙始見其獨來, 甚易之, 足不降鐙. 稍近欲動, 孝德搖手止之, 若使其不動. 龍仙不之測, 又止龍仙, 孝德曰: "侍中使予致詞, 非他也." 龍仙去三十步, 與之言, 褻罵如初. 孝德伺便, 因瞋('瞋'原作'瞑', 據明鈔本改)目曰: "賊識我乎?" 龍仙曰: "何也?" 曰: "國之大將白孝德." 龍仙曰: "是猪狗乎?" 發聲虓然, 執矛前突. 城上鼓噪, 五十騎亦繼進. 龍仙矢不及發, 環走堤上, 孝德逐之, 斬首提之歸. (出『譚賓錄』)

192 · 5(2132)
이정기(李正己)

당(唐)나라 이정기는 본명이 이포옥(李抱玉)이다. 평로군(平盧軍: 唐代의 행정구역 명칭) 절도사(節度使)로 있던 후희일(侯希逸)의 모친이 바로 이정기의 고모이다. 후에 이정기는 후희일과 함께 청주(靑州)로 갔는데, 그는 날래고 건장할 뿐만 아니라 용맹했다. 보응연간(寶應年間: 762~763)에 군졸들이 사조의(史朝義: 史思明의 長子)를 토벌하기 위해 정주(鄭州)로 갔는데, 회흘(回紇)이 한창 방자하게 횡포를 부리고 있을 때라 여러 절도사들은 하나같이 사기가 저하되어 있었다. 그때 군후(軍候: 武官으로, 적의 동정을 偵探하거나 軍紀를 잡는 일을 맡아보았음)로 있던 이정기는 홀로 그들의 기선을 제압하고자 회흘과 각축을 벌였는데, 그때 많은 군졸들이 모여들어 이것을 구경했다. 그리하여 두 사람은 늦게 오는 사람의 뺨을 때리기로 약속했다. 그리하여 두 사람은 앞 다투어 달리기 시작했는데, 이정기가 회흘의 수령을 사로잡고 그 뺨을 후려치자 회흘의 수장은 똥오줌을 지렸다. 이를 본 군졸들은 환호성을 지르며 앞으로 돌진했다. 그 이후로 회흘은 감히 난폭하게 굴지 않았다. 그때 마침 군졸들이 후희일을 몰아내는 사건이 일어났는데, 후희일이 달아나자 군졸들은 이정기를 절도사로 내세웠다. 그리하여 조정에서도 이정기를 평로절도사로 임명했다. (『담빈록』)

唐李正己本名抱玉. 侯希逸爲平盧軍帥, 希逸母卽正己姑也. 後與希逸同至靑州, 驍健有勇力. 寶應中, 軍衆討史朝義, 至鄭州, 回紇方彊恣, 諸節度皆下之. 正己時爲軍候, 獨欲以氣吞之, 因與角逐, 衆軍聚觀. 約曰後者批之, 卽逐而先, 正己擒其領而批其頰, 回紇屎液俱下. 衆軍呼突. 繇是不敢暴. 會軍人逐希逸, 希逸奔走, 衆立正己爲帥. 朝廷因授平盧節度使. (出『譚賓錄』)

192 · 6(2133)
이사업(李嗣業)

당(唐)나라 이사업은 안서(安西)·북정(北庭) 행영(行營: 唐代 節度使의 軍營)을 다스렸다. 일찍이 그가 선봉장으로 있을 때 몽둥이를 들고 가서 적들을 쳐부수면 많은 적들이 나가떨어졌다. 이사업은 아홉 지역의 절도사와 함께 적진을 포위해 들어가다가 빗나간 화살에 맞았다. 며칠 뒤에 상처가 막 아물려고 할 때에 그가 장막 안에 누워 있는데, 갑자기 금고(金鼓: 군중에서 치는 징과 북. 전진할 때는 북을 치고 후퇴할 때는 징을 침) 소리가 어지럽게 들렸다. 무슨 일이 일어났는지 물어보고 나서야 전쟁이 다시 시작되었음을 알았다. 그리하여 이사업은 자리에서 일어나 전쟁을 관전하고 있었는데, 상처 입은 곳에서 갑자기 피가 줄줄 새더니 느닷없이 죽었다. (『담빈록』)

唐李嗣業領安西‧北庭行營. 常爲先鋒將, 持棒衝擊, 衆賊披靡. 與九節度圍賊, 因中流矢. 數日瘡欲愈, 臥於帳中, 忽聞金鼓聲亂. 問之, 知戰. 因䫻, 瘡中血如注, 奄然而卒. (出『譚賓錄』)

192 · 7(2134)
마 훈(馬 勛)

　당(唐)나라 덕종(德宗)이 양주(梁州)와 양주(洋州)로 몽진하려 하자, 엄진(嚴振)은 병사 5천 명을 주지현(盩厔縣)으로 보내 천자의 행차를 기다리게 했다. 그런데 그의 부장(部將) 장용성(張用誠)이 암암리에 모반을 꾀하여 이회광(李懷光: 安祿山과 史思明의 部將)에게 귀순했다. 조정에서는 이를 매우 우려하고 있었는데, 때마침 양주(梁州)의 장군 마훈이 오자 덕종 황제는 청사에 나아가 이 일에 대해 그와 상의했다. 그러자 마훈이 말했다.
　"신으로 하여금 빠른 시간 내에 산남도(山南道)로 가서 절도사(節度使)의 인장으로 장용성을 불러들이게 해 주십시오. 만약 장용성이 절도사의 부름을 받아들이지 않는다면 신이 마땅히 그 목을 베어와 아뢰겠습니다."

덕종 황제는 기뻐하며 말했다.

"며칠이면 도착할 수 있겠는가?"

마훈이 시간 약속을 정하여 덕종 황제께 아뢰자, 덕종 황제는 그의 노고를 격려한 뒤에 그를 보냈다. 마훈은 엄진의 인장을 받아들자마자 바로 장사 50명과 함께 걸어서 낙곡(駱谷: 盩厔縣의 서남쪽에 위치한 곳)을 나섰다. 장용성은 사람들이 자신이 모반한 사실을 알 리 없다고 생각하고 수백 명의 기병을 이끌고 마훈을 마중 나왔다. 마훈은 장용성과 함께 그의 관사로 갔는데, 장용성의 좌우 군졸들이 삼엄하게 경계를 서고 있었다. 마훈이 말했다.

"날이 차가우니 저들에게 돌아가서 쉬게 하시오."

좌우의 군사들이 모두 물러나자 마훈은 곧장 사람을 시켜 건초를 태워 군사들을 북쪽으로 유인했다. 그러자 군사들이 다투어 불 주위로 몰려들었다. 마훈은 사람들을 조용히 시키더니 타 곧장 품속에서 인장을 꺼내 장용성에게 보이며 말했다.

"대부께서 그대를 불러들이라고 하십니다."

그 말을 들은 장용성이 깜짝 놀라 벌떡 일어나서 달아나려고 하자, 장사들은 등뒤에서 그 손을 묶어 그를 사로잡았다. 그런데 뜻밖에도 장용성의 아들이 뒤에 서 있다가 칼로 마훈을 베었다. 마훈의 좌우에 있던 사람들이 급히 그 팔을 붙잡은 덕분에 칼은 그다지 깊숙이 박히지 않아 마훈의 머리에만 약간 상처가 났을 뿐이었다. 그리하여 그 자리에서 장용성의 아들을 쳐서 죽이고 장용성을 땅에 쓰러뜨린 뒤 장사들로 하여

금 그 배에 걸터앉게 해서 칼을 그 목에 갖다대며 말했다.

"소리 지르면 죽여버리겠다!"

마훈이 급히 장용성의 진영으로 달려갔더니 진영의 군사들이 이미 갑옷을 걸치고 무기를 들고 있었다. 이에 마훈이 큰 소리로 말했다.

"너희들의 부모와 처자가 모두 양주(梁州)에 있는데, 그들을 내버려 둔 채 도적놈을 따라 반역하다니, 장차 너희 가족들이 죽도록 내버려 둘 작정이더냐? 대부께서 내게 장용성을 잡아오되, 너희들의 죄는 묻지 않는다고 하셨다. 자 이제 어떻게 하겠느냐?"

군사들은 두려워하면서 그 자리에 엎드려서 죄를 빌었다. 장용성을 포박하여 양주(洋州)로 보내자 엄진은 그를 때려죽인 뒤, 그의 군사들을 통솔할 두 명의 장군을 선발했다. 마훈은 약으로 직접 머리에 난 상처를 봉하고 나서 복명(復命)하러 왔는데, 약속 날짜에서 반나절만 지나있었다. (『담빈록』)

唐德宗欲幸梁·洋, 嚴振遣兵五千至盩厔以俟南幸. 其將張用誠陰謀叛背, 輸款於李懷光. 朝廷憂之, 會梁州將馬勛至, 上臨軒與之謀. 勛曰: "臣請計日至山南, 取節度符召之. 卽不受召, 臣當斬其首以復命." 上喜曰: "幾日當至?" 勛剋日時而奏, 上勉勞而遣之. 勛旣得振符, 乃與壯士五十人偕行出駱谷. 用誠以爲未知其叛, 以數百騎迓勛. 勛與俱之傳舍, 用誠左右森然. 勛曰: "天寒且休." 軍士左右皆退, 勛乃令人多焚其草以誘之. 軍士爭附火. 勛乃令人從容, 出懷中符示之曰: "大夫召君." 用誠惶駭起走, 壯士自背束其手而擒之. 不虞用誠之子居後, 引刀斫勛. 勛左右遽承其臂('臂'原作'背', 據明鈔本改), 刀不甚下, 微傷勛首. 遂格殺其子, 而仆用誠於地, 令壯士跨其腹, 以刃擬其喉曰: "聲則死之!" 勛馳就其軍, 營士已被甲執兵. 勛大言曰: "汝等父母妻孥皆在梁州, 棄之從人反逆, 將欲滅汝族耶? 大夫使我取張用誠, 不問汝輩. 乃何爲乎?" 衆譻伏. 於是縛用誠, 遣送洋州, 振杖殺之, 拔其二使總其衆. 勛以藥自封其首, 來復命, 怱約半日. (出『譚賓錄』)

192·8(2135)
왕 절(汪 節)

태미촌(太微村)은 적계현(績溪縣)의 서북쪽에서 5리(里) 떨어진 곳에 있었는데, 그 마을에 왕절이라는 사람이 있었다. 그 모친은 학질을 피해 마을의 서쪽에 있는 복전사(福田寺)라는 절의 금강불상(金剛佛像) 아래에서 잠을 자다가 감응을 받고 왕절을 낳았다. 왕절은 초인적인 힘을 지니고 있었다. 한번은 장안(長安)으로 갔다가 동위교(東渭橋)를 지나가게 되었는데, 다리 옆에 그 무게가 천근(斤)이나 나가는 돌사자 상이 있었다. 왕절은 돌사자 상을 가리키며 사람들에게 말했다.

"나는 이 사자 상을 들어 던질 수 있습니다."

사람들은 왕절의 말을 믿지 않았다. 왕절이 사자 상을 들어 1장(丈) 너머 밖으로 내던지자 사람들은 이를 보고 크게 놀랐다. 잠시 뒤에 십수명의 사람이 함께 사자 상을 들었지만 조금도 움직일 수 없었기에 마침내 왕절에게 돈을 주고 부탁해서 사자 상을 들어 원래 있던 자리에 가져다 놓게 했다. 그로부터 얼마 지나지 않아 왕절은 사람들의 추천을 받아 금군(禁軍)에 들어가서 신책장군(神策將軍)에 임명되었다. 왕절은 한번은 황제의 면전에서 땅에 엎드려 돌절구 하나를 몸에 졌다. 그 돌절구 위로 2장(丈)여 되는 네모난 나무를 놓고, 나무 위에 다시 평상 하나를 놓고, 다시 그 위에 구자국(龜茲國)에서 온 악대 한 부대가 앉아서 음악을 연주하고 내려왔는데, 그동안 왕절은 무거워하는 기색이 전혀 없었다. 덕종 황제는 그를 몹시 총애하고 아껴서 여러 차례 상을 내렸다. 비록 산을 뽑고 소를 끄는 힘을 가진 이라 하더라도 왕절을 이길 수는 없었다. (『흡주도경』)

太微村在績溪縣西北五里, 村有汪節者. 其母避瘧於村西福田寺金剛下, 因假寐, 感而生節. 節有神力. 入長安, 行到東渭橋, 橋邊有石獅子, 其重千斤. 節指而告人曰: "我能提此而擲之." 衆不信之, 節遂提獅子投之丈餘, 衆人大駭. 後數十人不能動之, 遂以賂請節, 節又提而致之故地. 尋而薦入禁軍, 補神策將軍. 嘗對御, 俯身負一石碾. 置二丈方木於碾上, 木上又置一牀, 牀上坐龜茲樂人一部, 奏曲終而下, 無壓重之色. 德宗甚寵惜, 累有賞賜. 雖拔山拽牛之力, 不能過也. (出『歙州圖經』)

192 · 9(2136)
팽선각(彭先覺)

당(唐)나라 팽선각의 숙조(叔祖: 작은 할아버지) 팽박통(彭博通)은 팔힘이 셌다. 일찍이 그는 장안(長安)에서 장사 위홍철(魏弘哲) · 송령문(宋令文) · 풍사본(馮師本)과 함께 힘 겨루기를 했다. 팽박통은 힘을 주고 누운 뒤 세 사람에게 그가 베고 있는 베개를 빼앗게 했다. 세 사람은 있는 힘을 다해 베개를 빼내려 했으나, 평상 다리가 모두 부러져도 베개만은 조금도 움직일 수 없었다. 구경꾼들이 담을 넘어 오는 바람에 집이 모두 무너졌는데, 이로 인해 팽박통의 명성이 도성을 뒤흔들었다. 한번은 팽박통이 그 부친과 함께 술을 마시다가 마침 날이 저물자 뜰에서 달구경하기 위해 혼자 평상 두 개를 들고 계단을 내려왔는데, 평상 위의 술과 안주 등이 조금도 기울거나 쏟아지지 않았다. (『어사대기』)

唐彭先覺叔祖博通膂力絶倫. 嘗於長安與壯士魏弘哲·宋令文·馮師本角力. 博通堅臥, 命三人奪其枕. 三人力極, 牀脚盡折, 而枕不動. 觀者踰主人垣墻, 屋宇盡壞, 名動京師. 嘗與家君同飮, 會暝, 獨持兩牀降階, 就月于庭, 酒俎之類, 略無傾瀉矣. (出『御史臺記』)

192 · 10(2137)
왕배우(王俳優)

당(唐)나라 건부연간(乾符年間: 874~879)에 면죽현(綿竹縣)에 사는 왕배우라는 사람은 힘이 장사였다. 매번 부(府)에서 군사들을 위해 잔치를 열고 손님들을 초청해 연회를 열 때면 먼저 온갖 잡희를 행했다. 왕생(王生: 王俳優)은 열 두 사람이 탄 배 한 척을 등에 묶고 「하전곡(河傳曲: 詞牌名)」에 맞추어 춤을 추었는데, 전혀 고달파하는 기색이 없었다. (『북몽쇄언』)

唐乾符中, 綿竹王俳優者有巨力. 每遇府中饗軍宴客, 先呈百戲. 王生腰背一船, 船中載十二人, 舞「河傳」一曲, 略無困乏. (出『北夢瑣言』)

192 · 11(2138)
종 부(鍾 傳)

안륙군(安陸郡)에 한 처사(處士)가 살고 있는데, 성은 마씨(馬氏)이고 그 이름은 생각나지 않는다. 그는 자칭 강하(江夏) 사람으로, 젊어서부터 호상(湖湘: 洞庭湖와 湘江) 일대를 돌아다녔고, 또한 종릉(鍾陵)에서 십 수년 동안 객지생활을 했다고 했다. 그가 일찍이 강서(江西) 사람 종부에 대해서 이야기 해주었는데, 종부는 본래 예장(豫章) 사람으로 젊어서부터 비범했으며, 용감함과 강직함으로 마을에 이름이 나 있었다고 한다. 그는 농사일을 돌보지 않고 늘 사냥하기를 좋아했는데, 곰·사슴·들짐승을 만나면 사로잡지 못하는 경우가 없었다. 하루는 한 친척이 술과 음식을 준비해서 그에게 함께 마시기를 청했다. 종부는 평소 술을 아주 잘 마셨는데, 그 날만은 술에 크게 취했다. 한 어린 하인이 그를 따라 왔는데, 해질 무렵에야 집으로 돌아가게 되었다. 집에서 2·3리 떨어진 깊은 계곡에서 검은 무늬에 푸른 색 바탕을 한, 이마에 흰털이 둥글게 난 호랑이가 그들을 노려보며 숲 속에서 어슬렁어슬렁 나오더니 백 보 정도 떨어진 곳에서 이쪽을 쳐다보며 그들을 향해 앞으로 다가오는 것이었다. 종부의 하인은 호랑이를 보더니 부들부들 떨면서 종부에게 말했다.

"속히 큰 나무에 올라가셔서 목숨을 보존하십시오."

그때 한창 술기운이 올라 있던 종부는 담력이 더욱 커져 곧장 하인이 들고 있던 흰 몽둥이를 가지고 똑바로 서서 호랑이를 막았다. 호랑이가 곧장 종부에게 달려들자 종부도 호랑이의 좌우를 뛰어다니며 몽둥이를 휘둘러 호랑이를 쳤다. 호랑이가 다시 땅에 엎드리자 종부도 땅에 쭈그리고 앉았다. 조금 있다가 호랑이와 종부는 다시 서로를 맞붙잡으며 싸웠다. 이렇게 하기를 서너 차례하고 난 뒤에 호랑이의 앞다리가 종부의 어깨 위에 놓이게 되자 종부는 곧장 양손으로 호랑이의 목을 조른 채 한참동안 그렇게 있었다. 호랑이가 아무리 힘이 있다 하나 그 발톱과 이빨을 사용할 수 없는 지경이 되었고, 종부가 아무리 용맹하다 하나 역시 그 심계를 펼칠 수 없는 지경이 되었다. 호랑이와 종부가 이렇게 한치의 양보도 없이 서로 대치하고 있는 동안 하인은 그저 그 곁에서 큰 소리로 울고 있었다. 종부의 가족들은 해가 지도록 그가 돌아오지 않는 것을 이상하게 여겨 칼을 들고 그를 찾아 나섰다. 종부의 가족들은 호랑이와 종부가 서로 대치하고 있는 것을 보고는 바로 칼을 휘두르며 곧장 달려가 호랑이를 베었다. 호랑이의 허리는 바로 잘려나갔고, 종부는 그제야 목숨을 구했다. 그로부터 몇 년 뒤에 강남(江南)에 난리가 일어나자 도적 떼들이 사방에서 몰려들었다. 당시 종부는 호랑이와 격투를 벌였다는 명성으로 사람들의 감탄의 대상이었는데, 결국 사람들에 의해 추장으로 추대되어 융수(戎帥: 군대의 통수)의 임무를 맡게 되었다. 종부는 종릉절제(鍾陵節制: 節制는 節度使를 말함)로 한 지역을 다스리면서 6군(郡)의 어지러운 국면을 깨끗이 정리했다. 종부는 당(唐)나라 희종(僖宗)·소종(昭宗) 대에 걸쳐 그 명성을 강서(江西) 지방에 떨쳤으며 관직이 중서령(中書令)에까지 이르렀다. (『이목기』)

安陸郡有處士姓馬忘其名. 自云江夏人, 少遊湖湘, 又客於鍾陵十數年. 嘗說江西鍾傳, 本豫章人, 少俶儻, 以勇毅聞於鄉里. 不事農業, 恒好射獵, 熊鹿野獸, 遇之者無不獲焉. 一日, 有親屬酒食相會. 傅素能飲, 是日大醉. 唯一小僕侍行, 比暮方歸. 去家二三里, 谿谷深邃, 有虎黑文青質, 額毛圓白, 眈眈然自中林而出. 百步之外, 顧望前來. 僕夫見而股慄, 謂傅曰: "速登大樹, 以逃生命." 傅時酒力方盛, 膽氣彌麤, 卽以僕人所持白梃, 山立而拒之. 虎卽直搏傅, 傅亦左右跳躍, 揮杖擊之. 虎又俯伏, 傅亦蹲踞. 須臾, 復相拏攫. 如此者數四, 虎之前足, 搭傅之肩, 傅卽以兩手抱虎之項, 良久. 虎之勢無以用其爪牙, 傅之勇無以展其心計. 兩相擎據, 而僕夫但號呼於其側. 其家人怪日晏未歸, 仗劒而迎之. 及見相捍, 卽揮刃前斫. 虎腰旣折, 傅乃免焉. 數歲後, 江南擾亂, 群盜四集. 傅以鬪虎之名, 爲衆所服, 推爲酋長, 竟登戎帥之任. 節制鍾陵, 鎭撫一方, 澄清六郡. 唐僖・昭之代, 名振江西, 官至中書令. (出『耳目記』)

192・12(2139)
묵군화(墨君和)

진정(眞定)의 묵군화는 어렸을 때의 이름이 삼왕(三旺)이다. 그의 집안은 대대로 지체가 낮아 백정 일을 하면서 생활을 꾸려나갔다. 그 모친이 묵군화를 가졌을 때 일찍이 꿈을 꾸었는데, 한 호승(胡僧: 서역승)이 얼굴이 검고 빛이 나는 어린아이를 그녀에게 주면서 말했다.

"이 아이를 그대에게 아들로 주겠다. 훗날 이 아이는 틀림없이 장사가 될 것이다."

그리고는 아이가 태어났는데 보았더니 보통 아이들과는 달리 이목구비가 뚜렷하고 피부가 구릿빛처럼 검었다. 묵군화의 나이 열 대여섯 살 때 조왕(趙王) 왕용(王鎔: 王鎔은 서역의 위구르쪽 출신이었음)이 막 왕위에 올랐는데, 그를 만나보고는 기뻐하며 이렇게 물었다.

"이곳에 어떻게 곤륜(崑崙: 서방의 나라이름)의 아이가 있을 수 있단 말인가?"

그리고는 그 성을 물어보고 난 뒤에 [묵이라는] 성과 [그의 검은] 외모가 서로 맞아떨어지는 것을 보고 바로 묵곤륜이라 불렀으며, 검은 옷을 하사했다.

당시 상산현(常山縣)의 마을들은 누차 병주(幷州) 중군(中軍)의 침략을 받아 조왕의 장졸들은 적군과 전쟁을 치르느라 지쳐있었기에 급히 연왕(燕王) 이광위(李匡威)에게 그 사실을 알려 군사 오만을 이끌고 와서 구해주기를 청했다. 그 때 병주 사람들이 여러 성을 쳐서 함락시켰다. 연왕은 그 소식을 듣고는 몸소 기병 5만을 이끌고 곧장 원씨(元氏: 唐代의 地名)로 가서 진(晉: 後晉)나라의 군대를 대패시켰다. 조왕은 연왕의 은혜에 감격하여 소를 잡고 술을 걸러서 고성(藁城)에서 연왕의 군사들을 크게 위로했으며, 연왕에게는 손수레에다가 황금 20만을 실어보내 감사의 뜻을 표했다. 귀국하던 연왕은 국경에 이르렀을 때쯤 그 동생 이광주(李匡籌: 본문에는 李匡儔라 되어 있으나, 『舊唐書』권180에 근거하여 李匡籌라 고침)에 의해서 입국을 거절당했다. 조 땅 사람들은 연왕이 자신들에게 덕을 베풀어주었다고 생각하여 동포(東圃)를 지어 연왕을 그곳에 살게 했다. 연주(燕主: 燕王 李匡威)는 이미 땅도 잃은 마당이었고, 또 조주(趙主: 趙王 王鎔)의 나이가 어린 것을 보고는 조 땅을 차지하려 했다. 그리하여 마침내 군사를 매복시켜놓고 조왕이 아침에 오는 것을 기다렸다가 바로 사로잡게 했다. 조왕은 연왕에게 다음과 같이 청했다.

"제가 선대의 가업을 이어받아 이 산하를 다스리게 되었습니다. 그러나 매번 이웃 도적들의 침략을 받아 이들을 막느라 곤욕을 치렀습니다. [그런데 다행히도] 대왕의 지략에 힘입어 누차 오랑캐의 칼날을 꺾고 종묘사직을 보존했으니, 실로 그 은혜에 힘입은 바 크다고 할 수 있습니다. 저는 아직 어리고 나약하여 일찍부터 대왕을 공경했사오니 부디 이를 가벼이 여기지 마십시오. 서로 조금씩 양보하여 대왕과 함께 관사로 돌아가길 원하니, 그렇게 하면 군부(軍府)에서도 틀림없이 거부하지 못할 것입니다."

연왕은 조왕의 말이 옳다고 생각하여 결국 그와 함께 말을 타고 나란히 조왕의 관사로 들어갔다. 그런데 갑자기 성 위에서 큰바람이 먹구름과 함께 일기 시작하더니 순식간에 큰비가 내리고 벼락 천둥이 쳤다. 그들이 동각문(東角門) 안에 들어서자 한 날랜 사내가 팔을 걷어붙이고 옆에서 오더니 주먹으로 연왕의 무사를 치고는 곧장 조주를 어깨에 둘러메더니 담을 넘어 달아나서 겨우 공부(公府: 君主의 府)로 돌아왔다. 조왕이 그 성명을 묻자, 묵군화는 조왕이 자신의 이름을 기억하지 못할까 걱정되어 그저 이렇게 말했다.

"벼루 속의 물건입니다."

조왕은 이를 마음 속에 기억해두었다. 조왕의 좌우 신하들과 군사들은 자신의 군주가 곤경에서 벗어난 것을 보고 그제야 연왕을 축출했다. 동포에서 물러나 달아나던 연왕은 조 땅 사람들에게 포위되어 살해되었다. 이튿날 조왕은 [연왕을 위해] 소복으로 갈아입고 뜰에서 곡을 했으며, 또한 예를 갖추어 연왕의 시신을 수습하게 하는 한편 나아가 연주(燕主: 여기서는 李匡威의 동생 李匡籌을 말함)에게 그 사실을 알리게 했다.

이광주는 자신의 형이 살해된 것에 분노하여 곧장 온 나라안의 군사를 일으켜 조 땅의 동쪽 변방을 쳐서 장차 그 화를 풀려고 했으며, 또한 자신의 형의 죽음에 관한 의문점 열 가지를 적은 서신을 보냈다. 조왕은 기실(記室: 기록을 맡은 벼슬아치) 장택(張澤)을 시켜 사실대로 대답하게 했는데, 그 대체적인 것은 다음과 같다.

"군영의 장졸들은 혹시 쫓아가서 불러올 수 있을지 모르겠으나, 하늘의 우레와 천둥은 누가 따질 수 있을지 모르겠소."

서신의 내용이 너무 많아 다 싣지 않는다.

조주는 연주의 침략에서 벗어나자 묵생(墨生: 墨君和)를 불러들여 상금으로 천냥을 내리고 더불어 제일 좋은 집 한 채와 좋은 밭 만 마지기를 상으로 내렸으며, 나아가 열 가지의 죽을 죄를 용서해주었고, 그를 광록대부(光祿大夫)에 제수하도록 상주문을 올렸다. 조왕이 세상을 뜰 때까지 40년 동안 묵군화는 부귀를 누렸다. 당시 항간에는 얼굴이 검고 못생긴 아들을 출산하는 사람이 있으면 주로 이렇게 말했다.

"못생겼다고 말하지 마라. 또 훗날 그가 묵곤륜만 못할지 어찌 알겠는가?"

(『유씨이목기』)

眞定墨君和, 幼名三旺. 世代寒賤. 以屠宰爲業. 母懷妊之時, 曾夢胡僧携一孺子, 面色光黑, 授之曰: "與爾爲子. 他日必大得力." 旣生之, 眉目稜岸, 肌膚若鐵. 年十五六, 趙王鎔初卽位, 曾見之, 悅而問曰: "此中何得崑崙兒也?" 問其姓, 與形質相應, 卽呼爲墨崑崙, 因以皂衣賜之.

是時常山縣邑屢爲幷州中軍所侵掠, 趙之將卒疲於戰敵, 告急於燕王李匡威, 率師五萬來救之. 幷人攻陷數城. 燕王聞之, 躬領五萬騎, 徑與晉師戰於元氏, 晉師敗績. 趙王感燕王之德, 椎牛釃酒, 大犒於藁城, 齎金二十萬以謝之. 燕王歸國, 比及境上, 爲其弟匡儔所拒. 趙人以其有德於我, 遂營東圃以居之. 燕主自以失國, 又見趙主之方幼, 乃圖之. 遂從下矣上伏甲(明鈔本'從下矣上伏甲'作'遂矣伏兵', '矣'疑作'以'), 俟趙王旦至, 卽使擒之. 趙王請曰: "某承先代基構, 主此山河. 每被鄰寇侵漁, 困於守備. 賴大王武略, 累挫戎鋒, 獲保宗祧, 實資恩力. 顧惟幼懦, 夙有卑誠, 望不忽忽. 可伸交讓, 願與大王同歸衙署, 卽軍府必不拒違." 燕王以爲然, 遂與趙王並轡而進. 俄有大風並黑雲起於城上, 俄而大雨, 雷電震擊. 至東角門內, 有勇夫袒臂旁來, 拳毆燕之介士, 卽挾負趙主, 踰垣而走, 遂得歸公府. 王問其姓名, 君和恐其難記, 但言曰: "硯中之物". 王心志之. 左右軍士, 旣見主免難, 遂逐燕王. 燕王退走於東圃, 趙人圍而殺之. 明日, 趙王素服哭於庭, 兼令具以禮斂, 仍使告於燕主.

匡儔忿其兄之見殺, 卽擧全師伐趙之東鄙, 將釋其憤氣, 而致十疑之書. 趙王遣記室張澤以事實答之, 其略曰: "營中將士, 或可追呼, 天上雷霆, 何人計會." 詞多不載. 趙主旣免燕主之難, 召墨生以千金賞之, 兼賜上第一區, 良田萬畝, 仍恕其十死, 奏授光祿大夫. 終趙王之世, 四十年間, 享其富貴. 當時閭里, 有生子或顔貌黑醜者, 多云: "無陋. 安知他日不及墨崑崙耶?" (出『劉氏耳目記』)

192 · 13(2140)
주귀우(周歸祐)

연(燕)의 옛 장수 주귀우는 계문(薊門: 薊丘) 변란 때 칼에 심장이 찔려 칼끝이 등으로 나왔는데도 죽지 않았다. 그리하여 주귀우는 양(梁: 後梁)으로 달아나 기장(騎將: 騎兵 將帥)의 선봉이 되었다. 주귀우는 15년 동안 협하(夾河: 大河 즉 黃河의 다른 이름)에서 온갖 전쟁을 다 치렀는데 몸을 관통하는 상처를 종종 입곤 했다. 후당(後唐)의 장종(莊宗)이 낙양(洛陽)을 수복하자 주귀우의 원수들은 사냥터에다 자리를 깔고 주귀우를 앉히더니 그를 향해 화살을 당겼다. 화살이 주귀우의 어깨를 관통하고 나왔으나 그 상처 또한 아물어 아무런 병도 없게 되었다. 주귀우는 관직이 군목절도유후(郡牧節度留後)에 까지 올랐으며, 결국 타고난 수명을 다 누리고 죽었다. (『북몽쇄언』)

燕之舊將周歸祐, 薊門更變之際, 以劒柱心, 刃自背出而不死. 奔於梁, 爲騎將之先鋒焉. 十五年, 夾河百戰, 通中之瘡, 往往遇之. 後唐莊宗入洛, 爲仇者於獵場席地俾坐, 滿挽而射. 貫腋而出, 創愈無恙. 仕至郡牧節度留後, 竟死於牖下. (出『北夢瑣言』)

192 · 14(2141)
왕 재(王 宰)

정축년(丁丑歲: 917)에 촉사(蜀師: 五代 前蜀王 王建의 部下)가 고진

(固鎭)에서 주둔하고 있을 때 비철자(費鐵觜)라 불리는 대장군이 있었는데, 그는 본래 녹림(綠林: 도적)의 부하장졸 출신이어서, 수하들을 시켜 사람들을 겁탈하고 그 재물을 빼앗는 일을 주로 했다. 어느 날 비철자는 도장(都將: 唐・五代때 節度使의 屬將)을 시켜 사람을 끌고 가서 하지현(河池縣)을 치게 했다. [하지현에] 왕씨(王氏) 성을 가진(그 이름은 잊어버렸다) 젊고 씩씩하며 용맹한 현재(縣宰: 縣令의 존칭)가 있었는데, 그는 노복 십여 명만을 데리고 관아에 머물고 있었다. 밤이 되어 도적 떼가 관아에 도착하자 현령은 문을 열고 그들을 기다리고 있다가 몇 시간 동안 격투를 벌였다. 현령이 도적 떼가 쏜 화살촉에 맞아 몹시 괴로워하고 있을 때 도적의 우두머리가 문지방을 넘어 들어왔다. 어린 노복이 짧은 창을 들고 문에 기대어 서 있다가 괴수 서너 명을 잇달아 찔렀는데, 모두들 창날 끝에 찔러 넘어지면서 내장이 땅에 쏟아졌다. 이를 본 도적 떼들은 시신을 들쳐업고 달아났다.

비철자는 또 다른 마을을 노략질했다. 밤이 되기 시작했을 때 도적 떼들이 마을에 도착했는데, 어떤 도적은 문을 밀치고 들어왔고, 어떤 도적은 사방의 무너진 담을 넘어 들어왔다. 민가는 등불을 밝혀놓아 오히려 밝기는 했지만, 남자들은 모두 달아나고 없었고 어떤 부인 혼자서 국자를 휘둘러 가마솥의 끓는 물을 도적들에게 뿌리고 있었다. 10~20명의 도적들은 어찌할 줄 몰라했으며, 물에 데인 사람들은 모두 허겁지겁 달아나 흩어졌다. 부인은 그저 국자를 들고 솥 옆에 서 있었지만, 조금도 데이지 않았다. 한달 뒤에 비철자의 수하 가운데 몇 사람이 마치 얼굴에 부스럼이 난 것처럼 변했는데, 비철자는 죽을 때까지 이를 수치스럽게 여겼다. (『옥당한화』)

丁丑歲, 蜀師戍於固鎭, 有巨師曰費鐵鏘者, 本於綠林部下將卒(明鈔本'卒'作'率'), 其人也, 多使人行劫而納其貨. 一日, 遣都將領人攻河池縣. 有王宰者(失其名)少壯而勇, 只與僕隷十數輩止于公署. 群盜夜至, 宰啓扉而俟之, 格鬪數刻. 宰中鏃甚困, 賊將踰其閾. 小僕持短槍, 靠扉而立, 連中三四魁首, 皆應刃而仆, 腸胃在地焉. 群盜於是昇屍而遁.

　他日, 鐵鏘又劫村莊. 纔合夜, 群盜至村, 或排闥而入者, 或四面壞壁而入. 民家燈火尙焚煌, 丈夫悉遁去, 唯一婦人以杓揮釜湯潑之. 一二十輩無措手, 爲害者皆狼狽而奔散. 婦人但秉杓據釜, 略無所損濩. 旬月後, 鐵鏘部內數人, 有面如瘡癩者, 費終身恥之. (出『玉堂閑話』)

태평광기 권제193 호협(豪俠) 1

1. 이 정(李 亭)
2. 규염객(虬髥客)
3. 팽달(彭闥)·고찬(高瓚)
4. 가흥 승기(嘉興 繩技)
5. 거중 여자(車中 女子)

193·1(2142)
이 정(李 亭)

한(漢)나라 무릉(茂陵)의 젊은이 이정은 큰 사냥개를 몰아 맹수를 쫓거나 또는 매와 새매로 꿩과 토끼를 쫓는 것을 좋아했는데, 모두 멋진 이름을 지어 주었다. 개한테는 수호(修豪: 긴 털)·이첩(釐睫: 눈 깜짝)·백망(白望: 흰둥이)·청조(靑曹: 푸른둥이)라는 이름을 지어 주었고, 매한테는 청시(靑翅: 푸른 날개)·황모(黃眸: 노란 눈동자)·청명(靑冥: 푸른 하늘)·금거(金距: 황금 발톱) 따위의 이름을, 또 새매한테는 종풍(從風: 바람 따라 나는 새매)·고비(孤飛: 홀로 나는 새매)라는 이름을 지어 주었다. (『서경잡기』)

漢茂陵少年李亭好馳駿狗, 逐狡獸, 或以鷹鷂逐雉兎, 皆爲嘉名. 狗則有修豪·釐睫·白望·靑曹之名, 鷹則有靑翅·黃眸·靑冥·金距之屬, 鷂則有從風·孤飛之號. (出『西京雜記』)

193·2(2143)
규염객(虯髥客)

수(隋)나라 양제(煬帝)는 강도(江都)로 행차하면서 사공(司空) 양소(楊

素)를 서경(西京: 長安)의 유수(留守)로 임명했다. 양소는 세도가의 집에서 귀하게만 자라서 세간의 일을 잘 모르고 있었으며, 마침 난세를 당하여 천하에서 아무리 권세가 크고 명망이 높은 사람이라고 할 지라도 자신만한 사람은 없다고 생각했으므로, 사치와 호화를 마음껏 부려 예법도 다른 신하들과는 다르게 했다. 그는 공경(公卿) 등의 벼슬아치들이 용무가 있어 찾아오거나 손님들이 만나러 찾아오더라도 언제나 의자에 걸터앉은 채 만났으며, 미녀의 부축을 받으며 나왔다. 시녀들을 나란히 세우는 모습은 자못 황제를 참월(僭越)할 정도였으며 만년에는 그런 버릇이 더욱 심해졌다.

하루는 위공(衛公) 이정(李靖)이 아직 평민의 신분이었을 때 기발한 정책을 진언했다. 그러나 양소는 여전히 거만한 태도로 이정을 대했다. 이정은 앞으로 나아가 읍(揖)을 하고 말했다.

"바야흐로 천하가 어지러워 영웅들이 앞다투어 봉기하고 있사온데, 공께서는 황실의 중신(重臣)이시니 반드시 그런 호걸들을 모으는 일에 마음을 쓰셔야 하며, 이처럼 거만한 태도로 손님을 만나셔서는 안 되시옵니다."

그러자 양소는 엄숙한 표정으로 일어서서 이정과 대화를 나누었는데, 대화가 매우 흡족하여 그의 정책을 받아들이기로 하고 물러가게 했다. 이정이 변론에 열을 올리고 있을 때, 용모가 뛰어난 한 기녀(妓女)가 붉은 총채를 들고 그 앞에 서서 이정을 주시하고 있었다. 이공이 물러 나오자 그 기녀는 마루 끝까지 쫓아 나와서 관리를 불러다 물었다.

"지금 물러가신 처사(處士)는 항렬이 몇 째이시며, 어디에 살고 계십니까?"

관리가 자세히 일러주자 기녀는 머리를 끄덕이며 물러갔다.

이정이 여관으로 돌아왔는데, 그날 밤 오경(五更: 오전 3시~오전 5시) 초에 갑자기 문을 두드리는 소리와 나직한 목소리가 들렸다. 이정이 일어나서 물어보니 자주색의 옷을 입고 모자를 쓴 사람이 지팡이에 자루 하나를 걸치고 서 있었다. 이정이 물었다.

"누구시오?"

그 사람이 대답했다.

"소첩은 양씨(楊氏) 댁에서 붉은 총채를 들고있던 기녀입니다."

이정이 급히 맞아들이자 기녀는 겉옷과 모자를 벗었는데, 18~19세의 아리따운 여인이었다. 기녀는 소박한 얼굴 그대로 아롱진 옷을 입은 채 이정에게 절을 했다. 이정이 놀라서 답배(答拜)하자 기녀가 말했다.

"소첩은 양사공(楊司空: 楊素)을 오랫동안 모시면서 세상의 사람들을 많이 보았습니다만, 공과 같은 분은 없었습니다. 저는 사라(絲蘿: 菟絲와 女蘿. 소나무 등 喬木에 기생함)와 같아 혼자서는 살 수 없어서 큰 나무에 의지하고자 도망쳤을 따름입니다."

이정이 말했다.

"양사공께서는 도성에서도 권세가 대단하신 분인데, 이렇게 해도 괜찮겠소?"

기녀가 말했다.

"그분은 목숨만 남아있을 뿐 시체와 다름없으니 두려워할 것이 못 됩니다. 다른 기녀들 중에도 그의 앞날에 희망이 없음을 알아차리고 달아난 자들이 많습니다. 그러나 그분 역시 그리 뒤쫓지도 않습니다. 소첩은 세밀한 계획을 세웠으니 아무쪼록 걱정은 하지 마십시오."

이정이 성을 물었더니 기녀가 대답했다.

"장(張)가입니다."

항렬을 물었더니 기녀가 대답했다.

"맏이입니다."

이정이 그녀의 피부와 차림새와 말씨와 행동거지를 살펴보니 진정 하늘에서 내려온 사람 같았다. 이정은 뜻하지 않게 이와 같은 미녀를 얻게 되자 기쁘면서도 두려웠으며, 순식간에 여러 가지 걱정거리가 생겨 불안했다. 또한 집안을 기웃거리며 구경하는 사람도 그치지 않았다.

며칠 후 기녀의 행방을 찾고있다는 소문이 들렸지만 역시 엄중하게 찾는 눈치는 아니었으므로, 이정은 장씨에게 남장을 시켜 말에 태우고 여관의 쪽문을 열고 길을 떠났다. 그들은 장차 태원(太原)으로 돌아가는 길에 영석(靈石)의 여관에 묵었다. 침상을 마련한 후 화로에는 고기를 올려놓았는데 고기가 거의 익어가고 있었다. 장씨는 머리카락을 땅에 늘어뜨린 채 침상 앞에서 머리를 빗고 있었고, 이정은 마침 말에 솔질을 해주고 있었다. 그 때 갑자기 한 사람이 나타났는데, 체구는 보통이고 붉으면서도 구불구불한 구레나룻을 하고 있었으며, 당나귀를 타고 와서 가죽주머니를 화로 앞에 던져놓고 베개를 가져다 비스듬히 기대고 누워서 장씨가 머리를 빗는 모습을 보고 있었다. 이정은 몹시 화가 났지만 내색은 하지 않고 여전히 말에 솔질을 했다. 장씨는 그 사람의 얼굴을 자세히 보면서 한 손으로는 머리칼을 잡고 다른 손으로는 등뒤에서 이정을 향해 가로저어 보이면서 화내지 말라고 했다. 그리고는 황급히 머리를 다 빗고나서 옷을 단정히 여미고 그 손님에게 다가가 성씨를 묻자 누워있던 손님이 말했다.

"장(張)가요."

장씨가 대답했다.

"소첩도 성이 장가이니 누이동생이 되겠군요."

장씨는 급히 절을 올리며 물었다.

"항렬은 몇 째이신지요?"

손님이 말했다.

"셋째요. 누이는 몇 째시오?"

장씨가 말했다.

"맏이입니다."

그러자 손님이 말했다.

"오늘 운이 좋군. 누이동생 하나를 만났으니 말이야."

장씨가 멀리서 이정을 부르며 말했다.

"이랑(李郞: 李靖), 빨리 오셔서 셋째 오라버니께 인사하세요."

이정은 급히 절을 했고, 결국 그들과 함께 둘러앉았다. 손님이 말했다.

"삶고있는 것이 무슨 고기요?"

이정이 말했다.

"양고기인데, 이미 푹 익었을 것입니다."

손님이 말했다.

"배가 몹시 고프군."

이정이 저자거리로 나가 호떡을 사오자, 손님은 비수를 뽑아서 고기를 잘라 함께 식사를 했다. 손님은 식사를 마친 후 먹고 남은 고기를 잘게 썰어 당나귀에게 가져다 먹였는데, 그 동작이 매우 신속했다. 손님이 말했다.

"이랑의 행장을 보아하니 가난한 선비인 듯한데, 어떻게 이처럼 아름다운 여인을 얻었소?"

이정이 말했다.

"제가 비록 가난하지만 또한 생각은 있는 놈입니다. 다른 사람이 물었다면 결코 대답하지 않았겠지만, 형님께서 물으셨으니 숨기지 않겠습니다."

이정이 장씨를 얻게 된 유래를 자세히 말해주자 손님이 말했다.

"그렇다면 장차 어디로 갈 작정이오?"

이정이 말했다.

"장차 태원(太原)으로 피신할 생각입니다."

손님이 말했다.

"그러나 나는 당신이 의탁할 만한 사람이 못 되오."

손님이 다시 말했다.

"술 있소?"

이정이 말했다.

"이 집의 서쪽이 바로 술집입니다."

이정은 술 한 말을 사왔다. 술이 몇 순배(巡杯) 돌자 손님이 말했다.

"내게 술안주가 좀 남아 있는데 이랑이 같이 드실 수 있겠소?"

이정이 말했다.

"감히 그래도 될까 싶습니다."

그러자 손님은 가죽주머니[原文에는 '華囊'으로 되어있으나 앞에 나온 '革囊'의 誤記로 보임]를 열고 사람의 머리 하나와 심장과 간을 꺼냈다. 손님은 머리는 다시 주머니에 넣더니 비수로 심장과 간을 썰어 이정과 함께 먹으며 말했다.

"이 것은 천하의 배신자의 심장이오. 나는 가슴속으로 10년 동안이나 원한을 품어왔는데, 이제 비로소 잡게 되니 가슴속 원한도 풀렸소."

손님이 다시 말했다.

"이랑의 풍채나 태도를 보아하니 진정한 대장부임에는 틀림없는데, 혹시 태원 땅의 이인(異人)을 들어보았소?"

이랑이 말했다.

"일찍이 한 사람을 만났는데, 제 소견으로는 그 사람이야말로 진인(眞人)이라고 생각합니다. 나머지는 모두 장수나 재상의 자질을 갖추었을 뿐입니다."

손님이 말했다.

"그 사람의 성이 무엇이오?"

이정이 말했다.

"제 일가(一家)입니다."

손님이 말했다.

"나이는 얼마나 되었소?"

이정이 말했다.

"스물 정도 되었습니다."

손님이 물었다.

"지금 무슨 일을 하고 있소?"

이정이 말했다.

"주장(州將)의 아들입니다."

손님이 말했다.

"비슷한 듯하니 또한 만나보아야 하겠군. 이랑은 나를 그와 한 번 만나게 해줄 수 있겠소?"

이정이 말했다.

"제 친구인 유문정(劉文靜)이 그 사람과 친하게 지내니 그를 통해 만나면 될 것입니다. 그런데 형님께서는 그 사람을 만나 무엇을 하려고 하십니까?"

손님이 말했다.

"하늘의 기운을 볼 줄 아는 사람이 태원에 기이한 기운이 있다고 하면서 나에게 그 기운을 가진 자를 찾아보라고 했소. 이랑은 내일 떠나면 태원에는 언제쯤 도착하시오?"

이정이 말했다.

"아무 날 당도할 것입니다."

손님이 말했다.

"도착한 다음 날 새벽에 내가 분양교(汾陽橋)에서 기다리겠소."

손님은 말을 마친 후 당나귀에 오르더니 나는 듯이 달려갔고, 순식간에 멀리 사라지고 말았다. 이정과 장씨는 놀랍고 두려워 한참을 멍하니 있다가 말했다.

"협객은 사람을 속이지 않는 법이니 두려워할 것은 없소. 그저 서둘러 떠납시다."

기약한 날 태원에 들어가서 그 손님을 기다렸다가 만나게 되자 그들은 크게 기뻐하며 함께 유씨(劉氏: 劉文靜)을 찾아갔다. 이정은 유문정을 속이며 말했다.

"관상을 잘 보는 사람이 낭군(郎君: 李世民)을 한 번 보고싶어 하니, 그를 모셔 주게."

유문정은 평소에 이세민을 비범하게 여겨 그를 보좌할 방법을 논의하고 있었는데, 갑자기 사람을 볼 줄 아는 손님이 있다는 말을 듣고는 마음속으로 그 사실을 알아보고 싶었다. 유문정은 급히 술자리를 마련하고 이세민을 청했다. 잠시 후 태종(太宗: 李世民)이 도착했는데, 그는 적삼도 입지 않고 신발도 신지 않은 채 갖옷을 걸어붙이고 왔으나, 의기는 충만하고 용모 또한 보통 사람과는 달랐다. 규염객은 묵묵히 말석에 앉아 있었는데 태종을 보더니 기가 죽고 말았다. 몇 순배의 술을 마신 후 규염객이 이정을 불러 말했다.

"진정한 천자(天子)의 상이로군!"

이정이 이 말을 유문정에게 전하자 유문정은 더욱 기뻐하면서 [자신의 안목을] 자부했다. 유문정의 집을 나왔을 때 규염객이 말했다.

"내가 보기에는 [太宗이 天子의 상을 하고 있음이] 십중팔구 틀림없지만, 마땅히 도형(道兄)께서 그를 보셔야 하오. 이랑은 누이동생과 함께 다시 도성으로 들어가서, 아무 날 오시(午時)에 마행(馬行: 長安에 있었던 시가지의 이름) 동쪽의 주루(酒樓) 아래층으로 나를 찾아와 주시오. 주루 아래층에 이 당나귀와 말라빠진 나귀가 있으면 나와 도형이 함께 그곳에 있는 것이오."

이공(李公: 李靖)은 주루에 도착하여 당나귀 두 마리가 있는 보고 옷을 움켜쥐고 주루를 올라갔는데, 규염객은 한 도사가 술을 대작(對酌)하고 있었다. 규염객은 이정을 보더니 놀라고 기뻐하면서 그를 불러다 앉혔으며, 둘러앉아 10여 순배를 마셨다. 규염객이 말했다.

"주루 아래의 상자 안에 10만 전(錢)이 들어있으니, 사람들 눈에 잘 띄지 않는 곳을 한 곳 골라 누이동생을 정착시키고, 아무 날 다시 나와 분양교에서 만나세."

기약한 날 분양교의 주루에 올라갔더니 도사와 규염객은 이미 자리를 잡고 앉아있었다. 이들이 함께 유문정을 찾아갔을 때 마침 유문정은 바둑을 두고 있었으며, 이정은 인사를 하고 나서 자신들이 찾아온 뜻을 말해 주었다. 그러자 유문정은 편지를 보내 문황(文皇: 李世民)에게 바둑 두는 것을 구경하러 오라고 청했다. 도사는 유문정과 바둑을 두었고 규염객과 이정은 옆에 서서 관전하고 있었다. 잠시 후 문황이 도착하여 길게 읍(揖)하고 앉았는데, 정신과 풍채가 청랑(淸朗)하여 좌중에 바람을 일으킬 정도였으며 주변을 돌아보는 눈빛은 번쩍번쩍 빛났다. 도사는 문황을 보자마자 기가 질리더니 바둑알을 내던지며 말했다.

"이 대국(對局)은 졌소이다, 졌어요. 이곳에서 이 판의 대세를 잃고 말았으니 묘수올시다. 구해볼 도리가 없으니 다시 무슨 말을 하겠소이까?"

도사는 바둑을 그만두고 떠날 것을 청했다. 도사는 유문정의 집을 나온 후 규염객에게 말했다.

"이 세상은 공의 세상이 아니니 다른 곳에서 도모하시오. 노력하되 이 일을 마음에 담아두지는 마시오."

그리고는 함께 도성으로 들어갔다. 규염객이 이랑에게 말했다.

"이랑의 일정을 계산해 보니 아무 날에야 도착할 터인데, 도착한 다음 날 누이동생과 아무 동네에 있는 내 집에 들러 주시오. 이랑이 우리 누이동생과 교제하면서도 찢어지게 가난하게 지내고 있어 내 마음이 불편하고, 우리 집사람도 인사시킬 겸 조용히 의논하고자 하는 일도 있어서 청하는 것이니, 미리부터 사양하지는 말아 주시오."

규염객은 말을 마치더니 탄식하며 돌아갔다.

이정은 채찍질하며 말을 달렸고, 얼마 후 도성에 당도하여 장씨와 함께 규염객의 집으로 찾아갔다. 가보니 조그마한 판자문이 있었는데, 그 문을 두드리자 손님을 맞이하는 사람이 인사를 하며 말했다.

"삼랑(三郎: 虯髥客)께서 큰아가씨와 이랑을 기다리신 지 오래되셨습니다."

그는 두 사람을 안내하여 여러 문을 통해 들어갔는데, 들어갈 수록 문은 더욱 웅장하고 화려했다. 시녀 30여 명이 앞에 늘어서 있었고, 하인 20명이 이정을 이끌고 동쪽 대청으로 들어갔는데, 그곳의 물건들은 모두 인간세상의 것들로 생각되지 않았다. 세수를 하고 머리를 빗고 단장을 하고 나니 옷을 갈아입으라고 청했는데, 그 옷 또한 진기한 것이었다. 옷을 갈아입고 나자 어떤 사람이 전갈했다.

"삼랑께서 오십니다."

그러자 규염객은 사모(紗帽: 엷은 비단으로 만든 모자)를 쓰고 갖옷을 입은 채 나왔는데, 용이나 범과 같은 모습이었다. 규염객은 이정과 장씨를 보더니 반갑게 맞이한 후 아내에게 인사를 하라고 재촉했는데, 그의 아내는 선녀와도 같은 미인이었다. 중당(中堂)으로 안내되어 들어가자 그곳에는 갖가지 음식이 풍성하게 차려져 있었으며, 비록 왕공(王公)의 집이라고 해도 그에 비할 수는 없을 정도였다. 네 사람이 마주 앉자 성찬(盛饌)이 모두 차려지고 여자 악사 20명이 그 앞에서 음악을 연주했는데, 그들은 마치 하늘에서 내려온 듯 했으며 인간 세상의 곡조가 아니었다. 식사를 마치고 나서 술을 마실 때 하인들이 서쪽 대청으로부터 상 20개를 들고 나왔는데, 상은 각각 비단수를 놓은 천으로 덮여있었다. 상을 늘어놓은 후 천을 벗기자 그것은 문서와 열쇠들이었다. 규염객이 말했다.

"이것은 모두 내가 소유한 진귀한 보물과 돈의 수를 기록한 것인데, 모두 이공께 드리겠소. 왜인지 아시겠소? 나는 본래 이 세상에서 큰 일을 해 보려고 20~30년 동안이나 천하의 패권을 다투어왔으니[原文은 '三二年'으로 되어있으나 今本「虯髥客傳」에 의거하여 '三二十載'로 고쳐 번역함] 그다지 큰 공업(功業)을 세우지 못했소. 이제 이 세상에 이미 주인이 나타났으니 내가 이 세상에서 머문들 무엇하겠소? 태원의 이씨는 진정한 영주(英主)이니, 3~5년 내에 천하를 태평하게 할 것이오. 이 랑은 뛰어난 재주로 청평지주(淸平之主: 太平聖代를 이룰 君主)를 보필하여 충성을 다 바친다면, 반드시 신하로서 가장 높은 지위에 오르게 될 것이오. 누이동생은 선녀와 같은 용모에 불세출(不世出)의 지략을 갖추었으니 남편의 출세에 따라 최고의 헌상(軒裳: 수레와 의복)을 누릴 것이오. 누이동생이 아니었다면 이랑의 인물을 알아볼 수 없었을 것이고, 이랑이 아니었다면 누이동생을 만날 수 없었을 것이오. 성현(聖賢)이 처음으로 국가를 창업(創業)할 때에는 마치 약속이나 한 듯, 범이 포효하면 바람이 일고 용이 날면 구름이 모이는 법이니, 이는 본디 당연한 것이오. 내가 주는 재물로 진정한 군주를 받들어 공업을 돕도록 하시오. 힘껏 노력하시오! 앞으로 10여 년 후에 동남쪽 수천 리 바깥에서 큰 사건이 벌어질 것인데, 그 때가 내 일이 성공하는 때일 것이오. 누이동생과 이랑은 그 때 술을 뿌려 나를 축하해주기 바라오."

규염객은 하인들을 돌아보며 말했다.

"이제부터 이랑과 큰아가씨가 너희들의 주인이시다."

규염객은 말을 마치고난 후 그의 아내와 군장을 하고 말에 오른 후 하인 한 사람만 말을 타고 뒤따르게 했는데, 몇 걸음 가지 않은 듯 했으나 어디론지 사라져 보이지 않았다. 이정은 그 집에 의지하여 부호가 되었으며, 그 재산으로 문황의 창업을 도와 대업을 완수할 수 있었다.

정관연간(貞觀年間: 627~649)에 이정의 지위는 복야(僕射)에 이르렀다. 어느 날 동남쪽의 만족(蠻族)이 아뢰었다.

"어떤 해적이 천 척의 배에 십만의 갑병(甲兵)을 거느리고 부여국(扶餘國)으로 들어가서 그 임금을 죽이고 스스로 왕위에 올랐으며 국내는 이미 안정되었습니다."

이정은 규염객의 일이 성공했음을 알고 집에 돌아가 아내 장씨에게 알려주었으며, 함께 예복으로 갈아입고 동남쪽을 향해 술을 뿌려 규염객의 성공에 축하의 예를 올렸다. 이로부터 진명천자(眞明天子)가 되는 것은 영웅이 바란다고 해도 될 수 있는 바가 아닌데, 하물며 영웅도 못 되는 자들의 경우에 있어서는 어떻겠는가? 신하의 신분으로서 터무니없이 난을 꾸미고자 하는 것은 사마귀가 자신의 팔뚝으로 구르는 수레바퀴를 막으려는 것과 같을 뿐이다. 어떤 이는 이렇게 말했다.

"이위공(李衛公: 李靖)의 병법 가운데 절반은 규염객이 전해준 것이다."

(『규염전』)

隋煬帝之幸江都也, 命司空楊素守西京. 素驕貴, 又以時亂, 天下之權重望崇者, 莫我若也, 奢貴自奉, 禮異人臣. 每公卿入言, 賓客上謁, 未嘗不踞牀而見, 令美人捧出. 侍婢羅列, 頗僭於上, 末年益甚.

一日, 衛公李靖以布衣來謁, 獻奇策. 素亦踞見之. 靖前揖曰: "天下方亂, 英雄競起, 公爲帝室重臣, 須以收羅豪傑爲心, 不宜踞見賓客." 素斂容而起, 與語大悅, 收其策而退. 當靖之騁辯也, 一妓有殊色, 執紅拂, 立於前, 獨目靖. 靖旣去, 而拂妓臨軒, 指吏問曰: "去者處士第幾? 住何處?" 吏具以對, 妓頷而去.

靖歸逆旅, 其夜五更初, 忽聞扣門而聲低者. 靖起問焉, 乃紫衣戴帽人, 杖揭一囊. 靖問: "誰?" 曰: "妾楊家之紅拂妓也." 靖遽延入, 脫衣去帽, 乃十八九佳麗人也. 素面華衣而拜. 靖驚, 答, 曰: "妾侍楊司空久, 閱天下之人多矣, 未有如公者. 絲蘿非獨生, 願託喬木, 故來奔耳." 靖曰: "楊司空權重京師, 如何?" 曰: "彼尸居餘氣, 不足畏也. 諸妓知其無成, 去者衆矣. 彼亦不甚逐也. 計之詳矣, 幸無疑焉." 問其姓, 曰: "張." 問伯仲之次, 曰: "最長." 觀其肌膚儀狀, 言詞氣性, 眞天人也. 靖不自意獲之, 益喜懼, 瞬息萬慮不安. 而窺戶者足無停履.

旣數日, 聞追訪之聲, 意亦非峻, 乃雄服乘馬, 排闥而去. 將歸太原, 行次靈石旅舍. 旣設牀, 爐中烹肉且熟. 張氏以髮長委地, 立梳牀前, 靖方刷馬. 忽有一人, 中形, 赤髯而虯, 乘蹇驢而來, 投革囊于爐前, 取枕欹臥, 看張氏梳頭. 靖怒甚, 未決, 猶刷馬. 張氏熟觀其面, 一手握髮, 一手映身搖示, 令忽怒. 急急梳頭畢, 斂袂前問其姓. 臥客曰: "姓張." 對曰: "妾亦姓張, 合是妹." 遽拜之, 問: "第幾?" 曰: "第三." 問妹: "第幾?" 曰: "最長." 遂喜曰: "今日多幸. 遇一妹." 張氏遙呼曰: "李郞且來拜三兄." 靖驟拜, 遂環坐. 曰: "煮者何肉?" 曰: "羊肉, 計已熟矣." 客曰: "饑甚." 靖出市買胡餠, 客抽匕首, 切肉共食. 食竟, 餘肉亂切爐前食之, 甚速. 客曰: "觀李郞之行, 貧士也, 何以致斯異人?" 曰: "靖雖貧, 亦有心者焉. 他人見問, 固不言, 兄之問, 則無隱矣." 具言其由, 曰: "然則何之?" 曰: "將避地太原耳." 客曰: "然吾故非君所能致也." 曰: "有酒乎?" 靖曰: "主人西則酒肆也." 靖取酒一斗. 酒旣巡, 客曰: "吾有少下酒物, 李郞能同之乎?" 靖曰: "不敢." 於是開華囊, 取出一人頭幷心肝. 却收頭囊中, 以匕首切心肝共食之, 曰: "此人乃天下負心者心也. 銜之十年, 今始獲, 吾憾釋矣." 又曰: "觀李郞儀形器宇, 眞丈夫, 亦知太原之異人乎?" 曰: "嘗見一人, 愚謂之眞人. 其餘將相而已." "其人何姓?" 曰: "同姓." 曰: "年幾?" 曰: "近二十." "今何爲?" 曰: "州將之愛子也." 曰: "似矣, 亦須見之. 李郞能致吾一見否?" 曰: "靖之友劉文靜者與之狎, 因文靜見之可也. 兄欲何爲?" 曰: "望氣者言太原有奇氣, 使吾訪之. 李郞明發, 何時到太原?" 靖計之: "某日當到." 曰: "達之明日方曙, 我於汾陽橋待耳." 訖, 乘驢而其行若飛, 廻顧已遠. 靖與張氏且驚懼, 久之曰: "烈士不欺人, 固無畏. 但速鞭而行."

及期, 入太原, 候之見, 大喜, 偕詣劉氏. 詐謂文靜曰: "以善相思見郞君, 迎之." 文靜素奇其人, 方議論匡('匡'原作'斤', 據明鈔本改)輔, 一旦聞客有知人者, 其心可知. 遽致酒延焉. 旣而太宗至, 不衫不履, 裼裘而來, 神氣揚揚, 貌與常異. 虯髯默居坐末, 見之心死. 飲數巡, 起招靖曰: "眞天子也!" 靖以告劉, 劉益喜自負. 旣出, 而虯髯曰: "吾見之, 十八九定矣, 亦須道兄見之. 李郞宜與一妹復入京, 某日午時, 訪我於馬行東酒樓下. 下有此驢及一瘦驢, 卽我與道兄俱在其所也."

公到, 卽見二乘, 攬衣登樓, 卽虯髯與一道士方對飲. 見靖驚喜, 召坐, 環飲十數巡. 曰: "樓下櫃中有錢十萬, 擇一深隱處, 駐一妹畢, 某日復會我於汾陽橋." 如期登樓, 道士·虯髯已先坐矣. 共謁文靜, 時方奕棊, 揖起而語心焉. 文靜飛書迎文皇看棊. 道士對奕, 虯髯與靖旁立爲侍者. 俄而文皇來, 長揖而坐, 神淸氣朗, 滿坐風生, 顧盼暐如也. 道士一見慘然, 下棊子曰: "此局輸矣, 輸矣. 於此失却局, 奇哉. 救無路矣, 知復奚言?" 罷奕請去. 旣出, 謂虯髯曰: "此世界非公世界也, 他方可圖. 勉之, 勿以爲念." 因共入京. 虯髯曰: "計李郞之程, 某日方到, 到之明日, 可與一妹同詣某坊曲小宅. 媿李郞往復相從, 一妹懸然如磬, 欲令新婦祇謁, 略議從容, 無令前却." 言畢, 吁嗟而去.

靖也策馬遄征, 俄卽到京, 與張氏同往. 乃一小板門, 扣之, 有應者拜曰: "三郎令候一娘子‧李郎久矣." 延入重門, 門益壯麗. 奴婢三十餘人羅列於前, 奴二十人引靖入東廳, 非人間之物. 巾粧梳櫛畢, 請更衣, 衣又珍奇. 旣畢, 傳云: "三郎來." 乃虯髥者, 紗帽褐裘, 有龍虎之姿. 相見歡然, 催其妻出拜, 蓋天人也. 遂延中堂, 陳設盤筵之盛, 雖王公家不侔也. 四人對坐, 牢饌畢, 陳女樂二十人, 列奏於前, 似從天降, 非人間之曲度. 食畢行酒, 而家人自西堂昇出二十牀, 各以錦繡帕覆之. 旣呈, 盡去其帕, 乃文簿鑰匙耳. 虯髥謂曰: "盡是珍寶貨泉之數, 吾之所有, 悉以充贈. 何者? 某本欲於此世界求事, 或當龍戰三二年, 建少功業. 今旣有主, 住亦何爲? 太原李氏眞英主也, 三五年內, 卽當太平. 李郎以英特之才, 輔淸平之主, 竭心盡善, 必極人臣. 一妹以天人之姿, 蘊不世之略, 從夫之貴, 榮極軒裳. 非一妹不能識李郎, 非李郎不能遇一妹. 聖賢起陸之漸, 際會如期, 虎嘯風生, 龍騰雲萃, 固當然也. 將余之贈, 以奉眞主, 贊功業. 勉之哉! 此後十餘年, 東南數千里外有異事, 是吾得志之秋也. 妹與李郎可瀝酒相賀." 顧謂左右曰: "李郎‧一妹, 是汝主也." 言畢, 與其妻戎裝乘馬, 一奴乘馬從後, 數步不見. 靖據其宅, 遂爲豪家, 得以助文皇締構之資, 遂匡大業.

貞觀中, 靖位至僕射. 東南蠻奏曰: "有海賊以千艘, 積甲十萬人, 入扶餘國, 殺其主自立, 國內已定." 靖知虯髥成功也, 歸告張氏, 具禮相賀, 瀝酒東南祝拜之. 乃知眞人之興, 非英雄所冀, 況非英雄乎? 人臣之謬思亂, 乃螳螂之拒走輪耳. 或曰: "衛公之兵法, 半是虯髥所傳也." (出『虯髥傳』)

193·3(2144)
팽달(彭闥)·고찬(高瓚)

　당(唐)나라 정관연간(貞觀年間: 627~649)에 항주(恒州)의 팽달과 고찬 두 사람이 호기(豪氣)를 다투었다. 그 때 큰 연회가 있었는데, 그 자리에서 두 사람은 승부를 겨루었다. 팽달은 산 채로 돼지를 붙잡아 머리부터 목까지[原文에는 '頂'으로 되어있으나 『朝野僉載』 권6에 의거하여 '項'으로 고쳐 번역함] 물어뜯은 후 땅 위에 놓아주었는데, 돼지는 여전히 뛰어다녔다. 고찬은 고양이를 가져다 꼬리부터 시작해서 위와 창자까지 먹었는데, 고양이는 아직도 울음소리를 그치지 않았다. 팽달은 이에 순순히 진심으로 패배를 인정했다. (『조야첨재』)

　唐貞觀中, 恒州有彭闥·高瓚, 二人鬪豪. 於時大酺, 場上兩朋競勝. 闥活捉一豚, 從頭歠至頂, 放之地上, 仍走. 瓚取猫兒從尾食之, 腸肚俱盡, 仍鳴喚不止. 闥於是乎帖然心服. (出『朝野僉載』)

193·4(2145)
가흥승기(嘉興繩技)

　당(唐)나라 개원연간(開元年間: 713~741)에는 황제가 주현(州縣)에 자주 큰 연회를 베풀었다. 가흥현(嘉興縣)에서는 여러 가지 기예를 준비하여 감사(監司)와 어느 쪽의 기예가 정교한가를 다투었는데, 감관(監官:

지방의 사무를 監察하는 관리)은 이 일에 각별히 마음을 쏟았다. 소유관(所由官: 州縣의 屬官) 가운데 옥사(獄事)를 담당하는 사람이 감옥 안의 죄수들에게 말했다.

"만약 우리 쪽에서 준비한 기예가 현사(縣司) 쪽의 기예보다 떨어진다면 우리는 반드시 엄한 질책을 받게될 것이다. 그러나 우리가 단지 한 가지라도 볼 만한 기예를 할 줄 안다면 곧 재물을 얻게될 것인데, 그런 재주를 지닌 자가 없는 것을 탄식할 뿐이다."

그러자 죄수들은 서로 상의하더니, 질그릇을 굽거나 목재를 다듬는 기술을 가진 사람까지도 모두 추천하고 불러들였다. 감옥 안에 있던 한 죄수가 웃으며 소유관에게 말했다.

"제가 조그마한 기예를 할 줄 아는데, 손발이 묶여있어 그 기예를 조금도 보여드릴 수가 없습니다."

옥리가 놀라며 말했다.

"너는 무슨 기예를 할 줄 아느냐?"

죄수가 말했다.

"저는 승기(繩技: 새끼줄을 사용하여 부리는 기예. 走索이라고도 함)를 할 줄 압니다."

옥리가 말했다.

"정말 그렇다면 내가 너를 위해 이 일을 아뢰겠다."

이에 옥리는 죄수의 기예를 감주(監主)에게 자세히 아뢰었다. 감주가 그 죄수의 죄의 경중(輕重)을 묻자 옥리가 말했다.

"그 죄수는 다른 사람의 일에 연루되어 빚진 돈을 갚지 못했을 뿐, 다른 죄는 없습니다."

감주가 말했다.

"승기를 할 줄 아는 사람은 많은데, 또 어찌 특별하다고 할 수 있겠느냐?"

죄수가 말했다.

"제가 할 줄 아는 기예는 다른 사람들의 승기와는 조금 다릅니다."

감주가 다시 물었다.

"어떻게 다른가?"

죄수가 말했다.

"다른 사람들의 승기는 새끼줄을 양쪽에 각각 매어둔 후 그 위를 걷거나 서거나 선회합니다. 그러나 저는 50척 정도 길이의 손가락 굵기의 새끼줄 하나만을 사용합니다. 새끼줄의 끝을 양쪽에 매어둘 필요 없이 공중에 던진 후 새끼줄 위에서 펄쩍펄쩍 뛰며 방향도 바꿀 수 있으니 어떤 동작도 할 수 있습니다."

감주가 크게 놀라며 기뻐하더니 그 죄수를 공연자 명단에 수록했다. 다음 날 옥리는 죄수를 데리고 공연장으로 가서, 여러 가지 기예가 펼쳐진 후 순서에 따라 그 죄수를 불러내어 승기를 펼치도록 했다. 죄수는 100여 척이나 되는 새끼줄 한 뭉치를 받아 이를 땅위에 놓고 손으로 한 쪽 끝을 공중에 던졌는데, 새끼줄은 마치 붓자루처럼 곧게 섰다. 처음에는 2~3장(丈) 높이로 던졌다가 점차 4~5장 높이까지 던졌는데, 새끼줄은 마치 사람이 끌어당기고 있는 듯 곧게 섰으므로 사람들은 크게 신기해했다. 그 후 죄수가 새끼줄을 20여 장 높이에 던지자 공중을 올려다보아도 새끼줄의 끝은 보이지 않았다. 죄수가 손으로 새끼줄을 따라 붙잡고 올라가자 죄수의 몸과 발이 모두 땅에서 떨어졌다. 죄수는 공중에 새끼줄을 던지더니, 마치 새처럼 하늘 높이 날아올라 멀리 허공으로 날아가 버렸다. 죄수는 이 날 감옥에서 몸을 빼어 달아나고 말았다. (『원화기』)

唐開元年中, 數敕賜州縣大酺. 嘉興縣以百戱, 與監司競勝精技, 監官屬意尤切. 所由直獄者語於獄中云: "儻若有諸戱劣於縣司, 我輩必當厚責. 然我等但能一事稍可觀者, 卽獲財利, 歎無能耳." 乃各相問, 至於弄瓦緣木之技, 皆推求招引. 獄中有一囚笑謂所由曰: "某有拙技, 限在拘繫, 不得略呈其事." 吏驚曰: "汝何所能?" 囚曰: "吾解繩技." 吏曰: "必然, 吾當爲爾言之." 乃具以囚所能白於監主. 主召問罪輕重, 吏云: "此囚人所累, 逋緡未納, 餘無別事." 官曰: "繩技人常也, 又何足異乎?" 囚曰: "某所爲者, 與人稍殊." 官又問曰: "如何?" 囚曰: "衆人繩技, 各繫兩頭, 然後於其上行立周旋. 某只須一條繩, 粗細如指, 五十尺. 不用繫著, 拋向空中, 騰躑翻覆, 則無所不爲." 官大驚悅, 且令收錄.

明日, 吏領至戱場, 諸戱旣作, 次喚此人, 令効繩技. 遂捧一團繩, 計百餘尺, 置諸地, 將一頭, 手擲於空中, 勁如筆. 初拋三二丈, 次四五丈, 仰直如人牽之, 衆大驚異. 後乃拋高二十餘丈, 仰空不見端緒. 此人隨繩手尋, 身足離地. 拋繩虛空, 其勢如鳥, 旁飛遠颺, 望空而去. 脫身行狴, 在此日焉. (出『原化記』)

193 · 5(2146)
거중여자(車中女子)

당(唐)나라 개원연간(開元年間: 713~741)에 오군(吳郡) 사람이 도성에 들어가 명경과(明經科)에 응시했다. 그가 도성에 도착하여 이곳 저곳을 거닐고 있을 때, 갑자기 대마(大麻)로 지은 적삼을 입은 청년 둘이 자신에게 읍(揖)하고 지나갔는데, 그 모습이 몹시 공손했다. 그러나 그들과는 면식이 없었으므로 거인(擧人)은 두 청년이 잘못 알아본 것이리라고 생각했다. 며칠 후 거인은 다시 두 청년을 만났는데, 그들이 이렇게 말했다.

"공께서 지난번에 이곳에 오셨을 때는 미처 대접하지 못했습니다. 오늘은 공의 시중을 들고자 했는데 뜻하지 않게 서로 만나게 되었으니 실로 저희의 마음이 놓입니다."

두 청년은 거인에게 읍하며 앞장을 섰는데, 거인은 비록 속으로 이상하게 생각되었지만 억지로 그들을 따라갔다. 거리를 몇 번 지나 동쪽 저자거리의 작은 골목으로 들어가자 길가에 가게가 몇 채 있었는데, 두 청년과 함께 들어가 보니 실내는 몹시 가지런하게 정돈되어 있었다. 두 청년은 거인을 이끌어 당에 오르게 했는데, 그곳에서는 훌륭한 연회가 벌어지고 있었다. 두 청년과 거인은 걸상에 자리를 잡았다. 좌석 앞에는 또 청년 20여 명이 있었는데, 그들의 행동도 자못 조심스러웠다. 그들은 자주 문밖으로 나갔는데, 귀한 손님을 기다리는 듯했다.

오후가 되자 어떤 사람이 외쳤다.

"오셨습니다!"

수레 한 대가 문으로 들어오는 소리가 들리더니 청년 몇 명이 뒤따른 채 곧바로 당 앞까지 왔는데, 그것은 황금으로 장식한 수레였다. 주렴을 걷자 한 여인이 수레에서 나오는 모습이 보였는데, 나이는 17~18세 정도였고 용모가 몹시 아름다웠다. 여인은 머리에 가득 화려한 머리꾸미개를 꽂았으며, 흰 비단으로 만든 옷을 입고 있었다. [거인을 데리고 온]

두 청년이 늘어서서 인사를 했을 때는 여인이 답례하지 않았으나, 거인까지 인사를 하자 여인은 답례하며 공손한 태도로 손님을 안으로 청했다. 여인이 걸상에 올라 다른 사람들을 향해 앉은 후 두 청년과 거인을 향해 읍하자, 두 청년과 거인도 인사를 한 후 자리에 앉았다. 또 10여 명의 청년들은 모두 가벼운 새 옷을 입고 각자 인사를 올린 후 거인의 아래에 늘어앉았다. 연회에는 여러 가지 맛있는 음식이 나왔는데, 음식은 매우 정결했다. 술을 몇 순배(巡杯) 마신 후 여인의 차례가 되자 여인은 술잔을 쥔 채 거인을 돌아보며 물었다.

"두 분께서 일찍이 당신에 대해 말씀하시는 것을 들었는데 이제 만나뵙게 되어 기쁩니다. 제게 당신께서 가지고 계신 뛰어난 기예를 보여주시겠습니까?"

거인은 겸손하게 사양하며 말했다.

"어려서부터 지금까지 오직 유가(儒家)의 경전(經典)만을 익혔을 뿐, 악기를 연주하거나 노래를 하는 일은 일찍이 배운 적이 없습니다."

여인이 말했다.

"제가 말씀드린 기예는 그런 것들이 아닙니다. 당신께서는 이전에 잘 하던 일이 무엇인지 곰곰히 생각해 보십시오."

거인이 다시 한참동안 깊이 생각하다가 말했다.

"제가 학당(學堂)을 다닐 때 신발을 신고 벽을 몇 발짝 걸을 수 있었습니다. 그 외의 기예는 해본 일이 없습니다."

여인이 말했다.

"제가 청한 것은 오직 그런 일이었습니다. 부디 거인께서는 그 재주를 한 번 보여주십시오."

거인이 결국 벽을 몇 발짝 걷자 여인이 말했다.

"이 역시 아주 어려운 일입니다."

여인이 이에 좌중의 청년들을 돌아보며 각자 자신의 기예를 펼치게 하자 청년들은 모두 일어나 인사를 올린 후 기예를 펼쳤다. 어떤 자는 벽 위를 걷기도 하고, 어떤 자는 손으로 서까래를 잡고 오르기도 하는 등 각자 민첩한 기예를 몇 차례씩 펼쳤는데, 그 모습은 나는 새와도 같았다. 거인은 놀랍고 두려워 두 손을 모았으며 손을 어디에 두어야할 지 몰랐다. 잠시 후 여인이 일어나 작별을 고하고 떠났다. 거인은 여인이 떠나자 놀라며 탄식했고, 아쉬움에 어찌할 바를 몰라 마음이 즐겁지 않았다.

며칠이 지난 후 길에서 다시 두 청년을 만나게 되자 청년들이 말했다.

"수레와 말을 빌렸으면 하는데 그래도 되겠습니까?"

거인이 말했다.

"그렇게 하시지요."

다음 날 황궁(皇宮)의 정원에서 어떤 물건이 없어져서 도둑을 체포하려 했는데, 오직 도둑이 물건을 가져가려고 사용했던 말 한 마리만 붙잡았다는 소식이 들렸다. 그런데 말의 주인을 조사해보니 결국 그 거인이었다. 거인은 내시성(內侍省: 宮掖을 드나들며 皇命을 전하는 일을 담당한 부서)에 들어가 심문을 받은 후 작은 문으로 끌려갔고, 관리가 뒤에서 미는 바람에 몇 장(丈) 아래의 깊은 구덩이로 떨어지고 말았다. 거인이 고개를 들어 바라보니 지붕까지는 7~8장이나 되었고, 오직 구멍 하나만 한 척(尺) 남짓한 크기로 뚫려있었다. 아침부터 끌려들어와 식사할 시간이 되었을 때, 새끼줄에 밥 한 그릇이 매달려 내려오는 것을 보았다. 거인은 몹시 허기가 졌으므로 그 밥을 받아먹었다. 식사를 마치자 새끼줄은 다시 끌려 올라갔다. 한밤중이 되자 거인은 몹시 분한 마음이 들었으나 슬픔과 한탄을 하소연할 곳이 없었다. 그 때 거인이 고개를 들고 바라보다가 갑자기 어떤 물체가 새처럼 날아 내려와 자신의 옆에 내려앉는 것을 보았는데 바로 사람이었다. 그 사람은 손으로 거인을 어루만지며 말했다.

"그동안 무척 놀라고 두려워 하셨겠지만, 제가 있으니 걱정하지 마십시오."

거인이 그의 목소리를 들어보니 예전에 만났던 여인이었다.

여인이 말했다.

"당신과 함께 이곳을 벗어나겠습니다."

여인은 거인의 가슴과 어깨에 비단을 겹겹으로 맨 후 비단의 한 쪽 끝을 자신의 몸에 매었다. 여인은 몸을 날려 뛰어오르더니 날아서 황궁을 빠져나갔으며, 성문에서 수십 리(里) 떨어진 곳에 내려앉으며 말했다.

"당신은 장차 곧장 강회(江淮) 지역으로 돌아가십시오. 벼슬을 구하는 일은 다른 날을 기다리도록 하십시오."

거인은 크게 기뻐하고 숨어서 걸으면서 밥과 숙소를 구걸하다가 오군에 도착했다. 그 후 거인은 결국 감히 서쪽의 도성으로 명예를 얻기 위해 떠나지 않았다. (『원화기』)

唐開元中, 吳郡人入京應明經擧. 至京, 因閑步坊曲, 忽逢二少年着大麻布衫, 揖此人而過, 色甚卑敬. 然非舊識, 擧人謂誤識也. 後數日, 又逢之, 二人曰: "公到此境(明鈔本'境'作'竟'), 未爲主. 今日方欲奉迓, 邂逅相遇, 實慰我心." 揖擧人便行, 雖甚疑怪, 然彌隨之. 抵數坊, 於東市一小曲內, 有臨路店數間, 相與直入, 舍宇甚整肅. 二人攜引升堂, 列筵甚盛. 二人與客據繩牀坐定. 於席前, 更有數少年各二十餘, 禮頗謹. 數出門, 若伺貴客.

至午後, 方云: "來矣!" 聞一車直門來, 數少年隨後, 直至堂前, 乃一鈿車. 卷簾, 見一女子從車中出, 年可十七八, 容色甚佳. 花梳滿鬢, 衣則紈素. 二人羅拜, 此女亦不答, 此人亦拜之, 女乃答, 遂揖客入. 女乃升牀, 當局而坐, 揖二人及客, 乃拜而坐. 又有十餘後生皆衣服輕新, 各設拜, 列坐於客之下. 陳以品味, 饌至精潔. 飲酒數巡, 至女子, 執盃顧問客: "聞二君奉談, 今喜展見. 承有妙技, 可得觀乎?" 此人卑遜辭讓云: "自幼至長, 唯習儒經, 絃管歌聲, 輒未曾學." 女曰: "所習非此事也. 君熟思之, 先所能者何事." 客又沈思良久曰: "某爲學堂中, 著靴於壁上行得數步. 自餘戲劇, 則未曾爲之." 女曰: "所請只然. 請客爲之" 遂於壁上行得數步, 女曰: "亦大難事." 乃廻顧坐中諸後生, 各令呈技, 俱起設拜. 有於壁上行者, 亦有手撮椽子行者, 輕捷之戲, 各呈數般, 狀如飛鳥. 此人拱手驚懼, 不知所措. 少頃女子起, 辭出. 舉人驚嘆, 恍恍然不樂.

經數日, 途中復見二人曰: "欲假盛駟, 可乎?" 舉人曰: "唯." 至明日, 聞宮苑中失物, 掩捕失賊, 唯收得馬, 是將馱物者. 驗問馬主, 遂收此人. 入內侍省勘問, 驅入小門, 吏自後推之, 倒落深坑數丈. 仰望屋頂七八丈, 唯見一孔, 纔開尺餘. 自旦入至食時, 見一繩縋一器食下. 此人饑急, 取食之. 食畢, 繩又引去. 深夜, 此人忿甚, 悲惋何訴. 仰望, 忽見一物如鳥飛下, 覺至身邊, 乃人也. 以手撫生, 謂曰: "計甚驚怕, 然某在無慮也." 聽其聲, 則向所遇女子也. 云: "共君出矣." 以絹重繫此人胸膊訖, 絹一頭繫女人身. 女人

縱身騰上, 飛出宮城. 去門數十里乃下, 云: "君且便歸江淮. 求仕之計, 望俟他日." 此人大喜, 徒步潛竄, 乞食寄宿, 得達吳地. 後竟不敢求名西上矣. (出『原化記』)

태평광기 권제194 호협 2

1. 곤륜노(崑崙奴)
2. 후　이(侯　彝)
3. 승　협(僧　俠)
4. 최신사(崔愼思)
5. 섭은낭(聶隱娘)

194 · 1(2147)
곤륜노(崑崙奴)

　　당(唐)나라 대력연간(大曆年間: 766~779)에 최생(崔生)이라는 사람이 있었는데, 그의 아버지는 현달한 벼슬아치였기에 뛰어난 공신(功臣)인 일품관(一品官)과 잘 알고 지냈다. 최생은 당시 천우(千牛: 禁衛軍의 하나. 唐代에는 左右千牛衛를 두었음)로 있었는데, 최생의 아버지는 그에게 일품관의 병문안을 가게 했다. 최생은 나이가 어리고 용모가 옥같이 수려했으며, 천성적으로 절개가 높아 세속적인 사람과 잘 어울리지 않았고 행동거지는 점잖았으며, 말을 할 때도 청아한 기품이 있었다. [최생이 당도하자] 일품관은 기녀(妓女)에게 주렴을 걷어올리고 최생을 불러 내실로 들게 했다. 최생이 절을 하고 아버지께서 문안을 보냈다는 말을 전하자, 일품관은 흔연히 기뻐하고 그를 아껴주며 앉아 함께 이야기하자고 했다. 그 때 절세미인인 고운 기녀 3명이 앞에 있다가 금주발에 담은 앵두를 까서 달콤한 유즙을 뿌려 일품관에게 바쳤다. 일품관은 붉은 생사 비단옷을 입은 기녀에게 금주발을 들어다 최생에게 주어 먹게 하라고 했으나, 최생은 나이가 어렸기에 기녀들이 있자 부끄러움을 느끼고 끝내 먹으려 하지 않았다. 그러자 일품관이 그 붉은 생사 비단옷을 입은 기녀에게 순가락으로 최생에게 먹여 주라고 했기에 그는 마지못해 그것을 먹었다. 기녀는 그를 보고 미소를 지었다. 최생이 작별을 고하고 물러나오려고 하자 일품관이 말했다.

"도령은 이 늙은이와 거리를 두지 말고 한가할 때면 꼭 한번 방문하여 주게나."

그리고는 붉은 생사 비단옷을 입은 기녀에게 정원까지 나가 그를 배웅해 주라고 했다. 최생이 기녀를 뒤돌아보자, 그녀는 손가락 세 개를 세웠다가 다시 세 번 손바닥을 뒤집은 뒤에 앞가슴에 있는 작은 거울을 가리키며 이렇게 말했다.

"기억해 두세요."

그리고 다른 말은 하지 않았다.

최생은 집으로 돌아와 일품관의 뜻을 아버지께 전하고 서재로 돌아갔는데, 그는 정신이 혼미해지고 무엇엔가 마음을 빼앗겨 말수도 줄고 얼굴이 축났으며, 멍하니 [먼 곳을] 응시하며 생각에 잠겨 있었다. 그는 하루 종일 밥 먹을 겨를도 없이 단지 시만 읊을 뿐이었다.

> 봉래산(蓬萊山)에 잘못 들어 산 정상에서 노니니,
> 명주(明珠) 귀걸이 한 옥녀(玉女)가 별빛 같은 눈동자 깜박이네.
> 붉은 문 반쯤 닫힌 깊은 궁의 달빛은,
> 선녀의 곱고도 근심스런 모습을 눈처럼 희게 비추이네.

주위 사람들은 그 뜻을 알 수 없었으나 당시 집에 있던 곤륜노(崑崙奴: 아랍 지역 출신의 피부 빛이 검은 노비로 당나라 때에는 권문세가에서 곤륜노를 부리는 것이 성행했음)인 마륵(磨勒)은 도련님을 바라보며 이렇게 말했다.

"마음속에 무슨 고민이 있으시기에 이처럼 계속 한을 품고 계십니까? 어찌 이 늙은 노복에게 말씀하지 않으십니까?"

그러자 최생이 말했다.

"네가 무엇을 안다고 내가 가슴속에 품고 있는 일을 묻느냐?"

그러자 마륵이 말했다.

"말씀만 하시면 마땅히 도련님을 위해 그 근심을 풀어 드릴 것이니, 조만 간에 틀림없이 그리할 수 있을 것입니다."

최생이 그의 기이한 말에 놀라 결국 소상히 말해 주었더니, 마륵이 말했다.

"이런 사소한 일을 어찌 일찍 말씀해주지 않으시고 혼자서 괴로워하고 계셨습니까?"

최생이 또 그 은어(隱語)에 대해서도 말해 주자, 마륵이 말했다.

"무엇이 어렵습니까? 세 손가락을 세운 것은 일품관 댁 안에는 10개의 별채에 가기(歌妓)가 있으므로, 이는 그 중에 세 번째 별채란 뜻입니다. 손바닥을 세 번 뒤집은 것은 열다섯 손가락이니, 이는 15일이라는 숫자에 해당합니다. 앞가슴의 작은 거울은 15일 보름날 밤에 달이 거울처럼 둥글다는 뜻으로 도련님께서 그 날 오시라는 뜻입니다."

그러자 최생은 기쁨을 이기지 못하며, 마륵에게 이렇게 말했다.

"어떤 계책으로 나의 울적한 마음을 풀 수 있도록 인도해 주겠는가?"

마륵이 웃으며 말했다.

"내일 밤이면 보름밤이니, 짙은 청색 명주 두 필로 도련님을 위해 몸에 꼭 맞는 옷을 한 벌 지어 달라 하십시오. 일품관 댁은 사나운 개가 가기가 있는 별채의 문을 지키고 있는데, 평상시 다니는 사람이 아니면 쉽게 들어갈 수도 없거니와 들어가도 틀림없이 물려 죽고 맙니다. 그 개는 경계심이 귀신같고 사납기가 호랑이 같은 조주(曹州) 맹해공(孟海公)

의 개입니다. 세상에 이 늙은 노복이 아니면 그 개를 죽일 수 있는 사람이 없습니다. 오늘밤에 마땅히 도련님을 위해 그 개를 때려죽이겠습니다."

최생은 마륵에게 술과 고기로 술자리를 마련해 격려해 주었다.

[다음 날] 3경(更)이 다가오자, 마륵은 잘 다듬어진 몽둥이를 가지고 갔다가 한 식경(食頃)쯤 지나 돌아와 말했다.

"개는 이미 죽었으니, 이제 도련님을 가로막을 것은 없습니다."

그날 밤 3경에 마륵은 최생과 함께 짙은 청색 옷을 입은 후 최생을 업고 열 겹의 담을 뛰어넘어 가기가 있는 별채 안으로 들어가 세 번째 문에서 멈추었다. 기녀가 있는 방문은 빗장이 채워져 있지 않았으며 금등잔이 희미하게 빛나고 있었는데, 단지 기녀의 긴 한숨 소리만 들리는 것이 앉아서 [누군가를] 기다리는 것 같았다. 기녀가 비취(翡翠) 귀걸이를 내려 놓고 [화장한] 붉은 얼굴을 그제야 닦으니, 옥처럼 아름답던 얼굴은 원망 때문에 그 아름다움이 없어지고, 구슬같던 모습은 시름 때문에 영롱함이 변했다. 그녀는 시를 읊었다.

> 깊은 동굴에서 꾀꼬리 울며 완랑(阮郞: 阮肇. 漢 明帝때 劉晨과 함께 天台山으로 들어가 두 여인과 함께 생활하다 산을 내려오니 자신의 7대 후손이 살고 있었다는 고사의 주인공)을 원망하니,
> 몰래 몰래 오시어 꽃 아래에 구슬 귀걸이를 풀어놓으소서.
> 푸른 구름이 회오리바람에 흩어지니 서신도 끊어지고,
> 부질없이 옥퉁소에 의지하여 봉황새[晉 穆公의 딸 弄玉이 퉁소를 잘 부는 簫史를 남편으로 맞이하여 늘 음악과 더불어 즐기다가 마침내 봉황을 타고 신선이 되었다는 고사] 오기만 근심하네.

시위(侍衛)들이 모두 잠들자, 인근에는 인기척 하나 없이 조용해졌다.

최생이 마침내 천천히 주렴을 걷어올리며 안으로 들어갔더니, 기녀는 한참만에 비로소 최생인 것을 알아보았다. 기녀는 침상 아래로 뛰어 내려와 최생의 손을 잡고 말했다.

"저는 도련님께서 총명함이 뛰어나시어 틀림없이 조용히 알아보시리라 알고 있었기에 손으로 말한 것이었습니다. 그러나 도련님께서는 어떤 신묘한 술법이 있으시기에 여기까지 오실 수 있으셨는지요?"

최생이 마륵의 계책과 그가 자신을 업고 왔다는 것을 소상히 말해 주자, 기녀가 말했다.

"마륵은 어디에 있사온지요?"

최생이 말했다.

"주렴 밖에 있소."

그러자 그녀는 마륵을 들어오게 하여 금 주발에 술을 따라 그에게 마시도록 했으며, 최생에게 이렇게 말했다.

"소녀의 집안은 본시 부유했으며 삭방(朔方)에 살고 있었습니다. 그런데 이 댁 주인이 당시 군대를 지휘하고 있으면서 소녀를 핍박하여 기녀가 되게 했답니다. 소녀는 자진(自盡) 할 수 없었기에 오랫동안 구차히 살고 있었습니다. 얼굴에는 비록 분을 발라 화려하나 마음은 온통 한이 맺혀 있습니다. 옥 젓가락으로 찬을 들고 금 화로에 향을 피우며, 운모 병풍에 매일 비단이 바쳐지고 수놓은 이불에 늘 구슬과 비취 사이에서 잠을 자지만, 모두 소녀가 원하는 바가 아닌지라 마치 차꼬와 쇠고랑을 차고 있는 것 같습니다. 그러나 현명하고 용맹하신 도련님께서 신묘한 술법이 있으시니, 저를 이 짐승우리 같은 곳에서 탈출시켜 주시는 데 무엇이 방해가 되겠습니까? 소녀가 바라는 바는 이미 말씀드렸사오니,

소녀 죽는다 하더라도 후회하지 않을 것입니다. 청컨대 종이 되어 영광된 의용(儀容)을 모시고 싶사옵니다. 도련님의 뜻은 어떠하신지요?"

최생이 정색을 하고 아무 말도 하지 않자, 마륵이 말했다.

"낭자의 마음이 이처럼 굳으시니 이 역시 사소한 일입니다."

기녀는 매우 기뻐했다. 마륵은 우선 기녀를 위해 그녀의 물건이 든 자루와 화장 궤를 지고 나르기를 청했으며, 이처럼 그곳을 세 번 반복해 오간 후 이렇게 말했다.

"날이 밝을까 걱정입니다."

그리하여 결국 마륵은 최생과 기녀를 함께 등에 지고 10여 겹의 높은 담을 나는 듯 빠져 나왔다. 일품관 집의 수비들 중에는 경계하는 자가 없었으므로, 그들은 최생의 서재로 돌아와 기녀를 숨겨 두었다. 아침이 되어서야 일품관의 집에서는 비로소 이 사실을 알아차렸는데, 개가 죽어있는 것을 보고는 일품관이 크게 놀라 이렇게 말했다.

"우리 집의 문과 담은 지금까지 깊고 은밀하게 지켜졌으며, 빗장과 자물쇠도 엄중하게 단속했다. 그런데 마치 날아다닌 듯 고요하고, 자취도 없는 상황으로 보아 이는 틀림없이 협사(俠士)가 그녀를 데리고 간 것이다. 그러니 다시는 소리소문 내지 말아야 할 것이다. [그렇지 않았다가는] 공연히 화를 자초할 것이다."

기녀는 최생의 집에 2년간 숨어 지내다 꽃피는 계절이 되어 작은 수레에 올라 곡강(曲江)으로 놀러갔는데, 일품관의 집안 하인이 그녀를 남몰래 알아보고는 기억해 두었다가 일품관에게 그 사실을 이야기했다. 일품관은 기이하게 여기고 최생을 불러 그 사실을 따져 물었다. 그러자 최생은 두려운 나머지 감히 사실을 숨기지 못하고 마침내 그 이유를 자세히 아뢰면서, 모두 노비 마륵이 업고 갔기 때문이라고 했다. 그러자 일품관이 말했다.

"이는 기녀가 크게 죄를 지은 것이나, 도령이 기녀를 부린지 해가 넘었으니 시비(是非)를 물을 수가 없게 되었네. 그러나 나는 마땅히 천하의 사람들을 위해 해악을 제거해야겠네."

그리고는 갑옷 입은 병사 50명에게 무기를 들고 최생의 집 담을 에워싸 마륵을 사로잡게 했다. 그러자 마륵은 비수를 들고 높은 담을 날아서 빠져 나왔는데, 언뜻 보니 마치 날개가 돋은 듯 했으며 빠르기가 매와 같았다. 화살을 빗발치듯 쏘아댔으나 그를 명중시킬 수는 없었다. 그는 잠깐 사이에 행방이 묘연해졌다. 그러자 최생의 집안 사람들은 크게 경악했으며, 후에 일품관도 후회하고 두려워했다. 그리하여 매일 저녁 많은 동복들이 칼과 창을 들고 수비했으며, 이와 같이 만 1년을 하고서야 수비를 그만두었다. 그 후 10년이 지나 최생의 집안 하인이 마륵이 낙양시(洛陽市)에서 약을 팔고 있는 것을 보았는데, 그의 용모는 예전과 같았다. (『전기』)

唐大曆中, 有崔生者, 其父爲顯僚, 與蓋代之勳臣一品者熱. 生是時爲千牛, 其父使往省一品疾. 生少年, 容貌如玉, 性稟孤介, 擧止安詳, 發言淸雅. 一品妓軸簾, 召生入室. 生拜傳父命, 一品忻然愛慕, 命坐與語. 時三妓人艷皆絶代, 居前, 以金甌貯含桃而擘之, 沃以甘酪而進. 一品遂命衣紅綃妓者, 擎一甌與生食, 生少年羞妓輩, 終不食. 一品命紅綃妓以匙而進之, 生不得已而食. 妓哂之. 遂告辭而去, 一品曰: "郎君閑暇, 必須一相訪, 無間老夫也." 命紅綃送出院. 時生回顧, 妓立三指, 又反三掌者, 然後指胸前小鏡子云: "記取." 餘更無言.

生歸, 達一品意, 返學院, 神迷意奪, 語減容沮, 怳然凝思. 日不暇食, 但吟詩曰: "誤到蓬山頂上遊, 明璫玉女動星眸. 朱扉半掩深宮月, 應照璃芝雪艶愁." 左右莫能究其意, 時家中有崑崙奴磨勒, 顧瞻郎君曰: "心中有何事, 如此抱恨不已? 何不報老奴?" 生曰: "汝輩何知, 而問我襟懷間事?" 磨勒曰: "但言, 當爲郎君釋解, 遠近必能成之." 生駭其言異, 遂具告知, 磨勒曰: "此小事耳, 何不早言之, 而自苦耶?" 生又白其隱語, 勒曰: "有何難會? 立三指者, 一品宅中有十院歌姬, 此乃第三院耳. 返掌三者, 數十五指, 以應十五日之數. 胸前小鏡子, 十五夜月圓如鏡, 令郎來耶." 生大喜不自勝, 謂磨勒曰: "何計而能導達我鬱('鬱'字原空闕, 據明鈔本補)結?" 磨勒笑曰: "後夜乃十五夜, 請深靑絹兩疋, 爲郎君製束身之衣. 一品宅有猛犬, 守歌妓院門, 非常人不得輒入, 入必噬殺之. 其警如神, 其猛如虎, 卽曹州孟海之犬也. 世間非老奴不能斃此犬耳. 今夕當爲郎君撾殺之." 遂宴犒以酒肉.

至三更, 携鍊椎而往, 食頃而回曰: "犬已斃訖, 固無障塞耳." 是夜三更, 與生衣靑衣, 遂負而逾十重垣, 乃入歌妓院內, 止第三門. 綉戶不扃, 金釭微明, 惟聞妓長嘆而坐, 若有所俟. 翠環初墮, 紅臉纔舒, 玉恨無妍, 珠愁轉瑩. 但吟詩曰: "深洞鶯啼恨阮郎, 偸來花下解珠璫. 碧雲飄斷音書絶, 空倚玉簫愁鳳凰" 侍衛皆寢, 鄰近闃然. 生遂緩搴簾而入, 良久, 驗是生. 姬躍下榻, 執生手曰: "知郎君穎悟, 必能默識, 所以手語耳. 又不知郎君有何神術, 而能至此?" 生具告磨勒之謀, 負荷而至, 姬曰: "磨勒何在?" 曰: "簾外耳." 遂召入, 以金甌酌酒而飮之, 姬白生曰: "某家本富, 居在朔方. 主人擁旄, 逼爲姬僕. 不能自死, 尙且偸生. 臉雖鉛華, 心頗鬱結. 縱玉筯擧饌, 金鑪泛香, 雲屛而每進綺羅, 綉被而常眠珠翠, 皆非所願, 如在桎梏. 賢爪牙旣有神術, 何妨爲脫狴牢? 所願旣申, 雖死不悔. 請爲僕隸, 願侍光容. 又不知郎君高意如何?" 生愀然不語, 磨勒曰: "娘子旣堅確如是, 此亦小事耳." 姬甚喜. 磨勒請先爲姬負其囊槖粧奩, 如此三復焉, 然後曰: "恐遲明." 遂負生與姬, 而飛出峻垣十餘重. 一品家之守禦, 無有警者, 遂歸學院而匿之. 及旦, 一品家方覺, 又見犬已斃, 一品大駭曰: "我家門垣, 從來邃密, 扃鎖甚嚴. 勢似飛騰, 寂無形跡, 此必俠士而挈之. 無更聲聞. 徒爲患禍耳."

姬隱崔生家二歲, 因花時, 駕小車而遊曲江, 爲一品家人潛誌認, 遂白一品. 一品異之, 召崔生而詰之事. 懼而不敢隱, 遂細言端由, 皆因奴磨勒負荷而去. 一品曰: "是姬大罪過, 但郎君驅使踰年, 卽不能問是非. 某須爲天下人除害." 命甲士五十人, 嚴持兵仗圍崔生院, 使擒磨勒. 磨勒遂持匕首, 飛出高垣, 瞥若翅翎, 疾同鷹隼. 攢矢如雨, 莫能中止. 頃刻之間, 不知所向. 然崔家大驚愕, 後一品悔懼. 每夕, 多以家童持劍戟自衛, 如此周歲方止. 後十餘年, 崔家有人, 見磨勒賣藥於洛陽市, 容顔如舊耳. (出『傳奇』)

194・2(2148)
후 이(侯 彛)

 당(唐)나라 대력연간(大曆年間: 766~779)에 만년현위(萬年縣尉)인 후이라는 사람은 의리를 중시하여 일찍이 국적(國賊)을 은닉해 주었다. 어사(御史)가 추국(推鞫)했으나 끝내 국적이 있는 곳을 말하지 않자, 어사가 이렇게 말했다.

 "국적이 너의 좌우 무릎 뼈 밑에 있다."

 그러자 후이는 계단의 벽돌을 들어 스스로 그 [오른쪽] 무릎 뼈를 내리친 후 그것을 뒤집어 어사에게 보여주며 말했다.

 "국적이 어디에 있소이까?"

그러자 어사가 또 이렇게 말했다.

"너의 왼쪽 무릎 뼈 밑에 있다."

그러자 또 무릎 뼈를 내리쳐 그것을 뒤집어 보여주었다. 그러자 어사는 곧 번철에 맹렬히 타오르는 불을 담아 후이의 배 위에 올려놓았는데, 연기가 자욱하게 피어오르는 모습은 주위 사람들이 차마 볼 수 없을 정도였다. 그러나 후이는 도리어 화를 내며 호통쳤다.

"어찌 숯을 더 넣지 않느냐!"

그리하여 어사는 그를 기이하다고 여겨 그 일을 상주했더니, 대종(代宗)이 그를 불러 만나보고 이렇게 말했다.

"어찌하여 국적을 숨겨 주기 위해 스스로 이러한 고통을 자초하느냐?"

그러자 후이가 대답했다.

"저는 국적을 실제로 숨겨 주었사옵니다. 그러나 이미 그 사람에게 숨겨 주기로 승낙했으므로, 죽어도 발설할 수는 없사옵니다."

대종은 결국 그를 단주(端州) 고요현위(高要縣尉)로 폄적했다. (『독이지』)

唐大曆中, 有萬年尉侯彝者好尙心義, 嘗匿國賊. 御史推鞫理窮, 終不言賊所在, 御史曰: "賊在汝左右膝蓋下." 彝遂揭堦磚, 自擊其膝蓋, 翻示御史曰: "賊安在?" 御史又曰: "在左膝蓋下." 又擊之翻示. 御史乃以鏊貯烈火, 置其腹上, 煙燧火㶿, 左右皆不忍視. 彝怒呼曰: "何不加炭!" 御史奇之, 奏聞, 代宗卽召見曰: "何爲隱賊, 自貽其苦若此?" 彝對曰: "賊臣實藏之. 已然諾於人, 終死不可得." 遂貶之爲端州高要尉. (出『獨異志』)

194 · 3(2149)
승 협(僧 俠)

당(唐)나라 건중연간(建中年間: 780~783) 초에 선비 위생(韋生)은 여주(汝州)로 이사를 가게 되었다. 그는 도중에 한 스님을 만나 그와 함께 말고삐를 나란히 하고 갔는데, 그와는 말이 자못 잘 통했다. 저녁이 되려 하자, 스님은 갈림길을 가리키며 이렇게 말했다.

"이곳으로 몇 리를 가면 빈도(貧道)의 절입니다. 낭군께서는 다녀가실 수 있으실런지요?"

선비는 허락하고 집안 식구들에게 먼저 가라고 했으며, 스님은 종자(從者)에게 분부하여 천막을 치고 식사를 차려 드리도록 했다. 그러나 10여 리를 갔는데도 절에 당도하지 않았기에 위생이 스님에게 [어찌된 일인지] 물었더니, 스님은 연기처럼 까마득히 먼 숲을 가리키며 말했다.

"저곳입니다."

그러나 그곳에 당도했는데도 스님은 또다시 앞으로 나아갔다. 날은 이미 저물어 밤이 되자 위생은 그가 의심스러워졌기에, 평소에 잘 쏘는 탄궁(彈弓)을 은밀히 가죽 신 속에서 꺼내 탄환을 활에 장전해 두었으며 품에 10여 발의 구리 탄환을 품어두었다. 그리고는 비로소 스님을 탓하며 이렇게 말했다.

"제가 일정이 있었으나 아까는 뜻하지 아니하게 스님과의 청론(淸論)에 마음이 동하여 억지로 초대에 응했습니다. 그런데 지금 이미 20리를 왔는데도 아직 도착하지 않으니 어찌된 일입니까?"

그러나 스님은 다만 이야기를 하면서 길을 갈 뿐이었다. 스님이 앞서

100여 보를 가자, 위생은 그 스님이 도둑이라는 것을 알아차리고 탄궁을 쏘아 정확히 그의 머리를 명중시켰다. 스님은 처음에는 [자신이 탄궁에 맞았는지] 알아차리지 못하는 듯 하더니, 다섯 발이 모두 명중하자 비로소 맞은 곳을 어루만지며 천천히 이렇게 말했다.

"낭군께서는 못된 장난을 하지 마십시오."

그리하여 위생은 어쩔 수 없음을 알고 더 이상 탄궁을 쏘지 않았다.

한참이 지나서야 한 장원에 도착했는데, 몇십 명의 사람들이 열을 지어 횃불을 들고 나와 그를 맞이했다. 스님은 위생을 이끌어 대청에 앉힌 뒤 웃으며 말했다.

"낭군께서는 걱정하지 마십시오."

그리고 좌우 사람들에게 물었다.

"부인께서 묵으실 곳은 내가 분부한 대로 마련해 두었느냐?"

그리고 다시 [위생에게] 말했다.

"낭군께서는 집안 식구들을 위로하여 안심시키시고 바로 이곳으로 오시지요."

위생이 아내와 딸이 따로 성대하게 천막을 친 곳에 있는 것을 보자 서로 바라보며 눈물을 흘렸다. 그리고는 즉시 스님이 있는 곳으로 왔더니, 스님이 앞으로 다가와 위생의 손을 잡고 이렇게 말했다.

"빈도는 도둑이며, 본시 좋은 뜻은 없었습니다. 낭군께서 무예가 이리 뛰어나신 줄은 몰랐으니, 빈도가 아니었으면 감당하지 못했을 것입니다. 오늘은 다른 뜻은 없으니 의심하지 마시기 바랍니다. 아까 빈도가 맞은 낭군의 탄환은 모두 여기 있습니다."

그리고는 손을 들어 머리 뒤를 문지르자, 다섯 개의 탄환이 떨어졌다.

잠시 후에 자리를 넓게 깔고 찐 송아지 요리를 마련해 놓았는데, 송아지에는 10여 개의 칼을 찔러 놓았으며, 제병(齎餠: 당대의 음식으로 다진 육류와 야채를 둥글넓적하게 빚어 구운 것)을 주위에 빙 둘러놓았다. 스님은 위생에게 읍하고 자리에 앉아 말했다.

"빈도에게는 의형제 몇이 있는데, 낭군을 알현하게 하고자 합니다."

말이 끝나고 붉은 옷에 큰 허리띠를 한 대여섯 명이 계단 아래에 열을 지어 서자, 스님이 큰 소리로 말했다.

"낭군께 절을 올려라! 너희들이 아까 낭군과 마주쳤더라면 가루가 됐을 것이다."

식사가 끝나자 스님이 말했다.

"빈도는 오랫동안 이 업에 종사하고 있었으나, 이제는 나이가 들어서 예전의 잘못을 바로잡고 싶습니다. 그러나 불행히도 아들의 재주가 이 노승을 뛰어넘으니, 낭군께서 이 노승을 위해 그 녀석을 처단해 주셨으면 합니다."

그리고는 아들 비비(飛飛)를 불러 나오게 하여 낭군께 참례를 드리도록 했다. 비비는 나이가 겨우 열예닐곱 살로, 소매가 긴 푸른 옷을 입고 있었으며 피부가 마치 엉긴 기름처럼 희고 윤기가 났다. 스님이 말했다.

"후당(後堂)으로 가서 낭군을 모시어라."

스님은 위생에게 검 한 자루와 다섯 개의 탄환을 주며 이렇게 말했다.

"부디 낭군께서 무예를 모두 발휘하여 그를 죽임으로써, 노승에게 누가 미치지 않도록 해주시길 간절히 바랍니다."

그리고는 위생을 한 당(堂)으로 데리고 들어간 뒤 밖에서 문에 자물쇠를 채웠다. 당에는 네 모퉁이에 등불을 밝혀두었을 뿐이었다. 비비는 당에 올라 짧은 채찍을 들었는데, 위생은 그에게 탄궁을 쏘고 나서 마음속으로 필시 명중했다고 생각했다. 그러나 탄환은 이미 [그의 채찍에 맞아] 바닥으로 떨어져 있었으며, 비비는 어느 샌가 대들보 위로 뛰어올라 허공을 밟으며 벽을 따라 빙빙 돌았는데, 그 민첩하기가 마치 원숭이 같았다. 탄환이 다 떨어져 더 이상 맞힐 수 없게 되자 위생은 검을 빙빙 돌리며 그를 뒤쫓아 갔는데, 비비는 눈 깜짝할 사이에 위생의 몸과 한 척도 안 되는 거리에 있다가 몸을 빼냈다. 위생은 그의 채찍만 여러 마디로 잘랐을 뿐 결국 그에게 상처 하나 입힐 수 없었다. 한참 후에 스님이 문을 열고 위생에게 물었다.

"노승을 위해 해악을 제거해 주셨는지요?"

위생이 그에게 상황을 소상히 말해 주었더니, 스님은 슬퍼하며 비비를 돌아보고 이렇게 말했다.

"낭군께서 네가 도적임을 증명해 주었으니, 이제 어찌 될 것인지는 자명하구나."

스님은 저녁 내내 위생과 더불어 검과 활과 화살에 대한 일을 논했다. 날이 밝아 오려 하자, 스님은 위생을 길 입구까지 전송하며 비단 100필을 선물하고는 눈물을 떨구며 그와 작별했다. (『당어림』, 『유양잡조』)

唐建中初, 士人韋生移家汝州. 中路逢一僧, 因與連鑣, 言論頗洽. 日將夕, 僧指路歧曰: "此數里是貧道蘭若. 郎君能垂顧乎?" 士人許之, 因令家口先行, 僧即處分從者, 供帳具食. 行十餘里, 不至, 韋生問之, 即指一處林煙曰: "此是矣." 及至, 又前進. 日已昏夜, 韋生疑之, 素善彈, 乃密於靴中取張卸彈, 懷銅丸十餘. 方責僧曰: "弟子有程期, 適偶貪上人清論, 勉副相邀. 今已行二十里, 不至何也?"

僧但言且行. 是僧前行百餘步, 韋生知其盜也, 乃彈之, 僧正中其腦. 僧初若不覺, 凡五發中之, 僧始捫中處, 徐曰: "郎君莫惡作劇." 韋生知無可奈何, 亦不復彈.

良久, 至一莊墅, 數十人列火炬出迎. 僧延韋生坐一廳中, 笑云: "郎君勿憂." 因問左右: "夫人下處如法無?" 復曰: "郎君且自慰安之, 卽就此也." 韋生見妻女別在一處, 供帳甚盛, 相顧涕泣. 卽就僧, 僧前執韋生手曰: "貧道盜也, 本無好意. 不知郎君藝若此, 非貧道亦不支也. 今日固無他, 幸不疑耳. 適來貧道所中郎君彈悉在." 乃擧手掬腦後, 五丸墜焉. 有頃布筵, 具蒸犢, 犢上箚刀子十餘, 以罍餠環之. 揖韋生就座, 復曰: "貧道有義弟數人, 欲令謁見." 言已, 朱衣巨帶者五六輩, 列於階下, 僧呼曰: "拜郎君! 汝等向遇郎君, 卽成韲粉矣." 食畢, 僧曰: "貧道久爲此業, 今向遲暮, 欲改前非. 不幸有一子技過老僧, 欲請郎君爲老僧斷之." 乃呼飛飛出參郎君. 飛飛年纔十六七, 碧衣長袖, 皮肉如臘(明鈔本'臘'作'脂'). 僧曰: "向後堂侍郎君." 僧乃授韋一劍及五丸, 且曰: "乞郎君盡藝殺之, 無爲老僧累也." 引韋入一堂中, 乃反鏁之. 堂中四隅, 明燈而已. 飛飛當堂執一短鞭, 韋引彈, 意必中. 丸已敲落, 不覺躍在梁上, 循壁虛蹋, 捷若猱玃. 彈丸盡, 不復中, 韋乃運劍逐之, 飛飛倏忽逗閃, 去韋身不尺. 韋斷其鞭數節, 竟不能傷. 僧久乃開門, 問韋: "與老僧除得害乎?" 韋具言之, 僧悵然, 顧飛飛曰: "郎君證成汝爲賊也, 知復如何." 僧終夕與韋論劍及弧・矢之事. 天將曉, 僧送韋路口, 贈絹百疋, 垂泣而別. (出『唐語林』, 明鈔本作'出『酉陽雜俎』')

194・4(2150)
최신사(崔愼思)

박릉(博陵)의 최신사는 당(唐)나라 정원연간(貞元年間: 785~805)에 진사과(進士擧)에 응시했다. 그는 도성(都城)에 집이 없었기에 늘 다른 사람 집의 빈 채를 세내어 기거하곤 했다. 주인은 다른 채에 따로 기거하고 있었는데 남편이 없는 30여세의 젊은 과부였다. 최신사가 엿보았더니 그녀는 뛰어난 자색을 갖추고 있었으며 그곳에는 단지 두 여종만이 있었다. 최신사는 여종들을 보내 그녀를 처로 삼고 싶다는 뜻을 전하게 했다. 그러자 부인이 말했다.

"저는 벼슬아치 가문의 사람이 아닌지라 당신께 적합하지 않사오니, 훗날 후회하시게 할 수는 없사옵니다."

그래도 최신사가 그녀에게 아내가 되기를 청하자, 부인도 허락했다. 그러나 부인은 자신의 성씨를 말하려고 하지 않았다. 결국 최신사는 그녀를 아내로 맞아들였으며, 2년여 동안 최신사가 필요한 것들을 부인이 공급해 주었으나 부인은 지친 기색이 없었다. 그 후 아들이 태어나고 몇 개월이 지난 어느 날 밤, 최신사가 문을 닫아걸고 휘장을 드리운 채 잠자리에 들었는데 한밤중에 문득 부인이 보이지 않았다. 취신사는 놀라면서도 필시 부인이 간통하는 것이라고 여기고 몹시 분노했으며, 일어나서 당(堂) 앞을 이리저리 서성거렸다. 어슴푸레한 달빛 아래 문득 부인이 몸에 꼭 맞는 흰 명주옷을 입은 채 지붕에서 내려오는 것이 보였는데, 그녀는 오른 손에 비수를 가지고 있었고 왼손에는 사람의 머리가 들려 있었다. 그녀는 자신의 아버지가 옛날에 군수(郡守)에게 억울하게 죽임을 당했는데, 성(城)에 들어가 보복하려 했으나 몇 년 동안 이루지 못하고 있다가 이제야 이루었으며, 오래 머물 수 없으니 여기서 작별하겠노라고 했다. 그리고는 옷매무새를 다시 고쳐 묶고 재를 담는 주머니에 사람의 머리를 담은 후에 최신사에게 말했다.

"저는 운이 좋게도 2년 동안 당신의 아내로 있으면서 아들도 하나 낳았습니다. 저택과 두 여종은 모두 제가 드리는 것이오니 받아 주시고, 모쪼록 아이를 잘 키워 주십시오."

말을 마치고 작별 인사를 하고는 담을 타고 집을 뛰어넘어 사라졌다. 최신사가 놀라 탄식해 마지 않고 있는데, 잠시 후에 부인이 뜻밖에 다시 돌아와 이렇게 말했다.

"떠나다 보니, 아이에게 젖먹이는 것을 잊었습니다."

그리고는 내실로 들어가더니 한참 뒤에 나와 이렇게 말했다.

"아이에게 젖을 다 먹였으니 이제 영원히 떠나겠습니다."

최신사는 한참이 지나도 갓난아기의 울음소리가 들리지 않는 것이 이상하여 살펴보았더니, 아기는 그 어미에게 살해되어 있었다. 자신의 아들을 죽임으로써 아들에 대한 그리움을 끊어버린 것이었다. 옛날의 협객 중에 그녀를 능가하는 사람은 없었다. (『원화기』)

博陵崔愼思, 唐貞元中應進士擧. 京中無第宅, 常賃人隙院居止. 而主人別在一院, 都無丈夫, 有少婦年三十餘. 窺之亦有容色, 唯有二女奴焉. 愼思遂遣通意, 求納爲妻. 婦人曰: "我非仕人, 與君不敵, 不可爲他時恨也." 求以爲妾, 許之. 而不肯言其姓. 愼思遂納之, 二年餘, 崔所取給, 婦人無倦色. 後産一子, 數月矣, 時夜, 崔寢, 及閉戶垂帷, 而已半夜, 忽失其婦. 崔驚之, 意其有姦, 頗發忿怒, 遂起, 堂前彷徨而行. 時月朧明, 忽見其婦自屋而下, 以白練纏身, 其右手持匕首, 左手攜一人頭. 言其父昔枉爲郡守所殺, 入城求報, 已數年矣, 未得, 今旣剋矣, 不可久留, 請從此辭. 遂更結束其身, 以灰囊盛人首攜之, 謂崔曰: "某幸得爲君妾二年, 而已有一子. 宅及二婢皆自致, 並以奉贈, 養育孩子." 言訖而別, 遂踰墻越舍而去. 愼思驚嘆未已, 少頃却至, 曰: "適去, 忘哺孩子少乳." 遂入室, 良久而出曰: "餧兒已畢, 便永去矣." 愼思久之, 怪不聞嬰兒啼, 視之, 已爲其所殺矣. 殺其子者, 以絶其念也. 古之俠莫能過焉. (出『原化記』)

194 · 5(2151)
섭은낭(聶隱娘)

섭은낭은 당(唐)나라 정원연간(貞元年間: 785~805) 위박절도사(魏博節度使) 섭봉(聶鋒)의 딸이었다. 그녀가 막 열 살이 되었을 때, 한 비구니가 음식을 걸식하러 섭봉의 집에 왔다가 섭은낭을 보고 기뻐하며 이렇게 말했다.

"압아(押衙: 의장과 시위를 관장하는 무관 혹은 무관에 대한 敬稱. 여기서는 聶鋒을 가리킴)께서는 따님을 가르칠 사람을 구하지 않으시겠습니까?"

그러자 섭봉이 크게 노하여 그 비구니를 꾸짖었더니, 그녀는 이렇게 말했다.

"압아께서 쇠로 만든 궤짝 속에 따님을 넣어 두시더라도 저는 반드시 따님을 훔쳐 갈 것입니다."

이윽고 밤이 되자, 과연 섭은낭은 자취를 감추었다. 섭봉은 크게 놀라 사람들을 시켜 수색하게 했으나 아무런 흔적도 보이지 않았다. 섭은낭의 부모는 매일 그녀를 그리워하며 서로를 바라보고 눈물만 흘릴 뿐이었다. 그러나 5년 후에 그 비구니는 섭은낭을 돌려보내 주며 섭봉에게 이렇게 말했다.

"가르침은 이미 이루었으니, 이제 그대가 데리고 계시지요."

비구니의 모습은 순식간에 사라졌으며, 온 집안 사람들은 희비가 엇갈렸다. 그리고 섭은낭에게 무엇을 배웠는지를 묻자, 그녀는 이렇게 대답했다.

"처음에는 단지 경을 읽고 주문을 외웠을 뿐, 그 외 나머지 다른 것은 없었습니다."

섭봉은 섭은낭의 말을 믿지 않고 한사코 따져 물었더니, 그녀가 말했다.

"진실을 말하는데도 또 믿지 않으시면 어찌합니까?"

그러자 섭봉이 말했다.

"진실만을 말해 주려무나."

그러자 섭은낭이 말했다.

"저는 처음에 비구니의 손에 이끌려 몇 리를 갔는지 모릅니다. 날이 밝을 무렵이 되자 굴 너비가 몇십 보나 되는 큰 석굴에 도착했는데, 조용한 것이 사람은 살지 않았고 원숭이가 아주 많았으며 소나무 겨우살이가 우거져 있었습니다. 그곳에는 이미 열 살 먹은 두 소녀가 있었는데, 모두 총명하고 예뻤으며 음식을 먹지 않았습니다. 또 가파른 벽 위를 나는 듯이 달릴 수 있었는데, 민첩한 원숭이가 나무에 오르는 듯 넘어지거나 미끄러지는 일도 없었습니다. 비구니가 저에게 환약 한 알을 주고 긴 보검 한 자루를 쥐고 다니도록 했는데, 그것은 길이가 2척이 넘었으며 칼끝이 예리하여 터럭을 불어 잘리게 할 수 있을 정도였습니다. 비구니는 저에게 두 소녀를 쫓아다니며 벽을 타고 오르게 했는데, 점차 몸이 바람처럼 가벼워지는 것을 느낄 수 있었습니다. 1년쯤 지나자 원숭이를 칼로 찌르는 데 100에 하나도 놓치는 경우가 없었으며, 그 후에는 호랑이와 표범을 찌르고 그 머리를 모두 베어 가지고 돌아올 수 있었습니다. 3년 후에는 하늘을 날수 있게 되어, 매를 칼로 찌르면 적중하지 않는 적이 없었습니다. 검의 칼날도 점차 5촌으로 줄게 되었고, 날짐승이 그 칼을 맞닥뜨리면 칼이 자신에게 다가오는 것도 모를 정도였습니다. 4년이 되자 비구니는 두 소녀를 동굴을 지키도록 남겨 두고 저를 데리고 어느 도시로 갔는데, 어딘지 알 수 없었습니다. 비구니는 어떤 사람을 가리키면서 하나하나 그 죄목을 따지더니 말했습니다.

'너는 나를 위해 저 사람의 머리를 베어 가지고 오되, 알아채는 사람이 없도록 해야 한다. 마음을 안정시키면 나는 새를 찌르는 것처럼 쉬울 것이다.'

저는 너비가 3촌인 양뿔 모양의 비수를 받아서 백주 대낮에 도시에서 그 사람을 찔렀으나, 다른 사람들은 저를 볼 수조차 없었습니다. 머리를 주머니에 넣어 가지고 비구니가 머물고 있는 곳으로 와서, 약으로 그 머리를 물로 만들었습니다. 5년이 되자 비구니가 또 말했습니다.

"아무개 고관은 무고하게 사람을 여러 명 해치는 죄를 지었다. 밤에 그의 침실로 들어가 그 머리를 베어오너라."

그리하여 저는 또다시 비수를 들고 그의 침실로 들어가 그 문의 틈새로 지나갔지만 장애가 될 만한 것은 없었으며, 저는 대들보 위에 엎드려 있었습니다. 날이 어두워져서야 그자의 머리를 들고 돌아왔더니 비구니가 크게 화를 내며 이렇게 말했습니다.

'어찌 이렇게 늦게 왔단 말이냐!'

제가 대답했습니다.

'이 사람이 귀여운 아이와 놀고 있는 것을 보고 차마 쉽게 손을 댈 수 없었습니다.'

그러자 비구니가 저를 꾸짖으며 이렇게 말했습니다.

'이후로는 이런 경우를 만나면, 먼저 그가 아끼는 아이를 먼저 처단한 후에 그를 베도록 해라.'

제가 절을 하며 사죄했더니 비구니가 말했습니다.

'내가 너를 위해 너의 머리를 열고 비수를 숨겨 줄 것이나 상처는 없을 것이니, 필요하면 그것을 뽑아 쓰면 된단다.'

비구니가 또 말했습니다.

'너의 술법은 이미 완성되었으니, 집으로 돌아가도 좋다.'

그리고 비구니는 저를 집으로 데려다 주었습니다. 그러면서 20년 후에 한 번 더 볼 수 있을 것이라고 했습니다."

섭봉은 딸의 말을 듣고 너무도 두려웠다. 후에 어느 날 밤에 섭은낭이 자취를 감추었다가 날이 밝을 때가 되어서야 돌아왔을 때에도 섭봉은 감히 따져 묻지도 못했으며, 이런 일들로 인해 딸을 그다지 애처롭게 여기지도 않았다. 하루는 거울을 가는 젊은이가 문앞에 오자, 섭은낭이 이렇게 말했다.

"이 사람은 저의 남편이 될 수 있을 것입니다."

이렇게 아버지 섭봉에게 말하니 섭봉도 감히 그녀의 뜻에 따르지 않을 수 없어, 결국 그에게 시집보냈다. 섭은낭의 남편은 단지 거울을 담금질하는 일만 할 수 있었을 뿐 다른 재능은 없었기에, 섭은낭의 아버지는 그들에게 의식을 풍족하게 제공해 주면서 바깥채에 살게 했다.

몇 년이 지나 아버지가 돌아가신 후, 위박절도사(魏博節度使)가 점차 그녀의 신이(神異)함을 알게 되어 금과 비단을 주며 측근으로 삼았다. 이렇게 또 몇 년이 흘러 원화연간(元和年間: 806~820)이 되었는데, 위박절도사는 진허절도사(陳許節度使)인 유창예(劉昌裔)와 사이가 좋지 못하자 섭은낭을 보내 그의 머리를 가져오게 했다. 그리하여 섭은낭은 [원문에는 '引娘'이라 되어있으나 '隱娘'의 오기로 보임] 절도사에게 작별을 고하고 허주(許州)로 갔다. 유창예는 신술(神術)에 능하여 이미 그녀가 오리라는 것을 알고 있었기에 아장(衙將: 군부의 武官)을 불러 명했다.

"내일 아침에 성의 북쪽으로 가서 흰 나귀와 검은 나귀를 타고 오는 사내 하나와 여자 하나가 성문에 당도하기를 기다리고 있거라. 그 때 마침 까치 한 마리가 남편 앞으로 와서 시끄럽게 지저귈 것이다. 남편이 그것을 탄궁으로 쏘아 맞추지 못하면, 아내가 남편의 탄궁을 빼앗아 한 발에 그 까치를 죽일 것이다. 너는 읍하고 내가 그들을 만나고 싶어하며 먼길을 마중 나왔다고 말씀드려라."

아장은 과연 절도사가 말한 대로 그들을 만나게 되었다. 섭은낭 부부가 말했다.

"유복야(劉僕射: 劉昌裔)께서는 과연 신묘한 분이시군요. 그렇지 않다면 어찌 저희들이 오는 것을 분명히 알 수 있었겠습니까? 유공(劉公: 劉昌裔)을 만나 뵙고 싶습니다."

유창예가 그들을 만나 그들의 수고를 위로하자, 섭은낭 부부는 절을 하며 이렇게 말했다.

"복야께 죄를 지었으니 만 번 죽어도 마땅합니다."

그러자 유창예가 말했다.

"그렇지 않습니다. 각기 자신의 주인을 친애하는 것은 인지상정입니다. 위주(魏州)와 허주가 무엇이 다릅니까? 다만 이곳에 머물러 주시기를 청하는 바이니, 저를 의심하지 마십시오."

그러자 섭은낭은 감사하며 말했다.

"복야님 주위에 사람이 없으시니, 저쪽을 버리고 이곳으로 오고자 합니다. 공의 신명함에 감복했습니다."

섭은낭은 위박절도사가 유창예에게 미치지 못한다는 것을 알아보았던 것이다. 유창예가 필요한 것이 무엇인지 묻자, 섭은낭이 말했다.

"매일 돈 200문(文)이면 족합니다."

유창예는 그녀의 청대로 해주었다. 그런데 문득 나귀 두 마리가 보이지 않아 유창예가 사람을 시켜 찾아보았으나 행방을 몰랐는데, 후에 몰래 섭은낭의 보따리를 거두어 보았더니 하나는 검고 하나는 흰 종이 나귀가 들어 있었다. 한 달쯤 지나 섭은낭이 유창예에게 말했다.

"저쪽에서는 아직 저희가 이곳에 머무르는 것을 알지 못하니 틀림없이 사람을 계속 보낼 것입니다. 그러니 오늘밤에 머리카락을 잘라 붉은 생사로 묶어 위박절도사의 베갯머리에 놓아두어 돌아가지 않겠다는 표시로 삼게 해주십시오."

유창예가 그녀의 말대로 하게 해주었더니, 그녀는 4경이 되어 돌아와 이렇게 말했다.

"그 표시를 보냈으니, 모레 밤 틀림없이 정정아(精精兒)를 보내 저를 죽이고 복야의 머리를 훔쳐 가려 할 것입니다. 그러나 그때 저는 갖가지 방법으로 그녀를 죽일 것이니 부디 심려치 마십시오."

유창예는 활달하고 도량이 큰 사람인지라 역시 두려워하는 기색이 없었다. 그날 밤 등촉을 밝혀 두자, 한밤중이 지나 과연 하나는 희고 하나는 붉은 두 깃발이 나부끼며 침상의 네 모퉁이에서 서로 치고 받는 듯 했다. 한참이 지나자 한 사람이 공중에서 떨어져 쓰러졌는데, 몸과 머리가 따로 떨어져 있었다. 섭은낭 역시 나타나 이렇게 말했다.

"정정아는 이미 죽었습니다."

그리고는 당 아래로 시체를 끌어내어 약으로 그 시체를 물로 만들었는데, 터럭 하나 남지 않았다. 섭은낭이 말했다.

"모래 밤에 마땅히 묘수(妙手) 공공아(空空兒)를 보내올 것입니다. 공공아는 술법이 신묘하여 사람은 그녀가 사용하는 술법을 살필 수 없으며, 귀신도 그녀의 자취를 밟을 수 없습니다. 그녀는 허공에 올랐다 땅에 들어갔다 하는데, 모습을 감추고 그림자를 없애는 데도 능합니다. 저의 무예로는 그런 경지의 일은 할 수 없으니 이는 복야의 운수에 달려 있습니다. 그러나 우전(于闐: 唐代 西域 小國의 하나로 美玉의 산지였음)의 옥을 목 주위에 거시고 이불을 덮고 계시면 제가 눈에놀이[蠛蠓: 몸은 1mm로 모기와 비슷한 곤충]로 변해 복야의 장(腸) 속에 잠입하여 동정을 살필 것입니다. 그 이외에 다른 피할 방법은 없습니다."

유창예는 그녀의 말대로 했다. 3경이 되어 눈을 감고 아직 깊이 잠들지 않고 있을 때 과연 목 위에서 쨍그랑 하는 소리가 들렸는데, 그 소리가 매우 날카로웠다. 섭은낭은 유창예의 입 속에서 뛰어나와 하례드리며 말했다.

"복야께서는 이제 걱정 없으실 것입니다. 공공아는 지조높은 송골매 같은 사람이라 단 번에 명중시키지 못하면 즉시 돌아서서 멀리 가버리는데, 지금 명중시키지 못한 것을 수치스러워 하면서 한 경(更)의 시간이 지나기도 전에 이미 1000리 밖으로 가버렸습니다."

그 후 그 옥을 자세히 살펴보았더니, 과연 비수로 그어진 흔적이 있었는데, 그 자국은 수 푼(分: 1尺의 100분의 1)이 넘었다. 그 이후로 유창예는 그들을 극진히 예우했다. 원화 8년(813) 유창예가 황상을 알현하기 위해 허주에서 도성으로 들어가게 되었는데, 섭은낭은 그를 따르기를 원치 않으며 이렇게 말했다.

"이제부터는 산수를 찾아다니며 지인(知人)을 방문하고 싶습니다. 다만 약간의 허급(虛給: 아무 직책도 주지 않고 시키는 일도 없이 봉급을 주는 것을 말함)이 있으면 제 남편에게 주시기 바랍니다."

유창예는 약속대로 해주었다. 그 후 점차 그녀의 행방은 알 수 없게 되었는데, 유창예가 통군(統軍: 唐代 北司 禁軍으로 지위는 大將軍과 같음)으로 있다가 죽자 섭은낭은 나귀를 채찍질하여 도성으로 달려와 관 앞에서 서럽게 통곡하다 떠나갔다.

개성연간(開成年間: 836～840)에 유창예의 아들 유종(劉縱)이 능주자사(陵州刺史)에 제수되어 가다가 촉(蜀) 지방의 잔도(棧道)에 당도하여 뜻밖에 섭은낭과 만났는데, 그 모습이 예전과 같았다. 섭은낭은 서로 만난 것을 매우 기뻐했으며, 지난날과 마찬가지로 흰 나귀를 타고 있었다. 그녀가 유종에게 말했다.

"낭군에게 큰 재난이 있을 것이니 그곳에 계시면 안됩니다."

그리고는 환약 한 알을 꺼내 유종에게 삼키게 하고는 말했다.

"내년에 일이 다급해지면 관직을 버리고 낙양(洛陽)으로 돌아가야만 이 화를 피할 수 있을 것입니다. 제 약의 효력은 단지 1년간의 환난만을 지켜 줄 수 있을 뿐입니다."

그러나 유종은 그 말을 깊이 믿지 않았다. 유종이 섭은낭에게 비단을 주었으나, 그녀는 하나도 받지 않고 술만 취하도록 마신 뒤 떠나갔다. 1년 후에도 유종은 휴직하지 않았다가 결국 능주에서 죽었다. 그 후로는 아무도 섭은낭의 모습을 다시 본 이가 없었다. (『전기』)

聶隱娘者, 唐貞元中, 魏博大將聶鋒之女也. 年方十歲, 有尼乞食于鋒舍, 見隱娘悅之, 云: "問押衙乞取此女敎?" 鋒大怒, 叱尼, 尼曰: "任押衙鐵櫃中盛, 亦須偸去矣." 及夜, 果失隱娘所向. 鋒大驚駭, 令人搜尋, 曾無影響. 父母每思之, 相對涕泣而已. 後五年, 尼送隱娘歸, 告鋒曰: "敎已成矣, 子却領取." 尼欻亦不見, 一家悲喜. 問其所學, 曰: "初但讀經念呪, 餘無他也." 鋒不信, 懇詰, 隱娘曰: "眞說又恐不信, 如何?" 鋒曰: "但眞說之" 曰: "隱娘初被尼挈, 不知行幾里. 及明, 至大石穴之嵌空數十步, 寂無居人, 猿狖極多, 松蘿益邃. 己有二女, 亦各十歲, 皆聰明婉麗不食. 能於峭壁上飛走, 若捷猱登木, 無有蹶失. 尼與我藥一粒, 兼令長執寶劍一口, 長二尺許, 鋒利, 吹毛令斷. 逐二女攀緣, 漸覺身輕如風. 一年後, 刺猿狖, 百無一失, 後刺虎豹, 皆決其首而歸. 三年後能飛, 使刺鷹隼, 無不中. 劍之刃漸減五寸, 飛禽遇之, 不知其來也. 至四年, 留二女守穴, 挈我於都市, 不知何處也. 指其人者, 一一數其過曰: '爲我刺其首來, 無使知覺. 定其膽, 若飛鳥之容易也.' 受以羊角匕首, 刀廣三寸, 遂白日刺其人於都市, 人莫能見. 以首入囊, 返主人舍, 以藥化之爲水. 五年, 又曰: '某大僚有罪, 無故害人若干. 夜可入其室, 決其首來.' 又攜匕首入室, 度其門隙, 無有障礙, 伏之梁上. 至暝, 持得其首而歸, 尼大怒曰: '何太晚如是!' 某云: '見前人戱弄一兒可愛, 未忍便下手.' 尼叱曰: '已後遇此輩, 先斷其所愛, 然後決之.' 某拜謝, 尼曰: '吾爲汝開腦後藏匕首, 而無所傷, 用卽抽之.' 曰: '汝術已成, 可歸家.' 遂送還. 云後二十年, 方可一見." 鋒聞語甚懼. 後遇夜卽失蹤, 及明而返, 鋒已不敢詰之, 因茲亦不甚憐愛. 忽値磨鏡少年及門, 女曰: "此人可與我爲夫." 白父, 父不敢不從, 遂嫁之. 其夫但能淬鏡, 餘無他能. 父乃給衣食甚豐, 外室而居.

數年後, 父卒, 魏帥稍知其異, 遂以金帛署爲左右吏. 如此又數年, 至元和間, 魏帥與陳許節度使劉昌裔不協, 使隱娘賊其首. 引娘辭帥之許. 劉能神筭, 已知其來, 召衙將令: "來日早至城北, 候一丈夫一女子, 各跨白黑衛. 至門, 遇有鵲前噪夫, 夫以弓彈之, 不中, 妻奪夫彈, 一丸而斃鵲者. 揖之云, 吾欲相見, 故遠相祇迎也." 衙將受約束, 遇之. 隱娘夫妻曰: "劉僕射果神人. 不然者, 何以洞吾也? 願見劉公." 劉勞之, 隱娘夫妻拜曰: "合負僕射萬死" 劉曰: "不然. 各親其主, 人之常事. 魏今與許何異? 顧請留此, 勿相疑也." 隱娘謝曰: "僕射左右無人, 願舍彼而就此. 服公神明也." 知魏帥之不及劉. 劉問其所須, 曰: "每日只要錢二百文足矣." 乃依所請. 忽不見二衛所之, 劉使人尋之, 不知所向. 後潛收布囊中, 見二紙衛, 一黑一白. 後月餘, 白劉曰: "彼未知住, 必使人繼至. 今宵請剪髮, 繫之以紅綃, 送于魏帥枕前, 以表不廻." 劉聽之, 至四更却返曰: "送其信了, 後夜必使精精兒來殺某, 及賊僕射之首. 此時亦萬計殺之, 乞不憂耳." 劉豁達大度, 亦無畏色. 是夜明燭, 半宵之後, 果有二幡子一紅一白, 飄飄然如相擊于牀四隅. 良久, 見一人自('自'字原闕, 據明鈔本補)空而踣, 身首異處. 隱娘亦出曰: "精精兒已斃." 拽出于堂之下, 以藥化爲水, 毛髮不存矣. 隱娘曰: "後夜當使妙手空空兒繼至. 空空兒之神術, 人莫能窺其用, 鬼莫得躡其蹤. 能從空虛之入冥, 善無形而滅影. 隱娘之藝, 故不能造其境, 此卽繫僕射之福耳. 但以于闐玉周其頸, 擁以衾, 隱娘當化爲蠛蠓, 潛入僕射腸中聽伺. 其餘無逃避處." 劉如言. 至三更, 瞑目未熟, 果聞項上鏗然, 聲甚厲. 隱娘自劉口中躍出, 賀曰: "僕射無患矣. 此人如俊鶻, 一搏不中, 卽翩然遠逝, 耻其不中, 纔未逾一更, 已千里矣." 後視其玉, 果有匕首劃處, 痕逾數分. 自此劉轉厚禮之. 自元和八年, 劉自許入覲, 隱娘不願從焉, 云: "自此尋山水, 訪至人. 但乞一虛給與其夫." 劉如約. 後漸不知所之, 及劉薨于統軍, 隱娘亦鞭驢而一至京師, 柩前慟哭而去.

開成年, 昌裔子縱除陵州刺史, 至蜀棧道, 遇隱娘, 貌若當時. 甚喜相見, 依前跨白衛如故. 語縱曰: "郎君大災, 不合適此" 出藥一粒, 令縱吞之. 云: "來年火急拋官歸洛, 方脫此禍. 吾藥力只保一年患耳." 縱亦不甚信. 遺其繪彩, 隱娘一無所受, 但沉醉而去. 後一年, 縱不休官, 果卒于陵州. 自此無復有人見隱娘矣. (出 『傳奇』)

태평광기 권제 195 호협 3

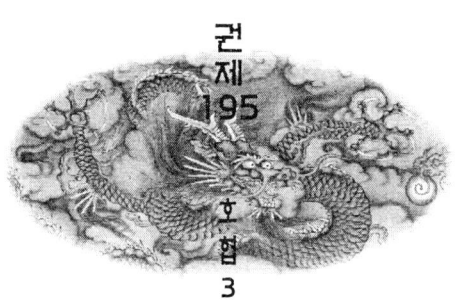

1. 홍　　선(紅　　綫)
2. 호　　증(胡　　證)
3. 풍　　연(馮　　燕)
4. 경서점노인(京西店老人)
5. 난릉노인(蘭陵老人)
6. 노　　생(盧　　生)
7. 의　　협(義　　俠)

195·1(2152)
홍 선(紅 綫)

당(唐)나라 노주절도사(潞州節度使) 설숭(薛嵩)의 집에 홍선이라는 하녀가 있었는데, 그녀는 완함(阮咸: 越琴과 비슷한 현악기의 일종)을 잘 타고 경서와 사적에도 통달했다. 그리하여 설숭은 그녀에게 서류와 문장을 관리하게 하면서 '내기실(內記室)'이라고 불렀다. 그때에 군중에서 큰 잔치를 베풀었는데 홍선이 설숭에게 말했다.

"갈고(羯鼓: 서역 羯族의 악기. 桶모양으로 생긴 장구로 양쪽 머리를 두 북채로 두드림)의 소리가 너무나도 애절합니다. 갈고를 치는 사람에게 분명 무슨 일이 있나봅니다."

설숭도 본디 음율에 밝았기에 이렇게 말했다.

"너의 말과 같구나."

설숭이 곧 악사를 불러 물어보니 그가 이렇게 대답했다.

"제 처가 어젯밤에 죽었습니다만 감히 휴가를 청하지 못했습니다."

설숭은 당장 그를 돌려보내 주었다.

당시 지덕연간(至德年間: 756~758) 이후로는 하남(河南)과 하북(河北) 지역이 소란스러워서 조정에서 부양(滏陽: 원문에는 洺陽으로 되어 있으나『甘澤謠』에 의거하여 滏陽으로 고쳐 번역함)에 진(鎭)을 만들고 설숭에게 그곳을 굳게 지켜서 산동(山東) 지역을 제압하게 했다. 전투로 인한 살상의 여파가 지나간 뒤 감양진에 군부를 막 짓고 있을 때에, 조정에서 설숭에게 명하여 그의 딸은 위박절도사(魏博節度使) 전승사(田承嗣)의 아들에게 시집보내고 그의 아들은 활호절도사(滑亳節度使) 영호장(令狐彰: 원문에는 令狐章으로 되어있으나 『甘澤謠』에 의거하여 고쳐 번역함)의 딸을 아내로 맞이하게 했다. 세 번진에서 서로 인척관계가 맺어지자 열흘을 넘길세라 사신들이 빈번히 오고갔다. 전승사는 전부터 폐병을 앓아서 날씨가 더워지면 증세가 더욱 심각해졌는데, 매번 이렇게 말했다.

"내가 만약 산동으로 진을 옮겨가서 시원한 공기를 마신다면 몇 년의 수명은 늘릴 수 있을 텐데."

그리하여 전승사는 군중에서 무용(武勇)이 일반인보다 열 배나 뛰어난 장정 3천 명을 뽑아 '외택남(外宅男)'이라고 부르면서 후하게 대우여 길렀다. 그는 항상 외택남 300명으로 하여금 주현의 저택을 지키게 했으며, 좋은 날을 잡아서 노주를 병탄하려고 했다. 설숭은 이를 듣자 주야로 근심하며 쯧쯧 혼잣말도 했지만 아무런 계책도 나오지 않았다. 하루는 물시계가 초경(初更)을 알리려는 시각, 군문도 이미 닫혔을 때에 설숭이 아직 지팡이를 짚고서 마당을 거닐고 있었는데, 홍선만이 그를 따르고 있었다. 홍선이 말했다.

"주인님께서는 한달 동안 편히 주무시거나 식사도 제대로 하지 못하셨습니다. 뭔가 골몰히 생각하시는 바가 있으신 것 같은데, 혹시 이웃 번진 때문은 아닙니까?"

설숭이 말했다.

"우리 진의 안위가 달린 일이니 네가 처리할 수 있는 일이 아니다."

홍선이 말했다.

"소첩이 진실로 천한 몸이지만 주인님의 근심을 풀어드릴 수 있습니다."

설숭이 그녀의 남다른 말을 듣더니 곧바로 말했다.

"나는 네가 뛰어난 사람이라는 것을 알고 있었는데, 내가 어리석었구나."

설숭은 마침내 그의 걱정을 자세히 이야기한 뒤 말했다.

"나는 조부의 유업(遺業)을 계승하여 국가에 막중한 은혜를 입었으나, 하루아침에 이 땅을 잃는다면 수백 년간의 공훈도 다하게 될 것이다."

홍선이 말했다.

"이 일은 쉬운 일일뿐이니 주인님께서 수고로이 걱정하실 것이 못됩니다. 잠시 저를 놓아주셔서 위성(魏城)에 한 번 다녀오게 하시면, 제가 그 형세를 살펴보고 허실을 알아보겠습니다. 지금 1경(更)이면 그 곳에 갔다가 2경이면 돌아와 아뢸 수 있습니다. 우선 말과 사신을 정하고 안부를 묻는 서한을 준비해 두십시오. 나머지는 제가 돌아올 때까지 기다려 주십시오."

설숭이 말했다.

"그러나 일이 만약 제대로 되지 않아 화만 재촉하게 된다면 이를 어찌하겠느냐?"

홍선이 말했다.

"제가 이번에 가는 일은 반드시 잘 될 것입니다."

홍선은 곧장 내실로 들어가서 행장을 갖추었는데, 머리는 오만족(烏蠻族)의 상투로 틀고 금작(金雀) 비녀를 꽂았으며, 자주색 수놓인 짧은 웃옷을 입고 푸른색 실로 된 가벼운 신을 신고서 가슴에는 용무늬의 비수를 차고 이마에는 태일신(太一神)의 이름을 썼다. 홍선은 설숭에게 재배한 뒤 길을 나섰는데 홀연히 사라졌다. 설숭은 몸을 돌려 문을 걸어 잠근 뒤 촛불을 등지고 단정히 앉았다. 그는 항상 술을 마실 때면 몇 잔을 넘기지 않았는데, 이날 밤에는 술잔을 들자 열 잔이 넘어도 취하지 않았다.

문득 새벽을 울리는 각적(角笛) 소리가 바람결에 들리고 낙엽이 떨어지자 설숭은 깜짝 놀라 일어나 누군지 물었는데 바로 홍선이 돌아온 것이었다. 설숭은 기뻐하면서 그녀의 수고를 위로하여 말했다.

"일은 잘 되었느냐?"

홍선이 말했다.

"감히 명을 욕되게 하지 않았습니다."

설숭이 또 물었다.

"사람이 죽거나 상하지는 않았느냐?"

홍선이 말했다.

"그렇게까지 되지는 않았습니다. 그의 침상 머리맡에 있는 황금 합만을 신표로 가져왔습니다."

홍선이 말했다.

"저는 자정이 되기 2각(刻) 전에 위성에 도착하여 여러 개의 문을 지나 마침내 전승사의 침소에 갔습니다. 외택아가 침실의 낭아에서 쉬고 있었는데 그들의 우레 같은 코고는 소리가 들렸으며 중군의 병사들은 마당에서 순라를 돌면서 바람이 일듯 구호를 외치고 있었습니다. 저는 왼쪽 문을 열고 침대 장막을 젖히고 들어갔는데, 장막 안에는 전씨 늙은이만이 몸을 구부리고 깊이 잠들어 있었습니다. 그는 장식된 무소뿔 베개를 베고 있었는데 누런 명주로 상투를 싸고 있었으며, 베개 앞에는 칠성검이 하나 있었는데 검 앞에 황금 합이 열려 있었습니다. 합 안에는 그가 태어난 생년월일의 갑자(甲子)와 북두신(北斗神)의 이름이 적혀있었으며 좋은 향과 아름다운 진주가 흩어져서 그 위를 덮고 있었습니다. 그런즉 그가 위엄을 떨치던 장수로서 살아생전에 단지 마음 편하게 살고자 하면서[원문에는 '坦共'으로 되어있으나 『甘澤謠』에 의거하여 '但期'로 고쳐 번역함] 늘 아름다운 집에서 잠을 자고는 했지만 자신의 생명이 제 손 아래 달린 것은 알지 못했던 것입니다. 하지만 그를 수고로이 사로잡아봤자 번거로움만 더할 것 같았습니다. 그때에 촛불은 약해지고 향로의 향도 거의 다 탔으며, 사방의 시종들은 병기를 교차해놓고서 어떤 이는 병풍에 머리를 박고 휘늘어져 코고는 사람도 있었고, 어떤 이는 손에 수건과 먼지털이를 들고서 서서 자는 사람도 있었습니다. 저는 그들의 비녀와 귀걸이를 뽑고 또 저고리와 치마를 묶어놓았지만 그들은 병이라도 난 것처럼 잠에서 깰 것 같으면서도 모두 깨어나지 못했습니다. 저는 마침내 황금 합을 가지고서 돌아왔습니다. 위성 서문을 나서 200리 길을 오는데, 동작대(銅雀臺)가 높이 솟아 있고 장수(漳水)는 동쪽으로 흐르며, 새벽닭이 들에서 푸드득거리고 빗긴 달은 숲 사이로 보였습니다. 분한 마음으로 갔다가 기쁨에 차서 돌아오니 잠깐사이에 수고로움도 잊었습니다. 주인님께서 저를 알아주심에 감복하여 은덕에 보답함으로써 부족하나마 그 신뢰에 부합하고자 했습니다. 삼경의 시간 동안에 700리를 왕복하면서 위험한 곳에 들어가고 대여섯 개의 성을 지났지만, 주인님의 근심을 덜 수 있기만을 바랐습니다. 감히 그간의 일을 아뢰나이다."

설숭은 곧장 위성으로 사신을 파견하여 전승사에게 서신을 보냈다.

"어젯밤에 어떤 손님이 위성에서부터 와서 말하기를 자칭 원수(元帥)의 침상 머리맡에서 황금 합 하나를 가져왔다고 하는데, 감히 가지고 있을 수 없어서 삼가 봉하여 돌려보내 드립니다."

사자는 밤길을 달려 한밤중에야 도착했다. 위성에서는 황금 합을 훔쳐간 도둑을 수색하고 있었는데 전군이 걱정에 싸여있었다. 사신은 말채찍으로 문을 치면서 때에 맞지는 않았는데도 접견을 청했다. 전승사가 급히 나오자 사신은 그에게 황금 합을 주었는데, 황금 합을 받을 때에 전승사는 졸도할 만큼 깜짝 놀랐다. 전승사는 사신을 저택에 묵게 한 뒤 연회를 열어 환대하고 많은 재물을 하사했다. 다음날 전승사는 사신을 파견하여 비단 3만 필과 명마 2백 필, 그 밖에 여러 진주와 보물을 바치며 설숭에게 이렇게 말했다.

"제 머리는 당신의 은혜를 입었습니다. 과실을 알면 곧바로 새롭게 고칠 것이니 다시는 그러한 걱정을 끼치지 않을 것입니다. 오로지 당신의 지시를 받들어 감히 혼인의 일을 의논코자 합니다. 일이 있으면 제가 마땅히 마차 뒤에서 수레를 받들 것이며 돌아올 때에는 말 앞에서 채찍을 휘두를 것입니다. 노복으로 외택아를 둔 것은 본래 다른 도적을 방비하기 위한 것으로 다른 계획이 있는 것은 아니었습니다. 지금 모두 그들의 갑옷을 벗겨서 본래의 농사일로 돌아가게 하겠습니다."

이로 인해 한두 달 동안 하북과 하남에 사신이 오고 갔다.

어느 날 갑자기 홍선이 인사하고 떠나려고 하자 설숭이 말했다.

"너는 우리 집에서 태어나 살았는데, 지금 어디로 가려고 하느냐? 또 지금 네게 의지하고 있는데 어찌 가려고 한단 말이냐!"

홍선이 말했다.

"저는 전생에 본래 남자로 태어나 강호에서 유람하며 공부를 했고 신농의 의약서를 읽어 인간세상의 병환을 구제했습니다. 당시 한 마을에 아이를 가진 부인이 있어 갑자기 고독(蠱毒: 뱃속에 사는 기생충으로 인한 독)의 증세를 앓자 원화주(芫花酒: 芫花는 팥꽃 나무로 담자색의 작은 꽃은 약재로 쓰임)로 처방했는데 부인과 뱃속의 두 아들 모두 죽고 말았습니다. 이것은 제가 한번에 세 사람을 살해한 것으로, 저승에서 처벌받아 이 세상에 비천한 신분에 범용한 기운의 여자로 태어났습니다. 다행히도 공의 집에 태어나서 19년이나 지났습니다. 저는 몸에는 수놓인 비단 옷을 걸치고 입으로는 달고 맛있는 것을 먹으며 여기에 총애까지 더해져서 그 영화가 지극했습니다. 하물며 나라가 잘 통치되고 경사스러운 일 또한 끝이 없으니, 하늘의 도리에 위배되는 무리들은 이치상 모두 제거되어야 마땅합니다. 그래서 지난번에 위성에 간 것으로써 은혜에 보답했던 것입니다. 지금 두 곳 모두 강역이 보존되고 만백성 모두 목숨을 온존하게 되었으며, 난신(亂臣)으로 하여금 두려움을 알게 하고 열사(烈士)로 하여금 안정을 도모하게 한 공이 한 낱 아녀자에 지나지 않는 제게 있으니 그 공이 적지 않습니다. 진실로 이전의 죄를 씻을 수 있어 제 본 모습으로 돌아갈 수 있게 되었습니다. 티끌 가득한 세상에서 자취를 끊고 세상 밖에 마음을 두어 한 가닥 맑은 기운을 기루어 생명을 보존코자 합니다."

설숭이 말했다.

"그럴 필요 없다. 내 천금을 들여 네가 머무를 산사(山寺)를 지어주마."

홍선이 말했다.

"내세에 관련된 일을 어찌 간여할 수 있겠습니까?"

설숭은 그녀를 붙잡을 수 없음을 알고 크게 전별연(餞別宴)을 베풀어 빈객과 벗들을 모두 모아 밤중에 중당에서 잔치를 벌였다. 설숭은 음악과 함께 홍선과 작별하는 술을 들고자 연회에 참석한 손님인 냉조양(冷朝陽)에게 사(詞)를 짓게 했다. 그 사는 이러했다.

「채릉가(採菱歌)」를 부르며 모란배를 원망하니.
객 보내는 애달픈 넋은 백척루 위에서 흩어지네.
돌아가는 객은 낙비(洛妃: 洛水의 女神)처럼 안개를 타고 떠나니,
끝없이 푸른 하늘에 강물만 부질없이 흐르네.

노래가 끝나자 설숭은 그 슬픔을 이기지 못했으며 홍선 또한 절하며 흐느꼈다. 홍선은 술에 취한 척하며 자리를 떠났으며, 마침내 그 간 곳을 알 수 없었다. (『감택요』)

唐潞州節度使薛嵩家青衣紅綫者, 善彈阮咸, 又通經史. 嵩乃俾掌其牋表, 號曰'內記室'. 時軍中大宴, 紅綫謂嵩曰: "羯皷之聲, 頗甚悲切. 其擊者必有事也." 嵩素曉音律, 曰: "如汝所言." 乃召而問之, 云: "某妻昨夜身亡, 不敢求假." 嵩遽放歸.

是時至德之後, 兩河未寧, 以洤陽爲鎭, 命嵩固守, 控壓山東. 殺傷之餘, 軍府草創, 朝廷命嵩遣女嫁魏博節度使田承嗣男, 又遣嵩男娶滑亳節度使令狐章女. 三鎭交爲姻婭, 使使日浹往來. 而田承嗣常患肺氣, 遇熱增劇, 每日: "我若移鎭山東, 納其涼冷, 可以延數年之命." 乃募軍中武勇十倍者, 得三千人, 號'外宅男', 而厚其卹養. 常令三百人夜直州宅, 卜選良日, 將倂潞州. 嵩聞之, 日夜憂悶, 咄呫自語, 計無所出. 時夜漏將傳, 轅門已閉, 杖策庭際, 唯紅綫從焉. 紅綫曰: "主自一月, 不遑寢食. 意有所屬, 豈非鄰境乎?" 嵩曰: "事繫安危, 非爾能料." 紅綫曰: "某誠賤品, 亦能解主憂者." 嵩聞其語異, 乃曰: "我知汝是異人, 我暗昧也." 遂具告其事曰: "我承祖父遺業, 受國家重恩, 一旦失其疆土, 卽數百年勳伐盡矣." 紅綫曰: "此易與耳, 不足勞主憂焉. 暫放某一到魏城, 觀其形勢, 覘其有無. 今一更首途, 二更可以復命. 請先定一走馬使, 具寒暄書. 其他卽待某却廻也." 嵩曰: "然事或不濟, 反速其禍, 又如之何?" 紅綫曰: "某之此行, 無不濟也." 乃入閨房, 飭其行具, 乃梳烏蠻髻, 貫金雀釵, 衣紫繡短袍, 繫青絲輕履, 胸前佩龍文匕首, 額上書太一神名. 再拜而行, 倐忽不見. 嵩返身閉戶, 背燭危坐. 常時飲酒, 不過數合, 是夕舉觴, 十餘不醉.

忽聞曉角吟風, 一葉墜露, 驚而起問, 卽紅綫廻矣. 嵩喜而慰勞曰: "事諧否?" 紅綫曰: "不敢辱命." 又問: "無傷殺否?" 曰: "不至是. 但取牀頭金合爲信耳." 紅綫曰: "某子夜前二刻, 卽達魏城. 凡歷數門, 遂及寢所. 聞外宅兒止於房廊, 睡聲雷動, 見中軍士卒, 徒步於庭傳叫風生. 乃發其左扉, 抵其寢帳, 田親家翁止於帳內, 皷趺酣眠. 頭枕文犀, 髻包黃縠, 枕前露一星劍, 劍前仰開一金合. 合內書生身甲子, 與北斗神名, 復以名香美珠, 散覆其上. 然則揚威玉帳, 坦其心豁於生前, 熟寢蘭堂, 不覺命懸於手下. 寧勞擒縱, 只益傷嗟. 時則蠟炬煙微, 爐香燼委, 侍人四布, 兵器交羅, 或頭觸屏風, 鼾而韸者, 或手持巾拂, 寢而伸者. 某乃拔其簪珥, 麋其襦裳, 如病如醒, 皆不能窹. 遂持金合以歸. 出魏城西門, 將行二百里, 見銅臺高揭, 漳水東流, 晨雞動野, 斜月在林. 忿往喜還, 頓忘於行役. 感知酬德, 聊副於依歸. 所以當夜漏三時, 往返七百里, 入危邦一道, 經過五六城, 冀減主憂. 敢言其苦." 嵩乃發使入魏, 遺田承嗣書曰: "昨夜有客從魏中來云, 自元帥牀頭獲一金合, 不敢留駐, 謹却封納."

專使星馳, 夜半方到. 見搜捕金合, 一軍憂疑. 使者以馬箠撾門, 非時請見. 承嗣遽出, 使者乃以金合授之, 捧承之時, 驚怛絶倒. 遂留使者, 止於宅中, 狎以宴私, 多其賜賚. 明日, 專遣使齎帛三萬匹・名馬二百匹・雜珍異等, 以獻於嵩曰: "某之首領, 繫在恩私. 便宜知過自新, 不復更貽伊戚. 專膺指使, 敢議親姻. 彼(按『甘澤謠』彼'作'役')當捧轂後車, 來在麾鞭前馬. 所置紀綱外宅兒者, 本防他盜, 亦非異圖. 今並脫其甲裳, 放歸田畝矣." 由是一兩箇月內, 河北河南信使交至.

忽一日, 紅綫辭去, 嵩曰: "汝生我家, 今欲安往? 又方賴於汝, 豈可議行!" 紅綫曰: "某前本男子, 遊學江湖間, 讀神農藥書, 而救世人災患. 時里有孕婦, 忽患蠱癥, 某以芫花酒下之, 婦人與腹中二子俱斃. 是某一擧殺其三人, 陰力見誅, 降爲女子, 使身居賤隷, 氣稟凡俚. 幸生於公家, 今十九年矣. 身厭羅綺, 口窮甘鮮, 寵待有加, 榮亦甚矣. 況國家建極, 慶且無疆, 此卽違天, 理當盡珎. 昨往魏邦, 以是報恩. 今兩地保其城池, 萬人全其性命, 使亂臣知懼, 烈士謀安, 在某一婦人, 功亦不小. 固可贖其前罪, 還其本形. 便當遁跡塵中, 棲心物外, 澄淸一氣, 生死長存." 嵩曰: "不然. 以千金爲居山之所." 紅綫曰: "事關來世, 安可預謀?" 嵩知不可留, 乃廣爲餞別, 悉集賓友, 夜宴中堂. 嵩以歌送紅綫酒, 請座客冷朝陽爲詞. 詞曰: "「採菱歌」怨木蘭舟, 送客魂消百尺樓. 還似洛妃乘霧去, 碧天無際水空流." 歌竟, 嵩不勝其悲, 紅線拜且泣. 因僞醉離席, 遂亡所在. (出『甘澤謠』)

195・2(2153)
호 증(胡 證)

당(唐)나라 상서(尙書) 호증은 기골이 장대하고 힘이 남보다 월등했다. 그는 진공(晉公) 배도(裵度)와 같은 해에 과거에 급제하여 항상 친근하게 교류하는 사이였다. [배도가 한번은] 양군(兩軍)의 힘이 센 십여 명사들에게 능욕을 당해 다투게 되었는데 형세가 매우 위급해지자, 배도는 몰래 호증에게 사람을 보내 도움을 청했다. 호증이 검은 담비가죽 옷에 황금빛 허리띠를 띠고서 문을 박차고 들어오자, 모든 역사(力士)들은 그 모습에 안색이 바뀌었다. 호증은 술을 마신 뒤에도 다시 술을 가져오게 하여 한 번에 3종(鐘: 1鐘은 10斛으로 1000升에 해당)을 마셨는데, 마치 몇 되[升]도 되지 않는 것처럼 단번에 마시면서 잔에 한 방울도 남기지 않았다. 잠시 후 주인이 등을 켜자 호증은 일어나서 철로 된 등대(燈臺)들을 가져다가 그 곁가지는 제거해버리고 밑받침만 모아서 무릎 위에 뉘어놓고서 여러 사람들에게 말했다.

"이 사람이 제안하건대, 순서에 상관없이 주령(酒令)을 바꿔봅시다. 3종의 술을 가득 따라 한 번에 다 마시는데 3개의 받침대를 산가지로 놓으면서 마시되, 한 방울도 남김없이 다 마셔야 하오. 이 주령을 어기는 자는 철(등대를 말한다)로 때리겠소."

호증은 다시 한번에 3종을 마셨다. 다음으로 어떤 씨름꾼 차례였는데, 그는 3개의 받침대를 산가지로 놓는 것을 세 차례나 했는데도 술을 다 마시지 못했고, 흘린 술로 자리를 적셨다. 호증이 등대를 들어 그를 때리려고 하자, 여러 무뢰배들이 모두 일어나 절을 하고 머리를 조아리더니 살려달라고 하면서 그를 신인(神人)이라 불렀다. 호증이 말했다.

"쥐새끼 같은 녀석들이 감히! 지금 너희들의 죽은 목숨을 살려주겠다."

호증은 그들을 꾸짖어서 내쫓았다. (『척언』)

唐尚書胡證質狀魁偉, 膂力絶人. 與晉公裴度同年, 常狎遊. 爲兩軍力人十許

輩凌轢, 勢甚危窘, 度潛遣一介, 求敎於證. 證衣皂貂金帶, 突門而入, 諸力士
睨之失色. 證飮後到酒, 一擧三鍾, 不啻數升, 杯盤無餘瀝. 逡巡, 主人上燈, 證
起, 取鐵燈臺, 摘去枝葉而合跗, 橫置膝上, 謂衆人曰: "鄙夫請非次改令. 凡三
鍾引滿一遍, 三臺酒須盡, 仍不得有滴瀝. 犯令者一鐵蹄(自謂燈臺)." 證復一擧
三鍾. 次及一角觚者, 三臺三遍, 酒未能盡, 淋漓殆至亚座. 證擧蹄將擊之, 衆
惡皆起設拜, 叩頭乞命, 呼爲神人. 證曰: "鼠輩敢爾! 乞今赦汝破命." 叱之令
出. (出『摭言』)

195・3(2154)
풍연(馮 燕)

  당(唐)나라 풍연은 위호(魏豪) 사람으로 그의 부친과 조부의 명성은 알려지지 않았다. 풍연은 젊어서 의지가 굳고 제멋대로 행동했으며 오로지 격구(擊毬)와 투계(鬪鷄)를 일삼았다. 위시(魏市)에 재물을 빼앗으려고 싸우는 자가 있었는데, 풍연은 이를 듣자 그 공정치 못한 일로 인해 그를 때려죽인 뒤 시골에 숨게 되었다. 관가에서 그를 찾아 수색망을 좁혀오자 풍연은 활주(滑州)로 도망갔다. 그는 익주(滋州)와 활주의 군사들 중에 격구와 투계를 하는 젊은이들과 서로 알게 되었다. 당시 상국(相國: 宰相) 가탐(賈耽)은 활주를 진수(鎭守)하면서 풍연의 재목을 알아보고는 그를 군중에 머무르게 했다.
  어느 날 풍연은 마을을 지나다가 어느 매우 고운 부인이 집 문 곁에서 옷깃으로 얼굴을 가린 채 그를 바라보고 있는 것을 보았다. 풍연은 사람을 시켜 그녀의 뜻을 알아본 뒤 마침내 함께 동침했다. 그녀의 남편은 활주의 장수 장영(張嬰)이었는데, 그가 친구들과 함께 술을 마시자 풍연은 그 틈을 타서 그녀의 침실로 가서 누우면서 침실 문을 닫았다. 장영이 돌아오자 부인은 문을 열어 장영을 맞이하며 치마폭으로 풍연을 가렸다. 풍연은 허리를 굽히고 치마 뒤에 숨어서 살금살금 걸어가 문짝 뒤로 숨었다. 풍연의 머리두건이 베개 아래 떨어져 있었는데 마침 장영의 패도(佩刀) 근처에 있었다. 그런데 장영은 술에 취해 곯아 떨어져 있었다. 풍연이 두건을 손가락질하면서 그 부인에게 가져오게 했는데, 부인이 풍연에게 [두건 옆에 있던 남편의] 패도를 가져다주자 풍연은 [남편을 죽이라는 것으로 부인의 뜻을 오해하여] 부인을 한참 보더니 그녀의 목을 베어버린 뒤 자신의 두건을 쓰고서 떠났다.

다음날 장영은 일어나서 부인이 죽은 것을 보자 깜짝 놀랐으며 밖으로 나가 일을 알리려고 했다. 그러나 장영의 이웃들은 실제로는 장영이 부인을 살해했다고 생각해서 그를 포박했다. 사람이 그의 처가에 달려가 알리자 처가 식구들 물려 와서 말했다.

"항상 우리집 딸을 질투하며 때리고 잘못을 저지른다고 꾸며대더니 이제는 해를 끼쳐 죽이기까지 했구나. 어찌 다른 사람이 저지른 일이겠는가? 다른 사람이 죽였다면 어떻게 혼자 살아남았단 말이냐?"

그들이 모두 장영을 붙들어 곤장을 백여 대 치니 장영은 마침내 말도 할 수 없을 지경이 되었다. 관부에서 그를 살인죄로 잡아들였지만 아무도 그를 위해 변호해주는 이가 없어서 그는 억지로 죄를 뒤집어쓰게 되었다. 사법관과 몽둥이를 든 관리 수십 명이 장영을 데리고 가서 기시형(棄市刑: 저잣거리에서 처형당하고 시체는 길에 내버려지는 형벌)을 행하려고 했는데 그 주위를 둘러싸고 보는 구경꾼들이 천여 명이나 되었다. 이때에 어떤 사람이 구경꾼들을 밀치고 와서 외쳤다.

"무고한 사람을 죽이지 마라. 내가 그의 부인과 사통하고 또 죽였으니 당연히 내가 죄를 받아야 한다."

관리가 소리치는 사람을 잡아보니 바로 풍연이었다. 그들은 풍연과 함께 가탐을 알현하고 사실대로 모두 아뢰었다. 가탐은 장계를 올려서 조정에 일을 알리고 자신의 관인을 내놓아 풍연의 사형을 대속해주고자 했다. 황제가 그 일이 타당하다고 여겨서 조서를 내리니, 활주성에 있던 사형수들은 모두 사면되었다. (심아지 『풍연전』)

唐馮燕者, 魏豪人, 父祖無聞名. 燕少以意氣任俠, 專爲擊毬鬪鷄戲. 魏市有爭財毆者, 燕聞之, 搏殺不平, 遂沈匿田間. 官捕急, 遂亡滑. 益與滑軍中少年雞毬相得. 時相國賈耽鎭滑, 知燕材, 留屬軍中.

他日出行里中, 見戶旁婦人翳袖而望者, 色甚冶. 使人熟其意, 遂室之. 其夫滑將張嬰, 從其類飮, 燕因得間, 復偃寢中, 拒寢戶. 嬰還, 妻開戶納嬰, 以裾蔽燕. 燕卑踖步就蔽, 轉匿戶扇後. 而巾墮枕下, 與佩刀近. 嬰醉目瞑. 燕指巾, 令其妻取, 妻卽以刀授燕, 燕熟視, 斷其頸, 遂巾而去.

明旦嬰起, 見妻殺死, 愕然, 欲出自白. 嬰鄰以爲眞嬰殺, 留縛之. 趣告妻黨, 皆來曰: "常嫉毆吾女, 酒誣以過失, 今復賊殺之矣. 安得他事? 卽他殺而得獨存耶?" 共持嬰百餘笞, 遂不能言. 官收繫殺人罪, 莫有辯者, 彊伏其辜. 司法官與小吏持朴者數十人, 將嬰就市, 看者團圍千餘人. 有一人排看者來, 呼曰: "且無令不辜死者. 吾竊其妻而又殺之, 當繫我." 吏執自言人, 乃燕也. 與燕俱見耽. 盡以狀對. 耽乃狀聞, 請歸其印, 以贖燕死 上誼之, 下詔, 凡滑城死罪者皆免. (出沈亞之『馮燕傳』)

195 · 4(2155)
경서점노인(京西店老人)

당(唐)나라 위행규(韋行規)가 한 이야기이다. 그가 어렸을 때에 도성의 서쪽을 유람하고 있었는데, 그는 날이 저물 때 한 객점에 도착했다가 다시 계속 길을 가려고 했다. 객점에 어떤 노인이 한참 일을 하다가 위행규에게 말했다.

"손님은 밤에 다니지 마십시오. 이곳에는 도적이 많습니다."

위행규가 말했다.

"저는 제 활솜씨를 믿고 있으니, 무서울 것이 없습니다."

마침내 그는 수십 리를 갔다. 날이 어두워지자 어떤 사람이 수풀 속에서 나와 그를 따라왔다. 위행규는 꾸짖어도 그 사람이 대답하지 않자 연속해서 화살을 쏘아맞추었지만, 그는 물러나지 않았다. 화살이 다 떨어지자 위행규는 두려워 도망갔다. 잠시 후에 바람과 우레가 몰아 치자 위행규는 말에서 내려 큰 나무를 등지고 섰는데, 공중에 섬광이 마치 무언가를 문초하는 몽둥이처럼 그를 쫓아오는 것이 보였다. 번개의 기세가 점점 나무 끝으로 파고들자 뭔가가 분분히 날려 그의 앞으로 떨어졌는데 위행규가 살펴보니 바로 나무 조각들이었다. 잠깐 사이에 나무 조각들이 쌓여 그의 무릎에까지 이르렀다. 위행규는 놀랍고 두려워서 활을 버리고 공중을 우러르며 목숨을 빌었다. 그가 수십 번을 절하자 번갯빛이 점점 높아지더니 사라졌고 바람과 우레도 역시 그쳤다. 위행규가 큰 나무를 살펴보니 가지가 거의 떨어지고 없었다. 그는 말도 이미 잃어버렸기에 마침내 걸어서 이전에 도착했던 객점으로 돌아왔다. 위행규는 노인이 막 통에 테를 메고 있는 것을 보자 그가 이인이라고 생각해서 절을 올리고 사례했다. 노인이 웃으며 말했다.

"손님은 활만을 믿지 마시고 모름지기 검술을 배워야 합니다."

노인은 위행규를 데리고 후원으로 들어가서 안장을 싣고 있는 말을 가리키며 말했다.

"데려가시오. 잠시 그대를 시험해본 것뿐이오."

노인은 또한 통에서 판자 한 쪽을 꺼냈는데 지난밤에 그가 쏜 화살이 모두 그 위에 꽂혀 있었다. 위행규가 노인에게 일하면서 받들어 모시기를 청했지만 노인는 허락하지 않았다. 노인이 검술을 조금 보여주었기에 위행규는 그 중 한두 가지를 터득하게 되었다. (『유양잡조』)

唐韋行規自言: 少時遊京西, 暮止店中, 更欲前進. 店有老人方工作, 謂曰: "客勿夜行. 此中多盜." 韋曰: "某留心弧矢, 無所患也." 因行數十里. 天黑, 有人起草中尾之. 韋叱不應, 連發矢中之, 復不退. 矢盡, 韋懼奔焉. 有頃, 風雷總至, 韋下馬, 負一大樹, 見空中有電光相逐, 如鞫杖. 勢漸逼樹杪, 覺物紛紛墜其前, 韋視之, 乃木札也. 須臾, 積札埋至膝. 韋驚懼, 投弓矢, 仰空中乞命. 拜數十, 電光漸高而滅, 風雷亦息. 韋顧大樹, 枝幹盡矣. 鞍馱已失, 遂返前店. 見老人方箍桶, 韋意其異人也, 拜而且謝. 老人笑曰: "客勿恃弓矢, 須知劍術." 引韋入後院, 指鞍馱, 言: "却領取. 聊相試耳." 又出桶板一片, 昨夜之箭, 悉中其上. 韋請役力承事, 不許. 微露擊劍事, 韋亦得一二焉. (出『酉陽雜俎』)

195 · 5(2156)
난릉노인(蘭陵老人)

당(唐)나라 여간(黎幹)이 경조윤(京兆尹)을 지내던 시절, 곡강(曲江)에서는 용을 만들어 놓고 기우제를 지냈는데 이를 보는 이가 수천 명에 달했다. 여간도 이곳에 왔는데 유독 한 노인만이 지팡이를 짚은 채 그를 피하는 예를 표하지 않았다. 여간이 노하여 그를 때렸으나 마치 팽팽한 가죽을 치는 것 같았고, 노인은 어깨를 털더니 떠났다. 여간은 그가 평범한 인물이 아니라는 생각이 들어서 늙은 방졸(坊卒)에게 그를 찾게 했다. 노인은 난릉리(蘭陵里)의 남쪽에 이르러 한 작은 문에 들어가더니, 큰 소리로 말했다.

"내가 곤욕을 심하게 당했으니 이를 모두 씻어야겠다."

방졸이 급히 돌아가서 여간에게 아뢰자 여간은 크게 두려워하며 낡은 옷을 입고 하인과 함께 그곳으로 갔다. 날은 이미 어두워져 있었는데, 방졸이 곧장 들어가서 여간의 관작을 알리자 여간 혼자 종종걸음으로 들어가 절한 뒤 엎드려 말했다.

"이전에 어르신의 겉모습에 미혹되었으니 그 죄는 열 번을 죽어도 마땅합니다."

노인이 놀라 말했다.

"누가 경조윤을 이곳에 데리고 왔는가?"

노인은 곧 여간을 이끌고 계단 위로 올라갔다. 여간은 말로서 그를 설득할 수 있음을 알고는 천천히 말했다.

"저는 경조윤을 지내고 있는데, 경조윤의 위엄이 손상되면 관리로서 다스릴 위엄을 잃게 됩니다. 어르신께서 모습을 감추고 사람들 속에 계셨으니 혜안(慧眼)을 갖지 않고서는 알 수 없었습니다. 만약 이 일로 허물 하신다면 이는 남의 잘못을 가지고 구실을 삼는 격이니 의로운 선비의 마음가짐이라 할 수 없습니다."

노인이 웃으며 말했다.

"이 노인네가 잘못했소."

노인은 곧 술을 준비하고 땅에 자리를 마련한 뒤 방줄을 불러 앉게 했다. 밤이 깊자 노인은 양생술(養生術)까지 언급하게 되었는데 말이 간명하면서도 이치가 분명했다. 여간이 점점 노인을 공경하면서 두려워하게 되자 노인이 말했다.

"이 노인에게 한가지 기예가 있는데 경조윤을 위해 펼쳐 보이겠소이다."

노인은 방에 들어가서 한참 후에 자색 옷을 입고 주홍 색 수염을 드리우고서 장검과 단검 일곱 자루를 품고 중정(中庭)에서 춤을 췄다. 노인의 번갈아 뛰는 빠른 발놀림은 번개 치듯 격렬했으니 비단을 끌어당기듯이 옆으로 뻗치다가도 둥근 불꽃처럼 획 돌았다. 2척 정도 되는 단검이 있었는데 때때로 여간의 옷깃을 스쳐갔다. 여간은 머리를 조아리면서 두려움에 다리가 후들거렸다. 한 식경(食頃) 정도 지나자 노인은 검을 땅에 던졌는데 북두칠성 모양으로 꽂혔다. 노인은 여간을 돌아보며 말했다.

"방금은 경조윤의 담력을 시험해 본 것이오."

여간이 절하며 말했다.

"오늘 이후로 제 생명은 어르신께서 내려주신 것이니, 곁에서 모시고

자 합니다."

노인이 말했다.

"경조윤은 골상에 도인의 기풍이 없어서 급하게 도술을 전수해줄 수 없으니, 다른 날 다시 찾아오도록 하시오."

노인은 여간에게 읍을 한 뒤 안으로 들어갔다. 여간은 돌아간 뒤에도 그 기색이 병든 것 같았다. 그는 거울을 비춰보고서야 수염이 한 촌 남짓 잘려나갔음을 알 수 있었다. 다음 날 다시 노인을 찾아가 보니 집은 이미 비어 있었다. (『유양잡조』)

唐黎幹爲京兆尹時, 曲江塗龍祈雨, 觀者數千. 黎至, 獨有老人植杖不避. 幹怒杖之, 如擊鞿革, 掉臂而去. 黎疑其非常人, 命坊老卒尋之. 至蘭陵里之南, 入小門, 大言曰: "我困辱甚, 可具湯也." 坊卒遽返白黎, 黎大懼, 因衣壞服, 與坊卒至其處. 時已昏黑, 坊卒直入, 通黎之官閥, 黎唯而趨入, 拜伏曰: "向迷丈人物色, 罪當十死." 老人驚曰: "誰引尹來此?" 卽率上階. 黎知可以理奪, 徐曰: "某爲京尹, 尹威稍損, 則失官政. 丈人埋形雜迹, 非證惠眼, 不能知也. 若以此罪人, 是釣人以名, 則非義士之心也." 老人笑曰: "老夫過." 乃具酒, 設席於地, 招坊卒令坐. 夜深, 語及養生, 言約理辨. 黎轉敬懼, 因曰: "老夫有一技, 請爲尹設." 遂入, 良久, 紫衣朱鬢, 擁劍長短七口, 舞於中庭. 迭躍揮霍, 批光電激, 或橫若掣帛, 旋若規火. 有短劍二尺餘, 時時及黎之袵. 黎叩頭股慄. 食頃, 擲劍於地, 如北斗狀. 顧黎曰: "向試尹膽氣." 黎拜曰: "今日已後性命, 丈人所賜, 乞役左右." 老人曰: "尹骨相無道氣, 非可遽授, 別日更相顧也." 揖黎而入. 黎歸, 氣色如病. 臨鏡, 方覺鬚制落寸餘. 翌日復往, 室已空矣. (出『酉陽雜俎』)

195 · 6(2157)
노 생(盧 生)

당(唐)나라 원화연간(元和年間: 806~820)에 강회(江淮)지역에 어떤 당산인(唐山人: 山人은 점장이를 말함)이 있었는데, 그는 역사를 두루 섭렵하고 도술을 좋아해서 항상 명산에 살았다. 당산인은 자칭 축석술(縮錫術: 주석을 연마하는 연금술의 일종)에 뛰어나다고 하여 그를 스승으로 삼는 자가 자못 많았다. 후에 그는 초주(楚州)의 여관에서 노생을 만났는데 서로 의기투합하여 노생 역시 연단술에 대해 이야기하게 되었다. 노생은 당씨가 외가가 된다고 하면서 마침내 당산인을 외삼촌이라고 불렀다. 당산인은 그와 헤어질 수 없어서 그를 초대하여 함께 남악(南嶽: 衡山)으로 갔다. 노생 역시 양선(陽羨)에 있는 친척을 방문하려고 했지만, 지금은 외삼촌이 남악에 가는 것을 따라가고 싶다고 했다. 가는 길에 한 절에 이르렀는데, 한밤중에 한창 이야기꽃이 피었을 때에 노생이 말했다.

"외삼촌께서 축석술에 능하시다고 알고 있으니, 대강을 이야기해보십시오."

당산인이 웃으며 말했다.

"내가 수십년 동안 스승을 모시면서 겨우 이 도술을 배웠는데 어찌 가볍게 이야기할 수 있겠는가?"

노생이 다시 계속해서 도술을 구하자 당산인은 그 도술을 전수해 주는 것은 일정한 시일이 되어야 한다고 사양하면서 남악에 도착하면 전해줄 수 있다고 했다. 노생이 화를 내며 말했다.

"외삼촌은 오늘 저녁에 전수해 주셔야지 이를 소홀히 해서는 안됩니다."

당산인이 그를 꾸짖으며 말했다.

"나는 그대와 전혀 알지도 못하는 사이였는데 뜻하지 않게 우이(盱眙)에서 만나게 되었네. 진실로 그대의 군자다운 품덕(品德)을 흠모했건만 어찌 천한 사람만도 못한겐가?"

노생은 팔을 걷어올리고 눈을 부릅뜨더니 그를 한참동안 쳐다본 뒤 말했다.

"나는 자객이오. 만약 내가 도술을 얻지 못한다면 외삼촌을 이곳에서 죽일 것이오."

노생은 품속에서 새 가죽으로 만든 주머니를 뒤져 반달 모양의 비수를 꺼내 불 앞의 다리미를 집더니 나무를 자르듯 잘라냈다. 당산인은 무섭고 두려워서 도술을 모두 이야기했다. 노생이 곧 웃으며 당산인에게 말했다.

"하마터면 외삼촌을 잘못 죽일 뻔 했군요. 외삼촌은 축석술의 십의 오륙 할만 아십니다."

노생이 사과하며 말했다.

"제 스승은 신선이신데, 스승께서 저희 10명으로 하여금 천하에 함부로 황백술(黃白術)을 전하는 자를 찾아 죽이게 하셨습니다. 황금을 더하거나 주석을 다스리는 도술에 이르기까지 이를 전하는 사람도 역시 죽여야 합니다. 저는 오래 전에 승교(乘蹻: 도가의 비행술)의 도술을 배웠습니다."

그리하여 노생은 두 손을 모아 당산인에게 읍한 뒤 홀연히 사라졌다.

당산인은 이후로 도인들을 만나면 항상 이 일을 이야기하며 경계했다. (『유양잡조』)

唐元和中, 江淮有唐山人者, 涉獵史傳, 好道, 常居名山. 自言善縮錫, 頗有師之者. 後於楚州逆旅遇一盧生, 意氣相合, 盧亦語及鑪火. 稱唐族乃外氏, 遂呼唐爲舅. 唐不能相捨, 因邀同之南嶽. 盧亦言親故在陽羨將訪之, 今且貪舅山林之程也. 中途, 止一蘭若, 夜半, 語笑方酣. 盧曰: "知舅善縮錫, 可以梗槩論之." 唐笑曰: "某數十年重跡從師, 祇得此術, 豈可輕道耶?" 盧復祈之不已, 唐辭以師授有時日, 可達岳中相傳. 盧因作色, "舅今夕須傳, 勿等閑也." 唐責之, "某與公風馬牛耳, 不意旴眙相遇. 實慕君子, 何至驟卒不若也?" 盧攘臂瞋目, 盼之良久曰: "某刺客也. 如不得, 舅將死於此" 因懷中探烏韋囊, 出匕首刃, 勢如偃月, 執火前熨괴, 削之如扎. 唐恐懼具述. 盧乃笑語唐曰: "幾悞殺舅. 此術十得五六." 方謝曰: "某師倔也, 令某等十人, 索天下妄傳黃白術者殺之. 至忝金縮錫, 傳者亦死. 某久得乘蹻之道者." 因拱揖唐, 忽失所在. 唐自後遇道流, 輒陳此事戒之. (出 『酉陽雜俎』)

195·7(2158)
의 협(義 俠)

얼마 전에 경기(京畿) 지역의 현위(縣尉)로 있던 어떤 관리가 한 번은 적조(賊曹: 도적을 잡는 일을 주로 하는 관청) 일을 맡아보았다. 한 도적이 형틀에 묶여있었는데 아직 옥사가 다 갖춰지지 않았다. 이 관리가 혼자 관아에 앉아있는데 그 도적이 갑자기 말했다.

"저는 도적이 아니며 범상한 무리도 아닙니다. 공께서 만약 제 죄를 벗겨주신다면 보답할 날이 있을 것입니다."

이 관리는 그의 모습이 남다르며 언사가 빼어난 것을 보고는 속으로 그렇게 해주겠다고 생각하면서도 그의 청을 들어주지 않는 척 했다. 관리는 밤중에 은밀히 옥리를 불러 그를 놓아주게 한 뒤 옥리도 도망치게 했다. 날이 밝자 옥중에서 죄수가 사라지고 옥리 또한 도주했으나 관청에서는 그를 견책만 할뿐이었다.

후에 관리는 임기가 다 차자 여러 해 동안 객으로 떠돌면서 타향살이로 몹시 고초를 겪었다. 그는 한 현(縣)에 이르러 문득 그곳의 현령이 전에 놓아주었던 죄수와 이름이 같다는 것을 듣고, 그를 찾아가 자신의 이름을 알렸다. 그 현령은 놀랍고 두려워하며 마침내 나와서 그를 절하면서 환영했으니 바로 자신이 놓아준 사람이었다. 현령은 그를 관청에 묵게 하면서 평상을 마주하고 잠자리에 들었으며 열흘이 넘도록 즐겁게 지내며 집에도 들어가지 않았다. 하루는 현령이 집으로 돌아가고 객은 측간에 갔는데 측간은 현령의 집과 담장 하나만 사이에 두고 있었다. 손님이 측간에 있을 때에 현령의 부인이 묻는 소리가 들렸다.

"공(公: 여기서는 縣令)께 어떤 객이 와 계시기에 열흘동안 집에 들어오지도 않으셨습니까?"

현령이 말했다.

"나는 그 사람에게 큰 은혜를 입었으니 이전에 내 목숨이 그의 손에 달렸었소. 그런데 지금까지도 어떻게 보답해야 할지 모르겠소."

부인이 말했다.

"공께서는 큰 은혜는 보답하지 않는다는 말을 듣지 못하셨습니까? 어찌 때를 봐서 그를 처리하지 않으십니까?"

현령은 아무 말도 하지 않다가 한참 뒤에 말했다.

"그대의 말이 옳소."

객은 다 들은 뒤에 돌아가서 노복에게 이야기하여 말을 타고 도망쳤는데 의복은 모두 관청에 버리고 갔다. 그들은 밤이 되자 50~60 리를 가서 그 현의 경계를 벗어났기에 한 촌락의 객점에서 묵게 되었다. 노복은 따라오면서도 급하게 도망치는 것을 괴이하게 여길 뿐 무엇 때문인지는 알지 못했다. 그 객은 쉬어서 안정이 되자, 노복에게 그 도적의 배은망덕함을 이야기했다. 그가 말을 마친 뒤 한탄하고 노복도 흐느껴 울고 있을 때, 갑자기 침상 아래에서 한 사람이 비수를 들고 나왔다. 그 객이 몹시 두려워하자 그 사람이 말했다.

"나는 의로운 사람이오. 현령이 내게 그대의 머리를 가져오라고 했는데 이야기를 들어보니 비로소 그 현령의 배은망덕함을 알게 되었소. 이야기를 듣지 않았다면 어진 사람을 억울하게 죽일 뻔했소. 나는 결코 이런 사람을 놓아 둘 수 없으니, 그대는 주무시지 마시오. 잠깐이면 그대에게 이 현령의 머리를 가져다주어 그대의 억울함을 씻게 하겠소."

그 객은 두렵고도 부끄러운 마음에 감사해 했고 그 검객은 검을 들고 서 나는 듯이 문을 나섰다. 2경(更)이 되었을 때 검객이 소리쳤다.

"도적의 머리를 가져 왔소."

그 객이 불을 밝히라고 명하여 살펴보니 바로 그 현령의 머리였다. 검객은 인사를 마치고 떠났는데 어디로 갔는지 알 수 없었다. (『원화기』)

頃有仕人爲畿尉, 常任賊曹. 有一賊繫械, 獄未具. 此官獨坐廳上, 忽告曰: "某非賊, 頗非常輩. 公若脫我之罪, 奉報有日." 此公視狀貌不群, 詞采挺拔, 意已許之, 佯爲不諾. 夜後, 密呼獄吏放之, 仍令獄卒逃竄. 既明, 獄中失囚, 獄吏又走, 府司譴罰而已.

後官滿, 數年客遊, 亦甚羈旅. 至一縣, 忽聞縣令與所放囚姓名同, 往謁之, 令通姓字. 此宰驚懼, 遂出迎拜, 卽所放者也. 因留廳中, 與對榻而寢, 歡洽旬餘, 其宰不入宅. 忽一日歸宅, 此客遂如廁, 廁與令宅, 唯隔一牆. 客於廁室, 聞宰妻問曰: "公有何客, 經于十日不入?" 宰曰: "某得此人大恩, 性命昔在他手. 乃至今日, 未知何報." 妻曰: "公豈不聞大恩不報? 何不看時機爲?" 令不語, 久之乃曰: "君言是矣." 此客聞已, 歸告奴僕, 乘馬便走, 衣服悉棄於廳中. 至夜, 已行五六十里, 出縣界, 止宿村店. 僕從但怪奔走, 不知何故. 此人歇定, 乃言此賊負心之狀. 言訖吁嗟, 奴僕悉涕泣之次, 忽牀下一人, 持匕首出立. 此客大懼, 乃曰: "我義士也, 宰使我來取君頭, 適聞說, 方知此宰負心. 不然, 枉殺賢士. 吾義不捨此人也, 公且勿睡. 少頃, 與君取此宰頭, 以雪公寃." 此人怕懼愧謝, 此客持劍出門如飛. 二更已至, 呼曰: "賊首至." 命火觀之, 乃令頭也. 劍客辭訣, 不知所之. (出『原化記』)

태평광기

권제 196 호협 4

1. 전팽랑(田膨郞)
2. 선자사문자(宣慈寺門子)
3. 이귀수(李龜壽)
4. 반장군(潘將軍)
5. 고인처(賈人妻)
6. 형십삼낭(荊十三娘)
7. 허적(許寂)
8. 정수재(丁秀才)

196 · 1(2159)
전팽랑(田膨郞)

 당(唐)나라 문종황제(文宗皇帝)가 보물로 아끼던 백옥침(白玉枕)은 덕종(德宗) 때 우전국(于闐國: 唐代 西域의 小國 가운데 하나로 美玉의 산지였음)에서 바친 것이었는데, 조각이 매우 정교하여 희대(希代)의 보물이었다. 문종은 그것을 침전(寢殿)의 휘장 안에 두었는데 어느 날 아침에 갑자기 없어졌다. 궁전의 수비는 매우 엄중했고 두터운 성은을 받은 비빈들이 아니면 그곳에 갈 수 있는 사람이 없었으며, 진열된 진귀한 보물 중에서 다른 것은 잃어버린 게 없었다. 황상(皇上)은 한참 동안 놀라고 이상해하다가 온 도성에 도적을 잡으라는 칙명을 내리면서 측근의 대신(大臣)과 좌우광중위(左右廣中尉: '廣'은 본래 春秋時代 楚의 軍制 명칭으로 左廣과 右廣이 있었음. 여기서는 '軍'의 뜻으로 쓰였음. 唐代에는 德宗 때부터 左右神策軍과 威遠軍 등의 禁軍을 설치하여 환관에게 관장하게 했으며 각 軍에 中尉 1명을 두었는데, 이를 左右軍中尉라 불렀음)에게 은밀히 말했다.
 "여기는 외부의 도적이 들어올 수 있는 곳이 아니니 도적은 틀림없이 궁중에 있을 것이다. 만일 수색하여 잡지 못한다면 다른 변고가 생길까 걱정이다. 베개 하나야 진실로 아까운 게 아니지만, 경 등은 우리 황궁을 수비하고 있으니 반드시 죄인을 잡아들여야 할 것이다. 그렇게 하지 못하면 천자 주변을 호위하는 일은 이제부터 쓸모가 없게 될 것이다."

내궁(內宮)의 관리들은 황공해하고 사죄하면서 열흘 안에 도적을 체포하겠다고 청했다. 그리고는 대대적으로 황금과 비단을 현상금으로 걸었으나, 아무리 뒤져도 자취가 전혀 없었다. 성지(聖旨)가 지엄했으므로 [도적 혐의를 받고] 수감된 자가 점점 많아졌으며, 방방곡곡 골목까지 수색하지 않은 곳이 없었다.

용무군(龍武軍: 唐代 禁軍 가운데 하나. 원래 명칭은 龍虎軍이었으나 선조 李虎의 諱를 피하여 龍武軍으로 개칭했으며 左右로 나누었음)의 제2 번장(蕃將: 이민족 출신의 장군)인 왕경홍(王敬弘)은 일찍이 젊은 노복을 데리고 있었는데, 그는 이제 겨우 18~19살이었고 풍채가 매우 뛰어났으며 심부름하면서 가지 않은 곳이 없었다. 왕경홍이 한번은 동료들과 위원군(威遠軍: 唐代 禁軍 가운데 하나)에서 모여 연회를 즐겼는데, 그 자리에 호금(胡琴)을 잘 타는 시동(侍童)이 있었다. 온 좌중이 술이 거나해지자 시동에게 한 곡 연주해보라고 청했더니, 시동은 악기가 좋지 않다고 사양하면서 늘 타던 것이 있어야 연주하겠다고 했다. 그러나 이미 밤이 깊어져서 악기를 가지러 갈 시간이 없었으므로 사람들은 일어나 허리띠를 풀었다. 그때 젊은 노복이 말했다.

"만약 비파(琵琶)가 필요하다면 금방 가져올 수 있습니다."

왕경홍이 말했다.

"통행금지를 알리는 북이 방금 울렸고 군문(軍門)도 이미 닫힌 데다, 평소에 너에게서 특별한 재주를 보지 못했는데 무슨 터무니없는 소리냐?"

이윽고 술을 마셔 몇 순배 돌았을 때, 젊은 노복이 비단주머니에 비파를 담아 가지고 도착하자, 좌중의 손님들이 기뻐하며 웃었다. 남군(南

軍: 술을 마시고 있던 威遠軍의 軍營을 말함)에서 좌광(左廣: 王敬弘이 머무는 龍武左軍을 말함)까지의 거리는 왕복 30여 리나 되었고 게다가 깊은 밤에 동행자도 없이 잠깐 사이에 갔다오자, 왕경홍은 그 기이함에 놀라 망연자실했다.

그때는 [황제의 백옥침을 훔쳐간] 도적을 체포하려는 행보가 몹시 급박했으므로, 왕경홍은 마음속으로 이 노복이 도적이 아닐까 의심했다. 연회가 끝나고 날이 밝자, 왕경홍은 급히 저택으로 돌아와 노복을 불러 다놓고 물었다.

"내가 너를 몇 년 동안 부렸지만, 이처럼 날쌔고 민첩한 줄은 몰랐다. 나는 세상에 협사(俠士)가 있다고 들었는데, 네가 혹시 그 협사가 아니냐?"

노복이 말했다.

"결코 그런 일은 없습니다만 그렇게 할 수는 있습니다."

그러면서 이렇게 말했다.

"부모님은 모두 촉(蜀) 땅에 계시는데 저는 몇 년 전에 우연히 도성에 와서 이렇게 머무르다보니 이제는 고향으로 돌아가고 싶습니다. [돌아가기 전에] 한 가지 일을 말씀드려 은혜에 보답코자 합니다. 저는 백옥침을 훔쳐간 자의 성명을 일찍부터 알고 있으니, 수삼일 안에 틀림없이 죄를 자백하게 하겠습니다."

왕경홍이 말했다.

"그 일이라면 가볍게 처리해서는 안되며, 또한 적지 않은 사람의 목숨을 살려내게 할 수도 있다. 그 도적이 어디에 있는지 아직 모르니, 관가에 보고하여 비밀리에 체포하는 것이 좋지 않겠느냐?"

노복이 말했다.

"백옥침을 훔친 자는 전팽랑입니다. 그는 저자거리와 군대에 있으면서[당시 神策軍과 龍武軍 등의 병사 중에는 상인의 자제가 많았음] 행적이 일정하지 않으며, 용맹과 힘이 남보다 뛰어난 데다 높이 뛰어넘는 데도 능합니다. 만약 그의 다리를 부러뜨리지 않는다면 천만 명의 기병이 추격하더라도 그는 달아날 것입니다. 지금부터 이틀 밤을 지새면서 그를 망선문(望仙門)에서 기다렸다가 기회를 엿본다면 반드시 사로잡을 수 있을 것입니다. 장군께서는 저를 따라 살펴보시기만 하면 되며, 이 일은 모름지기 비밀에 부쳐야 합니다."

그 때는 열흘 넘도록 비가 오지 않아 새벽녘에 먼지가 자못 심했는데, 수레와 말이 급히 달리다보니 반걸음 안에서도 사람들이 서로를 보지 못할 지경이었다. 전팽랑이 젊은이 여러 명과 함께 어깨를 나란히 하고 군문(軍門)으로 들어가려 할 때, 노복이 격구(擊毬) 막대기로 그를 후려쳐 순식간에 그의 왼쪽 다리를 부러뜨렸다. [땅에 쓰러진] 전팽랑이 노복을 올려다보며 말했다.

"나는 백옥침을 훔친 뒤로 다른 사람은 걱정하지 않고 오직 그대만 두려워했는데, 이미 이렇게 서로 만났으니 어찌 더 이상 많은 말을 하겠는가?"

그리하여 전팽랑을 메고 좌우군(左右軍)에 도착했더니, 전팽랑은 한 번에 죄를 시인하고 자백했다.

황상은 도적을 잡은 것을 기뻐했으며, 또한 금군(禁軍) 안에서 체포한 것을 알고는 전팽랑을 불러 관청에서 직접 심문했더니, 전팽랑은 자신이 늘 군영 안에서 왕래했다고 자세히 아뢰었다. 황상이 말했다.

"이 자는 바로 협객의 무리이며 일반 도둑이 아니다."

그리고는 조정 안팎에 갇혀 있던 혐의자 수백 명을 모두 풀어주게 했다. 노복은 당초 전팽랑을 잡은 뒤 이미 왕경홍에게 작별을 고하고 촉 땅으로 돌아가 버렸기에 찾아도 찾을 수 없었으므로, 왕경홍에게만 상을 내렸다. (『극담록』)

唐文宗皇帝嘗寶白玉枕. 德宗朝于闐國所貢, 追琢奇巧, 蓋希代之寶. 置寢殿帳中, 一旦忽失所在. 然禁衛淸密, 非恩渥嬪御莫有至者, 珍翫羅列, 他無所失. 上驚駭移時, 下詔於都城索賊, 密謂樞近及左右廣中尉曰: "此非外寇所入, 盜當在禁掖. 苟求之不獲, 且虞他變. 一枕誠不足惜, 卿等衛我皇宮, 必使罪人斯得. 不然, 天子環衛, 自玆無用矣." 內宮惶慄謝罪, 請以浹旬求捕. 大懸金帛購之, 略無尋究之跡. 聖旨嚴切, 收繫者漸多, 坊曲閭里, 靡不搜捕.

有龍武二番將王敬弘嘗蓄小僕, 年甫十八九, 神彩俊利, 使之無往不屆. 敬弘曾與流輩於威遠軍會宴, 有侍兒善鼓胡琴. 四座酒酣, 因請度曲, 辭以樂器非妙, 須常御者彈之. 鍾漏已傳, 取之不及, 因起解帶. 小僕曰: "若要琵琶, 頃刻可至." 敬弘曰: "禁鼓纔動, 軍門已鑰, 尋常汝起不見, 何見之謬也?" 旣而就飮數巡, 小僕以繡囊將琵琶而至, 座客歡笑. 南軍去左廣, 往復三十餘里, 入夜且無行伍, 旣而倏忽往來, 敬弘驚異如失.

時又搜捕嚴急, 意以盜竊疑之. 宴罷及明, 遽歸其第, 引而問之曰: "使汝累年, 不知矯捷如此. 我聞世有俠士, 汝莫是否?" 小僕謝曰: "非有此事, 但能行耳." 因言: "父母皆在蜀川, 頃年偶至京國, 今欲却歸鄕里. 有一事欲報恩. 偸枕者早知姓名, 三數日當令伏罪." 敬弘曰: "如此事, 卽非等閒, 遂令全活者不少. 未知賊在何許, 可報司存掩獲(明鈔本 '存'作'府', '獲'作'捕')否?" 小僕曰: "偸枕者田膨郎也. 市塵軍伍, 行止不恒, 勇力過人, 且善超越. 苟非便折其足, 雖千兵萬騎, 亦將奔走. 自茲再宿, 候之於望仙門, 伺便擒之必矣. 將軍隨某觀之, 此事仍須秘密."

是時涉旬無雨, 向曉埃塵頗甚, 車馬騰踐, 跬步間人不相覩. 膨郞與少年數輩, 連臂將入軍門, 小僕執毬杖擊之, 欻然已折左足. 仰而窺曰: "我偸枕來, 不怕他人, 唯懼於爾, 旣此相値, 豈復多言?" 於是舁至左右軍, 一款而伏.

上喜於得賊, 又知獲在禁旅, 引膨郞臨軒詰問, 具陳常在營內往來. 上曰: "此乃任俠之流, 非常之竊盜." 內外囚繫數百人, 於是悉令原之. 小僕初得膨郞, 已告敬弘歸蜀, 尋之不可, 但賞敬弘而已. (出『劇談錄』)

196 · 2(2160)
선자사문자(宣慈寺門子)

　선자사의 문지기는 그 성은 알지 못하지만, 그 사람됨을 헤아려보면 의협(義俠)의 무리였다. 당(唐)나라 건부(乾符) 2년(875)에 위소범(韋昭範)이 굉사과(宏詞科: 唐代 制科 가운데 하나로 進士科 등의 常科와는 달리 특별 설치되었으며, 여기에 급제하면 높은 관직이 수여되었음)에 급제했는데, 위소범은 바로 탁지사(度支使: 국가의 재정과 수입지출을 관장하는 관리) 양엄(楊嚴)의 아주 가까운 친척이었다. 위소범은 축하 연회를 마련하면서 [연회에 필요한] 장막과 그릇 등을 계사(計司: 戶部에 소속되어 있는 度支部의 관아)에서 빌렸는데, 양엄은 사람을 보내 탁지사의 창고에서 필요한 물건을 그에게 빌려주게 했다. 그 해 3월에 곡강(曲江: 唐代 長安의 명승 유람지)의 정자에서 연회를 열었는데, 연회장의 성대함은 다른 어떤 것도 비길 수 없을 정도였다. 그 때는 [굉사과 급제자기] 진사(進士) 급제자와 같은 날 연회를 열었기에 도성의 구경꾼들이 아주 많았다. 주흥이 한창 올랐을 때 언뜻 보았더니 한 젊은이가 나귀를 타고 도착했는데, 그는 곁에 아무도 없다는 듯 몹시 교만하고 못되게 굴었다. 그러더니 나귀에 탄 채로 몸을 구부려 연회석에 들이닥쳐 눈을 크게 뜨고 목과 어깨를 으쓱거리면서 커다란 채찍으로 술시중 드는 기녀를 때렸으며, 그 희롱하는 말은 들어줄 수 없을 지경이었다.

사람들이 놀라 당황하고 있을 때, 갑자기 어떤 사람이 좌중 속에서 그 젊은이의 뺨을 후려치자 젊은이는 그대로 땅에 떨어졌다. 그 사람은 계속해서 젊은이를 구타하더니 그가 들고 있던 채찍을 빼앗아 100여 대를 때렸다. 사람들도 모두 화가 나 있던 참이라 기와와 돌멩이를 마구 던져 젊은이는 거의 죽을 지경이었다. 바로 그 때 자운루(紫雲樓)의 문이 삐걱 하며 열리더니 자주색 관복을 입은 수행원 여러 명이 달려나와 외쳤다.

"그를 때리지 말라!"

전령(傳令)이 외치는 소리가 계속 이어지는 가운데 한 중귀인(中貴人: 황제의 총애를 받는 宦官)이 아주 많은 수행 행렬을 몰고 말을 달려 나와 그를 구해내려 했다. 그러자 그 사람은 다시 채찍을 잡고 그들을 맞아 후려쳤는데, 그의 채찍에 맞은 사람은 모두 땅에 얼굴을 박고 쓰러졌으며 칙사(敕使: 中貴人을 말함)도 채찍에 맞았다. 이윽고 칙사가 말을 몰아 돌아가고 좌우 수행원들도 그를 따라 문안으로 들어간 뒤 즉시 문이 닫혔다.

좌중의 사람들은 속이 후련하면서도 부끄러움을 느꼈지만, 그가 어디서 왔는지 알 수가 없었다. 또한 그들은 이 일이 궁중에까지 연계되어

발 돌릴 틈도 없이 금방 화가 닥칠 것이라고 걱정하여, 돈과 비단을 마련해놓고 젊은이를 때린 그 사람을 불러 물었다.

"그대는 누구요? 여기 계시는 여러 분들 중 누구와 친분이 있기에 이렇게 할 수 있었소?"

그 사람이 대답했다.

"저는 선자사의 문지기이며 여기 계시는 분들과는 아무런 친분도 없습니다. 단지 그 젊은이가 아랫사람에게 무례하게 구는 것을 참지 못한 것일 뿐입니다."

사람들은 모두 그를 칭찬하면서 감탄했으며, 돈과 비단을 모두 그에게 주면서 서로 말했다.

"이 사람은 반드시 도망가야 한다. 그렇지 않으면 틀림없이 붙잡혀 갈 것이다."

열흘 쯤 뒤에 연회에 참석했던 빈객들은 대부분 선자사의 문을 통해 길을 떠났는데, 사람들은 모두 그 문지기를 알아보고서 공경하지 않는 자가 없었다. 결국 그 일로 인해 문지기를 추궁했다는 말은 들리지 않았다. (『척언』)

宣慈寺門子不記姓氏, 酌其人, 義俠徒也. 唐乾符二年, 韋昭範登宏詞科, 昭範乃度支使楊嚴懿親. 及宴席·帝幕·器皿之類, 假於計司, 嚴復遣以使庫供借. 其年三月, 宴於曲江亭子, 供帳之盛, 罕有倫擬. 時進士同日有宴, 都人觀者甚衆. 飮興方酣, 俄視一少年跨驢而至, 驕悖之狀, 傍若無人. 於是俯逼筵席, 張目(明鈔本'張目'作'長耳')引頸及肩, 復以巨箠根築佐酒, 謔浪之詞, 所不能聽.

諸子駭愕之際, 忽有於衆中批其頰者, 隨手而墮. 於是連加毆擊, 又奪所執箠,筵之百餘. 衆皆致怒, 瓦礫亂下, 殆將斃矣. 當此之際, 紫雲樓門軋然而開, 有紫衣從人數輩馳告曰: "莫打!" 傳呼之聲相續, 又一中貴驅殿甚盛, 馳馬來救. 復操筵迎擊, 中者無不面仆於地, 敕使亦爲所筵. 旣而奔馬而反, 左右從而俱入門, 門亦隨閉而已.

坐內甚忻愧, 然不測其來. 又慮事連宮禁, 禍不旋踵, 乃以緡錢束素, 召行殿者訊之曰: "爾何人? 與諸郎君阿誰有素而能相爲如此?" 對曰: "某是宣慈寺門子, 亦與諸郎君無素. 第不平其下人無禮耳." 衆皆嘉歎, 悉以錢帛遺之, 復相謂曰: "此人必須亡去. 不然, 當爲擒矣." 後旬朔, 坐中賓客多有假途宣慈寺門者, 門子皆能識之, 靡不加敬. 竟不聞有追問之者. (出『撫言』)

196・3(2161)
이귀수(李龜壽)

당(唐)나라 진국공(晉國公) 백민중(白敏中)은 선종(宣宗) 때 다시 재상이 되었는데, 권세가들과 결탁하지 않고 오직 공명정대하게 정사를 주재했다. 또한 사방에서 들어온 청탁 중에서 덕행에 방해가 되는 것은 반드시 단호하게 따져서 허락하지 않았으므로, 이 때문에 정진(征鎭: 四征將軍과 四鎭將軍. 여기서는 藩鎭을 말함)들이 그를 꺼려했다. 그는 전적(典籍)에 뜻을 두었으며, 비록 대문에는 행마(行馬: 행인과 말의 출입을 막기 위하여 대문 밖에 설치한 木柵)를 설치하고 뜰에는 부종(鳧鍾: 鍾의 별칭)을 늘어놓았지만, 전적을 깊이 연구하는 것을 게을리 한 적이 없었다. 그는 영녕리(永寧里)의 저택에 따로 서재를 마련해놓고 퇴조(退

朝)할 때마다 혼자 그 안에 머물면서 즐거워했다.

하루는 백민중이 막 서재로 들어가려 할 때, 평소에 귀여워하던 화작(花鵲)이라는 다리 짧은 개가 따라왔다. 백민중이 사립문을 열었더니 화작이 계속 짖으면서 백공(白公: 白敏中)의 옷을 물고 뒷걸음질쳤는데, 야단치면 달아났다가 다시 오곤 했다. 백공이 서재 안으로 들어가자, 화작은 고개를 쳐들고 더욱 다급하게 짖어댔다. 그래서 백공도 의심쩍은 생각이 들어 칼집에서 천금검(千金劒)을 뽑아 무릎 위에 올려놓고 공중을 향하여 소리쳤다.

"만약 괴이한 요물이 있다면 나와서 정체를 드러내거라! 나는 사내대장부인데 어찌 쥐새끼 같은 것이 위협하는 것을 두려워하겠느냐!"

백공이 말을 마치자, 갑자기 어떤 물체가 대들보 사이에서 바닥으로 떨어졌는데 다름 아닌 사람이었다. 그 사람은 붉은 수염에 단후의(短後衣: 뒷자락이 짧은 옷으로 하급 武士가 입음)를 입고 검은 얼굴에 마른 몸집이었는데, 머리를 조아리고 재배하면서 "죽을 죄를 지었습니다"는 말만 했다. 백공이 그를 만류하면서 그의 출신과 성명을 물었더니, 그가 대답했다.

"저는 이귀수라 하며 노룡새(盧龍塞) 사람입니다. 어떤 사람이 저에게 많은 뇌물을 주면서 공에게 해로운 짓을 하게 했습니다. 하지만 저는 공의 덕에 감격했고 또한 화작에게 놀라는 바람에 모습을 숨길 수가 없었습니다. 공께서 만약 저의 죄를 용서해주신다면 저의 여생을 바쳐 공을 모시고 싶습니다."

백공이 말했다.

"너를 죽을죄로 다스리지 않겠다."

백공은 마침내 본래 자신을 수행하던 도압아(都押衙) 부존초(傅存初)에게 명하여 그를 거두어 쓰도록 했다. 다음날 첫새벽에 어떤 부인이 백공의 집에 도착했는데, 허술한 옷차림에 신발을 끌고 포대기에 싼 갓난아이를 안고서 급하게 문지기에게 청했다.

"절 위해 이귀수를 불러주셨으면 합니다."

이귀수가 나와 보았더니 다름 아닌 그의 부인이었다. 부인이 말했다.

"당신이 늦는 것을 걱정하다가 어제 밤중에 계주(薊州)에서 찾아왔습니다."

그 후 백공이 죽은 뒤에 이귀수는 식구들을 모두 데리고 떠났다. (『삼수소독』)

唐晉公白敏中, 宣宗朝再入相(上二句原作'唐晉公王鐸禧宗朝再入相', 據『續談助』知係『廣記』纂修時所改. 原文本作'外王父中書令晉國公宣宗朝再啓黃閣'. 按指白敏中, 改時誤爲王鐸. 今依事實文意復之), 不協比於權道, 唯以公諒宰大政. 四方有所請, 礙於德行者, 必固爭不允, 由是征鎭忌焉. 而志尙典籍, 雖門施行馬, 庭列梟鍾, 而尋繹未嘗倦. 於永寧里第別構書齋, 每退朝, 獨處其中, 欣如也.

居一日, 將入齋, 唯所愛卑脚犬花鵲從. 旣啓扉, 而花鵲連吠, 銜公衣却行, 叱去復至. 旣入閣, 花鵲仰視, 吠轉急. 公亦疑之, 乃於匣中拔千金劍, 按於膝上, 向空祝曰: "若有異類陰物, 可出相見! 吾乃丈夫, 豈懾於鼠輩而相逼耶!" 言訖, 欻有一物自梁間墜地, 乃人也. 朱鬢, 衣短後衣, 色貌黝瘦, 頓首再拜, 唯曰"死罪". 公止之, 且詢其來及姓名, 對曰: "李龜壽, 盧龍塞人也. 或有厚賂龜壽, 令不利於公. 龜壽感公之德, 復爲花鵲所驚, 形不能匿. 公若捨龜壽罪, 願以餘生事公." 公謂曰: "待汝以不死." 遂命元從都押衙傅存初錄之. 明日詰旦, 有婦人至門, 服裝單急, 曳履而抱持襁嬰, 請於閽曰: "幸爲我呼李龜壽." 龜壽出, 乃妻也. 且曰:

"訝君稍遲, 昨夜半自薊來相尋." 及公('公'原作'繹', 據『三水小牘』逸文改), 蕤, 龜壽盡室亡去. (出『三水小牘』)

196 · 4(2162)
반장군(潘將軍)

도성의 호걸 반장군(그 이름은 기억나지 않지만 사람들은 반골률(潘鶻硉)이라 했다)은 광덕방(廣德坊)에 살았다. 그는 본래 양양(襄陽)의 한수(漢水) 일대에 살면서 늘 배를 타고 장사를 했는데, 한번은 강가에 정박한 적이 있었다. 그 때 어떤 스님이 탁발을 청하자, 그는 스님을 며칠 동안 머무르게 하면서 정성을 다해 모셨다. 스님이 돌아갈 때 반장군에게 말했다.

"그대의 품성과 기량을 살펴보니 여느 상인들과는 다르오. 나중에 처자식들까지 모두 많은 복을 누리게 될 것이오."

그리고는 옥 염주 하나를 그에게 남겨주면서 또 말했다.

"이것을 잘 간직하면 재물이 늘어날 뿐만 아니라 훗날 관록(官祿)도 있게 될 것이오."

나중에 반장군은 몇 년 동안 무역을 하여 마침내 재산이 [옛날 부자로 이름난] 도주공(陶朱公: 范蠡. 春秋時代 越의 功臣으로, 越王 句踐을 도와 吳王 夫差를 쳐서 會稽의 치욕을 씻었음. 나중에는 벼슬을 그만두고 陶 땅으로 들어가 巨富가 되었으며, 스스로 陶朱公이라 칭함)과 등통(鄧通: 원문은 '鄭'이라 되어 있지만 '鄧'의 誤記로 보임. 鄧은 鄧通으로,

漢 文帝가 그에게 銅山을 하사하여 私錢을 주조하도록 허락해줌으로써 巨富가 되었음)에 맞먹을 정도가 되었다. 그 후 그는 좌광(左廣: '廣'은 본래 春秋時代 楚의 軍制 명칭으로 左廣과 右廣이 있었음. 여기서는 '軍'의 뜻으로 쓰였음. 左廣은 左神策軍 또는 左龍武軍을 말함)에서 벼슬하면서 도성에 저택을 짓고 살았다. 그는 늘 염주를 보물로 여겨 자수 비단주머니에 넣고 옥 상자에 담아 도량(道場) 안에 모셔두고서 매월 초하루에 그것을 꺼내 절을 했다. 하루는 상자를 열고 주머니를 펼쳐보았더니 염주가 사라지고 없었다. 그러나 봉함된 것은 예전 그대로였으며 다른 물건도 잃어버린 것이 없었다. 그래서 그는 혼비백산하여 집안이 장차 망하게 될 조짐이라고 생각했다. 창고의 물건을 관리하는 어떤 사람은 평소에 경조부(京兆府)의 퇴직한 소유관(所由官: 府縣의 관리로 관청의 물품을 관장했음) 왕초(王超)를 알고 있었는데, 그때 왕초는 80세가 다 되었다. 그래서 반장군이 그 일을 은밀히 일러주었더니, 왕초가 말했다.

"이상한 일이군요! 이는 보통 도둑의 소행이 아닙니다. 제가 한번 찾아보기는 하겠습니다만 정말로 잡을 수 있을지는 모르겠습니다."

왕초는 다른 날 승업방(勝業坊)의 북쪽 거리를 지나간 적이 있었는데, 그때는 봄비가 막 개인 상태였으며, 17~18세쯤 되어 보이는 3갈래로 쪽진 머리를 한 어떤 아가씨가 남루한 옷차림에 나막신을 신고 길옆의 홰나무 아래에 있었다. 때마침 군대의 젊은 병사들이 공차기를 하고 있었는데, 그 아가씨가 공을 받아서 돌려주면서 곧장 몇 장 높이까지 찼기에 구경꾼들이 점점 많아졌다. 왕초는 아가씨의 행동을 특이하다고 생각하여 마침내 [그녀를 따라] 승업방 북문의 모퉁이까지 갔는데, 그녀는 어머니와 함께 살면서 삯바느질로 생계를 꾸려 가는 듯했다. 왕초는 당시 다른 일로 그녀들과 친숙해져서 마침내 삼촌과 조카 사이가 되었다. 그녀는 집이 몹시 가난하여 어머니와 함께 흙 침상에서 잤으며, 밥을 짓지 못하여 집에서 연기가 피어오르지 않는 날이 종종 며칠씩 계속되기도 했다. 그런데도 간혹 맛있는 음식을 차리기도 했으며, 어떤 때는 산해진미가 있기도 했다. 오중(吳中)에서 막 진상한 동정귤(洞庭橘: 太湖 안의 洞庭山에서 나는 맛있는 귤)은 황제가 재상과 대신에게만 하사한 것으로 도성에는 그러한 과일이 없었는데, 그 아가씨는 은밀히 동정귤 하나를 왕초에게 주면서 말했다.

"어떤 사람이 궁중에서 가져 나온 것입니다."

아가씨는 성품이 강직하고 과단성이 있었기에 왕초는 속으로 심히 그를 의심하면서도 이렇게 1년 동안 왕래했다. 어느 날 왕초는 술과 음식을 가지고 가서 그녀와 조용히 얘기하면서 천천히 말했다.

"이 삼촌이 마음속에 담아둔 일을 외조카에게 말하고자 하는데 괜찮을지 모르겠구나."

아가씨가 말했다.

"매번 삼촌의 깊은 은혜에 감사하면서도 보답해드릴 게 없어서 안타까웠습니다. 만약 미력한 힘이나마 쓸 수만 있다면 반드시 [몸을 아끼지 않고] 끓는 물에라도 뛰어들 것입니다."

왕초가 말했다.

"반장군이 옥 염주를 잃어버렸는데 그 일을 아는지 모르겠구나."

아가씨가 미소지으며 말했다.

"제가 그것을 어떻게 알겠어요?"

왕초는 그녀가 그다지 깊이 숨기려고 하지 않는 것을 알아차리고서 다시 말했다.

"외조카가 혹시라도 우연히 그것을 찾게 되면 많은 비단을 갖춰서 사례하겠다."

아가씨가 말했다.

"다른 사람에게는 말하지 마세요. 제가 우연히 친구들과 장난을 좀 쳤는데, 결국 돌려주려고 했지만 미루다가 그럴 틈이 없었습니다. 삼촌께서 내일 새벽에 자은사(慈恩寺)의 탑원(塔院)에서 기다리시면, 제가 알고 있는 어떤 사람이 그곳에 염주를 갖다놓을 것입니다."

왕초가 약속한 시간에 갔더니 잠시 후 그녀가 도착했다. 그때는 사원의 문이 막 열렸고 탑 문은 아직 잠겨 있었다. 그녀가 왕초에게 말했다.

"잠시 후 탑 위를 올려다보시면 틀림없이 보이는 것이 있을 것입니다."

그녀는 말을 마치고 나는 새처럼 빨리 달려 어느새 상륜(相輪: 佛塔 꼭대기의 水煙 바로 밑에 있는 청동으로 만든 9층 圓輪) 위에서 손을 들어 왕초에게 표시를 하더니 순식간에 염주를 들고 내려와서 말했다.

"곧장 반장군에게 돌려주시되, 저에게 재물과 비단을 주시려는 생각은 하지 마십시오."

왕초가 반장군을 찾아가 염주를 돌려주면서 그 동안의 경과를 자세히 말씀드리자, 반장군은 금옥과 비단으로 그녀에게 은밀히 사례하고자 했다. 왕초가 다음날 그녀를 찾아갔더니 이미 집이 텅 비어 있었다.

급사(給事) 풍함(馮緘)은 도성에 협사(俠士)들이 많다는 소문을 들었는데, 경조윤(京兆尹)이 되었을 때 은밀히 측근들에게 물어 왕초를 불러

와 그 일을 자세히 진술하도록 했다. 반장군이 말한 것과 왕초의 진술이 완전히 일치했다. (『극담록』)

京國豪士潘將軍, 住光德坊(忘其名, 衆爲潘鶻䃶也). 本家襄漢間, 常乘舟射利, 因泊江壖. 有僧乞食, 留止累日, 盡心檀施. 僧歸去, 謂潘曰: "觀爾形質器度, 與衆賈不同. 至於妻孥, 皆享厚福." 因以玉念珠一串留贈之: "寶之不但通財, 他後亦有官祿." 旣而遷貿數年, 遂鏹均陶·鄭. 其後職居左廣, 列第於京師. 常寶念珠, 貯之以繡囊玉合, 置道場內, 每月朔則出而拜之. 一旦開合啓囊, 已亡珠矣. 然而緘封若舊, 他物亦無所失. 於是奪魄喪精, 以爲其家將破之兆. 有主藏者, 常識京兆府停解所由王超, 年且八十. 因密話其事, 超曰: "異哉! 此非攘竊之盜也. 某試爲尋之, 未知果得否."

超他日曾過勝業坊北街, 時春雨初霽, 有三鬟女子, 可年十七八, 衣裝襤縷, 穿木屐, 於道側槐樹下. 值軍中少年蹴踘, 接而送之, 直高數丈, 於是觀者漸衆. 超獨異爲, 而止于勝業坊北門短曲, 有母同居, 蓋以紉針爲業. 超時因以他事熟之, 遂爲舅甥. 居室甚貧, 與母同臥土榻, 煙爨不動者, 往往經於累日. 或設殽羞, 時有水陸珍異. 吳中初進洞庭橘, 恩賜宰臣外, 京輦未有此物, 密以一枚贈超云: "有人於內中將出." 而稟性剛決, 超意甚疑之, 如此往來周歲矣. 超一旦攜酒食與之從容, 徐謂曰: "舅有深誠, 欲告外甥, 未知何如." 因曰: "每感重恩, 恨無所答. 若力可施, 必能赴蹈湯火." 超曰: "潘軍失却玉念珠, 不知知否." 微笑曰: "從何知之?" 超揣其意不甚藏密, 又曰: "外甥忽見尋覓, 厚備繪綵酬贈." 女子曰: "勿言於人. 某偶與朋儕爲戲, 終却送還, 因循未暇. 舅來日詰旦, 於慈恩寺塔院相候, 某知有人寄珠在此" 超如期而往, 頃刻至矣. 時寺門始開, 塔戶猶鏁. 謂超曰: "少頃仰觀塔上, 當有所見." 語訖而走, 疾若飛鳥, 忽於相輪上擧手示超, 欻然攜念珠而下曰: "便可將還, 勿以財帛爲意." 超送詣潘, 具述其旨, 因以金玉繪帛,密爲之贈. 明日訪之, 已空室矣.

馮緘給事嘗聞京師多任俠之徒, 及爲尹, 密詢左右, 引('引'原作'述', 據明鈔本改)超具述其語. 將軍所說, 與超符同. (出『劇談錄』)

196 · 5(2163)
고인처(賈人妻)

당(唐)나라 여간현위(餘干縣尉) 왕립(王立)은 임기가 만료되어 새로운 직임(職任)을 받기 위해 도성에 왔다가 대녕리(大寧里)에서 집을 빌려 머물고 있었는데, 문서에 착오가 있어서 주사(主司: 관리선발을 주관하는 관리)에게 문책 받고 관리선발에서 탈락했다. 그 바람에 왕립은 가진 재산을 다 쓰고 노복과 말까지도 잃어버렸으며, 몹시 곤궁하고 초췌한 처지에서 매번 사원에서 먹을 것을 구걸하곤 했다. 그러던 어느 날 걸어서 저녁에 집으로 돌아오는 길에 우연히 어떤 아리따운 부인과 길을 같이 가게 되었는데, 서로 앞서거니 뒤서거니 하면서 따라가다가 왕립이 진심으로 부인에게 말을 걸어보았더니 서로 의기가 크게 통했다. 그래서 왕립은 부인을 자기 거처로 맞이해 가서 진한 사랑을 나누었다. 다음 날 부인이 왕립에게 말했다.

"당신의 일생은 어찌 이리도 곤궁합니까! 소첩은 숭인리(崇仁里)에 살고 있는데 재산이 좀 넉넉하니, 혹시 저를 따라서 함께 사시겠는지요?"

왕립은 이미 그 부인이 마음에 든 데다가 다행히 그녀가 재산까지 넉넉했으므로, 곧장 이렇게 말했다.

"나는 액운을 만나 시궁창에 빠져 죽을 처지에 있으니, 당신이 이처럼 정성스럽게 보살펴주는 것은 감히 바랄 수 없는 일이오. 그런데 당신은 어떻게 살림을 꾸려나가시오?"

부인이 대답했다.

"소첩은 본래 상인의 처였습니다. 남편이 죽은지 10년이 되었지만 기정(旗亭: 옛날의 商街) 안에서 아직도 이전의 장사를 하고 있습니다. 아침에 가게에 나갔다가 저녁에 돌아오면 하루에 300전(錢)은 버니 이것으로 살림을 지탱할 수 있습니다. 당신은 관직을 받을 날이 아직 멀었고 다른 곳으로 떠날 비용도 없으니, 만약 저를 비천하다 여기지 않는다면 함께 살면서 겨울에 있을 관리선발을 기다리는 것이 좋겠습니다."

왕립은 마침내 부인의 집으로 옮겨가서 그녀의 집을 살펴보았더니, 너무 호화스럽지도 않고 너무 검소하지도 않고 적당했다. 부인은 집안의 열쇠 꾸러미를 모두 왕립에게 맡겼다. 그리고 장사하러 나갈 때면 반드시 먼저 왕립이 먹을 하루의 음식을 마련해 놓았으며 돌아올 때는 또한 쌀·고기·돈·비단을 가져와서 왕립에게 주었는데, 이렇게 하기를 하루도 거른 적이 없었다. 왕립은 부인이 너무 열심히 일하는 것이 딱하여 노복을 고용하라고 했는데, 부인이 다른 일을 핑계대고 거절하는 바람에 왕립은 강요하지 못했다. 만 1년이 지나 부인은 아들 하나를 낳은 뒤로는 하루에 두 번씩 집으로 돌아와 아이에게 젖을 먹였다.

부인은 이렇게 왕립과 2년을 지냈는데, 어느 날 갑자기 밤에 돌아오더니 당황하는 기색과 태도로 왕립에게 말했다.

"소첩에게는 원수가 있는데 그 원한이 뼈에 사무친 지가 이미 오래되었습니다. 복수할 기회를 엿보다가 오늘에야 그 뜻을 이루었습니다. 저는 이제 곧 도성을 떠나야 하니 당신은 스스로 열심히 사세요. 이 집은 제가 500민(緡)으로 마련한 것으로 집문서는 병풍 안에 있습니다. 방안에 있는 기물들은 모두 당신에게 드리겠습니다. 갓난아이는 제가 데리고 떠날 수 없지만, 또한 당신의 아들이기도 하니 당신이 잘 보살펴주세요."

부인은 말을 마친 뒤 눈물을 거두고 작별했다. 왕립은 그녀를 붙잡을 수 없었는데, 그녀가 들고 있는 가죽 주머니를 보았더니 바로 사람의 머리였다. 왕립이 경악하자 그녀가 웃으며 말했다.

"너무 의심하거나 염려하지 마세요. 이 일은 당신에게 연루되지 않을 것입니다."

부인은 마침내 주머니를 들고 담을 넘어 떠났는데 그 몸이 마치 나는 새처럼 빨랐다. 왕립은 그녀를 배웅하려고 문을 열고 나갔지만 이미 따라잡을 수 없었다. 그래서 정원에서 한창 배회하고 있을 때 갑자기 그녀가 돌아오는 소리가 들렸다. 왕립이 문에서 그녀를 맞이하자, 그녀가 말했다.

"한번 더 갓난아이에게 젖을 주고서 이별의 한을 없애고자 합니다."

그리고는 아들을 어루만지고 나서 잠시 후에 다시 떠났는데 손만 흔들 뿐이었다. 왕립이 돌아와 등불을 켜고 휘장을 걷었더니, 아이의 몸과 목이 이미 떨어져 있었다. 왕립은 너무 당황하고 놀라 새벽까지 잠을 이루지 못했다. 왕립은 곧 재물과 비단으로 노복과 말을 사서 인근 읍(邑)으로 떠나 있으면서 그 사태의 추이를 살펴보았다. 그러나 한참이 지나도록 결국 아무런 소식도 없었다. 그 해에 왕립은 관직을 얻게 되자 곧장 살고 있던 집을 팔고 임지로 돌아갔다. 그 이후로는 끝내 그녀의 소식을 알 수 없었다. (『집이기』)

　　唐餘干縣尉王立調選, 僑居大寧里, 文書有誤, 爲主司駁放. 資財蕩盡, 僕馬喪失, 窮悴頗甚, 每丐食於佛祠. 徒行晩歸, 偶與美婦人同路, 或前或後依隨, 因誠意與言, 氣甚相得. 立因邀至其居, 情款甚洽. 翌日謂立曰: "公之生涯, 何其困哉! 妾居崇仁里, 資用稍備, 儻能從居乎?" 立旣悅其人, 又幸其給, 卽曰: "僕之厄塞, 貼於溝瀆, 如此勤勤, 所不敢望焉. 子又何以營生?" 對曰: "妾素賈人之妻也. 夫亡十年, 旗亭之內, 尙有舊業. 朝肆暮家, 日贏錢三百, 則可支矣. 公授官之期尙未, 出遊之資且無, 脫不見鄙, 但同處以須冬集可矣." 立遂就焉, 閱其家, 豐儉得所. 至於扃鐍之具, 悉以付立. 每出, 則必先營辦立之一日饌焉, 及歸, 則又攜米肉錢帛以付立, 日未嘗闕. 立憫其勤勞, 因令傭買僕隷, 婦託以他事拒之, 立不之彊也. 周歲, 産一子, 唯日中再歸爲乳耳.

　　凡與立居二載, 忽一日夜歸, 意態惶惶, 謂立曰: "妾有寃仇, 痛纏肌骨, 爲日深矣. 伺便復仇, 今乃得志. 便須離京, 公其努力. 此居處, 五百緡自置, 契書在屛風中. 室內資儲, 一以相奉. 嬰兒不能將去, 亦公之子也, 公其念之." 言訖, 收淚而別. 立不可留止, 則視其所攜皮囊, 乃人首耳. 立甚驚愕, 其人笑曰: "無多疑慮. 事不相縈." 遂挈囊踰垣而去, 身如飛鳥. 立開門出送, 則已不及矣. 方徘徊於庭, 遽聞却至. 立迎門接俟, 則曰: "更乳嬰兒, 以豁離恨." 就撫子, 俄而復去, 揮手而已. 立廻燈褰帳, 小兒身首已離矣. 立惶駭, 達旦不寐. 則以財帛買僕('買僕'原作'僕買', 據明鈔本改乘, 遊抵近邑, 以伺其事. 久之, 竟無所聞. 其年立得官, 卽貨鬻所居歸任. 爾後終莫知其音問也. (出『集異記』)

196 · 6(2164)
형십삼낭(荊十三娘)

당(唐)나라 때 진사(進士) 조중행(趙中行)은 온주(溫州)에 살면서 호협(豪俠)을 일삼았다. 그가 소주(蘇州)로 가서 지산선원(支山禪院)에 머물고 있을 때, 승방(僧房)에 있던 형십삼낭이라는 한 여자 상인이 죽은 남편을 위해 대상재(大祥齋: 사람이 죽은 후 27개월이 되는 때를 大祥이라 하고, 이 날 제사를 지내며 망자의 혼령을 遷度하는 것을 大祥齋라 함)를 지냈다. 그러다가 그녀는 조중행을 연모하게 되어 마침내 그와 함께 배를 타고 양주(揚州)로 돌아갔다. 조중행은 정의로운 행동을 한다면서 형십삼낭의 재산을 소비했지만, 그녀는 전혀 개의치 않았다. 조중행의 친구 가운데 항렬이 39번째인 이정랑(李正郞)이라는 사람에게 사랑하는 기녀가 있었는데, 그 기녀의 부모가 [이정랑에게서 딸을] 빼앗아 제갈은(諸葛殷)에게 시집보내버리자, 이정랑은 원망과 슬픔에 잠겨 있었다. 당시 제갈은은 여용지(呂用之)와 함께 태위(太尉) 고병(高騈)을 현혹하면서 마음대로 세도를 부렸다. 그래서 이정랑은 화를 입을까 두려워하여 눈물만 삼킬 뿐이었다. 조중행이 우연히 형낭(荊娘: 荊十三娘)에게 이정랑의 얘기를 했더니, 형낭은 분개하면서 이삼십구랑(李三十九郞: 李正郞)에게 말했다.

"이건 사소한 일이니 내가 당신을 위해 복수해주겠소. 당신은 내일 아침에 강을 건너갔다가 윤주(潤州) 북고산(北固山)에서 6월 6일 정오에 나를 기다리시오."

이삼십구랑은 그녀의 말대로 따랐다. 약속한 기일이 되자, 형씨(荊氏:

荊娘)는 주머니에 그 기녀를 담고 아울러 기녀 부모의 머리를 가져와서 이삼십구랑에게 돌려주었다. 형씨는 다시 조중행과 함께 절중(浙中)으로 들어갔는데, 어디에 사는지는 알 수 없었다. (『북몽쇄언』)

　　唐進士趙中行家于溫州, 以豪俠爲事. 至蘇州, 旅舍支山禪院, 僧房有一女商荊十三娘, 爲亡夫設大祥齋. 因慕趙, 遂同載歸揚州. 趙以氣義耗荊之財, 殊不介意. 其友人李正郎弟三十九有愛妓, 妓之父母, 奪與諸葛殷, 李悵悵不已. 時諸葛殷與呂用之幻惑太尉高騈, 委行威福. 李懼禍, 飮泣而已. 偶話於荊娘, 荊娘亦憤惋, 謂李三十九郎曰: "此小事, 我能爲郎仇之. 且請過江, 於潤州北固山六月六日正午時待我." 李亦依之. 至期, 荊氏以囊盛妓, 兼致妓之父母首, 歸于李. 復與趙同入浙中, 不知所止. (出『北夢瑣言』)

196 · 7(2165)
허 적(許 寂)

　　촉(蜀) 사람 허적은 젊었을 때 사명산(四明山)에 기거하면서 진징군(晉徵君: 徵君은 조정의 招徵을 받고도 거절하고 은거하는 隱士를 말함)에게서 『역경(易經)』을 배웠다. 어느 날 아침에 어떤 부부가 술병 하나를 들고 함께 산방(山房)을 찾아왔다. 허적이 [어떻게 왔냐고] 물었더니 그들이 대답했다.

　　"오늘 섬현(剡縣: 지금의 浙江省 嵊縣)을 떠나왔습니다."

　　허적이 말했다.

"길이 굉장히 멀 텐데 어떻게 하루만에 여기에 올 수 있었습니까?"

허적은 몹시 이상하게 생각했다. 그러나 그 남편은 아주 젊었고 부인은 미모가 빼어났으며, 그들의 용모는 의연하고 과묵했다. 그 날 저녁에 그들이 술병과 술잔을 들고 와서 허적에게 함께 마시자고 했다. 그 남편은 박판(拍板: 박자를 맞출 때 사용하는 나무 막대기) 하나를 꺼내 그 위에 두루 구리 못을 박더니 목청 높여 노래를 불렀는데, [그 가사는] 모두 칼에 관한 일을 말하는 것이었다. 잠시 후 그는 팔 사이에서 물건 두 개를 뽑아내서 펼쳐놓고 소리를 질렀는데, 다름 아닌 두 자루의 칼이었다. 이어서 그가 뛰어 일어나더니 허적의 머리 위에서 빙빙 돌면서 칼을 교차하며 찌르자, 허적은 너무 놀랍고 두려웠다. 이윽고 그는 칼을 거두어 칼집에 넣고 술을 다 마신 뒤 잠자리에 들었다. 그런데 새벽에 보았더니 [그들이 잤던] 침상이 텅 비어 있었다. 낮에 또 어떤 두타승(頭陀僧)이 그 부부를 찾아왔기에 허적이 그 일을 자세히 말해주었더니, 두타승이 말했다.

"나도 그들과 같은 사람이니, 도사(道士)는 그 술법을 배워보지 않겠소(당시 허적은 도복(道服)을 입고 있었다)?"

허적이 사양하며 말했다.

"저는 젊어서부터 현학(玄學)을 숭상하고 있으니, 그러한 술법은 배우고 싶지 않습니다."

두타승은 거만하게 웃으면서 허적의 정수(淨水)로 발을 씻더니 잠깐 사이에 사라져버렸다. 그 후 허적은 화음(華陰)에서 다시 그를 만나고서야 비로소 그가 협객이라는 것을 알았다.

두광정(杜光庭)은 도성에서 촉으로 들어가 재동현(梓潼縣)의 관청에서 묵었는데, 현령 주(周) 아무개가 이전부터 알고 있던 어떤 스님이 뒤이어 도착하더니 이렇게 말했다.

"오늘 흥원부(興元府: 지금의 陝西省 漢中市 동쪽)에서 왔습니다."

두광정은 이상하게 생각했다. 다음날 출발할 때 그 스님이 먼저 떠났는데, 현령이 두광정에게 말했다.

"이 스님은 녹로교(鹿盧蹻: 신발의 일종으로 이것을 신으면 천하를 마음대로 周遊할 수 있으며, 龍蹻·虎蹻·鹿盧蹻가 있음)를 신고 있소."

그 역시 협객의 부류였다. 시승(詩僧) 제기(齊己: 唐代 승려로 自號는 衡嶽沙門. 시를 잘 지었으며 鄭谷과 酬唱한 시를 모은『白蓮集』이 있음)가 규산(潙山)의 소나무 아래에서 한 스님을 직접 만났는데, 그는 엄지손톱 아래에서 칼 두 자루를 뽑아내더니 몸을 솟구쳐 허공으로 뛰어올라 떠나갔다. (『북몽쇄언』)

蜀許寂少年棲四明山, 學『易』于晉徵君. 一旦有夫婦偕詣山居, 攜一壺酒. 寂詰之, 云: "今日離剡縣." 寂曰: "道路甚遙, 安得一日及此?" 頗亦異之. 然夫甚少, 而婦容色過之, 狀貌毅然而寡默. 其夕, 以壺觴命許同酌. 此丈夫出一拍板, 徧以銅釘釘之, 乃抗聲高歌, 悉是說劍之意. 俄自臂間抽出兩物, 展而喝之, 即兩口劍. 躍起, 在寂頭上盤旋交擊, 寂甚驚駭. 尋而收匣之, 飲畢就寢. 迨曉, 乃空榻也. 至日中, 復有一頭陀僧來尋此夫婦, 寂具道之, 僧曰: "我亦其人也, 道士能學之乎(時寂按道服也)?" 寂辭曰: "少尚玄學, 不願爲此" 其僧傲然而笑, 乃取寂淨水拭脚, 徘徊間不見. 爾後再於華陰遇之, 始知其俠也.

杜光庭自京入蜀, 宿於梓潼廳, 有一僧繼至, 縣宰周某與之有舊, 乃云: "今日自興元來." 杜異之. 明發, 僧遂前去, 宰謂杜曰: "此僧乃鹿盧蹻." 亦俠之類也.

詩僧齊己於潙山松下, 親遇一僧, 於頭指甲下抽出兩口劒, 跳躍凌空而去. (出『北夢瑣言』)

196・8(2166)
정수재(丁秀才)

　낭주(朗州)의 도사 나소미(羅少微)가 한동안 모산(茅山) 자양관(紫陽觀)에서 기거하고 있을 때, 정수재라는 사람도 함께 자양관에 머물렀는데, 그의 행동거지와 풍격은 보통사람들과 다름이 없었으나 벼슬길에 나아가는 것에는 급급해하지 않았다. 그렇게 몇 년을 보내는 동안 자양관의 관주(觀主)도 그를 잘 대우해주었다. 어느 겨울 밤 싸라기눈이 한창 내릴 때, 두세 명의 도사가 화로에 둘러앉아 살찐 새끼양 고기와 맛있는 술을 먹고 싶어했다. 그러자 정수재가 말했다.
　"그걸 가져오는 게 뭐가 어렵겠소?"
　그 때 사람들은 그의 말을 농담으로 여겼다. 잠시 후 보았더니 정수재가 문을 열고 소매를 떨치며 나가서 한밤중에 눈을 맞은 채로 돌아왔는데, 그의 손에는 은 술통 하나와 삶은 양다리 하나가 들려 있었으며, 절수(浙帥: 五代十國 吳越의 錢鏐를 말함)의 주방에서 가져온 물건이라 했다. 이로 인해 사람들은 깜짝 놀라고 즐겁게 웃으면서 칼을 휘두르며 춤을 추었다. 그 때 갑자기 정수재가 몸을 솟구쳐 떠났는데 어디로 갔는지 알 수 없었으며, 오직 은 술통만 남아 있었다. 관주는 이 일을 현관(縣官)에게 보고했다. 시승(詩僧) 관휴(貫休: 五代十國 前蜀의 畵家이자

詩僧으로 禪月大師로 불렸음)의 「협객시(俠客詩)」에서 이렇게 읊었다.

칠흑같이 어두운 황혼 녘 비바람 속에,
나와 작별하고 어디로 떠났는지 모르겠네.

[이 시는] 아마도 강회(江淮) 일대에서 그 일을 듣고서 생각해낸 것 같다. (『북몽쇄언』)

朗州道士羅少微頃在茅山紫陽觀寄泊, 有丁秀才者亦同寓於觀中, 舉動風味, 無異常人, 然不汲汲於仕進. 盤桓數年, 觀主亦善遇之. 冬之夜, 霰雪方甚, 二三道士圍爐, 有肥羜美醞之羨. 丁曰: "致之何難?" 時以爲戲. 俄見開戶奮袂而去, 至夜分, 蒙雪而廻, 提一銀檛酒, 熟羊一足, 云浙帥廚中物. 由是驚訝歡笑, 擲劒而舞. 騰躍而去, 莫知所往, 唯銀檛存焉. 觀主以狀聞於縣官. 詩僧貫休「俠客詩」云: "黃昏風雨黑如磐, 別我不知何處去." 得非江淮間曾聆此事而搆思也. (出『北夢瑣言』)

태평광기 권제 197

박물
(博物)

1. 동방삭(東方朔)
2. 유 향(劉 向)
3. 호 종(胡 綜)
4. 장 화(張 華)
5. 속 석(束 晳)
6. 심 약(沈 約)
7. 우세남(虞世南)
8. 부 혁(傅 奕)
9. 학처준(郝處俊)
10. 맹 선(孟 詵)
11. 당문종(唐文宗)
12. 가 탐(賈 耽)
13. 단성식(段成式)
14. 강릉서생(江陵書生)

197 · 1(2167)
동방삭(東方朔)

한(漢)나라 무제(武帝) 때 한번은 외다리 학이 출현한 적이 있었지만, 사람들은 그 새가 어떤 새인지 모르고 그저 이상한 새도 다 있다고만 생각했다. 이에 동방삭이 이렇게 아뢰었다.

"이 새는 『산해경(山海經)』에서 말하는 필방조(畢方鳥)입니다."

『산해경』을 찾아 확인해 본 결과 정말 그러했다. 그리하여 무제는 칙령을 내려 조정의 신하들에게 모두 『산해경』을 공부하게 했다. 『산해경』이란 책은 백예(伯翳)가 짓고, 유향(劉向)이 순서에 따라 편집하고 서를 썼다. 백예는 백익(伯益)이라고도 불렸는데, 『서경(書經)』「요전(堯典)」에 보면 다음과 같은 말이 있다.

"백익은 짐의 우관(虞官: 고대 산림과 하천을 관장하던 관리)을 맡아 주시오."

이로 보건대 아마도 작자 백익은 우(禹) 임금이 치수하는 것을 따라다니다가 산과 바다의 기이함을 보고 이 책을 쓴 것 같다. (『상서고실』)

漢武帝時, 嘗有獨足鶴, 人皆不知, 以爲怪異. 東方朔奏曰: "此『山海經』所謂畢方鳥也." 驗之果是. 因敕廷臣皆習『山海經』. 『山海經』伯翳所著, 劉向編次作序. 伯翳亦曰伯益, 『書』曰: "益典朕虞." 蓋隨禹治水, 取山海之異, 遂成書. (出 『尙書故實』)

197 · 2(2168)
유 향(劉 向)

　　이부(貳負: 전설상의 天神으로 人面蛇身임)의 신하 가운데 위(危)라 불리는 사람이 있었는데, 그는 이부와 함께 알유(窫窳: 人面蛇身의 天神)를 죽였다. 천제(天帝)는 곧장 위를 소속산(疏屬山)에 묶어 두었는데, 그 오른발에 족쇄를 채우고, 양손과 머리카락을 뒤로 묶어서 산 위에 매어 놓았다. 소속산은 바로 관제(關提)의 서북쪽에 위치해 있다. 곽박(郭璞)의 『산해경주(山海經注)』에 보면 다음과 같은 이야기가 있다.

　　"한(漢)나라 선제(宣帝)가 상군(上郡)으로 사람을 보내 널따란 바위를 들어내게 했더니 [한 석실이 나타났고] 그 석실 속에서 벌거벗은 채로 머리는 산발하고 두 손이 뒤로 묶인 채 한쪽 다리에 족쇄를 찬 사람이 발견되었다. 선제가 어찌된 일이냐고 묻자, 신하들 가운데 그에 대해서 아는 이가 없었다. 유향(劉向)이 『산해경』의 내용에 근거해서 선제의 질문에 대답하자 선제는 크게 놀랐다. 이로부터 사람들은 다투어 『산해경』을 공부했다."

　　　　　　　　　　　　　　　　　　　　　　　　　　(『산해경』)

　　貳負之臣曰危, 與貳負殺窫窳. 帝乃桔之疏屬之山, 桎其右足, 反縛兩手與髮, 繫之山上. 在關提西北. 郭璞注云: "漢宣帝使人發上郡磐石, 石室中得一人, 徒裸, 被髮反縛, 械一足. 以問, 群臣莫知. 劉向按此言之, 宣帝大驚. 由是人爭學『山海經』矣." (出『山海經』)

197·3(2169)
호 종(胡 綜)

호종은 박학다식했다. 오(吳)나라 손권(孫權) 때 어떤 사람이 땅을 파다가 길이가 2척(尺) 7촌(寸)이나 되는 구리상자 하나를 얻었는데, 덮개는 유리로 되어 있었고, 그 위에 무늬가 새겨져 있었다. 또 백옥 여의(如意: 등긁개. 끝 부분이 손가락 모양으로 되어 있어 가려운 곳을 뜻대로 긁을 수 있다고 해서 如意라고 했는데, 그 모양이 재질이 다양했다고 함) 하나가 나왔는데, 손잡이 부분에 모두 용과 호랑이 그리고 매미의 모습이 새겨져 있었다. 당시에 그 물건의 유래를 아는 사람이 없었는데, 손권은 호종이 옛일에 대해서 많이 안다고 생각하여 사람을 시켜 그 물건에 대해 물어보게 했더니, 호종이 다음과 같이 말했다.

"옛날 진시황(秦始皇)이 동쪽 지방으로 순수(巡狩)나갔다가 금릉(金陵) 지방에 천자의 기운이 서려 있는 것을 보고 이내 현 이름을 바꾸었습니다. 또한 강과 바다를 파고 뚫었으며 여러 산과 언덕을 평평하게 한 뒤에 도처에 보물을 묻었는데, 이로써 왕토(王土)의 기운을 막을 수 있다고 생각했습니다. 이 일은 『진기(秦記: 『史記』「秦本紀」를 말함)』에 보이는데, 이 물건은 바로 그것이 아닌가 합니다."

사람들은 모두 그의 폭넓은 견문에 감탄해하면서 망연자실했다. (『종별전』)

胡綜博物多識. 吳孫權時, 有掘地得銅匣長二尺七寸, 以琉璃爲蓋, 雕縷其上. 得一白玉如意, 所執處皆刻龍虎及蟬形. 時莫能識其所由者, 權以綜多悉往事, 使人問之, 綜云: "昔秦始皇東遊, 以金陵有天子氣, 乃改縣名. 幷掘鑿江湖, 平諸山阜, 處處輒埋寶物, 以當王土之氣. 事見於『秦記』, 此蓋是乎." 衆人咸歎其洽聞, 而悵然自失. (出『綜別傳』)

197·4(2170)
장 화(張 華)

위(魏: 曹魏)나라 때 전각 앞의 종이 갑자기 큰 소리를 내면서 울자 궁궐 안에 있던 사람들이 깜짝 놀라며 두려워했다. 그러자 장화가 말했다.

"이것은 촉(蜀) 땅에 있는 동산(銅山)이 무너져 내렸기 때문에 종소리가 이에 호응하여 운 것입니다."

그로부터 얼마 지나지 않아 촉 땅에서 상소가 올라왔는데, 과연 동산이 무너져 내렸다는 것이었다. 동산이 무너져 내린 시간과 날짜가 하나같이 장화의 말과 같았다. (『소설』)

진(晉)나라 육사형(陸士衡: 陸機)이 한번은 장화(張華)를 초청해서 음식을 맛보게 했는데, 그때 빈객들이 자리에 가득했다. 장화는 그릇을 열어 보더니 바로 이렇게 말했다.

"이것은 용 고기요."

사람들은 평소 장화의 폭넓은 견문에 탄복하고 있었지만, 이번에는 그다지 믿지 않으려는 듯 했다. 그러자 장화가 말했다.

"고주(苦酒: 품질이 낮은 신맛의 술)를 한번 뿌려보면 틀림없이 변화가 있을 것이오."

시험삼아 고주를 뿌려보았더니 오색 찬란한 빛이 나기 시작했다. 이에 육사형이 그 음식을 바친 사람에게 어찌된 일인지 따져 묻자, 그 음식을 바친 사람이 말했다.

"저희 집 정원의 띠풀 더미 아래에서 흰 물고기 한 마리를 잡았는데, 생김새와 모양이 여느 물고기와 달랐습니다. 그래서 이를 젓갈로 담아 보았더니 맛이 매우 좋았기에 육사형께 맛보시라고 보낸 것입니다."

(『세설』)

또 중조(中朝: 中原에 도읍을 세운 西晉을 지칭함) 때 어떤 사람이 구리 세숫대야를 가지고 있었는데, 아침과 저녁이면 마치 사람이 치는 것처럼 울었다. 장화(張華)에게 그 사실을 알렸더니, 장화가 말했다.

"이 대야는 낙종(洛鐘: 洛陽 궁내에 있는 종)의 음률과 서로 어우러집니다. 궁내에서 아침저녁으로 종을 치면 당신의 대야도 소리를 내어 이에 화답하는 것입니다. 줄로 대야를 갈아 약간 가볍게 한다면 그 음이 어긋날 것이니, 그러면 그 울림도 절로 멈출 것입니다."

장화의 말대로 했더니 대야는 그 즉시 더 이상 울리지 않았다. (『소설』)

또 무고(武庫: 병기를 넣어두는 창고) 내에 장끼 한 마리가 있었는데, 당시 사람들은 모두 이를 기이하다고 생각했다. 그러자 장화(張華)가 말했다.

"이 장끼는 뱀이 변해서 된 것이다."

그리고는 즉시 사람들을 시켜 창고 안을 뒤지게 했더니 정말 뱀 허물이 나왔다. (『소설』)

또 오군(吳郡) 임평호(臨平湖)의 기슭이 무너져 내렸는데, 그곳에서 돌 북 하나가 나왔다. 돌 북을 쳐도 소리가 나지 않기에 장화(張華)에 물어보았더니, 장화가 말했다.

"촉(蜀) 땅의 오동나무를 가져다가 물고기 모양으로 깎아서 돌 북을 두드리면 소리가 날 것입니다."

그리하여 곧장 장화의 말대로 했더니 그 소리가 수십 리 밖에까지 들렸다. (『소설』)

또 혜제(惠帝: 西晉) 때 [어떤 사람이] 몇 장(丈)이나 되는 새 깃털 하나를 주워 장화(張華)에게 보여주었더니, 그 새 깃털을 본 장화는 탄식하며 이렇게 말했다.

"이것은 해부(海鳧: 바다새의 일종인데, 고대 전설에 따르면 이 새가 나타나면 천하가 어지러워진다고 함)의 깃털인데, 이 털이 나타나면 천하가 무너져 내립니다."

과연 장화의 말대로 천하가 어지러워졌다. (『이원』)

또 낙중(洛中: 洛陽)에 그 깊이를 잴 수 없을 만큼 동굴이 있었다. 어떤 부인이 그 남편을 살해하고자 하여 남편에게 이렇게 말했다.

"저는 일찍이 이와 같은 동굴을 본 적이 없었어요."

부인의 말을 들은 남편은 직접 가서 그 동굴을 보았다. 남편이 동굴 가까이에 이르자 부인은 남편을 밀어 동굴 안으로 떨어뜨렸다. 남편이 동굴 안에 떨어지는 소리가 들리자 부인은 남편을 위해 제사 지내는 셈 치고 음식물을 동굴 안으로 던져주었다. 그는 동굴 바닥에 떨어졌을 당시에 기절했다가 한참 뒤에 비로소 깨어났다. 그는 부인이 던져준 음식을 먹고 다소 기력을 회복한 뒤 이리저리 허둥대며 나갈 길을 찾았는데,

한 동굴이 보였다. 그는 그 동굴까지 기어서 갔는데, 길이 울퉁불퉁해서 몸을 뒤척이면서 갔다. 그렇게 수십 리를 기어가자 굴이 약간 넓어지고 희미한 빛도 비쳐들면서 드디어 넓고 평평한 곳에 이르렀다. 다시 걸어서 100리 남짓 갔을 때 흙 같은 것이 밟히는 것을 느꼈는데, 멥쌀 향기가 나기에 주워서 먹어보았더니 향기롭고 맛이 좋았으며, 주린 배를 채우고도 남았다. 그리하여 그는 그것을 싸서 동굴을 따라 가면서 먹었다. 이것을 다 먹고 나자 다시 진흙 같은 것이 밟혔는데, 그 맛이 조금전의 흙과 비슷했기에 다시 그것을 가지고 계속 걸어갔다. 이렇게 어두컴컴하고 먼길을 가늠할 수 없을 만큼 걸어서 밝은 빛이 비치고 넓은 곳에 이르렀을 때쯤 가지고 왔던 식량도 모두 떨어졌는데, 이때 그는 한 도성으로 들어가게 되었다.

그곳은 성곽이 가지런하게 정돈되어 있었고, 궁궐과 관사도 장엄하고 화려했으며, 높은 대(臺)와 망루 및 집들은 모두 순금으로 장식되어 있어 비록 해와 달이 없는데도 일월성신이 비추고 있을 때보다 더 밝았다. 사람들은 모두 3장(丈)이 넘는 키에 우의(羽衣: 신선들이 입는 옷)을 걸치고 있었으며, 기묘한 음악을 연주하고 있었는데, 인간세상에서 들을 수 있는 것이 아니었다. 그는 바로 자신이 그곳에 오게 된 과정을 말해주면서 좀 도와달라고 청했다. 그러자 거인은 그에게 앞으로 가라고 말했고, 그는 거인이 일러준 방향대로 길을 갔다. 이렇게 물어 아홉 군데를 지나서 맨 마지막 장소에 이르렀을 때 그는 배가 몹시 고프다고 호소했다. 그러자 거인이 들어와서 거의 백 아름이나 되는 안뜰에 있는 커다란 잣나무를 가리켰는데, 그 나무 아래에 양 한 마리가 있었다. 거인은 그에게 무릎을 꿇고 양의 수염을 쓰다듬게 했다. [양의 수염을 쓰다

듬자 양이 구슬 하나를 토해내었는데, 이렇게 얻은] 처음의 구슬은 거인이 가져갔고, 두 번째 구슬도 역시 가져가더니 마지막으로 얻은 구슬은 그에게 먹게 했는데, 구슬을 먹자 금방 허기가 가셨다. 그는 자신이 지나온 아홉 곳의 이름을 물으면서 인간세상으로 돌아가고 싶지 않으니 그곳에 머무르게 해달라고 청하자, 거인이 다음과 같이 대답했다.

"그대는 이곳에 살 수 없는 운명이오. 돌아가서 장화(張華)에게 물어보면 여기가 어딘지 알 수 있을 것이오."

그는 다시 동굴을 따라 걸어서 마침내 교군(交郡)으로 나올 수 있었고, 동굴에 떨어졌다 돌아오는데까지 6·7년의 시간이 걸려서 겨우 낙양으로 돌아올 수 있었다. 장화를 찾아가 자신이 가져온 물건 두 개를 보여주었더니, 장화가 이렇게 말했다.

"흙과 같은 것은 황하(黃河)의 용이 흘린 침이고, 진흙은 곤산(崑山: 崑崙山)에서 나는 진흙이며, 그대가 지나온 아홉 곳은 지선(地仙)이 구관(九館)이라 부르는 곳이며, 그대가 본 양은 치룡(癡龍)이라 하오. [치룡이 토해 낸] 그 첫 번째 구슬을 먹으면 천지와 더불어 장수를 누리게 될 것이고, 두 번째 구슬은 수명을 연장할 수 있으며, [그대가 먹은] 마지막 구슬은 그저 허기만 채울 수 있을 따름이오."

(『유명록』)

또 예장(豫章) 땅에 연석(然石)이라는 것이 있는데 물을 뿌리면 바로 뜨거워져서 이것을 사용해 음식을 삶고 익히면 바로 먹을 수 있었다. 식은 뒤에 다시 냉수를 갖다 부으면 연석이 다시 뜨거워지는데, 이렇게 해서 연석은 끝없이 사용할 수 있었다. 세상 사람들은 그 돌의 뛰어남을 귀하게 여겼으나, 그 이름을 알 수 없었다. 뇌환(雷煥: 晉代의 豫章 사람)

이 원강연간(元康年間: 291~299)에 낙양으로 들어갈 때 그것을 가지고 가서 장화(張華)에게 보여주었더니, 장화가 말했다.

"이것은 바로 '연석'이라 하는 것이오."

(『이물지』)

숭고산(嵩高山)의 북쪽에 그 깊이를 알 수 없는 커다란 굴이 있었는데, 백성들은 명절이 되면 그 위에서 가 놀았다. 진(晉)나라 초에 한번은 어떤 사람이 잘못해서 그 굴속에 떨어졌는데, 같이 온 동년배의 사람들은 혹 그가 죽지 않았을까 싶어 굴속으로 음식을 던졌다. 굴속에 떨어진 사람은 그것을 주어 먹으면서 굴속을 돌아다녔다. 그렇게 돌아다닌 지 십일 정도 되었을 때 갑자기 눈앞이 탁 트이면서 한 초막이 눈에 들어왔다. 초막 안에서 두 명의 사람이 바둑을 두고 있었고, 바둑판 옆에는 한 잔의 흰 음료가 놓여 있었다. 굴속에 떨어진 사람이 굶주림과 갈증을 호소하자 바둑을 두던 사람이 말했다.

"이걸 마시게."

굴속에 떨어진 사람은 물을 다 마시고 나자 그전보다 열 배나 힘이 났다. 바둑을 두던 사람이 말했다.

"그대는 이곳에 머무르고 싶은가?"

굴속에 떨어진 사람이 말했다.

"머물고 싶지 않습니다."

그러자 바둑을 두던 사람이 이렇게 말했다.

"여기서부터 서쪽으로 수십 보 걸어가면 우물이 하나 나올 것이네. 우물 안에 괴이한 것이 많이 있는데, 그렇더라도 두려워말고 우물 속으로 몸을 던지게 그러면 밖으로 나갈 수 있을 것이네. 또 배가 고프거든 우물 속의 음식물을 먹게."

굴속에 떨어진 사람은 바둑을 두던 사람의 말대로 우물 속으로 들어갔더니 그 속에 교룡이 많이 있었는데, 교룡은 굴속에 떨어진 사람을 보자 길을 피해 주어서 때문에 그 사람은 우물을 따라 갈 수 있었다. 우물 속에는 푸른빛의 진흙[靑泥: 고대 신선들이 복용했던 진흙]과 같은 물체가 있었는데, 그것을 먹자 전혀 배가 고프지 않았다. 반년쯤 되어서야 촉(蜀) 땅으로 올 수 있었고, 다시 낙양(洛陽)으로 돌아오게 되었다. 장화에게 이 일에 대해서 묻자, 장화가 말했다.

"그곳은 선관(仙館)이고, 당신이 마신 것은 신선이 마시는 물이며, 당신이 먹은 것은 용혈(龍穴)의 석수(石髓)이오."

(『소설』)

魏時, 殿前鍾忽大鳴, 震駭省署. 華曰: "此蜀銅山崩, 故鐘鳴應之也." 蜀尋上事, 果云銅山崩. 時日皆如華言. (出『小說』)

晉陸士衡嘗餉張華, 於時賓客盈座. 華開器, 便曰: "此龍肉也." 衆雖素伏華博聞, 然意未知信. 華曰: "試以苦酒灌之, 必有異." 試之, 有五色光起. 士衡乃窮其所由, 鮓主曰: "家園中積茅下, 得一白魚, 質狀殊常. 以作鮓過美, 故以餉陸." (出『世說』)

又中朝時, 有人畜銅澡盤, 晨夕恒鳴如人扣. 以白張華, 華曰: "此盤與洛鐘宮商相諧. 宮中朝暮撞, 故聲相應. 可鑢令輕, 則韻乖, 鳴自止也." 依言, 卽不復鳴. (出『小說』)

又武庫內有雄雉, 時人咸謂爲怪. 華云: "此蛇之所化也." 卽使搜除庫中, 果見蛇蛻之皮. (出『小說』)

又吳郡臨平岸崩, 出一石鼓. 打之無聲, 以問華, 華曰: "可取蜀中桐材, 刻作魚形, 扣之則鳴矣." 卽從華言, 聲聞數十里. (出『小說』)

又惠帝時, 有得一鳥毛長數丈, 華見而歎曰: "此所謂海鳧毛, 此毛出則天下土崩." 果如其言. (出『異苑』)

又洛中有一洞穴深不可測. 有一婦人欲殺夫, 謂夫曰: "未曾見此穴." 夫自過視之. 至穴, 婦推夫墜穴. 至底, 婦擲飯物, 如欲祭之. 此人當時顚墜恍惚, 良久乃蘇. 得飯食之, 氣力稍彊, 周惶覓路, 乃得一穴. 匍匐從就, 崎嶇反側. 行數十里, 穴小寬, 亦有微明, 遂得寬平廣遠之地. 步行百餘里, 覺所踐如塵, 而聞糠米香, 咶之芬美, 過於充饑. 卽裹以爲糧, 緣穴行而食. 此物旣盡, 復遇如泥者, 味似向塵, 又齎以去. 所歷幽遠, 里數難測, 就明曠而食所齎盡, 便入一都.

郛郭修整, 宮館壯麗, 臺榭房宇, 悉以金魄爲飾, 雖無日月, 明踰三光. 人皆長三丈, 被羽衣, 奏奇樂, 非世所聞也. 便告請求哀. 長人語令前去, 從命進道. 凡遇如此者九處, 最後所至, 苦告饑餒. 長人入, 指中庭一大栢樹, 近百圍, 下有一羊. 令跪捋羊鬚. 初得一珠, 長人取之, 次捋亦取, 後捋令咶食, 卽得療饑. 請問九處之名, 求停不去, 答曰: "君命不得停. 還問張華當悉." 此人便復隨穴而行, 遂得出交郡, 往還六七年間, 卽歸洛. 問華, 以所得二物視之, 華云: "如塵者是黃河龍涎, 泥是崑山下泥, 九處地仙名九館, 羊爲癡龍. 其初一珠, 食之與天地等壽, 次者延年, 後者充饑而已." (出『幽明錄』)

又豫章有然石, 以水灌之便熱, 用以烹煮, 可使食成. 熱盡, 下可以冷水灌之更熱, 如此無窮. 世人貴其異, 不能識其名. 雷煥元康中入洛, 乃齎以示華, 華云: "此所謂 '然石'". (出『異物志』)

又嵩高山北有大穴空, 莫測其深, 百姓歲時每遊其上. 晉初, 嘗有一人悞墜穴中, 同輩冀其儻不死, 試投食於穴. 墜者得之爲糧, 乃緣穴而行. 可十許日, 忽曠然見明, 又有草屋一區. 中有二人, 對坐圍棋, 局下有一杯白飮. 墜者告以饑渴, 棋者曰: "可飮此" 墜者飮之, 氣力十倍. 棋者曰: "汝欲停此不?" 墜者曰: "不願停." 綦者曰: "汝從西行數十步, 有一井. 其中多怪異, 愼勿畏, 但投身入中, 當得出. 若饑, 卽可取井中物食之." 墜者如其言, 井多蛟龍, 然見墜者, 輒避其路, 墜者緣井而行. 井中有物若青泥, 墜者食之, 了不復饑. 可半年許, 乃出蜀中, 因歸洛下. 問張華, 華曰: "此仙館, 所飮者玉漿, 所食者龍穴石髓也." (出『小說』)

197・5(2171)
속 석(束　晳)

진(晉)나라 무제(武帝)가 상서랑(尙書郞) 지중야(摯仲冶: 摯虞)에게 이렇게 물었다.

"3월 3일 곡수(曲水: 고대의 풍속으로 3월 3일에 물가에서 술을 마셔 상서롭기 못한 기운을 떨쳐냈다고 함)는 그 뜻이 무엇을 의미하는가?"

지중야가 대답했다.

"한(漢)나라 장제(章帝) 때 평원군(平原郡)에 사는 서조(徐肇)란 사람이 3월 초에 딸 셋을 낳았는데, 삼일 뒤에 모두 죽었사옵니다. 온 마을 사람들은 괴이한 일도 다 있다고 생각하여 서로 물가로 가서 손과 발을 씻고, 나아가 술잔을 강물에 띄워 흘러보냈사옵니다. 곡수의 뜻은 대개 여기서부터 나왔사옵니다."

무제가 말했다.

"그대가 말한 대로라면 결코 좋은 일이라고는 할 수 없네."

그러자 상서랑 속석이 이렇게 진언했다.

"지중야는 소생(小生: 後輩)이라 제대로 알지 못하오니, 청컨대 신으로 하여금 그 기원에 대해 말하게 해 주시옵소서. 옛날 주공(周公)이 낙읍(洛邑: 洛陽)에다 성을 쌓을 때 술잔을 흐르는 물에 띄워보냈사온데, 다음과 같은 이전의 일시(逸詩)에도 있사옵니다.

우상(羽觴: 옛날 술잔의 일종으로, 술잔에다 새 깃털을 꽂아 빨리 술을 마시게 했다고 함)을 동쪽으로 흘려보내네.

또 진(秦)나라 소왕(昭王)은 3일 상사일(上巳日)에 하곡(河曲)에 술잔을 띄워보냈는데, 황금으로 만든 사람이 깊은 못에서 나와 수심검(水心劍)을 바치며 이렇게 말하는 것을 보았다고 합니다.

'지금 그대는 서하(西夏)를 다스리고 있지만, 곧 진나라가 제후국의 패주가 될 것입니다.'

그리하여 소왕은 이곳을 곡수라 이름지었다고 하옵니다. 양한(兩漢)이 이를 본받아 모두 대업을 이루었다고 하옵니다."

무제가 말했다.

"참으로 훌륭하도다."

무제는 속석에게 황금 50근을 상으로 내리고, 지중야는 양성현령(陽城縣令)으로 좌천시켰다. (『속제해기』)

晉武帝問尙書郎摯仲冶: "三月三日曲水, 其義何旨?" 答曰: "漢章帝時, 平原徐肇以三月初生三女, 至三日而俱亡. 一村以爲怪, 乃相推之水濱盥洗, 因流以濫觴. 曲水之義, 蓋起此也." 帝曰: "若如所談, 便非嘉事也." 尙書郎束晳進曰: "仲冶小生, 不足以知此, 臣請說其始. 昔周公城洛邑, 因流水以泛酒, 故逸詩云: '羽觴隨東(明鈔本'東'作'安', 『太平御覽』三十引'東'作'波')流.' 又秦昭王三日上巳置酒河曲, 見金人自淵而出, 奉水心劍曰: '今君制有西夏, 乃秦霸諸侯.' 乃因此處立爲曲水. 二漢相沿, 皆爲盛業." 帝曰: "善." 賜金五十斤, 而左遷仲冶爲陽城令. (出『續齊諧記』)

197・6(2172)
심 약(沈 約)

양(梁)나라 무제(武帝)는 책사(策事: 고대 놀이의 일종으로, 참가자들이 어떤 한 가지 사물을 주제로 정해놓고 여기에 관한 典故를 말했는데, 典故를 많이 아는 사람이 이겼음)를 좋아했다. 지름이 1촌(寸) 정도 되는 밤을 바친 사람이 있었기에 무제는 심약과 함께 밤에 관한 책사 놀이를 했는데, 무제는 10여 가지의 전고를 댔고, 심약은 아홉 가지의 전고를 댔다. 심약이 나오자, 어떤 사람이 말했다.

"오늘은 어째서 이기지 못했소?"

그러자 심약이 말했다

"이 사람(즉 무제를 말함)은 다른 사람이 자기보다 앞서 나가는 것을 싫어하오. 만약 그에게 양보하지 않았다면 그는 몹시 수치스러워했을 것이오."

당시에 그는 또 비단 이불에 관한 책사 놀이를 했다. (『노씨잡설』)

또 천감(天監) 5년(506)에 단양산(丹陽山) 남쪽에서 높이 5척(尺)에 둘레가 4척인 벽돌로 만든 물건 하나를 얻었는데, 위쪽은 날카롭고 아래쪽은 평평한 것이 마치 합(合)과 같았다. 그 속에서 칼 하나와 수십 개의 사기그릇이 나왔는데, 당시에 이것이 무슨 물건인지 아는 사람이 없었다. 그때 심약이 말했다.

"이것은 동이(東夷)의 엄유(罨盂: 고대 중국의 동쪽 소수민족들이 사용하던 장례용 도구)라는 것인데, 장사지낼 때 이것을 관 대신 사용했습니다. 이것은 크기가 좁고 낮은데, 당시의 매장 풍속에 따른 것입니다. 동이 사람들은 사람이 죽으면 시신을 앉힌 채로 매장했습니다."

무제는 심약의 박식함에 탄복했다. 이 이야기는 『강우잡사(江右雜事)』에 실려 있다. (『사계』)

梁武帝多策事. 因有貢徑寸栗者, 帝與沈約策栗事, 帝得十餘事, 約得九事. 及約出, 人問: "今日何不勝?" 約曰: "此人忌前. 不讓必恐羞死" 時又策錦被事. (出『盧氏雜說』)

又天監五年, 丹陽山南得瓦物, 高五尺, 圍四尺, 上銳下平, 蓋如合焉. 中得劒一, 瓷具數十, 時人莫識. 沈約云: "此東夷罨盂也, 葬則用之代棺. 此制度卑小, 則隨當時矣. 東夷死則坐葬之." 武帝服其博識. 語在『江右(明鈔本'右'作'左')雜事』. (出『史系』)

197・7(2173)
우세남(虞世南)

당(唐)나라 태종(太宗)은 우세남으로 하여금 『열녀전(列女傳)』을 초록(抄綠)하게 했다. 병풍은 이미 설치해두었는데, 미처 원본을 구하지 못한 상태였다. 이에 우세남은 자신이 기억하고 있는 대로 글을 써넣었는데, 한자도 틀리지 않았다. (『국사이찬』)

한번은 태종이 궁궐 밖으로 나갈 때 한 관리가 부서(副書: 문서의 副本)를 가지고 따라가기를 청했다. 그러자 태종이 말했다.

"그럴 필요 없다. 우세남이 이번 행차의 비서이다."

唐太宗令虞世南寫『列女傳』. 屛風已裝, 未及求本. 乃暗書之, 一字無失. (出『國史異纂』)

又太宗常出行, 有司請載副書以從. 帝曰: "不須. 虞世南此行秘書也."

197 · 8(2174)
부 혁(傅 奕)

당(唐)나라 정관연간(貞觀年間: 627~649)에 한 바라문 승이 부처의 치아를 얻었는데, 두들겨 보니 이전의 어떠한 물건도 이보다 단단한 것이 없었다고 했다. 그리하여 남녀 사람들이 모두 분주하게 몰려들어 구경했는데, 문전성시를 이루었다. 그때 한창 병으로 누워 있던 부혁은 이 소문을 듣고 그 아들에게 이렇게 말했다.

"그것은 부처의 치아가 아닐 게다. 내 이전에 금강석이 어떤 물건으로도 대적할 수 없을 만큼 아주 단단하다고 들었다. 그러나 영양의 뿔만 있으면 깨뜨릴 수 있으니, 네가 가서 시험삼아 한번 쳐보아라."

스님은 부처의 치아를 노끈으로 단단히 봉해두었는데, 부혁의 아들이 한사코 보여달라고 하자 한참만에 그것을 보여주었다. 부혁의 아들이 영양의 뿔을 꺼내어 부처의 치아를 두드리자마자 그대로 부서졌다. 이로부터 이를 구경하던 사람들의 발길이 끊어졌다. 오늘날은 구슬과 옥을 만드는 사람들이 이를 이용해 그 진위를 판별한다. (『국사이찬』)

唐貞觀中, 有婆羅門僧言得佛齒, 所擊前無堅物. 於是士女奔湊, 其處如市. 傅奕方臥病, 聞之, 謂其子曰: "非佛齒. 吾聞金剛石至堅, 物莫能敵. 唯羚羊角破之, 汝可往試焉." 僧緘縢甚嚴, 固求, 良久乃見. 出角叩之, 應手而碎. 觀者乃止. 今理珠玉者用之. (出『國史異纂』)

197・9(2175)
학처준(郝處俊)

당(唐)나라 태종(太宗)이 광록경(光祿卿) 위(韋) 아무개에게 이렇게 물었다.

"반드시 비계가 없이 살진 양고기를 넣어 약을 만들어야 하오."

위 아무개는 어디에서 그런 고기를 구해야 할지 몰라 곧장 시중(侍中) 학처준의 집으로 찾아가 물었더니, 학처준이 말했다.

"황제께서는 살생을 좋아하시지 않으니 이 일은 하지 않아도 될 것이오."

그리고는 표문을 올려 직접 이렇게 아뢰었다.

"비계 없이 살진 양고기를 얻으시려면 반드시 50마리의 [살아있는]

살진 양을 데려와 일일이 죽이십시오. 그러면 양들은 겁에 질려 비계가 파괴되는 동시에 그것이 고기 속으로 스며들어 갈 것입니다. 이렇게 해서 마지막 양을 가져다가 죽여보면 살이 아주 통통하게 올라있으면서도 비계는 없을 것입니다."

태종황제는 차마 그 일을 하지 못해 그만두게 했다. 그리고는 상을 내려 학처준의 박학다식함을 칭찬했다. (『조야첨재』)

唐太宗問光祿卿韋某: "須無脂肥羊肉充藥." 韋不知所從得, 乃就侍中郝處俊宅問之, 俊曰: "上好生, 必不爲此事." 乃進狀自奏: "其無脂肥羊肉, 須五十口肥羊, 一一對前殺之. 其羊怖懼. 破脂並入肉中. 取最後一羊, 則極肥而無脂也." 上不忍爲, 乃止. 賞處俊之博識也. (出『朝野僉載』)

197 · 10(2176)
맹 선(孟 詵)

당(唐)나라 맹선은 평창(平昌) 사람이다. 그 부친 맹요(孟曜)는 명경과(明經科)에 급제하여 학관(學官: 校官 혹은 敎官이라고도 하는데, 국립학교에서 敎務나 訓導의 직무를 맡은 관원의 통칭)에 임명되었다. 맹선은 어려서부터 총명하고 박학다식하여 세상에 그와 비교할 만한 자가 없을 정도였다. 맹선은 진사과에 급제한 후 처음으로 장락현위(長樂縣尉)에 임명되었다가 거듭 제수되어 관직이 봉각사인(鳳閣舍人: 中書舍人. 鳳閣은 中書省을 말하는데, 唐나라 則天武侯 光宅 원년 684년에 中

書省을 鳳閣으로 고쳤다가 中宗 神龍 원년 705년에 다시 中書省으로 고쳤음)에 까지 이르렀다. 당시 봉각시랑(鳳閣侍郎: 中書侍郎)으로 있던 유의(劉褘)가 병으로 몸져눕자 맹선은 병 문안을 갔다. 유의는 식사를 하고 가라며 맹신을 붙잡으면서 황금 주발에 타락 죽을 담아왔다. 맹선은 이를 보고 깜짝 놀라 말했다.

"이것은 약금(藥金: 약으로 만든 가짜 금)으로 돌에서 나온 천연금이 아닙니다."

유의가 말했다.

"주상께서 상으로 내리신 것이니 틀림없이 가짜 금은 아닐 것이오."

맹선이 말했다.

"약금은 선방(仙方: 신선이 복용하던 丹藥)에서 쓰는 것이니 역시 가짜일 리가 없지요."

유의가 말했다.

"어떻게 그것을 아시는가?"

맹선이 말했다.

"약금에다 열을 가하면 그 위에 오색 기운이 감돕니다."

이에 곧장 태워보았더니, 과연 그러했다. 유의가 이 사실을 칙천무후(則天武后)에게 알렸다. 칙천무후는 가까이 두고 부리는 신하가 요술에 두루 밝아서는 안 된다고 여겼기 때문에 그를 태주사마(台州司馬)로 좌천시켰다가 연이어 동주자사(同州刺史)로 좌천시켰다. 그는 관리로 가는 곳마다 일을 잡다하게 벌여 놔 그 아래에 있던 하급관리들은 거의 견딜 수 없어 했다. 맹선은 그 아내를 경시하면서 늘 이렇게 말했다.

"아내는 삶아서 손님에게 먹여도 되는 존재이다."

세상 사람들은 맹선의 이와 같은 견해에 대해서 말이 많았다. (『어사대기』)

唐孟詵, 平昌人也. 父曜明經擢第, 拜學官. 詵少敏悟, 博聞多奇, 擧世無與比. 進士擢第, 解褐長樂尉, 累遷鳳閣舍人. 時鳳閣侍郞劉褘之臥疾, 詵候問之. 因留飯, 以金椀貯酪. 詵視之驚曰: "此藥金, 非石中所出者." 褘之曰: "主上見賜, 當非假金." 詵曰: "藥金仙方所資, 不爲假也." 褘之曰: "何以知之?" 詵曰: "藥金燒之, 其上有五色氣." 遽燒之, 果然. 褘之以聞. 則天以其近臣, 不當旁稽異術, 左授台州司馬, 累遷同州刺史. 每歷官, 多煩政, 人吏殆不堪. 薄其妻室, 常曰: "妻室可烹之以啖客." 人多議之. (出『御史臺記』)

197·11(2177)
당문종(唐文宗)

당(唐)나라 문종황제는 정사를 보고 난 뒤에 시간이 나면 많은 책을 두루 읽었다. 하루는 연영전(延英殿)에서 재상과 신하들을 돌아보며 이렇게 물었다.

"『모시(毛詩)』에 보면 '우! 우! 하고 우는 사슴, 들판의 평(苹)을 먹네'라는 구절이 있는데, 평(苹)은 무슨 풀을 말하는가?"

당시 재상으로 있던 이옥(李珏)·양사복(楊嗣復)·진이행(陳夷行) 등이 서로를 쳐다보며 미처 대답하지 못했다. 잠시 뒤 이옥이 말했다.

"신이 알기로 『이아(爾雅)』에 따르면 평(苹)은 '맑은 대쑥(賴蕭)'이옵니다."

그러자 문종황제가 말했다.

"짐이 『모시』의 소(疏)를 살펴보았더니, 평은 잎이 둥글고 꽃이 희며 들판에서 무더기로 자란다고 했소. 이로 보아 아마도 맑은 대쑥은 아닌 것 같소이다."

또 하루는 재상과 신하들에게 이렇게 물었다.

"옛 시에 보면 '가벼운 적삼에 도탈(跳脫)을 드리웠네'라는 구가 있는데, 여기서 도탈(跳脫)은 무슨 물건인가?"

재상과 신하들이 미처 대답하지 못하고 있을 때 문종황제가 말했다.

"도탈이란 지금의 팔찌를 말하오. 『진고(眞誥)』에 보면, '안고(安姑)에게 속금(粟金: 조 모양의 작은 금 알맹이)을 새겨 넣은 도탈이 있다'란 구절이 있는데, 여기서 도탈은 바로 팔에 장식하는 물건을 말하는 것이오. (『노씨잡설』)

唐文宗皇帝聽政暇, 博覽群書. 一日, 延英顧問宰臣: "『毛詩』云: '呦呦鹿鳴, 食野之苹.' 苹是何草?" 時宰相李珏・楊嗣復・陳夷行相顧未對. 珏曰: "臣按『爾雅』, 苹是'賴蕭'." 上曰: "朕看『毛詩』疏, 苹葉圓而花白, 叢生野中. 似非賴蕭." 又一日問宰臣: "古詩云: '輕衫襯跳脫.' 跳脫是何物?" 宰臣未對, 上曰: "卽今之腕釧也. 『眞誥』言, '安姑有䂑粟金跳脫', 是臂飾." (出『盧氏雜說』)

197 · 12(2178)
가 탐(賈 耽)

당(唐)나라 가탐은 지리학을 좋아했다. 그래서 사방에서 오는 사절이나 포로로 잡혀 오는 소수민족이 있으면 그들과 함께 이야기를 나누면서 그곳 토지산천의 자세한 내용에 대해서 물었다. 무릇 30년 동안 이렇게 해서 그 들은 바가 두루 갖추어지자 『해내화이도(海內華夷圖)』를 편찬했다. 『해내화이도』의 내용에 근거해서 그곳 사람들에게 물어보면 대개 사실과 부합했고, 다른 헛된 말은 전혀 없었다. (『노씨잡설』)

唐賈耽好地理學. 四方之使, 乃是(明鈔本'乃是'作'自乃')蕃虜來者, 而與之坐, 問其土地山川之所終始. 凡三十年, 所聞旣備, 因撰『海內華夷圖』. 以問其郡人, 皆得其實, 事無虛詞. (出『盧氏雜說』)

197 · 13(2179)
단성식(段成式)

당(唐)나라 단성식은 문학에 뛰어나고 박식하며 유(儒)·불(佛)·도(道) 삼교(三敎)에도 두루 정통하고 암기력까지 뛰어났다. 그래서 매번 문장을 들쳐보면 천만 자나 된다고 해도 단번에 빠뜨림 없이 바로 암기할 수 있었다. 한번은 그의 사저에 연못을 팠는데, 일꾼들은 흙 아래에서 쇠 조각하나를 발견하고는, 그 생긴 모양이 하도 특이하여 바로 단성식에게 갖다 바쳤다. 단성식은 자를 가져 오라 하더니, 쇠의 원주를 측량한 뒤에 아무 말 없이 그저 빙그레 웃기만 했다. 그리고는 곧장 방 하나를 깨끗이 치우더니 그 쇠조각을 방의 북쪽 벽에 걸어두었다. 그로부터 얼마 뒤에 몇 촌(寸) 정도 크기의 창문 하나만 남겨놓은 채 그 방의 출입문을 진흙으로 메우더니, 그 창문마져 다시 잠가버렸다. 당시에 그의 가까운 친지가 창문을 열고 안을 살펴보았더니, 철 조각 위에 황금글씨 두 글자가 적혀 있었는데, 그 움직임으로써 12시를 알렸다. 단성식의 박학다식함은 이와 같았다. (『남초신문』)

또 단성식이 사냥에 빠져 있어서 그 아버지 단문창(段文昌)은 늘 이것을 걱정했다. 단문창은 단성식이 장성하여 더 이상 그 면전에서 허물을 질책할 수 없게 되자 종사(從事: 刺史의 屬官)에게 대신 말해달라고 부탁했다. 단문창의 막료와 빈객들이 함께 학원(學院: 學校)으로 가서 승상의 뜻을 모두 전하자 단성식은 그저 예! 예! 하고 겸손하게 대답했을 뿐이다. 이튿날 단성식은 다시 들판으로 나가 사냥을 했는데, 매와 개를 평소보다 갑절로 많이 끌고 나갔다. 얼마 뒤에 [사냥에서 돌아온 단성식이] 여러 종사들에게 각각 토끼 한 쌍과 편지 한 통씩을 보내왔기에 살펴보았더니 편지마다 두루 전고(典故)를 인용하고 있었는데, 하나도 중첩된 것이 없었다. 이를 본 종사들은 깜짝 놀라면서 그가 전고를 많이 알고 있음을 칭찬했다. 그리하여 종사들은 함께 단문창을 찾아가 각자 받은 편지를 단문창에게 보여 주었다. 단문창은 그제야 자신의 아들이 기예와 학문을 두루 갖추고 있음을 알게 되었다. 산간(山簡: 山濤의 아들)이 말했다.

"내 나이 사십에도 집안 사람들이 나에 대해서 몰랐다."

단성식도 자못 상황이 이와 비슷하다. (『옥당한화』)

唐段成式詞學博聞, 精通三教, 復强記. 每披閱文字, 雖千萬言, 一覽略無遺漏. 嘗於私第鑿一池, 工人於土下獲鐵一片, 怪其異質, 遂持來獻. 成式命尺, 周而量之, 笑而不言. 乃靜一室, 懸鐵其室中之北壁. 已而泥戶, 但開一牖方纔數寸, 亦緘鑰之. 時與近親闚牖窺之, 則有金書兩字, 以報十二時也. 其博識如此 (出『南楚新聞』)

又成式多禽荒. 其父文昌嘗患之. 復以年長, 不加面斥其過, 而請從事言之. 幕客遂同詣學院, 具述丞相之旨, 亦唯唯遜謝而已. 翌日, 復獵于郊原, 鷹犬倍多. 旣而諸從事各送兎一雙, 其書中徵引典故, 無一事重疊者. 從事輩愕然, 多其曉其故實. 於是齊詣文昌, 各以書示之. 文昌方知其子藝文該贍. 山簡云: "吾年四十, 不爲家所知." 頗亦類此. (出『玉堂閒話』)

197 · 14(2180)
강릉서생(江陵書生)

강릉현(江陵縣)의 남문(南門) 밖 옹문(雍門: 長安 郊外의 성문)의 안쪽에 있는 동쪽 담장 아래에 높이가 1척(尺) 남짓 밖에 되지 않는 작은 기와집 한 채가 있는데, 비록 크기는 작았지만 구조는 다 갖추어져 있었다. 그 마을에 사는 사람을 찾아가 [무슨 건물이냐고] 물어보았더니, 그 사람이 말했다.

"이것은 식양(息壤)입니다."

이에 식양의 유래에 대해서 캐물어 보았더니, 이렇게 말했다.

"수 백년 전에 이 마을에 큰물이 져 온 마을이 물에 잠겼는데, 그때 2~3가구만이 수몰되지 않았습니다. 주수(州帥: 唐代에는 江陵에 荊南節度使를 두었는데, 여기서 州帥는 뒤에 나오는 荊帥 즉, 荊南節度使를 가리킴)는 두려워하면서 어떻게 해야할 지를 몰라하고 있었습니다. 그 때 갑자기 어떤 사람이 이렇게 아뢰었습니다.

'마을[洲: 州의 誤記로 보임]의 성밖에 책을 폭넓게 읽어 재주와 지혜가 출중한 사람이 있사오니, 그를 불러다가 한번 물어 보시지요.'

그리하여 그 사람을 불러 물어보았습니다. [그러자 그 사람이 이렇게 대답했습니다.]

'이곳은 식양 했던 곳으로, 남문에 있습니다. 제가 일찍이 『식양기(息壤記)』를 읽었사온데, 이에 따르면 우(禹)임금이 홍수를 막을 때 이곳에 해안(海眼: 泉眼으로, 샘물이 흘러나오는 곳)이 있었는데, 그곳에서 물이 아무때나 흘러 나왔다고 합니다. 그리하여 우 임금은 돌을 깨뜨려 용의 궁실(宮室)을 지어 해안 위에 둠으로써 수맥을 막았습니다. 나중에 들은 바에 따르면 이 성을 쌓기 위해 이전의 모습을 모두 망가뜨렸는데, 바로 이 때문에 지금 회양(懷襄: 『書經』「堯典」에 나오는 "懷山襄陵"의 줄인 말로, 홍수가 크게 나 山陵에 흘러 넘친다는 뜻임. 후에는 주로 큰물이 지다의 뜻으로 사용되었음)의 환난을 겪는 것이니, 이곳을 파 보시지요.'

과연 동쪽 담장 아래를 파 보았더니, 몇 척(尺)의 돌로 만든 궁실이 나왔는데, 모두 훼손되어 있었습니다. 이에 형수(荊帥: 荊南節度使)가 그 궁실을 다시 손보고 흙을 두둑이 쌓았더니, 홍수가 이내 멎었습니다. 지금 그 위에다 다시 집을 세우고, 그곳을 이렇게 표시해두었습니다."

그로부터 얼마 지나지 않아 『식양기』를 찾아 살펴보았더니, 그의 말과 조금도 틀리지 않았다. (『옥당한화』)

江陵南門之外, 雍門之內, 東垣下有小瓦堂室一所, 高尺許, 具體而微. 詢其州人, 曰: "此息壤也." 鞫其由, 曰: "數百年前, 此州忽爲洪濤所漫, 未沒者三二版. 州帥惶懼, 不知所爲. 忽有人白之曰: '洲之郊墅間, 有一書生博讀甚廣, 才智出人, 請召詢之.' 及召問之: '此是息壤之地, 在于南門. 僕嘗讀『息壤記』云, 禹湮洪水, 茲有海眼, 泛之無恒. 禹乃鐫石, 造龍之宮室, 寘于穴中, 以塞其水脈. 後聞版築此城, 毀其舊制, 是以有此懷襄之患, 請掘而求之.' 果於東垣之下, 掘數尺, 得石宮室, 皆已毀損. 荊帥於是重葺, 以厚壤培之, 其洪水乃絶. 今於其上又起屋宇, 誌其處所." 旋以『息壤記』驗之, 不謬. (出『玉堂閒話』)

태평광기 권제198 문장(文章) 1

1. 사마상여(司馬相如)
2. 사 조(謝 朓)
3. 심 약(沈 約)
4. 유 신(庾 信)
5. 왕 발(王 勃)
6. 노조린(盧照鄰)
7. 최 융(崔 融)
8. 장 열(張 說)
9. 최 서(崔 曙)
10. 왕 유(王 維)
11. 이 한(李 翰)
12. 고 황(顧 況)
13. 노 악(盧 渥)
14. 당덕종(唐德宗)
15. 융 욱(戎 昱)
16. 이 단(李 端)
17. 한 굉(韓 翃)
18. 양 빙(楊 憑)
19. 부 재(符 載)
20. 왕 건(王 建)
21. 배 도(裴 度)
22. 백거이(白居易)
23. 원화사문(元和沙門)

198・1(2181)
사마상여(司馬相如)

한(漢)나라 사마상여의 부시(賦詩)에 대해 당시 사람들은 모두 전아하면서도 화려하다고 칭송하면서, 비록 시인(詩人)의 작품일지라도 그것을 능가할 수는 없을 것이라고 했다. 양자운(揚子雲: 揚雄)이 말했다.

"사마장경(司馬長卿: 司馬相如)의 부는 아무래도 인간 세상에서 나온 것 같지 않으니, 귀신의 조화가 이른 것인가?"

양자운은 사마상여의 부를 본받았으나 따라가지 못했기 때문에 그에게 깊이 감복했다.

사마상여가「상림부(上林賦)」를 지었는데, 뜻과 생각이 한적하고 담백하여 더 이상 바깥 사물과 서로 관련을 맺지 않았다. 천지만물을 마음대로 끌어당기고 고금의 인물을 자유자재로 펼쳤는데, 잠을 자는 듯이 몽롱한 상태에 빠지기도 하고 정신을 가다듬어 떨쳐 일어나기도 하면서, 거의 100일이 지나서야 이 부를 완성했다. 그의 친구 성람(盛覽)은 자(字)가 장통(長通)으로 장가군(牂柯郡)의 명사였는데, 일찍이 그가 부 짓는 방법을 물었더니 사마상여가 말했다.

"채색비단 끈을 조합하여 무늬를 삼고 비단 수를 나열하여 바탕을 삼으며, 날줄 한 올과 씨줄 한 올을 교차시키고 궁(宮) 한 음과 상(商) 한 음을 갈마드는 것, 이것이 부의 자취이네. 부 작가의 마음은 반드시 우주를 포괄하고 인물을 총람해야 하며, 이것은 마음속으로는 체득할 수 있어도 말로는 전할[原文에는 '博'으로 되어 있으나 '傳'의 誤記로 보임] 수 없는 것이네."

성람은 이에 「합조가(合組歌)」와 「열금부(列錦賦)」를 짓고 물러났으며, 평생토록 다시는 감히 부를 짓겠다는 생각을 말하지 않았다. (『서경잡기』)

漢司馬相如賦詩, 時人皆稱典而麗, 雖詩人之作, 不能加也. 揚子雲曰: "長卿賦不似從人間來, 其神化所至耶?" 子雲學相如之賦而弗迨也, 故雅服焉.

相如爲「上林賦」, 意思蕭散, 不復與外物相關. 控引天地, 錯綜古今, 忽然而睡, 躍然而興, 幾百日而後成. 其友人盛覽字長卿(明鈔本'卿'作'通'), 牂柯名士, 嘗問以作賦, 相如曰: "合纂組以成文, 列錦繡而爲質, 一經一緯, 一宮一商, 此賦之迹也. 賦家必包括宇宙, 總覽人物, 斯乃得之於內, 不可得而博." 覽乃作「合組歌」・「列錦賦」而退, 終身不敢言作賦之心矣. (出『西京雜記』)

198 · 2(2182)
사 조(謝 朓)

양(梁)나라 고조(高祖: 蕭衍)는 진군(陳郡) 사람 사조의 시를 존중하여 늘 이렇게 말했다.

"사흘동안 사조의 시를 읽지 않으면 입 냄새가 느껴진다."

(『담수』)

梁高祖重陳郡謝朓詩, 常曰: "不讀謝詩三日, 覺口臭." (出『談藪』)

198 · 3(2183)
심 약(沈 約)

양(梁)나라의 봉조청(奉朝請: 朝會를 받들며 신하들을 召集하는 일을 담당함. 晉과 南朝에서는 車都尉·駙馬都尉·騎都尉를 奉朝請으로 삼았음) 오균(吳均)은 재주와 기량을 가지고 있었으며, 일찍이 「검기시(劍騎詩)」를 지었다.

　　어떻게 천자(天子)를 뵈올 것인가,
　　땅을 쪼개어 관서(關西)를 얻어야 하리라.

고조(高祖: 蕭衍)가 말했다.
"천자는 여기에 있는데 관서는 어디에 있는 것인가?"
오균은 묵묵히 있을 뿐 대답하지 못했다. 그는 또 다음과 같은 시를 지었다.

　　가을 바람은 백수(白水)를 흔들고,
　　기러기발은 누런 모래에 발자국을 찍네.

은후(隱侯: 沈約은 생전에 建昌縣侯에 봉해졌으며 死後에는 '隱'이라는 諡號를 받았음) 심약(沈約)이 오균에게 말했다.
"'누런 모래에 발자국을 찍네'라는 표현은 너무 기험(崎險)하군요."
오균이 말했다.
"공의 시에서도 '산 앵두나무에 꽃이 피자 타오르는 듯 하네'라고 하지 않으셨습니까?"

심약이 말했다.

"내 시에서는 '타오르는 듯 하네'로 시작했지만, 그대의 시에서는 이미 '찍네'로 끝을 내었습니다."

(『담수』)

梁奉朝請吳均有才器, 常爲「劒騎詩」云: "何當見天子, 畫地取關西." 高祖謂曰: "天子今見, 關西安在焉?" 均默然無答. 均又爲詩曰: "秋風瀧白水, 鴈足印黃沙." 沈隱侯約語之曰: "'印黃沙'語太險." 均曰: "亦見公詩云: '山櫻發欲然'?" 約曰: "我始'欲然', 卽已'印'訖." (出『談藪』)

198・4(2184)
유 신(庾 信)

양(梁)나라 유신이 남조(南朝)에 있다가 처음으로 북조(北朝)에 도착했을 때 북방의 문사(文士)들 가운데 그를 얕보는 사람이 많았으나, 유신이 그들에게 「고수부(枯樹賦)」를 보여주자 그 후로 감히 유신을 험담하는 자가 없었다. 당시 온자승(溫子昇)이 「한릉산사비(韓陵山寺碑)」를 지었는데, 유신은 비문을 읽더니 그 문장을 베껴두었다. 남조의 사람들이 유신에게 물었다.

"북방의 문사들은 어떻습니까?"

유신이 말했다.

"오직 한릉산(韓陵山)에 있는 돌 한 조각만 함께 언급할 가치가 있습니다. 설도형(薛道衡)과 노사도(盧思道)는 붓을 쥐는 법을 조금 깨쳤을 뿐입니다. 나머지는 당나귀가 울고 개가 짖는 듯 귀를 시끄럽게 할 뿐입니다."

(『조야첨재』)

梁庾信從南朝初至, 北方文士多輕之, 信將「枯樹賦」以示之, 於後無敢言者. 時溫子昇作「韓陵山寺碑」, 信讀而寫其本. 南人問信曰: "北方文士何如?" 信曰: "唯有韓陵山一片石堪共語. 薛道衡·盧思道少解把筆. 自餘驢鳴狗吠, 聒耳而已." (出『朝野僉載』)

198·5(2185)
왕 발(王 勃)

당(唐)나라 왕발은 매번 비송(碑頌)을 지을 때면 먼저 먹을 몇 되 정도 간 후에 이불을 끌어다 얼굴을 덮고 누웠다. 그러다 갑자기 일어나 순식간에 문장을 써 내렸으며, [한 번 완성한 후에는] 처음의 문장에서 점 하나도 고치지 않았다. 당시 사람들은 이를 두고 '복고(腹藁)'라고 불렀다. (『담수』)

唐王勃每爲碑頌, 先磨墨數升, 引被覆面而臥. 忽起, 一筆書之, 初不點竄. 時人謂之'腹藁.' (出『談藪』)

198 · 6(2186)
노조린(盧照鄰)

당(唐)나라 노조린은 자(字)가 승지(昇之)이고 범양(范陽) 사람이다. 노조린은 약관(弱冠)의 나이에 등왕부(鄧王府)의 전첨(典籤: 南北朝時代에 설치한 관직으로 文書를 담당했음)에 임명되었으며, 등왕부의 문서는 모두 그에게 맡겨졌다. 등왕부에는 12수레 분량의 서적이 있었는데, 노조린은 그 서적들을 모두 훑어본 후 그 내용을 대략 기억할 수 있었다. 그 후 노조린은 익주(益州) 신도현위(新都縣尉)가 되었으며, 임기가 끝난 후에는 촉(蜀) 땅을 두루 돌며 세상에 얽매이지 않은 채 시를 짓고 술을 마셨다. 그러므로 세상에서는 왕(王: 王勃)·양(楊: 楊炯)·노(盧: 盧照鄰)·낙(駱: 駱賓王)으로 병칭했다. 노조린이 이 말을 듣더니 말했다.

"왕발의 뒤에 있는 것은 기쁘지만 낙빈왕의 앞에 있는 것은 부끄럽다."

당시 양형은 문장을 지을 때 고인들의 이름을 나열하기를 좋아했는데, 예를 들면 '장평자(張平子: 張衡. 東漢의 문학가)의 책략담(策略談)과 육사형(陸士衡: 陸機. 晉의 문학가)의 문장을, 반안인(潘安仁: 潘岳. 晉의 문학가)은 그 비루함을 알았을 테지만 중장통(仲長統: 東漢의 문학가)이 어찌 그것을 알 수 있었겠는가?'하는 식이었으니, 사람들은 그를 '점귀부(點鬼簿: 죽은 사람의 명단을 나열한다는 뜻)'라고 불렀다. 낙빈왕은 문장을 지을 때 숫자로 대구(對句)를 맞추는 것을 좋아했는데, 예를 들면 '진(秦)나라 땅의 험난한 요새는 102곳, 한(漢)나라의 이궁(離宮: 正宮

이외에 帝王이 巡狩할 때 머물던 宮闕)은 36곳'이라고 했으니, 당시 사람들은 그를 '산박사(算博士)'라고 불렀다. 노생(盧生: 盧照鄰)의 문장에 대해서는 당시 사람 가운데 잘잘못을 평가할 수 있었던 이가 없었다. 아쉽게도 노조린은 불행히 염경(冉畊: 冉畊은 孔子의 제자인 冉伯牛로, 德行을 갖추었으나 惡疾에 걸려 죽었음)의 병을 앓았으며, 『유우자(幽憂子)』를 지어 자신의 번민을 풀어내었다. 문집(文集) 20권이 남아있다. (『조야첨재』)

唐盧照鄰字昇之, 范陽人. 弱冠, 拜鄧王府典籤, 王府書記, 一以委之. 王有書十二車, 照鄰總披覽, 略能記憶. 後爲益州新都縣尉, 秩滿, 婆娑於蜀中, 放曠詩酒. 故世稱王・楊・盧・駱. 照鄰聞之曰: "喜居王後, 恥在駱前." 時楊之爲文, 好以古人姓名連用, 如'張平子之略談, 陸士衡之所記, 潘安仁宜其陋矣, 仲長統何足知之?', 號爲'點鬼簿'. 駱賓王文好以數對, 如'秦地重關一百二, 漢家離宮三十六', 時人號爲'算博士'. 如盧生之文, 時人莫能評其得失矣. 惜哉, 不幸有冉畊之疾, 著『幽憂子』以釋憤焉. 文集二十卷. (出『朝野僉載』)

198・7(2187)
최 융(崔 融)

당(唐)나라 국자사업(國子司業: 國子監 祭酒의 副官으로 諸生의 受業을 담당했음. 龍朔 2년에는 小司成으로 개명되었음) 최융은 칙천무후(則天武后)의 책문(冊文)을 지은 후 병이 들어 죽었다. 당시 사람들은 2백

년 동안 그와 같은 문장이 없었다고 여겼다. (『국사찬이』)

唐國子司業崔融作武后冊文, 因發疾('疾'原作'席', 據明鈔本改)而卒. 時人以爲二百年來無此文. (出『國史纂異』)

198 · 8(2188)
장 열(張 說)

당(唐)나라의 장열과 서견(徐堅)은 10여 년 동안 함께 집현전학사(集賢殿學士)를 지내면서 기호(嗜好)가 비슷하게 되었을 뿐 아니라 마음도 잘 맞게 되었다. 당시 여러 학사들 가운데 많은 사람이 죽고 장열과 서견 두 사람이 살아있었다. 장열은 여러 학사들의 이름을 기록한 후 서견과 함께 그것을 보았다. 서견이 장열에게 말했다.
"[여기에 적힌] 제공(諸公)들은 예전에 모두 한 시대의 뛰어난 문장가로 군림했으니, 감히 그 재주의 선후를 묻습니다."
장열이 말했다.
"이교(李嶠)·최융(崔融)·설직(薛稷)·송지문(宋之問)의 문장은 모두 아름다운 금옥(金玉)과 같았으니 세상에 널리 전하지 않을 수 없습니다. 부가모(富嘉謨)의 문장은 마치 외로이 솟은 높은 산봉우리의 높이가 만 인(仞: 1仞은 7~8尺)이나 되는 절벽에 구름이 무성하게 생겨나 천둥과 벼락이 함께 치는 것과 같으니, 진실로 출중하다고 하겠습니다. 만약 그의 문장을 조정에 전하면 사람들은 크게 놀랄 것입니다. 염조은(閻朝隱)

의 문장은 곱게 단장한 여인이 수놓은 비단옷을 입고 연(燕)나라의 노래에 조(趙)나라의 춤을 추는 듯하여 그것을 보는 사람에게 근심을 잊게 합니다. 그러나 그의 문장을 풍(風)·아(雅)에 견준다면 장난에 불과할 뿐입니다."

서견이 또 말했다.

"지금의 후학(後學) 가운데 누구의 문장이 뛰어납니까?"

장열이 말했다.

"한휴(韓休)의 문장은 대갱(大羹: 조미료로 맛을 내지 않은 국)이나 현주(玄酒: 술을 빚을 때 사용하는 물)와 같으니, 비록 고상하고 전아(典雅)하기는 하지만 맛이 떨어집니다. 허경선(許景先)의 문장은 풍만하고 기름진 피부와 같으니, 비록 화려하고 아름답기는 하지만 풍골(風骨)이 빈약합니다. 장구령(張九齡)의 문장은 가벼운 합사비단이나 흰 명주와 같으니, 실제로 때에 맞추어 사용하기에는 적합하지만 기세가 부족합니다. 왕한(王翰)의 문장은 아름다운 옥으로 만든 술잔과 같으니, 찬란히 빛나 진귀하게 여길 만 하지만 흠이 많습니다. 만약 이들이 단점을 경계하고 장점을 드러낸다면 또한 한 시대의 명사(名士)가 될 것입니다."

(『대당신어』)

唐張說·徐堅同爲集賢學士十餘年, 好尙頗同, 情契相得. 時諸學士凋落者衆, 說·堅二人存焉. 說手疏諸人名, 與堅同觀之. 堅謂說曰: "諸公昔年皆擅一時之美, 敢問藝之先後." 說曰: "李嶠·崔融·薛稷·宋之問之文, 皆如良金美玉, 無施不可. 富嘉謨之文, 如孤峯絶岸, 壁立萬仞, 叢雲鬱興, 震雷俱發, 誠可異乎. 若施之於廊廟, 則爲駮矣. 閻朝隱之文, 則如麗色靚粧, 衣之綺繡, 燕歌趙舞, 觀者忘憂. 然類之風·雅, 則爲俳矣." 堅又曰: "今之後進, 文詞孰賢?" 說曰: "韓休之文, 有如大羹玄酒, 雖雅有典則, 而薄於滋味. 許景先之文, 有如豐肌膩體, 雖穠華可愛, 而乏風骨. 張九齡之文, 有如輕縑素練, 實濟時用, 而窘於邊幅. 王翰之文, 有如瓊林玉斝, 雖爛然可珍, 而多有玷缺. 若能箴其所短, 濟其所長, 亦一時之秀也." (出『大唐新語』)

198 · 9(2189)
최 서(崔 曙)

당(唐)나라의 최서는 진사(進士) 과거에 응시하여 「명당화주시(明堂火珠詩)」를 지었는데, 그가 지어바친 시에 다음과 같은 아름다운 구절이 있었다.

한밤에 보름달이 나란히 떠 있더니,
새벽이 되자 별 하나만 외롭게 남았네.

시어(詩語)에 깊은 공을 들였으므로 문사(文士)들은 크게 감복했다. 그 후 최서는 요절했는데 '성성(星星)'이라는 딸 하나만 남겼을 뿐 아들은 없었다. 당시 사람들은 모두 이 일을 기이하게 여겼다. (『명황잡록』)

唐崔曙應進士擧, 作「明堂火珠詩」, 續(明鈔本'續'作'以贖貼'三字)有佳句曰: "夜來雙月滿, 曙後一星孤." 其言深爲工文士推服. 旣夭殁, 一女名'星星'而無男. 當時咸異之. (出『明皇雜錄』)

198 · 10(2190)
왕 유(王 維)

　당(唐)나라 왕유는 불교(佛敎)를 신봉했으므로 자(字)를 마힐(摩詰)로 삼았으며 성품이 고상했다. 그는 망천(輞川)에 있던 송지문(宋之問)의 별장을 얻었는데, 그곳은 산수가 빼어났으며 지금의 청량사(淸涼寺)이다. 왕유는 시(詩)로 명성을 얻었으면서도 다른 사람의 구절을 빌어오기를 좋아했다. 예를 들어 '물이 끝나는 곳까지 가서, 앉은 채 구름이 일어날 때를 바라보네'라는 구절에 대해 사람들은 『함영집(含英集)』에 실린 시라고 여겼고, '드넓은 논에는 백로가 날고, 무성한 나무 그늘에서 꾀꼬리가 노래하네'라는 구절은 이가우(李嘉佑)의 시에서 빌어온 것이었다. (『국사보』)

　唐王維好釋氏, 故字摩詰, 性高致. 得宋之問輞川別業, 山水勝絶, 今淸涼寺是也. 維有詩名, 然好取人章句. 如'行到水窮處, 坐看雲起時', 人以爲『含英集』中詩也, '漠漠水田飛白鷺, 陰陰夏木囀黃鸝', 乃李嘉佑詩也. (出『國史補』)

198 · 11(2191)
이 한(李 翰)

　당(唐)나라 이한의 문장은 비록 기세가 드높고 시원스러웠지만, 문장을 구상할 때는 몹시 고심했다. 그는 만년에 양적(陽翟)에 머물면서 늘

읍령(邑令)인 황보증(皇甫曾)과 교제하며 음악을 구했는데, 구상이 막히면 악기를 연주했고 시상(詩想)이 충만해지면 문장을 지었다. (『국사보』)

唐李翰文雖宏暢, 而思甚苦澁. 晚居陽翟, 常從邑令皇甫曾求音樂, 思涸則奏樂, 神全則綴文. (出『國史補』)

198 · 12(2192)
고 황(顧 況)

당(唐)나라 고황이 낙양(洛陽)에 머물 때 한가한 틈을 타서 시우(詩友) 한두 명과 원유(苑囿)에서 놀았다. 그 때 흐르는 물위에서 큰 오동잎을 얻었는데, 그 위에 다음과 같은 시가 적혀 있었다.

　　한 번 깊은 궁궐에 들어간 후로는,
　　해마다 봄을 보지 못하네.
　　잠시 나뭇잎에 시를 지어,
　　정(情) 많은 이에게 부치네.

고황은 다음 날 그 물가로 가서 자신도 나뭇잎에 시를 적어 물위에 띄웠는데, 그 시는 다음과 같다.

　　꾀꼬리 울고 버들개지 날리는 모습 시름겹게 보나니,
　　이 때 상양궁(上陽宮) 궁녀는 애간장을 태우고 있네.
　　임금님의 은총은 동쪽으로 흐르는 물처럼 그침이 없는데,
　　나뭇잎 위에 시를 써서 누구에게 부친 것인가?

10여 일이 지난 후 한 객(客)이 원유로 상춘(賞春)을 갔다가 다시 시가 적혀있는 나뭇잎을 주워 고황에게 보여주었다. 그 시는 다음과 같다.

나뭇잎에 시를 적어 황궁(皇宮) 밖으로 보냈더니,
누군가 근심하다 내 외로운 마음에 화답했네.
물에 띄워보낸 나뭇잎을 따라가지 못함을 스스로 탄식하니,
바람따라 일렁이는 물결에 내 마음을 맡기네.

(『본사시』)

唐顧況在洛, 乘間與一二詩友遊於苑中. 流水上得大梧葉, 上題詩曰: "一入深宮裏, 年年不見春. 聊題一片葉, 寄與有情人." 況明日於上游, 亦題葉上, 泛於波中, 詩曰: "愁見鶯啼柳絮飛, 上陽宮女斷腸時. 君恩不禁東流水, 葉上題詩寄與誰?" 後十日餘, 有客來苑中尋春, 又於葉上得一詩, 故以示況. 詩曰: "一葉題詩出禁城, 誰人愁和獨含情. 自嗟不及波中葉, 蕩漾乘風取次行." (出『本事詩』)

198 · 13(2193)
노 악(盧 渥)

중서사인(中書舍人) 노악은 과거(科擧)에 응시하던 해에 우연히 어구(御溝: 皇宮의 苑囿 주변을 따라 흐르는 도랑)에서 단풍잎을 발견하고 하인에게 건져오게 했다. 단풍잎 위에 절구시(絶句詩)가 적혀있자 노악은 이를 건상(巾箱: 명주로 바른 작은 상자)에 넣어두고 가끔 친구들에

게 보여주었다. 선종(宣宗)이 궁인(宮人)을 줄이게 되었을 때 이전에 조서를 내렸는데, 그 궁인들이 벼슬아치를 따르는 일은 윤허했으나 오직 과거에 응시하려는 사람들을 따르는 일만은 윤허하지 않았다. 노악은 그 후 범양(范陽)으로 부임했다가 황궁에서 나온 궁인을 얻게 되었는데, 그 궁인은 [노악이 건상에 보관하고 있던] 단풍잎을 보더니 한참동안 탄식하다가 말했다.

"당시 우연히 나뭇잎에 시를 적어 물에 띄웠는데 나으리께서 거두어 건상에 보관하셨을 것이라고는 생각하지 못했습니다."

노악이 단풍잎에 적힌 필적을 살펴보니 의심의 여지가 없었다. 그 시는 다음과 같다.

흐르는 물은 어찌 저리도 급한가?
깊은 황궁의 생활은 언제나 한가하구나.
간절한 마음으로 단풍잎을 띄워보내,
인간 세상까지 잘 도착하기를 바라네.

(『운계우의』)

中書舍人盧渥應擧之歲, 偶臨御溝, 見一紅葉, 命僕寠來. 葉上及有一絶句, 置於巾箱, 或呈於同志. 及宣宗旣省宮人, 初下詔, 許從百官司吏, 獨不許貢擧人. 渥後亦一任范陽, 獨獲其退宮人, 覩紅葉而吁怨久之曰: "當時偶題隨流, 不謂郎君收藏巾篋." 驗其書跡, 無不訝焉. 詩曰: "流水何太急? 深宮盡日閒. 殷勤謝紅葉, 好去到人間." (出『雲溪友議』)

198 · 14(2194)
당덕종(唐德宗)

당(唐)나라 덕종(德宗)은 매번 조회에 임할 때마다 각지에 은거하고 있으면서 재주와 학식을 갖추고 극간(極諫)할 수 있는 선비를 초징(招徵)하라는 어명을 자주 내렸다. 이 때문에 문장을 지어 과거에 응시하려는 사람이 궐문(闕門) 아래에 가득했다. 덕종은 여러 차례 친히 과거(科擧)를 주관했으므로 [급제를 구하는] 청탁의 길이 막히고 말았다. 이 시기에는 문학하는 사람의 지위가 높고 공도(公道)가 크게 펼쳐졌으며, 벼슬아치들은 모두 어질고 유능한 사람을 추천하는 일을 자신의 임무로 여겼다. 덕종은 선정전(宣政殿)에서 과거를 주관할 때 간혹 문장에 잘못된 부분이 있으면 붓에 먹을 듬뿍 묻혀 지웠고, 어지(御旨)에 부합하는 문장이 있으면 돋움발을 하며 낭송했다. 다음 날 덕종은 그 문장을 재상과 학사들에게 보여주며 이렇게 말했다.

"이들은 모두 나의 문생(門生)이로다."

공경대부 등 모든 신하들 가운데 덕종의 문장을 감식(鑑識)하는 능력에 탄복하지 않는 이가 없었다. 굉사과(宏詞科)에 응시한 독고수(獨孤綬)는 「순상부(馴象賦)」라는 시제(試題)에 답안을 제출했는데, 덕종은 그 답안을 보고 한참동안 칭찬하고 찬탄했으며 그 구절을 낭송했다.

> 조정의 법도와 신의에 감화했으니,
> 반드시 그들이 바친 공물을 받네.
> 사물 가운데 본성을 거스르는 것이 있으면,
> 지극한 인(仁)으로 감화시키네.

덕종은 독고수를 크게 칭찬하고 특별히 그를 3등으로 급제시켰다. 이전에 대종(代宗)의 시대에 문단국(文單國: 唐代 南蠻國의 하나)에서 길들인 코끼리 32마리를 바쳤는데, 대종은 이들을 모두 형산(荊山) 남쪽에 놓아주게 했다. 독고수는 자신의 부에서 코끼리를 받은 일을 질책하지 않고 코끼리를 놓아준 일에 대해서도 허물하지 않았으므로, 덕종은 그가 적절한 행동을 할 줄 안다고 여겨 칭찬했던 것이다. (『두양잡편』)

정원(貞元) 5년(789)에 덕종은 처음으로 중화절(中和節: 음력 2월 1일로, 이 날에는 임금이 신하에게 술과 음식을 내려주었음. 德宗 이전에는 정월 그믐에 시행했음)을 정하고 친히 시를 지었으며, 조정의 신하들은 이 시에 화답했다. 덕종은 이 날 지은 시의 필사본(筆寫本)을 용주(容州)의 대숙륜(戴叔倫)에게 내렸고, 천하에서는 이를 영예로운 일로 여겼다. (『국사보』)

唐德宗每臨朝, 多令徵四方丘園才能('能'字原闕, 據『杜陽雜編』補)學術直言極諫之士. 由是題筆貢藝者滿於闕下. 上多親自考試, 故絶請託之門. 是時文學相高, 公道大振, 得路者咸以推賢進善爲意. 上試制科於宣政殿, 或有乖謬者卽濃點筆抹之, 或稱旨者翹足朗吟. 翌日, 卽遍示宰臣學士曰: "此皆朕門生也." 公卿大夫已下, 無不服上藻鑒. 宏詞獨孤綬試放「馴象賦」, 及進其本, 上覽, 稱歎久之, 因吟其詞云: "化之式孚, 則必愛(明鈔本'愛'作'受')乎來獻. 物或違性, 斯用感於至仁." 上甚嘉之, 故特書第三等. 先是代宗朝, 文單國累進馴象三十有二, 上悉令放於荊山之南. 而綬不斥受獻, 不傷放棄, 上賞爲知去就也. (出『杜陽雜編』)

貞元五年, 初置中和節, 御製詩, 朝臣奉和. 詔寫本賜戴叔倫於容州, 天下榮之. (出『國史補』)

198 · 15(2195)
융 욱(戎 昱)

당(唐)나라 헌종황제(憲宗皇帝) 때 북적(北狄)이 변경을 빈번하게 침략하자 대신들이 아뢰었다.

"고대에는 북적과 화친(和親)해서 다섯 가지 이익이 있었을 뿐 천금의 비용도 들지 않았사옵니다."

헌종이 말했다.

"최근에 한 신하가 시를 잘 짓는다는 말을 들었는데 그의 성씨가 조금 낯설도다. 누구인가?"

재상이 대답했다.

"아마도 포자허(包子虛)나 냉조양(冷朝陽)일 것이옵니다."

그러나 모두 [헌종이 생각하던 사람이] 아니었다. 헌종이 이에 시를 읊었다.

> 산 위엔 푸른 소나무, 길 위엔 먼지,
> 구름과 진흙이 어찌 서로 친할 수 있겠는가?
> 세상에서는 모두들 살찐 말이 수척해짐을 싫어하지만,
> 오직 임금님께서는 빈천한 와룡(臥龍)을 버리지 않으시네.
> 천금으로도 성씨를 바꿀 수는 없으니,
> 선비가 한 번 승락한 후에는 자신의 몸을 바치네.
> 서생이 감격하지 않는다고 말하지 말라,
> 작은 마음으로도 은인의 덕을 갚을 것이네.

곁에서 모시던 신하가 말했다.

"이것은 융욱의 시이옵니다. 경조윤(京兆尹) 이란(李鸞)이 자신의 딸을 융욱에게 시집보내려고 하면서 그에게 성을 바꾸도록 했으나, 융욱은 이 일을 고사(固辭)했사옵니다."

헌종이 기뻐하며 말했다.

"짐(朕)이 또「영사시(詠史詩)」한 수를 기억하는데, 이 자가 아직 살아있다면 곧 낭주자사(朗州刺史)를 내리겠노라. [낭주에 있는] 무릉도원(武陵桃源)이라면 시인이 시상(詩想)을 떠올리기에 걸맞다고 할 것이다."

[시인을 대하는] 헌종의 뜻이 이와 같이 두터웠으니, 이는 사림(士林)의 영광이었다. 그「영사시」는 다음과 같다.

> 한(漢)나라의 찬란한 역사에서,
> 졸렬한 계책은 화친이었네.
> 사직(社稷)은 명철한 군주에게 달린 법인데,
> 국가의 안위(安危)를 여인에게 맡겼구나.
> 어찌 능히 아름다운 용모로,
> 북적의 먼지를 잠재울 수 있으랴!
> 지하에 누운 천 년 전의 신하 가운데,
> 누가 국가를 보좌한 신하인가?

황제가 웃으며 말했다.

"위강(魏絳: 春秋時代 晉나라의 신하. 晉 悼公에게 戎狄과 和親하면 다섯 가지의 이로움이 있다고 설득했음)의 공은 아마도 나약함이 아니겠는가?"

[이 말을 들은 후로는] 대신과 공경들 가운데 북적과 화친하자고 주장하는 자가 없었다. (『운계우의』)

唐憲宗皇帝朝, 以北狄頻侵邊境, 大臣奏議: "古者和親, 有五利而無千金之費." 帝曰: "比聞有一卿, 能爲詩而姓氏稍僻. 是誰?" 宰相對曰: "恐是包子虛·冷朝陽." 皆不是也. 帝遂吟曰: "山上青松陌上塵, 雲泥豈合得相親? 世路盡嫌良馬瘦, 唯君不棄臥龍貧. 千金未必能移姓, 一諾從來許殺身. 莫道書生無感激, 寸心還是報恩人." 侍臣對曰: "此是戎昱詩也. 京兆尹李鑾擬以女嫁昱, 令其改姓, 昱固辭焉." 帝悅曰: "朕又記得「詠史」一篇, 此人若在, 便與朗州刺史. 武陵桃源, 足稱詩人之興詠." 聖旨如此稠疊, 士林之榮也. 其「詠史詩」云: "漢家青史內, 計拙是和親. 社稷依明主, 安危託婦人. 豈能將玉貌, 便欲靜胡塵! 地下千年骨, 誰爲輔佐臣?" 帝笑曰: "魏絳之功, 何其懦也?" 大臣公卿, 遂息和戎之論者矣. (出『雲溪友議』)

198·16(2196)
이 단(李 端)

당(唐)나라의 곽애(郭曖)는 승평공주(昇平公主)에게 장가든 후 문사(文士)들을 성대하게 불러모아 즉석에서 시를 지었다. 승평공주는 휘장 안에서 그 광경을 지켜보았다. 이단은 연회가 벌어지는 도중에 시를 완성했는데, '순령하랑(荀令何郞)'이란 구절로 사람들에게 절묘하다는 칭송을 받았다. 어떤 사람이 지난밤에 구상했던 것이 아니냐고 묻자 이단이 말했다.

"운(韻)을 바꾸어 다시 시를 짓겠습니다."

전기(錢起)가 말했다.

"청컨대 제 성인 '전(錢)'으로 운을 삼으시지요."

이단의 시에 다시 '금랄동산(金埒銅山)'이란 구절이 있자 곽애는 크게 기뻐하고, 그에게 명마와 황금과 비단을 주었다. 이 연회에서는 이단의 시가 가장 뛰어났다. 그 후 승상(丞相) 왕진(王縉)이 유주(幽州)와 삭주(朔州)를 진수(鎭守)하러 떠날 때 벌어진 전별연(餞別宴)에서는 한굉(韓翃)의 시가 가장 뛰어났고, 승상 유안(劉晏)이 강주(江州)와 회주(淮州)를 순시하러 떠날 때 벌어진 전별연에서는 전기의 시가 가장 뛰어났다. (『국사보』)

唐郭曖尙昇平公主, 盛集文士, 卽席賦詩. 公主帷而觀之. 李端中宴詩成, 有 '荀令何郞'之句, 衆稱絶妙. 或謂宿搆, 端曰: "願賦一韻." 錢起曰: "請以起姓爲韻." 復有'金埒銅山'之句, 曖大喜, 出名馬金帛爲贈. 是會也, 端擅場. 送丞相王縉之鎭幽·朔, 韓翃擅場, 送丞相劉晏之巡江·淮, 錢起擅場. (出『國史補』)

198 · 17(2197)
한 굉(韓 翃)

당(唐)나라 한굉은 젊었을 때 재능을 지녀 명성을 얻었다. 후희일(侯希逸)이 청주(靑州)와 치주(淄州)를 진수(鎭守)할 때 한굉은 그의 종사(從事)가 되었다. 한굉은 그 후 벼슬을 그만 두고 10년 동안 한가롭게 지내다가, 이면(李勉)이 이문(夷門)을 진수하자 다시 막료로 임명되었다. 이 때 한굉은 이미 나이가 많았고 동료들은 모두 갓 벼슬에 오른 후배들이었는데, 동료들은 한굉을 알지 못했으므로 함께 한굉이 시를 잘 짓지 못한다고 지목했다. 한굉은 이 일로 몹시 못마땅해하여 자주 병을 핑계로 집에 머물렀다. 오직 말단직에 있던 위순관(韋巡官) 역시 잘 알려진 명사(名士)였으며 한굉과 유독 잘 지냈다. 어느 날 한밤중에 위순관이 급하게 문을 두드리자 한굉이 나가서 그를 만났는데, 위순관이 축하하며 말했다.

"원외(員外)께서는 가부랑중(駕部郎中: 尚書省 兵部의 속관으로 輿輦·車乘·郵驛·廄牧 등을 관장했음)에 제수되어 지제고(知制誥: 皇帝의 조서를 기초하는 직분)를 맡게 되셨습니다."

한굉은 크게 놀라며 말했다.

"그런 일이 있을 리가 없으니 분명히 잘못된 일일 것이오."

위순관이 자리에 앉으며 말했다.

"집에 머물고 있을 때 문서가 도착했는데, 제고(制誥)에 사람이 모자라서 중서성(中書省)에서 명단을 2번이나 올렸으나 폐하께서는 낙점(落點)하지 않으셨다가, 다시 낙점을 청하자 폐하께서는 '한굉에게 수여하라'는 비답(批答: 上疏에 대한 임금의 대답)을 내리셨다고 합니다."

이 때 한굉과 성명이 같은 사람이 강회자사(江淮刺史)를 지내고 있었으므로 다시 두 사람의 이름을 동시에 올리자, 덕종은 친히 붓을 들고 다시 [한굉이 지은 「한식(寒食)」으로] 비답을 내렸다.

> 봄을 맞은 성안에 꽃이 날리지 않는 곳이 없고,
> 한식에 부는 동풍에 궁궐 안 버드나무가 흔들리네.
> 날 저문 궁궐 안에 촛불을 전하니,
> 가늘게 오르는 연기는 고관들의 집으로 흩어 들어가네.

덕종은 다시 비답을 내렸다.

"[이 시를 지은] 한굉에게 수여하라."

[이 이야기를 모두 전한] 위순관이 다시 축하하며 말했다.

"이것은 원외께서 지으신 시가 아닙니까?"

한굉이 말했다.

"그렇소이다."

이에 한굉은 자신이 지제고로 임명된 일이 잘못된 것이 아님을 알게 되었다. 날이 밝은 후 이면과 동료들이 모두 축하하러 왔다. 이 때는 건중연간(建中年間: 780~783) 초엽(初葉)이었다. (『본사시』)

唐韓翃少負才名. 侯希逸鎭青·淄, 翃爲從事. 後罷府, 閒居十年, 李勉鎭夷門, 又署爲幕吏. 時韓已遲暮, 同職皆新進後生, 不能知韓, 共目爲惡詩韓翃. 翃殊不得意, 多辭疾在家. 唯末職韋巡官者, 亦知名士, 與韓獨善. 一日夜將半, 韋扣門急, 韓出見之, 賀曰: "員外除駕部郎中, 知制誥." 韓大愕然曰: "必無此事, 定誤矣." 韋就座曰: "留底狀報, 制誥闕人, 中書兩進名, 御筆不點出, 又請之, 德宗批曰: '與韓翃.'" 時有與翃同姓名者, 爲江淮刺史, 又具二人同進. 御筆復批曰: "春城無處不飛花, 寒食東風御柳斜. 日暮漢宮傳蠟燭, 輕煙散入五侯家." 又批云: "與此韓翃." 韋又賀曰: "此非員外詩也?" 韓曰: "是也." 是知不誤矣. 質明而李與僚屬皆至. 時建中初也. (出『本事詩』)

198·18(2198)
양 빙(楊 憑)

당(唐)나라의 경조윤(京兆尹) 양빙은 삼형제가 모두 문장을 잘 지었고 학문에 매진(邁進)했다. 이들은 간혹 정원의 돌 위에 앉아 함께 부(賦) 한 편을 지었는데, 서리가 옷깃과 소매에 쌓이더라도 부를 완성한 후에야 그만두었다. (『전재』)

唐京兆尹楊憑, 兄弟三人皆能文, 爲學甚苦. 或同賦一篇, 共坐庭石, 霜積襟袖, 課成乃已. (出『傳載』)

198 · 19(2199)
부 재(符 載)

당(唐)나라의 부재는 자(字)가 후지(厚之)이다. 그는 촉군(蜀郡) 사람으로 출중한 재주를 지녔다. 부재는 이전에 양형(楊衡) · 송제(宋濟)와 청성산(靑城山)에 머물며 학문을 익혔다. 양형은 과거(科擧)에 급제했으나 송제는 일찍 세상을 떠났으므로 공적이 없었다. 오직 부재는 자신이 왕도(王道)와 패도(霸道)를 도울 인재라고 자부하여 평범한 인재로 평가받는 것을 치욕스럽게 생각했다. 위고(韋皐)가 촉(蜀) 땅을 진수(鎭守)할 때 부재는 지사(支使: 節度使 또는 觀察使의 속관으로 掌書記와 職級이 같음. 출신이 좋으면 書記, 나쁘면 支使가 되었음)로 선발되었는데, 비록 벼슬을 맡겼지만 두 사람의 사이에는 문제가 있었다. 위고가 일찍이 이십사화(二十四化: 漢나라 張道陵이 蜀中에 24治를 세워 道敎의 업무를 처리하게 했음)에서 제사를 지낼 때 부재에게 재사(齋詞)를 지어달라고 청했다. 이 때 위고는 마하지(摩訶池)에서 부재와 함께 술을 마시고 있었는데, 부재는 자리에서 일어나 손을 씻더니 말단관리 12명에게 벼루를 받든 채 두 줄로 나누어 서게 했다. 그는 마하지 주변을 천천히 거닐며 자신이 구술하는 것을 받아쓰게 했는데, 문장을 짓는 기민함이 이와 같았다. 당시 유벽(劉闢)은 금오위(金吾衛)의 창조참군(倉曹參軍)을 지내고 있다가 처음으로 위고에게 의지했는데, 부재는 유벽의 외모를 보고 찬(贊)을 지어주었다.

강인한 풍모가 한결같으니,
기세는 걸출하고 문장은 호방하구나.
신령스런 이무기는 물을 벗어나고,
가을의 물수리는 바람을 올라탔네.
의(義)만을 행하면 막힐 것이니,
인(仁)으로 도와야만 순탄하리라.
훗날 즐겁게 만난다면,
그 자리는 기린각(麒麟閣: 功臣들의 공적을 기린 건물) 안이리라.

위고가 죽은 후 유벽은 그가 남긴 일을 총괄하게 되었고, 부재 역시 그의 막하(幕下)에 남았다. 그 후 유벽은 [반란을 일으켰다가] 패했지만 부재는 화를 면했다. (『북몽쇄언』)

唐符載字厚之. 蜀郡人, 有奇才. 始與楊衡・宋濟栖靑城山習業. 楊衡擢第, 宋濟先(明鈔本'先'作'老')死, 無成. 唯載以王霸自許, 恥於常調. 韋皐鎭蜀, 辟爲支使, 雖日受知, 尙多偃蹇. 皐嘗於二十四化設醮, 請撰齋詞. 于時邠飮於摩訶池, 載離席盥漱, 命小吏十二人捧硯, 人分兩題. 緩步池間, 各授口占, 其敏速也如此劉闢時爲金吾倉曹參軍, 始依皐焉, 載與撰眞贊云: "矯矯化初, 氣傑文雄. 靈螭出水, 秋鶚乘風. 行義則固, 輔仁乃通. 他年良覿, 麟閣之中." 及皐卒, 闢總留務,載亦在幕中. 及闋敗, 載亦免禍. (出『北夢瑣言』)

198 · 20(2200)
왕 건(王　建)

당(唐)나라 왕건은 이전에 위남현위(渭南縣尉)로 있었는데, 내관(內官: 宦官) 왕추밀(王樞密)을 만나게 되자 종친(宗親)으로서의 본분을 다했다. 그러나 두 사람의 신분이 달랐으므로 왕건은 왕추밀에 대해 얕보고 비방하는 마음을 품었다. 어느 날 왕건은 술에 크게 취해 [한(漢)나라의] 환제(桓帝)와 영제(靈帝)가 중관(中官: 宦官)을 신임하여 당고(黨錮)를 일으켰던 일을 언급했다. 왕추밀은 왕건이 자신을 욕하는 것에 크게 서운해하며 따져 물었다.

"동생이 지은 「궁사(宮詞: 古代 詩體의 하나로 주로 宮中 생활의 瑣事를 노래했으며, 唐代에 많이 창작되었음)」를 천하에서 모두 노래하고 있네. 황궁은 매우 깊숙한 곳인데 어떻게 알고 그 시를 지었는가?"

왕건은 이에 대답하지 못했다. 이전에 원진(元稹)이 일찍이 궁사를 지었는데, 황제는 조서를 내려 그 시를 숨기게 했다. 조정에서는 [한(漢)나라의] 공광(孔光: 西漢 사람으로 매사에 조심스러워서 沐日에 집에 돌아가더라도 가족들과 가벼운 이야기만 나눌 뿐 朝廷의 일을 언급하지 않았음)이 온수(溫樹: 溫室樹. 宮闕에 자라는 초목)를 말하지 않은 일을 지극히 신중한 행동으로 여겼다. 왕건은 이 일로 탄핵을 받자 시를 지어 변명했고, 결국 화를 면하게 되었다. 왕건의 시[「증왕추밀(贈王樞密)」]

는 다음과 같다.

> 선왕께서 다스리실 때는 변방의 장수로 따랐고,
> 금상께서 춘궁(春宮: 東宮)에 계실 때 오래도록 뵈었지.
> 어의(御衣)를 벗어 나에게만 입혀 주셨고,
> 진상된 준마는 늘 함께 탔었지.
> 언제나 밀지(密旨)를 받드느라 집에 돌아간 적 드물고,
> 홀로 변방의 상황 아뢰느라 늦게서야 어전(御殿)을 물러났으니,
> 내가 사람들에게 자주 말한 것이 아니라,
> 구중궁궐(九重宮闕)에서 다투어 전해 바깥 사람에게 알린 것이네.

(『운계우의』)

唐王建初爲渭南縣尉, 値內官王樞密者, 盡宗人之分. 然彼我不均, 復懷輕謗之色. 忽因過飮, 語及桓·靈信任中官, 起黨錮興廢之事. 樞密深憾其譏, 詰曰: "吾弟所有「宮詞」, 天下皆誦於口. 禁掖深邃, 何以知之?" 建不能對. 故元稹以嘗有宮詞, 詔令隱其文. 朝廷以爲孔光不言溫樹者, 愼之至也. 及王建將被奏劾, 因爲詩以讓之, 乃脫其禍也. 建詩曰: "先朝行坐鎭相隨, 今上春宮見長時. 脫下御衣偏得著, 進來龍馬每交騎. 常承密旨還家少, 獨奏邊情出殿遲. 不是當家頻向說, 九重爭遣外人知." (出『雲溪友議』)

198 · 21(2201)
배 도(裴 度)

당(唐)나라 헌종(憲宗)이 배도에게 옥대(玉帶)를 하사했는데, 배도는 죽기 직전에 이를 다시 바쳤다. 문인들이 [배도를 위해] 표문(表文)을 지

었으나 모두 배도의 뜻과는 달랐다. 배도는 자제에게 붓을 잡게한 후 구술했다.

"황궁의 보물을 선조(先朝)에 하사 받았사옵니다. 그러나 감히 이를 지하로 가져갈 수 없으며, 또한 인간 세상에 남겨둘 수도 없사옵니다."

이 일을 듣고 사람들은 배도의 표문이 절실하면서도 번잡하지 않음에 탄복했다. (『인화록』)

唐憲宗以玉帶賜裴度, 臨薨却進. 門人作表, 皆不如意. 公令子弟執筆, 口占曰: "內府之珍, 先朝所賜. 旣不敢將歸地下, 又不合留在人間." 聞者歎其簡切而不亂. (出『因話錄』)

198・22(2202)
백거이(白居易)

당(唐)나라 백거이는 노래를 잘 하는 번소(樊素)와 춤을 잘 추는 소만(小蠻)이라는 기녀를 데리고 있었는데, 일찍이 다음과 같은 시를 지었다.

> 앵도(櫻桃) 같은 번소의 입,
> 버드나무 같은 소만의 허리.

백거이의 나이가 지긋하게 되었을 때 소만은 바야흐로 풍만하고 요염해졌다. 그러자 백거이는 「양류사(楊柳詞)」를 지어 자신의 심정을 담았다.

홀로 선 나무에 봄바람이 일어 가지마다 흔들리니,
어린 싹은 황금보다 반짝이고 실보다 여리구나.
영풍방(永豊坊) 안의 동남쪽 모퉁이에,
종일토록 사람이 없으니 누구에게 부탁할 것인가?

선종(宣宗)의 시대에 국악(國樂: 宮庭의 樂師)이「양류사」를 노래하자 선종이 물었다.

"누가 지은 노래인가? 영풍방은 어느 곳에 있는가?"

측근의 신하들이 자세히 대답하자 선종은 마침내 동쪽으로 사자를 보내 영풍방의 버드나무 두 그루를 가져다 궁정에 심을 것을 명했다. 백거이는 선종이 자신의 이름을 알고있고 또한 풍아(風雅: 詩文)를 좋아한다는 사실을 알고는 다시 시 한 편을 지었는데, 그 마지막 구절은 다음과 같다.

분명히 알겠도다, 이후의 천문(天文)에는,
유수(柳宿: 28宿 가운데 하나)의 빛 속에 별 두 개가 더할 것임을.

그 후 백거이는 소주자사(蘇州刺史)에 제수되어 골짜기로부터 강을 따라 임지(任地)로 향했다. 당시 자귀현(秭歸縣)의 번지일(繁知一)은 백거이가 장차 무산(巫山)을 지나갈 것이라는 소식을 듣고, 먼저 신녀사(神女祠)로 가서 벽에 큰 글씨로 이렇게 칠했다.

소주자사는 당세(當世)의 재자(才子)이니,
무산에 도착하면 틀림없이 시를 지으리라.
고당(高堂)의 신녀(神女)의 말을 전하고자,
서둘러 운우(雲雨)를 걷고 아름다운 시를 기다리네.

백거이는 그 시를 보고 기분이 몹시 유쾌해지자 번지일을 초청하여 이렇게 말했다.

"역양(歷陽)의 낭중(郎中) 유우석(劉禹錫)은 3년 동안 백제성(白帝城)을 다스렸는데, 이곳에 시를 짓고자 했으나 두려워하여 짓지 않았소. 그는 벼슬에서 물러나 이곳을 지나다가 천 여 수의 시를 모두 없애고 오직 4수만을 남겨놓았는데, 이 4수는 모두 고금의 절창(絶唱)이니 앞으로 사람들이 시를 짓는다 한들 이 4수에 부합하지는 못할 것이오. 심전기(沈佺期)의 시[제목은 「巫山高」임]는 다음과 같소.

    무산은 높아서 끝이 보이지 않고,
    중첩한 봉우리의 모습은 신기하기만 하네.
    어두운 골짜기엔 비바람이 일 듯하고,
    아득한 벼랑은 귀신의 형상일세.
    밝은 달이 떠오른 삼협(三峽)의 새벽,
    조수 가득한 구강(九江)의 봄.
    양대(陽臺)의 나그네에게 묻는다면,
    응당 꿈속의 그 사람을 알리라.

왕무긍(王無兢)의 시[제목은 「巫山」임]는 다음과 같소.

    신녀(神女)가 고당관(高唐觀)으로 향하면,
    무산에는 석양이 내리네.
    이리저리 서성이며 비를 뿌리더니,
    아름다운 신녀는 형왕(荊王: 楚頃陽王)을 따르네.
    번쩍이는 벼락은 강물 앞으로 떨어지고,
    천둥소리는 삼협 바깥까지 퍼지네.
    어느덧 구름은 개어 간 곳 없으니,
    누대는 짙푸르기만 하네.

이단(李端)의 시[제목은「巫山高」임]는 다음과 같소.

    무산의 열두 봉우리,
    모두 푸른 하늘 가운데 솟아있네.
    휘감아 도는 구름은 태양을 가리고,
    부슬거리며 내리는 비는 바람을 품었네.
    처량한 원숭이 울음소리 강 저편까지 들리고,
    저녁의 나무 빛은 하늘까지 맞닿았네.
    근심스레 고당관으로 향하면서,
    천 년 동안 초(楚)나라 궁궐을 바라보네.

황보염(皇甫冉)의 시[제목은「巫山高」임]는 다음과 같소.

    무협(巫峽)에서 파동(巴東)을 바라보니,
    저 멀리 무산, 절반이 허공에 솟아있네.
    구름은 신녀의 누대를 감싸고,
    비는 초왕의 궁궐에 내리네.
    아침저녁으로 샘물 떨어지는 소리 들리고,
    겨울에도 여름에도 나무의 색은 한결같네.
    차마 들어줄 수 없는 처량한 원숭이 울음소리만,
    유독 이 깊은 가을 속에 담겨있네."

백거이는 4수의 시를 읊은 후 번지일과 함께 떠났으며, 결국 자신은 시를 짓지 않았다. (『운계우의』)

唐白居易有妓樊素善歌, 小蠻善舞, 嘗爲詩曰: "櫻桃樊素口, 楊柳小蠻腰." 年卽高邁, 而小蠻方豐艷. 因「楊柳詞」以託意曰: "一樹春風萬萬枝, 嫩於金色軟於絲. 永豐坊裏東南角, 盡日無人屬阿誰?" 及宣宗朝, 國樂唱是詞, 上問: "誰詞? 永豐在何處?" 左右具以對, 遂因東使, 命取永豐柳兩枝, 植於禁中. 自感上知其名,且好尙風雅, 又爲詩一章, 其末句云: "定知此後天文裏, 柳宿光中添兩星."

　後除蘇州刺史, 自峽沿流赴郡. 時秋歸縣繁知一, 聞居易將過巫山, 先於神女祠粉壁大署之曰: "蘇州刺史今才子, 行到巫山必有詩. 爲報高唐神女道, 速排雲雨候淸詞." 居易覩題處暢然, 邀知一至曰: "歷陽劉郎中禹錫, 三年理白帝, 欲作一詩於此, 怯而不爲. 罷郡經過, 悉去千餘詩, 但留四章而已, 此四章者, 乃古今之絶唱也, 而人造次不合爲之. 沈佺期詩曰: '巫山高不極, 合沓狀奇新. 闇谷疑風雨, 幽崖若鬼神. 月明三峽曙, 潮滿九江春. 爲問陽臺客, 應知入夢人.' 王無兢詩曰: '神女向高唐, 巫山下夕陽. 徘徊作行雨, 婉孌逐荊王. 電影江前落, 雷聲峽外長. 霏雲無處所, 臺館曉蒼蒼.' 李端詩曰: '巫山十二重, 皆在碧空中. 廻合雲藏日, 霏微雨帶風. 猿聲寒渡水, 樹色暮連空. 愁向高唐去, 千秋見楚宮.' 皇甫冉詩曰: '巫峽見巴東, 迢迢出半空. 雲藏神女館, 雨到楚王宮. 朝暮泉聲落, 寒暄樹色同. 淸猿不可聽, 偏在九秋中.'" 白居易吟四篇詩, 與繁生同濟, 而竟不爲. (出『雲溪友議』)

198 · 23(2203)
원화사문(元和沙門)

　당(唐)나라 원화연간(元和年間: 806~820)에 장안(長安)에 한 스님이 있었다. (이름은 기억하지 못한다.) 그는 다른 사람의 문장에서 잘못된 부분을 잘 지적했는데, 특히 [이전의 작가들이 지은 시와] 어의(語意)가 서로 일치하는 부분을 잘 잡아냈다. 장적(張籍)은 그에게 지적받는 일을 몹시 싫어하여 깊이 고심하고 수정을 거듭하다가 다음과 같은 구절[아래의 시는 「薊北旅思」의 일부임]을 생각해냈다.

오래도록 남을 전송했던 곳에 서 있다가,
내가 집을 떠나던 때를 떠올리네.

장적은 곧장 스님을 찾아가서 자랑하며 말했다.

"이 구절은 틀림없이 전배(前輩)들의 시의(詩意)에 일치하지 않을 것이오!"

스님이 웃으며 말했다.

"이것은 다른 사람이 이미 말한 것입니다."

장적이 말했다.

"이전에 어떤 사람이 있었소?"

스님이 차가운 목소리로 읊조렸다.

다른 집에 핀 도리(桃李)를 보고,
후원(後園)의 봄을 떠올리네.

장적은 이에 손바닥을 치며 크게 웃었다. (『척언』)

唐元和中, 長安有沙門(不記名). 善病人文章, 尤能捉語意相合之處. 張籍頗恚之, 冥搜愈切, 思得句曰: "長因送人處, 憶得別家時." 徑往誇揚, 乃曰: "此應不合前輩意也!" 僧笑曰: "此有人道了也." 籍曰: "向有何人?" 僧冷吟曰: "見他桃李發, 思憶後園春." 籍因撫掌大笑. (出『摭言』)

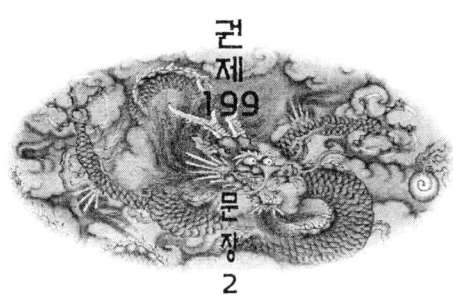

태평광기 권제199 문장2

1. 두 목(杜 牧)
2. 천교유인(天嶠遊人)
3. 담 수(譚 銖)
4. 주 광 물(周 匡 物)
5. 왕 파(王 播)
6. 주 경 여(朱 慶 餘)
7. 당 선 종(唐 宣 宗)
8. 온 정 균(溫 庭 筠)
9. 이 상 은(李 商 隱)
10. 유 전(劉 瑑)
11. 정 전(鄭 畋)
12. 사 공 도(司 空 圖)
13. 고 섬(高 蟾)

199 · 1(2204)
두 목(杜 牧)

 당(唐)나라 백거이(白居易)가 처음 항주자사(杭州刺史)가 되었을 때, 모란(牡丹) 꽃을 찾으라고 명했다. 그런데 오직 개원사(開元寺)의 승려 혜징(惠澄)이 도성(都城: 長安) 근처에서 모란을 구해와서 처음에 그것을 절의 정원에 심었는데, 울타리 문에는 빽빽이 우거졌으나 다른 곳에는 아직 자라지 않았었다. 당시 춘색이 한창 깊어진 터라 혜징은 기름을 칠한 장막을 모란 위에 덮어놓았다. 그리하여 모란은 이 때부터 동월(東越: 옛 나라이름으로 지금의 浙江省 동남쪽과 福建省 동남쪽에 위치했음)로 분파되어 심어지게 되었다. 때마침 서응(徐凝)이 부춘현(富春縣: 浙江省의 현 이름)에서 왔는데, 아직 백거이를 알지 못했을 때였으나 이런 시를 미리 적어 놓았다.

  이 꽃은 남쪽 지방에는 심기 어려운 꽃이라 알고 있는데,
  부끄럽게도 한가로운 스님이 마음써서 꽃을 심어 놓았네.
  바다제비는 어여쁨을 알고 번번이 곁눈질하나,
  말벌은 아직 알아보지 못하고 배회하네.
  작약(芍藥)은 마구 피어 자라나 괜스레 시샘하고,
  장미는 몹시 부끄러워 감히 꽃을 피우지 못하네.
  오직 붉은 두건 같은 몇 봉우리는,
  향기 머금은 채 오로지 사인(舍人: 白居易) 오기만 기다리네.

 백거이는 개원사로 찾아와 꽃을 본 후에 서응에게 함께 술을 취하도

록 마시고 돌아가자고 했다. 때마침 장호(張祜)가 배를 저어 그곳에 당도했는데, 그는 매우 자유분방한 사람처럼 보였다. 그러나 장호와 서응 두 사람은 아직 은자의 도리를 제대로 터득하지 못한 터라 둘 다 각기 과거에 수석으로 천거되기를 바랐다. 그러자 백거이가 이렇게 말했다.

"두 분의 논문은 마치 염파(廉頗: 戰國時代 趙나라의 장군)와 백기(白起: 戰國時代 秦나라 장군)가 쥐구멍을 놓고 싸우듯 승부가 단번에 결정될 것이오."

그리고 백거이는 두 사람을 「장검의천외부(長劍依天外賦)」「여하산성기시(餘霞散成綺詩)」로 시험했다. 시험을 마치고 백거이는 서응을 장원으로, 장호를 차석으로 해송(解送: 唐·宋代 進士試驗 응시자를 州縣의 地方官이의 推薦하여 都城으로 보내는 것)했다. 장호[원문에는 '張曰祜'라고 되어 있는데, 문맥상 '曰'자가 빠져야 함. 今本『雲溪友議』에도 '曰'자가 빠져있음]의 시에

지세는 아득하게 높은 산이요,
강은 관중(關中)을 비껴 흐르네.

라는 구절이 있는데, 대부분의 선비들은 진(陳)나라 후주(後主)의

해와 달이 비추이니 천자의 덕이요,
산과 강이 웅장하니 황제가 거하는 곳이라.

라는 구절과 비슷하다고 여겼지만, 이는 다만 예전의 명성을 따른 것일 뿐이다. 또 장호의 「제금산사(題金山寺)」라는 시에

나무 그림자 흐르는 물에 비추이고,

> 종소리는 양쪽 강 두 언덕에서 들리네.

라는 구절이 있는데, 비록 기모잠(綦母潛)이

> 탑 그림자 푸른 한수(漢水)에 걸려있고,
> 종소리 흰 구름과 어우러지네.

라는 구절을 짓긴 했지만, 이 구절은 훌륭한 것이 못된다.

백거이는 또 장호의「궁사(宮詞)」4구가 모든 대우가 맞긴 하지만 충분히 훌륭하다고 생각지 않았으며, 서생(徐生: 徐凝)이

> 고금의 세월은 흰 명주 날리듯 길게 이어지는데,
> 한 줄기 경계가 푸른 산빛을 깨는구나.

라고 읊은 것만 못하다고 생각했다. 그러자 장호가 탄식하며 말했다. "영욕을 다투는 것이 또한 어찌 정해진 일이겠는가!"

마침내 장호는 노래를 부르며 떠나갔으며, 서응도 뱃전을 두드리며 돌아갔다. 이 때부터 두 사람은 평생 시류에 따라 부침(浮沈)하며 다른 사람들처럼 향시(鄕試)도 보지 않았다.

이전에 이림종(李林宗)과 두목(杜牧)은 백거이와 도성에서 문장을 겨루었는데, 그들이 원진(元稹)과 백거이의 시체(詩體)가 천박하다고 말하여, 원진과 백거이가 선비들에게 비웃음을 사게 되었기에, 그 일로 원한이 맺혀 있었다. 후에 백거이가 하남윤(河南尹)이 되고 이림종이 하남현령(河南縣令)이 되었을 때 그들은 길에서 우연히 마주치게 되었는데, 하남윤은 말을 타고 하남현령은 견여(肩輿: 네 사람이 어깨에 매는 가마)를 타고 있었으니, 당시 시류의 예법에 어긋나는 것 같았다. 이림종이

한번은 백거이를 '우물우물 공[嗯嚅公]'이라고 했는데, 들은 사람들이 모두 웃는 바람에 낙천(樂天: 白居易의 字)의 명성이 다소 손상되었다. 그러자 백거이가 말했다.

"이직목(李直木)(李林宗의 字이다)은 미친 개자식이라 날카로운 이빨을 당해 낼 수가 없구료."

후에 두목이 추포(秋浦)를 다스리게 되었을 때 그는 장호와 시주(詩酒)를 나누는 친구가 되어 장호의 「궁사」를 몹시 좋아하여 읊곤 했다. 두목은 장호가 전당(錢塘)에 있을 때 백거이가 장호를 비난했다는 것을 알게 되자 그 일을 부당하다고 여겼다. 그리하여 두목은 시 두 수를 지어 장호를 추켜세웠으니, 그 시는 이러하다.

> 그 누가 장공자(張公子: 張祜) 같을 수 있겠는가?
> 천 수의 시로 만호후(萬戶侯: 萬戶가 사는 땅의 諸侯로 諸侯 중 최고의 지위이며, 高官을 비유함. 여기서는 白居易를 가리킴)를 깔볼 수 있다네.

다른 시는 이러하다.

> 어찌하여 고향은 삼천 리나 떨어져 있으며,
> 부질없이 부르는 노래 가사는 육궁(六宮: 皇后의 寢宮)에 가득한가.

일찍이 장호는 이런 시를 지었다.

> 고향은 삼천 리 떨어져 있고,
> 깊은 궁궐에서 20년이라.
> 「하만자(何滿子: 詞牌 이름)」 한 곡조에,
> 두 줄기 눈물이 그대 앞에 떨어지네.

이 시는 장호 자신도 만족한 시였다. 이림종과 두목 이하 장호를 극찬한 사람들은 편벽되게 백거이를 비방하고 억지로 장호를 추켜세우려고 했다. 그런 이유로 두목은 또 그의 논평에서 이렇게 말했다.

"근래의 원진과 백거이는 문란한 말을 하길 좋아하여 천박한 시풍을 조장했으나, 나는 지위가 낮아 그들을 법으로 다스릴 방법이 없음이 한스럽다."

이것 또한 장호를 위해 진술한 말일 뿐이다. (『운계우의』)

唐白居易初爲杭州刺史, 令訪牡丹花. 獨開元寺僧惠澄近於京師得之, 始植於庭, 欄門甚密, 他處未之有也. 時春景方深, 惠澄設油幕覆其上. 牡丹自此東越分而種之也. 會徐凝自富春來, 未知白, 先題詩曰: "此花南地知難種, 慙愧僧閒用意栽. 海燕解憐頻睥睨, 胡蜂未識更徘徊. 虛生芍藥徒勞妬, 羞殺玫瑰不敢開. 唯有數苞紅㠉在, 含芳只待舍人來." 白尋到寺看花, 乃命徐同醉而歸. 時張祜榜舟而至, 甚若疎誕. 然張·徐二生未之習隱, 各希首薦焉. 白曰: "二君論文, 若廉·白之鬪鼠穴, 勝負在於一戰也." 遂試「長劒依天外賦」, 「餘霞散成綺詩」. 試訖解送, 以凝爲元, 祜次之. 張曰祜詩有"地勢遙尊岳, 河流側讓關", 多士以陳後主"日月光天德, 山河壯帝居", 此徒有前名矣. 又祜「題金山寺」詩曰: "樹影中流見, 鐘聲兩岸聞", 雖綦母潛云"塔影挂靑漢, 鐘聲和白雲", 此句未爲佳也. 白又以祜「宮詞」, 四句之中皆數對, 何足奇乎, 然無徐生云"今古長如白練飛, 一條界破靑山色." 祜歎曰: "榮辱糾紛, 亦何常也!" 遂行歌而邁, 凝亦鼓枻而歸. 自是二生終身偃仰, 不隨鄕試矣.

先是李林宗·杜牧, 與白輩下較文('文'原作'之', 據『雲溪友議』改), 具言元·白詩體舛雜, 而爲淸苦者見嗤, 因玆有恨. 白爲河南尹, 李爲河南令, 道上相遇, 尹乃乘馬, 令則肩輿, 似乖趨事之禮. 李嘗謂白爲'喁喁公', 聞者皆笑, 樂天之名稍減矣. 白曰: "李直木(林宗字也), 吾之猶子也, 其鋒不可當."

後杜牧守秋浦, 與張祜爲詩酒之交, 酷吟祜「宮詞」. 亦知錢塘之歲, 白有非祜之論, 嘗不平之. 乃爲詩二首以高之, 曰: "誰人得似張公子? 千首詩輕萬戶侯." 又云: "如何故國三千里, 虛唱歌詞滿六宮." 張詩曰: "故國三千里, 深宮二十年. 一聲「何滿子」, 雙淚落君前." 此爲祜得意之語也. 李·杜已下, 盛言其美者, 欲以苟異於白而曲成於張也. 故牧又著論, 言: "近有元·白者, 喜爲淫言媟語, 鼓扇浮囂, 吾恨方在下位, 未能以法治之." 斯亦敷佐於祜耳. (出『雲溪友議』)

199·2(2205)
천교유인(天嶠游人)

마고산(麻姑山)은 산세가 수려하며 초목도 기이한 것이 많은 곳이다. 등선객(鄧先客)이라는 사람은 연강방(延康坊: 長安의 여러 골목 중의 하나)으로 와서 4~5대 동안 국가의 도사(道師)로 있으면서 자복(紫服: 三品官의 벼슬아치가 입는 관복)을 하사받았다. 그가 죽자, 사람들은 도성(都城: 長安)에서 마고산으로 돌아가 장사지냈으며, 그가 시해(屍解: 속세의 육신을 벗어나 신선이 되는 것)했다고 했다. 그러나 그의 무덤에 봉분을 만들고 소나무와 측백나무가 서로 바라다 보이게 심었다. 그리하여 문인들이 그곳을 지나갈 때면 시흥(詩興)이 일어 시를 읊었으니, 그 시가 몇 천 수에 달했다. 그런데 하루는 성명을 밝히지 않고 단지 '천교유인(天嶠游人)'이라 하는 어떤 한 젊은이가 우연히 절구 한 수를 지었는데, 그 후로는 그 풍자한 시를 보고 다시 문장을 짓는 이가 없었으며 등선객의 명성도 이로 인해 점차 쇠미해져 갔다. 그 시는 이러하다.

학은 지전(芝田: 신선이 芝草를 심는 곳)에서 늙어가고 닭은 닭장 속에 있으니,
상청(上淸: 玉淸·太淸과 함께 道家 三淸 중의 하나)이 어찌 속진(俗塵)과 같으랴?
밝은 대낮에 우화등선(羽化登仙)했다고 하던데,
어찌하여 인간 세상에 빈궁(殯宮: 무덤을 말함)을 두었을꼬?

(『운계우의』)

麻姑山, 山谷之秀, 草木多奇. 有鄧先(明鈔本'先'作'仙')客至延康, 四五代爲國道師, 而錫紫服. 洎死, 自京歸葬是山, 云是屍解也. 然悉爲丘隴, 松柏相望. 詞人經過, 必當興詠, 幾千首矣. 忽有一少年, 偶題一絶, 不言姓字, 但云'天嶠遊人'耳, 後來觀其刺, 無復爲文, 且鄧氏之名, 因斯稍滅矣. 詩曰: "鶴老芝田雞在籠, 上淸那與俗塵同? 旣言白日昇仙去, 何事人間有殯宮?" (出『雲溪友議』)

199·3(2206)
담 수(譚 銖)

진낭(眞娘)은 [唐나라] 오국(吳國)의 미인으로, [南朝] 전당(錢唐)의 미인 소소소(蘇小小)에 비견되었다. 그녀는 죽은 후에 오궁(吳宮) 옆에 장사지내졌는데, 행인들이 그녀의 아름다움에 감동하여 다투어 시를 지어

분묘의 나무에 적어놓았기에 그 시들은 비늘이 모인 것처럼 즐비했다. 하루는 오국의 빼어난 선비인 거자(擧子: 과거 응시생) 담수가 절구(絶句) 한 수를 썼는데, 후에 그곳에 온 사람들은 그 시가 적혀있는 곳을 보고는 점차 붓을 대지 않게 되었다. 그 시는 이러하다.

> 호구산(虎丘山: 원문에는 '武丘山'이라 되어있으나 眞娘의 무덤은 江蘇省 吳縣 虎丘山 劍池 서쪽에 있으므로 고쳐서 번역함) 아래에 무덤이 쌓여 있는데,
> 소나무와 측백나무가 적막하여 애통함을 다하네.
> 어찌하여 세인(世人)들은 아름다움만 좋아하여,
> 진낭의 무덤에만 유독 시를 적는가?

(『운계우의』)

眞娘者, 吳國之佳人也, 比於錢唐蘇小小. 死葬吳宮之側, 行客感其華麗, 競爲詩題於墓樹, 櫛比鱗臻. 有擧子譚銖者, 吳門之秀士也, 因書一絶, 後之來者, 覩其題處, 稍息筆矣. 詩曰: "武丘山下塚纍纍, 松柏蕭條盡可悲. 何事世人偏重色, 眞娘墓上獨題詩?" (出『雲溪友議』)

199 · 4(2207)
주광물(周匡物)

주광물은 자가 기본(幾本)이고, 장주(漳州) 사람이다. 그는 당(唐)나라 원화(元和) 12년(817)에 왕파(王播)가 주관한 과거에서 진사(進士)로 급

제했으며, 당시 노래와 시(詩)로 이름이 알려졌다. 애초에 주광물은 집이 가난하여 걸어서 과거에 응시하려 왔는데, 낙방하여 실의에 빠지고 어려운 생활고에 시달렸으며 재능이 있었으나 펼 기회를 만나지 못했다. 그는 도중에 전당강(錢塘江)을 건너게 되었는데 배를 빌릴 돈이 부족하여 오래도록 강을 건널 수 없자, 관청에 다음과 같은 시를 적어 놓았다.

> 만 리나 되는 망망한 천참(天塹: 천연의 요새)은 아득하기만 하니,
> 진(秦)나라 시황제(始皇帝)는 어찌하여 다리를 놓지 않았던가?
> 전당강 입구에서 강을 건널 돈[錢]이 없으니,
> 서릉(西陵)과 밀려오는 조수[전당강은 바다와 맞닿아 있음]에 가로 막혀 있구나.

군목(郡牧: 郡守)이 출타했다가 이 시를 보고 나루터의 관리에게 [그를 건너게 해주지 않은] 죄를 물었다. 그리하여 지금까지 각 지역에서 나루터를 건널 때는 오래도록 이 시가 전해져 읊어지고 있다. 그리고 뱃사공들은 감히 거자(擧子: 과거 응시생)와 선인(選人: 관리 임용에 선발되고자 하는 선비)들에게는 돈을 받지 못했는데, 그것은 이때부터 비롯된 것이다. (『민천명사전』)

周匡物字幾本, 漳州人. 唐元和十二年, 王播榜下進士及第, 時以歌詩著名. 初周以家貧, 徒步應擧, 落魄風塵, 懷刺不偶. 路經錢塘江, 乏僦船之資, 久不得濟, 乃於公館題詩云: "萬里茫茫天塹遙, 秦皇底事不安橋? 錢塘江口無錢過, 又阻西陵兩信潮." 郡牧出見之, 乃罪津吏. 至今天下津渡, 尙傳此詩諷誦. 舟子不敢取擧選人錢者, 自此始也. (出『閩川名士傳』)

199 · 5(2208)
왕 파(王 播)

당(唐)나라 왕파는 어려서 집이 가난하여 늘 양주(揚州) 혜조사(惠照寺)의 목란원(木蘭院)에 객거하면서 스님을 따라 재식(齋食: 스님들의 식사)했다. 그러나 후에 스님들은 그가 공짜 밥을 먹는 것을 싫어하고 업신여기게 되어, 재식이 끝난 후에 왕파에게 종을 치게 했다. 24년 후에 왕파는 요직에 있게 되었으며, 조정에서 나와 양주를 다스리게 되었기에 예전에 노닐었던 곳을 방문했다. 이전에 그가 [시를 적고] 이름을 써 놓았는데, [이제 보니] 그 시들은 푸른 비단으로 덮여있었다. 왕파는 계속해서 절구(絶句) 두 수(首)를 적어 놓았으니, 그 시는 이러하다.

30년 전 이 사원에서 지냈었는데,
목란 꽃 핀 사원이 새로 지어졌었지.
지금 다시 예전에 노닐었던 곳에 와보니,
나무는 늙어 꽃은 피지 않고 스님은 백발이 되었구나.

당(堂)에 오르지 못하여 [가족들과] 각기 이별하고,
부끄럽게도 스님들과 밥을 먹은 후에 종을 쳤었네.
30년 동안 [내 이름과 시 위에] 먼지가 스쳤었는데,
지금에서야 비로소 푸른 비단으로 덮이게 되었구나.

(『척언』)

唐王播少孤貧, 嘗客揚州惠照寺木蘭院, 隨僧齋食. 後厭怠, 乃齋罷而後擊鐘. 後二紀, 播自重位, 出鎭是邦, 因訪舊遊. 向之題名, 皆以碧紗罩其詩. 播繼以二絶句曰: "三十年前此院遊, 木蘭花發院新修. 如今再到經行處, 樹老無花僧白頭." "上堂未(明鈔本'未'作'已')了各西東, 慙愧闍黎飯後鐘. 三十年來塵撲面, 如今始得碧紗籠." (出『摭言』)

199·6(2209)
주경여(朱慶餘)

　　당(唐)나라 주경여는 수부랑중(水部郞中) 장적(張籍)과 우연히 절친한 친구가 되었는데, 장적은 주경여의 새로운 시와 이전에 지은 시 십여 권(卷)을 달라고 하여 그것들을 고쳐 읊어 26수(首)만을 남겼다. 그리고 장적은 그것을 품 안에 가지고 다니면서 그를 천거하고 칭찬했다. 그 당시 사람들은 장적의 명성 때문에 그 시를 필사하고 읊지 않는 사람이 없었으며, 주경여는 이로 인해 마침내 과거에 급제하게 되었다. 처음에 주경여는 오히려 겸손하게 사양하면서 「규의(閨意)」 한 편을 지어 장적에게 바쳤는데, 그 시는 이러하다.

　　　신방(新房)에 어젯밤 붉은 촛불 꺼지고,
　　　날이 밝길 기다려 당(堂) 앞에서 시어른께 절하네.
　　　화장 마치고 낮은 소리로 남편에게 묻노니,
　　　눈썹을 그린 진하기가 유행에 맞는지요?

　　그러자 장적이 그의 시에 화답하여 시를 썼다.

　　　월(越)나라 미녀[西施] 갓 단장하고 나와 가슴을 움켜쥐니,

스스로 자신이 곱고 아름다운 줄 알면서도 다시금 망설이네.
제(齊)나라 비단도 인간 세상에서 귀한 축에 끼지 못하고,
한 곡의 채릉가(採菱歌: 마름을 딸 때 부르는 노래)만이 만 금(金)에 해당하네.

그리하여 주경여의 시명(詩名)이 사해(四海)에 전해지게 되었다. (『운계우의』)

唐朱慶餘遇水部郎中張籍知音, 索慶餘新舊篇什數通, 吟改只留二十六章. 籍置於懷抱而推贊之. 時人以籍重名, 無不繕錄諷詠, 遂登科第. 初慶餘尙爲謙退, 作「閨意」一篇, 以獻張, 曰: "洞房昨夜停紅燭, 待曉堂前拜舅姑. 粧罷低聲問夫壻, 畫眉深淺入時無?" 籍酬之曰: "越女新粧出鏡(明鈔本'鏡'作'奉')心, 自知明艷更沈吟. 齊紈未足人間貴, 一曲菱歌敵萬金." 由是朱之詩名, 流於四海內矣. (出『雲溪友議』)

199·7(2210)
당선종(唐宣宗)

당나라 선종 때, 전진사(前進士: 과거에 급제하여 過堂을 거쳤으나 아직 관직을 제수받지 못한 進士) 진항(陳玩) 등 세 사람은 박사굉사과(博士宏詞科: 博學宏詞科)에 응시했는데, 담당관리는 합격 순위와 시(詩)·부(賦)·논(論)의 제목을 미리 정해놓았다. 선종은 연영전(延英殿)에서 중서사인(中書舍人) 이번(李藩) 등을 불러 물었다.

"무릇 시험에 있어서 글자를 중복해서 사용하면 어떻소?"

이번이 대답해 아뢰었다.

"시험을 볼 때 글자를 중복해서 사용하면 부(賦)의 경우는 무미건조하거나 평범해지고, 논(論)의 경우는 포폄과 시비를 잃게 되며, 시(詩)의 경우는 제목을 따르게 되거나 운을 잃게 됩니다(제목을 따른다는 것은 「白雲起封中」이라는 제목의 시에서 '봉중백운기(封中白雲起)'라고 [제목과 중복되게] 쓰는 것과 같은 것이다). 중간에 글자를 중복해서 사용하는 일이 있기는 하지만 또한 상례는 아니옵니다."

그러자 선종이 또 물었다.

"[그렇다면] 누가 시에 글자를 중복 사용했는가?"

이번이 대답해 아뢰었다.

"전기(錢起)가 「상령고슬(湘靈鼓瑟)」 시를 이렇게 지었사옵니다.

멋들어진 운화슬(雲和瑟: 雲和는 산 이름으로 이곳에서 나는 목재로 琴瑟을 만들며, 후에 琴瑟의 代稱이 됨) 연주,
제자령(帝子靈: 堯의 딸인 蛾皇・女英으로 둘 다 舜에게 시집가 각각 后・妃가 되었으며, 湘水에 빠져죽어 湘靈이 되었는데, 이를 말함)의 연주소리 들린다네.
빙이(馮夷: 河伯)는 부질없이 절로 춤추지만,
초객(楚客: 屈原)은 [그 마음 알기에] 차마 듣지 못하네.
빼어난 연주는 금석(金石: 編鐘・編磬과 같은 악기) 소리에 어울리고,
맑은 소리는 아스라이 울려 퍼지네.
창오(蒼梧: 舜임금의 무덤이 있는 곳)에는 원망과 사모의 정 일어나고,
백지(白芷)는 더욱 짙은 향기를 내뿜네.
흐르는 물은 상포(湘浦: 洞庭湖의 물이 長江으로 흘러드는 곳)까지 이르고,
구슬픈 바람은 동정호(洞庭湖)를 스쳐 가네.

곡(曲)이 끝나자 사람은 보이지 않고,
강 위에는 몇 개의 푸른 봉우리.

이 시에 '불(不)'자가 두 번 있사옵니다."

그러자 선종이 말했다.

"전기가 비록 글자를 중복해 썼으나 다른 사람의 시들은 전기의 시에 미치지 못할 듯 하오. 비록 사조(謝朓)가

동정호는 음악이 넘쳐흐르는 땅,
소상(瀟湘: 湘水가 瀟水와 합쳐지는 곳으로 灘湘·蒸湘과 함께 三湘으로 불려짐)은 요(堯)임금의 딸이 노닐던 곳.
구름 걷히니 창오가 멀리 보이고,
강물은 강한(江漢: 湖北 長江 이북의 漢水 하류 일대)을 휘감돌아 흐르는구나.

라는 시를 지었으나, 이와 비견될 수 없구료."

그리하여 굉사과에서는 시를 시험 볼 때 글자를 중복해 쓴 사람들도 과거에 급제시켰으며, 전기의 이 시는 곧바로 『사선(史選)』에 들어가게 되었다. (『운계우의』)

선종은 중양절(重陽節)에 여러 신하들에게 연회를 베풀어주고 어제시(御製詩)를 지었다. 간략하게 적으면 다음과 같다.

변새가 안정되니 정벌나온 기병은 되돌아 가고,
오랑캐와 화친하는 일은 조종의 현신들에게 맡기네.
마음을 다하고 정성을 기울여,
힘을 합쳐 함께 변경을 편안케 하네.

그러자 재상과 신료들도 응제시(應製詩)를 지어 모두 화답했다. 그러

자 또 선종이 말했다.

"재상 위모(魏謨)의 시가 가장 출중하구료."

위모의 시 두 련(聯)은 다음과 같다.

> 네 변방이 일없이 지나가고,
> 풍성한 가을걷이 찾아오네.
> 팔수(八水: 關內의 涇·渭·灞·滻·澇·潏·灃·滈水)에 차가운 빛 일고,
> 모든 산엔 맑게 갠 하늘 펼쳐져 있네.

선종이 훌륭하다고 하며 한참동안 칭찬하자 위모는 크게 기뻐하며 배례했으며, 여러 신료들이 위모를 우러러보았기에 그는 만족한 표정을 지었다. 마음껏 즐긴 후에 연회는 끝이 났다. (『서정시』)

唐宣宗朝, 前進士陳珫等三人應博士宏詞, 所司考定名第及詩賦論. 上於延英殿詔中書舍人李藩等問曰: "凡考試之中, 重用字如何?" 藩對曰: "賦忌偏枯庸雜, 論失襃貶是非, 詩則緣題落韻(緣題, 如「白雲起封中」詩, '元封中白雲起'是也. 按『雲溪友議』七無'元'字). 其間重用文字, 乃是庶幾, 亦非有常例也." 又曰: "孰詩重用字?" 對曰: "錢起「湘靈鼓瑟」詩云: '善撫雲和瑟, 常聞帝子靈. 馮夷空自舞, 楚客不堪聽. 逸韻諧金石, 淸音發杳冥. 蒼梧來怨慕, 白芷動芳馨. 流水傳湘浦, 悲風過洞庭. 曲終人不見, 江上數峯靑.' 中有二'不'字." 上曰: "錢起雖重用字, 他詩似不及起. 雖謝眺云: '洞庭張樂地, 瀟湘帝子游. 雲去蒼梧遠, 水還江漢流'之篇. 無以比也." 其宏詞詩重用字者登科, 起詩便付『史選』. (出『雲溪友議』)

宣宗因重陽, 賜宴羣臣, 有御製詩. 其略曰: '款塞旋征騎, 和戎委廟賢. 傾心方倚注, 叶力共安邊.' 宰臣以下應制皆和. 上曰: "宰相魏謨詩最出." 其兩聯云: '四方無事去, 神豫抄秋來. 八水寒光起, 千山霽色開.'" 上嘉賞久之, 魏踏舞拜謝, 羣寮聳視. 魏有德色. 極歡而罷. (出『抒情詩』)

199・8(2211)
온정균(溫庭筠)

당(唐)나라 온정균은 자(字)가 비경(飛卿)이며 옛날 이름은 온기(溫岐)이다. 그는 이상은(李商隱)과 이름을 나란히 하여 당시 사람들은 '온・이(溫・李)'라고 했다. 그는 문사가 곱고 아름다웠으며, 소부(小賦)에 능했다. 그는 매번 시험에 있어서 관운(官韻: 지정된 글자를 압운하는 것)으로 압운하여 부를 지었으며, 앞뒤로 마주잡은 손을 모두 여덟 번 바꿔 잡을 동안 여덟 운을 완성했다[그리하여 당시에 그를 '溫八叉'라 했음]. 그리고 온정균은 옆사람을 위해 여러 번 답안지를 대신 써주었기에, 사람들이 그를 '구수인(救數人)'이라 불렀다. 그러나 이것은 선비로서의 행동에 결함이 있는 것이었으므로 사대부들은 그를 경박하다고 여겼다.

한번은 이의산(李義山: 李商隱)이 온정균에게 말했다.

"근래에

> 멀리는 조공(趙公: 唐初의 功臣 長孫無忌)이,
> 36년간 재상을 지냈던 것에 비할 만하고.

라는 한 련(聯)을 생각해 냈는데, 대구를 아직 생각해 내지 못했소이다."

그러자 온정균이 말했다.

"어찌

> 가까이는 곽령(郭令: 郭子儀로 中書令을 지냈기에 부르는 이름)이,
> 24년 간 중서성(中書省)에서 고적(考績: 관리의 良否 및 功過를 조사
> 함)했던 것과 같네.

라고 하지 않으십니까?"

한번은 선종(宣宗)이 시험삼아 시(詩)를 지으며 윗 구에 '금보요(金步搖: 步搖는 머리 장식인 떨잠으로 걸어갈 때마다 흔들리기에 붙은 이름)'라 했는데, 대구를 맞출 수 없었기에 사람을 보내 거기에 대구를 맞출 만한 진사(進士)를 불러오게 했다. 온정균이 '옥조탈(玉條脫: 條脫은 팔찌임)'로 뒤를 이었더니, 선종은 그를 칭찬했다. 또 약에 '백두옹(白頭翁: 할미꽃)'이라는 이름이 있자 온정균은 '창이자(蒼耳子: 도꼬마리 열매)'로 대구를 이루었으니, 다른 것도 모두 이와 같았다.

선종은 「보살만(菩薩蠻: 唐代 敎坊曲名으로, 「子夜歌」 혹은 「重疊金」이라고도 함)」 사(詞)를 애창했는데, 승상(丞相) 영호도(令狐綯)가 온정균의 힘을 빌어 그것을 수찬(修撰)하여 비밀리에 선종에게 바치고는 다른 사람에게 발설하지 말 것을 명했다. 그러나 온정균이 그 사실을 다른 사람에게 말해 버렸기에 영호도는 그를 멀리했다. 그러자 온정균이 이렇게 말했다.

"중서성(中書省)에 장군(將軍: 令狐綯는 武官출신이었음)이 앉아 있구나."

이는 승상이 학문이 없음을 비꼰 것이었다.

선종은 미행(微行)을 좋아했는데, 온정균과 우연히 객점에서 마주치

게 되었다. 그러나 온정균은 용안(龍顔)을 알아보지 못하고 선종에게 거만하게 따져물었다.

"공(公)은 장사(長史)·사마(司馬)의 부류요?"

선종이 말했다.

"아니오."

그러자 온정균이 또 물었다.

"그러면 큰 주(州)의 참군(參軍)·주부(主簿)·현위(縣尉)의 부류요?"

선종이 대답했다.

"아니오."

온정균은 [이 일로 인해] 방성현위(坊城縣尉)로 폄적되었는데, 그 제사(制詞: 벼슬을 강등시키는 조서)에 이렇게 씌어 있었다.

"공자의 문하에서는 덕행을 으뜸으로 삼으며, 문장을 마지막으로 친다. 그대는 덕행이 취할 만한 것이 없으니 문장으로 어찌 보완할 수 있겠나? 비범한 재주를 헛되이 써버리면 시기 적절하게 기용될 기회는 드문 법이다."

결국 온정균은 타향을 떠돌다 죽었다.

빈국공(邠國公) 두종(杜悰)은 서천절도사(西川節度使)로 있다가 회해절도사(淮海節度使)로 제수되어 왔는데, 온정균이 위곡(韋曲) 임씨(林氏)의 임정(林亭)을 방문했을 때 다음과 같은 시를 남겼다.

    주막 화로 앞에 있는 탁씨(卓氏: 卓文君)는 금 실버들 같고,
    수(隋)나라 운하 제방 가엔 비단 돛이 바람에 나부끼네.
    당신은 두 지역에서 장마 비를 무릅쓰느라,
    강물을 붉게 비추는 연꽃조차 보지 못했네.

빈국공은 그것을 보고 온정균에게 비단 1000필을 보내주었다.

오흥(吳興)의 심휘(沈徽)는 이렇게 말했다.

"온정균이 한번은 강회(江淮)에서 아버지에게 회초리를 맞고 그로 인해 이름을 '정균[뜰에서 대나무로 매를 맞았다는 뜻]'이라고 바꾸었다."

또 온정균은 매년 과거장에서 많은 거인(擧人)들의 답안을 대신 써주었으므로, 시랑(侍郞) 심순(沈詢)이 주관한 과거에서는 따로 자리를 펴서 온정균에게 주어 다른 사람들과 이웃하여 나란히 앉지 못하게 했다. 그리고 다음 날 심순은 주렴 앞으로 온정균을 불러 말했다.

"지금까지 과거에 급제한 사람들은 모두 문부(文賦)를 학사(學士: 溫庭筠)에게 부탁했던 이들이오. 그러나 올해 과거장에서는 결코 대신 써주거나 부탁 받을 수 없으니, 학사는 스스로 더욱 힘쓰시오."

그리고는 그를 내쫓아 버렸다. 이로 인해 온정균은 뜻을 이룰 수 없었다. (『북몽쇄언』)

唐溫庭筠字飛卿, 舊名岐. 與李商隱齊名, 時號'溫·李'. 才思艶麗, 工於小賦. 每入試, 押官韻作賦, 凡八叉手而八韻成. 多爲鄰鋪假手, 號曰'救數人'也. 而士行有缺, 搢紳薄之.

李義山謂曰: "近得一聯句云'遠比趙公, 三十六年宰輔', 未得偶句." 溫曰: "何不云'近同郭令, 二十四考中書.'"

宣宗嘗試詩, 上句有'金步搖', 未能對, 遣求進士對之. 庭筠乃以'玉條脫'續也, 宣宗賞焉. 又藥有名'白頭翁', 溫以'蒼耳子'對, 他皆此類也.

宣帝愛唱「菩薩蠻」詞, 丞相令狐綯假其修撰, 密進之, 戒令勿他泄. 而遽言於人, 由是疎之. 溫亦有言云: "中書內坐將軍." 譏相國無學也.

宣皇好微行, 遇於逆旅. 溫不識龍顏, 傲然而詰之曰: "公非長史·司馬之流耶?" 帝曰: "非也." 又曰: "得非大參·簿·尉之類耶?" 帝曰: "非也." 謫爲坊城尉, 其制詞曰: "孔門以德行爲先, 文章爲末. 爾旣德行無取, 文章何以補焉? 徒負不羈之才, 罕有適時之用." 竟流落而死也.

䰟國公杜悰自西川除淮海, 庭筠詣韋曲林氏林亭, 留詩云: "卓氏爐前金線柳, 隋家堤畔錦帆風. 貪爲兩地行霖雨, 不見池蓮照水紅." 䰟公聞之, 遺絹千疋.

吳興沈徽云: "溫曾於江淮爲親檟楚, 由是改名庭筠."

又每歲舉場, 多爲擧人假手, 侍郎沈詢之擧, 別施鋪席, 授庭筠, 不與諸公鄰比. 翌日, 於簾前請庭筠曰: "向來策名者, 皆是文賦託於學士. 某今歲場中, 並無假託, 學士勉旃." 因遣之. 由是不得意也. (出『北夢瑣言』)

199·9(2212)
이상은(李商隱)

당(唐)나라 이상은은 자가 의산(義山)이며, 팽양공(彭陽公) 영호초(令狐楚)의 종사(從事)로 있었다. 팽양공의 아들 영호도(令狐綯)는 위현(韋賢)과 위현성(韋玄成), 평당(平當)과 평연(平宴) 부자들처럼 부친의 자리를 이어 재상이 되자, 잠시 이상은과 소원해져서 예전처럼 그를 친근하게 대하지 않았다. 중양절(重陽節)에 이상은은 영호도의 저택을 방문하여 청사 위에 글을 남겨 두었는데, 그 대략은 이러하다.

10년 동안 주천(酒泉) 아래서는 소식 없으니,
중양절에 술 단지 앞에서 온갖 생각 나는구나.

낭군(郎君: 슈狐絢를 가리킴)께서는 요직에 계시어 행마(行馬: 官署의 문 앞에 설치하여 人馬의 통행을 막는 울짱)를 설치하시니,
　　나에게 동각(東閣: 동쪽으로 난 조그만 문으로, 漢代 公孫弘이 승상이 되었을 때 東閣을 열어 賢士를 맞이했으므로 재상이 현인을 맞는 곳으로 칭해짐)을 다시 보게 허락하실 이유 없겠네.

　승상은 그 글을 보고 부끄러울 따름이었다. 그리하여 승상은 그 청사에 빗장을 걸고 평생 그곳에 거하지 않았다. ([『북몽쇄언』])

　唐李商隱字義山, 爲彭陽公令狐楚從事. 彭陽之子絢, 繼有韋·平之拜, 似假疎商隱, 未嘗展分. 重陽日, 商隱詣宅, 於廳事上留題, 其略云: "十年泉下無消息, 九日樽前有所思. 郎君官重施行馬, 東閣無因許再窺." 相國覩之, 憮悵而已. 乃扃閉此廳, 終身不處也. (原闕出處, 今見『北夢瑣言』卷七)

199·10(2213)
유　전(劉　瑑)

　당(唐)나라 유전은 자가 자전(子全)으로 어려서 열심히 공부하여 문장에 능했으며, 문사가 풍부하고 훌륭했다. 유전은 대중연간(大中年間: 847~860) 초에 한림학사(翰林學士)가 되었는데, 당시는 갓 하황(河湟: 黃河와 湟水 유역의 땅)을 수복한 터라 변방에는 군사 일이 번잡한 때였다. 때마침 한림원에서는 여러 학사들 중에서 휴가를 청한 사람들이 많았기에 유전이 그 일을 혼자 도맡아 하게 되었다. 하루는 유전이 거의 백 장이나 되는 조서의 초안을 쓰느라 붓을 쉬지 않고 글을 썼는데, 문

장은 조리있고 정확했다. 밤이 지나고 황제가 유전을 다시 어전으로 불러 천하의 백성들에게 효시(曉示)하는 칙서를 초안할 것을 명하자, 유전을 붓을 적시는 동안 생각을 풀어내어 금방 황제께 아뢰었다. 날이 밝자 황상은 그를 불러 대면하고는 크게 훌륭하다고 칭찬했으며, 그 일로 인해 어전에서 금어대(金魚袋)와 자의(紫衣)를 하사했다. 유전은 문학으로 인정을 받아 몇 년 지나지 않아서 마침내 크게 기용되었다.

고유제(告喩制: 백성들에게 황제의 뜻을 효시하는 칙서)의 문장은 다음과 같다.

"자고로 황왕(皇王: 唐 高祖 李淵을 말함)께서 나라를 세우신 이래로 문(文)으로 전대의 성과를 지키고, 무(武)로써 제업을 완성시키지 않은 것이 없었으니, 이 두 가지를 참조하여 두루 안정케 했다. 짐(朕)은 국가의 원대한 계획을 외람되이 짊어지고서 홍도년(弘道年: 683)에서 경룡연간(景龍年間: 707~710)까지의 일[則天武后가 684년 中宗을 폐위시키고 睿宗을 세워 실권을 장악했으며, 그 후 703년 則天武后가 병사하고 中宗이 복위했으나 710년 韋皇后가 中宗을 독살하고 少帝를 옹립하고 정권을 잡았던 일]을 생각하여 근심하고 경계하면서, [제위에 오른 후] 지금까지 4년 동안 매번 면면이 이어져 끝없이 펼쳐진 하황의 강토를 염두에 두었도다. 그러나 천보연간(天寶年間: 742~756) 말에 오랑캐들이 우리의 어려운 틈을 타 쳐들어오니, 그 간특한 무리들을 막을 힘이 없어 침입한 외적을 도성(都城)에서 멀지 않은 곳까지 오도록 허락하고 말았다. 그렇게 벌써 10대가 흘러 근 100년이 되었다. 공경과 사대부들은 자신의 재능을 바치고 모두들 좋은 계책을 내놓으니 조정에서는 아래 신하들과 의논하며 그 직간하는 말을 들었으며, 모두 변방의 전쟁이 일어나지 않음을 영구한 계획으로 삼고 옛 땅을 수복하는 것을 당연한 이치로 삼았다. 그러나 세월이 덧없이 흘러 지금에 이르렀는데도 아직 수복할 길이 없도. 하지만 천지에 상서로운 기운이 쌓이고 선조들의 보살핌이 드리워진 이 때 장병들은 모두 비바람을 무릅쓰고 들녘에서 이슬을 맞으면서, 가시덤불을 헤치고 밤에 표두(杓斗: 북두칠성의 손잡이 부분으로 변방 지역을 비유함)를 엄중히 지키며, 승냥이 때를 내몰고 새벽에 궁려(穹廬: 유목민의 이동식 천막 같은 집)를 쳐부순다. 모두 뜻대로 한결같이 움직인다면 자고로 이와 비길 만한 큰 것이 없을 것이다. 이를 유념하여 진실로 근면하면 마땅히 총애와 큰상이 내려질 것이다."

내용이 길기 때문에 다 싣지 않는다. (정처회「유전비」)

唐劉瑑字子全, 幼苦學, 能屬文, 才藻優贍. 大中初, 爲翰林學士, 是時新復河湟, 邊上戎事稍繁. 會院中諸學士或多請告, 瑑獨當制. 一日近草詔百函, 筆不停綴, 詞理精當. 夜艾, 帝復召至御前, 令草喩天下制, 瑑濡毫抒思, 頃刻而告就. 遲明召對, 帝大嘉賞, 因而面賜金・紫之服. 瑑以文學受知, 不數年, 卒至大用.

其告喩制曰: "自昔皇王之有國也, 何嘗不文以守成, 武以集事, 參諸二柄, 歸於大寧. 朕猥荷丕圖, 思弘・景業, 憂勤戒惕, 四載于玆, 每念河湟土疆, 綿亘遐闊. 天寶末, 犬戎乘我多難, 無力禦姦, 遂縱腥膻, 不遠京邑. 事更十葉, 時近百年. 卿士獻能, 靡不竭其長策, 朝廷下議, 皆亦聽其直詞, 盡以不生邊事爲永圖, 且守舊地爲明理. 荏苒於是, 收復無由. 今者天地儲祥, 祖宗垂祐, 將士等櫛沐風雨, 暴露郊原, 披荊榛而勺斗夜嚴, 出豺狼而穹廬曉破. 動皆如意, 古無與京. 念此誠勤, 宜加寵賞." 詞不多載. (出鄭處誨所撰「劉瑑碑」)

199 · 11(2214)
정 전(鄭 畋)

마외불당(馬嵬佛堂)은 양귀비(楊貴妃)가 목을 맨 곳이다. 그 후 재사(才士)들은 그곳을 지나가게 되면 시를 지어 그 가슴속에 품은 원한을 말했으니 이루 다 기록할 수 없을 정도였다. 그 글들은 모두 물총새 꼬리 깃털과 향내나는 비녀가 진흙 속에 묻히게 되었으니 미녀들의 서글픔과 원망이 사람의 마음을 아프게 한다는 것이었다. 비록 곡조는 애달프고 가사는 청신하다 할지라도 이러한 뜻에서 벗어나는 글은 없었다. 승상(丞相) 정전이 봉상현(鳳翔縣)의 종사(從事)로 있을 때, 이렇게 시를 지었다.

> 숙종(肅宗)이 도성으로 말머리를 돌렸을 때 양귀비는 죽고,
> 비와 구름은 사라지고 해와 달이 새롭게 떠오르네.
> 성조천자(聖朝天子: 玄宗을 가리킴)의 일을 마무리 지음에,
> 경양궁(景陽宮) 우물[陳 後主가 투신 자살한 곳으로 황제 투신의 상징]에는 또 몇 사람이나 빠질런고.

이 시를 본 사람들은 진실로 나라에 도움이 되는 글귀라고 여겼다. (『궐사』)

馬嵬佛堂, 楊妃縊所. 邇後才士經過, 賦詠以道其幽怨者, 不可勝紀. 皆以翠翹香鈿, 委於塵泥, 紅淒碧怨, 令人傷悲. 雖調苦詞淸, 無逃此意也. 丞相鄭畋爲鳳翔從事日, 題詩曰: "肅宗廻馬楊妃死, 雲雨雖亡日月新. 終是聖朝天子事, 景陽宮井又何人." 觀者以爲眞輔國之句. (出『闕史』)

199 · 12(2215)
사공도(司空圖)

당(唐)나라 진국공(晉國公) 배도(裴度)가 회서초토사(淮西招討使)로 있을 때, 자신의 이름을 화악묘(華嶽廟)의 궐문(闕門: 궁궐 등의 앞에 만든 문으로 敎令 등을 걸어놓았음)에 써 놓았는데, 후에 사공도가 시를 지어 그곳에 적어 놓았으니, 이와 같다.

  화악산 앞에서 대군(大軍)이 회서로 달려가니,
  이로써 중원(中原)에는 전쟁의 북소리 그쳤네.
  석궐(石闕)에는 이끼 끼게 하지 말라,
  진국공이 쓴 이름 분명하게 보이도록.

(『척언』)

唐晉國公裴度討淮西, 題名於華嶽廟之闕門, 後司空圖題詩紀之曰: "嶽前大隊赴淮西, 從此中原息戰鼙. 石闕莫敎苔蘚上, 分明認取晉公題." (出『摭言』)

199 · 13(2216)
고 섬(高 蟾)

당(唐)나라 고섬의 시는 비록 청신했지만 벽자(僻字)와 험운(險韻)에 힘을 기울였기에 글의 뜻이나 이치가 적어 사실 풍아한 시단에서는 죄인이었다. 그래서 설능(薛能)은 그를 두고 사람들에게 이렇게 말했다.

"내가 만일 이 공(公)을 만나게 되면, 손바닥을 날려 주고 싶소이다."
그러나 고섬의 「낙제(落第)」시는 다음과 같았다.

> 하늘 위의 푸른 복숭아[신선이 먹는 복숭아]는 이슬과 함께 심고,
> 태양 곁의 붉은 은행은 구름에 의지해 심네.
> 가을 강 위에 자라는 부용(芙蓉)은,
> 아직 피지 못함을 동풍(東風: 春風)에게 원망하지 않네.

아마도 빈한한 자신의 본분을 지키며 조급하게 경쟁하려는 마음은 없는 듯했기에 공경(公卿)들은 그를 인정했다. 일전에 호증(胡曾)은 이런 시를 지었다.

> 한원(翰苑: 문인들)은 어느 때나 딸 시집보내는 것을 그만두려나,
> 문창(文昌: 祿籍과 文章을 관장하는 신. 여기서는 문인들을 가리킴)은 조만간 아들 낳기를 그만두겠네.
> 상림(上林)에는 새로운 계수나무[上林新桂: 進士를 가리킴] 해마다 나는데,
> 평민들은 가지 하나 꺾기도 허락되지 않는구나.

나은(羅隱)은 시에 원망과 풍자가 많아서 권세가의 자제들이 그를 꺼렸기에, 고섬만이 과거에 급제할 수 있었다.

선배인 이하(李賀)의 시는 뛰어나면서도 벽자와 험운을 썼는데, 그럼에도 불구하고 늘 시에 이치가 들어 있지 않다는 생각을 들게 했다. 그리하여 두목(杜牧)은 이렇게 말했다.

"장길(長吉: 李賀의 字)이 만약 시에 조금만 이치를 담았더라면, 바로 다른 시인들을 노복으로 삼을 수 있었을 텐데."

이로써 일반적인 평가가 많이 다르지 않다는 것을 알 수 있다. (『북몽쇄언』)

唐高蟾詩思雖淸, 務爲奇險, 意疎理寡, 實風雅之罪人. 薛能謂人曰: "儻見此公, 欲贈其掌." 然而「落第」詩曰: "天上碧桃和露種, 日邊紅杏倚雲栽. 芙蓉生在秋江上, 不向東風怨未開." 蓋守寒素之分, 無躁競之心, 公卿間許之. 先是胡曾有詩云: "翰苑何曾(明鈔本'曾'作'時')休嫁女, 文昌早晚罷生兒. 上林新桂年年發, 不許平人折一枝." 羅隱亦多怨刺, 當路子弟忌之, 由是蟾獨策名也.

前輩李賀歌篇, 逸才奇險, 雖然, 嘗疑其無理. 杜牧有言: "長吉若使稍加其理, 卽奴僕命騷人可也." 是知通論不相遠也. (出『北夢瑣言』)

태평광기 권제 200 문장 3

1. 이 위(李   蔚)
2. 노 악(盧   渥)
3. 한 정 사(韓 定 辭)
4. 요 암 걸(姚 巖 傑)
5. 적 귀 창(狄 歸 昌)
6. 두 순 학(杜 荀 鶴)

무신유문(武臣有文)

7. 조 경 종(曹 景 宗)
8. 고   앙(高   昂)
9. 하 약 필(賀 若 弼)
10. 이   밀(李   密)
11. 고 숭 문(高 崇 文)
12. 왕 지 흥(王 智 興)
13. 고   병(高   騈)
14. 나 소 위(羅 昭 威)
15. 조 연 수(趙 延 壽)

200·1(2217)
이 위(李 蔚)

　당(唐)나라 승상(丞相) 이위가 회남(淮南)을 진수하고 있을 때에 평소부터 교분이 있던 손처사(孫處士)가 천리를 멀다고 하지 않고 찾아오자 이위는 한 달이 넘도록 그를 붙잡아 두었다. 하루는 손처사가 작별을 고하자 이위는 옛 친분을 생각해서 떠나는 배 위에서 송별연을 베풀었다. 배가 다리 밑을 지날 때에 파도가 갑자기 몰아쳐서 배가 선회하자, 뱃사공은 [이를 바로잡으려고] 노를 젓다가 물을 튀겨 근처에 앉은 기생의 옷을 흠뻑 적시게 되었다. 이위는 크게 노하여 사공을 붙잡아 담당관리에게 죄를 묻게 했다. 이때에 손처사가 공수(拱手)하고 앞으로 나아와 말했다.
　"저에게 분에 넘치는 전별연을 열어주려다가 생긴 일이니 이것은 제 잘못입니다. 감히 청컨대 붓과 벼루를 주시면 이 황망함을 대략 서술해 보겠습니다."
　이위가 그렇게 하도록 하자 손처사는 「유지사(柳枝詞)」를 지어 이렇게 읊었다.

　　　이마 반쪽은 황금빛 비단 옷에 가려져 있고,
　　　옥비녀엔 우아한 봉황 한 쌍 날고있네.
　　　명령받아 왔다가 물벼락에 비단 치마 젖었지만,
　　　그래도 아침에 [구름으로] 왔다가 저녁에 비되어 돌아간다 말할 수

있으리[아침에는 구름이 되었다가 저녁에는 비가 된다고 했던 巫山神
女의 고사를 비유함].

이위는 시를 보자 마음이 풀어지면서 기뻐하며 웃었고 빈객과 종자들도 모두 그를 칭찬했다. 이위는 악사에게 명해서 그 가사를 노래하게 하여 날이 저물 때까지 즐겁게 마셨으며 사공도 사면되었다. 이영(李嶸)이 또 이런 시를 바쳤다.

> 안개 머금은 계수(鷄樹: 中書省의 異稱)엔 상서로운 기운 서려있고,
> 해맑은 봉지(鳳池: 中書省의 異稱)의 물결은 옥산(玉山: 풍채가 수려한 사람을 비유함)을 기다리네.
> 나라 안의 백성들 오랫동안 동쪽 관문을 바라보며,
> 광릉(廣陵)에까지 사제(沙堤: 당대에 재상의 수레가 지나도록 모래로 포장한 큰 길)를 쌓고자 하네.

후에 이위는 과연 재상이 되었다. (『서정시』)

唐丞相李蔚鎭淮南日, 有布素之交孫處士, 不遠千里, 徑來修謁, 蔚浹月留連. 一日告發, 李敦舊分, 遊河祖送. 過於橋下, 波瀾迅激, 舟子廻跋, 擧篙濺水, 近坐飮妓, 濕衣尤甚. 李大怒, 令擒舟子, 荷於所司. 處士拱而前曰: "因茲寵餞, 是某之過. 敢請筆硯, 略抒荒蕪." 李從之, 乃以「柳枝詞」曰: "半額微黃金縷衣, 玉搔頭裊鳳雙飛. 從敎水濺羅裙濕, 還道朝來行雨歸." 李覽之, 釋然歡笑, 賓從皆贊之. 命伶人唱其詞, 樂飮至暮, 舟子赦罪. 更有李嶸獻詩云: "鷄樹煙含瑞氣凝, 鳳池波待玉山澄. 國人久倚東關望, 擬築沙堤到廣陵." 後果入相. (出『抒情詩』)

노 악(盧 渥)

　당(唐)나라 좌승상(左丞相) 노악은 그 수레와 복식이 매우 성대해서 당시에 비길 자가 없었다. 그의 형제 네 명도 모두 현달한 지위에 올랐다. 건부연간(乾符年間: 874~879) 초에 모친상을 벗자 노악은 전 중서사인(中書舍人)에서 섬부관찰사(陝府觀察使)에 제수되었다. 열흘 뒤에는 그의 동생 노소(盧紹)가 전 장안현령(長安縣令)에서 급사중(給事中)에 제수되었고, 또 열흘 뒤에 동생 노항(盧沆)이 전 집현교리(集賢校理)에서 좌습유(左拾遺)에 제수되었으며, 또 열흘이 지나자 동생 노소(盧沼)가 기현위(畿縣尉)에서 감찰어사(監察御史)로 천거되었다. 조정에서 조서가 잇달아 노악의 집에 이르자 사족들은 이를 영화로운 일이라고 했다.
　노악이 섬주로 부임하러 갈 때에 낙양의 거수(居守: 留守의 별칭. 비상설직으로 洛陽이나 行都에 설치되었으며 주로 지방장관이 겸임함)와 분사(分司: 조정 관원 중 東都 洛陽에서 직무를 수행하던 사람으로 侍御史의 분사를 제외하고는 실제적인 직권이 없는 일종의 명예직이었음) 이하의 조정신하들이 모두 그의 가는 길에 전별연을 베풀어서 낙양 안이 텅 비게 되었다. 도성에서 이를 보려고 사람들이 빽빽이 몰려들어 청명절(淸明節)보다도 더 성대했으며, 임도역(臨都驛)에서 여행길에 이르기까지 50리 길에 인마가 끊이지 않았다. 한 흰 수염 난 역리가 손가락을 퉁기며 감탄하며 말했다.
　"이 늙은이가 역리를 지낸 50년 동안 많은 일을 보아왔지만 전별연이 이처럼 성대한 것은 보지 못했다."

당시 선비들은 사석에서 이 말을 주고받았고, 이 날에 집안에만 있었던 사람들은 [이런 성대한 연회에 참가하지 않은 일을] 수치스러워 했다. 노악에게 「제가상역시(題嘉祥驛詩)」가 있는데 내용은 다음과 같다.

> 친우에게 성대한 전별연을 베풀어주느라 낙양성이 텅 비었으니,
> 잘 차려입은 군복은 상장군(上將軍)과 같네.
> 천자의 사신이 하늘에서부터 칙명을 내리니,
> 화려한 안장은 몇 리나 되는 노정(路程)을 비추네.
> 히히잉 말울음 소리 빈 계곡에 울려 퍼지니,
> 푸른 산에 깃발은 더욱 붉어라.
> 부임한 뒤 백성을 교화시킴이 쉬운 줄 알았으니,
> 온 거리 팥배나무에까지 유풍(遺風) 남았어라.

시를 새겼던 목판은 시는 판각된 뒤 후에 역정절도사(易定節度使)인 상서(尚書) 왕존(王存)에 의해 부서졌다. (『당궐사』)

唐左丞相盧渥, 軒冕之盛, 近代無比. 伯仲四人咸居顯列. 乾符初, 母憂服闋, 渥自前中書舍人拜陝府觀察使. 又旬日, 其弟紹自前長安令除給事中, 又旬日, 弟沆自前集賢校理除左拾遺, 又旬日, 弟沼自畿尉遷監察御史. 詔書疊至, 士族榮之. 及赴任陝郊, 洛城自居守・分司朝臣以下, 互設祖筵, 遮於行路, 洛城爲之一空. 都人觀者架肩擊轂, 盛於淸明灑掃之日, 自臨都驛以至於行, 凡五十里, 連翩不絕. 有白鬢傳卒, 鳴指歎曰: "老人爲驛吏垂五十年, 閱事多矣, 而未曾見祖送之盛有如此者." 時士流竊語, 以此日在家者爲恥. 渥有「題嘉祥驛詩」曰: "交親榮餞洛城空, 善戲戎裝上將同. 星使自天丹詔下, 雕鞍照地數程中. 馬嘶靜谷聲偏響, 旆映晴山色更紅. 到後定知人易化, 滿街棠樹有遺風." 詩版後爲易定帥王存尚書碎之. (出『唐闕史』)

200 · 3(2219)
한정사(韓定辭)

당(唐)나라 한정사는 진주(鎭州) 왕용(王鎔)의 서기(書記)로, 연수(燕帥) 유인공(劉仁恭)을 예방하러 갔다가 빈관(賓館)에서 묶게 되었다. 유인공이 그의 막객(幕客) 마욱(馬彧)에게 한번 접대해보도록 하자, 마욱은 한정사에게 다음과 같은 시를 보냈다.

　수림(燧林: 西王母가 燕昭王에게 炎皇의 술법을 이야기 한 곳)의 우거진 풀처럼 끊이지 않는 생각에,
　종일토록 발걸음을 끌고 화려한 망루에 올랐어라.
　이별한 뒤로 관무산(罐嵍山: 王喬가 신선이 된 산) 위에서 바라보니,
　그대 그리는 마음에 때때로 다시 왕교가 보이네.

마욱의 시가 비록 빼어났지만 그 의미는 한정사의 학문을 시험해 보는 데 있었다. 한정사도 앉은 자리에서 응수하여 이렇게 읊었다.

　숭하대(崇霞臺) 위의 신선손님은,
　그 학식이 치룡(癡龍)을 분별해야 가장 좋다고 할 것이네.
　뛰어난 덕을 갖춘 훌륭한 장수는 은 붓으로 쓸 것이며,
　아름다운 글은 설아(雪兒)에게 주어 노래부르게 할 것이네.

좌중의 여러 빈객들은 모두 그 자구의 오묘함에 놀라며 칭찬하지 않는 이가 없었는데, 역시 그 은필이라는 편벽된 전고를 쓴 것에 의아해했다.

나중에 마욱이 다시 연수의 명을 받들고 상산(常山: 王鎔의 字)을 답례로 찾아가니, 한정사가 명을 받아 공관에서 마욱을 접대했다. 당시에 전전(轉轉)이라는 기생이 한정사의 총애를 받고 있었는데, 매번 주연이 있을 때마다 마욱이 그녀를 눈여겨 보자 한정사가 말했다.

"저는 예로부터 진문공(晉文公)이 계외(季隗: 晉文公의 부인인 叔隗의 누이동생)를 조최(趙衰)에게 보낸 일과 손백부(孫伯符: 孫策)가 소교(小喬: 孫策의 부인인 大喬의 누이동생)를 공근(公瑾: 周瑜)에게 시집보낸 일을 좋아했으니, 이는 대개 아름다운 여인으로 이름난 사람을 받들었기 때문입니다. 저는 다만 이 노래부르는 계집이 당신처럼 어진 이의 돌아봄을 제대로 받들지 못할까 염려되오니 원컨대 시를 한 수 읊어서 그녀로 하여금 당신을 모시도록 하십시오."

마욱은 붓을 들고 거침없이 문장을 써내어「전전부(轉轉賦)」를 지었다. 그 문장이 매우 아름다워 사람들은 모두 그 민활하고 오묘함에 감탄했으며 마침내 원근에 전해지게 되었다.

마욱이 한정사에게 조용히 설아와 은필의 전고에 대해 묻자 한정사가 말했다.

"옛날에 양(梁)나라 원제(元帝)가 상동왕(湘東王)으로 있던 시절, 그는 공부하고 글쓰기를 좋아하여 항상 충신・의사와 아름다운 문장을 쓴 사람의 일을 기록했습니다. 이때 그의 붓에는 세 가지 등급이 있었는데, 어떤 것은 대롱이 금과 은으로 장식되어 있었고 어떤 것은 반죽(斑竹)으로 되어있었습니다. 그는 충성과 효성을 온전히 한 사람은 금 붓으로 쓰고, 덕행이 빼어난 사람은 은 붓으로 썼으며, 문장이 아름다운 사람은 반죽으로 썼습니다. 이로 인해 상동왕(湘東王)의 명성이 강표(江表: 江

東)에 떨쳐지게 되었습니다. 설아는 이밀(李密)의 애첩으로 가무를 잘했는데, 이밀은 매번 빈객과 막료의 문장 중에서 뛰어나서 맘에 드는 것이 있으면 설아에게 주어 음율에 맞춰 노래부르게 했습니다."

마욱이 다시 치룡이 어디서 나온 것인지 묻자 한정사가 말했다.

"낙양에 동굴이 있었는데 예전에 어떤 사람이 잘못해서 그 속에 떨어졌습니다. 그가 동굴 속으로 몇 리를 가자 동굴은 점점 밝아지고 탁 트여졌습니다. 그는 궁전과 사람들이 있는 곳 아홉 군데를 보게 되었습니다. 그는 또 큰 양을 보았는데 양의 수염에 진주가 맺혀 있었고 사람이 그것을 따다가 먹었습니다. 그는 그곳이 어딘지 몰랐으나 나중에 나와서 장화에게 물었더니 '그곳은 지선(地仙)이 사는 아홉 선관(仙館)이며 큰 양은 치룡이라고 한다'고 했습니다."

한정사가 마욱에게 물었다.

"관무산은 어느 곳에 있습니까?"

마욱이 말했다.

"이 일은 수군(隋君: 欋崟山은 王喬가 신선이 된 곳이라고 하나 수군이 누구인지 알 수 없음)의 고사입니다만 겸손히 물어보실 것까지 있겠습니까."

이로서 두 사람은 서로에게 감복하여 교분을 맺은 뒤 떠났다. (『북몽쇄언』)

唐韓定辭爲鎭州王鎔書記, 聘燕帥劉仁恭, 舍於賓館. 命試幕客馬或(按『北夢瑣言』'或'作'彧', 下同)延接, 馬有詩贈韓曰: "燧林芳草綿綿思, 盡日相攜陟麗譙. 別後欋崟山上望, 羡君時復見王喬." 或詩雖淸秀, 然意在徵其學問. 韓亦於座上酬之曰: "崇霞臺上神仙客, 學辨癡龍藝最多. 盛德好將銀筆術(明鈔本'術'作'述'), 麗詞堪與雪兒歌." 座內諸賓靡不欽訝稱妙句, 然亦疑其銀筆之僻也.

他日, 或復持燕帥之命, 答聘常山, 亦命定辭接於公館. 時有妓轉轉者, 韓之所眷也, 每當酒席, 或頻目之, 韓曰: "昔愛晉文公分季隗於趙衰, 孫伯符輟小喬於公瑾, 蓋以色可奉名人. 但慮倡姬不勝賢者之顧, 願垂一詠, 俾得奉之." 或援筆, 文不停綴, 作「轉轉之賦」. 其文甚美, 咸欽其敏妙, 遂傳於遠近.

或從容問韓以雪兒・銀筆之事, 韓曰: "昔梁元帝爲湘東王時, 好學著書, 常記錄忠臣義士及文章之美者. 筆有三品, 或以金銀雕飾, 或用斑竹爲管. 忠孝全者用金管書之, 德行淸粹者用銀筆書之, 文章贍麗者以斑竹書之. 故湘東之譽, 振於江表. 雪兒者李密之愛姬, 能歌舞, 每見賓僚文章, 有奇麗入意者, 卽付雪兒叶音律以歌之." 又問癡龍出自何處, 定辭曰: "洛下有洞穴, 曾有人誤墮於穴中. 因行數里, 漸見明曠. 見有宮殿人物凡九處. 又見有大羊, 羊髥有珠, 人取而食之. 不知何所, 後出以問張華曰: '此地仙九館也, 大羊者, 名曰癡龍耳.'" 定辭復問或: "罐嵍之山, 當在何處?" 或曰: "此隋君之故事, 何謙光而下問." 由是兩相悅服, 結交而去. (出『北夢瑣言』)

200・4(2220)
요암걸(姚巖傑)

요암걸은 양국공(梁國公) 요원숭(姚元崇)의 후손이다. 그는 어려서부터 총명하기 그지없었고, 약관의 나이에는 삼분오전(三墳五典: 三墳은 三皇의 책이고 五典은 五帝의 책. 일반적으로 古書를 말함)에 두루 통달했다. 반고(班固)와 사마천(司馬遷)을 모범으로 삼아 문장을 지었으며 당시에 대학자로 불렸다. 그러나 그는 늘 시와 술로 강남을 떠돌았으며, 특히 제멋대로 선배들을 능멸하고 깔보면서 옆에 아무도 없는 것처럼 행동했다.

당(唐)나라 건부연간(乾符年間: 874~879)에 안표(顔標)가 파양군(鄱陽郡)을 다스릴 때, 축국장(蹴鞠場) 건물이 막 완공되자 요암걸에게 그 일을 기념하는 문장을 지어달라고 청했다. 완성된 문장은 찬란하게 천여 자나 되었는데, 안표가 그 중 한두 글자를 빼려고 하자 요암걸은 크게 화를 내었고 안표도 그것을 용납할 수 없었다. 당시에 글이 이미 돌에 새겨져 있었는데 안표는 끝내 기념비를 땅에 엎어버리고 글도 갈아서 없애라고 명했다. 요암걸은 시 한 편을 지어 그 일을 기록했다.

  안공(顔公: 顔標)이 날 알아줌에 보답하고자 하나,
  내 마음은 오직 하늘과 함께 할 뿐.
  눈앞의 속물엔 관심 없고,
  취한 후 청산에 들어갈 생각 간절하네.
  전자(田子: 田文. 戰國時代 齊나라 田嬰의 아들로 孟嘗君이라 불림. 제나라 정승이 되었을 때 賢士를 초빙하여 식객이 3천 명에 이름)는 칼자루 두드리며[彈鋏:『戰國策』「齊策」四에 따르면, 齊나라의 馮諼은 가난하여 살기 어렵자 孟嘗君을 찾아가 食客이 되기를 청하면서 칼자루를 두드리며 노래를 불렀는데, 맹상군이 그를 식객으로 받아주고 음식·수레·집을 주었다고 함. '彈鋏'은 곤궁한 처지에 있는 사람이 원하는 것을 얻고자 하는 것을 말함] 한탄하는 것을 싫어하지 말고,
  영생(甯生: 甯戚)은 「반우가(飯牛歌: 古歌名으로 「扣角歌」·「牛角歌」·「商歌」라고도 함. 春秋時代 衛나라의 甯戚이 齊나라의 東門 밖에서 소를 먹이면서 桓公이 出行하기를 기다렸다가 쇠뿔을 두드리며 이 노래를 부르자 환공이 그를 등용했다고 함. 나중에는 미천한 선비가 세상에 쓰이기를 자청하는 뜻으로 사용됨)」 부르길 멈추어라.

성스러운 조정에서 만약 백성을 위해 계책을 세운다면,
마땅히 공거(公車: 궁궐의 司馬門의 경비와 臣民의 上書 및 招徵의
일을 맡아보는 관서)에서 벽라(薜蘿: 隱者가 사는 집)를 찾아오리라.

노조(盧肇)가 흡주목(歙州牧)으로 있을 때, 무원(婺源)에 있던 요암걸이 먼저 노조에게 편지를 보냈다. 노조는 그의 술주정에 대해 알고 있었던 터라, 손수 그의 뛰어남을 칭찬하는 편지를 쓰고 비단을 보내면서 그를 사양하며 말했다.

"병란 끝이라 군(郡)이 피폐하여 삼가 대현(大賢)을 모실 수 없습니다."

그러나 요암걸이 다시 장문의 편지를 보내 노조를 감격시키자, 노조는 하는 수 없이 그를 군재(郡齋: 太守·州牧의 집무실)로 맞이하여 공경(公卿)에 대한 예우로 대접했다. 그러나 요암걸은 그곳에 머무른 뒤 날로 방자해져서 노조를 경시하게 되었다. 노조가 한번은 이런 시구를 지어 요암걸에게 자랑했다.

밝은 달이 파촉(巴蜀)의 하늘을 비추네.

그러자 요암걸이 크게 웃으며 말했다.

"밝은 달은 온 하늘을 비추는 법인데, 어찌하여 유독 '파촉의 하늘'이라고 말합니까?"

노조는 점점 그를 마음에 들지 않아 했다. 얼마 후 강가의 정자에서 연회가 있었는데 그때 괴희일(蒯希逸)도 그 자리에 있었다. 노조가 눈앞에 펼쳐진 사물 중에서 하나를 골라 주령(酒令)으로 삼자고 청했는데 끝

에는 악기의 이름이 들어가야 한다고 했다. 노조가 주령을 내며 말했다.

멀리 보이는 고깃배,
그 넓이는 1척 8촌[尺八: 피리의 일종으로 길이가 1尺 8寸임].

그러자 요암걸은 갑자기 술을 한 잔 마시더니 난간에 기대어 토하는 시늉을 했다. 잠시 후 요암걸은 자리로 돌아와 주령을 받으며 말했다.

난간에 기대어 토하고 나니,
느껴지는 것은 텅 빈 목구멍[空喉: 악기의 일종인 '箜篌'와 음이 같음].

요암걸이 남을 업신여기고 오만하게 구는 것이 이와 같았다. (『척언』)

姚巖傑, 梁公元崇之裔孫也. 童卯聰悟絶倫, 弱冠博通墳典. 慕班固・司馬遷爲文, 時稱大儒. 常以詩酒放逸江左, 尤肆凌忽前達, 旁若無人.

唐乾符中, 顔標典鄱陽郡, 鞠場公宇初構, 請巖傑紀其事. 文成, 燦然千餘言, 標欲刊去一兩字, 巖傑大怒, 標不能容. 時已勒石, 遂命覆碑於地, 磨去其文. 巖傑以一篇紀之曰: "爲報顔公識我麼, 我心唯祇與天和. 眼前俗物關情少, 醉後靑山入夢(明鈔本'夢'作'意')多. 田子莫嫌彈鋏恨, 寗生休唱「飯牛歌」. 聖朝若爲蒼生計, 也合公車到薜蘿."

盧肇牧歙州, 巖傑在婺源, 先以著述寄肇. 肇知其使酒, 以手書褒美, 贈以束帛, 辭云: "兵火之後, 郡中凋弊, 無以迎逢大賢." 巖傑復以長牋激之, 肇不得已, 迓至郡齋, 待如公卿禮. 旣而日肆傲睨輕視於肇. 肇常以篇詠誇於巖傑曰: "明月照巴天." 巖傑大笑曰: "明月照一天, 奈何獨言'巴天'耶?" 肇漸不得意. 無何, 會於江亭, 時刪希逸在席. 盧請目前取一事爲酒令, 尾有樂器之名. 肇令曰: "遠望漁舟, 不闊尺八." 嚴傑遽飮酒一器, 凭欄嘔噦. 須臾, 卽席, 還令曰: "凭欄一吐, 已覺空喉." 其侮慢倨傲如此 (出『摭言』)

200·5(2221)
적귀창(狄歸昌)

당(唐)나라 희종(僖宗)이 촉(蜀) 땅으로 몽진(蒙塵)했을 때, 어떤 시인이 마외역(馬嵬驛)에 다음과 같은 시를 적었다.

　　마외의 수양버들은 옛 모습 그대로인데,
　　촉땅에 행차한 어가가 돌아가는 것을 다시 보는구나.
　　황천 아래 아만(阿蠻: 楊貴妃)은 할 말이 있으리니,
　　이번에는 양귀비 먹칠하는 것을 그만 두라고.

이름은 쓰여있지 않았으나 사람들은 그 뛰어난 재주를 우러러보았다 (이 시는 바로 侍郎 적귀창의 시이다). 『서정시』

唐僖宗幸蜀, 有詞人於馬嵬驛題詩云: "馬嵬煙柳正依依, 重見鸞輿幸蜀歸. 泉下阿蠻應有語, 這廻休更泥楊妃." 不出名氏, 人仰奇才(此卽侍郎狄歸昌詩也). (出『抒情詩』)

200·6(2222)
두순학(杜荀鶴)

당(唐)나라 두순학이 한번은 다음과 같은 연시(聯詩)를 지었다.

낡은 옷 재처럼 나풀나풀,
새 술은 죽 통에서 넘실넘실.

어떤 이가 이 시를 위장(韋莊)에게 이야기하자 위장이 말했다.
"나라면 '인장의 금빛은 번쩍번쩍, 주렴의 옥은 사락사락'이라고 하겠다."
위장은 후에 서촉(西蜀)에서 재상이 되었다. (『북몽쇄언』)

唐杜荀鶴嘗吟一聯詩云: "舊衣灰絮絮, 新酒竹篘篘." 或話於韋莊, 莊曰: "我道'印將金鑠鑠, 簾用玉鉤鉤.'" 莊後西蜀爲相. (出『北夢瑣言』)

무신유문

200·7(2223)
조경종(曹景宗)

양(梁)나라 조경종은 여러 차례 전공을 세웠다. 그는 천감연간(天監年間: 502~519) 초에 우위장군(右衛將軍)으로 초징(招徵)되었는데 나중에는 위(魏)나라의 군대를 대파하여 크게 명성을 떨쳤다. 무제(武帝)가 화광전(華光殿)에서 연회를 베풀었는데 연구(聯句)를 지어 주흥을 돋우었다. 좌복야(左僕射) 심약(沈約)이 운에 맞추어 시를 지었는데, 조경종은 운을 얻지 못했기에 심기가 매우 불편했다. 조경종이 무제에게 시 짓기를 청하자 무제가 말했다.

"경은 재주가 매우 많소. 그대의 재능은 뛰어난데 어찌 시 짓기 하나에만 매달리시는가?"

조경종은 이미 술에 취해서 계속해서 시를 짓겠다고 청했다. 무제가 '경병(競病)' 두 글자로 짓게 하자 조경종은 곧바로 붓을 들어 시를 지었다.

> 떠나보내는 아녀자들 슬퍼했으나,
> 돌아올 땐 피리와 북소기 다투어 울리네.
> 길가는 이에게 물어보게나,
> 곽거병(霍去病: 漢代의 名將으로 여섯 차례 흉노를 정벌하여 명성을 떨침)과 비교해서 어떠한지?

무제는 기뻐해 마지않으며 조경종에게 공(公)의 관작을 내려주었다. (『조경종전』)

梁曹景宗累立軍功. 天監初, 徵爲右衛將軍, 後破魏軍振旅. 帝於華光殿宴飮聯句. 左僕射沈約賦韻, 景宗不得韻, 意色不平. 啓求賦詩, 帝曰: "卿伎能甚多, 人才英拔, 何必止在一詩?" 景宗已醉, 求作不已. 詔令賦'競病'兩字, 景宗便操筆而成曰: "去時兒女悲, 歸來笳鼓競. 借問行路人, 何如霍去病?" 帝欣不已, 於是進爵爲公. (出『曹景宗傳』)

200 · 8(2224)
고 앙(高 昂)

　북제(北齊)의 고앙은 자가 오조(敖曹)이다. 그는 담력이 컸으며 모습도 남달랐다. 그의 부친 고차동(高次同: 高翼)이 그를 위해 엄한 스승을 구해서 가르치려고 했지만, 고앙은 스승의 가르침을 따르지 않고 오로지 말 타고 돌아다니기만 할뿐이었다. 고앙은 매번 남자는 천하를 휘어잡으면서 스스로 부귀를 얻어야지 뉘라서 가만히 앉아 책이나 보다가 늙어빠진 박사가 되겠냐고 말했다. 그의 부친은 그의 기세 등등[昂藏]하고 오만 방자함[敖曹]을 따서 이름과 자로 삼았다. 동위(東魏) 말년에 제(齊)나라의 신무제(神武帝: 高歡)가 기의(起義)하자 고앙은 뜻을 다해서 그를 도왔으며, 마침내 패업을 이루어 시중(侍中)·사도(司徒)에 제수되었고 서남도대도독(西南道大都督)을 겸하게 되었다.
　그런데 오조(敖曹: 高昂)는 시짓기를 매우 좋아했으며 그 시도 우아하고 자못 운치가 있어서 당시 사람들에게 칭송받았다. 한 번은 그가 군대에 있을 때에 상주자사(相州刺史) 손등(孫騰)에게 「행로난(行路難)」이라는 시를 지어주었다.

　　무기와 갑옷 싣고서 오래도록 쉬지 못하니,
　　6일 밤낮으로 세 끼니밖에 먹지 못했네.
　　처음에는 호뢰(虎牢)의 정장(亭長)이 된다고 하더니,
　　다시 하교(河橋)의 북쪽으로 전임되었네.
　　절망스러움에 고개 돌려 쓸쓸해하니,
　　슬픔에 흘러내리는 눈물을 스스로 참아내네.

그는 또한 「정행시(征行詩)」를 썼다.

> 용종양(龐種羊: 서역에서 들어온 양의 일종) 천 마리,
> 샘에는 술 백 병이 연이어 있네.
> 아침마다 산을 둘러싸고 선조에게 제사 드리고,
> 밤마다 신부를 맞이하네.

얼마 후 그의 동생 고계식(高季式)이 제주자사(齊州刺史)가 되자 오조는 역참에 가서 술을 권하며 시를 선사했다.

> 그대 아끼고 그대 그리워 죽음도 사양치 않으니,
> 천상과 인간 세상에 비할 것 없어라.
> 말 달려 바닷가에서 사슴 쏘며 놀다가,
> 돌 위에 앉아 우는 꿩도 잡았지.
> 옛날 방백(方伯)은 삼공(三公) 되길 원했으나,
> 지금 사도(司徒: 三公에 해당하는 高昻 자신을 말함)는 자사를 흠모하네.

이 외에도 시가 매우 많지만 여기에 더 이상 싣지 않는다. (『담수』)

北齊高昻字敖曹. 膽力過人, 姿彩殊異. 其父次同, 爲求嚴師敎之, 昻不遵師訓, 專事馳騁. 每言男兒當橫行天下, 自取富貴, 誰能端坐讀書, 作老博士也. 其父以其昻藏敖曹, 故名字之. 東魏末, 齊神武起義, 昻傾意附之, 因成霸業, 除侍中司徒, 兼西南道大都督.

而敖曹酷好爲詩, 雅有情致, 時人稱焉. 常從軍, 與相州刺史孫騰作「行路難」曰: "卷甲長驅不可息, 六日六夜三度食. 初時言作虎牢停, 更被處置河橋北. 廻首絶望便蕭條, 悲來雪涕還自抑." 又有「征行詩」曰: "龐種千口羊, 泉連百壺酒.

朝朝圍山臘, 夜夜迎新婦." 頃之, 其弟季式爲齊州刺史, 敕曹發驛以勸酒, 乃贈詩曰: "憐君憶君停欲死, 天上人間無可比. 走馬海邊射遊鹿, 偏坐石上彈鳴雌. 昔時方伯願三公, 今日司徒羨刺史." 餘篇甚多, 此不復載. (出『談藪』)

200·9(2225)
하약필(賀若弼)

수(隋)나라 사람 하약필은 자가 보백(輔伯)이다. 그는 어려서부터 큰 뜻을 품었는데, 용맹스럽고 활쏘기와 말타기에 뛰어났으며 글도 잘 짓고 여러 서적을 섭렵했기에 명성을 날렸다. 수나라 문제(文帝)가 제위를 선양받았을 때에 그는 속으로 강남(江南)을 평정하겠다는 뜻을 품고 있었다. 문제가 일을 맡길 만한 사람을 찾자 고영(高潁)은 하약필이 문무에 재간이 있다고 추천했다. 하약필은 총관(總管)에 제수되어 진(陳)나라를 평정하는 일을 맡게 되자, 흔연히 자신의 임무로 생각했다. 하약필은 수주총관(壽州總管) 원웅(源雄)과 함께 그 지역을 다스리게 되자, 그에게 다음과 같은 시를 보냈다.

　　교하(交河)엔 표기장군(驃騎將軍)의 막사,
　　합포(合浦)엔 복파장군(伏波將軍: 漢 武帝 때 무관의 이름으로 수군을 다스림. 伏波란 배로 강과 바다를 다니면서 파도를 쉬게 한다는 뜻)의 군영.
　　기린각(麒麟閣: 漢 武帝가 기린을 얻었을 때 건축한 누각으로, 宣帝는 그곳에 功臣들의 상을 그려서 걸었음) 위에,
　　우리 두 사람의 이름 없게 마시오.

하약필이 「평진십책(平陳十策)」을 바치자 문제는 매우 흡족해 했다. 개황(開皇) 9년(589)에 문제가 군대를 크게 일으켜 진(陳)나라를 칠 때에 하약필은 행군총관(行軍總管)이 되어 진숙보(陳叔寶)를 사로잡았다. (『하약필전』)

隋賀若弼字輔伯. 少有大志, 驍勇便弓馬, 解屬文, 涉書記, 有重名. 及隋文受禪, 陰有平江南之志. 訪可任者, 高穎薦弼有文武才幹. 拜總管, 委以平陳之事, 若弼欣然以爲己任. 與壽州總管源雄並爲重鎭, 若弼遺詩曰: "交河驃騎幕, 合浦伏波營. 勿使麒麟上, 無我二人名." 獻「平陳十策」, 稱上旨. 開皇九年, 大擧伐陳, 以若弼爲行軍總管, 俘陳叔寶. (出『賀若弼傳』)

200·10(2226)
이 밀(李 密)

수(隋)나라 이밀은 포산공(蒲山公) 이관(李寬)의 아들이다. 이밀은 처음에 신위대도독(親衛大都督)에 제수되었으나 뜻에 맞지 않아서 병을 사칭하고 고향으로 돌아갔다. 대업연간(大業年間: 605~617)에 이밀은 양현감(楊玄感)을 도와서 군사를 일으켰지만 양현감이 패하자 지름길로 관중으로 들어와서 평원(平原)에까지 이르렀다. 반적(叛賊)의 장수 학효덕(郝孝德)은 이밀을 예우하지 않았고, 기근까지 만나자 이밀은 나무껍질을 벗겨서 연명하는 신세가 되었다. 그리하여 그는 수양(睢陽)에 이르러 시골에서 살면서 이름을 유지원(劉知遠)이라고 바꾼 뒤 사람을 모아서 가르쳤다. 이렇게 몇 개월을 지내면서 뜻을 펼칠 수 없었기에 다음과 같은 오언시를 지어 읊었다.

    찬바람 소슬한 가을,
    시린 이슬에 저녁 숲 시드네.
    이 저녁 곤궁한 선비는,
    답답한 가슴에 마음이 아파.
    보고 듣는 것에 마음 흔들려,
    비분 강개하여 홀로 옷깃 적시네.
    옷깃 적심은 무엇 때문인가?
    옛 생각에 슬퍼하는 것일 뿐.
    진(秦)나라 풍속(風俗)을 아직 바로잡지 못했으니,
    한(漢)나라 치도(治道)를 어찌 바랄 것인가?
    번쾌(樊噲)는 시장에서 백정노릇 했으며,
    소하(蕭何) 도필리(刀筆吏: 秦代에 문서를 관리하는 관리)였다네.
    하루아침에 시운(時運)과 합하니,
    만고에 그 이름 전하게 되었네.
    세상의 영웅들에게 전하노니,
    헛된 삶은 진정 부끄러운 것이라네.

이밀은 시를 다 짓자 몇 줄기 눈물을 떨구었다.

희녕(義寧: 義寧의 오기임) 원년(617)에 이밀은 참람되게도 낙구(洛口)를 근거로 하여 도적의 무리 백만을 모은 후 단을 쌓고 위공(魏公)이라고 칭했다. 당나라가 연호를 세운지 2년째에[武德 2년(619)] 이밀은 공낙(鞏洛)에서 수나라를 벌하러 갔으나 군대가 패해 당(唐)나라로 귀순했고, 당나라로부터 광록경(光祿卿)에 제수되었다. (『하락기』)

隋李密, 蒲山公寬之子也. 初授親衛大都督, 非其所好, 稱疾而歸. 大業中, 佐楊玄感起兵, 及玄感敗, 密間行入關, 亡抵平原. 賊帥郝孝德不禮之, 遭饑饉, 至削樹皮而食. 乃詣雎陽, 舍於村中, 變名姓稱劉知遠, 聚徒敎授. 經數月, 不得志, 乃爲五言詩曰: "金風颺秋節, 玉露凋晩林. 此夕窮途士, 鬱陶傷寸心. 眺聽良多感, 慷慨獨霑襟. 霑襟何所爲, 悢然懷古意. 秦俗猶未平, 漢道將何冀? 樊噲市井屠, 蕭何刀筆吏. 一朝時運合, 萬古傳名諡. 寄言世上雄, 虛生眞可愧." 詩成, 泣下數行.

義寧元年, 密僭據洛口, 會群盜百萬, 築壇稱魏公. 建元二年, 密自鞏洛, 鼓行伐隋, 兵敗歸唐, 授光祿卿. (出『河洛記』)

200 · 11(2227)
고숭문(高崇文)

당(唐)나라 승상 고숭문은 본래 계문(薊門) 출신의 용맹한 장수로 유벽(劉闢)을 토벌하는 데 공을 세워 서천절도사(西川節度使)에 제수되었다. 하루는 크게 눈이 내려 여러 종사(從事: 刺史 아래 여러 관청의 속관)들이 모여 시를 읊고 있었는데, 고숭문이 갑자기 술자리에 와서 웃으며 말했다.

"여러분들이 스스로 즐거이 놀면서 이 미천한 저는 부르지 않으셨군요. 미천한 제가 무인이기는 하지만 눈을 읊은 시가 한 수 있습니다."

고숭문은 이내 이렇게 읊었다.

> 고숭문은 무예만 숭상하고 문예는 숭상하지 않아,
> 창을 들고 요새로 나가 종군한지도 오라라네.
> 호족(胡族) 아이가 나는 기러기를 쏘아 맞춘 양,

흰털이 공중에서 분분히 날리누나.

시에 사실과 맞아떨어지는 내용이 많았기에 사람들 모두 그를 북제(北齊)의 오조(敖曹: 高昂)에 비교했다. 태위(太尉)를 지낸 고병(高駢)이 바로 그의 손자이다. (『북몽쇄언』)

唐相高崇文本薊門之驍將也, 以討劉闢功, 授西川節度使. 一旦大雪, 諸從事吟賞有詩, 崇文遽至飮席, 笑曰: "諸君自爲樂, 殊不見顧鄙夫. 鄙夫武人, 亦有一詠雪詩." 乃口占曰: "崇文崇武不崇文, 提戈出塞舊從軍. 有似胡兒射飛鴈, 白毛空裏落紛紛." 詩多中的, 皆謂北齊敖曹之比. 太尉駢, 卽其孫也. (出『北夢瑣言』)

200·12(2228)
왕지흥(王智興)

당(唐)나라 시중(侍中) 왕지흥은 막 서주절도사(徐州節度使)가 되었을 때에 남다른 무예와 지략으로 세상에 뛰어난 명성을 날렸다. 그가 막부(幕府)를 연 후에 초징한 사람은 모두 당시의 명사들이었다. 하루는 종사(從事)들이 사원(使院: 節度使·留守의 관서)에 모여서 술을 마시며 빈객, 벗들과 함께 시를 짓고 있었다. 잠시 후 왕지흥이 이 소식을 듣자 그는 호군(護軍)들을 이끌고서 그곳에 도착했다. 종사들은 병풍으로 붓과 먹을 가린 채, 술잔과 음식만으로 그들을 영접했다. 한참 뒤에 왕지흥이 종사에게 물었다.

"마침 판관(判官)과 여러 명사들께서 시를 짓는다는 말을 들었는데 어찌 나를 보자 그만두시는 것이오?"

왕지흥은 즉시 붓과 벼루를 가져오게 했으며 몇 폭의 고운 종이를 자리 위에 펼쳤다. 여러 빈객들은 의혹을 품었지만 일이 되어가길 기다리며 술잔을 들고 연회를 즐겼다. 왕지흥이 다시 말했다.

"내가 온 것은 본래 여러분의 시작(詩作)을 보기 위한 것이지 술 마시는데 뜻이 있었던 것은 아니오."

이 때에 한 하급관리가 종이와 붓을 왕공(王公: 王智興)의 앞에 가져다 놓자 종사들도 그에게 [시를 지으라고] 읍(揖)하며 예의를 차렸다. 왕지흥이 말했다.

"나는 활과 창으로 출세한 무장이니 시짓기에 마음을 둔 적이 없었오. 오늘 뛰어난 문인들과 함께 하게 되었으니 사양 않고 내 어리석은 재간을 펼쳐 보이겠소."

왕지흥은 이내 종이를 끌어다가 붓을 들고 순식간에 이렇게 썼다.

> 30년 동안 무관을 지낸 내게,
> 이제야 낭관(郎官)들이 시를 지어 보라 하네.
> 강남의 꽃과 버들은 그대가 읊는다지만,
> 변방의 전화(戰火)와 흙먼지는 내가 안다네.

사방의 좌중은 이를 보더니 경탄해 마지않았다. 당시 문인 장호(張祜)도 그 자리에 있었는데 감군(監軍)이 그에게 말했다.

"이런 성대한 일을 보고도 어찌 할 말씀이 없으신가?"

장호가 즉석에서 아래의 시를 바쳤다.

10년 동안 명을 받들어 강역의 귀퉁이 지켰으니,
효성스러운 절개와 충성있는 행동이 모두 남음이 있네.
뉘라서 믿으랴! 장수들 사이에서 훌륭한 행정을 펼치는 것 외에,
이릉(李陵: 한대 장군. 적은 수의 군사로 흉노를 공격했으나 포위되어 항복함)의 시구와 우군(右軍: 王羲之)의 필체를 겸비한 줄을.

왕지흥은 이 시를 보더니 웃으며 말했다.

"수식하는 말이 과분하구료."

그의 좌우에서 어떤 이가 말했다.

"서생의 무리는 아첨하는 것에만 힘씁니다."

왕지흥이 이 말을 한 사람을 꾸짖으며 말했다.

"어떤 이가 내 잘못을 말한다면 너희가 또 부정할 수 있겠느냐? 장수재(張秀才: 張祜)는 해내(海內)에 유명한 선비로 어찌 쉽게 얻을 수 있는 인재라 하겠느냐?"

세상 사람들은 이를 듣고 왕지흥이 뛰어난 인재를 좋아한다고 생각했다. 왕지흥은 장호를 수십 일 동안 머무르게 했고 그가 떠날 때에는 비단 천 필을 주었다. (『극담록』)

唐侍中王智興, 初爲徐州節度使, 武略英特, 有命世之譽. 幕府旣開, 所辟皆是名士. 一旦從事於使院會飮, 與賓朋賦詩. 頃之達於王, 王乃召護軍俱至. 從事因屛去翰墨, 但以盃盤迎接. 良久問之曰: "適聞判官與諸賢作詩, 何得見某而罷?" 遽令却取筆硯, 以彩牋數幅陳席上. 衆賓相與持疑, 俟行觴擧樂. 復曰: "本來欲觀製作, 非以飮酒爲意." 時小吏亦以牋翰置於王公之前, 從事禮爲揖讓. 王曰: "某韜鈐發跡, 未嘗留心章句. 今日陪奉英髦, 不免亦陳愚懇." 於是引紙援毫, 頃刻而就云: "三十年來老健兒, 剛被郞官遣作詩. 江南花柳從君詠, 塞北煙塵我自知." 四座覽之, 驚歎無已. 時文人張祜亦預此筵, 監軍謂之曰: "觀茲盛事, 豈得無言?" 祜卽席爲詩以獻云: "十年受命鎭方隅, 孝節忠規兩有餘. 誰信將壇嘉政外, 李陵章句右軍書." 智興覽之笑曰: "褒飾之詞, 可謂過當矣." 左右或言曰: "書生之徒, 務爲詔佞." 智興叱之曰: "有人道我惡, 汝輩又肯否? 張秀才海內名士, 豈云易得?" 天下人聞, 且以爲王智興樂善矣. 駐留數旬, 臨岐贈絹千匹. (出『劇談錄』)

200·13(2229)
고 병(高　駢)

당(唐)나라 고병은 어려서부터 시짓기를 좋아했다. 글이 우아하면서도 아름다웠고, 정감에 기탁하여 노래했으며, 일반적인 유행에서 크게 벗어났으므로, 당시에 문장을 짓는 사람들 가운데 그에 미치지 못하는 이가 많았다. 때문에 당(唐)나라 이씨 왕조 말년에 훈신(勳臣)으로서 문장을 잘 짓는 사람으로는 고병이 으뜸이었다. 고병의 문집은 난리 중에 대부분 망실되었는데 지금도 전해지는 것은 당시에 크게 유행했던 시이다. 그가 지은 「언회시(言懷詩)」는 다음과 같다.

　　융족을 평정할 계책 적은 것도 한스러운데,
　　부끄럽게도 장수의 자리에 제수되었네.
　　손에 든 금도끼 무거운데,
　　몸에 걸친 철 갑옷 차가워라.
　　성스러운 천자를 보좌하기는 쉬우나,

깊은 은혜에 보답하긴 어려워라.
세 변경 아직 고요하지 않으니,
어찌 감히 관직을 쉴 수 있으랴.

「이녀묘시(二女廟詩)」는 다음과 같다.

순임금 남쪽으로 순행나가 돌아오지 않으니,
두 왕비의 깊은 원망 물안개 사이에 맺혔네.
당시에 진주 같은 눈물을 얼마나 흘렸나,
아직까지도 대나무는 여전히 얼룩졌어라.

그는 또 「영설(詠雪)」에서 이렇게 읊었다.

육출화(六出花: 눈의 별칭) 바람에 실려 문안으로 불어들 제,
긴 대나무 옥가지로 변하는 것을 앉아서 보네.
잠시 후 높은 누대 올라 바라보니,
아마도 모두 인간 세상의 험한 갈래길이었겠지.

그는 또 「청가시(聽歌詩)」를 지었다.

공자(公子)가 월만루(月滿樓)에 올라 즐거워하니,
가인(佳人)은 곡조 맞춰 이주곡(伊州曲) 부르네.
자리엔 가을바람 불어오니,
소관(蕭關)의 물도 거의 말랐겠구나.

그는 또 「기승공죽장시(寄僧筇竹杖詩)」를 썼다.

가볍고 단단한 공죽장(筇竹杖),

한 지팡이에 아홉 마디 있다네.
옥주(沃州)의 스님께 보내나니,
가을 산 달밤에 산보할 때 쓰시길.

(사반『잡설』)

唐高騈幼好爲詩. 雅有奇藻, 屬情賦詠, 橫絶常流, 時秉筆者多不及之. 故李氏之季, 言勳臣有文者, 騈其首焉. 集遇亂多亡, 今其存者盛傳於時. 其自賦「言懷詩」曰: "恨乏平戎策, 慙登拜將壇. 手持金鉞重, 身掛鐵衣寒. 主聖匡扶易, 恩深報効難. 三邊猶未靜, 何敢便休官." 「二女廟詩」云: "帝舜南巡去不還, 二妃幽怨水雲間. 當時珠淚垂多少, 直到而今竹尙斑." 又「詠雪」云: "六出花飄入戶時, 坐看修竹變瓊枝. 逡巡好上高樓望, 蓋盡人間惡路歧." 又「聽歌詩」: "公子邀歡月滿樓, 佳人揭調唱伊州. 便從席上秋風起, 直到蕭關水盡頭." 又「寄僧筇竹杖詩」云: "堅輕筇竹杖, 一杖有九節. 寄與沃州僧, 閑步秋山月." (出謝蟠『雜說』)

200・14(2230)
나소위(羅昭威)

양(梁: 後梁)나라 업왕(鄴王) 나소위는 무인 출신으로, 담력과 결단력 있었으며 문학을 숭상하여 평소에 유생들을 아꼈다. 그는 관청의 옆에 따로 학사(學舍)를 세우고 사방에서 떠도는 학사들을 초청하여 그 곳에 머물게 하면서 은혜를 베풀어 예우했다. 그는 매일 공무를 보는 틈을 타서 여러 유생들과 경서의 뜻을 강론했으며, 학사의 옆에 서루(書樓)를 세우고 만여 권의 장서를 보관하여 유생들이 수시로 볼 수 있게 했고 자신도 역시 열심히 외웠다. 당시 번진(藩鎭)의 장수들 중에 그가 가장 문장으로 이름이 높았다. 그는 매번 막부의 문객들에게 사방에 보낼 격문을 쓰게 해서 조금이라도 마음에 들지 않으면 찢어서 버리고 스스로 목간(木簡)을 잘라 그 초안을 썼다. 그가 붓을 들어 글을 지으면 비록 아름다운 풍격은 없어도 막부의 문객들이 대부분 그에 미치지 못했다. 나소위는 또한 칠언시를 특히 좋아해서 매번 가무와 주연을 베풀 때면 연못의 정자에서 유람하면서 시를 지어 벽에 쓰지 않은 적이 없었다.

강남에 나은(羅隱)이라는 사람이 양절절도사(兩浙節度使) 전류(錢鏐: 五代 吳越의 武肅王)의 막료로 있으면서 문학에 뛰어났다. 나소위는 특별히 사신을 보내 예물과 함께 그를 초빙했는데, 남완(南阮 : 晉나라 阮咸과 阮籍이 길 남쪽에 살았던 것을 지칭함)을 대하듯이 공경의 예를 다했다. 나은이 자신이 지은 문장과 시부를 모두 나소위에게 보내자 나소위는 그를 크게 앙모하게 되었으며, 그가 지은 시를 '나강동(羅江東)'이라 했다. 지금도 업중(鄴中)의 인사들 중에 나은의 시를 읊는 자가 있다. 나소위가 일찍이 「대청기(大廳記)」를 지었는데 이 글 역시 다소 볼만하다. (『나소위전』)

梁鄴王羅昭威世爲武人, 有膽決, 喜尚文學, 雅好儒生. 於廳所之側, 別立學舍, 招延四方遊士, 置於其間, 待以恩禮. 每旦視事之暇, 則與諸儒講論經義. 聚書萬餘卷, 於學舍之側, 建置書樓, 縱儒士隨意觀覽, 己亦孜孜諷誦. 當時藩牧之中, 最獲文章之譽. 每命幕客作四方書檄, 小不稱旨, 壞裂抵棄, 自斲戔起草. 下筆成文, 雖無藻麗之風, 幕客多所不及. 又僻於七言詩, 每歌酒讌會, 池亭遊覽, 靡不賦詠, 題之屋壁.

　江南有羅隱者, 爲兩浙錢鏐慕客, 有文學. 昭威特遣使幣交聘, 申南阮之敬. 隱悉以所著文章詩賦, 酬寄昭威, 昭大傾慕之, 乃目其所爲詩曰'羅江東'. 今鄴中人士, 有諷誦者. 嘗自爲「大廳記」, 亦微有可觀. (出『羅昭威傳』)

200・15(2231)
조연수(趙延壽)

　요(遼)나라 승상(丞相) 조연수는 조덕균(趙德鈞)의 아들로 후당(後唐)에서 추밀사(樞密使)를 지냈다. 청태연간(淸泰年間: 934~936) 말에 태원에서 포로로 잡힌 이래로 야율덕광(耶律德光: 遼나라 太宗)이 그를 승상으로 삼아 국사를 처리하게 했다. 후진(後晉)의 소주(少主: 石重貴)가 정치를 잘못하자 조연수는 거란의 왕에게 난을 일으키라고 했다. 수년 동안 중원을 거란족들이 차지했던 것은 실제로 조연수가 도운 까닭이었다. 조연수는 장수 집안 출신으로 어려서 무예와 지략을 배웠지만, 군무를 다스리다가 여가가 생기면 때때로 글짓기에 뜻을 두었고, 그의 글 역시 우아한 운치가 있었다. 그가 한 번은 거란의 궁정에서 이러한 시를 지었다.

　　황사바람이 허공에 휘몰아치는데,
　　음산(陰山)엔 구름 끼고 교외에는 눈 가득하네.
　　물 찾아 나선 사람들 돌아와 장막도 따라 옮겨가고,
　　독수리 쏘아 맞춘 화살 떨어지니 활 매고 주우러 가네.

굶주린 새는 서리맞은 열매 만나도 쪼아먹고,
목마른 말은 얼어붙은 강을 건너 뛰어가네.
고원의 풍성한 초지(草地)를 차지하고,
깊은 밤에 나무 꺾어 불을 피우네.

남쪽의 사람 중에 이 시를 들은 자들이 때때로 이 시를 전했다. (『조연수전』)

僞遼丞相趙延壽, 德鈞之子也, 仕唐爲樞密使. 淸泰末, 自太原陷虜, 耶律德光用爲僞丞相, 綜國事. 晉少主失政, 延壽道戎王爲亂. 凡數年之間, 盜有中夏, 實延壽贊成之力也. 延壽將家子, 幼習武略, 卽戎之暇, 時復以篇什爲意, 亦甚有雅致. 嘗在虜庭賦詩曰: "黃沙風捲半空抛. 雲動陰山雪滿郊. 探水人廻移帳就, 射鵰箭落著弓鈔. 鳥逢霜果饑還啄, 馬渡氷河渴自跑. 占得高原肥草地, 夜深生火折林梢." 南人聞者, 往往傳之. (出『趙延壽傳』)

태평광기 8

Translation ⓒ 2002 by 김장환·이민숙 外
ⓒ HAKGOBANG Press Inc., 2002, Printed in Korea.

발행인/하운근
발행처/學古房
교정·편집/박분이

첫 번째 찍은 날/2002. 10. 20.
첫 번째 펴낸 날/2002. 10. 30.

등록번호/제8-134호
서울시 은평구 대조동 213-5 우편번호 122-030
대표(02)353-9907 편집부(02)356-9903 팩시밀리(02)386-8308

ISBN 89-87635-42-2 04820

http://www.hakgobang.co.kr
E-mail: hakgobang@chollian.net

값: 26,000원

파본은 교환해 드립니다.